潍坊年鉴

2023

WEIFANG YEARBOOK

中共潍坊市委党史研究院
（潍坊市地方史志研究院） 编

方志出版社
Publishing House of Local Records

图书在版编目（CIP）数据

潍坊年鉴. 2023 / 中共潍坊市委党史研究院（潍坊市地方史志研究院）编.—北京 ：方志出版社，2023.11

ISBN 978-7-5144-5951-7

Ⅰ. ①潍… Ⅱ. ①中… Ⅲ. ①潍坊－2023－年鉴 Ⅳ. ①Z525.23

中国国家版本馆CIP数据核字(2023)第233540号

责任编辑：刘　芳
责任校对：张玉霞
责任印制：梅中英
出 版 者：方志出版社
地　　址：北京市朝阳区潘家园东里９号（国家方志馆4层）
邮　　编：100021
网　　址：http://www.zgfzcb.cn
发　　行：方志出版社图书营销中心（010-67110500）
印　　刷：山东黄氏印务有限公司
开　　本：889毫米×1194毫米　1/16
印　　张：19.5
字　　数：754千字
版　　次：2023年11月第1版
印　　次：2023年11月第1次印刷
定　　价：138.00元

中共潍坊市委党的文献编审委员会

主　　任　刘　运

副 主 任　刘建军　郭　飞　赵绪春

成　　员　庄　鹏　李永光　刘玉祥　都焕德
　　　　　　葛晓东　张志霄　逄新军　王万信
　　　　　　王金祥　刘太福　杨德强

《潍坊年鉴》2023 卷编纂人员

主　　编　葛晓东

副 主 编　吕俊峰　高培忠　刘魁伦　葛诗忠
　　　　　　王金刚

责任编辑　林荣军　李大鹏　李　光

特邀编辑　张华峰　郑学连　齐英华

编辑说明

一、《潍坊年鉴》是在中共潍坊市委、潍坊市人民政府领导下，由中共潍坊市委党史研究院（潍坊市地方史志研究院）编纂的地方性、综合性、资料性文献。该书旨在全面、系统、翔实、客观地记述潍坊市政治、经济、文化、社会等各方面的新成就、新特点、新情况。为各行各业提供咨询服务，为各级领导科学决策提供可靠依据，同时也为国内外朋友全面了解潍坊提供方便。

二、《潍坊年鉴》的编纂坚持以马克思列宁主义、毛泽东思想、邓小平理论、“三个代表”重要思想、科学发展观、习近平新时代中国特色社会主义思想为指导，坚持辩证唯物主义和历史唯物主义的立场、观点和方法，紧紧围绕市委、市政府的中心工作，全面客观地反映各县（市、区）、各部门、各行业取得的重大成就。力求做到观点正确、框架科学、资料翔实、特色鲜明、记述准确、编写规范。

三、《潍坊年鉴》2023 卷系创刊以来的第 29 卷，主要内容的记述时限原则上为 2022 年 1 月 1 日至 12 月 31 日。为反映事物全貌，特载等部分资料适当上溯或下延。

四、《潍坊年鉴》2023 卷采取分类编辑法。全书设 29 个类目，即特载、大事记、潍坊概况、中国共产党潍坊市委员会、潍坊市人民代表大会、潍坊市人民政府、中国人民政治协商会议潍坊市委员会、纪检监察、民主党派和工商联、群众团体、法治、军事、经济管理、财政 税务、农业、工业、服务业、交通 邮政 通信、建设 环保、商贸 旅游 会展、教育、科学技术、文化、卫生健康 体育、社会生活、县（市、区）概况、市属开发区概况、人物、附录。记述形式分类目、分目、条目 3 个层次。条目为主要信息载体和基本撰写形式，年鉴主体内容在条目中记载。

五、全书的资料大部分由潍坊市各县（市、区）和市直各部门提供，主要统计数据以市统计局公布的统计资料为准，有些使用了有关业务部门、单位的数据。所有数据采用法定计量单位，个别遵从习惯。为使年鉴资料准确无误、真实可靠，各供稿单位所供稿件均经该单位领导审核。各撰稿人在相应条目后署名，以示负责。

六、《潍坊年鉴》内容涉及各行各业，面广量大，加之我们水平有限，错误与疏漏在所难免，敬请广大读者给予指正，以使《潍坊年鉴》的编纂水平不断提高。

◎ 潍坊各地 ◎

奎文区

◎总面积 187.78 平方千米　　◎地区生产总值 377.73 亿元

◎户籍总人口 36.2 万人　　◎公共财政预算收入 28.37 亿元

潍城区

◎总面积 269.5 平方千米　　◎地区生产总值 370.83 亿元

◎常住总人口 53.32 万人　　◎公共财政预算收入 20.73 亿元

坊子区

◎总面积 412 平方千米　◎地区生产总值 220.95 亿元
◎常住总人口 37.82 万人　◎公共财政预算收入 14.72 亿元

寒亭区

◎总面积 628 平方千米　◎地区生产总值 281.97 亿元
◎常住总人口 46.65 万人　◎公共财政预算收入 23.36 亿元

青州市

◎总面积 1569 平方千米　　◎地区生产总值 703.25 亿元

◎常住总人口 95.45 万人　　◎公共财政预算收入 58.8 亿元

诸城市

◎总面积 2151.4 平方千米　　◎地区生产总值 805.50 亿元

◎户籍总人口 110.9 万人　　◎公共财政预算收入 60.6 亿元

◎ 潍坊各地 ◎

寿光市

◎总面积 2072 平方千米

◎户籍总人口 111 万人

◎地区生产总值 1002.1 亿元

◎公共财政预算收入 98.3 亿元

安丘市

◎总面积 1712 平方千米

◎户籍总人口 97.07 万人

◎地区生产总值 423.56 亿元

◎公共财政预算收入 30.25 亿元

高密市

◎总面积 1523.49 平方千米　　◎地区生产总值 646.78 亿元
◎户籍总人口 89.36 万人　　◎公共财政预算收入 54.5 亿元

昌邑市

◎总面积 1630.81 平方千米　　◎地区生产总值 554.47 亿元
◎户籍总人口 57.53 万人　　◎公共财政预算收入 37.16 亿元

临朐县

◎总面积 1831 平方千米　　◎地区生产总值 409.19 亿元
◎户籍总人口 92.43 万人　　◎公共财政预算收入 24.7 亿元

昌乐县

◎总面积 1101 平方千米　　◎地区生产总值 423.4 亿元
◎户籍总人口 63.71 万人　　◎公共财政预算收入 28.5 亿元

高新区

◎总面积 123 平方千米　　◎地区生产总值 646.46 亿元

◎常住总人口 41.77 万人　　◎公共财政预算收入 62.9 亿元

滨海区

◎总面积 701 平方千米　　◎地区生产总值 357.37 亿元

◎户籍总人口 8.70 万人　　◎公共财政预算收入 33.5 亿元

综合保税区

◎总面积 13.68 平方千米　　◎地区生产总值 51.5 亿元

◎常住人口 0.9 万人　　◎公共财政预算收入 6.89 亿元

峡山区

◎总面积 483 平方千米　　◎地区生产总值 51.26 亿元

◎户籍总人口 23 万人　　◎公共财政预算收入 3.09 亿元

目　录

Mulu

特　载

大　事　记

潍坊概况

中国共产党潍坊市委员会

潍坊市人民代表大会

潍坊市人民政府

中国人民政治协商会议潍坊市委员会

纪检监察

民主党派和工商联

群众团体

法　治

军　事

经济管理

财政　税务

农　业

工　业

服务业

交通　邮政　通信

建设　环保

商贸　旅游　会展

教　育

科学技术

文　化

卫生健康　体育

社会生活

县（市、区）概况

市属开发区概况

人　物

附　录

特　载

Tezai

在全市企业家大会上的讲话

潍坊市委书记　刘　运

（2023 年 10 月 31 日）

在全市深入开展学习贯彻习近平新时代中国特色社会主义思想主题教育之际，在庆祝全国工商联成立70 周年之时，在潍坊第 4 个“企业家日”到来之前，我们隆重召开高规格、大规模的企业家大会，就是要聚焦绿色低碳高质量发展，大力弘扬新时代企业家精神，持续焕发企业家创新创业激情，政企同心谋发展，携手共赢创未来，加快建设实力强品质优生活美的更好潍坊。首先，我代表市委、市政府，对光荣“上榜”的企业表示热烈的祝贺！向为全市发展作出突出贡献的广大企业家，致以节日的问候，表示衷心的感谢！

企业家是经济社会发展的动力源，是一座城市的宝贵财富。纵观潍坊发展的历史性成就，广大企业家功不可没、居功至伟。一直以来，大家扎根潍坊、奉献潍坊、成就潍坊，用智慧胆略、匠心匠艺、辛勤汗水，挺起了城市脊梁，奏响了时代强音。

——回顾辉煌的昨天，致敬广大企业家开拓进取、拼搏奉献，在潍坊发展的历史长河中屹立潮头、功勋卓著

潍坊历来以产业立市，以实体为本。明清时期，就以“二百只红炉，三千砸铜匠，九千绣花女，十万织布机”闻名遐迩。1904 年潍县开埠后，纺织、机械、皮革加工等产业蓬勃发展，涌现出滕虎忱等一批实业报国的企业家。伴随改革开放的东风，众多企业应运而生，如雨后春笋蜂拥而起。广大企业家带领企业和员工，在市场经济的滚滚浪潮中劈波斩浪、御风前行，取得了傲人成绩，打响了潍商品牌，为全市发展注入了澎湃动力。这里，我与大家分享 3 个故事。

第一个是“创业”的故事。产业兴则百业兴，产业强则城市强。1998 年潍柴濒临破产，谭旭光同志临危受命，以过人的谋略和胆识，带领企业披荆斩棘、浴火重生，数十年如一日，心无旁骛攻主业，把潍柴打造为世界级强企，推动我市动力装备产业成为国家先进制造业集群。张恭运董事长带领豪迈集团，从气门芯起步，创造了轮胎模具等多个行业全球第一。董华友董事长以“永远在路上”的执着，带领弘润石化持续创业、加快转型，成为我市石化产业向绿色化、高端化转型的排头兵。多年来，广大企业家紧扣时代脉搏，把握发展大势，以奋斗姿态奔跑，与奋进潍坊同行，既实现了自身快速发展，更推动了产业兴旺发达、城市繁荣兴盛。我市现有全国 41 个工业行业大类中的 37 个，包含所有 31 个制造业行业，规上工业产值、营业收入 2022 年双过 1.1 万亿，动力装备、高端化工、新一代信息技术、食品加工 4 个产业集群规模超过千亿。你们为潍坊打造了完备的产业体系，积累了殷厚的产业“家底”，筑牢了城市发展的坚固基石。

第二个是“创新”的故事。创新是企业家的灵魂。姜滨董事长带领歌尔集团，20 多年来，深耕电子领域，持续研发攻坚，近五年研发投入超过170 亿元。持续创新带来的是 3 万多项专利，集团连续 6 年荣登中国电子元件研发实力榜首，成为唯一进入全球微机电系统前 10 的中国企业。李永胜先生带领团队攻克磁悬浮动力装备“卡脖子”技术，吴维光董事长牵头研发的高性能特种铝材在鸟巢、冬奥会场馆中广泛应用，王金平董事长带头研发的汽车智能装备系统打破了国外垄断。多年来，广大企业家以“敢为天下先”的勇气和魄力，无中生有、有中出新、创新突破，创造了一个又一个奇迹。企业因创新出色、城市以创新出彩，我市4获国家科技进步一等奖，近年来被誉为“冠军企业之城”“一座盛产隐形冠军的城市”，成功创建为国家创新型城市。你们为潍坊厚植了开拓创新的时代精神，增添了争先争优的发展底气，注入了生生不息的澎湃动力。

第三个是“创造”的故事。企业是社会财富的主要创造者，企业家的最高境界是创造价值、回报社会。据统计，每户小微企业平均创造4.6个就业岗位，直接关系数个家庭的生活。大家作为行业翘楚、业界精英，带领企业不断做大做强，发展成为拥有成千上万员工的大型企业集团，为社会创造了海量财富、为发展作出了巨大贡献、为城市带来了无上荣光。近三年，营业收入前100名企业累计实现营收2.8万亿元，纳税前50名企业纳税额占到了全市税收的三成，全市40.7万户企业贡献了半数以上的GDP和大部分就业。广大企业家在创造财富的同时，积极投身乡村振兴、公益慈善、救灾重建等事业，在回馈社会中放大了自身价值。像李月淑董事长牵头创建中百大厨房，带动3万多农民就业，疫情期间每天为市民采购配送物资2300多吨，有力保障了群众的生活。像潍柴、歌尔、矿机、昌大、英轩等一大批企业，为公益事业捐款捐物都在千万元以上。你们为全市全社会创造了源源不断的巨大财富，提供了丰富优质的产品服务，彰显了担当奉献的高尚品格。

历史和实践证明，潍坊的企业家有情怀、有担当、有作为，全市产业基础之固首功在企业、发展成果之丰首功在企业、民生改善之效首功在企业。在这里，我代表市委、市政府，代表全市941.8万市民，向大家表示最衷心的感谢！致以最崇高的敬意！

——观照奋进的今天，召号广大企业家相向而行、同心协力，在更好潍坊的建设洪流中挺膺担当、争做先锋

当前，我市正处于爬坡过坎、转型发展的关键时期。今年以来，我们锚定走在前、开新局，聚焦建设实力强品质优生活美的更好潍坊，全力以赴拼经济，振奋精神求突破，奋力推动综合实力加速跃升、城乡发展全面提质、民生福祉殷实普惠，各项工作取得新进展、呈现新气象。建设更好潍坊，承载着全市人民的共同夙愿，寄托着我们孜孜以求的共同梦想，召号着全市上下勠力同心、共同奋斗、勇毅前行。在这里，我想用壮怀、胸怀、情怀三个关键词，诠释企业家应有的责任担当。

第一个关键词，壮怀。就是企业家要有与潍坊携手攀登、共创辉煌的豪情壮志。今年以来，我们在现代化产业体系、数字经济、项目建设、双招双引等七个方面持续加力突破，搭建高端平台载体，链接集聚优质资源，不断优化产业生态，加快产业链式集群发展，全市经济稳的基础更加牢固、进的势头更加强劲、好的趋势更加明显，前三季度，11项主要经济指标中有8项增速较上半年提升，工业用电量、存贷款余额等先行指标保持较快增长，1517个省市县重点项目提速推进，潍柴新百万台数字化动力产业基地、弘润科技新材料等299个重点项目投产达效，其中民间投资占比达到74.7%、全省第2，省级以上专精特新等优质企业发展到946家，选择潍坊、投资潍坊的企业家越来越多，看好潍坊、支持潍坊的正面声音越来越响。在需求减弱、经济下行、压力加大的情况下，今年广大企业家知难克难、负重前行，扛起了拼经济、稳增长、促发展的重任，为全市大局作出了突出贡献。实现全年发展目标，全面提升潍坊综合实力，需要企业家与我们齐心协力、共同努力，在做大做强中展现新作为，在争先争优中作出新贡献，在拼搏进取中创造新价值。希望广大企业家永葆创业初心、激发做大雄心，保持大道前行的战略定力，增强大潮挺立的果敢胆识，聚力抓投资上项目，加力抓转型促升级，发力拓市场树品牌，打造更多专精特新、单项冠军、领航企业，努力为全市高质量发展赋能加力、增光添彩。

第二个关键词，胸怀。就是企业家要有与城市共生共荣、共建共享的博大胸襟。城市是高质量发展的主战场，为企业茁壮成长提供了广阔的空间平台。近年来，我们聚力打造“宜居、智慧、韧性”城市，扎实推进城市更新、完善基础设施、丰富服务业态，精心举办风筝嘉年华、城市美食节、青年音乐节等系列活动，持续升级“城市大脑”、打造应用场景、优化政务服务，着力构建企业全生命周期服务体系，努力打造一流营商环境，协同推进降碳、减污、扩绿、增长，城市品质更优、承载力更强、时尚范更足，在全国城市人才吸引力排行榜中两年跃升15位。城市的繁荣兴盛得益于企业的赋能加力。广大企业家始终心系潍坊发展、助力城市建设，积极招引项目、导入资源，主动宣传潍坊、推介潍坊，助推城市硬实力、美誉度持续提升。企业与城市是紧密融合的命运共同体，只有同频共振、同向发力，才能彼此成就、共同成长。希望广大企业家进一步增强“主人翁”意识，争做城市发展的“主力军”“先锋队”，着力深耕城市，用心发展城市，讲好潍坊故事，传播潍坊声音，展示潍坊形象。期待大家在这方广阔的舞台上大施所能、大展才华、大显身手，与这座美丽城市同向同行、相互赋能，在双向奔赴中共赢发展、共创辉煌。

第三个关键词，情怀。就是企业家要有思源思报、造福民生的深厚情怀。社会是企业利益的源泉，是企业家施展才华的舞台。企业的本质是为社会解决问题，一个社会问题就是一个商业机会，解决的问题越大，商业机会就越大，解决的问题越重要，就越被社会优先“庇护”，这是企业与社会关系的根本逻辑。近年来，我们聚焦培厚企业家干事创业的优质沃土，满怀真情优民生，尽心竭力保稳定，将 80% 以上财政支出用于社会事业，下大气力解决好托幼园位、上学座位、医疗床位、养老点位、停车车位等群众急难愁盼问题，坚决守牢守好安全生产、金融安全、生态环保等领域底线，努力让企业家安心经营、专心发展、舒心生活。一路走来，广大企业家厚植爱潍兴潍真挚情怀，在创造财富、吸纳就业、投身公益等方面作出突出贡献，实现了企业壮大、地方增收、百姓得益的多赢。饮水思源，方能推动事业枝繁叶茂；义利兼顾，才能推动企业行稳致远。一位卓越的企业家，必定有经济责任、法律责任、社会责任、道德责任的高度担当，有对员工、对民众、对社会的坚定付出。希望广大企业家富而有责、富而有义、富而有爱，把爱国兴潍为民的家国情怀落脚到深耕潍坊、情系民众上，把资金投向潍坊，把项目放在潍坊，把税收留在潍坊，把就业岗位留给潍坊人民；落脚到科学管理、稳健经营上，对内规范运作、善待员工，对外恪守契约精神、安全绿色发展；落脚到富而思源、回报社会上，切实增强社会责任感，主动参与公益慈善事业，以反哺之心回馈社会、造福人民。

——展望美好的明天，期盼广大企业家勇闯新路、追求卓越，在强市建设的现代化征程中高歌猛进、笃行逐梦

企业家是企业的掌舵者，决定了企业能做多大、能走多远。首要责任担当是想方设法把企业发展好，引领企业在创新创造上走在前，在产品服务上求突破，在规范管理上争一流，努力实现质量更高、效益更好、竞争力更强、影响力更大的发展。市委、市政府对广大企业家满怀希望、期望和冀望。

一是希望。就是希望大家永葆攀登高峰的雄心，带领企业向高而攀，争做领航企业。广大企业家要提升境界，放大格局、打开视野，把企业放在全国乃至世界范围审视和定位，在更大坐标系中谋划发展和未来，主动参与全球供应链重构，冲出去抢市场、闯出去争份额、跑出去抓订单，争创一流企业、一流管理、一流产品、一流服务和一流文化，勇当行业标杆、产业龙头。要驭势而行，着眼国家发展大势，把握产业演进趋势，发挥企业自身优势，加快智能化、绿色化、融合化转型，在激烈竞争中大显身手、赶超跨越。要合作共赢，加强产业协作，强化协同创新，共享资源信息，打造全产业链生态圈，形成优势产业集群，实现技术、资本、人才的优势集聚、优化整合，在同舟共济、耦合共生中做大做强。

二是期望。就是期望大家提升创新创造的能力，带领企业向新而进，争做精尖企业。创新是企业发展的永恒主题。当前，新一轮产业革命风起云涌，大数据、物联网、人工智能等前沿领域和颠覆性技术不断涌现，产业组织形式和产业链条不断重塑。广大企业家要重视创新，从生存发展的高度认识和对待创新，做创新发展的探索者、组织者、引领者，紧盯科技前沿、行业前端，积极应变、主动求变，舍得花精力、花时间、花“真金白银”研究新技术、开发新产品，激发新动能、增创新优势。要勇于创新，高度关注新技术、新产业、新业态带来的新风口、新机遇，瞄准我市布局发展的高端装备、高端化工、新能源、新材料等产业新赛道，找准结合点、发力点，持续开辟发展新空间，特别是要抢抓数字经济二次裂变新风口，加快“数转智改”步伐，努力抢占先机、掌握主动、赢得优势。要善于创新，深化产学研合作，聚焦“双一流”高校、国家大院大所，链接更多高端研发平台，吸引重大创新成果转化，引进科技领军人才和创新团队，持续增强发展跃升的内生动力。

三是冀望。就是冀望大家保持专心专注的定力，带领企业向远而行，争做百年企业。面对复杂多变的形势、瞬息万变的市场，专注实业才能“行稳致远”，做强主业才能“乘风破浪”。广大企业家要以恒心办恒业，秉持匠者匠心，扎根实业、深耕主业，构筑核心竞争力，提升优势转化力，打造百年老店、确保基业长青，努力交出新时代“实业报国”的新答卷。要诚信守法经营，强化法治意识、契约精神、守约观念，视质量为生命，把品牌当灵魂，自觉遵循市场规则和行业规范，主动维护市场经济秩序，带动促进社会道德素质和文明程度提升。

企业家是城市最稀缺的资源，怎么重视、怎么支持都不为过。我们将努力让大家更省心。加力推进优化营商环境“一号改革工程”，抓好抓实“链长制”，持续深化“放管服”改革，全力攻坚“高效办成一件事”，推动惠企政策精准化、政务服务便利化、要素配置市场化，用心当好“金牌店小二”，用情做好“首席服务员”。我们将努力让大家更暖心。大力弘扬企业家精神，推深做实服务企业专员制度，自觉换位思考，主动靠前服务，亲而有度、清而有为，急企业之所急、解企业之所困，真正做到与企业需求同频共振，当好企业的最佳搭档、最强后盾。我们将努力让大家更安心。像爱护眼睛一样爱护企业，像善待亲人一样善待企业家，推行涉企检查阳光监管、无感监管，实行包容性管理和审慎性执法，严厉打击损害企业和企业家合法权益的行为，让大家放手打拼、放胆去闯、放情逐梦。

尊敬的各位企业家、同志们，潍坊的昨天因大家的拼搏实干而熠熠生辉，潍坊的明天也必定因大家的不懈奋斗而光彩夺目。让我们携起手来、勠力同行，穿越风雨、跨越险阻，合力创造潍坊更加美好的未来！

（市委办公室）

政府工作报告

——2022年12月27日在潍坊市第十八届人民代表大会第二次会议上

潍坊市市长 刘 运

各位代表：

现在，我代表市人民政府向大会报告工作，请予审议，并请市政协委员和其他列席会议的同志提出意见。

一、2022年工作回顾

2022年是极不平凡、极不寻常的一年。面对多重困难和风险压力，市政府坚持以习近平新时代中国特色社会主义思想为指导，坚决贯彻党中央决策部署，认真落实省委、省政府工作安排，在市委坚强领导下，团结带领全市人民，迎难而上、创新实干，有力有序有效统筹推进各项工作，经济社会发展取得新成绩、迈出新步伐。

——“疫情要防住、经济要稳住、发展要安全”全面落实。面对新冠疫情冲击，始终坚持人民至上、生命至上，科学精准做好疫情防控工作。坚定不移落实中央、省防控策略方针和各个阶段方案措施要求，充分发挥平战融合指挥体系优势，持续加强防控救治体系和应急能力建设，最大限度保护人民生命安全和身体健康，最大限度减少疫情对经济社会发展的影响。广大医务人员、基层干部、社区工作者、公安干警、志愿者以及各条战线的抗疫战士坚守一线、连续作战，广大群众积极配合、齐心协力，为抗击疫情作出了历史性贡献。面对经济下行压力，扎实做好稳增长工作，保持了稳中有进、进中提质的良好发展态势。预计地区生产总值、规模以上工业增加值、固定资产投资等8项主要经济指标增速高于全省平均水平。全面落实上级稳经济一揽子政策措施，实施“工业稳增长20条”“服务业恢复发展38条”，深入推进“七网”建设行动，开展“五个一”常态化督促督导，深化高质量发展督导服务，开辟《政策访谈》《金融潍坊》高端访谈等政策解读和舆论引导阵地。今年以来，累计减税退税缓税降费212.4亿元，发放政府消费券1.62亿元，金融机构本外币各项贷款余额将突破1万亿元，成为全省第三个存贷款“双万亿”城市。寿光市、诸城市被省政府确定为“高质量发展先进县”。面对各类复杂矛盾，坚持“有解思维”，创新制度机制，牢牢守住安全发展底线。1—11月各类生产安全事故起数和死亡人数分别下降32.1%、42.5%，未发生较大及以上生产安全责任事故。扎实推进“全国市域社会治理现代化试点合格城市”创建，常态化推进扫黑除恶斗争，深入开展打击整治养老诈骗专项行动。建成“无讼超市”134个。圆满完成冬奥会、二十大维稳安保任务。

——“创新绿色、动能转换优存量”和“着眼未来、高端引领扩增量”全面展开。实现新旧动能转换“五年取得突破”，成为国家首批产业链供应链生态体系建设试点城市，动力装备集群入选国家先进制造业集群。新增省级以上“专精特新”等五类优质企业249家。新增上市公司2家。数字赋能联盟凝聚企业800多家。潍柴大功率高速机、弘润中间体原料、福田雷萨专用车、英轩精品柠檬酸等360个重点项目竣工投产，8个项目列为省新旧动能转换重大产业攻关项目。46家企业入选省高端品牌培育企业。新经济新产业快速发展，预计新增高新技术企业400家，“四新”经济增加值预计增长10%。新增全国一体化工业大数据山东云中心试点2个、国家智能制造示范工厂揭榜单位2家。全球首台特大型立环磁选机下线，获批成立全国磁悬浮动力技术与基础应用标准化工作组。大功率半导体激光芯片实现国产化替代。国家燃料电池技术创新中心正式挂牌。建成滨海氢能源综合利用项目，新投运氢燃料电池公交车100辆。全面启动元宇宙技术创新与产业之都建设。1人获省科学技术最高奖，2人获省科学技术青年奖，1项成果获省技术发明一等奖，2项成果获省科技进步一等奖。新入选国家级省级重点人才82人，新引进高校毕业生8万人以上。入选首批国家知识产权强市建设试点，进入国家创新型城市行列。

——城市规划、建设、治理全面提升。完成国土空间总体规划“三区三线”划定。城市更新、海绵城市、清洁取暖三大国家级试点成效显著，“1532”文化产业园等70个城市更新项目扎实推进，新增中心城区海绵城市30平方公里，155万平方米城市建筑和10.1万户农村家庭实现清洁取暖。中央商务区全面拉开建设框架，高铁新片区、火车站南广场片区承载力日益增强。全市改造棚户区3581套、老旧小区7.2万户，惠及群众26.2万人。中心城区增设公厕107座、遮阳棚45处、便民摊点20处。全市新建口袋公园133处，建成“千园城市”。完成全省首批新型智慧城市建设试点任务。中心城区雨污分流改造完成90%，全市11.9万个雨污水窨井盖全部加装防坠网。东青高速改扩建工程开工建设。济青中线长深高速以东段年内将建成通车，实现县县通“双高速”。京沪高铁辅助通道天津至潍坊段开工建设。潍坊港实现一体化运营。

三峡海上风电项目建成并网。打造了凤溪地万物集夜市、非遗特色美食街等商业街区，中国画节·文展会、新青年音乐节等成功举办。当选“东亚文化之都”。青州古城获评国家级夜间文旅消费集聚区。寿光市入选全国青年发展型县域试点。

——拓展创新“三个模式”全面加力。扛牢粮食安全责任，粮食播种面积、总产预计实现“两连增”。种业创新取得突破，“潍麦12”通过国家审定，4家种业企业入选国家阵型企业。“潍坊农品”影响力持续扩大，“三品一标”农产品总数达到1448个。数字农业加快发展，启动建设潍坊“三农”大数据平台，全国唯一“区块链+蔬菜”质量安全应用试点进展顺利。中国（潍坊）预制菜产业发展大会成果丰硕，预制菜产业名城建设全面起势。国家农综区建设扎实推进，成功举办盐碱地综合利用国际大会。首创性开展畜禽活体抵押贷款融资，肉牛产业加快升级，万头以上现代化奶牛场达到6处。正大360万只蛋鸡全产业链项目全面投产，正大国际蔬果智慧产业园、国家设施蔬菜产业集群项目基本建成。农村人居环境整治提升五年行动扎实推进，新创建省级美丽乡村示范村52个，新改建“四好农村路”706公里，完成492个自然村电网改造。成功举办乡村振兴齐鲁论坛。青州市入选2022年国家乡村振兴示范县。

——空气、水、土壤等环境质量全面改善。中央、省环保督察反馈问题整改扎实推进。1—11月，空气质量优良天数267天，$PM_{2.5}$改善幅度全省第一；国控河流断面优良水体比例达到85.7%，超省定目标28.6个百分点；受污染耕地、重点建设用地安全利用率均达到100%。峡山水库战略水源地水质提升保护工程建成通水。弥河全线创建为首批淮河流域幸福河湖。峡山区获批国家级生态环境导向的开发模式试点。临朐县成为国家生态文明建设示范区。

——重点领域改革和开放发展全面深化。78项国家级试点扎实推进，乡村振兴、生态治理创新经验获国务院通报表扬。“放管服”改革持续深化，建成国内首张政务服务“智慧云图”，实现61项高频审批事项“足不出户”办理、1200多个事项全链条“掌上办”。探索实施项目全生命周期服务推进机制。创新实施外贸固稳提质工程，1—11月进出口总额增长35.2%。跨境电商进出口额超过340亿元。“双招双引”成效显著，新签约项目682个，新纳统（开工）项目426个，新增省外内资到位资金1714亿元，均居全省第1位。成功举办潍坊发展大会、鲁台经贸洽谈会、中日韩产业博览会、潍坊国际海洋动力装备博览会等重大节会活动。与韩国利川市、加纳库马西市结为友好合作关系城市。

——民生和社会事业全面进步。民生支出占比保持在80%以上。确定的年度民生实事全部完成。预计全年城镇新增就业9.5万人、失业人员再就业4.35万人。获批国家公共就业服务能力提升示范项目。“零工客栈”做法入选全国“地方就业创新事件”。建成中小学43所、幼儿园192所，改造提升乡村学校140所、幼儿园292所。获评全省首批职业教育改革发展成效明显市、首批产教融合试点城市，普通高考和职业院校技能大赛成绩保持全省领先。昌邑市被确定为全国义务教育优质均衡先行创建县。基层卫生健康综合试验区建设全面启动。异地就医联网结算实现全覆盖。建成助老食堂193处。救助保障各类困难群体31.3万人。2609户、5617名监测帮扶对象得到及时帮扶。残疾人“如康家园”实现镇街全覆盖。入选首届全国民间文艺版权保护与促进试点地区。参加省运会获金牌数创历史新高。蝉联“国家食品安全示范城市”。妇女儿童、老龄、民族宗教、统计、档案、史志、人防、地震、气象、水文、国防动员、对口支援、台港澳、外事侨务、打私口岸、红十字、慈善、仲裁等工作取得新成效。

——政府自身建设全面加强。深入学习宣传贯彻党的二十大精神，政府系统党的建设不断强化。提请市人大常委会审议通过地方性法规6部，颁布政府规章3件，办结市人大代表建议230件、政协提案536件。修订完善市政府工作规则，完成全国行政执法监督试点。实施重点工作专班推进机制、季度会商制度，办好政府系统“业务大讲堂”，邀请市民代表列席市政府常务会议。厉行节约“过紧日子”，“三公”经费进一步压减。持之以恒改进作风，坚持不懈反腐倡廉，政务生态持续改善。

各位代表！成绩来之不易，根本在于以习近平同志为核心的党中央坚强领导，根本在于习近平新时代中国特色社会主义思想科学指引，是省委、省政府和市委正确领导的结果，是市人大、市政协和社会各界监督支持的结果，是在历届领导班子打下的良好基础上全市人民共同努力、团结奋斗的结果。在此，我代表市政府，向全市人民，向各位人大代表、政协委员，向各民主党派、各人民团体，向企业家和社会各界人士，向广大社区工作者和基层一线干部群众，向离退休老同志，向驻潍部队、武警官兵，向上属驻潍单位，向所有关心支持和参与潍坊建设发展的海内外朋友，表示衷心感谢并致以崇高敬意！

我们也清醒认识到：当前稳定经济增长的压力依然很大，产业升级、动能转换任务艰巨；城市能级活力尚未充分释放，城市功能、服务业态等领域还存在不少短板弱项；统筹发展和安全的任务还很重、压力较大；政府系统部分干部素质能力与新时代要求还有差距，党风廉政建设和反腐败工作仍需强化，等等。对这些问题，我们将采取更加有力措施，认真加以解决。

二、2023年政府工作目标要求

2023年是全面贯彻落实党的

二十大精神的开局之年，是潍坊推进新时代中国特色社会主义现代化强市建设的重要一年。做好政府工作，必须以新气象新作为推动高质量发展取得新成效。从宏观形势看，外部环境给我国经济带来的影响加深，需求收缩、供给冲击、预期转弱三重压力仍然较大，经济发展面临的困难挑战很多。但更要看到，我国经济韧性强、潜力大、活力足，各项政策效果持续显现，经济运行有望总体回升。从我市情况看，尽管存在不少风险压力，但我们的发展基础好，规模体量大，实体经济扎实，先进制造业、现代农业优势突出，城镇化潜力空间大，特别是全市广大劳动者和企业家勤劳智慧、创新实干，各级干部敢于担当、拼搏奉献，只要我们在市委的坚强领导下，坚定信心、勠力同心，就一定能够克服前进道路上的各种困难，奋力把潍坊发展推向新高度。

2023年政府工作总的要求是：以习近平新时代中国特色社会主义思想为指导，全面贯彻党的二十大精神，深入落实习近平总书记对山东工作重要指示要求，坚持稳中求进工作总基调，完整、准确、全面贯彻新发展理念，主动服务和融入新发展格局，着力推动高质量发展，按照省委、省政府部署要求，聚焦市委“1441”工作思路，更好统筹疫情防控和经济社会发展，更好统筹发展和安全，全面深化改革开放，大力提振市场信心，突出做好稳增长、稳就业、稳物价工作，有效防范化解重大风险，实现经济质的有效提升和量的合理增长，加快建设新时代中国特色社会主义现代化强市，推动中国式现代化“潍坊实践”迈出坚实步伐。

综合考虑，2023年经济社会发展的主要预期目标是：地区生产总值增长5.5%左右，规模以上工业增加值增长6%以上，一般公共预算收入增长4.5%左右，固定资产投资增长7%以上，社会消费品零售总额增长6%以上，进出口总额增长15%左右，居民人均可支配收入增长5.5%以上，全面完成省下达的节能减排降碳约束性指标和环境质量改善目标。

做好明年政府工作，必须全面学习、全面把握、全面落实党的二十大精神。坚持不懈以习近平新时代中国特色社会主义思想凝心铸魂，在致知力行中彰显奋进新征程的潍坊担当。必须紧扣市委工作思路，全力抓好落实。突出强化党建“一个统领”，加快推进“四个提升”，加力实施“四个赋能”，用好改革开放“关键一招”，凝心聚力、真抓实干，全面推动市委部署安排落地见效。必须紧抓各种机遇，全力取得突破。主动在危中求机、在变中寻机，抓住用好国家扩大内需、优化实施产业政策、支持山东建设绿色低碳高质量发展先行区等重大机遇，在加速突破中实现量质双升。必须紧盯重点要点，全力攻坚克难。坚持系统观念、守正创新，更好统筹经济社会发展中的各类重大关系，突出重点要点，抓住关键环节，聚力突破一批卡点，引领带动各方面发展取得新成效。必须紧绷安全发展之弦，全力守牢底线。坚持安全第一、预防为主，提高底线思维能力，进一步强化风险意识、压实安全责任，有效防范化解各种风险，确保社会和谐稳定。

三、多措并举稳增长，切实保持经济平稳健康发展的良好态势

积极改善社会心理预期，提振发展信心，确保实现经济发展主要预期目标。全力稳企业。全面落实国家、省一揽子惠企纾困政策，围绕市场主体需求，及时精准出台新一批支持措施。落实“两个毫不动摇”，深化服务企业专员制度，持续开展亲情化、高端化服务。大力弘扬企业家精神，充分理解企业家、尊重企业家、服务企业家、引领企业家、成就企业家，实现企业家与城市的“双向奔赴”。依法严厉打击各类涉企违法犯罪，依法保护企业和企业家的合法权益。聚力抓项目。实施省市县三级重点项目1400个，开工建设400个以上，竣工投产350个以上，完成年度投资2500亿元以上。推动济青中线全线贯通、明董高速建成通车，加快推进京沪高铁辅助通道天津至潍坊段、潍烟高铁建设。高标准完成塘坝安全风险排查整治和8座小型水库除险加固。加快国电投吉电风光储多能互补试点、华电大唐100万千瓦光伏等清洁能源项目建设。努力促消费。实施区域消费中心城市建设三年行动。支持住房改善、新能源汽车、养老服务等消费，办好文化和旅游惠民消费季等活动。开展电商消费升级赋能行动，打造10个优秀电商直播基地。建设344处县镇村三级供销社流通服务网点。积极推进中国快递示范城市建设。持续优化消费环境，新增消费维权服务站300处。促进房地产市场平稳发展，推动房地产业向新发展模式平稳过渡。大力发展装配式建筑，推进绿色施工、智慧建造。大力拓外贸。更大力度推动外贸稳规模、优结构，积极培育外贸新的增长点。深入实施“千企百展”境外市场开拓行动，新增外贸企业300家，新建海外仓10个。做好国家二手车出口试点、专用设备制造业产业链全国外经贸提质增效示范工作。支持企业参与全球产业链供应链分工，积极抢占新市场。

四、进一步提升硬核实力，在创造加速崛起的潍坊高度上取得新突破

聚焦城市、产业、民生等潜力空间和短板弱项，集中发力，加快突破，不断厚植高质量发展的潍坊优势。

（一）进一步提升城市能级活力，加快打造宜居韧性智慧城市。提高城市规划建设治理水平，完善城市功能，丰富服务业态，着力建设品质之城、现代之城、活力之城。实施片区突破。完成市县两级国土空间总体规划编制。中央商务区，抓好半岛制造业数字赋能中心、工业遗存产业园、

省小球运动中心项目。高铁新片区，启动建设站北广场、综合性医院。火车站南广场片区，加快清平路跨铁立交桥建设，启动建设大庄子学校、区内排水管廊。按照“未来之城”定位科学推进滨海区规划建设。提升宜居品质。高质量实施国家城市更新试点，加快建设总投资1000亿元的42个项目。新开工棚改项目5994套，改造老旧小区4.9万户。加快全域公园城市建设，新改建口袋公园100处，建设城市绿道70公里。整体提升45处农贸市场。深入推进“红色物业”，持续提高居民小区物业服务质量。建成“千兆城市”，新建智慧社区75个。发挥“城市大脑”支撑作用，提升城乡社区治理精细化水平。增强城市韧性。中心城区新增海绵城市25.8平方公里，完成白浪河排水主通道改造，实现雨污合流管网清零。完成国家清洁取暖试点。建成市域天然气环网工程北线、西北线。加载时尚活力。加快泰华城、谷德锦等商圈智慧化改造，积极发展酒吧、咖啡店、时尚餐厅等“第三空间”，打造一批人气打卡地。加快推进数字经济创业园、中国潍坊留创园和“创业大赛+”三大平台建设，打响“创潍来”大赛品牌。深入推进儿童友好城市建设。基本建成青年发展友好型城市。

（二）进一步提升新经济新产业，加快建设现代化产业体系。推深做实“优存量”“扩增量”，着力发展实体经济，积极争创国家制造业高质量发展试验区、全国工业稳增长和转型升级明显市，加快锻造新的产业竞争优势。培强壮大先发优势产业。紧盯前沿、打造生态、沿链聚合、集群发展，积极开辟新领域、制胜新赛道。编制元宇宙发展行动计划，设立100亿元的元宇宙产业基金群，推动歌尔高新、保税、坊子、安丘基地及配套园区建设，打造元宇宙技术创新与产业之都。深入实施“氢进万家”科技示范工程，开工建设华电潍坊制氢加氢一体站项目，加快燃料电池用氢气本地化供应。加快磁浮交通产业基地、磁悬浮二期产业园、中国通用潍坊机床产业园、聚能国际半导体等项目建设。支持新型储能、光刻胶、高端铝型材等产业发展。开展新经济新产业“双招双引”突破年，组织30场次以上招商活动，努力把更多社会资本、高端项目引入潍坊。改造升级传统优势产业。持续加力“五个优化”，加快提升传统优势产业竞争力。抓好豪迈连续流等项目建设，支持海化在新材料领域实现突破，加快化工产业向新材料新医药转型。推进潍柴林德液压、龙马风电产业园等项目建设，加快动力装备和汽车制造向新能源化转型。推动千喜鹤中央厨房等项目建成投产，建设国际食品产业园、中日韩高端预制菜食品产业园，加快食品加工向以预制菜为代表的生态快餐转型。实施市级技改重点项目600个。加快山东环渤海算力中心建设，培育工业互联网典型应用场景20个。着力构建优良产业生态。全面深化“链长制”，做大做强15个制造业重点产业链。坚持“一产业一园区”，集中提升打造20个特色产业园区。实施优质企业培育专项行动，新增省级以上制造业单项冠军、“专精特新”企业150家。集中打造一批制造业示范应用场景。开展质量标准助企提升行动。鼓励发展工业设计、供应链金融等生产性服务业。

（三）进一步提升人民生活品质，扎实推进共同富裕。创新实施更多惠民生、暖民心举措，强化基本公共服务，兜牢基本民生底线，着力办好30件重点民生实事，持续增进民生福祉。全力稳就业。落实落细就业优先政策，突出抓好青年特别是高校毕业生就业工作，切实做好退役军人就业创业工作，持续推进农民工、低技能人群、“零就业”家庭等重点群体就业，扎实做好农民工工资支付保障。深入实施国家公共就业服务能力提升示范项目，全方位构建智慧就业服务模式。优化教育供给。加大基础教育薄弱环节投入，严格按标准落实各项办学经费。实施办学条件“提质扩优”行动和乡村教育提升行动，建立全学段贯通培养机制，健全家校社网“全环境育人”机制，实施教师管理“三定三聘三评”改革，加快建设教育强市。建成和办好市老年大学。做好关心下一代工作。提升医疗健康服务水平。认真落实新阶段疫情防控各项举措，加快医疗资源准备，提升医疗救治能力，保障群众就医用药；突出抓好重点群体防控，着力保健康、防重症，确保疫情防控平稳有序转段。深化医药卫生体制改革，加快建设基层卫生健康综合试验区，提升分级诊疗成效。实施新一轮医疗能力“攀登计划”和医疗技术“登峰计划”，建设3个国家级和15个省级重点专科专业技术联盟。促进中医药传承创新发展。建设市级公共卫生安全中心，打造省级公共卫生应急救援基地。优化全人群全生命周期健康服务，落实优化生育支持政策，促进人口长期均衡发展。完善社会保障。推进社保扩面、提标、优服务。完善重特大疾病医疗保险和救助制度。加快社会救助综合改革试验区建设。大力发展养老事业和养老产业。实施普惠养老专项行动，健全完善居家社区机构相协调、医养康养相结合的养老服务体系，推动公共设施适老化改造，加快建设老年友好型社会。新建500处助老食堂。为5500户特殊困难老年人家庭和1300户残疾人家庭进行环境无障碍改造。

各位代表！2023年是习近平总书记肯定“三个模式”5周年，我们将以拓展创新“三个模式”为引领，加快城乡融合发展，聚力建设农业强市和宜居宜业和美乡村，着力打造乡村振兴齐鲁样板先行区。一是保障粮食和重要农产品供给。落实粮食安全责任制，确保粮食播种面积1030万亩以上、产量435万吨以上，蔬菜种植面积300万亩、产量1300万吨。开展以农田排涝体系为重点的冬春农田水利建设，新建和提升高标准农田30万亩。二是深化国家农综区建设。统筹抓好安丘、诸城、寿光三个农综区示范区建设，持续加大与“一带一路”国家农业合作。深化农村土地制度改革，创新农业经营机制，发展壮大新型农村集体经济。三是大力提升现代农业水平。推动农业全产业链发展，实施“十百千”现代农业培育工程，培育提升10个优势特色产业集群、100个现代农业园区、1000家产业合作社。全力打造虾、贝、三文鱼3个百亿级全产业链。抓好伊利乳制品加工、中粮小麦加工等重点项目。新认证绿色、有机、地理标志农产品50个。组建潍坊易田农业服务集团，推动农业社会化服务提档升级。着力发展数字农业，建成运营潍坊“三农”大数据平台，打造150个数字应用场景，进一步打通农业“产业互联网+消费互联网”全链路。四是深入实施乡村建设行动。大力开展农村人居环境整治提升，扎实推进农村厕所革命、生活垃圾和污水治理、村容村貌提升等重点工作。保持过渡期内帮扶政策总体稳定，抓好省衔接乡村振兴集中推进区建设，持续巩固拓展脱贫攻坚成果。全面落实省市支持临朐沂蒙革命老区振兴发展的政策措施。

五、加力实施赋能强基，在汇聚转型跨越的潍坊力量上见到新成效

顺应高质量发展逻辑之变、规律之变、路径之变，充分释放科教、金融、文化、生态的前驱能量，加快向内涵发展跃升。

*（一）加力实施科教赋能，增强创新驱动力。*深入实施科教兴市、人才强市、创新驱动发展战略，推动人才链、教育链、产业链、创新链深度融合，建设更高水平的国家创新型城市。搭建高能级科教平台。支持国家燃料电池技术创新中心、现代农业山东省实验室、先进光电芯片研究院、水动力研究院等平台建设，新增省级创新平台6家。实施打造中国农业种业硅谷行动，建设“六大集聚区、十大平台、九大基地”。支持潍坊医学院、潍坊学院等驻潍高校升级发展，创建山东生态环境学院、潍坊食品科技职业学院，推动4所“双高计划”高职院校举办本科层次教育。实施职业教育基础能力提升工程，重点打造与我市产业密切相关的40个专业群。开展常态化校企对话合作，建设一批现代产业学院。成立潍坊企业家学院。支持高新区发挥创新高地作用，以高新技术产业集聚发展带动全市高质量发展。培育高水平创新型企业。突出企业科技创新主体地位，深入推进科技型中小企业“育苗造林”和“高企倍增”计划，新培育科技型中小企业2500家、新增高新技术企业200家。加快推进燃料电池、半导体激光芯片等关键核心技术攻关和产业化、规模化应用。强化知识产权创造运用保护，新增发明专利授权2800件以上。引育高端高技能人才。实施“40万大学生集聚计划”，鼓励引导各类人才来潍回潍留潍。开展人才服务质效提升专项行动，新入选国家级省级重点人才80人以上。开展“商会组织建设年”活动，搭建“潍坊英才校友之家”，倾情服务百万在外潍坊儿女支持家乡发展。

*（二）加力实施金融赋能，增强金融支撑力。*提升金融对实体经济的渗透性、贡献率，打造区域性产业金融高地和金融服务高地。做强金融产业。建设“苇湾资本集聚区”，集聚金融投资机构和金融服务机构30家。设立“基金港”，组建招商基金，新建产业或创投基金10支。整合成立市融资担保集团。建设金融博物馆。优化金融服务。实施信贷增量扩面计划，持续开展“银行行长项目行”等金企对接路演活动100场，推动制造业中长期贷款增长30%，科技型中小企业贷款户数增长30%，完成供应链融资550亿元，投放绿色贷款300亿元，推动“科技—产业—金融”良性循环。争创国家金融支持乡村振兴创新示范区。实施企业上市“鸢飞工程”，大力培育上市资源，提高上市企业数量。提升金融治理。坚持以金融的办法解决金融问题，完善金融风险防范和应急处置机制，开展国企负责人队伍建设、规范国企融资工作专项行动，抓严抓实非法集资防范处置，不良贷款率保持在较低水平。

*（三）加力实施文化赋能，增强文化软实力。*发挥丰厚文化资源优势，推动创造性转化、创新性发展，打造国家文化生态保护传承示范区、齐鲁文旅融合发展新高地。强化社会主义核心价值观引领。深入实施《潍坊市文明行为促进条例》，广泛开展“五为”志愿服务，建设更高水平的全国文明城市。加强哲学社会科学建设，搞好重大课题研究，更好服务地方经济社会高质量发展。延展城市历史文脉。加快齐鲁文化（潍坊）生态保护区建设，办好黄河流域文化生态保护区发展高峰论坛。建成市级非遗综合展馆，推进“山东手造·潍有尚品”工程。做大做强风筝文化产业。加快推进十笏园、坊子德日式建筑群等重点文保工程，规划建设金石文化博物馆、市方志馆。争创国家历史文化名城。丰富优质文化供给。创新开展“东亚文化之都”系列对外文化交流活动，推动设立中国上海国际艺术节潍坊分会场，举办陈介祺金石文化周。拓展30家以“超然”城市书房为代表的新型文化空间，打造15分钟城市阅读圈、城乡品质文化生活圈。支持青州中晨书画艺术产业园创建国家级文化产业示范园区。大力推进文旅融合。实施潍坊旅游形象推介行动，支持数字文旅、露营、康养等文旅新业态、新产业发展。建设元宇宙智慧文旅综合体验中心，持续提升“齐鲁天路”最美自驾游品牌，策划推出渤海湾最美海洋休闲廊道，打造国内知名旅游目的地城市。推动体卫、体教、体旅融合发展。办好首届潍坊马拉松比赛、第二十一届市运会。

*（四）加力实施生态赋能，增强环境竞争力。*树立大生态系统理念，

整体优化自然环境、社会环境、安全环境，以高质量生态赋能高质量发展。打造最优自然环境。扎实做好中央和省环保督察反馈问题整改落实。完成“四减四增”三年行动任务。持续深入打好蓝天碧水净土保卫战。全面实施“生态警务”，加强湿地保护，打赢全域美丽幸福河湖创建三年攻坚战。打造最优社会环境。深化全国市域社会治理现代化试点。建设覆盖城乡的现代公共法律服务体系和仲裁服务体系。深入开展“枫桥式”司法所建设三年行动。强化社会治安整体防控，常态化推进扫黑除恶斗争，打好反恐和禁毒人民战争。依法打击治理电信网络诈骗等各类违法犯罪活动，建设更高水平的平安潍坊、法治潍坊。全面推行“三化一制”管理，提升乡村治理水平。加强国防教育、国防动员、拥军优属、退役军人、民兵预备役、海防、民族宗教等工作。争创双拥模范城“七连冠”。打造最优安全环境。深化安全生产专项整治和打非治违，坚决防范化解重大安全风险。开展消防“生命通道”建设工程。推动市县两级人防基本指挥所建设。统筹抓好食品药品安全、校园安全、网络安全等各领域安全。

六、全力深化改革开放，在拓展跃迁进阶的潍坊空间上开创新局面

坚持以改革破题破局，以开放赋能赋势，为建设现代化强市注入强劲动力和充足活力。

*更深层次推进改革。*实施“一号改革工程”优化营商环境攻坚年，健全“五极”服务模式，兑现“四零”服务承诺，打造一流营商环境。深入推进全域“无证明城市”建设，推动100项重点高频电子证照证明在政务服务和生活场景中广泛应用。全面推行“综合监管一件事”改革、项目全生命周期服务推进机制。争创国家要素市场化配置综合改革试点。推进市县两级国有企业重组重整，加快国企转型发展。深化开发区体制机制改革，持续增强开发区发展活力。

*更高水平扩大开放。*顺应对外开放新形势新特点，更大力度走出去、引进来，聚力打造“双循环”重要节点城市、山东半岛对外开放桥头堡、环渤海区域性海洋经济中心。融入开放战略。主动参与“一带一路”建设，加快推进黄河重大国家战略10个省级重点项目，推动胶东经济圈共建市际县域合作区实施方案、同城便捷生活行动方案落实落地。提升开放平台。深化国家跨境电商综合试验区建设，培育打造16个跨境电商产业园，举办世界电子商务大会、潍坊国际电子商务博览会。支持综合保税区冲刺千亿级外贸园区。整合提升节会，创新办好潍坊国际风筝会、鲁台经贸洽谈会、中日韩产业博览会。畅通开放通道。加快潍坊港煤炭下水码头、疏港铁路建设，打造国家“北煤南运”重要枢纽，加速迈向亿吨大港。高标准谋划建设滨海、高密、诸城三个临港经济区（产业区）。推进潍坊机场国际货运口岸开放。加快建设申易物流智慧多式联运国家示范工程项目。加强开放合作。扎实落实“六个一”平台招引新机制，打造50个高质量招引平台，创设50处产业展示中心，依托各类基金引进项目50个。更大力度促进外资稳存量、扩增量，开展“外资大项目招引落地攻坚年”，建立市县联动外商投资促进工作机制，年内引进落地投资过亿美元大项目10个，实际使用外资增长10%。支持企业开展海外并购重组、联盟协作开发，新设立境外企业、分支机构25家。新增国际友城2个。扎实做好对口支援和东西部协作工作。

七、突出强化党建统领，进一步加强政府自身建设

把党的全面领导贯穿到政府工作各领域各方面各环节，深刻领悟“两个确立”的决定性意义，增强“四个意识”，坚定“四个自信”，做到“两个维护”，自觉在思想上政治上行动上同以习近平同志为核心的党中央保持高度一致。

*进一步提升干部素质能力。*适应新形势新任务，加强干部教育培训，全面提升境界、放大格局、迭代认知、重塑作风，锤炼堪当重任的高素质干部队伍。以“有解思维”推动工作提质增效，不断增强干部推动高质量发展本领、服务群众本领、防范化解风险本领和斗争本领。践行“严真细实快”，敢闯敢干敢为，事争一流、唯旗是夺。

*切实提高行政效能。*坚持数字政府建设先行，推进机关运行数字化，深化“互联网＋政务服务”，打造数字机关全省样板。用好用活12345热线、网上平台、网格化管理等方式，及时回应解决群众关切的问题。更大力度“走上去、走出去、走下去”，积极争取资源，主动寻标对标，加强调查研究，持续提升抓落实的效率。

*深入推进依法行政。*严格落实重大行政决策程序，加快推动重点领域、新兴领域立法，全面推进严格规范公正文明执法。争创全国法治政府建设示范市。扎实做好第五次经济普查。持续深化政务公开。依法接受人大法律监督、工作监督，自觉接受政协民主监督，全面强化审计监督、统计监督，主动接受司法监督、社会监督。

*持之以恒加强廉政建设。*严格履行全面从严治党主体责任，深入落实中央八项规定及其实施细则精神，力戒形式主义、官僚主义，持续为基层减负松绑。以彻底自我革命精神反腐惩恶，一体推进不敢腐、不能腐、不想腐。扎实开展好主题教育。严格落实“过紧日子”要求，建成节约型机关。

各位代表！让我们更加紧密地团结在以习近平同志为核心的党中央周围，在省委、省政府和市委坚强领导下，坚定信心、团结奋斗，踔厉奋发、勇毅前行，奋力谱写新时代中国特色社会主义现代化强市建设新篇章！

（市政府办公室）

大 事 记

Dashiji

2022 年潍坊大事记

1 月

1 月 1 日 潍坊市首条高架快速路——宝通街快速路全线通车。市委、市政府在宝通街和平路上桥入口处举行宝通街快速路通车仪式。市委书记田庆盈出席仪式并宣布快速路全线通车；市人大常委会主任苏立科，市政协主席刘建国，以及王兆辉、童培友、高峰、张永国、杨建华、杨升岩、田民利等市领导出席仪式；市委常委、副市长李兰祥主持。

1 月 7 日 共青团中央、农业农村部印发《关于表彰首届“全国乡村振兴青年先锋”的决定》，潍坊市王建文、刘莉获评首届“全国乡村振兴青年先锋”。

同日 山东省水利厅等 12 部门联合印发《关于公布山东省 2021 年度节水标杆单位名单的通知》，潍坊市潍柴动力股份有限公司、潍坊特钢集团有限公司、山东海化股份有限公司、山东中烟工业有限责任公司（青州卷烟厂）、青岛啤酒（寿光）有限公司、怡力精密制造有限公司 6 家企业榜上有名，位居全省第二位。

1 月 8 日 潍柴动力在济南发布全球首款本体热效率 51.09% 柴油机及重大氢能科技示范成果。发布会上，公布国际权威检测机构德国 TüV 南德意志集团认证证书；举行山东重工·山东港口首批氢燃料重卡示范运营交付仪式。

1 月 11 日 山东省通信管理局潍坊市信息通信发展办公室成立揭牌。

1 月 12 日 省发改委、省卫健委公布全省家庭托育试点县（市、区）名单，临朐县成功入选。

1 月 13 日 山东省教育厅印发《山东省关于公布第二批省级教育强镇筑基试点名单的通知》，昌邑市龙池镇、昌乐县乔官镇、高密市柴沟镇、青州市弥河镇、诸城市昌城镇 5 个镇被确定为全省第二批教育强镇筑基试点镇。至年底，潍坊市有省级强镇筑基试点镇 9 个。

1 月 16 日 国家林业和草原局发布《关于 2021 年国家湿地公园湿地验收结果的通知》，潍坊市高密胶河国家湿地公园通过国家试点验收。

1 月 18 日 “齐鲁时代楷模”发布仪式举行，省委宣传部授予潍坊市儿童福利院副院长杨守伟“齐鲁时代楷模”称号。省委常委、宣传部部长白玉刚，副省长孙继业，市委副书记、市长刘运出席发布仪式。

1 月 19—20 日 潍坊市组织对 2021 年度全市重点项目和“双招双引”项目进行现场观摩。市委书记田庆盈，市委副书记、市长刘运，市人大常委会主任苏立科，市政协主席刘建国，市政协党组书记李树民等，分别对市滨海开发区、寿光市、昌乐县、青州市、临朐县、寒亭区、潍城区、奎文区、坊子区、市高新开发区的重点项目和“双招双引”项目进行现场观摩。

1 月 22 日 出席省十三届人大七次会议的潍坊代表在济南南郊宾馆参加团建会议，推选团长、副团长，划分代表小组；审议主席团和秘书长名单草案；审议会议议程草案；签订严守会风会纪要求承诺书；观看警示教育片。会议推选市委书记田庆盈为潍坊代表团团长；市委副书记、市长刘运，市人大常委会主任苏立科为副团长。

1 月 23 日 由省体育局主办的山东省第五届冬季全民健身运动会雪地拔河和雪地托球跑比赛日前在泰安市举办，潍坊市选手获雪地拔河比赛、雪地托球跑比赛女子组、男子组三个项目冠军。

1 月 26 日 市公共就业和人才服务中心就业服务窗口被授予“全国

人力资源社会保障系统优质服务窗口”称号。

1月27日 2022年省级重点项目名单公布，潍坊市歌尔光电产业园四期、风光储智慧能源示范基地一期、兴明光电OLED载板等185个项目纳入。其中，省重大项目42个，省新旧动能转换优选项目92个，省“双招双引”签约项目15个，省补短板项目36个。

同日 省文明办公布新时代文明实践“十百千”典型培育推广名单，寿光市新时代文明实践中心入选“山东省新时代文明实践示范中心”，奎文区广文街道新时代文明实践所、潍城区城关街道新时代文明实践所等11个新时代文明实践所入选“山东省新时代文明实践示范所”，奎文区梨园街道樱北社区新时代文明实践站、奎文区东关街道奎文门社区新时代文明实践站等94个站入选“山东省新时代文明实践示范站”。

1月31日 潍坊市投资集团有限公司的全资子公司——潍坊市保安服务有限公司获评全国先进保安服务公司，得到公安部、中华全国总工会、共青团中央联合表彰。

2月

2月7日 潍坊市行政审批服务局研发上线“潍坊市工程建设项目掌上办事大厅”小程序，实现数据资源和工程建设项目审批深度融合，被列入山东省工程建设项目审批制度改革第一批“揭榜挂帅”改革创新试点。

2月9日 省委副书记、省长周乃翔在潍坊市调研，先后到企业、园区和项目现场，调研新旧动能转换、工业经济运行、科技创新和重大项目建设等工作。市领导田庆盈、刘运、李兰祥、杨建华、田民利、卞汉林陪同调研。

2月10日 全市2022年工作动员大会召开，会议学习贯彻习近平总书记对山东工作的重要指示要求，贯彻落实中央、省委经济工作会议和全省2022年工作动员大会精神，部署全年重点工作。

2月11日 “山东与世界500强连线”高端装备产业合作专场在济南举行。市委副书记、市长刘运，副市长卞汉林在潍坊分会场参加活动。潍坊市50家高端装备制造业企业代表线上参会。会上，安丘市智能机械设备制造项目在潍坊分会场签约。

同日 农业农村部办公厅印发国家农业科技创新联盟第三批认定名单，位于寿光的全国蔬菜质量标准中心组建成立的国家蔬菜质量标准化创新联盟榜上有名。

同日 国家林业和草原局办公室公布第二批国家林业产业示范园区名单，认定命名59家园区为国家林业产业示范园区，山东省共有4家园区上榜，中国（昌邑）北方花木城林业产业示范园区榜上有名。

2月14日 国家统计局副局长李晓超在省统计局局长辛树人、国家统计局山东调查总队总队长雷小武陪同下，到潍坊调研乡村振兴和现代农业发展情况。

2月15日 市政府与中国铁路济南局集团有限公司《胶济铁路坊子站区文物保护利用合作框架协议》签约仪式在坊子区举行。

2月16日 国家中医药管理局公布第二届全国名中医表彰人选，潍坊市中医院主任医师张奇文入选。

2月17日 财政部公示2022年林业改革发展资金支持国土绿化试点示范项目名单，全国20个项目入围，市财政局会同自然资源和规划局申报的临朐县沂山区域国土绿化试点项目作为山东省唯一项目上榜。

2月18日 中国共产党潍坊市第十三次代表大会召开。大会应到代表570人，实到560人。市委书记田庆盈代表中国共产党潍坊市第十二届委员会向大会作题为《不忘初心 砥砺前行为加快建设人民满意的现代化品质城市不懈奋斗》的报告。中国共产党潍坊市纪律检查委员会向市第十三次党代会的工作报告并提请大会审查。

2月22日 山东预制菜产业联盟成立大会在诸城举行。

2月25日 山东省举行2022年春季重大项目集中开工活动，全省900个重大项目集中开工建设。潍坊市71个项目参加集中开工，总投资635亿元，年度计划投资255亿元。潍坊市分会场设在高密市山东信悦高新工业园精密制造项目现场。

2月26日 国际食品科技联盟公布国际食品科学院新增院士名单。中国农业科学院农产品加工研究所副所长、“国家花生产业技术体系”加工研究室主任，潍坊食品科学与加工技术研究院植物蛋白挤压与精准营养配餐创新中心首席科学家王强当选该院院士。

2月28日 全市“双招双引”重点合作项目视频集中签约仪式举行，294个项目集中签约。市委书记田庆盈出席仪式并讲话，市人大常委会主任苏立科、市政协主席刘建国，市政协党组书记李树民，市领导杨建华、杨升岩出席。市委副书记、副市长李兰祥主持仪式。仪式上，签约的294个项目，涵盖现代农业、高端装备、智能制造、新一代信息技术、新能源新材料、医养健康、文化旅游、生物医药、高端化工、食品加工、现代物流、现代金融、现代海洋等，合同签约额2686.7亿元。

3月

3月2日 省政府新闻办举行新闻发布会，发布首批“好品山东”品牌名单，涵盖14类、223家制造业、消费品、农产品领域品牌，其中潍坊市的11类、22家品牌上榜。此次潍坊上榜的品牌名单为，新一代信息技术：歌尔股份有限公司；高端装备：潍柴动力股份有限公司、山东天瑞重工有限公司、山东豪迈机械科技股份有限公司；新能源新材料：宏源防水科技集团有限公司、山东龙港硅业科技有限公司、山东联科科技股份有限公司、山东乐化漆业股份有限公司、山东大业股份有限公司；医养、文教用品、工艺品及相关制品：山东康华生物医疗科技股份有限公司、山东晨鸣纸业集团股份有限公司；纺织服装：山东银鹰化纤有限公司、孚日集团股份有限公司、青州市坦博尔服饰股份有限公司；肉制品、水产品：得利斯集团有限公司；粮食及其副产品：诸城兴贸玉米开发有限公司；食用植物油、调味品、花生制品：瑞福油脂股份有限公司；焙烤食品及保健食品：青州市隆盛食品有限公司；蔬菜、果品、食用菌及其制品：山东琨福农业科技有限公司；区域类产品：潍县萝卜、昌邑大姜、青州花卉。

3月3日 国家发改委办公厅公布国家企业技术中心2021年评价结果，晨鸣纸业通过国家企业技术中心复评。

同日 科技部火炬中心与中国工商银行联合公布科技金融创新服务“十百千万”专项行动首批实施单位，潍坊高新区榜上有名。

3月4日 国家发改委发布《优化营商环境百问百答》，在招标投标指标中潍坊市3个案例入选，分别是：《潍坊市持续降低招标投标交易成本》《潍坊市积极推广远程异地评标》《潍坊市加强招标代理机构及从业人员事中事后监管》，入选数量全省居首。

3月10日 潍柴动力新能源试验中心获得中国合格评定国家认可委员会（CNAS）颁发的实验室认可证书（注册号：CNASL16009），成为行业首个同时通过氢燃料电池和固态氧化物燃料电池产品试验检测认可的实验室，具备氢燃料电池和固态氧化物燃料电池产品全技术链研发与测试能力。

3月10日 寿光市被山东省自然资源厅、山东省财政厅联合评为2021年省级耕地保护激励县，位列第一等，获得500亩新增建设用地指标和1500万元资金奖励。

3月11日 山东路斯宠物食品股份有限公司北京证券交易所上市仪式在潍坊举行。

3月12日 市委书记田庆盈到部分医疗卫生单位和商超企业，就疫情防控和蔬菜粮油等生活物资市场保供情况进行调研。市领导卞汉林、杨建华、吕珊珊、李平参加调研。

3月14日 省委书记李干杰到潍坊市潍城区，实地检查指导疫情防控工作，看望慰问奋战在一线的工作人员。市领导田庆盈、刘运、李兰祥、杨建华参加。

3月22日 2021年全市数字经济核心产业主营业务收入过1200亿元，增速87.9%。全市实现数字经济核心产业增加值280.7亿元，数字经济核心产业增加值增速157.88%。在全省数字经济发展水平考核中，潍坊市综合得分居全省第一。

同日 潍坊市社会保险事业中心被人力资源和社会保障部确定为社会保险国家标准制定工作组成员单位，具体参与制定《养老保险待遇领取资格认证服务规范》，成为人社部确定的工作组八个成员单位之一。

3月23日 副省长孙继业到潍坊市督导检查疫情防控工作。市委书记田庆盈，市委副书记、市长刘运，市领导杨建华、陈端梅参加有关活动。

同日 省发改委认定公布20个2022年度省级现代服务业集聚示范区，潍坊市的潍坊巾帼家政广场、潍坊生物园产业集聚区、山东寿光软件园3家园区入选，数量居全省第一。

3月25日 省市场监管局印发全省重点地理标志保护清单，潍坊市桂河芹菜、诸城绿茶、寿光小黄瓜、寿光樱桃西红柿、寿光香瓜、景芝神酿6件地理标志商标入选。

同日 省文化和旅游厅公布第一批省级文物保护利用示范区创建名单，昌邑市“渤海走廊”革命文物保护利用示范区入选。

3月30日 市政府新闻办召开新闻发布会，对潍坊市第三次国土调查主要数据进行公报。据《潍坊市第三次国土调查主要数据公报》数据显示，潍坊市土地利用主要数据如下：耕地999.14万亩，园地141.01万亩，林地397.83万亩，草地41.53万亩，湿地56.47万亩，城镇村及工矿用地474.60万亩，交通运输用地73.55万亩，水域及水利设施用地163.84万亩。

4月

4月1日 中共山东省委考核工作领导小组办公室公布《2021年度山东省各市高质量发展综合绩效考核结果》，潍坊市在山东省2021年度16市高质量发展综合绩效考核中获“一等”等次，定性指标、定量指标均居全省第一名；获新旧动能转换、乡村振兴战略2个单项奖，均居全省第一名。

4月10日 省委书记李干杰到昌乐县、昌邑市调研疫情防控和经济社会发展工作。省直有关部门主要负责人陪同调研，潍坊市领导田庆盈、刘运、杨建华参加活动。

同日 2021年全国文明城市年度测评成绩揭晓，寿光市以94.17分的成绩获全国县级文明城市测评第八名，被中央文明办通报表扬。

4月13—15日 潍坊市第十八届人民代表大会第一次会议举行。大会应到代表570人，实到559人。大会听取审议相关工作报告，选举产生新一届市级国家机关领导成员，表决通过人事任命事项及相关决议。田庆盈当选为潍坊市第十八届人民代表大会常务委员会主任；刘运当选为潍坊市人民政府市长。

4月17日 潍坊市与韩国利川市建立友好合作关系城市签约仪式以视频方式举行。仪式上，观看两市城市宣传片，共同签署《中国潍坊市与韩国利川市建立友好合作关系协议书》。

同日 山东省农业农村厅、省财政厅公布2021年现代农业强县10个入选县名单，寿光市位列其中。

同日 农业农村部发布《2022年农业产业融合发展项目创建名单公示公告》，全国拟批准创建200个农业产业强镇，其中山东省11个镇入围公示名单，昌邑市柳疃镇成为潍坊市唯一入选镇。

4月19日 山东省人社厅公布新一批山东省博士后创新实践基地名单，潍坊市山东星宇手套有限公司和诸城东晓生物科技有限公司2家单位榜上有名。

4月20日 由文化和旅游部主管的中国文化传媒集团旗下“文旅中国·百城百艺”非遗传播活力展示平台公布“文旅中国·百城百艺”非遗传播活力2021年度报告。其中，在传统技艺类非遗项目活力值排行榜上，潍坊风筝项目以非遗活力值8176排名第二。

同日 副省长李猛带队到潍坊市调研农机装备产业发展工作，省政府副秘书长张积军、省农业农村厅厅长李希信、省工信厅副厅长靖士宽参加调研。市领导田庆盈、刘运、吕珊珊、滕双兴、鞠俊海陪同有关活动。调研组一行先后到山东潍坊鲁中拖拉机有限公司、山东悍沃农业装备有限公司、潍柴雷沃重工股份有限公司、北大现代农业研究院进行实地调研，并在潍柴雷沃重工召开座谈会，潍柴集团董事长谭旭光作相关情况汇报。

同日 第二十三届中国（寿光）国际蔬菜科技博览会、2022寿光国际蔬菜种业博览会以线上方式在寿光市蔬菜高科技示范园开幕。此届菜博会以“创新·合作·发展”为主题，主展区45万平方米，室内展览面积16.5万平方米，包括10个展馆、采摘园、日光温室高产栽培区、蔬菜博物馆及广场展区，集中展示国内外80余种蔬菜生产前沿模式、100余项蔬菜种植先进技术、4000余个蔬菜优良品种。

4月21日 省委副书记，省人大常委会副主任、党组书记杨东奇到潍坊市调研疫情防控、乡村振兴、企业生产、环境保护法实施等工作。市领导田庆盈、杨建华、王兆辉、滕双兴等陪同或参加有关活动。

4月22—24日 潍坊市海洋发展研究院通过国家海洋计量认证资质认定复查评审，取得涵盖海洋气象、海洋水文、水质、浮游生物、海洋测绘5方面44个项目的检验检测资质，成为2022年省内首家通过国家级复查评审的市级海洋检验检测机构。

4月23日 由中国食品工业协会、中国农业科学院农产品加工研究所、潍坊市人民政府共同主办，以“绿色健康‘食’尚　预制引领‘味’来”为主题的中国（潍坊）预制菜产业发展大会举行。会上，举行共建“中国预制菜产业名城”揭牌、国家农产品加工产业科技创新联盟预制菜专业机构授牌、食品农产品跨境服务统采平台暨中国预制菜产业交易服务中心启动、潍坊食品科学与加工技术研究院入驻、新鲁菜大赛战略合作和预制菜产业基金合作框架协议签约等仪式，宣布启动预制菜行业标准制定工作，成立中国食品工业协会预制菜和中央厨房专业委员会、全国预制菜产业集群，为陈光颁发全国预制菜产业集群首任主席聘书。大会采取线上线下相结合的方式举办，主会场设在潍坊富华国际会议中心，同时设16个分会场，面向全球同步直播，国内外近万家预制菜企业、行业协会、相关机构同步在线。

同日 首届全民阅读大会在北京开幕。潍坊京广·尚悦（银座店）获得全国“年度最美书店”称号，高密农家书屋管理员李济远入选全国“乡村振兴十大阅读推广人”。

4月25日 全市重点外资项目推进会议召开，通报全市一季度外资运行情况，安排部署工作。市委书记、市人大常委会主任田庆盈会前作出批示，市委副书记、市长刘运，副市长狄波出席会议并讲话。会议以视频形式召开。会上，刘运现场调度推动歌尔智能制造、亿维丽贸易、晨鸣纸业、英科医疗、景芝酒业、通吉供应链6个“书记市长外资项目”；滨海区、寿光市、高密市、诸城市作交流发言。举行重点外资项目视频签约仪式。

同日 国家卫生健康委印发《“千县工程”县医院综合能力提升工作县医院名单的通知》，潍坊市8家县医院入选“千县工程”，分别是：青州市人民医院、诸城市人民医院、寿光综合医院、高密市人民医院、昌邑市人民医院、临朐县人民医院、昌乐县人民医院、安丘综合医院。

4月25—26日 省委常委、组织部部长王宇燕到潍坊市调研基层党建、人才等工作，分别到青州（国际）花卉创业园、寿光市洛城街道屯田西村、寿光蔬菜高科技示范园、潍柴集团、歌尔集团、山东富康集团、天瑞重工有限公司、潍坊医学院等地进行实地调研。市领导田庆盈、刘运、杨升岩一同调研。

4月 山东中烟工业有限责任公司青州卷烟厂获得全国五一劳动奖状；潍柴控股集团有限公司首席技师、高级技师汤海威，康跃科技（山东）有限公司模具主管、高级技师周建章，山东畜牧兽医职业学院动物疫病检测中心主任、二级教授李舫（女）3人获得全国五一劳动奖章；山东海化集团有限公司热力电力分公司检修部锅炉本体班获得“全国工人先锋号”称号。东盛生态科技股份有限公司、元利化学集团股份有限公司、潍坊昌威保安集团有限公司、山东天瑞重工有限公司、瑞福油脂股份有限公司5个单位获得山东省五一劳动奖状；山东华邦建设集团有限公司技术研发中心主任王晋、青州中联水泥有限公司生产品质部部长吕鹏、山东凯马汽车制造有限公司冲焊车间维修电工班班长朱烈智、潍坊市益都中心医院重症医学科主任庄育田、山东华特磁电科技股份有限公司技术主管刘茂堂、潍坊国一铝材有限公司董事长齐恩亮、高密市人民医院重症监护室主任李丽（女）、山东浩信机械有限公司技术部副总工程师李振奇、山东星宇手套有限公司维修班班长肖林辉、潍坊华润燃气有限公司班组长赵国胜、山东宇信控股集团有限公司董事长姚忠修、山东蓝想环境科技股份有限公司董事长徐清华、北汽福田汽车股份有限公司诸城汽车厂动态调试检验班班长崔玉耀、安丘市鲁安药业有限责任公司车间主任助理兼维修班班长韩小刚、国网山东省电力公司潍坊供电公司营销部专业工程师曾乐宏（女）、山东省潍坊商业学校教师魏亚丽（女）16人获得山东省五一劳动奖章；潍柴动力股份有限公司潍柴动力50%高热效率柴油机开发团队、潍坊市市场监督管理局潍坊市市场监督管理执法支队、山东潍坊百货集团股份有限公司中百益家园超市潍坊店、山东圆友重工科技有限公司砂浆车间主结构班、山东新和成药业有限公司606分厂二工段D班、国网山东省电力公司安丘市供电公司变电二次运检班6个集体获得"山东省工人先锋号"称号。

5月

5月5日 农业农村部管理干部学院和阿里研究院联合发布《"数商兴农"：从阿里平台看农产品电商高质量发展》报告，并公布2021年全国"农产品数字化百强县"榜单，潍坊的寿光和青州上榜。

5月7日 中国科协青少年科技中心、中国青少年科技辅导员协会印发《关于做好"'科创筑梦'助力'双减'科普行动"试点工作的通知》，潍坊市入选全国试点城市，潍坊市科技馆入选全国试点单位。

同日 阳光融和医院抗疫救治先进事迹报告会举行。阳光保险集团董事长张维功在北京通过视频形式参加会议。市委书记、市人大常委会主任田庆盈出席报告会并讲话，市委副书记、市长刘运，市政协主席李树民，市委副书记李兰祥，市领导杨建华、吕珊珊、王兆辉、冯纪伟出席会议。

5月10日 市委书记、市人大常委会主任田庆盈到峡山区、综合保税区调研督导疫情防控、经济社会发展和自建房安全隐患排查整治工作。

同日 工业和信息化部国际经济技术合作中心与潍坊市人民政府全面战略合作协议签署视频会议举行。

5月11日 市委书记、市人大常委会主任田庆盈到市中级人民法院、市检察院、市公安局调研并看望慰问一线执法干警。

同日 《2021年中国投资潜力百强县》报告发布，潍坊4县市入围，分别是寿光、诸城、青州、高密，其中寿光市位居第24位、诸城市位居第59位、青州市位居第70位、高密市位居第91位，入围数量全省第一。

5月12日 奎文区梨园街道庄家经济专业合作社与广文街道李家经济专业合作社就潍坊市南下河市场迁建项目举办签约仪式。南下河市场将搬迁至奎文区庄家工业园，项目占地115亩，初步设计20万平方米，预计投资10亿元。项目定位为"南下河商贸城"，既是农贸市场、商务楼宇、酒店、餐饮为一体的大型商业综合体，又是南下河农贸市场的提升版。

5月13日 山东省政府新闻办召开新闻发布会，解读《山东省人民政府关于贯彻〈国家标准化发展纲要〉推进标准化创新发展的实施意见》，潍坊成为建设科技创新标准化城市试点。

5月15日 山东省工业和信息化厅公布2022年度山东省特色产业集群名单，潍坊3家产业集群入选，分别是诸城市（健康食品及预制菜加工）特色产业集群、临朐县（铝型材加工）特色产业集群、昌邑市（海洋精细化工）特色产业集群。

5月16日 副省长凌文带队到潍坊市调研工业经济运行情况，先后到丹河设施蔬菜标准化生产示范园、山东富康控股集团有限公司、国能寿光发电有限责任公司进行实地调研，并召开座谈会，听取企业经营运行情况汇报。省政府办公厅副主任王健、省工信厅一级巡视员罗新军参加调研。市领导刘运、卞汉林、鞠俊海陪同有关活动。

5月17日 山东省教育厅、潍坊市人民政府共建潍坊学院暨潍坊学院滨海校区建设签约仪式在富华国际会议中心举行。省委教育工委副书记、省教育厅党组副书记、副厅长冯继康，省委教育工委副书记、省教育厅党组副书记、副厅长白皓；市委书记、市人大常委会主任田庆盈，市领导杨建华、陈瑞梅、王富、鞠俊海；潍坊学院党委书记李东，潍坊学院党委副书记、校长冯滨鲁出席活动。市委副书记、市长刘运主持。仪式上，双方代表签署《共建潍坊学院合作备忘录》《潍坊学院滨海校区建设框架协议》。

5月17—18日 省委统筹疫情防控和经济运行工作领导小组（指挥部）外经贸运行组到潍坊市开展外贸外资专题调研。副市长狄波陪同调研并座谈。

5月19日 市委书记、市人大常委会主任田庆盈现场调研口袋公园、过街天桥和公共卫生间建设使用情况。

同日 省质量强省及品牌战略推进工作领导小组通报2021年市级政府质量工作评议结果，潍坊市继2019年首获A级等次后，再次获评A级，实现市级政府质量工作A级等次"两连冠"。

5月20日 潍坊市跨境电子商务协会成立暨第一届会员大会在东方大酒店举行。潍坊市40余家跨境电商企业加入该协会组织，共同拓展海外市场。

5月21日 省政府发布《关于2021年度县域经济高质量发展差异化评价结果的通报》,潍坊市4县(市、区)获通报表彰，获表彰数量居全省第一位。其中，寿光市、诸城市获评“高质量发展先进县”，分别位列此奖项第三名、第四名；寒亭区获评“高质量发展进步县”，位列此奖项第二名;临朐县获评“招商引资招才引智”专项评价先进县第一名。

5月22日 山东省住建厅发布《山东省住房和城乡建设厅关于2021年度全省建筑业30强企认定名单的公示》，潍坊市潍坊昌大建设集团有限公司、山东寿光第一建筑有限公司、山东华邦建设集团有限公司入选。

5月26日 潍坊市版权保护发展联盟在奎文区新华新阅广场揭牌成立。

5月27日 潍坊市快递行业工会联合会成立。

5月30日 中央文明办以“云”发布方式,推出2022年第一季度“中国好人榜”，潍坊市崔小国荣登“助人为乐类”中国好人榜单。

5月31日 市政府新闻办召开新闻发布会，就2022年市委一号文件有关内容进行介绍。2022年一号文件围绕创新提升“三个模式”、奋力打造乡村振兴齐鲁样板先行区、加快提升农业农村现代化水平，聚焦农业稳产增产、农民稳步增收、农村稳定安宁，保障粮食和重要农产品有效供给，巩固拓展脱贫攻坚成果，有序开展乡村发展、乡村建设、乡村治理等重点工作，从八个方面对开展“三农”工作进行具体部署。

6月

6月2日 “山东与世界500强连线”现代海洋产业合作专场在济南举行，寿光市渔光互补光伏发电项目代表进行线上签约。

6月6日 市委书记、市人大常委会主任田庆盈，市委副书记、市长刘运到潍坊一中、潍坊四中考点，现场检查调度夏季高考准备工作。市领导杨建华、杨升岩、陈端梅、冯纪伟参加活动。

同日 2022年全国“放鱼日”同步增殖放流（山东）暨中国•潍坊海洋放鱼节活动启动仪式在潍坊市举行。

同日 山东省艺术版权交易中心揭牌仪式在奎文区举行。该中心是省内首家艺术版权交易专业服务机构，重点建设版权大数据库、版权资产管理中心、版权展示馆、版权内容服务商城、版权文创中心、数字藏品销售平台、版权产业研究院、版权诉前调解中心八大板块，年底完成初期建设规划。

同日 教育部发函确定潍坊市为全国首个开展中小学信息素养提升试点城市。

6月8日 市委书记、市人大常委会主任田庆盈在市级机关综合办公大楼，会见潍坊市全国公安系统英雄模范立功集体代表。市委常委孙刚、杨建华、杨升岩参加会见，副市长、市公安局局长徐磊介绍全国公安系统英雄模范立功集体表彰大会有关情况。在全国公安系统英雄模范立功集体表彰大会上，潍坊市有4个集体和3名个人受到表彰。

同日 潍坊市政府与中粮信托、光大银行济南分行战略合作协议签约仪式在富华大酒店举行。

同日 潍坊报史馆开馆暨潍坊融媒客户端下载量突破120万活动仪式在潍坊日报社融媒体中心演播厅举行。潍坊报史馆是全国第二家、全省首家以城市命名的地方报史馆。

同日 由潍坊市农业科学院选育的“潍麦12”通过国家农作物品种审定委员会审定，成为潍坊市第一个国家审定小麦新品种，实现国审、省审品种双审定。

6月9日 农业农村部副部长邓小刚一行在省委常委、政法委书记李猛的陪同下，到潍坊市调研指导“三夏”小麦机收工作。邓小刚一行先后到军埠口综合项目发展服务中心绿野农机专业合作社机收现场、潍柴雷沃智慧农业示范基地、潍柴雷沃重工股份有限公司、高里街道一空桥村订单强筋麦机收现场，了解小麦机收、大豆玉米带状复合种植、农机跨区作业、农民增收等情况。

6月11日 2022高密小麦文化节在高密市大牟家镇开幕。市委副书记、市长刘运出席开幕式；省农业技术推广中心主任杨武杰，山东农业大学副校长李向东，市委常委、副市长吕珊珊分别致辞；省农科院副院长张立明出席。中国作家协会副主席、诺贝尔文学奖获得者莫言应邀参加相关活动。

同日 潍坊市儿童友好城市建设启动仪式在新华新阅广场举行。

6月15日 潍坊市人民防空宣传教育馆开馆仪式举行。

6月16日 市委书记、市人大常委会主任田庆盈到昌乐县、安丘市调研巩固拓展脱贫攻坚成果同乡村振兴有效衔接工作，并走访部分生活困难群众。

6月17日 省工业和信息化厅组织开展2022年山东省技术创新示范企业认定工作，山东天瑞重工有限公司、山东康华生物医疗科技股份有限公司、智迈德股份有限公司、山东浩信机械有限公司、山东奥扬新能源科技股份有限公司、山东华汇家居科技有限公司6家企业被认定为2022年山东省技术创新示范企业。

6月18日 国家知识产权局公布2021年度全国知识产权行政保护工作绩效考核结果，潍坊市在全国157个副省级城市和地级市中排名第22位，较2020年度上升11个位次，获国家知识产权局通报表扬。

6月19日 第三届跨国公司领导人青岛峰会在青岛国际会议中心开幕。峰会期间，省委副书记、省长周乃翔，省委常委、常务副省长曾赞荣到“跨国公司与中国”主题展潍坊展区巡展；潍坊市围绕“打造对外开放新高地　推动城市高质量发展”主题，采取线上线下结合方式，在青岛瑞吉酒店举办潍坊与跨国公司合作恳谈会，推介全市重点产业，并组织重点项目进行集中签约，共有22个重点项目集中签约，总投资33.9亿美元，合同外资6.7亿美元。市委副书记、市长刘运率队出席开幕式，参加山东省重点合作项目集中签约仪式，见证昌乐县华迈纸业二期项目、寿光市大唐风光储百万千瓦级新能源一体化基地项目、滨海区天德化工新材料产业链延伸项目、昌邑市美国康迈公司增资扩产项目、诸城市年产300万套高端工业配件项目5个重点项目签约，投资总额25.3亿美元，合同外资2.1亿美元。

6月20日　省委常委、政法委书记李猛一行到潍坊市调研政法工作，先后到市公安局指挥中心、刑科所，奎文区公共法律服务中心、综治中心、区公安分局泰华一分钟处置点和无人智慧警局、北苑街道金都社区以及高新区诉讼服务中心、东明路派出所等地进行实地调研，听取市域社会治理现代化工作推进情况汇报。市领导田庆盈、孙刚、徐磊、孟祥刚等陪同有关活动。

同日　在省文化和旅游厅最近启动的5个“非遗在社区”试点中，临朐县成功入选，是全市唯一。

同日　临朐县的国家铝型材及门窗制品质量检验检测中心通过中国合格评定国家认可委员会和中国国家认证认可监督管理委员会资质认定，成为全国第二家国家级铝型材及门窗制品质量检验检测中心。

6月21日　省委常委、济南市委书记刘强，济南市委副书记、市长于海田率济南市党政代表团到潍坊市考察高端制造业、新兴产业等发展情况。济南市人大常委会主任韩金峰，市政协主席雷杰等市级领导和各县（市、区）、有关部门主要负责人参加考察。市领导田庆盈、刘运、杨建华陪同。代表团一行先后参观考察豪迈集团、星泰克年产5000吨光刻胶项目、山东高创能源3GW储能产业园项目、福田欧康发动机智能柔性工厂、天瑞重工磁悬浮智能科技项目，了解产品性能、市场开拓、技术创新、产业布局等情况。

6月22日　山东省科技创新大会召开，潍坊17个项目获奖。其中，天瑞重工“磁悬浮离心鼓风机综合节能系统开发与应用”项目获得全省首个技术发明一等奖。歌尔股份有限公司的虚拟现实头戴式显示器关键技术研发及产业化、潍柴动力股份有限公司等的新能源商用车高效动力系统与电控安全关键技术及大规模整车应用获得科技进步奖一等奖。

6月23日　省妇联、省总工会首次命名的20位山东省“齐鲁巾帼工匠”名单揭晓，潍坊帛方纺织有限公司织布车间主任助理兼操作员王建环榜上有名。

6月26日　在山东省旅游发展大会上，诸城获评第三批省级全域旅游示范区；青州市上榜2021年山东省首批文旅康养强县。

6月28日　大莱龙铁路电气化扩能改造工程开通活动在滨海区举行。副省长凌文出席活动并宣布工程开通，国铁济南局党委书记、董事长王新春出席并发言，市委副书记、市长刘运代表沿线地方政府致辞，副市长刘玉出席。

6月30日　潍坊风筝协会成立大会举行。

同日　全国首个指导预制菜产业园区建设的团体标准《预制菜产业园区建设指南》（T/WFFA3—2022）由潍坊市食品协会正式发布。

7月

7月5日　副省长凌文带队到潍坊市开展巡河工作，并检查胶东地区调蓄战略水源地工程运行维护情况和潍河防汛相关工作。市委副书记、市长刘运陪同。

同日　省发改委开展省级重点项目中期调整。调整后，潍坊市2022年省新旧动能转换优选项目104个，占全省比重12.7%，数量居全省第一位。

7月6日　省委书记李干杰到潍坊实地检查指导防汛备汛工作。省委常委、秘书长张海波陪同调研。市领导田庆盈、刘运陪同，马清民参加有关活动。

同日　全市首个高新技术企业领域的党建联盟在潍城区成立。

7月6—7日　全国政协副主席刘奇葆率全国政协调研组一行，到潍坊调研非物质文化遗产的保护和传承工作情况。全国政协教科卫体委员会副主任蔡名照，全国政协文化文史和学习委员会副主任聂辰席，全国政协常委周树春等委员参加调研。省委书记李干杰，省政协主席葛慧君，省委常委、秘书长张海波；市领导田庆盈、刘运、李树民、杨建华、滕双兴等参加或陪同活动。在潍期间，调研组一行先后到杨家埠民间艺术大观园、十笏园非遗空间、潍坊手造博物馆、齐鲁文化（潍坊）生态保护区综合传承教育实践基地，考察特色非遗项目，与非遗代表性传承人进行交流，详细了解潍坊市非遗保护、传承和发展情况。

7月7日　在济南举办的中法地理标志保护与发展论坛发布全省地理标志产品产值排行情况，潍坊市地理标志产品产值达180亿元，居全省第一位。

7月8日　国家知识产权局确定第一批知识产权纠纷快速处理试点地区，潍坊市成为全国首批知识产权纠纷快速处理试点地区。

7月9日　《医院蓝皮书：中国医院竞争力报告（2022）》发布。潍坊市人民医院上榜“2021届地级城市医院100强”，列第29位，列山东上榜9家医院的第六位；寿光市人民医院、诸城市人民医院、潍坊市益都中心医院、安丘市人民医院、高密市人民医院上榜“2021届县级医院100强”，分列第15、18、35、48、81位，分列山东上榜19家医院的第2、3、8、11、18位。阳光融和医院上榜“2021届社会办医·单体医院100强”，列第46位，列山东上榜7家医院的第二位。

7月13日 在2022年山东省“中国品牌日”活动中，省市场监管局公布2022年度山东省高端品牌培育企业名单。潍坊市共有46家企业入选，其中制造业企业38家、服务业企业8家，入选企业总量增长48%，达到142家，新入选企业和入选总量均居全省第三位。

7月17日 省商务厅联合相关部门组织专家对各市申报材料进行评审，确定潍坊、威海、淄博、泰安、德州5市为山东省第二批城市一刻钟便民生活圈试点城市。

7月18日 在工业和信息化部对国家新型工业化产业示范基地的2021年发展质量评价中，认定五星基地28家，四星基地240家。山东省有5个五星示范基地、15个四星示范基地。山东潍坊高新技术产业开发区装备制造（内燃机）示范基地为五星，且连续3年被认定为五星；山东潍坊坊子装备制造（智能农机）示范基地为四星。

同日 高密市纺织服装咨询指导委员会办公室被评选为全国纺织工业先进集体；山东桑莎制衣集团诸城广利纺织科技有限公司织造车间的纬编工刘全斌、新郎希努尔集团股份有限公司制版师孙培苹、山东金英利新材料科技股份有限公司车间主任孙华鹏、青州市坦博尔服饰股份有限公司王勇萍、孚日集团股份有限公司设计室经理李洪颖、帛方纺织有限公司织布车间主任兼安全与设备管理部部长郑其强被评选为全国纺织工业劳动模范。

7月19日 世界高层建筑与都市人居学会公布2022年CTBUH全球奖最佳高层非建筑奖和地质工程奖获奖项目，其中最佳高层非建筑奖6个、地质工程奖2个，国内仅有潍坊白浪河大桥（摩天轮）工程荣获最佳高层非建筑奖。

7月23日 北京银行济南分行与寿光市政府举行战略合作签约仪式。北京银行党委书记、董事长霍学文，市委副书记、市长刘运出席仪式并见证签约。此次战略合作签约，北京银行集中授信50亿元，将在乡村振兴、产业升级、城市更新、民生普惠等方面与寿光市强强联手，通过项目融资、基金投资、债券承销等领域的全方位合作。

7月27日 全市城镇燃气安全排查整治暨“百日行动”推进工作视频会议召开，研究推进全市城镇燃气安全排查整治和燃气安全“百日行动”工作，安排迎接省级部门到潍督导及各部门对县（市、区）（开发区）包靠督导工作。

同日 第二届中国国际消费品博览会潍坊对接交流会在海口市举行，副市长狄波出席并致辞。此次对接会共有6个项目签约，总投资27.45亿元。

7月30日 市委书记江敦涛到潍坊工作第一天，与市委副书记、市长刘运一起，以“四不两直”方式到疫情防控一线检查督导，并召开视频会议，对全市疫情防控工作进行调度部署。

7月31日 市委书记江敦涛专程走访看望在中心城区居住的正厅级老干部。

8月

8月1日 市委书记江敦涛到驻潍部队某部进行走访慰问。

8月4日 潍坊市政府与中国投融资担保股份有限公司、中国华融资产管理股份有限公司山东省分公司战略合作协议签订仪式举行。

8月5日 全市重点外资项目推进会议召开，通报全市利用外资情况，分析研判当前形势，调度推动下步重点工作。市委副书记、市长刘运出席并讲话，副市长狄波主持。高新区、坊子区、寒亭区、寿光市、安丘市、昌乐县、综合保税区分别发言。歌尔智能硬件制造项目、潍坊市通吉供应链管理有限责任公司增资项目、晨鸣160万吨浆纸项目等8个重点项目负责人参加会议。

同日 市人大常委会副主任、城建环资委主任委员毛秀凤带队，对潍坊市贯彻实施《山东省通信基础设施建设与保护条例》情况进行执法检查。

同日 经市委研究，决定江敦涛任潍坊市人大常委会党组书记，中共潍坊市委党校校长；免去田庆盈潍坊市人大常委会党组书记，中共潍坊市委党校校长职务。

8月7日 省委、省政府印发《中共山东省委、山东省人民政府关于表扬奖励第16届残奥会、第13届冬残奥会有功集体和个人的通报》，潍坊市残疾人联合会被省委省政府通报表扬。

8月9日 省总工会印发《山东省总工会关于授予我省在第十六届残奥会、第13届冬残奥会和第十一届全国残运会上取得优异成绩的个人山东省五一劳动奖章的决定》，潍坊籍运动员朱占福因在第十三届冬残奥会上表现突出，夺得男子冰球项目铜牌，获得山东省五一劳动奖章。

8月10日 市委书记江敦涛到中心城区农贸市场、交通场站、核心商圈、老旧小区等重点部位，对全国文明城市创建工作进行调研督导。

8月13日 工业和信息化部对第四批专精特新“小巨人”企业名单和第一批专精特新“小巨人”复核通过企业名单进行公示，潍坊市的歌尔光学科技有限公司等41家企业进入公示名单，比前三批入选数量总和多

14 家，占全省入选数量的 11.78%，居全省第二位；3 家企业进入复核通过名单，居全省第二位。

8 月 18 日 国家知识产权局公布首批国家知识产权强市建设试点示范城市名单，潍坊市入选试点城市，成为首批国家知识产权强市建设试点城市。

同日 抖音电商珠宝行业潍坊运营中心招商启动大会在昌乐县中国宝石城国际珠宝交易中心举行，标志着山东省首个抖音电商珠宝行业运营中心正式落户潍坊。

8 月 26 日 市委、市政府在高新区举行全市招商引资项目集中签约暨高热效率发动机电控总成系统项目开工活动。市委书记江敦涛，市政协主席李树民，市委副书记李兰祥，市级领导高峰、孙刚、杨建华、杨升岩、吕珊珊等及中国工程院院士、中国海洋大学教授李华军，国务院原参事、民建中央人口医疗卫生专委会主任马力，中国内燃机学会副理事长兼秘书长李树生，力创电子科技有限公司董事长王立峰出席活动。此次集中签约的 20 个项目，均是围绕高新区主导产业的补链延链强链项目，技术含量高、市场前景好、引领带动能力强。

同日 第十一届中国画节·第十四届中国（潍坊）文化艺术展示交易会·第六届中国（潍坊）民间艺术博览会在鲁台会展中心开幕。此届展会主会场展区面积 40000 平方米，主要设置中国画节、民博会等九大板块，展览时间从 8 月 26—30 日。

同日 山东体育强省建设表彰大会在日照举行，会上对全省 116 个先进集体、124 名先进个人进行表彰，潍坊市有 17 家单位、20 名个人受到表彰。

8 月 27 日 国家燃料电池技术创新中心挂牌暨潍柴 200 辆氢燃料电池商用车运营交接仪式在潍柴集团举行。市委书记江敦涛，山东重工集团党委书记、董事长，潍柴集团董事长谭旭光分别致辞，并共同为国家燃料电池技术创新中心挂牌；市委副书记、市长刘运与潍柴集团党委书记、总经理胡海华共同交付潍柴 200 辆氢燃料电池商用车投入运营。市领导杨建华、鞠俊海，市政府秘书长宋均圻，山东重工集团副总经理、山东国创燃料电池技术创新中心有限公司董事长孙少军等参加活动。

8 月 30 日 中国（山东）—加纳友好合作发展对话会在济南举行。潍坊市设分会场，举办中国潍坊—加纳库马西建立友好合作关系暨国家农综区与加纳国际合作项目签约仪式。加纳驻华大使温弗雷德·哈蒙德、大阿克拉省省长亨利·夸特、库马西市市长塞缪尔·皮恩，山东省副省长江成和潍坊市委书记江敦涛等出席活动并致辞，省直有关部门负责人及市领导杨建华、狄波、滕双兴参加有关活动。

9 月

9 月 1 日 鲁台经贸合作暨两岸赋能黄河流域生态保护和高质量发展论坛在潍坊举行。总投资额 198 亿元的 14 个项目进行现场签约，其中潍坊市磁浮交通产业基地项目、绿色环保型卫浴洁具生产制造项目进行签约。沿黄九省（区）台办发布《深化两岸合作赋能黄河流域生态保护和高质量发展的共同倡议》。

同日 2022 海峡两岸云上博览会开幕。此届博览会以服务“好品山东”为重点，突出“专精特新”企业参展，设智能制造、大健康及生物科技、预制菜及农产品精品、乡村振兴暨潍坊国家农业开放发展综合试验区、山东与台港澳文创暨海峡两岸影视、港澳及沿黄河省区主题等 7 大展区，共有行业领军企业和“隐形冠军”企业 3136 家企业上线洽谈、采购。

9 月 2 日 市委、市政府通过视频连线方式在富华国际会议中心举行潍坊市重点合作项目推介签约仪式。市委书记江敦涛，市领导卞汉林、杨建华、滕双兴出席签约仪式。此次活动共有 25 个合作项目集中签约，涉及总投资 214.5 亿元。其中，高端装备、智能制造项目 9 个，新能源新材料项目 6 个，现代物流项目 2 个，现代农业、食品加工项目 3 个，新一代信息技术、文化旅游、生物医药项目各 1 个，招才引智项目 2 个。

9 月 3 日 潍坊市举行 2022 年三季度重点项目集中开工活动。活动以“主会场 + 分会场视频连线”方式举行。主会场设在市综合保税区歌尔虚拟现实全球智能制造基地项目现场。此次集中开工活动的重大项目共 347 个、总投资 1942 亿元，年度计划投资 486 亿元。其中，产业类项目 264 个，总投资 1335 亿元；社会民生项目 51 个，总投资 397 亿元；基础设施项目 32 个，总投资 210 亿元。

9 月 5 日 山东省第 25 届运动会闭幕式在日照香河体育公园举行。潍坊代表团以 145 枚金牌、85 枚银牌、105 枚铜牌，团体总分 6077 分的优异成绩，位列金牌榜和总分榜第五位，金牌数和奖牌数较上届均实现大幅提升。

9 月 8 日 文化和旅游部正式公布，潍坊市以第一名的成绩，当选 2024 年“东亚文化之都”，是继 2021 年获得“世界手工艺与民间艺术之都”之后，潍坊市收获的第二张世界级文化名片。

同日 潍坊市举行“芯聚鸢都·共谋发展”潍坊半导体产业发展圆桌会议。市委书记江敦涛讲话，市委副书记、市长刘运致辞，市委常委、副市长卞汉林主持，市领导鞠俊海出席。会上，介绍潍坊先进制造业及半导体产业发展情况；中国科学院院士、潍坊先进光电芯片研究院院长郑婉华，歌尔集团董事长姜滨，潍柴集团党委书记、总经理胡海华，潍坊星泰克董事长孙逊运介绍相关情况；中芯国际董事长高永岗、华芯投资总裁杨鲁闽、上海正帆科技董事长俞东雷、苏州晶方科技董事长王蔚、上海矽睿科技总经理孙臻、芯谋研究首席分析师顾文军、南京先进激光技术研究院常务副院长周军、上海兆煊微电子创始人王栋、北京赛微电子董事长杨云春等与会嘉宾围绕半导体产业发展有关方面开展研讨交流。

同日 在全国纪检监察系统表彰大会上，潍坊市纪委监委被中共中央纪委机关、国家监察委员会、人力资源社会保障部授予“全国纪检监察系统先进集体”称号。

9月9日 省文化和旅游厅、省发展和改革委公示2022年山东省乡村旅游重点村名单，潍坊市4个村庄入选，分别是潍坊经济开发区双杨街道前阙庄村、青州市王府街道凤山村、青州市庙子镇圣峪口村、临朐县五井镇花园河村。

9月10日 省国企改革领导小组办公室印发通知，潍坊人力集团《市场化机制改革助推企业高质量高速度发展》改革经验做法作为潍坊市唯一代表入选山东省第四批国企改革三年行动典型经验，并在全省推广。

9月20日 山东省第十一届残疾人运动会在日照闭幕。潍坊市派出55名残疾人运动员，共获得15枚金牌、9枚银牌、15枚铜牌。

9月21日 第十一届山东省少数民族传统体育运动会在临沂市闭幕。潍坊代表团取得8个一等奖、14个二等奖、9个三等奖，创历史最好成绩，并获得体育道德风尚奖。

9月23日 第八届中日韩产业博览会开幕式以视频方式举行。中国贸促会会长任鸿斌，省委副书记、省长周乃翔，联合国前秘书长、博鳌亚洲论坛理事长潘基文，市委书记江敦涛，日本贸易振兴机构理事小野村拓志，大韩贸易投资振兴公社中国地区总部总代表洪彰杓，中日韩合作秘书处秘书长欧渤芊在开幕式上致辞。中国驻日本大使孔铉佑、中国驻韩国大使邢海明、日本驻青岛总领事井川原贤、韩国驻青岛总领事金敬翰、日本国际贸易促进协会理事长笠井煸雄、韩国贸易协会北京代表处首席代表朴珉永、三菱日联银行（中国）有限公司行长长谷川由树、山东财经大学校长赵忠秀、中国前驻韩国大使邱国洪参加主旨论坛发言。开幕式上，跨境供需匹配平台正式上线运行。中日韩三国有关领导、专家、企业负责人在论坛上围绕推进贸易和投资自由化便利化，维护产业链供应链稳定顺畅，推动三国产业合作等进行研讨交流。大会还设置线上展示平台，展示企业超过3000家。

9月26日 在全省知识产权保护工作会议上，省政府对第四届山东省专利奖获奖单位和个人进行通报表彰，在100项获奖项目和获评的10位优秀发明家中，潍坊市获奖项目14个，其中一等奖4项、二等奖3项、三等奖7项；山东天瑞重工有限公司董事长、研究员李永胜获评优秀发明家奖，并作为此次获评的优秀发明家代表在会上发言。潍坊市获奖总数居全省第三位。

9月27日 市委、市政府以视频连线方式在临朐县举行全市招商引资项目集中签约暨千喜鹤临朐中央厨房项目开工活动。市委书记江敦涛，市委副书记、市长刘运，市政协主席李树民，市委副书记李兰祥，市领导高峰、杨建华、杨升岩、吕珊珊等；全国政协委员、全国工商联合会常委、千喜鹤集团董事长刘延云，吉祥全控股集团上海有限公司董事长朱伊克，全国工商联餐饮业委员会秘书长方立成现场或通过视频连线方式出席活动。此次签约开工的17个项目，涵盖高端装备、新材料、医养健康、现代物流、预制菜等多个领域，总投资176亿元。

9月28日 中共潍坊市委“山东这十年·潍坊”主题新闻发布会举行。市委书记江敦涛介绍情况并回答记者提问，市委副书记、市长刘运回答有关提问。市委新闻发言人，市委常委、秘书长杨建华主持发布会。30余家媒体的60余名记者参加发布会。

同日 潍坊市中心城区6项110千伏输变电工程、2项220千伏输变电工程（6+2）集中开工活动在奎文区金宝110千伏输变电工程建设现场举行。市政协主席李树民，副市长陈端梅出席。

9月29日 第二十二届中国（青州）花卉博览交易会以线上方式举行。此届花博会主展区设在青州花卉苗木交易中心，通过“看青州”App、抖音、快手等平台进行现场直播，并采用VR技术等进行网上推介。会期至10月7日。

9月30日 潍坊市与淄博市签署高质量发展战略合作框架协议，标志两市迈入相互赋能的新阶段。潍坊市委书记江敦涛主持签约仪式并讲话，市委副书记、市长刘运，市领导杨建华、吕珊珊、鞠俊海参加有关活动。在潍期间，淄博市党政考察团先后到天瑞重工、潍柴集团、歌尔集团进行实地考察调研。

同日 市委书记江敦涛，市委副书记、市长刘运会见到潍坊参加“金融服务乡村振兴齐鲁样板—潍坊示范区”揭牌仪式的中国农业银行山东省分行党委书记刘仁举一行。市委常委、秘书长杨建华参加会见。会见前，刘仁举与刘运共同为中国农业银行山东省分行“金融服务乡村振兴齐鲁样板—潍坊示范区”揭牌。

10月

10月11日 省质量强省及品牌战略推进工作领导小组办公室公布山东省首批10个质量管理模式推广名单，潍柴动力股份有限公司“WOS质量管理模式”、歌尔股份有限公司“‘4P6零’预见式质量管理模式”入选，并在全省范围内推广。

10月12日 国家知识产权局公布国家知识产权强县建设试点县名单，寿光市入选。

10月25日 2022年山东省技术标准创新中心项目计划公布，在全省布局的32家技术标准创新中心中，潍坊市获批5家，数量居全省首位。这5家技术标准创新中心分别由潍柴动力、天瑞重工、寿光蔬菜集团、豪迈机械、晨鸣纸业等头部企业承担。

10月27日 山东省住房和城乡建设厅发布《山东省住房和城乡建设厅关于印发城市管理领域相关工作典型经验做法（第二批）的通知》，潍坊市《小口袋 大幸福——潍坊市扎实推进口袋公园建设》案例被评为2022年度城市管理领域典型经验做法。

10月29日 省商务厅公布2022年度山东省重点培育的跨境电子商务主体和山东省跨境电商孵化机构试点单位，潍坊市17家主体上榜，居全省第二位，占全省近五分之一，跨境电商产业园获评数量居全省首位。

11月

11月1日 在商务部公布的2022年全国供应链创新与应用15个示范城市和106个示范企业名单中，寿光市为全国供应链创新与应用示范城市，是此次唯一入选的县级市；寿光蔬菜产业集团有限公司为全国供应链创新与应用示范企业。

11月1—5日 2022年全国皮划艇静水锦标赛在浙江温州龙舟运动中心举行，由潍坊市体育运动学校皮划艇队培养输送的8名运动员代表山东队参加此次比赛，取得3金1银1铜的优异成绩。

11月4日 山东省未成年人保护工作领导小组印发《关于公布山东省未成年人保护试点县（市、区）名单的通知》，确定39个县（市、区）为山东省未成年人保护试点单位，潍坊市坊子区、寿光市、高密市入选。

同日 第五届中国国际进口博览会开幕。潍柴控股集团海外品牌及卡特彼勒、空气产品公司、正大集团、川崎重工等在潍坊市投资企业参展。瑞福油脂股份有限公司、潍坊嵌银厂有限公司、昌邑市同文堂文教用品有限公司、山东华艺雕塑艺术股份有限公司、山东惠发食品股份有限公司等潍坊市企业亮相山东省老字号和非物质文化遗产展览。进博会期间，潍坊市签约重点外资项目20个，投资总额6.67亿美元，合同外资3.26亿美元，项目涵盖装备制造、电力供应、医养健康、食品加工、纺织服装、现代农业等行业领域。

11月7日 国务院食品安全委员会办公室公布2019年至2021年创建周期国家食品安全示范城市名单，全国共29个城市获得国家食品安全示范城市称号，潍坊市名列其中。这是潍坊市自2017年7月获得首批国家食品安全示范城市命名后，连续第二个创建周期获得命名。

11月9日 山东省妇联、省科技厅、省科协在全省开展“齐鲁巾帼科技创新之星”推荐申报活动中，潍坊市1人获“齐鲁巾帼十大科技创新之星”，9人获“齐鲁巾帼科技创新之星”。

11月14日 由山东吉青化工有限公司牵头组织实施的“医用增塑剂绿色生物制造与应用关键技术”项目入选科技部2022年国家重点研发计划“绿色生物制造”重点专项，获国家财政经费支持3150万元。这是潍坊市在该领域首个以企业牵头获批国家重点研发计划的科技创新项目。

11月21日 山东省青年工作联席会议办公室发布山东省青年发展友好型县域试点名单，潍坊市奎文区、青州市、临朐县入选。

11月22日 山东省人力资源和社会保障厅印发《关于公布山东省“就业环境友好型城市”建设名单的通知》，潍坊市的高密市、青州市上榜首批“就业环境友好型城市”名单。

12月

12月1日 中国县域工业经济发展论坛召开期间，工业和信息化部直属科研事业单位——中国信息通信研究院揭晓2022年“中国工业百强县”“中国创新百强县”榜单，寿光市、诸城市均入选。分别是：寿光市荣获2022年“中国工业百强县”76位和“中国创新百强县”45位，诸城市荣获“中国工业百强县”99位和“中国创新百强县”81位。

12月3日 “乡村振兴齐鲁论坛2022”举行，主题为“锚定‘走在前、开新局’，全面打造乡村振兴齐鲁样板”，采取“线上+线下，以线上为主”的形式，在济南、潍坊设主会场。省委副书记、省长周乃翔出席并作主旨演讲，省委常委、常务副省长曾赞荣主持论坛。全国人大常委会委员、农业与农村委员会主任委员陈锡文，全国政协经济委员会副主任马建堂，农业农村部副部长邓小刚，国务院发展研究中心副主任余斌等在线上作主旨演讲。潍坊市委书记江敦涛作主旨演讲，市委副书记、市长刘运作论坛总结，市领导杨建华、鞠俊海参加论坛。潍坊主会场设在富华大酒店国际会议中心，各县（市、区）、市属各开发区设分会场。

12月4—13日 2022年全国青少年U18女排锦标赛在福建漳州举行，潍坊女排在决赛中以3：1战胜上海青年女排，勇夺比赛冠军。根据比赛规则，通过身体素质测验、技术评定和比赛成绩三项综合，潍坊女排还夺得总成绩第一名。

12月9日 2022年全省森林火灾综合应急演练在潍坊市临朐县沂山林场举行。副省长范波出席活动并下达演练开始指令，省应急厅厅长秦传滨主持，森林防灭火专家张清春对演练活动进行点评，省公安厅、省自然资源厅、省消防救援总队相关负责人现场观摩指导；市委副书记、市长刘运致辞，市领导卞汉林、徐磊参加活动。

同日 2022潍坊国家农综区中日现代农业产业对接交流洽谈会在山

东潍坊和日本大阪以线上线下相结合的方式举办。副市长滕双兴，中国驻大阪总领事馆经济商务处主任郭强，日中经济贸易中心代表理事长大泽英俊，日本第一水产株式会社董事长新井敏之等出席会议并致辞。

12 月 11 日 商务部、公安部、海关总署印发《关于进一步扩大开展二手车出口业务地区范围的通知》，决定新增 14 个地区开展二手车出口业务，潍坊市入选试点城市。

12 月 12 日 重庆市副市长郑向东率考察团，在副省长孙继业的陪同下到潍坊市考察东西部协作相关工作。省政府副秘书长牟书岭，省发改委副主任孙来斌，市委副书记、市长刘运，山东重工集团党委书记、董事长，潍柴集团董事长谭旭光参加有关活动。

12 月 14 日 在“戏剧中国”首届全国小戏小品优秀作品展演活动中，由青州市文化和旅游局推荐、青州市艺术剧院打造的清音戏《老倔杠卖油》，获“戏剧中国”首届全国小戏小品优秀作品展演剧目。

同日 由工业和信息化部主办的第五届“绽放杯”5G 应用征集大赛全国总决赛落下帷幕。潍坊联通联合国网潍坊供电公司共同申报的“5G 智慧电力专网助力分布式光伏应用发展”项目获全国总决赛一等奖。

12 月 18 日 工信部信息通信管理局副局长谌凯率调研组到潍坊市调研，先后到康华生物技术有限公司、鲁安药业，走进生产车间实地察看企业生产经营情况，了解原材料供应、人员管理、产能产量、安全生产、物流配送等情况，勉励企业开足马力、挖掘产能，提升重点物资生产能力，坚决完成医疗物资生产和保障任务。副省长凌文，市领导卞汉林、滕双兴陪同有关活动。

12 月 19 日 省农业农村厅印发《关于公布 2022 年度山东地区全国蔬菜质量标准中心试验示范基地的通知》，认定 10 家基地为全国蔬菜质量标准中心试验示范基地，潍坊市山东金谷珍棒花菇全产业链基地和安丘市长生源生态家庭农场入选。

12 月 20 日 山东省农业农村厅公布第七批家庭农场省级示范场名单，潍坊 13 家上榜。分别是安丘市锦都庄园家庭农场、潍城区开发区裕丰家庭农场、坊子区子航家庭农场、寒亭区孙见见家庭农场、昌邑市都昌街道晓宁家庭农场、青州市青州弥水果蔬家庭农场、昌乐县山乐黑脸家庭农场、高密市明儒蔬菜瓜果种植家庭农场、谷丰家庭农场、寿光市瑞航家庭农场、淼汇叁号家庭农场、诸城市辛兴镇殷培伟粮食生产家庭农场、临朐县国鹏家庭农场。

12 月 22 日 中国科协印发《中国科协办公厅关于对 2022 年全国科普日有关组织单位和活动予以表扬的通知》，潍坊市科协、诸城市科协、安丘市科协、昌乐县科协、潍坊市创新教育研究院被评为 2022 年全国科普日活动优秀组织单位。

12 月 26 日 省委宣传部、团省委日前联合开展 2022 年“齐鲁最美青年”选树宣传活动，最终产生 10 名“齐鲁最美青年”，潍坊市两人入选，分别是南水北调东线山东干线有限责任公司胶东管理局双王城水库管理处技师于涛、潍柴动力股份有限公司大缸径发动机研究院 M3 平台室副主任齐宝丹。

同日 潍坊市 90 个合作社入围《农民日报》评选公布的“2022 中国农民合作社 500 强”，数量占全省 56%、占全国近五分之一，连续两年位列全国地市第一位。

（刘树平）

潍坊概况

Weifanggaikuang

自然环境

【地理位置】 2022年，潍坊市位于山东半岛西部，居半岛城市群中心位置，地跨东经118°10′～120°01′，北纬35°41′～37°26′，东与青岛、烟台两市连接，南连临沂、日照两市，西邻淄博、东营两市，北濒渤海莱州湾。

【地形地貌】 潍坊市地处山东中部，市域由北向南海拔逐渐增高，由北部滨海滩涂地区、中部洪积冲积平原区、南部低山丘陵区3个地貌区及莱州湾1个海域组成，地形地貌类型多样，为暖温带季风型半湿润大陆性气候。北部滨海滩涂地区由海相沉积物和河流冲积物叠次覆盖而成，海拔在7米以下。中部洪积冲积平原区由弥河、白浪河和潍河等河流长期冲积形成，是人口和城镇空间的主要分布区域。南部低山丘陵区为泰沂山脉和崂山山脉的鲁东、鲁西两片隆起区。

【气候】 2022年，潍坊市气温偏高，降水偏多，光照偏多。总的气候特点是：冬季（2021.12—2022.2）气温偏高，降水严重偏少，光照充足；春季气温偏高，降水偏少，光照偏少，气候干旱；夏季气温略偏高，降水偏多，光照偏少；秋季气温偏高，降水偏多，光照略偏多。主要气象灾害为干热风、冰雹、暴雨和台风。总的来看，2022年度降水总量偏多，但时空分布不均，降水主要集中在6月—10月。

2022年全市年平均气温14.3℃，较常年偏高1.0℃，较上一年偏高0.1℃。全市平均年降水量1033.6毫米，较常年偏多395.5毫米，偏多62.0%；较上一年偏多184.6毫米，偏多21.7%。全市年平均日照时数2367.2小时，较常年偏多2.9小时，较上一年偏多124.8小时。

【河流】 2022年，潍坊市境内自西向东有小清河、弥河、白浪河、潍河、北胶莱河5条主要河流，均流入渤海，总控制面积10509平方千米，占潍坊市总面积的66.3%。

【自然资源】 至2021年底，全市土地总面积1618495.25公顷，其中农用地1159735.89公顷（耕地656958.31公顷），占总面积的71.66%；建设用地356934.05公顷，占总面积的22.05%；未利用地101825.31公顷，占总面积6.29%。林地面积275573公顷，森林面积208761公顷。全市累计发现矿产58种，其中天然卤水和蓝宝石是潍坊市优势特色资源，储量居全国首位。

【自然灾害】 2022年，潍坊市灾情较轻、灾害次数较少，发生6次灾情，共有9个县（市）49212人受灾，农作物受灾面积7923.98公顷，其中成灾面积1446.01公顷，绝收面积363.6公顷；一般损坏房屋2间，直接经济损失1928.35万元。

灾害次数较少、种类不少，冬春灾害少、夏秋灾害多。全年潍坊市共发生6次自然灾害，包含4种灾害类型，其中3次洪涝1次风雹、1次台风灾害和1次地震灾害，种类相对多样。其中风雹属潍坊市常见灾害，近10年每年都有发生，是大概率灾害事件。从季节分布看，全年与季节有关的灾害，全部发生在夏秋季，以洪涝为主，汛期防灾减灾救灾的压力增大。

（郭宗峰　李　琳　刘　虎　赵玉杰　袁　静　魏　瑰　王宁波）

政区　人口　民族

【行政区划】 2022年，潍坊市辖奎文、潍城、寒亭、坊子4个区，青州、诸城、寿光、安丘、高密、昌邑6个县级市，临朐、昌乐2个县，另有高新技术产业开发区、滨海经济技术开发区、峡山生态经济开发区、综合保税区4个市属开发区。全市共辖59个镇、61个街道。

2020年6月30日，经省政府批准，潍坊市临朐县调整部分行政区划：撤销冶源镇，以其原行政区域设立冶源街道，街道办事处机关驻原冶源镇政府驻地。撤销辛寨镇，以其原行政区域设立辛寨街道，街道办事处机关驻原辛寨镇政府驻地。

2020年6月30日，经省政府批准，潍坊安丘市调整部分行政区划：撤销凌河镇，以其原行政区域设立凌河街道，街道办事处机关驻原凌河镇政府驻地。（鲁政字〔2020〕107号）

2021年11月1日，经市政府批准设立潍坊市坊子区郑公街道，街道办事处驻郑公一村。

2021年11月1日，经市政府批准设立潍坊市寒亭区北城街道，街道办事处驻民主街10066号。

【人口】 2022年底，全市共有户籍人口9178159人，比2021年减少24912人，人口增长率为-2.7‰。其中，男性4621772人，2022年男女性别比101.44（女=100）。全市总户数2950059户，平均每户3.11人。全市城镇人口4964329人，户籍人口城镇化率54.09%。2022年，城镇人口增加3685人，乡村人口减28597人。

男性全市共有17岁以下（包含17）的1771301人，占总人口的19.30%；18～34岁的1577791人，占总人口的17.19%；35～59岁的3514722人，占总人口的38.29%；60岁以上的2314345人，占总人口的25.22%。

2022年，全市共出生64678人。其中，男性33845人，女性30833人。出生婴儿性别比为109.77（女=100），出生率为7.04‰。共死亡85255人，其中男性47496人，女性37759人，死亡性别比125.8（女=100），死亡率9.29‰。全年全市自然增长-20577人，自然增长率-2.25‰。

2022年，全市共迁入31289人。其中，省内迁入22290人，占迁入的71.24%；省外迁入8999人，占迁入的28.76%。共迁出36420人。其中，迁往省内27569人，占迁出的75.7%；迁往省外8851人，占迁出的24.3%。2022年度机械变动人数-5131人。

【民族】 2022年，潍坊市是少数民族散杂居地区，除珞巴族外，有回族、满族等54个少数民族成分，常住人口6.2万人，占总人口的0.66%，少数民族流动人口4万人次。过千人的少数民族有回族、满族等10个，其中回族人口最多，为2.5万人，主要分布在青州。

（郭宗峰　李　琳　刘　虎　赵　敏）

经济和社会发展

【概况】 2022年，是中共二十大胜利召开之年，是“十四五”规划实施的关键之年。面对多重困难和风险压力，全市坚持以习近平新时代中国特色社会主义思想为指导，坚决贯彻党中央决策部署，认真落实省委、省政府工作安排，锚定“一二三”目标，坚持“一二三四五”工作思路，坚持稳中求进工作总基调，加快构建新发展格局，国民经济持续发展，民生保障扎实有力，经济社会发展取得新成绩、迈出新步伐。

经济运行稳中有进。初步核算，全年实现生产总值（GDP）7306.45亿元，按不变价格计算，比上年增长3.7%。分产业看，第一产业增加值646.98亿元，增长2.5%；第二产业增加值3066.61亿元，增长4.2%；第三产业增加值3592.86亿元，增长3.4%。三次产业结构为8.8∶42.0∶49.2。

各县（市、区）、市属开发区生产总值完成情况：潍城区370.8亿元，寒亭区（含经济开发区）282.0亿元，坊子区221.0亿元，奎文区377.7亿元，青州市703.2亿元，诸城市805.5亿元，寿光市1002.1亿元，安丘市423.6亿元，高密市646.8亿元，昌邑市554.5亿元，临朐县409.2亿元，昌乐县423.4亿元，高新技术产业开发区646.3亿元，滨海经济技术开发区357.4亿元，峡山生态经济开发区51.3亿元，综合保税区51.5亿元。

就业形势稳定向好。全年城镇新增就业10.04万人、失业人员再就业4.7万人、帮扶困难人员就业6513人。全力援企稳岗促就业，顶格推进“降缓返补”助企纾困政策，为5.1万家企业减征社保费4.26亿元，为2.67万家企业发放稳岗补贴3.39亿元，为2.64万人发放技能提升补贴4709.8万元，发放创业担保贷款20.02亿元。

物价水平温和上涨。全年居民消费价格比上年上涨1.6%。其中，食品烟酒价格上涨2.6%，衣着价格上涨0.1%，生活用品及服务价格上涨1.3%，交通和通信价格上涨5.3%，教育文化和娱乐价格上涨1.8%，其他用品和服务价格上涨1.3%，医疗保健价格持平，居住价格下降0.9%。

人口总量平稳增长。年末，全市常住人口941.8万人，同比增长0.2%。其中，城镇人口618.4万人，乡村人口323.4万人。常住人口城镇化率65.7%，比上年末提高0.5个百分点。全年出生人口5.4万人，出生人口性别比为108.8，同比下降0.5个百分点。

【重点工作和改革】 乡村振兴扎实推进。脱贫攻坚成果持续巩固拓展，累计纳入防返贫动态监测5617人。创建乡村振兴齐鲁样板省级示范区3个，国家级农民合作社67家，国家级龙头企业16家。全市农产品质量抽检合格率稳定在98%以上，全市"三品一标"农产品总数1065个。建成全省最大的蔬菜种质资源库。培育高素质农民、农村实用人才和农业专业技术人才15067人。入选全省农业农村领域重点改革典型案例15个、农业农村部农村集体产权制度改革典型村级案例2个、山东省农村宅基地制度改革典型案例3个。

海洋产业跨越发展。海洋产业规模和层次不断提升。26个海洋特色园区完成投资345.9亿元，完成海洋产业收入1731.6亿元。125个海洋经济重点项目完成投资330.2亿元，43个项目建成投产。举办第四届潍坊国际海洋动力装备博览会，300余家国内外知名企业参加，达成28项合作成果，总投资额157.5亿元。完成滨海湿地整治修复2164公顷、整治修复岸线新增14.8千米，沿海地区陆域面积拓展21万亩。

动能转换实现突破。潍坊市入选全国首批、全省唯一产业链供应链生态建设试点城市。动力装备集群入选国家先进制造业集群，12家企业成为省标志性产业链"链主"企业。省级特色产业集群累计6家，居全省第一位。创新驱动释放新动能。国家燃料电池技术创新中心正式挂牌，省级工业设计中心80家，新获"省长杯"工业设计大赛金奖1项。新增国家级制造业单项冠军3家，新增省级制造业单项冠军41家，新增国家级专精特新"小巨人"企业41家、重点小巨人企业2家，省级专精特新中小企业118家，省级瞪羚企业46家。

绿色发展积极推进。全市可再生能源装机容量808.1万千瓦，居全省第二位。其中光伏550.7万千瓦，居全省第一位。"氢进万家"科技示范工程顺利实施，国家燃料电池技术创新中心正式挂牌，全市投运氢燃料公交车250辆，开通氢燃料公交车营运专线18条。空气优良率连续两年达到78%以上；重污染天气首次控制到1天，同比减少5天，创历年最佳；$PM_{2.5}$连续3年保持两位数改善，首次达到国家环境空气质量二级标准。7个国控河流断面优良水体比例首次达到85.7%，首次全面优于全省及所在区域平均水平；20个省控以上河流断面全部达到四类水体以上，优良水体比例首次达到80%，为历年最优水平。

改革工作更加深入。推出培强壮大新经济新产业、金融助企纾困、城市能级提升等146项年度改革任务，提升完善改革述职评议、领导领衔、典型引领等制度机制，在全市创新开展争试点争资源争荣誉、创特色创典型创品牌、保持全省领先的"三争三创一保持"工作，深化拓展"解码潍坊"改革宣传品牌，推进78项国家级试点，"潍坊改革"品牌在全国不断叫响。创新平战结合蔬菜保供体系做法被中央改革办刊发推广，乡村振兴、生态治理创新经验获国务院通报表扬；光电芯片技术创新、海洋种业创新等11项经验被推荐上报中央改革办，创新版权保护运用机制等11项做法被省委改革办刊发推广，创新疫情溯源机制等79项经验做法被省级以上领导批示肯定。

营商环境持续优化。对标最优水平和最佳实践，深入实施营商环境创新提升行动，在19个领域推出175项改革举措和325条任务清单。开展"揭榜挂帅"攻坚行动，推出100项改革创新任务，鼓励大胆创新、积极探索，推动形成一批全国全省领先、市场主体和群众获得感强的创新成果。完成省级"爱山东"政务服务平台运行试点任务，打造"24小时不打烊"的网上政府、掌上政府，1202项事项实现"掌上办"，222个高频服务事项实现极简办、集成办、全域办。智慧就业服务模式获批全国就业服务提升示范项目，成为全省唯一、全国20个试点城市之一。

【农业】 农林牧渔业健康发展。全年农林牧渔业总产值1236.8亿元，按不变价格计算，同比增长3.7%。其中，农业产值667.6亿元，增长3.3%；林业产值7.8亿元，下降3.9%；牧业产值338.0亿元，增长2.8%；渔业产值113.5亿元，增长4.2%；农林牧渔专业及辅助性活动产值109.8亿元，增长8.6%。

农业生产基本稳定。粮食播种面积1029.2万亩，粮食总产量436.9万吨，粮食单产424.6千克/亩，实现面积、总产、单产"三增长"。棉花产量4625.9吨，增长6.6%；花生产量16.3万吨，下降9.2%；烤烟产量1.6万吨，下降4.5%；蔬菜及食用菌产量1333.8万吨，增长2.1%；园林水果产量100.7万吨，下降0.1%。

林业生态建设成效明显。全年完成造林8019亩，森林抚育100869亩，育苗面积34875亩。全面落实林长制，设立各级林长8545名。

畜牧业生产持续恢复。生猪存栏310.36万头，出栏499.38万头，同比增长1.3%；牛存栏18.82万头，增长5.4%，出栏17.77万头，增长1.8%;羊存栏67.3万只，增长0.7%，出栏116.58万只，下降6.8%；家禽存栏1.2亿只，下降8.7%，出栏5.14亿只，增长3.1%。

渔业生产平稳增长。水产品总产量49.9万吨，比上年增长1.8%。其中，海水产品产量47.4万吨，增长1.7%；淡水产品产量2.5万吨，增长4.6%。

【工业和建筑业】 工业经济运行持续向好。全年规模以上工业增加值同比增长7.4%。分三大门类看，采矿业增加值增长40.5%，制造业增加值增长7.2%，电力、热力、燃气及水生产和供应业增加值增长7.0%。分经济类型看，国有控股企业增加值下降11.8%；股份制企业增加值增长7.6%；外商及港澳台商投资企业增加值增长6.9%；私营企业增加值增长3.7%。分产品看，全市纳入统计的290个产品中，有102个产品实现正增长，增长面35.2%。其中，虚拟现实设备、金属集装箱、工业机器人等9种产品实现翻番及以上增长，光电子器件、化学纤维、锻件、集成电路等39种产品增速超过30%。装备制造业快速增长，计算机、通信和其他电子设备制造业增加值增长47.7%，专用设备制造业增加值增长33.4%。全年规模以上工业企业实现营业收入11351.4亿元，同比增长2.3%。实现利润总额376.9亿元，下降24.8%。

建筑业发展稳中有降。建筑业总产值1090.9亿元，比上年下降2.3%。具有总承包或专业承包资质的有工作量建筑业企业656家，比上年增加15家；签订建筑合同额1865.9亿元，比上年下降3.8%。

【服务业】 服务业支撑有力。全年规模以上服务业企业实现营业收入491.6亿元，比上年增长0.6%。其中，主体行业交通运输、仓储和邮政业，信息传输、软件和信息技术服务业，租赁和商务服务业，营业收入总量占全市规上服务业的75.4%，增长4.5%，拉动全市规模以上服务业增长3.3个百分点。分行业看，批发和零售业增加值926.8亿元，下降2.3%；交通运输、仓储和邮政业增加值321.9亿元，增长5.1%；住宿和餐饮业增加值122.7亿元，增长1.1%；金融业增加值423.3亿元，增长7.2%；房地产业增加值334.9亿元，下降4.0%；信息传输、软件和信息技术服务业增加值104.5亿元，增长8.6%；租赁和商务服务业增加值200.6亿元，增长7.8%。

旅游产业发展强劲。获评省特色小镇6个、新评定国家AAAA级旅游景区3家、入选省生态旅游示范区创建单位3家、获评省级夜间文旅消费集聚区3个，数量均居全省第一位。获评省景区化村庄18个、省乡村旅游重点村4个、全国乡村旅游重点镇1个。青州市获评省文旅康养强县，青州古城获评国家级夜间文旅消费集聚区。

邮政电信稳步向好。全年邮政行业寄递业务量累计完成6.18亿件，同比增长6.25%。其中，快递业务量累计完成4.87亿件，增长7.09%。邮政行业业务收入（不包括邮政储蓄银行直接营业收入）累计完成52.41亿元，同比增长5.54%。其中，快递业务收入累计完成34.88亿元，增长5.67%。电话用户总数1200.6万户，其中移动电话用户1109.5万户。固定互联网宽带用户346.4万户，增长16.2%。移动互联网用户876.0万户，增长0.2%。

【固定资产投资】 重点领域投资增势较好。全年固定资产投资同比增长12.7%。分产业看，第一产业投资增长48.1%；第二产业投资增长27.8%；第三产业投资增长2.3%。第二产业中，工业投资增长27.7%，其中，采矿业投资增长183.7%，制造业投资增长24.6%，电力、热力、燃气及水生产和供应业投资增长56.4%。第三产业中，文化体育和娱乐业投资增长48.0%，信息传输软件和信息技术服务业投资增长23.9%，卫生和社会工作投资增长15.1%。

房地产市场表现低迷。房地产开发投资778.1亿元，比上年下降11.1%。房屋施工面积8223.7万平方米，下降10%，其中住宅面积下降11.0%。商品房销售面积下降29.4%，其中现房销售面积下降11.1%。

【消费市场】 消费需求有所放缓。全年社会消费品零售总额2745.3亿元，同比下降1.3%。按经营单位所在地分，城镇消费品零售额2385.9亿元，下降1.2%；乡村消费品零售额359.4亿元，下降1.6%。按消费类型分，商品零售2579.3亿元，下降1.1%；餐饮收入166.0亿元，下降3.9%。

基本生活类商品销售增长较快。其中，限额以上单位粮油食品类销售增长4.0%；绿色升级类消费需求持续释放，新能源汽车呈高速增长态势，限额以上单位新能源汽车销售增长137.6%。

【对外经济】 对外贸易跨越发展。全年完成进出口总额3419.9亿元，同比增长30.6%。其中，出口额2477.2亿元，增长36.4%；进口额942.7亿元，增长17.5%。进出口总额占全省10.3%，比2021年底提高1.1个百分点。跨境电商进出口额突破390亿元，对外贸增长贡献率超过20%。对"一带一路"沿线国家、RCEP贸易伙伴进出口分别增长61.2%、40.8%。机电产品出口1104.7亿元，增长45.5%，占同期出口总额的44.6%，对全市出口增长贡献率达52.2%。

利用外资量稳质升。全年新引进落地外资项目154个，合同外资34.7亿美元，实际使用外资13亿美元。137个“书记县长外资项目”共到账外资12.5亿美元，占全市外资比重96%。制造业实际使用外资8.5亿美元，增长13.7%，占比65.4%。歌尔泰克等5个外资项目入选2022年全国重点外资项目，蓝帆健康科技项目获得山东省重大外资项目奖励资金2581万元。

【财政金融】 财政收入降幅持续收窄。全年一般公共预算收入608.0亿元，完成调整预算的101.0%，同比下降7.4%，扣除减税降费因素后下降1.7%，7月开始降幅持续收窄。其中税收收入374.9亿元。一般公共预算支出842.5亿元，完成调整预算的100.6%，同比下降4.2%。其中，农林水、卫生健康、社保就业、教育支出分别增长2.0%、3.3%、7.1%和4.0%。精准拨付中央直达资金113.2亿元，受益群众1230.8万人次、企业1808家，支持项目3612个。全年新增减税退税缓税降费217亿元，新增政策性担保190.8亿元，提供应急转贷320亿元。

金融市场运行稳健。2022年末，全市本外币各项贷款余额10007.2亿元，比上年末增加1134.1亿元，同比少增164.8亿元，增长12.8%。本外币各项存款余额12352.2亿元，比上年末增加1134.4亿元，同比少增6.9亿元，增长10.1%。贷款利率保持低位运行，融资成本呈下降趋势。全年银行机构新发放的企业贷款加权平均利率为4.88%，同比下降0.16个百分点。其中，普惠小微企业贷款加权平均利率为5.15%，下降0.3个百分点。随着差别化住房信贷政策调整落地，个人住房贷款利率呈下降趋势，全年个人住房贷款加权平均利率4.75%，同比下降0.56个百分点。

【民生保障】 居民生活水平稳步提高。全年居民人均可支配收入39365元，同比增长6.1%。其中，城镇居民人均可支配收入48989元，增长5.1%；农村居民人均可支配收入25639元，增长6.8%。城乡居民收入比为1.91，比上年同期缩小0.03。全年居民人均可支配支出22916元，同比下降0.5%。其中，城镇居民人均可支配支出27835元，下降2.3%；农村居民人均可支配支出15901元，增长2.5%。

社会保障体系更加健全。精准实施扩面攻坚行动，全市养老保险、失业保险和工伤保险参保人数分别达到731.05万人、127.86万人和201.01万人。调整退休人员基本养老金，惠及62.8万名退休人员。提高居民基本养老保险基础养老金，由每人每月152元提高到162元，惠及全市166万城乡老年居民。连续第17年调整提高工伤保险三项定期待遇，惠及工伤职工7000余人。为3.13万人发放失业金3.93亿元，代缴基本医疗保险费7938万元，为2.01万人发放失业补助金1261万元。坚持以人民为中心的发展思想，九类困难群体救助保障标准提标10%以上。发放资金14.5亿元，救助保障困难群体31.3万人。推行智慧养老新模式，全市智慧养老服务平台一网建设，“线上+线下”精准服务老年人24.6万余人次，为全市养老机构免费安装智慧消防系统，建成助老食堂193处。

医疗保障水平持续提升。基本医疗保险参保898.35万人，参保覆盖率96%。医疗保险基金当期收入187.92亿元，比上年增长7.59%；当期支出187.02亿元，比上年增长27.12%。建立起基本医保、大病保险、医疗救助、“潍坊惠民保”有效衔接的“3+1”多层次医疗保障体系。跨省就医取消转诊，自助备案，联网结算。医保卡实现全省“一卡通行”，5种门诊慢特病实现全国联网，15种中医常见病种纳入日间病房，284种谈判药品纳入“双通道”。落实药品耗材集采，累计节约16亿元，群众获得感有效提升。

城市更新全面提速。城市更新、海绵城市、清洁取暖三大国家级试点全面推进，70个城市更新项目陆续展开，中心城区新增海绵城市30平方千米，155万平方米城市建筑和10.1万户农村家庭实现清洁取暖。宝通街高架快速路和10条道路畅通工程顺利通车，亚定点医院及储备方舱医院建成投用，高铁新片区、火车站南广场片区开发建设不断提速，城市基础设施承载力日益增强。中心城区增建遮阳棚45处、公厕107座，建成全省首座5G智慧公厕。为全市11.9万个窨井盖加装防坠网，中心城区雨污分流改造比例90%，城市污水处理厂提标93.7%。新建口袋公园133处，累计开园1012处，建成“千园城市”，获全省公园城市试点。

住房保障体系加快完善。全年改造棚户区3581套、老旧小区7.2万户，发放住房租赁补贴1144户，筹建人才住房5245套，惠及群众约27万人。深化物业管理改革，完成物业管理条例立法，开发“鸢都智慧物业”平台，打造物业管理全国基层党建创新案例和全市第一批改革典型案例，有关做法被《人民日报》推介。

交通基础设施建设稳步推进。交通建设投资235.1亿元，其中，公路建设完成投资192.2亿元，水运建设完成投资2.9亿元，铁路建设完成投资18亿元，城市公交完成投资1.3亿元，场站物流园区完成投资20.7亿元。全市共有高速公路8条，普通国道6条，省道14条。公路通车里程29513.2千米，其中国道1172.7千米，省道1271.6千米，县道3737.1千米，乡道5525.9千米，村道17805.9千米，公路密度达到182.9千米/百平方千米。潍坊港泊位45个，其中万吨级以上泊位20个。潍坊机场开通客运航线10条、货运航线2条，每周客货运航班89个，通达城市13个。港口货物吞吐量4354.6万吨，下降3.5%；集装箱累计完成58.4万标箱，增长0.5%。

水路运输货运量 3429.6 万吨，下降 19.3%，货运周转量 251.3 亿吨千米，下降 10.7%。潍坊机场完成客运量 13.5 万人次，下降 80.2%。

水利工程建设稳步推进。按照“一轴一带、四纵七湖、百河千库”的框架蓝图，谋划实施供水保障、防洪提升、水生态保护与修复、数字水利等四大类 54 个项目建设，完成投资 47.58 亿元。全市水利史上投资最大、线路最长、受益人口最多的峡山水库战略水源地水质提升保护工程正式通水，完成投资 28.66 亿元。累计调泄水量超 22 亿立方米，成功防御台风“梅花”等多场次强降雨过程，为全市经济社会高质量发展储备充足水源。实施农村供水工程维修养护和村级工程提升改造，受益人口 150 万人，超额完成政府工作报告中 400 个村的改造任务。

安全底线不断筑牢。各类生产安全事故起数和死亡人数同比分别下降 23.8%、25.0%，未发生较大及以上生产安全责任事故。

【科技和人才】 关键技术攻关取得新突破。潍柴研发的柴油机本体热效率突破 52.28%，连续 3 次刷新世界纪录；天然气发动机本体热效率首次突破 54.16%，成为全球热效率最高的热力机械。市农科院选育的“潍麦 12”小麦新品种通过国家审定。全市多个项目获得省级以上科技计划支持，获批资金 6.5 亿元。实施“揭榜挂帅”攻关新模式，围绕重点产业发展需求，发布全市第二批“揭榜挂帅”榜单项目 52 个，资金 2.98 亿元。

高能级创新平台建设成效显著。国家燃料电池技术创新中心正式挂牌。潍柴内燃机可靠性国家重点实验室顺利重组。SDL 科学实验平台正式列入国家级实验室建设规划。潍坊现代农业山东省实验室建成六大公共平台和 30 个课题组，在杂交育种技术研发等领域取得关键性突破。潍坊先进光电芯片研究院研发的大功率半导体激光芯片实现国产化替代。全市共有市级以上科技创新平台 1889 家，其中国家级 37 家、省级 338 家、市级 1514 家。

人才引育取得明显成效。聚焦服务高质量发展，创新实施产业人才集聚、高端平台支撑、人才生态优化“三大行动”。启动领军人才“筑峰”行动、40 万大学生集聚计划，举办高端人才对接交流会、国际人才创新创业大赛、才聚鸢都等活动 800 余场，引进高端人才 1273 人、大学生 8.02 万人、高技能人才 2.1 万人，均创历史新高。82 人新入选国家级省级重点人才，数量全省第一，取得历史最好成绩。深入实施校地合作“双百行动”，选派第二批科技人才专员 37 名、科技人才副总 100 名，帮助企业引进高端人才 510 名，落地转化科技成果 794 项，推动建设校地校企合作平台 109 个。发布第二批重大科技创新“揭榜挂帅”项目 52 个，发榜总金额 2.98 亿元。制定潍坊人才金政 30 条、青年人才集聚 18 条，建成全省首个市级人才之家，建立服务潍柴集团人才工作联席会议制度，1 人获 2022 年度省科学技术最高奖、2 人获省科学技术青年奖。人才竞争力综合指数居全省第三位。

【社会事业】 教育事业持续健康发展。全市中等职业学校 35 所，在校学生 9.17 万人；普通高中 68 所，在校学生 19 万人；初中 303 所，在校学生 27.8 万人；小学 659 所，在校学生 63.8 万人；幼儿园 2045 所，在园幼儿 37.4 万人。中心城区新增公办优质普通高中学位 7000 余个；全市城区新建成幼儿园 192 所、中小学 43 所，乡村完成提升幼儿园 292 所、中小学 140 所。规范民办义务教育发展，民办义务教育在校生占比由 17.21% 下降到 4.18%；大力发展公办学前教育，学前教育公办率由 55% 提升到 61%。

公共文化供给愈加丰富。创作《大爱妈妈》等 80 余部文艺精品，完成送戏下乡演出 8950 场、公益电影放映 7.3 万场。新建成城乡书房 26 个，获评全省最美城乡书房 2 个、全国“年度最美书店”“乡村振兴十大阅读推广人”各 1 个，获“新时代乡村阅读季”活动全国四连冠。入选中国民间文化艺术之乡建设典型案例 1 个。文化遗产保护厚重前行。入选“全国非遗与旅游融合发展优选项目”3 个、数量全省第一。临朐县入选“非遗在社区”全省试点。新增省备案博物馆 11 家、博物馆总量 74 家。获评首届全国博物馆志愿服务典型案例 1 个，入选首批省文物保护利用示范区创建名单 1 个，获评山东省第五届文化创新奖项目 2 个。

医疗事业实现新突破。加快推进国家和省级基层卫生健康“综试区”建设，全国首创单病种群体管理模式，年度综合评估位列全国第二。深入实施医疗能力“攀登计划”和医疗技术“登峰计划”，省字号引领的“1+8+30”雁阵形区域医疗中心集群、国字号打头的“7+55+260”重点专科集群布局完成。市人民医院晋升 A+ 序列，全国排名创新高。5 家县级医院入围全国百强，总数保持全省第一。国家中医药综合改革示范区和医养结合示范省先行区建设走在前列。

体育事业再创佳绩。参加第 25 届省运动会获得 145 金 85 银 105 铜，取得历史最好成绩，金牌增幅居全省第 2 位。开展“体育 +”产业融合知名品牌创建活动，全市体育市场主体 2000 家，体育产业总规模 240 亿元。举办山东省男子篮球联赛等省级以上高端赛事 50 项，进一步彰显城市活力。

注：

1. 全市及分县（市、区）、开发区生产总值（GDP）、各产业增加值按现价计算，增长速度按可比价格计算。

2. 公报所列数字为年快报数或初步统计数字，正式数字以《潍坊统计年鉴—2023》为准。

中国共产党潍坊市委员会

Zhongguogongchandang weifangweiyuanhui

综 述

【概况】 2022年，全市完成地区生产总值7306.5亿元，按可比价格计算，比上年增长3.7%。市委认真落实"第一议题"制度，对习近平总书记重要讲话、重要指示批示第一时间跟进学习，研究贯彻落实意见，坚定拥护"两个确立"、坚决做到"两个维护"。市委常委会集中学习25次，市委理论学习中心组集体学习18次，组织各类宣讲3.1万场次、覆盖群众290万人次。突出抓好中共二十大精神学习宣传和贯彻，第一时间组织市级领导班子成员瞻仰王尽美烈士纪念馆，召开市委常委会（扩大）会议、市委务虚会、党外人士座谈会，组织市委理论学习中心组集体学习研讨，分层级举办专题学习班，组建市委宣讲团开展集中宣讲；召开市委十三届三次全体会议，审议通过《关于深入学习宣传贯彻党的二十大精神的决议》，对学习宣传贯彻工作作出全面安排部署。

【经济发展】 2022年，坚持完整、准确、全面贯彻新发展理念，建立"五个一"常态化督导机制，加快推动高质量发展。制定"工业稳增长20条""服务业恢复发展38条"，累计减税退税缓税降费212.4亿元；构建"六个一"平台招引新机制，新签约项目、新纳统项目、新增省外内资到位资金均居全省第一位。全市规模以上工业增加值比上年增长7.4%，规模以上工业企业营业收入11351.4亿元，地区生产总值、规模以上工业增加值、固定资产投资等主要经济指标增速高于全省平均水平。制定"五个优化"实施意见，按照"紧盯前沿、打造生态、沿链聚合、集群发展"的产业组织理念，加快培育壮大新能源汽车、新材料、新医药、磁产业、光电技术、工业母机等新兴产业，新增省级以上"专精特新"等五类优质企业249家，"四新"经济增加值增长9.6%，获评全国十大工业稳增长和转型升级成效明显市。全国首个国家燃料电池技术创新中心正式挂牌，SDL科学实验平台正式列入国家级实验室建设规划，现代农业山东省实验室加快建设，天瑞重工获全省唯一技术发明一等奖，大功率半导体激光芯片实现国产化替代，成功创建为国家创新型城市。

【乡村振兴】 2022年，坚持农业农村优先发展，推进城乡融合发展，全年农业总产值1237亿元。粮食播种面积、总产实现"两连增"。启动建设"三农"大数据平台，推进国家"区块链+蔬菜"质量安全应用试点，着力贯通"产业互联网+消费互联网"全链路。高质量建设国家农综区，正大360万只蛋鸡等全产业链项目投产，与巴基斯坦、加纳等国开展农业多领域合作，潍坊市农业加快与世界接轨。实施"三化一制"乡村治理模式，推广"三自治理""以孝治村""道德银行"等做法，7个村入选国家乡村治理示范村。实施乡村建设行动，深化农村人居环境整治提升，开展农村基础设施提档升级、公共服务提质增效，新创建省级美丽乡村示范村52个。

【现代服务业】 2022年，培育参股基金104支、总规模1649亿元，上市公司新增2家，总量38家、股票42只；金融机构本外币各项存贷款余额双过万亿元，成为全国第12个存贷款双过万亿城市。发挥区位、交通、产业优势，培育壮大龙头物流企业，全市规模前10的服务业企业有6家为物流企业。加强工业设计产业载体建设，提升综合服务能力，省级以上工业设计中心83家、数量居全省第一位。172个重点文旅项目完成投资130亿元，获评省特色小镇6个、数量居全省第一位。

【保障和改善民生】 2022年，坚持

以人民为中心的发展思想，民生支出占比保持在80%，居民人均可支配收入比上年增长6.1%，加力创建“共同富裕示范城市”。实施就业优先战略，全年城镇新增就业10万人。守住防返贫致贫底线，2609户、5617名监测帮扶对象得到及时帮扶。建成中小学43所、幼儿园192所，获批国家基础教育课程改革实验区，省、市共建职教示范区加快推进。基层卫生健康综合试验区建设启动，异地就医联网结算实现全覆盖。实施社保精准扩面攻坚行动，提升9类困难群体救助保障标准，残疾人“如康家园”实现镇街全覆盖。

【城市能级活力提升】 2022年，城市更新、海绵城市、清洁取暖三项国家级试点成效显著，146个城市更新、265个海绵城市重点项目推进，提前完成年度清洁取暖改造任务。新建口袋公园133处，成为“千园城市”。中央商务区、高铁新片区、火车站南广场片区加快建设，4条在建高速完成投资137亿元，京沪高铁辅助通道天津至潍坊段开工建设，潍坊港实现一体化运营。

【生态环境治理】 2022年，创新实施“全员环保”“刑责治污”机制，环境空气质量在168个重点城市中排名99位、前进17位，首次进入全国前100名；$PM_{2.5}$浓度连续3年实现两位数改善，达到国家环境空气质量二级标准。国控河流断面优良水体比例达到85.7%，优于全省平均水平，“分级滞蓄、分质处理、时空调节”水环境治理经验被作为改革创新典型在全省推广。全市受污染耕地、重点建设用地安全利用率保持100%。完成年度污染物排放总量控制任务。生态环保工作获国务院督查激励，是全国9个之一、省内唯一受表扬城市。

【深化改革】 2022年，推进“放管服”改革，实施极简、极优、极细、极速、极致“五极”服务，建成国内首张政务服务“智慧云图”，服务企业专员累计帮助企业解决问题21万件、解决率97%。推进国资国企等领域改革，深化公共资源交易数字化改革，78项国家级试点推进，乡村振兴、生态治理创新经验获国务院通报表扬。创新实施外贸固稳提质工程，举办潍坊发展大会、中日韩产业博览会等，年度进出口总额3419.9亿元、比上年增长30.6%，增速居全省第三位，获评全国推动外贸稳定和创新发展成效明显市。

【政治和思想文化建设】 2022年，支持市人大常委会、市政府、市政协、市法院、市检察院依法履职，深化党管武装，发挥统一战线政治优势和群团组织政治作用，《潍坊市出租汽车经营服务管理若干规定》《潍坊市文明行为促进条例》《潍坊市快递条例》等地方性法规正式实施。推进依法治市，常态化开展扫黑除恶斗争，完成维稳安保任务。打造凤溪地万物集夜市、非遗特色美食街等商业街区，举办中国画节、新青年音乐节等活动，以全国第一名的成绩当选“东亚文化之都”。

【新冠疫情防控】 2022年，加强防控救治体系和应急能力建设，形成102.6万管/日检测能力，超额储备隔离房间57735间，设置各类监护床位4366张。高效处置多轮外地输入性突发疫情，加强老年人、儿童、慢性基础性疾病患者等重点人群保障，开展农村地区疫情防控，开展对外援助，最大限度保护人民群众生命安全和身体健康。

【安全发展】 2022年，防范化解风险隐患，社会大局保持安全稳定。落实“8抓20项”创新举措，统筹抓好森林防灭火、防汛等工作，全年各类生产安全事故起数、死亡人数分别下降23.8%、25%。确定“48字”国企债务化解思路办法，坚持系统统筹、综合施策、整体解决，债务风险稳步缓释，全市不良贷款率降至0.73%、为全省最低。坚持合理假定、有解思维、事要解决，建立“四级书记”抓信访机制。

【全面从严治党】 2022年，定期召开党建工作领导小组会议，对各县（市、区）、市属开发区和66个市直部门、单位开展全面从严治党主体责任检查，开展黄河流域生态保护和高质量发展专项巡察，提级巡察24个街道。落实意识形态工作责任制，开展宗教等领域重点问题整治，意识形态领域总体安全稳定。完成市、县两级党委换届。落实干部标准，推动干部加快认知迭代、理念升维、能力重构、作风重塑。制定人才工作“金政30条”“青年人才新政18条”，新引进高校毕业生8万余人。农村基层党建全面进步、城市党建全域提升、“两新”组织党建拓面提质，成立快递、外卖、电商、道路运输4个行业党委。

（刘　超）

重要会议

【中国共产党潍坊市第十三次代表大会】 2022年2月18日，在富华国际会议中心开幕。大会的主题是：高举习近平新时代中国特色社会主义思想伟大旗帜，深入学习贯彻党的十九大和十九届历次全会精神，认真贯彻落实习近平总书记视察山东重要指示要求，全面落实党中央决策部署和省委工作安排，动员全市上下不忘初心、砥砺前行，努力走在前、奋进新征程，为加快建设人民满意的现代化品质城市不懈奋斗。会议强调，今后五年，是潍坊努力走在前、奋进新征程、建设人民满意的现代化品质城市的关键期，是乘势而上推进高质量高速度发展、实现“一二三”目标的决胜期。工作的总体要求是：高举习近平新时代中国特色社会主义思想伟大旗帜，深入学习贯彻中共十九大和十九届历次全会精神，认真贯彻落实习近平总书记考察山东重要指示要求，大力弘扬伟大建党精神，坚持稳中求进工作总基调，统筹推进“五位一体”总体布局，协调推进“四个全面”战略布局，深入贯彻落实省委“六个一”发展思路、“六个更加注重”策略方法、“十二个着力”重点任务，立足新发展阶段，完整、准确、全面贯彻新发展理念，主动服务和融入新发展格局，以深化供给侧结构性改革为主线，以改革创新为根本动力，以满足人民日益增长的美好生活需要为根本目的，以全面从严治党为根本保证，锚定“一二三”目标，坚持“一二三四五”工作思路，不忘初心、砥砺前行，努力走在前、奋进新征程，推进高质量高速度发展，加快建设人民满意的现代化品质城市。会议强调，不忘初心、砥砺前行，要锚定“一二三”目标不动摇，努力推进高质量高速度发展，确保地区生产总值过万亿、进军国内二线城市、跻身全国大中城市综合实力30强，加快建设人民满意的现代化品质城市。要坚持“一二三四五”工作思路不动摇，坚持以党建为统领，突出现代农业、先进制造业“两大主业”，抓实改革开放创新、新旧动能转换、安全和谐稳定“三大任务”，扭住项目建设、营商环境、民生保障、生态环境“四个抓手”，主攻乡村振兴、城市更新、海洋经济、总部经济和商贸流通、文旅教育和医养健康“五大战场”。会议强调，实现“一二三”目标，落实“一二三四五”工作思路，必须突出重点、狠抓关键，推动各项工作争先进位、走在前列。一是深入实施创新驱动发展战略，加快提升经济社会发展创新力。二是培强壮大先进制造业，加快提升产业发展能级。三是创新提升“三个模式”，加快提升农业农村现代化水平。四是大力发展商贸流通，加快提升现代服务业。五是系统推进城市更新，加快提升城市功能品质。六是坚持向海图强，加快提升海洋经济实力。七是加大基础设施建设力度，加快提升发展支撑力。八是更好保障和改善民生，加快提升群众幸福指数。九是促进文化繁荣发展，加快提升文化软实力。十是推进绿色低碳发展，加快提升生态环境质量。十一是全面深化改革扩大开放，加快提升发展动力活力。十二是加强民主法治建设，加快提升社会治理效能。十三是坚决守牢兜住底线，加快提升安全发展能力。

【2022年工作动员大会】 2月10日，全市2022年工作动员大会举行。会议以习近平新时代中国特色社会主义思想为指导，深入学习贯彻习近平总书记对山东工作重要指示要求，贯彻落实中央、省委经济工作会议和全省2022年工作动员大会精神，动员全市上下锚定“一二三”目标，坚定信心、创新实干，只争朝夕、奋发有为，不断增强经济社会发展创新力，坚定不移推动高速高质量发展，加快建设人民满意的现代化品质城市。会议指出，在2021年的工作实践中，潍坊找到推动实现高速高质量发展的有效方案。一是明确方向和目标，就是“地区生产总值过万亿、进军国内二线城市、冲刺全国大中城市综合实力30强”的“一二三”目标。实现地区生产总值过万亿元，既是落实中央和省委决策部署、稳定经济增长的需要，也是潍坊发展的现实需要，要咬定青山不放松，锚定目标不动摇，坚定不移推进高速高质量发展。二是找到高速高质量发展的法宝，就是“自信+创新+实干”，坚信潍坊行、潍坊一定行，担当作为，创新实干，推动各项工作实现新突破。三是找到实现目标的路径，就是按照“一一二三四五”基本工作思路扎扎实实地干。会议强调，2022年是中共二十大召开之年，是全省奋力实现“走在前列、全面开创”“三个走在前”的攻坚之年，也是潍坊保持强劲发展势头、朝着“一二三”目标迈进的关键一年，做好全年工作至关重要。一要抓党建统领，凡事从政治上考量，始终坚持中共领导，始终把党建放在第一位，真正把讲政治刻到骨子里、融到血液中，体现在时时处处。二要抓创新引领，按照全省工作动员大会安排部署，聚力抓好“十大创新”，让潍坊的创新更上一层楼。三要抓项目建设，东西南北中、抓住项目不放松，说一千道一万、没有项目都不算，要把项目牢牢抓在手上，既要抓新项目落地，更要抓“老树发新芽”。四要抓“双招双引”，继续保持良好势头，到位资金、新开工项目、新签约项目继续走在全省前列。五要抓外资外贸，着眼固稳提质，下大力气，千方百计稳外资、稳外贸。六要抓市场主体，继续保持新增市场主体增速全省领先。七要抓新兴业态，重点抓好磁悬浮、光刻胶、光电芯片、预制菜、跨境电商等新兴产业发展。八要抓企业上市，进一步加大工作力度、加快上市步伐，拿出硬招实招，确保完成年度目标任务。九要抓民生改善，着眼共同富裕，围绕老百姓需求抓民生，年内重点抓好物业管理、学校建设等民生工作。十要抓服务企业，继续完善提升服务企业专员制度，切实解决好企业发展中遇到的问题和困难。十一要抓城市更新，进一步提升城市功能品质。十二要抓兜牢底线，确保做到不发生疫情、不发生较大以上安全事故、不发生突发性事件、不

发生溺亡事件、不发生一氧化碳中毒事件、不发生火灾事故、不发生烧荒现象等“十一个不发生”。十三要抓环境建设，进一步改善生态环境、优化营商环境、保持良好的社会环境。十四要抓首季“开门红”，继续负压前行，力争地区生产总值、一般公共预算收入、工业增加值增速全省领先，其他各项指标都要尽力往前赶。

【潍坊市委人才工作会议】 2022年5月6日，潍坊市委人才工作会议召开。会议要求，要突出抓好人才工作关键举措和任务落实。要千方百计地“引”，着重引进有重要影响的科学家和顶尖人才、高水平科技领军人才和创新团队、青年人才和海外人才。要科学规范地“育”，重点培育壮大企业家人才、卓越工程师和高技能人才、高素质乡村振兴人才三支人才队伍。要不拘一格地“用”，管理更加科学，评价更加公正，激励更加有力，使用更加灵活。要用心用情地“留”，大力实施人才生态优化行动，让人才在潍坊“居无忧、业无忧、学无忧、留无忧”。会议强调，要着力强化人才工作支撑保障措施。要突出建设一批高能级平台载体，加快构建有利于人才集聚的产业生态，培育一流创新型领军企业，打造一流科研创新平台，建设一流职教高地和高水平大学。要突出强化政策有效供给，完善人才生活保障和扶持激励政策，以钉钉子精神抓好政策落地，最大限度发挥政策红利。要突出加大人才投入力度，坚持人才工作优先投入，完善多元化人才投入机制。要突出提升人才环境吸引力，实施人才环境打造推介专项行动，广泛开展城市形象宣传，以优良环境吸引聚集更多人才。

【县（市、区）委书记座谈会】 2022年8月20日，县（市、区）委书记座谈会召开。会议强调，要聚焦聚力推动产业更新，重点做好“优存量”和“扩增量”两篇文章，深入落实“五个优化”的思路，强化“紧盯前沿、打造生态、沿链聚合、集群发展”的产业组织理念，加快传统产业“弯道超车”，实现新兴产业“换道超车”；要聚焦聚力加快项目建设，以项目经济价值、产业链条价值、产业生态价值为导向，落实“六个一”平台招引机制，努力引进更多大项目好项目，持续为高质量发展提供增量动能；要聚焦聚力稳住经济运行，抓实抓牢即期监测、过程管控、市场主体，加强经济运行数据分析研判，落实“五个一”常态化督导机制，加大助企纾困力度，加强统计工作，努力实现年初目标。会议指出，要扑下身子听民声，用好用活“12345”政务服务热线等渠道，及时回应解决好群众诉求；要真心实意解民忧，顺着群众呼声抓落实，沿着群众怨声抓整改，用心用情解决群众的操心事、烦心事、揪心事；要千方百计惠民生，实施民生品质提升行动，加快推进40项民生实事，抓好“兜底性”民生、“普惠性”民生，推动群众生活由“将就”向“讲究”转变。要坚决守好守牢疫情防控、社会稳定、安全生产、金融风险防范化解等“一排底线”，以一域之稳固全市之稳，以“万全之策”确保“万无一失”。会议要求，全市各级领导干部要牢记初心使命，提高思想境界，把精力集中到想干事上，把责任体现到敢干事上，把能力展现到干成事上。要讲格局有情怀，少为自己计，多为发展计，多为民生谋，努力创造经得起历史和人民检验的业绩。要敢担当善作为，时刻牢记“职责所在、必有所为”，真正扛牢“促一方发展、惠一方百姓、保一方平安”的重大责任。要用心工作、拿事当事，做到眼中有事、心中装事、脑中想事、手中干事。要认真较真，以敬畏之心对待工作，敢于动真碰硬、一抓到底。要强化沟通协调，切实加强与各方衔接对接，及时沟通、亲自沟通、深入沟通，凝聚事业发展合力。要深入细致扎实，下足苦功夫、笨功夫、细功夫，抓实抓牢各项工作，齐心协力把潍坊发展推向新高度。

【学习贯彻中共二十大精神谋划推动高质量发展务虚会】 2022年10月29日，市委召开务虚会，深入学习贯彻中共二十大精神，研究谋划明年及今后一个时期全市经济社会发展的思路举措、重点工作，集思广益、凝心聚力，加快推动高质量发展，奋力把潍坊发展推向新高度，答好新时代中国特色社会主义现代化建设新答卷。会议指出，中共二十大精神是潍坊发展逻辑的本源。在新征程上推进潍坊的现代化建设，根本是要遵循中共二十大精神，与新时代党的中心任务对标对表，与中国式现代化的本质要求、总体目标、战略部署对标对表，进一步明确潍坊的发展定位、发展目标、发展思路。要深刻把握中国式现代化道路的内涵与外延，围绕高质量产业体系、高能级城市形态、高品质人民生活、高水平文明程度、高效能社会治理的目标，突出强化党建统领，进一步提升城市能级活力、新经济新产业、民生福祉、干部能力作风，大力实施科教创新、金融、文化、生态赋能，用好改革开放“关键一招”，加快建设新时代中国特色社会主义现代化强市。会议强调，推动高质量发展、建设现代化强市，必须突出党建统领作用。要不断提高政治判断力、政治领悟力、政治执行力，坚定拥护“两个确立”、坚决做到“两个维护”；把握运用好“六个必须坚持”的世界观和方法论，深学细悟笃行习近平新时代中国特色社会主义思想；始终保持“两个永远在路上”的坚韧执着，以自我革命推动全面从严治党向纵深发展。会议强调，推动高质量发展、建设现代化强市，重点是突出抓好“四个提升”，把“内在潜力”变成“硬核实力”。要加强城市规划、建设、治理，优化完善城市功能，丰富新型服务业态，进一步提升城市能级活力；着力做好“创新绿色、动能转换优存量”“着眼未来、高端引领扩增量”两篇文章，进一步提升新经济新产业；坚持以人民为中心的发展思想，推动民生资源由紧平衡向优供给、由保基本向高品质转变，进一步提升民生福祉；积极推动干部队伍认知迭代、理念升维、能力重构、作风重塑，进一步提升干部能力作风。会议指出，推动高质量发展、建设现代化强市，关键是找准支撑未来发展的核心要素，加力实施“四个赋能”，把“关键变量”变成“关键支撑”。要加力科教创新赋能，完善高质量教育体系、科技创新体系、人才引育体系，让科教创新成为高质量发展的“最大增量”；加力金融赋能，放大金融产业的经济价值，释放金融的产业生态价值，打造区域性产业金融高地和金融服务高地；加力文化赋能，更好满足人民日益增长的精神文化需求，汲取现代化建设的精神养分和文化动能；加力生态赋能，构建最优自然生态环境、社会治理环境、安全发展环境，以高质量生态赋能高质量发展。会议强调，推动高质量发展、建设现代化强市，必须用好改革开放“关键一招”。要坚持发展出题目、改革做文章，聚焦建设现代化产业体系、完善市场体系、促进共同富裕、打造一流营商环境等深化改革，不断提高制度供给与现代化建设的适配性；坚持越开放越发展、越发展越开放，聚力打造“双循环”重要节点城市、山东半岛对外开放桥头堡和环渤海区域性海洋经济中心，为现代化建设注入源源不断的动力活力。

【中共潍坊市委十三届三次全体会议】 全会深入学习贯彻中共二十大和二十届一中全会精神，深入学习贯彻省委十二届二次全会精神。审议通过《中共潍坊市委关于深入学习宣传贯彻党的二十大精神的决议》《中国共产党潍坊市委员会工作规则》。江敦涛就《中共潍坊市委关于深入学习宣传贯彻党的二十大精神的决议（讨论稿）》和《中国共产党潍坊市委员会工作规则（讨论稿）》向全会作说明。全会强调，全市各级党组织和广大党员干部，要把深入学习宣传贯彻中共二十大精神作为当前和今后一个时期的首要政治任务，精心组织、周密部署，在全面学习、全面把握、全面落实上狠下功夫，不断兴起学习宣传贯彻热潮，切实把中共二十大精神在潍坊付诸于行动、见之于实效。要从政治维度深刻感悟“中国之治”的磅礴伟力，深刻领悟“两个确立”的决定性意义，做“两个确立”“两个维护”的坚定捍卫者，让最讲党性、最讲政治、最讲忠诚成为潍坊党员干部的底色。从时代维度深刻领悟“中国之理”的磅礴伟力，全面准确把握“两个结合”和“六个必须坚持”，做习近平新时代中国特色社会主义思想的坚定信仰者，让真理力量在潍坊大地充分彰显、造福人民。从历史维度深刻体悟“中国之路”的磅礴伟力，深刻理解把握中国式现代化的历史渊源和现实基础、中国特色和本质要求、战略安排和重大原则，做中国式现代化的坚定践行者，坚定不移沿着这条光明大道走下去。全会充分肯定市委常委会的工作，一致认为，市委常委会坚持以习近平新时代中国特色社会主义思想为指导，围绕迎接中共二十大、学习宣传贯彻中共二十大精神，深入贯彻习近平总书记对山东工作的重要指示要求，坚决落实党中央决策部署和省委工作安排，锚定“走在前、开新局”，高效统筹疫情防控和经济社会发展，各项工作由良好发展态势加快向新的发展高度迈进。旗帜鲜明讲政治，坚定拥护“两个确立”、坚决做到“两个维护”，始终沿着习近平总书记指引的方向笃定前行；坚定不移转动能，着力做好“优”和“扩”两篇文章，经济发展稳中提质；聚焦聚力提品质，不断完善功能丰富业态，城市能级活力加快跃升；牢记嘱托促振兴，加力拓展创新“三个模式”，乡村振兴齐鲁样板先行区建设扎实推进；倾情倾力惠民生，推动基本民生向品质民生转变，民生福祉更有质感；更大力度增活力，全面深化改革开放，高质量发展的潜能持续释放；有力有效抓统筹，毫不放松守牢“一排底线”，安全发展形势巩固向稳；聚精会神强党建，纵深推进全面从严治党，政治生态更加风清气正。全会指出，站在新的历史起点，踏上新的发展赛道，要把中共二十大精神转化为团结奋斗的强大力量，校准时代坐标，担当时代使命，努力跑出我们这一代人的好成绩。要对标对表中共二十大新思想新论断、新部署新要求，对标对表习近平总书记对山东工作的重要指示要求，突出强化党建“一个统领”，加快推进干部素质能力、城市能级活力、新经济新产业、人民生活品质“四个提升”，加力实施科教、金融、文化、生态“四个赋能”，用好改革开放“关键一招”，奋力把潍坊发展推向新高度，加快建设新时代中国特色社会主义现代化强市，在新征程上彰显“走在前、开新局”的潍坊担当。

【市委经济工作会议】 2022年12月25日，市委经济工作会议召开。会议以习近平新时代中国特色社会主义思想为指导，深入学习贯彻中共二十大和中央经济工作会议精神，落实省委经济工作会议部署，总结工作、分析形势，安排明年全市经济社会发展任务，着力推动高质量发展，加快建设新时代中国特色社会主义现代化强市。会议强调，要把握大局、坚定信心，在加快高质量发展中勇毅前行。要深刻领会把握发展这个第一要务，牢固树立“不抓发展就是政治上不合格、抓不好发展就是工作上不称职”的理念，坚决摒弃守摊子、混日子的思想，拿出“人一我十、人十我百”的干劲拼劲，齐心协力抓发展、持之以恒抓发展，以干事创业的速效同增推动实现转型发展的量质双升。要深刻领会把握稳中求进这个重要原则，以当前之“稳”促长远之“进”，以经济之“稳”促社会之“进”，以实事求是之“进”巩固发展之“稳”，以一域之“进”巩固全局之“稳”，努力为全省全国发展大局多作贡献。要深刻领会把握产业加速迭代这个演进趋势，坚持以前瞻思维谋划未来，以未来视野布局当下，努力抢占未来发展制高点。要深刻领会把握系统统筹这个根本方法，注重综合考量、总体谋划，做到疫情防控和经济社会发展、质和量、供和需、局部和全局、国内和国际、历史和现实、当前和长远统筹兼顾，努力争取最佳效果。要深刻领会把握提振信心这个关键所在，在把握百年周期的时代机遇、明确的政策导向、市场活力加快恢复的向好趋势、潍坊市良好的发展态势中坚定信心。会议指出，2023 年是全面贯彻落实中共二十大精神的开局之年，也是建设现代化强市的重要一年，做好经济工作意义重大。要以习近平新时代中国特色社会主义思想为指导，全面贯彻党的二十大和中央经济工作会议精神，深入落实习近平总书记对山东工作重要指示要求，坚持稳中求进工作总基调，完整、准确、全面贯彻新发展理念，主动服务和融入新发展格局，着力推动高质量发展，落实省委经济工作会议部署要求，聚焦市委“1441”工作思路，更好统筹疫情防控和经济社会发展，更好统筹发展和安全，全面深化改革开放，大力提振市场信心，突出做好稳增长、稳就业、稳物价工作，有效防范化解重大风险，实现经济质的有效提升和量的合理增长，加快建设新时代中国特色社会主义现代化强市，推动中国式现代化“潍坊实践”迈出新的步伐。会议强调，各级各部门要自我加压、自提标杆，聚焦重点、精准发力，在加速突破中实现量质双升，努力争取更好发展结果。具体要抓好“八件大事”。一是聚焦聚力推动产业迭代。二是聚焦聚力突破“双招双引”。三是聚焦聚力落实“两个毫不动摇”。四是聚焦聚力扩大高水平开放。五是聚焦聚力拓展“三个模式”。六是聚焦聚力提升城市能级活力。七是聚焦聚力增进民生福祉。八是聚焦聚力守牢“一排底线”。

（秦高杰）

组　织

【概况】 2022 年，聚焦服务中心大局，在完成重大任务、应对重大挑战中彰显组工作为。高质量开展领导班子换届工作。完成县（市、区）领导班子换届，12 个县（市、区）配备 40 岁左右党政领导班子成员比上次换届提升 5%。开展全国和省“两代表一委员”推荐提名工作，市党代会和两次人代会、政协会组织提名的各项候选人均全票或高票当选。在疫情防控中展现组织担当。持续开展人员核查工作，广大组工干部到镇、村、社区、企业等疫情防控第一线，与 4.6 万名基层干部一道，“地毯式”摸排重点人员；3 月，牵头开展核酸检测、流调溯源、医疗救治工作，组织成立党员突击队 9700 余支，设立党员先锋岗 2.5 万个，一线发展党员 183 人；11 月，组织成立社区管控能力提升专班，督促指导基层守牢管控防线。牵头抓好高质量发展综合绩效考核。开展省对潍坊市综合考核工作，坚持每月调度分析，点对点落实工作措施，有力推动各项指标争先晋位，在全省分析评估中取得第一名。坚持发展导向、考核导向相统一，调整优化全市综合绩效考核办法，加大差异化考核力度，创新实施重点工作“月度监测、双月展评、季度评估”和平时记实考核，推动全市重点工作落地见效。

【打造高素质专业化干部队伍】 2022 年，实施凝心铸魂赋能行动。突出抓好中共二十大和省党代会精神培训，组织开展以“学习二十大，永远跟党走，奋进新征程”为主题的“七个一”活动，先后举办专题学习班 4 期，对全市县级以上干部和镇（街）党政正职进行全覆盖轮训。着眼提升干部素质能力，实施“一名三好一专”工程，创办“年轻干部周末大讲堂”，举办县（市、区）新任党政班子成员履新赋能培训班等重点培训班次 56 个，培训干部 1.57 万人次。实施政治素质考准考实行动。修订《市管干部政治素质考核考察办法》，完善干部政治素质表现 20 条正负面清单，创新构建“领导干部政治素质模型”，组织开展政治素质双向测评，对政治上不合格的“一票否决”。3 月，及时组织考察了解市管干部和优秀科级干部在疫情防控阻击战中的现实表现，发现和掌握 971 名表现突出的干部。开展换届后县（市、区）、市直部门领导班子运行情况和干部表现评估调研，采取个别谈话、民主测评、实地走访等方式，了解班子运行和干部表现情况。实施年轻干部育苗培壮行动。实施“青年优秀人才引进计划”，面向国内“双一流”高校、QS 榜单前 200 名高校以及全国普通高校，选聘 614 名优秀高校毕业生到市、县工作；组织考录公务员 949 名、招录选调生 91 名、遴选市直机关工作人员 58 人。实施选调生优培计划，创新建立“三传三帮”培养机制，被评为全省选调生工作先进单位。印发年轻干部工作督导评估办法，实施年轻干部配备“红蓝绿”预警机制，加大对“70后”正县级、“80后”副县级和“90后”科级干部配备力度，对确有潜力的优秀年轻干部，敢于打破隐性台阶，及时选拔到重要岗位任职，一批优秀年轻干部充实进县镇和部门领导班子。启动市、县干部双向交流任职，选派60名优秀年轻干部到国有企业挂职锻炼，组织8名干部到金融风险防控专班跟班历练，提高年轻干部防风险、迎挑战、抗打压能力。实施担当作为激励行动。突出实干实绩导向，落实“五看”要求，注重选拔使用“狮子型”“老黄牛型”干部。坚持严管与厚爱并重，制定关心关爱干部身心健康的若干措施，建立健全“五必谈”制度，对干部存在的苗头性倾向性问题及时提醒纠正；开展个人有关事项报告工作，查核一致率位居全省前列。加强和提升公务员工作，选树公务员管理制度建设模范机关56个，1人被评为“全国人民满意的公务员”、8人被评为“全省人民满意的公务员”、5个单位被评为“全省人民满意的公务员集体”。

【基层党组织】 2022年，实施抓党建促乡村振兴行动。深化村党组织书记专业化管理，组织开展乡村振兴“擂台比武”2230场次，评选“擂主”192人，调整不胜任村党组织书记220人，村级带头人队伍实现整体优化提升；组织逐级遴选推荐、层层审核把关，在全市选树“担当作为好支书”60名、“实干奉献好党员”70人，以榜样的力量引导激励广大党员干部奋进新征程、建功新时代。坚持抓党建促集体经济发展，推行“党建统领、四社共建”模式，探索建立村级集体经济增收奖励扶持机制，推动流转土地64.4万亩，26家村党组织领办合作社荣登2022中国农民合作社500强。坚持党建融合统筹资源，通过结对共建、区域联建、村际合建、行业统建，培育党建引领乡村振兴样板片区34个、联合经济体94个，带动乡村振兴提标升级，山东省在潍坊市召开抓党建促乡村振兴现场推进会，观摩昌邑市、昌乐县的4个现场，给予肯定。实施党建引领基层治理全域提升行动。以市委文件印发《关于深化党建引领基层治理的若干措施》，从健全党建引领基层治理的体制机制、增强镇（街）村（社区）党组织凝聚力引领力等8个方面，明确26项具体措施，推动党建引领基层治理工作提质增效。实施“织网扎根·平急结合”行动，创新“基础网格+微网格+专属网格”模式，划分各类网格7万余个；建立网格员及志愿者“1+N”服务团队，推动8万余名机关企事业单位党员到社区“入队进网”，16.7万名党员联系服务176.7万户群众，“平时”服务、“急时”应急，构建起“党建统领、条抓块统、强网赋能、多元共治”的工作格局，经验做法被中组部推介。加快推进红色物业建设，服务质量明显提升，“12345”政务服务热线物业问题投诉量同比下降40%。实施两新组织党建拓面提质行动。研究制定加强新业态新就业群体党建工作的指导意见，成立快递、外卖、电商、道路运输4个行业党委，建立基层党组织131个，4家企业入选省级两新组织党建工作示范点，提升党在新兴领域的组织力凝聚力。抓好党员队伍教育管理。加强党支部标准化规范化建设，实施青年人才党支部星火工程，制定印发党支部建设责任清单，发展党员11627人，在全省排查整顿农村发展党员违规违纪问题工作推进会和全省党员教育工作推进会上作典型发言。组织开展庆祝建党101周年“十个一”系列活动，为7875名老党员颁发“光荣在党50年”纪念章。

【人才优先发展】 2022年，实施产业人才集聚行动。坚持精准对接供需引才，组织“十大产业”牵头部门对重点企业人才需求情况进行大摸底，分产业发布人才需求目录，“产业专班+企业”靶向引进人才3.32万人。实施鸢都系列人才工程、40万名大学生集聚计划和“技能兴潍”行动，举办高端人才交流对接会、国际人才创新创业大赛、“才聚鸢都——直通名校”等系列活动800余场，创历史新高。实施校地合作“双百行动”，选派第二批科技人才专员和科技人才副总，加强高端技术人才引进。实施人才生态优化行动。召开市委人才工作会议，推动人才政策升级迭代，制定加强和改进新时代潍坊人才工作的“金政30条”，配套定制支持高端装备制造业、现代蔬菜种业发展的系列人才政策，打造“普惠性+个性化”政策体系；着眼吸引更多年轻人才，制定加快青年人才集聚的“18条措施”，创新实施人才返潍安置计划，政策覆盖面和支持力度全省领先。实施人才安居工程，筹建人才公寓1万余套，发放人才购房补贴7.3亿元。组建人才服务联盟和人才与产业创投联盟，发放“人才贷”2.34亿元，有效解决人才创业融资难问题，激发各类人才创新创业内生动力。

【模范部门建设】 2022年，成立部机关青年理论学习小组，开办“潍坊组工大讲堂”，组织专题讲座6场，编印《组工学习家园》10期，举办业务知识竞赛，提升组工干部的专业能力，“先锋组工”被评为市直机关“十佳”党建品牌。开展“‘四提’‘五要’见行动”交流研讨，市县组工干部撰写征文268篇，举办专题演讲比赛，在全省决赛中获得一等奖。建立健全重点工作定期通报点评观摩和“11710”工作督查机制，推动各项工作任务落地见效。加强数字机关建设，实现国产化终端全覆盖，通过涉密网络分组保护测评。大兴调查研究之风，围绕破解组织工作热点难点问题，部领导牵头开展调研，相关科室协同攻关，重点课题研究成果和统计分析报告在省委组织部获奖。加大组工调研信息宣传工作力度，130个亮点经验做法在中组部《组工信息》《党建研究内参》《山东组织工作》《山东组工信息》等省级以上部刊和《人民日报》《中国组织人事报》等中央媒体刊发，信息和宣传两项考核成绩全省领先，拍摄的15部党员教育电视片在全国全省观摩交流活动中获奖。

（辛　波）

宣　传

【概况】 2022年，通过市委常委会、全委会集中学习，实地瞻仰王尽美烈士纪念馆，召开全市高质量发展务虚会等，示范带动全市上下深入学习贯彻大会精神。举办主题宣讲报告会3600余场次，直接受众63.5万人次。组织开展主题征文活动，评选优秀论文60篇，117篇转为2023年“党的二十大精神研究阐释”专项研究课题。开展“我们的新时代”诗歌、散文、歌词、曲艺文本和楹联作品征集评选，举办“礼赞新时代　奋进新征程”美术、摄影作品征集展览和20余场主题文艺演出，展现新时代伟大成就和广大文艺工作者良好精神风貌。综合运用深度报道、社会宣传等方式，全方位、多角度、立体式宣传转载转播重要新闻和评论、解读大会精神、全面报道全市实践，组织市、县两级媒体开设专题专栏100余个，市级刊发主题稿件4万余篇。

2022年8月26日，第十一届中国画节、第十四届中国（潍坊）文化艺术展示交易会、第六届中国（潍坊）民间艺术博览会开幕式在鲁台会展中心举办（供图：杨卫国）

【党史学习教育】 2022年，制定印发《关于在全市推动党史学习教育常态化长效化的实施意见》，就巩固拓展学习教育成果作出制度性安排。在全市组织开展“四史”心得体会征文，编印发放优秀作品汇编，深化学习交流。推广党史学习教育内容50余篇（次），推出课题81篇。《汲取党史力量破解机关党建“两张皮”对策研究》课题收录山东省党史学习教育理论成果选编《以史为鉴向未来》。举办中共十九届六中全会精神网络知识竞赛，全市108.2万名党员干部参与竞赛。召开中共十九届六中全会精神理论研讨会，抓好《百年大党面对面》《中国共产党宣传工作简史》等党史读物学习使用，推动党史学习教育常态化长效化。制作《我在王尽美的家乡讲党史》《红色故事青年说》系列等47个党史微视频，被“学习强国”全国平台刊播。

【理论学习】 2022年，加强理论学习，市委理论学习中心组集体学习18次，带动各级党委（党组）中心组开展学习1.6万次，全链条管理做法获中宣部推介。加强理论研究，市、县两级党委中心组在省级以上主要报刊发表理论文章17篇，6篇调研报告被省委主要领导批示。“调研潍坊”应用对策研究得到市委、市政府主要领导批示肯定11次。编印《社会科学动态参阅》24期，为各级领导干部和部分社会人士代表提供多角度理论参考服务。加强理论普及，组织开展各级各类宣讲3.1万场次，受众290万余人次。“学习强国”综合成绩居全省前列，注册学员占常住人口比例超20%，刊发稿件2.8万篇，被全国平台采用3460篇，经验做法2次在中宣部简报刊发。利用“潍坊市民大讲堂”，推出党史党建、政策宣讲等主题讲座、文章217期（次），覆盖人群超100万人次。

【宣传传播】 2022年，对上宣传形成声势，在省级以上权威媒体发稿5000余篇次。中央电视台走进诸城，开展“走进县城看发展”采访报道，在《新闻联播》《新闻直播间》及新媒体平台播出。央视《经济半小时》2次深度报道潍坊市春耕、改造盐碱地工作，《农民日报》刊发5篇头版报道，聚焦潍坊市现代农业发展、新时代文明实践探索、“三个模式”创新提升、乡村振兴齐鲁样板实践打造。全省“走在前　开新局”主题采访活动走进潍坊期间，《大众日报》、山东广播电视台连续3天播发专题报道，并同步进行电视、网络直播，总播放量1820万次，累计观看量3000万次。在“新时代　新鲁菜”创新大赛中，入选人气值10强榜单数量居全省第一。传播能级明显增强，潍坊列2022全国地级市传播指数百强榜第九位，“一键统发”矩阵转发作品点击量超7500万次。举办新闻发布会140余场，首次将发布会开到基层一线、企业车间、田间地头。“潍坊发布”稳居全省政务发布第一名，一年内实现粉丝量翻番。潍坊日报社在全省32家地市级媒体传播力引导力考评中位居第九位，潍坊融媒客户端下载量突破200万人次。潍坊市广播电视台在全省优秀广播电视和网络视听节目评选中，获一等奖数量和获奖总数连续居全省地市级台第一，潍坊市广播电台获全国发稿“十强”称号。县级融媒体建设成效明显，县级融媒体传播力评价稳居全省第一方阵。

对外宣传出新出彩。中华文化之角·尼山书屋、云上博物馆在德国友城弗莱辛建成使用。新开通运维海媒账号252个，通过海媒账号开展“文物对话”“全球风筝展播投票评选”等互动活动，海媒发帖数共462万条、浏览总量4.8亿次。中国航天日期间，在海外社交平台发布“潍坊放飞空间站风筝”视频和帖文，被海媒大V、驻外使节、国家级机构账号、媒体账号等转发，阅读量近千万次。在德国、美国、新加坡、澳大利亚等国家友城媒体发布《潍坊与弗莱辛缔结友城35周年》《非凡十年｜潍坊：十年蝶变，“潍”有奋斗》等稿件58篇。举办非遗走进德国校园、“风月同天”蒯宪中日韩艺术交流云展、中德人才交流对接会等友城交流活动12次。对接友城投放折扇、泥塑、风筝、年画、猩宝宝系列手办等外宣品约5万件，受到友城方面的欢迎。开展“外国友人在潍坊”系列人文交流活动30场，制作七旬英国奶奶在潍坊山区支教、埃及学霸闯山东等35条系列多语种作品。在中国外文局主办的“第三只眼看中国·大美中华”国际短视频大赛中，潍坊市获得一个最佳故事奖，一个优秀组织奖。制定完成视听山东双语作品162条次，在新华社、《中国日报》、中新社、中国山东网、大众网等中央、省、市级媒体刊发。其中潍坊风筝、潍坊核雕两部作品作为新华社制作的“千城一绝”宣传片登上纽约时报广场大屏，4部作品海内外受众覆盖过亿人次。举办粤港澳大湾区媒体行、网络达人潍坊行活动，抖音话题“如画潍坊”播放量达2.7亿次。

（张　坤　黄新运）

统一战线

【概况】2022年，潍坊坚持以习近平新时代中国特色社会主义思想为指导，深入学习宣传贯彻中共二十大精神，认真贯彻落实全国、全省统战部长会议精神和市委工作要求，突出思想政治引领，开展各领域统战工作，着力推动全市统战工作走在前、开新局。相关工作得到全国政协副主席、全国工商联主席高云龙批示肯定，得到省委领导5次批示肯定。

2022年7月11—12日，全市统战工作暨潍坊发展大会项目观摩交流会召开（供图：张月莲）

【大统战工作格局】2022年，向市委常委会提报议题11个，组织召开市委统战工作领导小组会议3次、协调机制联席会议10次，制定规范性文件10件；为民主党派市委会机关增加行政编制、增设副科级领导职数的做法得到中央统战部肯定。

【统战支持经济社会发展】2022年，举办第三届潍坊发展大会，对接洽谈重点合作项目33个，涉及总投资275亿元。创新推动服务企业工作，组建有20名党外专家组成的服务专项团队，15名服务企业专员联系33家企业、2个项目，为企业解决涉及融资贷款、政策咨询等问题74个；实施“万企兴万村”行动，累计投入资金95亿元。支持引导统战成员为全市疫情防控捐款捐物达1900余万元。

【主题教育和协商调研】2022年，以迎接中共二十大胜利召开、学习贯彻中共二十大精神为主线，支持各民主党派市委会深入开展“矢志不渝跟党走、携手奋进新时代”主题教育，坚定拥护“两个确立”，坚决做到“两个维护”。开展协商活动41次，23期《潍坊建言献策》、19个调研成果得到市委、市政府主要领导签批，近200条意见建议被市直有关部门采纳。

【民族团结进步】 2022年，开展铸牢中华民族共同体意识“十大行动”，打造公交专线移动宣传教育基地，市、县两级开通“民族团结号”公交专线16条、公交车54辆，在城区5条主干道打造铸牢中华民族共同体意识宣传示范街，培育打造4处市级铸牢中华民族共同体意识教育实践基地和3处市级中华民族共同体体验基地。参加第十一届山东省少数民族传统体育运动会取得历史最好成绩。争取各类资金1020.52万元，助推少数民族经济社会发展。组织开展全市第22个民族团结进步宣传月活动，市、县两级共组织开展各类宣传活动400余场次。深化实施民族团结进步创建“6+N”工程，完成民族团结进步创建示范点58个，下拨创建专项资金21万元，实施省级民族团结进步示范单位整体提升行动。

【工商联履职尽责】 2022年，发挥“工商联大讲堂”作用，建成省级民营经济人士理想信念教育基地，实施企业家培育工程。落实《2022年度党委、政府及部门、单位与经济类行业协会商会、民营企业沟通协商计划》，着力优化营商环境，推动构建亲清政商关系。建立“政企恳谈会、涉企政策征求意见座谈会”、企业及商会反映问题办理机制等沟通制度。开展“2022潍坊民营企业100强评选”“送政策上门精准服务”等活动，编发政策汇编1.4万册、举办政策解读会7场。制定《助力“冠军企业”行稳致远10项措施》，精准助力“冠军城市”建设。依托市中小企业服务平台，搭建法律、金融等6个专业团队，精准服务民营企业。

【党外代表人士队伍建设】 2022年，完成市、县两级政协、工商联换届，完成无党派人士政治面貌认定工作，成立无党派人士议政建言联合组，组织无党派人士参加政治协商座谈会10次、参与书面征求意见1次；打造党外知识分子“爱国奋斗、建功立业”实践基地14个、无党派人士工作室3个，成立市党外知识分子联谊会，完成市新的社会阶层人士联谊会换届，打造新的社会基层人士统战工作实践创新基地73个，市、县中华职教社成立社员小组60个、“社员之家”15个。

【港澳台侨和海外统战工作】 2022年，邀请香港山东青年会、澳门山东商会到潍参访交流。开展定居台胞关爱慰问和台商台企走访服务工作，举办“2022年山东省侨界青少年研习营·潍坊行”活动，促进侨界青少年对华侨历史的了解和华侨精神的传承。举办“喜迎二十大·侨心向未来”华侨文化剪纸作品展，展示侨界喜迎盛世的精神风貌。承办侨界代表人士省情考察、高层次人才走进“侨梦苑”等活动，建立侨务工作海外联络处。

【统一战线和谐稳定】 2022年，制定《关于做好全市统一战线防范化解风险隐患工作迎接党的二十大胜利召开的若干措施》，统筹发展与安全、线上与线下，紧抓重点领域、重点部位、重点环节，加强风险隐患的摸底排查、监测预警、分析研判等工作，统一战线保持和谐稳定。

【自身建设】 2022年，建立“青年干部学习成长共同体”，举办统战大讲堂6期，开展“走基层、转作风、强素质”活动3次，调整部机关、民主党派机关职务职级、交流任职16人次，打造一支政治坚定、业务精通、作风过硬的统战干部队伍。

（张月莲）

政策研究

【学习教育】 2022年，深入学习贯彻习近平新时代中国特色社会主义思想，深刻领悟“两个确立”的决定性意义，增强“四个意识”，坚定“四个自信”，做到“两个维护”，始终同以习近平同志为核心的党中央保持高度一致。自觉加强理论武装，发挥理论学习中心组学习、室务会第一议题、党支部理论学习等阵地作用，坚持不懈用习近平新时代中国特色社会主义思想凝心铸魂，对习近平总书记重要讲话、重要指示批示精神，第一时间跟进学习领悟，切实做到真学真懂、真信真用。深入学习贯彻中共二十大精神，坚持运用中共创新理论指导工作实践，紧密联系潍坊发展实际，加强对中央决策和省委部署、市委要求的理解把握，做到学以致用、知行合一。坚定理想信念，加强党性观念，牢记“国之大者”，弘扬中共优良传统和作风，切实增强政治判断力、政治领悟力、政治执行力。自觉树立和践行正确的事业观、政绩观、奋斗观，坚定不移落实中央决策部署和省委工作要求，围绕市委“1441”工作思路，加强大局观念，坚持问题导向，培养担当精神，锤炼作风，提升以文辅政能力本领。

【文件起草】 2022年，先后参与组织筹备市第十三次党代会、党史学习教育总结会议、全市工作动员大会、市委全会、市委经济工作会议、市委农村工作会议、市委全面深化改革会议、潍坊发展大会等重要会议，组织起草市委重要会议领导讲话和工作汇报、典型材料等40余篇；起草市委常委会2022年工作要点等重要文件8个。组织起草的近2万字的党代会报告，得到市委领导多次肯定表扬，受到社会各界广泛关注好评；《田庆盈同志在市委经济工作会议上的讲话》《田庆盈同志在全市2022年工作动员大会上的讲话》《江敦涛同志在潍坊发展大会开幕式上的致辞》《江敦涛同志在市委十三届三次全会上的报告》等一批文稿，得到市委主要领导肯定。

【重大决策调查研究】 2022年，坚持一线调研与政策研究相结合，注重把中央、省委决策部署和潍坊实际统筹研究谋划，找准基层实际和专家智库意见的结合点，增强调查研究的专业性和科学性，调研形成的《寿光创新构建蔬菜保供平战结合体系》呈中央领导审阅参考，被中央改革办刊发推广。乡村振兴、生态治理2项创新经验被国务院通报表扬；光电芯片技术创新、海洋种业创新等11项经验被推荐上报中央改革办，数量全省第一；创新疫情溯源机制等79项经验做法，被省级以上领导批示肯定。健全经济运行分析机制，定期研判全市经济运行形势，每月调度全市主要经济指标运行情况，有针对性地提出对策建议，为市委决策提供有效参考。开展前瞻性调查研究，围绕新能源、虚拟现实产业发展，聚焦城市规划布局等多个方面，开展联合调研，其中《“氢”力赋能 绿色跨越 加快建设国际一流氢能城市》《借力京沪高铁辅助通道建设打造更高能级现代化城市》等调研报告得到市委主要领导批示肯定。重要优秀调研成果以适当形式印发交流，及时转化为指导工作的政策措施，形成文件、规章、政策等制度成果，促进调研成果在指导实践、推进工作中发挥更大作用。全年形成调研报告30篇，编发《决策参考》18期，市委主要领导签批肯定11期，一批调研成果进入市委决策。

【党刊编发】《潍坊通讯》是中共潍坊市委主管、主办，经省新闻出版局批准备案的内部资料出版物。全年编发12期，刊发各类文稿228篇、70余万字，发行19800册；所编发提报的多篇文稿被中央政研室《学习与研究》、省委政研室《山东通讯》和其他党刊等刊发转载。发至全市镇（街）以上党组织、县级以上领导干部、县级事业单位、市重点管理企业及中央、省驻潍单位，与全国200余家地级以上城市党刊定期互动交流学习，讲好潍坊故事，宣传推介潍坊。

（孙家强）

机构编制

【概况】 2022年，市委编办先后举办理论中心组集体学习11次、专题学习33次。以推进党史学习教育常态化为引领，开辟“红色文化长廊”，宣传建党精神、井冈山精神等精神谱系，着力打造“三创一争•优编提效”党建品牌，被市委市直机关工委评为“优秀党建品牌”，继市委编办机关第一党支部后机关第二党支部又被评为“市直机关五星级党支部”。实施“市县党建联动、模范机关共创”工程，组织党课联讲、主题党日联办、党性教学联学等活动，凝聚起全领域、多层次抓党建的合力。

【党政机构职能体系完善】 2022年，围绕健全党委工作体制机制，完善市县国家安全、机要密码等工作体制，修订市县网信办“三定”规定，调整市委台港澳办管理体制，推动中共领导的体制机制更加健全。围绕规范议事协调机构运行，在定期调整、联合审批、台账管理、多方评价、制度保障方面下功夫，市县议事协调机构全部制定工作规则，让议事协调机构成为推动高质量发展的“硬平台”“助推剂”，相关做法被中央编办宣传推介。围绕“规范地方设在机构、合署办公机构和派出机构管理”等开展调研，提出理顺职责关系对策措施，省委编办到潍专题调研。

【职能运行监管】 2022年，机关运行监管方面，创新实施综合监管、日常监管、专项监管、问题发现、多维评价、联动共享“六项机制”，市、县组建489人的信息员队伍和174人的专家队伍，开发微信小程序“基层评作为”进行问卷调查，并将监管评估结果纳入部门高质量发展综合绩效考核，有效推动部门高效履职。事业单位监管方面，创新实施平时考核，推行目标化管理、质量化控制、全程化记录，激发事业单位发展活力，相关做法被省委编办宣传推介。推开事业单位法人电子证照工作，在全省事业单位法人电子证照推广工作视频会上作交流发言。

【重点领域体制机制改革】 2022年，围绕推动科技创新，为市科技局增加编制，加强工作力量；争取设立副处级的市光电芯片产业创新促进中心，服务潍坊先进光电芯片产业发展，助

2022年11月23日，省委编办2023年重点工作谋划调研座谈会在潍坊召开（供图：李佳峻）

力打造创新发展的城市新名片。围绕服务经济社会发展，健全预制菜产业发展高层次决策推进、城市更新、大数据发展、环境资源审判等工作机制，激发发展活力。围绕保障民生，设立校外教育培训监管机构、市社情民意信息中心、农民工服务机构、安全生产培训考试机构等，提升民生服务保障能力。围绕提升基层治理效能，创新实施基层党建标准化、权责清单精细化、赋权增能精准化、力量下沉常态化、政务服务便捷化“五化”工作机制，提升基层社会治理能力和水平，市委编办被市委、市政府评为“2022年度平安潍坊建设先进集体”，潍坊市获评全国“平安中国建设示范市”“市域社会治理现代化试点合格城市”。

【机构编制资源使用】 2022年，加大编制资源统筹使用力度，先后利用周转编制引进高层次人才、中小学教职工和新旧动能转换重大工程项目人才356人。完成新一轮全市中小学教职工编制核定，提高教师编制资源使用效益。聚焦“乡村振兴”战略实施，先后确定123人的“三支一扶”计划，保障乡村振兴齐鲁样板先行区建设。聚焦“人才强市”建设，调剂事业编制专项保障2023年“青年优秀人才引进计划”，公开选调一批“双一流”和QS榜单前200名高校优秀毕业生。构建机构编制“360°体检”新机制，对部门（单位）机构编制实施全方位体检、立体化评估、针对性纠偏，相关做法被中央编办和省委编办宣传推介。

【机构编制法定化】 2022年，印发《潍坊市推进机构编制法规制度体系建设行动计划》，建立机构编制风险全链条、全过程、全周期“三全”防控工作机制，执行机构编制事项合规性审查和落实情况备案制度。开展机构编制执行情况和使用效益评估试点，完成市、县45个试点单位实地评估。实施机构编制政策法规函告制，市、县向新任命的628名部门、单位“一把手”进行函告，加强领导干部“编制就是法制”意识。严肃查处机构编制违规违纪行为，维护机构编制纪律严肃性。

【自身建设】 2022年，建设高素质专业化干部队伍。开展“工作创新年”活动，实施市、县“编办主任创新项目”，带动形成“人人创新、事事创新”的氛围。在全省机构编制工作创新案例评选中，市委编办建立机关职能运行监管“六项机制”的创新成果荣获一等奖，寿光市委编办以信息化促进部门规范高效履职的创新成果荣获二等奖，高密市委编办探索事业单位星级管理新模式的创新成果荣获三等奖。实施干部综合素质和专业能力提升工程，开展“以考促学”活动，举办全市机构编制工作创新提升研修班，市委编办获得“市直公务员管理制度建设模范机关”称号。加大信息宣传调研工作力度，市委编办被评为“2022年度全省机构编制信息宣传工作表现突出集体”。市、县编办共签约招商项目13个、立项资金5.4亿元、引进科研院所1个、高层次人才19人；市、县编办89名企业专员包靠269家企业，帮助解决政府补贴、人才用工等难点问题358个，相关经验做法连续两年被市服务企业发展办公室予以推介；市、县两级190余名机构编制系统干部到社区、村居等一线参与防控；市委编办筹措资金帮助峡山区久远埠村实施自来水改造、污水治理、道路硬化三大工程，开通X5公交线路，助推乡村振兴。

（李佳峻）

全面深化改革工作

【概况】 2022年，潍坊市乡村振兴、生态治理2项创新经验被国务院通报表扬，创新蔬菜保供平战结合体系做法被中央改革办刊发推广；光电芯片技术创新、海洋种业创新等11项经验被推荐上报中央改革办，数量全省第一；创新疫情溯源机制等79项经验做法被省级以上领导批示肯定。

【改革责任落实】 2022年，“第一议题”学习贯彻全面深化改革重要指示要求，全年召开市委深改委会议5次，推出146项年度改革任务。由市委主要负责人和17位市级领导带头领衔推进27项重点改革事项，带动市、县两级243名领导干部领衔攻坚395项重点任务。提升完善改革述职评议制度，召开两次“一把手”改革工作述职会议，当场打分排名，全市公开通报，形成强力激励和倒逼效应。坚持“唯旗是夺”,组织开展“三争三创一保持”工作。在全市创新开展争试点争资源争荣誉、创特色创典型创品牌、保持全省领先的“三争三创一保持”工作，以工作“争先进”保证改革“走在前”。新承接全国城管执法力量下沉改革等省级以上改革现场会28次；在全国老旧小区改造经验交流会等省级以上会议作典型发言18次；获得工业稳增长和转型升级成效明显市等国家级省级荣誉称号10余个。突出“先行先试”，发挥改革试点的示范引领作用。把试点作为改革的“先手棋”，不断加大争取和推进力度，新争取首批国家知识产权强市建设等国家级试点36项、省级试点73项。对承接的城市更新、海绵城市等78项国家级试点，逐一建立“一项改革试点、一位领导牵头、一套工作班子、一个实施方案”的推进体系，65项试点经验被国家和省层面肯定推广。聚焦“动真碰硬”，健全完善改革督察落实机制。创新全过程“管控式”督导考核机制，建立落实中央和省委深改委审议文件、省共性改革任务、年度要点改革任务、试点任务“四本任务台账”，实施全程对账调度、跟踪督察、晒绩通报、赋分考核，保障改革落地见效。年内“四本台账”确定的年度任务全部按期完成。着眼“汇聚合力”，持续深化改革联动宣传机制。完善典型培育与宣传推广“双线合一”，改革、宣传、媒体和牵头部门“四体联动”的改革联动宣传机制，深化拓展“解码潍坊”改革宣传品牌，依托国家级高端媒体、地方媒体和新媒体开展“矩阵式”宣传，《人民日报》、新华社、《大众日报》等中央、省级权威媒体宣传报道全市改革创新经验390余次。

【“十大创新”落实落地】 2022年，坚持创新引领，对标落实省“十大创新”任务，把创新理念落实到工作全领域各方面，经济社会发展创新力增强。实施科技型中小企业创新能力提升工程，高效推进重大创新平台建设，国家燃料电池技术创新中心正式挂牌，大功率半导体激光芯片实现国产化替代，创建为国家创新型城市。创新实施产业人才集聚、高端平台支撑、人才生态优化“三大行动”，制定人才金政30条、青年人才集聚18条，建成全省首个市级人才之家，引进高端人才1273人、大学生8.02万人、高技能人才2.1万人。持续深化“放管服”改革，加速建设“无证明城市”，1.8万项依申请政务服务事项实现网上可办，6400余个事项实现网上“证照免提交”；优化提升服务企业专员制度，累计帮助企业解决问题21万余件、解决率97%，全市市场主体150.5万户、居全省第二位。构建数字强市建设“1+3+N”工作体系，全市数字经济核心产业增加值1533亿元、增速28%，占GDP比重4.99%，入选“全国数字城市百强”。制定制造业产业集群发展等政策文件，获批省级“雁阵型”产业集群14个、数量居全省第二位，被确定为首批产业链供应链生态体系建设试点城市。构建节约集约用地长效机制，处置批而未供土地9.4万亩，盘活闲置低效用地2万余亩，争取新增用地指标2.42万亩;开展县（市、区）间用能权交易，交易煤炭替代指标合计28万吨；获批国家级深化要素市场化配置改革试点市。探索打造“零工客栈”服务模式，成为全国首批20个、全省唯一的全国公共就业服务能力提升示范项目城市，获中央支持资金1亿元；推进中小学幼儿园建设三年攻坚行动，获评国家基础教育课程改革试验区、全省首批职业教育改革发展成效明显市。创新构建守好“一排底线”工作机制，推进安全生产专项整治三年行动，各类安全事故起数和死亡人数大幅下降；推进全国市域社会治理试点，获评平安中国建设示范市。实施中华优秀传统文化传承发展工程，打造“山东手造·潍有尚品”品牌体系，以第一名成绩创建“东亚文化之都”。建立高质量发展督导服务机制，由市政府领导和市直部门负责人带队，定期到16个县（市、区）督导调度经济运行情况，促进经济稳定增长。

【推进各领域改革】 2022年，大力推动工业经济转型升级，实施工业技改提级、优质企业梯次培育等专项行动。全年，工业技改投资增长14.7%，规上工业增加值增长7.4%、高于全省2.3个百分点，规上工业企业产值、营业收入双过1.1万亿元。制定加快开辟发展新领域新赛道、工业母机突破发展行动方案等政策文件，打造元宇宙技术创新与产业之都、磁技术产业基地和应用示范城市、工业母机创新研发和生产制造基地。高新技术产业产值占比57.9%；“四新”经济增加值增长9.6%，占地区生产总值比重提高到30.1%。推进国家“区块链+蔬菜”质量安全应用试点，农业总产值突破1100亿元、规模以上农产品加工企业营收突破2500亿元，均居全省第一位。实施“三化一制”乡村治理新模式，36个村（社区）创建为全国民主法治示范村（社区），7个村入选国家乡村治理示范村。启动农村人居环境整治提升五年行动，加快农村基础设施提档升级、城乡基本公共服务提质增效，相关经验做法得到全国政协副主席、全国工商联主席高云龙批示肯定。加快推进城市更新、海绵城市、清洁取暖改造三大国家级试点，实施城市更新重点项目166个，开工海绵城市项目265个，提前完成年度清洁取暖改造任务。创新实施“全员环保”“刑责治污”机制，聚力打好结构调整攻坚战、蓝天碧水净土保卫战、环境问题歼灭战、生态环境安全阵地战。环境空气质量综合指数同比改善6.7%，首次达到国家环境空气质量二级标准；国控河流断面优良水体比例85.7%，优于省定目标28.6个百分点。持续推进司法体制综合配套改革，优化人案资源配置，全市法院人均办案270件，名列全省第三位。创新加强未成年人保护机制建设，在全市乡村一线设立未成年人保护工作站，打通村域未成年人保护“最后一公里”。创新构建高位推动信访工作机制，落实市、县、镇三级领导干部公开坐班接访制度。加强重点领域立法，编制《潍坊市2022年—2026年五年立法规划》，制定文明促进等一系列地方条例，依法治市稳步推进。持续深化群团改革，承担的全国县域共青团基层组织改革试点通过团中央验收并获得优秀等次。加强文物保护利用改革，青州龙兴寺遗址公园入选首批省级遗址公园名单。实施镇村班子“功能倍增”“头雁领航”“人才集聚”三大工程，梯次培养百名优秀村党组织书记，全省抓党建促乡村振兴现场推进会在潍坊召开。探索完善“四项监督”统筹衔接机制，推进主题监督、现场监督，紧盯市直部门核心职能，下沉、驻点、嵌入业务查纠问题776个，保障各项政策部署落实。

（田道兵）

台港澳工作

【概况】 2022年，全市台港澳工作持续走在前、开新局。国台办2次推广工作经验，省委台港澳工作领导小组专门致函感谢潍坊，国台办和省委分管领导、市委主要领导分别作出批示肯定，省委台港澳办主要领导4次批示肯定。市委台港澳办机关党支部获评“市直机关五星级党支部”，下属事业单位被评为“市直模范机关创建工作先进集体”。

【服务中央台港澳工作】 2022年，台湾新党主席吴成典等10余位中国台湾省知名人士以视频方式参加潍坊相关活动；以非遗文化等为载体开展社区交流，整理出版“两岸家书”，收集各类档案资料1000余份（件、张），密切与岛内相关社团联络。省委台港澳工作领导小组专门发函致谢潍坊市工作，省委台港澳办主要负责人批示肯定。

【鲁台会平台效应】 2022年，举办鲁台经贸合作暨两岸赋能黄河流域生态保护和高质量发展论坛，联合沿黄省区举办主题论坛、两岸博览会及高端装备、医养健康、生物医药、职业教育、新消费等11项活动。山东省集中签约涉台项目14个，总投资额198亿元。潍坊市集中签约项目25个，总投资额214.5亿元；引进台湾省高端人才4个，新发现项目线索19个。海峡两岸云上博览会参展企业3136家，826万人次上线对接。《人民日报》等权威媒体报道近50篇。国台办推广经验，新闻发布会、全国对台经济干部培训班给予高度评价。

【涉台港澳经贸融合发展】 2022年，举办海峡两岸农业论坛、鲁台会厦门推介会、预制菜产业对接会等经贸活动，联合商务部国际贸易与经济研究院举办12期招商引资专题培训，与潍坊学院签订《合作引进台港澳籍博士意向书》，建立“政校企联动”台港澳人才引育机制，市台胞（台属）联谊会成立智能制造等4个产业委员会，深化对台港澳产业精准对接。全市新批台港澳资项目55个，总投资24.7亿美元；引进台港澳各类人才23人，为潍坊学院引进台湾高端人才4人。1名台胞入选“鸢都产业领军人才”，1家台资企业上市，1家台资企业成为国内首家通过JFS-C质量管理体系认证的预制菜食品加工企业，1家台资企业入选2022山东省重点项目。潍坊在全省对台经济工作推进会上作典型发言。

【潍台港澳人文交流】 2022年，举办两岸非遗、风筝、影视、武术文化及鲁台港澳文创工艺精品交流等20余项活动，第十五届鲁台职业教育交流暨集成电路应用创新技能大赛、首届“华夏之根”海峡两岸影视文化交流活动、海峡两岸非物质文化遗产展演大会、第十四届鲁台青少年武术文化交流活动4项入选国台办重点交流项目，鲁台经贸合作暨两岸赋能黄河流域生态保护和高质量发展论坛、第十五届鲁台职业教育交流暨集成电路应用创新技能大赛、2022海峡两岸农业论坛、2022海峡两岸高端装备产业合作发展大会、鲁台港澳文创工艺精品暨山东省第11届工艺美术行业工艺品雕刻职业技能大赛、2022海峡两岸云上博览会、首届“华夏之根”海峡两岸影视文化交流活动、海峡两岸非物质文化遗产展演大会、第15届海峡两岸风筝文化交流9项活动获评全省优秀对台交流项目，数量均居全省第一。“两岸青年新消费交流沙龙”获国台办推广经验。新获批山东省对台交流基地1处。鲁台职业教育交流暨集成电路应用创新技能大赛举办，成立“海峡两岸智能制造职业教育联盟”。全市因公赴台3批12人次、赴澳2批8人次。参与香港招商推介活动，先后举办澳门文旅推介会、潍坊好品进澳门等活动，副市长狄波带队赴澳门招商推介，签署会展合作等协议，组织潍坊企业参与中国澳门及葡语国家农产品、高端消费品等展示展销，潍坊农产品、文旅、美食等在澳门引起反响。

【宣传工作】 2022年，在各类新闻媒体刊发宣传稿件600余篇，国台办《台湾工作通讯》《两岸关系》等刊发相关稿件。《潍坊荣誉市民、台商郭文钧：热心鲁台经贸，致力两岸交流》获国台办“2021年度地方涉台工作十大优秀视频新闻”。制作《潍坊好品》宣传片，市政府新闻办通过“脸书”和“推特”等面向全球发布。

【涉台港澳营商环境】 2022年，创新落实服务企业专员制度，实现台资企业服务专员全覆盖，帮助企业解决复工复产等问题15项，帮助台胞解决求助事项22件。联合市人大、市政协开展“服务台企创新提升行动”、“一法一条例”大检查。成立“市委台港澳办学雷锋服务队”，组织开展人才政策进企业、“两送一访一帮包”等活动，不断把服务台港澳资企业推向深入。“点面结合帮助台企破解人才用工难题”获评全省“服务台企创新提升行动”优秀案例。引进台商黄文祥在昌乐高崖水库窝铺村建设农业产业孵化基地带动当地农民致富，被评为“潍坊好人”，该村获评全市打造乡村振兴齐鲁样板先行区示范集体。统筹开展涉台港澳疫情防控，确保台港澳资企业有序生产和驻潍台港澳同胞身体健康，组织台资台属企业捐赠防疫物资500余万元。

2022年9月1日，鲁台经贸合作暨两岸赋能黄河流域生态保护和高质量发展论坛在潍坊市富华大酒店举办（供图：张会军）

【鲁台经贸洽谈】 2022年，线上线下相结合举办鲁台经贸合作暨两岸赋能黄河流域生态保护和高质量发展论坛，联合沿黄省、区举办主题论坛、两岸博览会及高端装备、医养健康、生物医药、职业教育、新消费等11项活动。两岸企业家峰会副理事长张平，国台办副主任龙明彪和山东省省长周乃翔、副省长范波，潍坊市委书记江敦涛、市长刘运等出席相关活动并致辞，台湾海基会前董事长林中森等10余位工商界知名人士视频致辞，全国台企联会长李政宏等97位台商，内蒙古、宁夏等沿黄省区台办、台商参会。山东省各设区市、潍坊市各县（市、区）、开发区设分会场，线上线下参会总规模2000余人。教育部、农业农村部、中国农科院、中国农业工程学会和两岸企业家峰会、全国台企联等多个部委和机构参与活动举办。山东省集中签约涉台项目14个，总投资额198亿元；潍坊市集中签约项目25个，总投资额214.5亿元，4个中国台湾省人才落户潍坊，论坛期间新发现项目线索19个。海峡两岸云上博览会3136家企业参展，826万余人次上线对接。《人民日报》海外版、《大众日报》、中新社、中国台湾网等主流媒体参会报道。

（张会军）

保密工作

【概况】 2022年，结合潍坊实际，突出抓好“三大管理”，创新开展宣教培训，不断加强科技支撑，着力提升技术监管能力和服务保障水平，潍坊保密工作不断取得新进展、实现新突破，经验做法得到省委保密委肯定。

【保密日常管理】 2022年，严格保密“三大”管理，加强定密管理、涉密人员管理、网络保密管理等制度建设，推动实现定密精准化、涉密人员管理责任化、网络保密管理规范化。加强资质（格）企业保密管理，指导13家企业通过保密资质（格）初审、复审；开展保密资质（格）审查事权下放承接工作，健全审查专家和人员动态管理机制，组织开展“双随机”抽查（复查）。

【保密宣传教育】 2022年，将保密“两识”教育作为各级公务员培训必学内容，加强领导干部和涉密人员保密形势和防泄密反窃密教育。送教上门，组织专家骨干到机关单位现场授课。参加省委保密办、省国家保密局主办的“保密故事大家讲”、保密公益宣传片创意文案和保密公益宣传海报征集评选等活动，潍坊市共4部作品获全省二等奖。依托警示教育实训平台，开展新任市管干部、外包服务人员、各行业、系统工作人员等专项保密轮训，累计培训291批次，共12083人。打造“平台+保密”宣传体系，在保密宣传教育活动开展期间，聚焦宣传主题，利用现场宣传、传统媒体和新媒体“三个渠道”，打造立体式宣传教育新模式，有效提升宣传教育效果，增强人民群众保密意识。开展刊物通联工作，《保密工作》刊文3篇、《山东保密》刊文12篇，“保密界”微信公众号刊文6篇，“潍坊保密”微信公众号刊文50余篇。举办全市党委保密委履职能力专题培训班，通过市委领导讲授保密专题党课、邀请省国家保密局师资库专家进行保密知识专题讲座、举办全市保密干部岗位练兵技能竞赛等方式，在全市保密干部队伍中掀起“学保密、知保密、懂保密”的热潮，培训班参加人员1000余人，培训情况被“学习强国”网络平台、“保密界”“潍坊保密”微信公众号等先后刊发。

【智能保密建设】 2022年，建成市系统测评实验室，配齐配全测评设备，建强育强测评队伍，有效填补潍坊市保密科技测评工作的空白，推动全市智能保密建设向更高层次发展。升级完善市保密技术监管一体化平台，完成敏感信息预警系统适配升级，实现对市直机关、单位互联网计算机监管全覆盖；推动县级敏感信息预警系统建设，各县（市、区）均完成设备采购。

【保密监督检查】 2022年，利用网络保密监管一体化平台，加强网络保密监管，全年共审查各类疑似违规信息16万余条，查处各类违规事件7起。开展进驻式保密检查，通过联合第三方专业技术人员和受检单位专职保密干部的方式，推动各级保密干部在实战中熟悉检查流程、提升业务能力，为开展本单位保密管理打下坚实基础，全年共检查市直部门单位40家。开展重要涉密单位周边环境安全保密检查，以单位自查和区（县）检查相结合的方式，将风险隐患消除在萌芽状态，确保不发生失泄密问题。

【保密技术服务保障】 2022年，高标准完成重要涉密会议活动、各类考试保密环境技术检查等服务保障任务，保障市委重要涉密会议活动20余场次，参与夏季高考、护士执业资格、国家司法考试等10余场次国家级考试安全保密管理，参与相关部门组织的机要交通保密检查，确保不发生失泄密问题。加强涉密载体销毁管理，按照销毁程序完成涉密文件、光盘、硬盘销毁任务，全年共完成涉密文件销毁58吨，光盘1万余块，硬盘1000余块，有效防止废旧涉密载体的流失、泄密。

（高向阳）

市直机关党建工作

【概况】 2022年，市直机关工委持续深化模范机关建设，9个部门单位承担省市县“三级联动”试点任务。探索实施“五个一”工作法，推动机关党建与业务工作深度融合，获评中央和国家机关工委2022年理论征文活动优秀理论论文和全省机关党建创新优秀案例一等奖。加强组织生活制度日常监督，引导党员自觉听党话、跟党走。

【理论武装】 2022年，把学习宣传贯彻中共二十大精神作为全年工作主题，推动机关在学深悟透笃行上持续用力。抓实“第一议题”制度，建立落实党委（党组）理论学习中心组学习列席旁听工作机制，实施机关青年理论提升工程。落实意识形态工作责任制，组织开展“创建文明城市　当好第一方阵”主题实践活动。市委市直机关工委理论学习中心组被省委宣传部评为全省先进县级党委（党组）理论学习中心组。

【基层组织】 2022年，指导督促机关党组织按期换届，组织20名新任机关党组织书记任职谈话，开展党支部对账整改专项行动，确保党组织运行规范。实施党务干部素质能力提升行动。严格党员教育管理，常态化开展“发现榜样”“我来讲党课”等教育活动，举办党员进党校培训班70期、培训5600人。利用潍坊爱国主义教育基地、纪念馆等红色文化资源，推动党员干部传承红色基因、赓续红色血脉、坚守初心使命。发展新党员400人。

【纪律作风建设】 2022年，制定印发《关于加强市直机关部门（单位）机关纪委建设的若干措施》，推动机关纪检工作规范运行。落实党员领导干部基层联系点制度，丰富完善“双报到”组织形式和服务内容，19045名在职党员到居住地社区报到服务。深化惠企精品课宣讲和优质服务项目创评活动，打造机关服务品牌。

【机关建设】 2022年，建立健全青

年工作体系，开展“青春心向党 建功新时代”活动。开展岗位练兵技能竞赛项目72个，联合市商务局承办全省跨境电商技能竞赛。常态化组织开展疗休养、健康关爱、购书观影和困难职工帮扶救助等活动，近2万人受益，市直机关工委被中国职工保险互助会评为“基层优秀单位”。

【机关党建】 2022年，建立健全三级四岗责任体系，制定党委（党组）和机关党组织抓机关党建工作责任清单，形成年初明责、年中督责、年底评责的责任落实闭环。实施书记抓基层党建突破项目，开展党委（党组）履行机关党建主体责任专项督查，推动党委（党组）扛牢主体责任。

（李晓明）

老干部工作

【概况】 2022年底，潍坊市共有离退休干部85731人，其中，离休干部1273人，退休干部84386人。局机关复审为省级文明单位，被评为全国青少年普法教育先进集体、全省老干部工作创新奖、全省老年大学智慧助老成绩突出单位。调研宣传信息工作年度总分全省第一；人民网、新华网、大众网、中国老干部、山东老干部等媒体专版刊发推介建设“四就近”服务综合体推进老干部工作向基层延伸的做法。

2022年，获评2022年度全省老干部工作创新奖，潍坊市委组织部副部长、老干部局局长宋正树（左一）在全省老干部局长会议上领奖（供图：李莉莉）

【离退休干部党建】 2022年，围绕迎接中共二十大召开和学习宣传贯彻中共二十大精神，线上线下组织开展“学习贯彻二十大·长者先锋建功新征程”“十个一”系列活动2000余场，引导老同志坚定捍卫“两个确立”、做到“两个维护”。明确“组织设置好、班子建设好、党员队伍好、学习活动好、作用发挥好、制度坚持好”标准，常态化评选“六好”党支部，提升全市1340个离退休干部党组织标准化规范化水平。

【发挥作用】 2022年，纵深推进“长者有为·时代先锋”工程，推行“党建+志愿服务”模式，以各级离退休干部党组织为主导，联动192支“长者先锋”志愿服务队，吸引带动1万余名老同志力所能及发挥作用，选树52个长者先锋典型全省推介。打造涵盖传承红色基因教育、青少年法治教育、五老作用发挥等各领域的59个工作品牌，开展关心下一代志愿服务活动1100余场次。

【服务管理】 2022年，落实离休干部各项政策待遇，协调为困难离休干部发放帮扶金、慰问品、取暖补贴、统筹外待遇差；为困难企业离休干部全额垫付医疗统筹金。整合老干部工作者、医护以及社区志愿者力量组建“五位一体”团队，“一对一”精准服务离休干部，解决问题1300余件。细化规范荣誉退休工作，分级分层举办荣誉退休仪式700余场，5000余名新退休干部全员覆盖。依托条件成熟的社区，累计建设146处“四就近”服务综合体，1.9万名老同志实现就近学习、就近活动、就近得到关心照顾、就近发挥作用，获评全省老干部工作创新奖。

【文化教育养老】 2022年，建成和办好市老年大学写入市政府工作报告，投资3亿元，建筑面积3.4万平方米的市老年大学新校完工。纵深实施“塑形铸魂赋能”工程，实行分层分级差异化办学，市校新增19个特色专业、18门特色课程、18个中、高级班；开展“我向母校汇报”主题活动，组织学员成立17支老年学员志愿服务队，凝聚带动8500余名成员发挥作用。主要做法在全国老年大学校长高峰论坛作典型发言。

【自身建设】 2022年，倡树“严真细实快”工作作风，坚持政治立局、制度建局、文化强局、实干兴局，落实第一议题制度、意识形态工作责任制，建立“会前学法一刻钟”制度，深入开展“严规矩、正作风、强素质、树形象”活动，工作标准和质量提升。打造的“青蓝先锋”品牌被评为市直机关优秀党建品牌。局系统各单位共获得各类荣誉表彰24项。20名同志受到表彰。

（李莉莉）

党史地方史志工作

【线下宣讲】 2022年，加强党史宣讲队伍建设，向市委宣传部推荐报送“红色宣讲团”成员和“8支宣讲队伍”成员。到王尽美革命事迹教学基地参加座谈会，与相关专家学者就党课品质提升和形式创新进行深入探讨。选派党员到潍坊市教育局、机关事务服务中心、等部门单位作党史报告。选取精品党课参评市直机关工委“喜迎党的二十大 创新聚力当先锋”党员教育活动优秀党课和山东省党史宣讲优秀党课。在《潍坊广播电视报》春节合刊发表党史宣传文章《潍坊历史上的虎将》2个版面。发挥党史教育馆资源、业务、人员三方优势，坚持应接尽接、热情服务，年内接待市内外团组242批、6557人次，满意度均为100%。

【线上宣传】 2022年，运用线上直播的方式，为潍坊学院全校辅导员作地方党史培训。在“潍坊党史”微信公众号推出庆祝潍坊市第十三次党代会召开专栏，发布“潍坊市历次党代会回顾”系列文章11期。在“潍坊党史”微信公众号推出潍坊红色村庄专栏，发布文章7期。联合高校共同编写《潍坊红色文化教程》《潍坊红色文化读本》，其中《潍坊红色文化教程》获潍坊市第三十次社会科学优秀成果二等奖。对党史史志网站运行和维护，持续开展落实“双百”工作目标。广泛开展党史宣传，精心挑选群众喜闻乐见的党史小故事，向“学习强国”平台供稿2篇；整理潍坊历届党代会专题资料，在“潍坊党史”微信公众号每周发布。选派党史专家协助拍摄《绝笔（第二季）——红色特工》和《胜战：城市攻坚》之《鏖战潍县》，在中央电视台播出；视频党课《红色交通线》在齐鲁晚报齐鲁壹点融媒初心耀齐鲁栏目展播，点击量9.4万人次。

【党史史志编研】 2022年，推进党史正本出版印刷。依据党史最新研究成果和著作对《中国共产党潍坊历史》第二卷进行修订审校，面向全市各界发放征求意见稿，收集整理修改意见，年底基本定稿。《中共潍坊历史大事记》（2001.7—2020.6），5月正式完成出版印刷。加强对地方志相关工作的指导。指导镇村志编纂，全程审核修改完成昌邑《北孟镇志》、诸城《岳旺店子村志》征求意见稿，提出修改意见。11月23日，分工联系史志工作的副省长孙继业对《岳旺店子村志》作出批示，给予肯定。制定《潍坊年鉴（2022）》组稿方案并进行组稿，调度各县（市、区）《山东年鉴（2022）》《中共山东年鉴（2022）》供稿，向省党史院报送《脱贫攻坚口述史》《新时代现代化强省建设实录》相关材料，完成年度任务。

【参加中心工作】 2022年，参与“双招双引”，协助潍城区引进现代农业领域博士1人，协助寒亭区引进投资3.7亿元的百度家智慧机器人项目1个。落实服务企业专员制度。全院7名服务企业专员，务求实效，不搞形式主义、不搞“花架子”，实实在在为企业和项目纾困解难。精准帮扶工作经验被灯塔刊发。选派担任省驻村工作队“加强农村基层党组织建设”第一书记的《精准帮扶超前谋划解民忧》工作经验，被“灯塔—党建在线”“第一书记和工作队帮扶动态”栏目刊发，这是自2021年10月，在潍坊市91个驻村工作组中，唯一一个上榜刊发经验的工作组。全院落实疫情防控相关要求，未发生相关突出问题。

（李大鹏）

党校工作

【概况】 2022年，市委党校深入学习贯彻习近平新时代中国特色社会主义思想和中共二十大精神，全面落实习近平总书记关于党校办学治校系列重要指示精神和《中国共产党党校（行政学院）工作条例》，坚定拥护“两个确立”，坚决做到“两个维护”，锚定“走在前、开新局”，认真贯彻中央重大决策、省委重要部署和市委“1441”工作思路，坚持党校姓党，心无旁骛攻主业，聚精会神抓发展，不断提升办学治校水平。5月19日，省委组织部、省委党校发文反馈“潍坊市委党校（潍坊市行政学院）2016年—2020年办学质量评估结果为优秀等次”。

【教学工作】 2022年，会同市委组

2022 年 11 月 14 日，潍坊市领导干部党的二十大精神专题学习班开班式在市委党校千人报告厅举办（供图：夏元浩）

织部，举办 2 期全市领导干部中共二十大精神专题学习班，轮训市管干部 880 余人。全年举办主体班次 8 期、29 个班次，培训县、科级干部 1093 人，其中公务员任职培训班 4 期、培训学员 505 人，社会主义学院培训班 4 期、培训学员 250 人；开发教学专题课 37 个、选修课 19 个，理论教育和党性教育占总课时 73.1%，党性教育 24.8%，领导干部上课占总课时 25.5%。坚持更好统筹疫情防控和对外培训，全年承办专题培训班 56 期，培训各级各类学员 6412 人。从严开展干部继续教育，实现教学质量与办学规模新突破，在校在职干部研究生 370 人，其中，2022 年招收经济管理、党的建设、公共管理 3 个专业 124 人。

【科研工作】 2022 年，立项中央党校课题 1 项、省委党校课题 8 项、市社科课题 24 项、校级课题 366 项，结项中央党校课题 1 项、省委党校课题 9 项、市社科课题 24 项、校级课题 56 项，市社科获奖 7 项，出版著作 1 部，在市级以上报刊发表文章 30 余篇，全省党校（行政学院）系统获奖 4 项。出版校刊 5 期，《决策参考》26 期，其中，2 期分别被市委书记、市长批示肯定。对全市优化营商环境三年行动计划（2020 年—2022 年）实施情况开展政策性文件评估，形成高质量评估报告。

【后勤管理】 2022 年，聚焦后勤工作赋能，研究解决报告厅视频会议系统、电力供应等问题；“智慧校园”建设项目通过专家评审，“智慧校园”信息网络实现全面覆盖、一网融合，实现教学、办公、会议过程管理数字化。坚持节能、降碳，绿色办公，被国家机关事务管理局、中直管理局、发改委、财政部评为“节约型机关”。加大美化、绿化力度，校园美景被“学习强国”平台刊发宣传。

【队伍建设】 2022 年，组织校内中层干部、教研骨干和各县（市、区）党校常务副校长 33 人，赴浙大城市学院举办改革创新专题培训班，开展对标学访，市委常委、组织部部长杨升岩在《培训总结报告》上作出批示，给予肯定。开展“一名三好一专”基础建设工程参评，其中荣获“好课程”一、二等奖 6 个，“好案例”“好教材”二等奖 2 个；在省社会主义学院精品课评比中，获奖 2 人。深化干部人事制度改革，开展事业人员职称竞聘工作，17 人晋级。通过招考、选调、“优才计划” 引进等政策，招引青年人才 9 人，干部队伍结构得到新优化。

【业务指导】 2022 年，制定市委党校办学质量评估反馈意见整改方案，制定 38 条整改措施，按时完成整改任务。会同市委组织部，成立评估工作组，对 12 所县级党校开展实地评估，并反馈评估情况。严抓镇(街)党校实体化运行，制定“五好”镇(街)党校创建《意见》，全年全市镇（街）党校举办党员培训班 1457 期，培训 39.4 万人次;县（市、区）党校举办党员进县级党校培训 219 期，培训 5.2 万人次。

（崔　炽）

科学发展研究

【决策咨询研究】 2022 年，突出高质量决策研究、高水平建言献策主责主业，以中共二十大精神作为研究工作的基本遵循、思想基础和理论指导。全年完成市委、市政府安排的研究课题、工作部署 50 余项，获市主要领导批示 10 余次，2 项成果列市政府常务会学习研讨。把共同富裕作为一号课题，学习习近平总书记关于扎实推动共同富裕重要论述，对潍坊共同富裕现状全面梳理、分析研究基础上，形成研究报告，提出把握制造业战略核心地位、把城镇化作为根本路径、把数字化作为核心动力等政策建议。把制造业高质量发展作为重要课题，注重从国内外发展态势、制造业发展规律、潍坊优势等角度分析，聚焦总部经济、制造业优质企业、数字赋能、现代产业学院等开展研究，形成一批成果。把加快数字经济发展作为战略课题，从形势与挑战、基础与优势、困难与问题等角度进行分析，聚焦产业数字化、数字基础设施、数字治理、数字生态等开展研究。把加快推进新型城镇化作为提升城市竞争力的突破点，分析研究新型城镇化建设的潍坊路径，形成调研报告。

【参与重要工作部署】 2022年，组织专班服务市委、市政府重要工作部署、重大决策咨询。拓展创新“三个模式”专班，全程参与创新提升“三个模式”打造乡村振兴齐鲁样板先行区总结调研。共同富裕专班，参与创建农民农村共同富裕先行城市实施方案编制调研讨论工作。组建服务企业发展专班，既当好企业服务员，又做好党委政府参谋助手，以调研企业为联系点重点开展疫情防控、制造业数字化转型等研究。组建包村帮扶工作专班，注重基层帮扶与研究相结合，将第一书记包靠村作为常态化调研联系点，在完成帮扶任务的同时开展调查研究，撰写调研报告。

【地方党政智库】 2022年，持续完善研究机制和学习方法，提升研究能力和境界水平。深入开展研读马克思主义经典著作活动，牢固树立辩证唯物主义世界观和方法论，以此全面深刻理解习近平新时代中国特色社会主义思想。制定中共二十大专题学习计划，系统学习深入领会。完善“研究人员每人关注一专家一领域一城市”机制，掌握理论前沿、关注对标城市，有效提升研究能力和服务水平。组织开展“我为研究中心拟训词”“打起我们的责任”“向先模人物学习”等活动，引导全体人员树立担当奉献的基本价值取向，确保全体人员科学健康成长。年内，在《农民日报》《科技日报》《支部生活》《潍坊通讯》《潍坊日报》等报刊发表文章20余篇。

（方典昌）

潍坊市人民代表大会

Weifangshirenmindaibiaodahui

综 述

【概况】 2022年，市人大常委会突出政治引领，坚持党对人大工作的全面领导，紧扣市委决策部署谋划开展工作，确保党委工作能够贯彻和有效执行。

【中共二十大精神宣传贯彻】 2022年，常委会把学习宣传贯彻中共二十大精神作为首要政治任务，精心组织、周密部署，开展多种形式的学习宣传活动，不断推动常委会及机关学习走深走实、入脑入心。为加强引导、营造氛围，常委会审议通过《关于深入学习贯彻党的二十大精神，推动新时代人大工作高质量发展的决议》，推动全市人大系统在全面学习、全面把握、全面落实上下功夫，切实用大会精神统一思想意志、凝聚奋进力量。

【理论武装】 2022年，落实“第一议题”制度，常委会通过党组集体学习、法治讲座、专题辅导等形式，深入学习贯彻习近平新时代中国特色社会主义思想，贯彻落实习近平法治思想、习近平总书记关于坚持和完善人民代表大会制度的重要思想，把有关重要讲话、重要文件、重要会议精神作为集体学习的首要任务。换届后，常委会党组、主任会议举行集体学习12次，开展交流研讨、专题辅导等20余次，自觉用科学理论武装头脑、指导实践、推动工作，进一步加强理论武装，坚定拥护“两个确立”、坚决做到“两个维护”。

【落实市委决策部署】 2022年，常委会贯彻落实市委《关于加强和改进新时代人大工作的实施意见》，按照“兜牢底线、提升质量、打造品牌”的工作思路，落实市委对人大工作的部署要求，围绕市委重点工作谋划确定43项常委会会议议题和61项重点任务，推动市委决策部署落实。坚持重要事项和重大活动向市委请示报告制度，及时就立法、监督等工作和重要会议、活动向市委请示报告。坚持党管干部原则，依法选举任免国家机关工作人员107人次，组织宪法宣誓39人次。市委主要负责人对常委会助推宜居城市建设、“两院”案件质量评查、代表主题活动等工作多次给予批示肯定。

重要会议

【潍坊市第十八届人民代表大会第一次会议】 2022年4月13—15日，潍坊市第十八届人民代表大会第一次会议在市文化艺术中心大剧院举行。此届市人民代表大会代表名额为570名，实有代表559名。会议听取审议市长刘运作的政府工作报告，市人大常委会主任苏立科作的潍坊市人民代表大会常务委员会工作报告，市中级人民法院代理院长孟祥刚作的潍坊市中级人民法院工作报告，市人民检察院代理检察长张敬艳作的潍坊市人民检察院工作报告。会议书面印发潍坊市2021年国民经济和社会发展计划执行情况与2022年计划草案的报告、潍坊市2021年预算执行情况和2022年预算草案的报告，一并提请代表审查。会议选举产生新一届市级国家机关领导成员。田庆盈当选为潍坊市第十八届人民代表大会常务委员会主任，王兆辉、田民利、毛秀凤、韩幸福、扈洪波当选为潍坊市第十八届人民代表大会常务委员会副主任，田素英当选为潍坊市第十八届人民代表大会常务委员会秘书长，于进强等41人当选为潍坊市第十八届人民代表大会常务委员会委员；刘运当选为潍坊市人民政府市长，卞汉林、吕珊珊、徐磊、狄波、陈端梅、滕双兴等当选为潍坊市人民政府副市长；高峰当选为潍坊市监察委员会主任；孟祥刚当选为潍坊市中级人民法院院长；张敬艳当选为潍坊市人民检察院检察长，须依法报经省人民检察院检察长提请省人大常委会批准任命。会议表决通过潍坊市第十八届人民代表大会监察和司法委员会、财政经济委员会、教育科学文化卫生委员会、城乡建设与环境资源保护委员会、农业与农村委员会、民族侨务外事委员会、法制委员会、社会建设委员会组成人员人选名单；表决通过关于政府工作报告的决议、关于潍坊市2021年国民经济和社会发展计划执行情况与2022年计划的决议、关于潍坊市2021年预算执行情况和2022年预算的决议、关于潍坊市人民代表大会常务委员会工作报告的决议、关于潍坊市中级人民法院工作报告的决议、关于潍坊市人民检察院工作报告的决议。

【潍坊市第十八届人民代表大会第二次会议】 2022年12月27—29日，潍坊市第十八届人民代表大会第二次会议在市文化艺术中心大剧院举行。此届市人民代表大会代表名额为570名，实有代表555名。会议听取审议市长刘运作的政府工作报告、市人大常委会副主任王兆辉作的潍坊市人民代表大会常务委员会工作报告、市中级人民法院院长孟祥刚作的潍坊市中级人民法院工作报告、市人民检察院检察长张敬艳作的潍坊市人民检察院工作报告。会议书面印发潍坊市2022年国民经济和社会发展计划执行情况与2023年计划草案的报告、潍坊市2022年预算执行情况和2023年预算草案的报告，一并提请代表审查。会议补选江敦涛为潍坊市第十八届人民代表大会常务委员会主任；选举潍坊市出席山东省第十四届人民代表大会代表，会后由市人大常委会报请省人大常委会代表资格审查委员会审查后，确认其代表资格。会议表决通过关于政府工作报告的决议、关于潍坊市2022年国民经济和社会发展计划执行情况与2023年计划的决议、关于潍坊市2022年预算执行情况和2023年预算的决议、关于潍坊市人民代表大会常务委员会工作报告的决议、关于潍坊市中级人民法院工作报告的决议、关于潍坊市人民检察院工作报告的决议。

【市十七届人大常委会第五十次会议】 2022年1月18日，市十七届人大常委会第五十次会议在潍坊举行。市人大常委会党组书记、主任苏立科主持会议。市人大常委会党组副书记、副主任、一级巡视员初宝杰，副主任毛秀凤、张新强、范福生和委员共39人出席会议。在通过会议议程后，初宝杰受主任会议委托，作关于补选省十三届人大代表的报告；市委常委、副市长李兰祥受市长刘运委托提请人事任免名单，市人社局局长王守全介绍提请任命干部的有关情况；市监察委员会副主任吉宗合受主任高峰委托提请人事任免名单，并介绍有关情况；市中级人民法院副院长杨维波受院长李向阳委托提请人事任免名单，并介绍有关情况；市检察院副检察长任光武受检察长陶卫东委托提请人事任免名单，并介绍有关情况；苏立科受主任会议委托，提请人事任免名单。会议在酝酿讨论的基础上，表决通过补选省十三届人大代表事项和人事任免案，举行宪法宣誓仪式。苏立科向部分被任命干部颁发任命书。市人大常委会党组成员、机关党组书记田素英，市直有关部门主要负责人，不是常委会组成人员的常委会副秘书长、市人大有关专门委员会副主任委员，市人大常委会办事机构、市人大各专门委员会工作机构负责人列席会议。

【市十七届人大常委会第五十一次会议】 2022年2月22日，市十七届人大常委会第五十一次会议在潍坊举行。省人大监察和司法委员会副主任委员，市人大常委会党组书记、主任苏立科主持会议。在通过会议议程后，市人大常委会党组成员、机关党组书记田素英受主任会议委托，作关于市十八届人大一次会议筹备工作情况的汇报；市人大常委会副秘书长、人事代表工作室主任毛洪涛作关于全市县镇人大换届选举工作情况的汇报、关于潍坊市第十八届人民代表大会代表的代表资格审查报告；市委常委、市纪委书记、市监察委员会主任高峰提请人事任免名单，并介绍有关情况；市中级人民法院代理院长孟祥刚提请人事任免名单，并介绍有关情况；市检察院副检察长任光武受代理检察长张敬艳委托提请人事任免名单，并介绍有关情况；部分被提请任命人员作供职发言。会议在分组审议的基础上，议定市人大常委会在市十八届人大一次会议上的工作报告；表决通过关于潍坊市第十八届人民代表大会代表的代表资格审查报告、列席市十八届人大一次会议人员范围，提请市十八届人大一次会议预备会议通过的大会议程草案、大会主席团和秘书长名单草案、大会计划预算审查委员会名单草案、大会议案审查委员会名单草案；表决通过人事任免案，举行宪法宣誓仪式。苏立科向部分被任命干部颁发任命书。市委常委、潍坊军分区司令员薛晓鹏，市人大常委会党组副书记、副主任、一级巡视员初宝杰，副主任毛秀凤、顾建华、张新强、范福生和委员共41人出席会议。市政府副市长詹在平，不是常委会组成人员的常委会副秘书长、市人大有关专门委员会副主任委员，市人大常委会办事机构主要负责人列席会议。

【市十八届人大常委会第一次会议】 2022年4月27日，市十八届人大常委会第一次会议在潍坊举行。市人大常委会党组副书记、副主任王兆辉主持会议并讲话。市人大常委会党组副书记、副主任田民利，副主任毛秀凤、韩幸福、扈洪波，秘书长田素英和委员共43人出席会议。通过会议议程后，田素英受主任会议委托，作关于《潍坊市人民代表大会常务委员会组成人员守则修订草案》和《潍坊市人民代表大会常务委员会议事规则修订草案》的说明；市人大常委会副秘书长、人事代表工作室主任毛洪涛受主任会议委托，作关于《潍坊市人民代表大会代表履职守则修订草案》的说明；市人大法制委副主任委员、市人大常委会法工委主任刘晓东受主任会议委托，作关于《潍坊市人大常委会关于加强公共场所限时免费停车管理的决定草案》的说明；市生态环境局局长孙吉海作关于全市2021年度环境状况和环境保护目标完成情况及中央和省环保督察问题整改情况的报告；市退役军人局局长刘超作关于全市退役军人保障工作情况的报告；市交通局局长于世文作关于《潍坊市出租汽车经营服务管理若干规定草案》的说明；市人大法制委副主任委员高成勇作关于《潍坊市文明行为促进条例草案》审议结果的报告；市中级人民法院院长孟祥刚提请人事任免名单，并介绍有关情况；王兆辉受主任会议委托提请人事任免名单，并介绍被提请任命人员的有关情况。会议分组审议有关报告、守则修订草案、规则修订草案、决定草案、规定草案、条例草案修改稿和人事任免案，表决通过《潍坊市人民代表大会常务委员会组成人员守则修订案》《潍坊市人民代表大会常务委员会议事规则修订案》《潍坊市人民代表大会代表履职守则修订案》，表决通过潍坊市人大常委会关于加强公共场所限时免费停车管理的决定和人事任免案。市政府副市长、公安局局长徐磊，市检察院检察长张敬艳，市监察委员会负责人，市直有关部门主要负责人，不是常委会组成人员的常委会副秘书长、市人大有关专门委员会副主任委员，市人大常委会办事机构、市人大各专门委员会工作机构负责人，部分法制委员会组成人员、立法咨询专家组成员列席会议。

【市十八届人大常委会第二次会议】 2022年6月16日，市十八届人大常委会第二次会议在潍坊举行。市人大常委会党组副书记、副主任王兆辉主持会议；党组副书记、副主任田民利，副主任毛秀凤、韩幸福、扈洪波，秘书长田素英和委员共42人出席会议。在通过会议议程后，市人大财经委副主任委员刘肖宁作关于检查《中华人民共和国统计法》实施情况的报告；市人大农业与农村委副主任委员贺建作关于检查《中华人民共和国乡村振兴促进法》《山东省乡村振兴促进条例》实施情况的报告；市审计局局长张祖钊作关于潍坊市2020年度市级预算执行和其他财政收支审计查出问题整改情况的报告；市人社局局长王守全、市卫健委主任张晓乙、市医保局局长刘棣俭分别作关于2020年度审计查出问题整改情况的报告；市文化和旅游局局长权文松作关于全市文旅融合发展情况的报告；潍坊综合保税区党工委书记王龙堂作关于潍坊综合保税区工作和建设情况的报告；市公安局政委罗相贤作关于《潍坊市道路交通安全条例（修订草案）》的说明；市民政局局长鞠立强作关于《潍坊市志愿服务条例（草案）》的说明；市人大法制委副主任委员、常委会法工委主任刘晓东作关于《潍坊市出租汽车经营服务管理若干规定（草案）》审议结果的报告；市委常委、副市长吕珊珊受市长刘运委托提请人事任免名单，市委组织部分管日常工作的副部长介绍提请任命干部的有关情况；市中级人民法院院长孟祥刚提请人事任免名单，并介绍有关情况；部分被提请任命人员作供职发言。会议分组审议有关报告、条例草案、条例修订草案、规定草案和人事任免案，表决通过《潍坊市出租汽车经营服务管理若干规定》和人事任免案，举行宪法宣誓仪式。会议对市政府、市人社局、市卫健委、市医保局2020年度市级预算执行和其他财政收支审计查出问题整改情况进行满意度测评，结果均为满意。王兆辉向部分被任命干部颁发任命书。市人民检察院检察长张敬艳，市监察委员会负责人，市直有关部门主要负责人，不是常委会组成人员的常委会副秘书长、市人大有关专门委员会副主任委员，市人大常委会办事机构、市人大各专门委员会工作机构负责人，部分法制委员会组成人员、立法咨询专家组成员列席会议。

【市十八届人大常委会第三次会议】 2022年6月27日，市十八届人大常委会第三次会议在潍坊举行。市人大常委会党组副书记、副主任王兆辉主持。市人大常委会副主任毛秀凤、韩幸福、扈洪波，秘书长田素英和委员共42人出席。在通过会议议程后，市自然资源和规划局局长刘建成作关于潍坊市潍城区、坊子区（峡山经济区）、寒亭区“两规”一致性修改方案的报告。会议审议有关报告、修改方案和决议草案，表决通过市人大常委会关于批准《潍坊市潍城区“两规”一致性修改方案》的决议、关于批准《潍坊市坊子区（峡山经济区）“两规”一致性修改方案》的决议、关于批准《潍坊市寒亭区“两规”一致性修改方案》的决议。副市长、市公安局局长徐磊，市中级人民法院院长孟祥刚，市监察委员会、市检察院负责人，不是常委会组成人员的常委会副秘书长、市人大有关专门委员会副主任委员，市人大常委会办事机构、市人大各专门委员会工作机构负责人列席会议。

【市十八届人大常委会第四次会议】 2022年8月30日，市十八届人大常委会第四次会议在潍坊举行。市人大常委会党组副书记、副主任王兆辉主持会议；党组副书记、副主任田民利，副主任毛秀凤、韩幸福、扈洪波，秘书长田素英和委员共42人出席会议。在通过会议议程后，市人大社会建设委副主任委员李伟作关于检查《中华人民共和国残疾人保障法》《山东省实施〈中华人民共和国残疾人保障法〉办法》实施情况的报告；市发改委主任王万信作关于潍坊市2022年上半年国民经济和社会发展计划执行情况的报告；市财政局局长王金祥作关于潍坊市2021年财政决算和2022年上半年预算执行情况的报告、关于潍坊市2022年市级预算调整方案草案的报告；市审计局局长张祖钊作关于潍坊市2021年度市级预算执行和其他财政收支的审计工作报告；市人大财经委副主任委员、常委会预工委主任锡保平作关于潍坊市2021年财政决算审查结果的报告暨潍坊市2022年上半年预算执行情况和2022年市级预算调整方案草案报告的初审意见；市农业农村局副局长云增忠作关于全市乡村振兴促进工作情况的报告；市住建局副局长卢波作关于《潍坊市海绵城市建设管理条例草案》的说明；市人大法制委副主任委员高成勇作关于《潍坊市道路交通安全条例修订草案》审议结果的报告；市人大法制委副主任委员、常委会法工委主任刘晓东作关于《潍坊市快递业促进条例草案》审议结果的报告；市中级人民法院副院长杨维波受院长孟祥刚委托，提请人事任免名单，并介绍有关情况；市检察院副检察长任光武受检察长张敬艳委托，提请人事任免名单，并介绍有关情况。会议分组审议有关报告、条例草案、条例修订草案修改稿、条例草案修改稿、条例草案三次审议稿和人事任免案，表决通过市人大常委会关于批准潍坊市2021年市级财政决算的决议、关于批准潍坊市2022年市级预算调整方案的决议、《潍坊市文明行为促进条例》和人事任免案。市政府副市长、市公安局局长徐磊，市政府副市长狄波，市监察委员会负责人，市直有关部门主要负责人，不是常委会组成人员的常委会副秘书长、市人大有关专门委员会副主任委员，市人大常委会办事机构、市人大各专门委员会工作机构负责人，市人大法制委员会组成人员、立法咨询专家组成员列席会议。

【市十八届人大常委会第五次会议】 2022年10月26日，市十八届人大常委会第五次会议在潍坊举行。市人大常委会党组副书记、副主任王兆辉主持会议；党组副书记、副主任田民利，副主任毛秀凤、韩幸福、扈洪波，秘书长田素英和委员共43人出席会议。在通过会议议程后，田民利传达中国共产党第二十次全国代表大会精神；市政府副市长狄波作关于市十八届人大一次会议代表所提建议、批评和意见办理工作情况的报告，受市长刘运委托提请人事任免名单，市人社局局长王守全介绍提请任命人员的有关情况；市中级人民法院院长孟祥刚作关于全市法院知识产权司法保护工作情况的报告，提请人事任免名单，并介绍有关情况；市人大财经委副主任委员王增宝作关于视察全市推进重点项目建设情况的报告；市人大民侨外委副主任委员胡立作关于检查《中华人民共和国台湾同胞投资保护法》《山东省台湾同胞投资保护条例》实施情况的报告；市住建局局长钟光文作关于全市城市更新工作情况的报告；市生态环境局局长孙吉海作关于全市生态环境保护工作情况的报告；市教育局局长杜全平作关于全市基础教育工作情况的报告、关于全市中小学幼儿园规划建设情况的报告；市卫健委主任张晓乙作关于全市疫情防控工作情况的报告；市水利局局长田元君作关于全市水利建设情况的报告；市自然资源和规划局局长刘建成作关于2021年度全市国有自然资源资产管理情况的专项报告；市检察院检察长张敬艳提请人事任免名单，并介绍有关情况；部分被提请任命人员作供职发言。会议分组审议有关决定草案、报告和人事任免案，表决通过市人大常委会关于召开潍坊市第十八届人民代表大会第二次会议的决定和人事任免案，举行宪法宣誓仪式。王兆辉向部分被任命干部颁发任命书。会议还就办好民生实事打造宜居城市开展专题询问，对市直部门应询情况进行打分测评。会议指出，要把学习宣传贯彻中共二十大精神作为当前和今后一个时期的首要政治任务，列为党组理论学习“第一议题”，坚持深学细悟笃行，切实把思想统一到中共二十大精神上来、把力量凝聚到中共二十大确定的各项任务上来；要按照中央和省委、市委部署要求，紧密结合人大工作实际，迅速掀起学习宣传贯彻热潮，持续推动大会精神落地生根见效。市监察委员会负责人，市直有关部门主要负责人，不是常委会组成人员的常委会副秘书长、市人大有关专门委员会副主任委员，市人大常委会办事机构、市人大各专门委员会工作机构负责人列席会议。

【市十八届人大常委会第六次会议】 2022年12月22日，市十八届人大常委会第六次会议在潍坊举行。市人大常委会党组副书记、副主任王兆辉主持会议；副主任毛秀凤、韩幸福、扈洪波，秘书长田素英及委员出席会议。在通过会议议程后，市人大常委会秘书长、代表资格审查委员会主任委员田素英作关于个别代表的代表资格的报告，受主任会议委托作关于市十八届人大二次会议筹备工作情况的汇报；市人大法制委副主任委员、常委会法工委主任刘晓东作关于2022年规范性文件备案审查工作情况的报告。会议还推送市政府关于2022年潍坊市市级第二次预算调整方案草案的报告、关于《潍坊市消防条例（草案)》的说明、关于《潍坊市防汛条例（草案)》的说明。会议审议有关决议草案、报告、汇报、条例草案、条例草案表决稿，审查2022年市级第二次预算调整方案草案，表决通过市十八届人大常委会代表资格审查委员会关于个别代表的代表资格的报告，表决通过市人大常委会关于深入学习贯彻中共二十大精神推动新时代人大工作高质量发展的决议、关于批准2022年潍坊市市级第二次预算调整方案的决议，表决通过提请市十八届人大二次会议预备会议通过的大会议程草案、大会主席团和秘书长名单草案，表决通过《潍坊市快递条例》《潍坊市道路交通安全条例》，议定市人大常委会在市十八届人大二次会议上的工作报告，决定列席市十八届人大二次会议人员范围。

重要工作

【人大监督】 2022年换届后，围绕党委决策部署、聚焦群众所思所盼，召开常委会会议6次，听取审议专项工作报告23项，开展调查、考察、执法检查26次，作出决议决定9项，监督实效明显增强。常委会围绕推动全市经济高质量发展，听取审议2022年上半年国民经济和社会发展计划执行情况报告，督促加强创新驱动，深化结构调整，塑造发展新动能新优势。听取审议城市更新、文旅融合发展、推进乡村振兴、水利建设、潍坊综合保税区建设、知识产权司法保护情况报告，对历史文化名城名镇名村保护情况进行调查，对《山东省通信基础设施建设与保护条例》进行执法检查，以人大监督赋能城市能级活力提升。围绕农业开放发展、种业科技创新、高标准农田建设、预制菜产业发展情况开展调查，就推进重点项目建设情况进行考察，对乡村振兴、统计法、台湾同胞投资保护"一法一条例"进行执法检查，聚力推动产业创新发展，加快建设现代化产业体系。听取审议市政府关于潍城区、坊子区（峡山开发区)、寒亭区"两规"一致性修改方案报告并作出决议，为全市重点项目落地和城市高质量发展提供有效保障。围绕推动财政资金和国有资产更好地安全运转、服务发展、造福人民，依法开展审查批准预算决算和部门预算备案审查工作，听取审议预算执行及审计查出问题整改情况报告并开展满意度测评，对2021年度政府债务管理使用情况、国有自然资源资产管理情况进行审查，加强对财政资源配置效率和使用绩效监督。及时作出关于批准潍坊市2021年市级财政决算的决议，支持市政府优化财政资金使用管理，提高发展质量和效益，更好发挥财政支撑作用。落实新增政府债券全部纳入预算管理的要求，及时作出关于批准潍坊市2022年市级财政预算调整方案的决议，加强债务风险管理，服务经济持续健康发展。常委会坚持以人民为中心，围绕群众关心关注的热点难点问题，不断加大监督力度。听取审议全市基础教育、中小学幼儿园规划建设、退役军人保障、疫情防控工作情况报告，对残疾人保障法、潍坊市供热条例实施情况开展执法检查。组织开展"办好民生实事、打造宜居城市"专题询问，面向人大代表和社会各界公开征集2023年潍坊市重点民生实事项目建议，创新开展"两院"案件质量评查工作，及时开展人大信访工作，化解矛盾，维护社会稳定。围绕生态环保领域，听取审议环境状况和环境保护目标完成情况、中央和省环保督察问题整改情况报告，开展环境保护法执法检查以及"风筝都环保世纪行"等活动，推动全市生态环境质量持续改善。

【立法工作】 2022年，常委会坚持科学立法、民主立法、依法立法，不断加大工作力度，推动全市法治社会建设。高标准编制五年立法规划。常委会发挥立法主导作用，围绕全市工作大局，坚持市委重大决策部署、政府重点推进工作、群众普遍关注热点难点问题优先立项的立法导向，广泛征求市直部门、县（市、区）和市属开发区、社会各界的建议意见，多次召开座谈会、论证会、协调会，研究论证立法项目合法性、可行性和必要性，将城市更新、优化营商环境、教育督导、历史文化名城保护等30件立法项目列入规划。报经市委同意后，精心编制2022年—2026年地方立法规划，为立良法、促善治、管长远打下坚实基础。换届后，制定法规4部，协调完成4部法规一审。及时修订《潍坊市道路交通安全条例》，更好维护道路交通秩序，保障道路交通安全、有序、畅通。制定《潍坊市文明行为促进条例》，引导群众更好培育践行社会主义核心价值观，倡树新时代文明美德和健康生活方式。制定《关于加强公共场所限时免费停车管理的决定》，有效巩固拓展全市限时免费停车工作成果，及时回应群众关切。制定《潍坊市快递条例》，为全市快递业高质量发展提供制度支持和法治保障。创新采用"小快灵"方式，制定《潍坊市出租汽车经营服务管理若干规定》，将出租汽车驾驶员从业年龄放宽至65周岁，放宽驾驶员户籍限制，得到从业人员的欢迎和社会好评。把立法过程作为反映民意、汇集民智、凝聚民心的过程，扩大代表和群众的立法参与度，建好用好基层立法联系点，广泛征求意见建议，不断夯实立法工作的民意基础。推动科学立法，发挥立法咨询专家、高校外脑外力作用，探索区域协同立法实践，持续优化法规立项、审议、立法后评估等工作机制，不断推动立法工作提质增效。开展立法宣传，采用新闻发布、直播宣传、法规解读、制作法治专题片等方式，持续增强全社会法治理念和立法认同。按照“有件必备、有备必审、有错必纠”的要求，加强规范性文件备案审查工作，全年接收、审查规范性文件21件，向省人大常委会报备规范性文件3件。

【代表工作】 2022年换届后，为切实提升新一届代表履职能力水平，支持和保障代表更好更快进入角色、依法履职，常委会以代表主题活动为载体，引导广大代表在履职为民中走在前、作表率。加强学习培训，举办全市人大代表学习班，就地方组织法等法律法规进行专题辅导，邀请履职优秀代表传授经验、交流体会，高标准完成559名市人大代表的全员任职培训。组织代表集中收看中共二十大开幕实况，开展“贯彻落实二十大，人大代表谈体会”等专题活动，代表们累计参加学习教育4.2万余人次，依法履职能力提升。建立主任会议成员分工联系指导制度和常委会委员联系代表小组制度，推进“双联系”常态化、规范化。加强代表履职精细化管理，修订《代表履职守则》，实现代表履职档案、小组活动记录全覆盖，让代表履职有章可循、有据可查。开展“履职尽责、服务大局、争作表率”代表主题活动，引导全市各级人大代表在加强学习、干事创业、联系群众、依法履职、建言献策、维护稳定等方面做到“六个带头”“六个争一流”，让每名代表都成为一面旗帜、一支标杆。广大代表发挥各自行业优势，为促进经济发展、推进社会治理、维护社会稳定作出贡献。为更好支持保障代表履职，规范提升代表之家、代表工作室、联络站（点）等407个，组织代表“下楼出院”，常态化接待选民、倾听民意。优化升级“代表履职系统”和手机App，搭建网络履职平台，实现代表联系群众零距离，群众反映问题全天候。通过线上线下平台，代表们走访联系群众7.6万人次，参加志愿活动5000余人次，为群众办实事好事4760余件，化解社会矛盾纠纷580件，受到各级表彰奖励470余人次。拓宽代表知情知政渠道，组织代表围绕物业管理、建筑业转型发展等开展调研、视察、执法检查306次，提出建议392件。邀请代表参加《问政山东》、旁听庭审等监督活动416人次，聘请代表担任市监委特约监察员、信访工作信息员121人次，建立“代表建议直通车”，及时向市委报送代表建议，使代表更好地听民声、察民情、解民忧。代表围绕中心大局提出意见建议，有关部门单位高度重视，坚持高质量“提”与高质量“办”相结合，建立代表建议清单式交办、台账式管理、销号式落实工作机制，提升代表建议办理质效。完善与人大代表、市人大各专门委员会、市政府办公室、承办单位的“五方联动”工作机制，及时协调解决问题，力争将每件代表建议都办成精品。市十八届人大一次会议代表所提238件建议，均办理完毕并及时答复代表，解决一批群众关心关注的热点难点问题，较好地做到民有所呼、我有所应。

【自身建设】 2022年，常委会坚持以党建为统领，健全机制，提升效能，不断推动“四个机关”建设向纵深发展。履行全面从严治党主体责任，推动党建与业务工作深度融合、相互促进。抓好意识形态工作，贯彻意识形态工作责任制，加强理想信念教育，组织、宣传、保密等纪律要求，坚决筑牢意识形态防线。加强组织建设，规范常委会及机关“三会一课”、组织生活会和民主评议党员等工作，深化“一支部一特色”创建和党支部联建共建，一月一主题，两周一活动，有效增强工作活力。机关“动车党建”被评为市直机关优秀党建品牌。健全制度机制。着眼更好发展和践行全过程人民民主，坚持以人民为中心，在立法、监督、重大事项决定等工作中不断健全完善吸纳民意、汇集民智、惠及民生的工作机制，把人大各项工作建立在坚实的民意基础之上。推动工作制度化规范化，修订完善常委会组成人员守则、议事规则等工作制度44项，坚持以制度管人、靠制度办事，确保常委会及机关运行依法有序、务实高效。加强工作创新。把创新作为推动工作高质量发展的“生命线”，开展“工作创新年”活动，通过创新项目化管理，推动人大工作事争一流、唯旗是夺，打造“人无我有、人有我优、人优我特”的工作品牌。换届后，常委会探索，不断创新，形成一批创新性成果。确定代表主题活动创新、街道人大组织建设等14个创新项目，一月一调度，年终总考评，确保创新项目落实落地、取得实效。开展“转作风、提标准、创一流”机关主题活动，倡树“严真细实快”作风，有力提振干部队伍的干事创业激情。加强调查研究，深入民生改善、乡村振兴、重点项目建设一线了解情况，广泛听取意见建议，不断提升审议、评议等工作成效。锲而不舍落实中央八项规定及其实施细则精神，持续深化纠治“四风”，厉行节约、反对浪费，树立人大常委会机关勤政为民良好形象。推进模范机关和精神文明创建，常委会机关连续13年被评为省级文明单位。

（郭凤孝　李治红）

潍坊市人民政府

Weifangshirenminzhengfu

综　述

【概况】 2022年，市政府坚持以习近平新时代中国特色社会主义思想为指导，深入学习贯彻中共二十大精神，全面落实省委、省政府决策部署，在市委坚强领导下，聚焦市委"1441"工作思路，锚定"走在前、开新局"，攻坚克难、创新实干，政府各项工作取得新进展，经济社会发展取得新成效。

【履行管党治党责任】 2022年，发挥市政府党组政治引领作用，落实"第一议题"制度，持续抓好理论武装，学习党章及党内规章，第一时间传达贯彻习近平总书记重要讲话和重要指示批示精神，及时制定党组学习宣传贯彻中共二十大精神工作方案，组织党组理论学习中心组集体学习研讨12次，引导政府系统深刻认识"两个确立"的决定性意义，增强"四个意识"、坚定"四个自信"、做到"两个维护"，始终在思想上、政治上、行动上同以习近平同志为核心的党中央保持高度一致。落实《党委（党组）落实全面从严治党主体责任规定》，党组书记落实第一责任人职责，其他班子成员履行分管责任和"一岗双责"，政府系统党的建设加强。累计召开市政府党组会议19次，及时传达贯彻党中央和省委、市委的决策部署，坚持把党建工作与政府工作同谋划、同部署、同落实。执行民主集中制，召开市政府常务会议29次，研究议题397个，做到重大决策"集体领导、民主集中、个别酝酿、会议决定"。遵守政治纪律政治规矩，带头落实重大事项请示报告制度，执行"三会一课"、双重组织生活等制度。落实意识形态工作责任制，针对疫情防控、安全生产、规范民办教育、农民工工资拖欠等重点领域的风险点，完善相关应对措施。围绕打好意识形态主动仗，坚持正面舆论引导与负面舆情管控双向发力，健全政务公开、政务服务热线、突发事件新闻发布等工作机制，开辟《政策访谈》等栏目，优化"12345FM89.9周六在线"直播栏目，开设"致敬榜样"优秀企业家宣传专栏，策划推出一系列深度报道，讲好潍坊故事，引导好社会舆情，有力维护意识形态安全。落实"党管保密"原则。狠抓定密、涉密人员、网络保密"三大管理"，落实"人防""技防""制度防"综合施策，经常开展保密教育，有效杜绝失泄密事件发生。

【统筹疫情防控和经济社会发展】 2022年，落实"疫情要防住、经济要稳住、发展要安全"要求，最大程度保护人民生命安全和身体健康，最大限度减少疫情对经济社会发展的影响。面对疫情，始终坚持人民至上、生命至上，坚定不移落实中央、省防控策略方针和各个阶段方案措施要求，因时因势优化调整市内防控举措，发挥平战融合指挥体系优势，落实市级领导一线包靠工作机制，持续加强防控救治体系和应急能力建设，有效构筑群防群治的严密防线，最大限度减少疫情对经济社会发展的影响。落实"五个一"常态化督促督导，持续深化高质量发展督导服务，制定实施"工业稳增长20条""服务业恢复发展38条""金融助企纾困12条"等一系列稳增长措施，开辟《金融潍坊》高端访谈等政策解读和舆论引导阵地，组织6轮视频连线调度县（市、区）经济运行，累计减税退税缓税降费217亿元，发放政府消费券1.62亿元，金融机构本外币各项存款余额突破1.2万亿元、贷款余额突破1万亿元，成为全省第三个存贷款"双万亿"城市，省、市、县重点项目提前3个月完成年度投资计划，规上工业总产值、营业收入双过 1.1 万亿元，稳住全市经济基本盘，保持稳中有进、进中提质的良好态势。年内，12 项主要经济指标，有 7 项增速高于全省、2 项增速进入全省前 3 位。坚持守牢底线往前冲，创新制度机制，树牢有解思维，抓细抓实安全生产、金融风险、生态环保、信访稳定等重点领域，推进“全国市域社会治理现代化试点合格城市”创建。

【加快新旧动能转换】 2022 年，落实习近平总书记对山东工作的重要指示要求，牢牢抓住发展第一要务，坚决扛牢经济大市责任，完整、准确、全面贯彻新发展理念，实施黄河流域生态保护和高质量发展战略，抢抓绿色低碳高质量发展先行区建设机遇，主动服务和融入新发展格局，提升新经济新产业发展水平。围绕“优存量”和“扩增量”,研究制定推进“五个优化”加快制造业高质量发展的意见，成立氢能、数字经济等 14 个工作专班，突出抓好科技创新、技术改造、企业上市和“链长制”深化工作，新旧动能转换“五年取得突破”目标实现。全市“四新”经济增加值增长 10%，高新技术产业产值占规模以上工业产值比重达到 57.85%，高于全省 10.02 个百分点。成为国家首批产业链供应链生态体系建设试点城市，动力装备集群入选国家先进制造业集群，被推荐为全国十大工业稳增长和转型升级成效明显市（州）。全市新增省级以上“专精特新”等五类优质企业 249 家，新增上市公司 2 家，数字赋能联盟凝聚企业 800 余家。潍柴大功率高速机、弘润中间体原料、福田雷萨专用车、英轩精品柠檬酸等 360 个重点项目竣工投产，8 个项目列为省新旧动能转换重大产业攻关项目，46 家企业入选省高端品牌培育企业。新增全国一体化工业大数据山东云中心试点 2 个、国家智能制造示范工厂揭榜单位 2 家。全球首台特大型立环磁选机下线，获批成立全国磁悬浮动力技术与基础应用标准化工作组。大功率半导体激光芯片实现国产化替代。全国唯一的国家燃料电池技术创新中心正式挂牌，SDL 科学实验平台正式列入国家级实验室建设规划。入选首批国家知识产权强市建设试点，进入国家创新型城市行列。农林牧渔业总产值超过 1200 亿元。扛牢粮食安全责任，粮食播种面积、单产、总产连续两年实现“三增长”。加快种业创新突破，4 家企业入选国家种业阵型企业，“潍麦 12”通过国家审定。着力提升“潍坊农品”影响力，“三品一标”农产品 1448 个。加快发展数字农业，潍坊“三农”大数据平台启动建设，全国唯一“区块链+蔬菜”质量安全应用试点取得成效。举办全国预制菜产业发展大会，预制菜产业名城建设全面起势。承办盐碱地综合利用国际大会，国家农综区建设推进。首创畜禽活体抵押贷款融资，万头以上现代化奶牛场 6 处，正大国际蔬果智慧产业园、国家设施蔬菜产业集群项目基本建成。推进农村人居环境整治提升五年行动，新创建省级美丽乡村示范村 52 个，新改建“四好农村路”711 千米，492 个自然村完成电网改造。举办乡村振兴齐鲁论坛。青州市入选 2022 年国家乡村振兴示范县。推进 78 项国家级试点，乡村振兴、生态治理创新经验获国务院通报表扬。“放管服”改革持续深化，建成国内首张政务服务“智慧云图”，实现 61 项高频审批事项“足不出户”办理、1200 余个事项全链条“掌上办”。探索实施项目全生命周期服务推进机制。国企改革三年行动收官。创新实施外贸固稳提质工程，全市完成进出口总额 3419.9 亿元，增长 30.6%，分别高于全国、全省 22.9 个和 16.8 个百分点，增量居全省第一。跨境电商进出口额超过 390 亿元，对进出口增长贡献度超过 20%。与韩国利川市、加纳库马西市建立友城关系。举办中日韩产业博览会、潍坊发展大会等重大节会。新签约项目、新纳统（开工）项目、新增省外内资到位资金均居全省第一。

【建设宜居韧性城市】 2022 年，完成国土空间总体规划“三区三线”划定。城市更新、海绵城市、清洁取暖三大国家级试点成效显著。中央商务区拉开建设框架，高铁新片区、火车站南广场片区承载力日益增强。实施城市更新项目 70 个，改造棚户区 3581 套、老旧小区 7.2 万户，新增海绵城市 30 平方千米。中心城区增设公厕 107 座、遮阳棚 45 处、便民摊点 20 处。雨污分流改造完成 90%，全市 11.9 万个雨污水窨井盖全部加装防坠网。全市新建口袋公园 133 处，建成“千园城市”。完成全省首批新型智慧城市建设试点任务。入选全国第二批城市一刻钟便民生活圈试点。东青高速改扩建工程开工建设。济青中线长深高速以东段建成通车，实现县县通“双高速”。京沪高铁辅助通道天津至潍坊段开工建设。潍坊港实现一体化运营，小清河复航工程潍坊段具备通航条件。打造风溪地万物集夜市、非遗特色美食街等一批特色商业街区，策划举办新青年音乐节等一批有影响力的文化活动。入选“东亚文化之都”。青州古城获评国家级夜间文旅消费集聚区。寿光市入选全国青年发展友好型县域试点。

【持续增进民生福祉】 2022 年，民生支出占比保持在 80%。年初确定的民生实事全部完成。全年城镇新增就业 10.04 万人，获批国家公共就业服务能力提升示范项目。全市居民人均可支配收入 39365 元、增长 6.1%，增速居全省第二位。“零工客栈”做法入选全国“地方就业创新事件”。坚持把良好生态环境作为最普惠的民生福祉，创新实施“全员环保”“刑责治污”机制，持续打好生态环保攻坚战，环境空气质量综合指数同比改善 6.7%，在全国 168 个重点城市中居第 99 位、提升 17 个位次，$PM_{2.5}$

连续三年保持两位数改善、首次达到国家环境空气质量二级标准；国控河流断面优良水体比例达到85.7%，优于省定目标28.6个百分点。峡山水库战略水源地提升保护工程建成通水。弥河全线创建为首批淮河流域幸福河湖。全市建成中小学43所、幼儿园192所，改造提升乡村学校140所、幼儿园292所。获评全省首批职业教育改革发展成效明显市、首批产教融合试点城市，普通高考和职业院校技能大赛成绩继续保持全省领先。基层卫生健康综合试验区建设启动。异地就医联网结算实现全覆盖。高度关注特殊群体生活，救助保障各类困难群体31.3万人，建成助老食堂193处，2614户、5644名监测帮扶对象得到及时帮扶，残疾人“如康家园”实现镇街全覆盖。蝉联“国家食品安全示范城市”。第二十五届省运会参赛成绩实现历史性突破。

【自身建设】 2022年，落实党风廉政建设责任制，坚持不懈反腐倡廉，驰而不息纠治“四风”，依纪依法处理政府系统党员干部违纪违法行为，政务生态持续改善。执行中央八项规定及其实施细则精神，坚持“政府过紧日子、群众过好日子”，“三公”经费连续10年只减不增。弘扬“严真细实快”工作作风，创新重点工作专班推进、季度会商机制，办好政府系统“业务大讲堂”，完善市民代表列席市政府常务会议制度，持续改进文风会风，政府治理效能显著提升。推进依法行政，加快建设法治政府。修订完善市政府工作规则，提请市人大常委会审议通过地方性法规6部，颁布政府规章3件；办结市人大代表建议230件、政协提案536件，办理满意率100%。完成全国行政执法监督试点工作。

重要会议

【全市经济运行调度会议】 2022年2月26日，市委副书记、市长刘运主持召开全市经济运行调度会议，深入贯彻落实市第十三次党代会和市委经济工作会议精神，分析当前经济形势，研究部署下一步重点任务，确保实现首季“开门红”。市委副书记、副市长李兰祥出席并讲话。

【数字经济发展推进会议】 2022年3月4日，潍坊市在中国移动山东公司潍坊分公司召开数字经济发展推进会议，研究加快数字经济发展、强化数字政府引领等方面的思路举措。市委副书记、市长刘运主持会议并讲话。会上，市工信局、市财政局、市大数据局和部分数字赋能联盟企业代表作交流发言。

【全市重点工作调度视频会议】 2022年4月10日，全市重点工作调度视频会议在市级机关综合办公大楼召开，调度国务院大督查、国务院“互联网+督查”、中央环保督察、“12345”政务服务便民热线、数字政府引领数字经济发展工作情况，研究部署任务。市委副书记、市长刘运主持会议并讲话。会议以视频形式召开。部分县（市、区）政府和市直部门作交流发言。

【全市第6次企业上市现场推进会议】 2022年5月5日，全市第6次企业上市现场推进会议在诸城市召开。

【市政府廉政工作会议暨市政府全体会议】 2022年5月11日，潍坊市在市级机关综合办公大楼组织收看省政府第五次廉政工作会议暨省政府全体会议，并接续召开市政府廉政工作会议暨市政府全体会议。市委副书记、市长刘运在潍坊分会场参加收看并讲话，市领导高峰、卞汉林、吕珊珊、狄波、陈端梅、马清民等出席。

【全市防汛工作现场推进会议】 2022年6月25日，全市防汛工作现场推进会议在寿光市召开，贯彻落实全市防汛工作视频会议精神，观摩学习寿光市防汛备汛经验做法，动员全市各

2022年5月5日，全市企业上市工作现场推进会议召开（供图：姜斌）

级各相关部门从严从实从细抓好防汛备汛工作，切实提高防范应对洪涝灾害风险能力和水平。市委副书记、市长刘运主持会议并讲话，卞汉林、马清民、宋均圻参加。会上，寿光市负责人汇报防汛备汛情况。会前，与会人员到寿光市应急指挥中心、应急物资库、康河泵站、第四综合救援队集合点、弥河东坝装配式防洪墙等现场进行观摩学习。

【持续深入优化营商环境和推进政府职能转变领导小组（扩大）会议暨深化“放管服”改革工作会议】 2022年7月7日，在市级机关综合办公大楼召开持续深入优化营商环境和推进政府职能转变领导小组（扩大）会议暨深化“放管服”改革工作会议，通报相关工作情况，安排部署重点工作。市委副书记、市长刘运出席并讲话，市领导卞汉林、杨建华、吕珊珊、狄波、陈端梅，市政府秘书长宋均圻出席。会上，临朐县、高新开发区、市审批服务局、市市场监管局、市大数据局作交流发言。

【党组理论学习中心组集体学习】 2022年10月19日，市政府党组理论学习中心组举行集体学习，围绕中共二十大精神进行学习研讨。市委副书记、市长，市政府党组书记刘运主持会议。

【全市疫情防控工作视频会议】 2022年10月25日，潍坊市在市级机关综合办公大楼组织收看全省疫情防控工作视频会议。全省会议结束后，潍坊市接续召开会议，贯彻落实全省会议精神，安排部署近期疫情防控重点任务措施。市委书记江敦涛出席会议，市委副书记、市长刘运出席会议并讲话，市领导杨建华、徐磊、冯纪伟出席会议；省驻潍坊“四进”工作总队总队长艾郧到会指导。

【市政府党组（扩大）会议】 2022年10月25日，市政府党组（扩大）会议召开，学习贯彻中共二十大和二十届一中全会精神，贯彻落实市委常委会扩大会议部署要求，以中共二十大精神为指引，开展学习研讨，研究贯彻落实意见，统筹开展各项工作。市委副书记、市长，市政府党组书记刘运主持会议并讲话。

【四季度利用外资暨重点项目视频推进会议】 2022年11月14日，全市四季度利用外资暨重点项目视频推进会在市级机关综合办公大楼召开。会议通报1月—10月全市利用外资进展情况，分析研判当前形势，安排部署下步重点任务措施。市委副书记、市长刘运出席会议并讲话，副市长狄波主持。会上，各县（市、区）、市属各开发区分别发言。歌尔泰克、英科医疗、亿维丽、通吉供应链、景芝白酒、恒安纸业等重点项目负责人参加会议。

【全市生态环境突出问题约谈会议】 2022年11月21日，全市生态环境突出问题约谈会议召开，深入学习贯彻中共二十大精神，约谈、调度全市生态环境突出问题，安排部署下步重点工作。市委副书记、市长刘运主持会议并讲话，市委常委、副市长吕珊珊安排部署相关工作。会上，通报部分区域生态环境突出问题，有关市直部门、市（区）、镇作表态发言。

【安全生产视频会议】 2022年11月24日，潍坊市在富华国际会议中心组织收看全省安全生产视频会议。全省会议结束后，潍坊市接续召开会议，深入学习贯彻习近平总书记对安阳火灾事故重要指示精神，落实全省会议要求，安排部署近期全市安全生产重点任务措施。市委副书记、市长刘运出席会议并讲话，市政府秘书长宋均圻出席。

“放管服”改革

【概况】 2022年，坚持运用“有解思维”破解“放管服”改革难题，倾力打造“潍您办·坊便民”金字招牌，市政府办公室获评“2022年度政务服务百佳实践单位”，市政府门户网站获评“2022年度中国领先政务网站”。完成省政府办公厅赋予的全省唯一的安全生产领域“互联网＋监管”试点任务；政务服务“智慧云图”相关做法先后在《全国营商环境简报》、省政务信息（专报信息）刊发推广；“四全”帮办代办服务模式被省营商环境简报刊发，并获副省长凌文批示肯定，“爱山东·潍您办”和“全链条·金牌”政务服务品牌影响力持续提升。在2022年度综合考核半年分析评估中，全市深化“放管服”改革考核全省第一名。

【简政放权】 2022年，编制行政许可事项清单。编制形成《潍坊市行政许可事项清单（2022年版）》，确定潍坊市行政许可事项435项。编制行政许可事项实施规范和办事指南。在相关业务办理系统、政务服务大厅等平台和场所实施同步更新，做到线上线下同源发布、同步更新、内容一致，持续推进政务服务事项标准化、规范化、便利化。健全审管协调机制。遵循“谁审批谁负责、谁主管谁监管”的原则，健全完善审管衔接协调机制和审管联动联席会商制度，厘清审批部门与监管部门间的职责边界。完善审管互动平台功能，定期通报平台使用情况，确保审管信息“双推送”机制高效运行。

【放管结合】 2022年，深化“双随机、一公开”监管。建立完善“一单两库一细则一指引”制度体系，将全市34个监管部门、1.3万名执法人员、150万户检查对象纳入省双随机监管平台。将93个行业领域、161项抽查事项纳入联合抽查计划，同比增加50%,更大程度“进一次门、查多项事”。在全省“双随机、一公开”监管座谈会上作典型发言。开展“互联网+监管”。规范监管行为数据汇聚，加强监管平台应用，提升监管动态和曝光台信息发布工作。全市系统汇聚监管行为数据306.35万条，审核报送各类信息共计1015条，采用率100%。完成省政府办公厅赋予的全省唯一的安全生产领域“互联网＋监管”试点任务，“潍坊市以科技赋能‘互联网＋监管’开启安全生产监管新模式”被市委改革办评选为改革典型案例。开展民生领域案件查办“铁拳”行动，入选总局典型案例1件、省局8件，在全国市场监管系统执法稽查工作暨2022民生领域“铁拳”行动部署会上介绍做法。持续加强食品、药品、工业产品、特种设备和反不正当竞争执法、价格、网络交易等重点领域监管，全市系统查办各类违法案件9912件，罚没款3.4亿元。

【优化服务】 2022年，持续推进政务服务“集成办”。市、县两级共推出“企业开办”“新生儿出生”“百姓购房”等170余个主题集成服务事项，其中有33个集成服务事项纳入国家政务服务平台上线运行、36个主题事项全部纳入省一网通办平台“双全双百”专区运行。推进“无证明城市”建设。梳理公布三批电子证照证明“用证”事项清单，市、县两级“免证办”事项11112项，涉及证照证明82个。上线“证明直通车”系统，实现居民身份证、不动产权证等45类个人高频证照证明以及食品生产许可证等80类企业高频电子证照证明的在线开具。打造全省首张能办事的“智慧云图”。依托人工智能（AI）、大数据、云计算、GIS空间地图引擎等新一代信息技术，整合线上、线下、掌上3个办事渠道，集成市、县、镇、村四级政务服务资源，打造全省首张能办事的“智慧云图”，1202项事项实现全链条“掌上办”。推行工程建设项目审批全流程“掌上办”。依托“开工直通车”审批服务平台，打通工程建设项目审批相关30余个专网系统，研发上线“掌上办理平台”微信小程序，集成集智能咨询、报建清单、帮办代办、地图导航等功能，工程建设项目从立项到竣工验收实现全流程“掌上办”。省内创新开展基层政务服务“三型达标”创建。开展基层政务服务“三型达标”（基础型、标准型、标杆型）创建行动，推进事项下放、服务下沉、保障下移，加快构建“标准统一、运行规范、服务高效”的基层政务服务体系，切实打通服务企业群众的“最后一公里”。推行“云踏勘”服务模式市域内全覆盖。市县同步搭建“云踏勘”平台，建立统一的事前指导、事中服务、事后追溯机制，通过即时远程视频踏勘、现场影像全程云端保存、踏勘结果实时反馈、踏勘报告电子签名等手段，首批药品、医疗器械、食品经营、市政交通等16大项44个类别事项在全市范围内实现“云踏勘”服务模式全覆盖。政府网站和政务新媒体建设实现新突破。建立通报整改、信息审核发布“三员”机制，全市58个政府网站和806个政务新媒体健康有序运行，潍坊市政府门户网站获评“2022年度中国领先政务网站”，位列全国地市级政府网站第五位、山东省第一位，“‘爱山东’潍坊分厅”获评2022年度中国“互联网+政务服务”典型案例（十佳）。强力推进一体化政务服务同源提升行动。作为省统一中台运行试点市，依托省统一中台，推动各级各部门事项对接运行。年底，潍坊市1.57万项（2627类）事项完成对接并运行，事项上线数量居全省首位，累计办件25331件。

（王继东　简建伟　马飞飞　胡　秋　王梦萱　张　强　仲　浩　焦可建）

应急管理

【概况】 2022年，全市共发生各类生产安全事故93起、死亡66人，同比分别下降23.8%、25%，未发生有影响的自然灾害。

【安全生产】 2022年，市委、市政府高度重视安全生产工作，主要领导逢会必讲安全生产、每月必点评县（市、区）安全生产、现场调研必看安全生产。各级各部门落实国务院“十五条硬措施”、省委省政府“八抓20条”创新措施，紧盯重点区域、重点领域、重点人员、重点环节，以“大宣教、大检查、大执法”为抓手，紧盯重点区域、重点领域、重点人员、重点环节，创新实施中层以上干部现场“跟班”、安全交底、主要负责人“安五条”“外脑”查隐患、安全总监授权、驻点监督“六必须”、教育培训“双月一考”“三职包三危”、安全环保联防联动、安全消防联调联战等机制举措，坚决打好防范化解重大安全风险攻坚战，安全生产治理水平持续提升。国务院安委办和省安委会先后对潍坊市创新建立安全消防联调联战行动党支部、“外脑查隐患”“局队一体全员执法”等做法予以肯定推广。

【防灾减灾救灾】 2022年，深入分析研判重大灾害应对。加强自然灾害风险会商和灾害信息预警，完善电力、通信、交通和应急物资保障措施。开展灾害信息员培训工作，年内组织培训8600余人次。建立以行政首长负责制为核心的防汛责任体系，汛期每天一名市级领导带班。全市1099个山洪村全部配备卫星电话并开展人员转移避险演练。开展《潍坊市防汛条例》立法工作。市森防指办公室前置重点林场布防，压实森林防灭火责任，彻底排查整治森林火灾隐患。协调省米171大型直升机到潍驻防巡查。承办全省森林火灾综合应急演练。统筹开展受灾群众转移安置和生活救助工作。规范建设605个城乡受灾群众集中安置点，可应急保障127万名受灾转移群众基本生活。发挥灾害民生综合保险作用，年内结案886笔，支付赔款1495.7万元。

【应急救援】 2022年，成立潍坊市抢险救灾应急指挥部，由市委书记和市长任总指挥，市级领导任各小组组长，统筹指挥调度全市力量。高标准建设市应急指挥中心，接入各类视频监控23万路。建设移动指挥系统、370MHz窄带通信网络和应急供电配套设施，配备卫星电话1200部。加强各类救援队伍建设，组建涵盖安全生产、自然灾害、公共卫生、通信、水域、社会救援等6大类15个领域的31支市级应急救援队伍，全市共有各类应急救援队伍354支，基本形成水陆空立体化应急救援体系。制定《潍坊市市级应急救援队伍管理保障办法》，为全市应急救援力量2692人购买人身意外伤害保险。全市实物储备帐篷、折叠床、棉被、毛巾被等各类应急和救灾物资450万件套，总价值1.8亿元。争取代储省级救灾物资，不断提升应急处置能力。

（王宁波）

人事工作

【事业单位人事制度改革】 2022年，晋升工作流程，指导各县（市、区）制定《事业单位管理岗位职员等级晋升方案》，报经省人社厅批复同意后，规范开展等级晋升工作。截至年底，全市13个县（市、区）全部完成首轮晋升工作，共晋升839人。深化事业单位选人用人自主权“放管服”改革，开展教育、卫生健康、市属高职院校等自主招聘部门（单位）年度方案备案工作，指导市直相关部门（单位）自主招聘1859人。优化高层次急需紧缺人才引进“绿色通道”，指导北京大学现代农业研究院特聘高层次人才8人，将神经外科医师、眼科医师等29个岗位纳入市、县医疗卫生系统急需紧缺专业（岗位）目录。健全完善事业单位岗位管理动态调整机制，优化专业技术岗位结构比例，指导市直135家事业单位规范开展岗位设置和竞聘上岗，1600余人晋升专业技术岗位。

【事业单位收入分配制度改革】 2022年，深化事业单位绩效工资制度改革，会同市财政局核定市直事业单位2022年度绩效工资总量，合理确定绩效工资水平。综合考虑部分差额单位和自收自支单位收支情况、高层次人才聚集等因素，为市属高校等12家事业单位绩效工资浮动比例，浮动总额共计7251万元。加大高层次人才薪酬激励政策落实力度，推动科技成果转化现金奖励纳入绩效工资管理，指导事业单位搞活绩效工资分配，推进实现多劳多得、优绩优酬。落实疫情防控期间一线人员临时性工作补助政策，截至12月底，共为全市1853名疫情防控一线医务人员发放补助565.59万元。保障义务教育教师待遇，落实学校绩效工资分配自主权，确保义务教育教师年平均工资收入不低于学校所属行政区划内公务员平均工资水平。会同组织部在全市机关事业单位开展特岗津贴清理工作，对照全市津补贴项目“白名单”，规范特岗津贴发放范围、发放标准，共审核符合规定项目18项，涉及67个市直事业单位5700余人；对超出政策范围、标准的项目予以取消，共涉及14部门400余人；取消潍坊市自设项目研究生技术补贴，市直共计137个单位1200余名工作人员停发。结合国家指导意见及潍坊市公立医院薪酬现状，联合市卫健委、市医保局、市财政局印发《潍坊市深化公立医院薪酬制度改革实施方案》，搭建起适应潍坊市医疗卫生行业特点的公立医院薪酬制度，推动实现公立医院收入分配的科学化和规范化，保障医务人员合理薪酬待遇。

【职称制度改革】 2022年，实施“定向评价、定向使用”的基层职称制度，建立职业资格与职称衔接机制，畅通高层次人才高级职称评审“直通车”，推动高技能人才和专业技术人才贯通发展，在建筑工程、建筑电气、工程造价等16个建设工程专业开展初、中级职称“以考代评”改革试点，全市专业技术人才管理机制更加完善。深化职称评审“放管服”改革，将中级、初级职称评审授权相关行业主管部门开展，高标准开展省授权潍坊市的高级职称评审工作。坚持聘请异地评审专家、评委会“盲评”、“两代表一委员”和纪检部门现场监督等评审机制，持续打造“阳光评审”服务品牌，累计评审通过高级职称人员6896名、中级职称人员7125名、初级职称人员14111名，审核呈报高级职称申报材料1232份。加强专业技术人员继续教育公共服务体系建设，累计建成省、市级专业技术人员继续教育基地28家，举办省、市级专业技术人员高级研修项目32个，推广上线“山东省专业技术人员继续教育公共服务平台”，入驻单位数7505家，专业技术人员注册人数19.3万人，专业技术人员知识结构持续改善，服务经济社会发展能力明显提升。

（王黎勇　郝连兵）

外事工作

【国际交流】 2022年，组织举办中国商务日·德国马格德堡连线潍坊滨海、与韩国利川建立友好合作关系签约仪式等主题外事，在日本举办“飞扬和平，潍坊—风筝之都走世界”非遗展，邀请日向市、八街市市长参与活动。参与“一带一路”倡议，与越南北宁市、柬埔寨茶胶省等保持密切互动，推动务实合作。不断加强国际友城拓展交往。坚持“对外交流合作推进到哪里，友城工作就跟进到哪里”方针，与韩国利川市、加纳库马西市建立友好合作关系，完成政府工作报告任务目标。与德国弗莱辛签署《结好35周年深化合作备忘录》，为双方深化交往合作赋能加力。年内主办友城“云外事”活动8场，深度参与20余场。委托爱国侨领以潍坊市政府名义向厄瓜多尔友城瓜兰达市捐赠笔记本电脑等文教用品，以实际举措支持当地教育事业，该市市长致信感谢。对外讲好中国故事潍坊篇章。在弗莱辛建立潍坊尼山书屋，投放潍坊风筝、木版年画等文宣品，在当地媒体宣传潍坊故事，传递潍坊声音，受到市民喜爱。策划推出“潍坊国际青年交流活动巡礼”9期，取得良好国际反响。打造全国首个集友城风貌沉浸式体验、人文交流全域化互动于一体的友城云上博物馆。深挖外事历史文化资源，乐道院潍县集中营博物馆当选首批“山东省外事教育基地”。

【助推“两大主业”开放发展】 2022年，把现代农业和先进制造业作为服务全市高质量开放发展的着力点，汇聚优势资源，加强机制保障，展现外事作为。制定实施意见，开展“外事＋现代农业”“外事＋先进制造业”专项行动。参与组织中国（山东）—加纳友好合作发展对话会，达成友城拓展、潍坊国家农综区推介、中加经贸合作促进会揭牌、系列涉农项目签约等一揽子成果，推动“三个模式”按照“一带一路”倡议走进非洲，新华社等数十家媒体进行报道。与德国弗莱辛举办先进制造业对话会，潍柴集团、博世集团、德国萨伯特公司等中德重点企业线上开展交流，歌尔集团等10余家本土知名企业线上参会，活动增强企业开拓海外市场的信心。承办山东—德国人才交流会，与市委组织部、德国华人华侨科技工商协会签署高层次人才交流合作备忘录，为高端留德人才到潍创业就业搭建平台。建立外事信息“点到点”共享机制，为涉外部门和企业制定产业规划、拓展海外市场提供信息支撑。多措并举优化涉外营商环境，“因公出国审护签管理服务平台”上线运行，外事审批实现一网通办。协助65家企业139人次办理外国人来华邀请函，APEC卡办卡量居全省前列。

【涉外风险防范】 2022年，统筹开展中共二十大前后境外利益和安全保障工作。建立境外投资企业及外派人员台账，修订完善涉外安全工作方案预案，实现全市重点境外企业督导检查全覆盖，为中共二十大胜利召开营造安全稳定涉外环境。创造性开展“领保知识进乡村”专项行动。坚持关口前移、精准施策，推动领保宣传向农村延伸，量身打造海外务工“护身符”。按照红、橙、黄、蓝4个风险等级对全市海外务工人员实行分类管理，到90余家企业、乡村开展领保宣传培训，发放宣传资料3000余份。有关做法被外交部《外事管理》刊发向全国推广。健全完善涉外领保工作机制。为有效应对涉外领保案（事）件频发多发态势，建立涉外安全联席会议机制、企业“走出去”培训机制、涉外安全研判机制和重要节点预警机制，为在潍外籍人士和走出去的公民、企业织牢安全网。全年妥善处置涉外领保案（事）件和涉外经济纠纷18起，同比下降30.8%，未发生重大涉外舆情事件。

（王　宁）

机关事务

【概况】 2022年，市机关事务服务中心（以下简称“中心”）围绕市委、市政府各项决策部署，主动作为，守正创新，用心服务，为市级机关安全高效有序运转提供有力保障，中心生活管理科获评“全国机关事务工作先进集体”，中心获评“全省机关事务工作先进集体”，连续2年综合绩效考核获优秀等次，连续11年保持“省级文明单位”称号。

【机构设置】 2022年，根据潍组通〔2022〕17号文件，中心确定为参照公务员法管理单位。根据潍编办〔2022〕19号文件，中心核增老干部科、消防科、采购供应科、物业服务一科、物业服务二科5个内设机构，均为正科级规格；相应核增科级领导职数5正10副，专用于“按人控编、减人减编”办法管理的事业人员，人员消化完毕后，上述5个内设机构及相应科级领导职数随之核销。

【机关办公用房管理】 2022年，推广应用省行政事业单位房地产管理系统，一期工程数据录入基本结束，全市有1577家党政机关、2028座办公楼宇纳入系统管理，录入办公用房使用面积239.4万平方米、工作人员信息7.56万条，办公用房管理向数字化转型升级。统筹房产资源配置，为3家市直单位和4个市重点工作专班调配办公用房，协调借用海关办公用房使用面积5000余平方米，保障机关运转需求和各项重点工作推进。高质量完成全市党政机关办公用房信息年度统计报告工作，会同市财政局牵头组织开展潍坊市市级行政事业单位房产清查工作，促进房产规范管理、高效使用。

【公务用车管理】 2022年，市、县两级共4900余辆公务用车纳入信息化平台管理，实行定点加油、维修、保险和租赁“四定点”服务，调度车辆为全市重要活动、市直部门单位提供公车服务4.3万次、358.1万千米。制定《党政机关事业单位公务用车服务规范》，获批立项地方标准。严格公务用车编制管理，市直部门单位共更新公务用车13辆，全部为国产新能源汽车。根据市审计局对公务用车运行专项审计意见，督促87家单位完成问题整改，公车运行更加规范透明。开展“跨区域公务出行保障一体化”研究，被国管局列为第二批公务用车专项领域建设项目，是全省唯一获批的公务用车领域试点项目。

【公共机构节能管理】 2022年，指导各级公共机构开展节能工作，市、县两级创建节约型机关比例94.06%；引入社会资本183万元，以合同能源管理方式对市级机关综合办公大楼进行节能改造，节能率12.2%；联合市城管局实施节水改造，市级机关综合办公大楼和阳光大厦均被评为“省级节水标杆单位”；建立“1+3+2+N”机关食堂全链条节约管理体系，反食品浪费工作案例被评为全省最佳案例、全国优秀案例，全省机关食堂反食品浪费现场会在潍坊市召开；入选第三批省公共机构节能监管系统建设试点。全年，潍坊市公共机构能源消费总量、人均能耗、面均能耗、人均用水与2021年相比分别下降1.44%、1.15%、1.35%、1.51%。

【改革创新】 2022年，机关后勤服务社会化改革等3项省级机关运行保障试点项目全部通过评估验收，进一步提升机关运行保障专业化水平。与潍坊职业学院合作，共建省级机关事务标准化实训基地。“机关事务·微服务”智慧平台开始上线运行，可通过手机移动端办理多个后勤服务事项。机关第二党支部与省机关事务管理局公务用车管理处、昌邑市机关事务服务中心开展党建“结对共建”。

【综合后勤保障服务】 2022年，制定9条管控措施，最高设立9处核酸检测点，发放核酸抗原检测试剂15万支，开展终末消杀14.7万平方米，实行盒饭供餐8.6万份，组织机关有序轮班4批次，确保机关运行安全稳定。开展“开门服务”大走访、大调研活动，主动上门征求意见，不断改进提升工作水平，为机关提供整洁、舒适的办公环境，公车、会议、餐饮服务等综合满意率98%。联合市应急局、消防救援支队等多个部门开展安全检查、进行2次“实战化”消防疏散演练，增强中心应急处置能力，保障机关安全运转。

（李清林）

信访工作

【概况】 2022年，在第九次全国信访工作会议上，潍坊市信访局被表彰为“全国信访系统先进集体”，被省委、省政府表彰为“全省党的二十大维稳安保工作表现突出的集体”；7月27日，全省信访工作基层基础建设现场会在潍坊市召开，潍坊市信访工作经验做法在全省得到推广；在全省信访业务考核中，潍坊市取得全省第一名；市信访局连续5年被评为人民网网上群众工作“民心汇聚单位”；青州市、寿光市、临朐县先后获评全国信访工作示范县。

【组织领导】 2022年，市委、市政府将信访工作列入重要议事日程，市委常委会、政府常务会、信访工作联席会议全体会议等全面部署信访工作，及时安排重点任务，市委常委会会议、政府常务会先后4次研究信访工作。市县镇三级均成立由党委、政府主要负责人任召集人的信访工作联席会议，全面统筹各级信访工作。市委、市政府主要领导带头接访、包案、

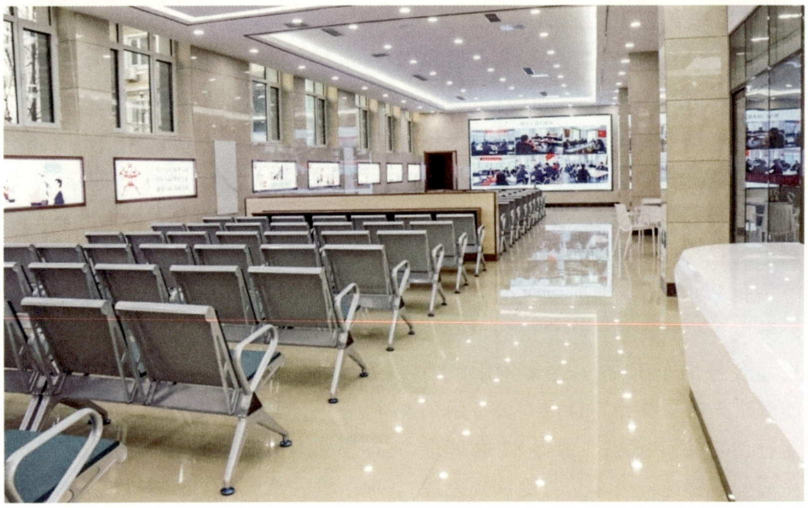

2022年，潍坊市委、市政府人民来访接待室内景（供图：市信访局）

阅信，协调解决信访工作中遇到的困难和问题；分管领导靠上协调，出主意、想办法、强责任、抓落实；其他市级领导落实“一岗双责”，着力抓好分管系统或领域的信访工作，齐抓共管大信访工作格局更加彰显。市委、市政府将信访工作纳入全市高质量发展综合绩效考核，实行定性和定量双重考核，同时加大对信访工作的经费保障力度，专门拨付资金解决特殊疑难问题专项资金，随需随拨。

【积案攻坚】 2022年，中央信访联席办交办的3069件重复信访事项、省委信访局交办的2899件重复信访事项全部清零。省长周乃翔等3位省级领导包案24件重复信访事项、30位市级领导包案298件重复信访事项、214位县级领导包案785件重复信访事项，全部化解。坚持“处理一个案子、化解一批矛盾”，相关做法得到省长周乃翔表扬肯定。

【制度机制】 2022年，建立并落实“四级书记抓信访”制度，实行村级书记每天、镇级书记每周、县级书记每旬、市委书记及市级有关领导每月调度一次信访工作，研究重点信访工作，推动重点事项及时就地化解。全年四级书记共梳理调度信访事项31601件，化解27418件，全市开展信访问题源头治理、及时就地解决初信初访的工作机制基本形成，践行新时代“枫桥经验”在潍坊市得到有益探索。按照“四个不允许”要求，落实领导干部公开坐班接访制度，第一时间化解群众诉求事项，市、县两级负责人共接待群众来访9659起19015人次，化解9149起17948人次。建立县级党政主要负责人包靠化解国家级、省级信访事项制度，推动国家信访局登记事项和省委信访局登记事项实现彻底化解。

【基层基础】 2022年，围绕推进让群众“最多跑一地”，打造“一站式”矛盾纠纷化解平台，市级2000余平方米的高标准群众来访接待大厅建成并投入使用，县、镇、社区分别形成一批以奎文区矛调中心、高密柴沟镇平安小院、高新新邻里社区、奎文金都社区等为代表的矛盾纠纷化解平台；探索涉法涉诉信访问题源头治理，在市信访局设立检察官接访室，市检察院45名员额检察官轮流到市信访局接访，市公安局研发使用公安信访感知系统评估警情、提报风险、消除风险；推行信访事前预防性听证、事中化解性听证和事后评判性听证，着力叫响潍坊的信访听证品牌，全市举办信访事前听证3637起、事中听证15680起、事后听证4842起，推动一批棘手矛盾就地化解；开展信访工作示范镇街、示范社区创建评比，加大点对点培育力度，全市有78个镇（街、园区）获评信访工作示范镇街。

【干部队伍建设】 2022年，落实市委关于信访部门争当信访工作参谋部、指挥部、作战部的要求，主动作为、强化担当。创新开展三级联动分析研判信访形势，面对面指导、手把手帮教，7月底前实现对全市152个镇（街、园区）分析研判全覆盖，年底开始对第二阶段公安、法院、银保监等12个重点系统的分析研判，累计培训基层信访干部2万余人次；由市、县两级信访部门班子成员蹲点包靠信访任务重的县、镇，通过召开座谈会议、实地调研以及约谈、三函等方式，精准精细指导基层开展工作，取得明显成效；2021年疫情防控政策优化调整期间，全市广大信访干部挺身而出、担当作为，克服各种困难，累计接待处理信访问题2430起6669人次。

（张　宁）

政务服务

【概况】 2022年，政务服务“智慧云图”、全流程“掌上办”、“云踏勘”服务等经验做法，在《全国营商环境简报》《山东政务信息·专报信息》等刊发推广；“四全”帮办代办服务模式获省政府分管领导批示肯定；3

个公共资源交易“数字化”改革创新案例获国家发改委推广、14项工作入选省级改革试点，数量均居全省第一，被评为山东省深化“放管服”改革优化营商环境工作先进集体，山东省“三八”红旗集体。

【全国首张能办事的“智慧云图”上线】 2022年，依托人工智能（AI）大数据、云计算、GIS空间地图引擎等新一代信息技术，整合线上、线下、掌上三个办事渠道，集成市、县、镇、村四级政务服务资源，1202项事项实现全链条“掌上办”。做法先后被《全国营商环境简报》《山东政务信息·专报信息》刊发推广。

【“无证明城市”建设由“跟跑”向“领跑”转变】 2022年，牵头全市“无证明城市”建设工作，制定《潍坊市“无证明城市”建设实施方案》《潍坊市“无证明城市”建设百日攻坚方案》，上线“证明直通车”无证明办事系统，打造一批“无证明”社会化应用场景，实现“减证便民”向“无证利民”转变。至年底，公布三批电子证照证明“用证”事项清单，市县两级“免证办”事项11037项。

【工程建设项目审批全流程“掌上办”】 2022年，依托“开工直通车”审批服务平台，打通工程建设项目审批相关30余个专网系统，研发上线“掌上办理平台”微信小程序，集成集智能咨询、报建清单、帮办代办、地图导航等功能，工程建设项目从立项到竣工验收实现全流程“掌上办”。相关做法被《全国营商环境简报》刊发推广，并入选全省住建领域“五心五化”创新试点典型经验。

【“云踏勘”助力踏勘环节“零跑腿”】 2022年，市、县两级审批服务局同步搭建“云踏勘”平台，建立统一的事前指导、事中服务、事后追溯机制，通过即时远程视频踏勘、现场影像全程云端保存、踏勘结果实时反馈，踏勘报告电子签名等手段，首批药品、食品经营、市政交通等16大项44个类别事项在全市范围内实现“云踏勘”服务模式全覆盖，踏勘时间平均压减5个工作日，提速60%。相关做法被《全国营商环境简报》《山东省优化营商环境推进政府职能转变简报》刊发推广。

【1500项高频事项实现审批“零见面”】 2022年，持续推动“政务+互联网+邮政”融合发展，打造用户远程“点”，政府线上“接”，大厅即时“办”，邮政双向“送”的潍坊市全域化“政务服务线上TOP店”政务服务新模式。市、县两级首批1500余项高频事项实现“零跑腿”审批，审批效率提升30%。

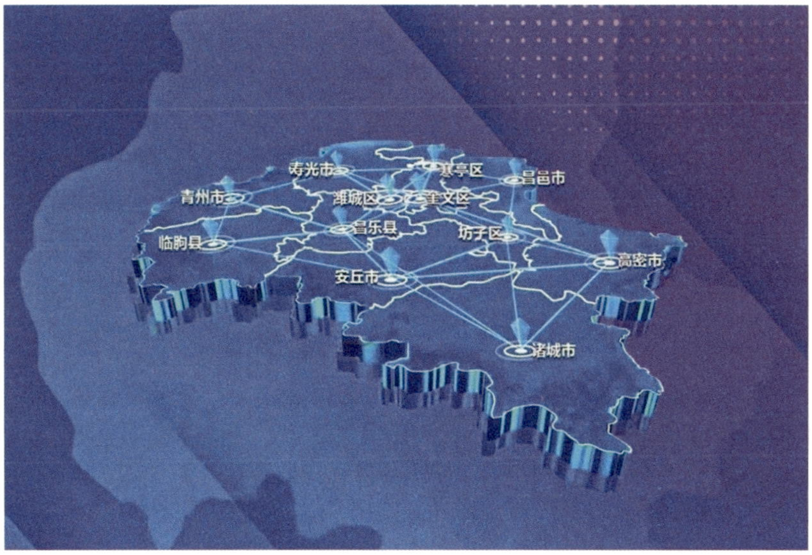

2022年，潍坊市政务服务智慧云图（供图：市审批服务局）

【推行双休日、节假日“不打烊”服务】 2022年，市、县两级政务服务大厅在“午间不休息、早晚延时办”基础上，推行双休日节假日预约“不打烊”服务，最大程度地满足企业群众政务服务新需求，推动政务服务向“随时办”“随心办”升级。

【“全员志愿”服务企业群众“零距离”】 2022年，建立“帮办代办+志愿者”服务体系，组织市、县两级政务大厅开展“全员志愿·爱满大厅”活动，打造暖心服务全过程、项目服务全流程、预约延时全天候、市县联动全覆盖的“四全”帮办代办服务模式，营造有速度、有温度、企业群众满意的政务服务环境。

【大厅服务】 2022年，常态化开展大厅“洗脸”运动，实施办公用品、设施设备、便民服务用品定位、定容、定量管理。推行“招手迎、笑相问、双手接、快速办、礼貌指、提醒递、目相送”“七步法”文明礼仪服务，持续开展“微笑服务”“普通话”推广应用，定期组织培训比武，有效提升窗口工作人员礼仪形象和服务质量，打造环境干干净净、秩序整整齐齐、服务彬彬有礼的服务环境。

【基层政务服务“三型达标”创建行动】 2022年，加快构建“标准统一、运行规范、服务高效”的基层政务服务体系，镇（街）、村（社区）实现网上站点全覆盖。各市、县“基础型”站点实现全覆盖，实现“六有一能”（有场所、有人员、有制度、有网络、有设备、有经费、能办事），切实打通服务群众的“最后一公里”。

【公共资源交易“数字化”改革】 2022年，创新推行“不见面开标+远程异地评标”的不见面“云交易”模式，建设工程、交通工程、医疗设备、政府采购等领域实现“云开标”常态化。《潍坊市积极推广远程异地评标》等3个创新案例获国家发改委认可推广，数量全省第一。

【政务服务便民热线】 2022年，市“12345”热线累计受理处办各类诉求453.8万件，群众满意率、合理诉求解决率均99%。市委、市政府对市“12345”热线工作给予通报表扬。在省基本公共服务群众满意度调查测评中，全市群众满意度调查结果总分列全省16地市第三位。高效处办网民留言，连续5年被人民网评选为网上群众工作“民心汇聚单位”。创新实施“未诉先办”“即接即办”“一次办结”工作举措。“未诉先办”方面，通过主动发现问题、超前预测易发投诉、解决“一件事”办好“一类事”，实现物业管理、供暖、市容环境等诉求同比大幅减少。“即接即办”方面，完善“线上转单、线下督办”办理方式，实现水电气暖突发故障等诉求当日“即接、即转、即办、即访、即结”。“一次办结”方面，将一次办结满意率、解决率作为重要指标定期通报，推动各级“一次办好”诉求事项。打造领导干部接听“12345”在线品牌栏目。全年，组织各县（市、区）、市属各开发区党政主要负责人和市直有关部门主要负责人到潍坊新闻广播电台参加“12345”在线栏目43场，现场接听企业和群众来电660余个。接听现场全程网络直播，累计752.32万人次收看。6月，市委明确由市政府办公室牵头基本公共服务满意度提升工作，健全完善工作机制，加强工作谋划、分析研判和调度部署，突出问题解决，调查研究，周密制定工作方案，设立6个专项工作组，抓实各项工作，完成年度考核任务，向市委、市政府交出满意答卷。

（滕一民）

2022年，潍坊市政务服务中心为办事群众提供帮助（供图：周军军）

巩固拓展脱贫攻坚成果

【概况】 2022年，市乡村振兴局深入学习习近平总书记关于黄河流域生态保护和高质量发展的重要讲话、重要指示精神，贯彻落实省、市部署要求，牢固树立“争一等、争第一”工作定位，坚决守住不发生规模性返贫和新致贫底线任务。全市4.3万户、7.7万名脱贫人口脱贫质量持续提升，2609户、5617名监测帮扶对象全部得到及时帮扶。

【组织协调】 2022年，牵头组织民政、教育、住建等“两不愁三保障”、饮水安全核心部门，开展联合督导，制定相关文件，规范防返贫数据预警。着眼于乡村振兴有效衔接，启用并编发《衔接推进乡村振兴简报》24期，在《山东乡村振兴简报》刊发信息7篇。寒亭区、临朐县五井镇巩固脱贫攻坚成果、衔接乡村振兴做法在中央和省媒体播出；昌乐县红河镇《从“五小工作法”到“五条强村路”》、青州市创建“花园村庄”经验做法得到省领导批示肯定。

【强化督导】 2022年，定期采取“四不两直”方式，对政策落实、群众满意度等内容进行实地督导，累计走访93个镇（街）、363个村、2318户，发现问题全部通报并督促整改到位。印发《关于对全市落实“四个不摘”要求进行大排查大整改的通知》，梳理细化4大项、20小项、48条自查内容，在全市开展起底式问题排查整改，发现并整改问题354个。对2021年7月开始“12345”热线、国务院“互联网+督查”平台等群众反映问题线索进行梳理分析，共梳理问题线索275条，实地督查120户，其他全部建立整改台账，督促整改到位。

【防返贫监测帮扶】 2022年，筑牢群众自主申报、基层干部排查、数据筛查预警、信访“四条防线”，创新推行“一个清单”，不断健全防返贫监测帮扶机制。公开咨询救助热线，筑牢群众自主申报防线。在村务公开栏公开“12317”等3部公开电话，引导困难群众主动提出帮扶申请。融入党建“红色网格”，筑牢基层干部排查防线。在全市开展防返贫致贫集中排查行动，指导村级结合支部生活日每月研判村民致贫返贫风险，形成规范的研判排查会议记录。对相对困难户分类建立台账，每月重点监测。坚持部门联动，筑牢数据筛查预警防线。联合残联、教育等8部门制定专门意见，常态化开展农村人口数据监测预警。化解群众诉求，筑牢信访防线。开展困难群众诉求集中排查化解攻坚行动，共梳理2021年7月开始“12345”热线等涉及困难群众诉求线索421件，全部办结。创新推行“一个清单”，确保帮扶政策应享尽享。帮扶责任人对照《帮扶对象评估手册》中的政策落实防遗漏清单，每半年梳理排查一次政策落实情况，行业部门对照清单梳理情况开展整改工作。7月28日，在全省防返贫监测帮扶工作现场会上作典型发言。

2022年，安丘市140兆瓦集中式光伏扶贫电站项目（供图：安丘市乡村振兴局）

【资金项目管理】 2022年，各级投入财政衔接资金2.93亿元，其中市财政投入资金9260万元，连续7年投入力度不减。对资金使用情况每月一调度、每月一通报，加快支出进度；聘请第三方机构开展衔接资金全覆盖检查，提升资金使用管理水平。继续与聊城市开展协作帮扶。6月，市级向聊城市拨付帮扶资金1000万元，督促有协作帮扶任务的县（市）加大对口协作力度，提升协作质量和水平。开展项目“整改提升月”行动。7月，制定工作方案，组织县、镇、村三级开展项目问题自查整改，先后排查项目1452个，发现3方面119个问题，全部完成整改。规范项目建设管理。全市安排实施的235个衔接资金项目，年底前全部建成完工。年内，全市建成产业项目实现收益8594万元。对扶贫项目资产进行摸底，2567个扶贫项目资产进行依法登记。打造省衔接乡村振兴集中推进区。指导临朐县整合引导行业资金、社会资本等集中投向省衔接乡村振兴集中推进区，实施的11个项目基本完工。

【金融帮扶】 2022年，联合农业银行潍坊分行、省农担潍坊市管理中心，每月召开一次推进会议，建立常态化调度、通报制度，自1月29日发放全省首笔“齐鲁富民贷”，全年累计发放贷款2849户、6.1亿元。持续推进小额信贷和富民生产贷。协调人民银行、银保监局等部门，加大政策宣传力度，累计发放脱贫人口小额信贷70笔278.6万元、富民生产贷7140万元。实施雨露计划。落实上级雨露计划政策，完成2022年度春季雨露计划补助发放工作，累计补助脱贫人口和防返贫监测对象1793人。

（郭幸幸）

潍坊国家农业开放发展综合试验区

【概况】 2022年，潍坊国家农业开放发展综合试验区（以下简称“农综区”）各项工作取得新突破。持续深化体制机制创新，围绕食品农产品通关便利化、农村产权金融化改革等，探索形成一批首创性制度创新成果；与巴基斯坦、加纳等国家开展实质性合作；组织举办盐碱地综合利用国际大会、中日现代农业产业对接交流洽谈会等高规格国际性活动；潍坊食品科学与加工技术研究院、农综区现代种业研究院、全国蔬菜质量标准中心等高端平台有序运行；袁隆平海水稻小镇、国际食品产业园等项目建设加快推进。2月9日，省委副书记、省长周乃翔到农综区现场调研指导并给予肯定。3月23日，《山东改革专报》（第5期）刊发推广农综区制度创新经验做法，并报送中央改革办。农综区创新成果入选2022年度全市第一批改革典型案例。

【先行先试】 2022年，创新实施一批进出口监管服务新措施。联合潍坊

2022年9月6—8日，承办盐碱地综合利用国际大会，发布《盐碱地综合利用国际大会潍坊倡议》（供图：李海）

海关在种子进口、冷冻水果及预制菜出口等方面，制定15条专项政策，助推外贸保稳提质。潍坊丸和食品有限公司获得日本JFS-C认证。发挥食品农产品技术性贸易措施评议基地作用，指导相关企业反诉韩国假借添加剂“超标”扣押预制菜问题，为企业挽回经济损失300万元。推进农村产权金融化改革。在全国首创畜禽活体他项权抵押登记业务，为养殖户颁发“畜禽活体所有权他项权证”，从而获得银行贷款，解决养殖业融资难题，被评选为2022年度全市第一批改革典型案例。创新金融助企新路径。实施跨境融资便利化试点，完成全省首笔3亿日元外债登记业务，降低企业融资成本，提升跨境融资便利化水平。

【对外开放】 2022年，国际合作项目加快推进。主动融入“一带一路”倡议、RCEP、粤港澳大湾区等国家战略，与巴基斯坦开展农业多领域合作，6个高油酸花生品种在巴基斯坦试种150亩；与加纳签约沃尔特智慧农业产业园、阿克拉智慧农业产业园、中加跨境贸易服务平台、减贫惠农合作等5个项目，农综区加纳智慧农业研究院揭牌成立；中日韩现代高效农业产业园、中乌（拉圭）肉牛产业“两国双园”等国际园区建设推进。组建成立外向型农业企业联盟。组织全市322家外向型农业企业，组建成立潍坊国家农综区外向型农业企业优质品牌联盟，集中发布AEO认证奖励等24项支持企业发展的服务措施，为全市农业企业开拓国际市场夯实基础。开展国际交流。承办盐碱地综合利用国际大会，发布《盐碱地综合利用国际大会潍坊倡议》，中央电视台、《人民日报》予以报道。协办首届国际农业服务贸易大会，举办中日现代农业产业对接交流洽谈会，专题宣传推介农综区，推动农业国际合作。

【科技创新】 2022年，潍坊食品科学与加工技术研究院加快运营，围绕功能性食品开发、预制菜产业研发等领域加强攻关，与企业达成技术合作意向19项，两名研究人员获“泰山学者产业领军人才”“泰山学者青年专家”称号。聚力种业创新，农综区现代种业研究院启动运营，76个鲜食豌豆品种、20个鲜食玉米品种、5个胡萝卜品种试验种植；优奈尔生物科技公司从国外进口西瓜种质资源1388份，并与省农科院实现共享共育；润柏农业公司引进首批日本花生原种并进行育种种植，《大众日报》头版头条刊发种业创新做法。全国蔬菜质量标准中心6项蔬菜全产业链行业标准获农业农村部发布。搭建食品农产品跨境服务统采平台暨中国预制菜产业交易服务中心，先后入驻企业800余家、上线2000余款预制菜相关产品，撮合交易近亿元。

【产业融合】 2022年，核心区重点项目平台加快推进，袁隆平海水稻小镇由2.5万亩扩种至5.8万亩，亩产达698千克；国际畜牧产业园繁育中心建成运营；国际种业研发集聚区对接种子企业152家，25家达成入驻意向；国际食品产业园引进隆泰食品等8家食品加工企业入驻投产；总投资12亿元的悍沃农机智谷纳入2022年省重大项目名单，建成后将年产1万台高端智能农机。东亚畜牧交易所年生猪、冷冻鸡肉产品交易实现107亿元；山东农村产权交易中心累计盘活农村各类资源超173亿元，经验做法入选全省2022年打造乡村振兴齐鲁样板典型案例。

（李　海）

中国人民政治协商会议潍坊市委员会

Zhongguorenminzhengzhixieshanghuiyiweifangshiweiyuanhui

综　述

【概况】 中国人民政治协商会议第十四届山东省潍坊市委员会于 2022 年 4 月换届产生，任期 5 年。有委员 499 人、常委 70 人。十四届市政协下设办公室、研究室、委员活动工作室 3 个办事机构，提案委员会、经济委员会、人口资源环境外事委员会、教科卫体委员会、社会法制委员会、文化文史和学习委员会、民族和宗教委员会、委员联络工作委员会、农业和农村委员会 9 个专门委员会。

【理论武装】 2022 年，坚持“第一议题”制度，围绕迎接中共二十大，组织市政协党组理论学习中心组集体学习，召开市政协党组扩大会议，深入学习习近平总书记重要讲话、重要指示批示精神；围绕学习中共二十大精神，作出《政协潍坊市委员会关于学习贯彻中国共产党第二十次全国代表大会精神的决议》；组织市县政协委员开展线上读书活动，交流学习体会，发帖跟帖 2730 余条。把学习贯彻中共二十大精神，与学习贯彻《习近平谈治国理政》第四卷相结合，与学习贯彻《中国共产党政治协商工作条例》相结合，与学习贯彻中共中央办公厅《关于加强和改进新时代市县政协工作的意见》相结合，教育引导广大政协委员和市政协机关干部，深刻领会中国共产党创新理论的道理学理哲理，深刻领悟“两个确立”的决定性意义，增强“四个意识”，坚定“四个自信”，做到“两个维护”。发挥统战组织功能。拓宽党派团体在政协平台参政议政的渠道，各民主党派市委会、市工商联和无党派人士，提交提案 78 件，报送社情民意信息 605 篇。开展具有政协特色的民族宗教工作，就贯彻落实中央民族工作会议、全国宗教工作会议精神开展调研；就铸牢中华民族共同体意识示范创建试点、加强宗教活动场所规范化建设进行协商，助力有关政策落实。配合省委统战部到潍调研《山东省华侨权益保护条例（草案）》立法，提出 34 条意见建议，得到调研组肯定；市政协侨联组就贯彻落实“一法一条例”，维护归侨侨眷合法权益进行界别协商，推动有关问题解决，凝聚侨心侨智侨力。聚焦迎接中共二十大，举办书画摄影作品展等 5 大项、18 小项活动；开展“四个一”（日读一小时、月看一本书、季荐一美文、年写一心得）委员读书活动，参与委员 1640 人次，发帖 1716 条，推进“书香政协”建设；加强舆论宣传，讲好政协履职故事，宣传委员先进事迹，在省级以上新闻媒体发稿 732 篇；开展人民政协理论与实践研究，围绕发展全过程人民民主、推进协商民主广泛多层制度化发展等主题，形成研究成果 37 项。广大政协委员和各界人士参与，增进对中国共产党和中国特色社会主义的政治认同、思想认同、理论认同、情感认同。

【自身建设】 2022 年，按照务实高效、简便易行的原则，修订《常务委员会工作规则》《主席会议工作规则》《委员履职工作规则》《关于全面加强界别建设进一步发挥界别作用的意见》《关于加强与委员联系的办法》《委员活动组常任制召集人述职制度》等 11 个规范性制度文件，加快制度创新，推动流程优化，强化制度执行，为政协履职提供制度保障。加强学习培训。根据上级政协要求，市政协领导班子成员参加全国政协第 139 期干部培训班，参加全省市县政协主席学习研讨班、全省政协暑期读书会。围绕加强和改进新时代市县政协工作，举办全市政协读书会。利用 4 天时间、分两期对全体市政协委员进行集中培训，系统学习政协基本理论、基本知识，提高政协委员的政治素质和履职能力。加强委员履职服务和管理。修订完善《委员履职考核评价办法》《委员活动组考核计分办法》，并根据考核评价办法，升级委员履职管理线上平台功能，对全体市政协委员建立履职档案，对29个委员活动组进行量化考核。至年底，各委员活动组和各专委会组织委员履职活动260余次、学习培训90余次、其他活动110余次。制定“最美政协人”评选办法，每年面向全市政协委员评选10名“最美政协人”，引导广大政协委员更好地履职尽责、发挥作用。加强政协机关建设。坚持以“一抓双创”（抓党建引领，创建模范机关、创建全国文明单位）为总抓手，以“六个一”活动为载体，推动政协机关严起来、紧起来、动起来，市政协干部每人联系一个基层单位、帮助协调解决一个实际问题、撰写一个调研报告、学习掌握一门专业技能、研读一本专业书籍、开展一次研讨发言，加强实践锻炼，提高能力素质。至年底，市政协干部联系基层单位30个，协调解决重要问题诉求16个；联合鲁东大学为临朐县91所“希望小屋”受助儿童送去心理服务。“六个一”活动得到省政协主席葛慧君批示肯定。建设具有政协特色的机关文化长廊，凝聚精气神，展现新风貌。在用人导向上鲜明提出“一不三看”，即不论资排辈、看实绩贡献、看态度作风、看群众威信，提拔重用10名机关干部，形成“一级带着一级干、层层抓落实”的良好局面，机关服务保障工作质效提升。

重要会议

【市政协全委会议】 市政协十四届一次会议　2022年4月11—14日，在富华国际会议中心举行。会议学习和讨论中共潍坊市委主要领导的讲话；听取和审议十三届市政协主席刘建国代表政协第十三届潍坊市委员会常务委员会所作的工作报告；听取和审议十三届市政协副主席孙忠礼代表政协第十三届潍坊市委员会常务委员会所作的提案工作情况报告；列席潍坊市第十八届人民代表大会第一次会议，听取并讨论市政府工作报告和其他有关报告；选举政协第十四届潍坊市委员会主席、副主席、秘书长和常务委员，选举李树民为政协第十四届潍坊市委员会主席，选举王富、王贤臣、李平、刘秀平、任春娥、冯纪伟、鞠俊海为政协第十四届潍坊市委员会副主席，选举王立杰为政协第十四届潍坊市委员会秘书长，选举于冬菊等71名市政协委员为政协第十四届潍坊市委员会常务委员；表决通过政协第十四届潍坊市委员会提案审查委员会关于市政协十四届一次会议提案审查情况的报告；表决通过市政协十四届一次会议决议；新当选的市政协主席李树民讲话。

市政协十四届二次会议　12月26—29日，在富华国际会议中心举行。会议学习和讨论中共潍坊市委主要领导的讲话；听取和审议十四届市政协副主席王富代表政协第十四届潍坊市委员会常务委员会所作的工作报告；听取和审议十四届市政协副主席鞠俊海代表政协第十四届潍坊市委员会常务委员会所作的提案工作情况报告；列席潍坊市第十八届人民代表大会第二次会议，听取并讨论市政府工作报告和其他有关报告；举行大会发言；举行大会选举，补选李爱杰为政协第十四届潍坊市委员会主席；表决通过市委、市政府、市政协2023年度协商工作计划和市政协党组2023年度民主监督工作计划；表决通过政协第十四届潍坊市委员会提案委员会关于市政协十四届二次会议提案审查情况的报告；表决通过市政协十四届二次会议决议；新当选的市政协主席李爱杰讲话。

【市政协常委会会议】 市政协十三届常委会第二十五次会议　2022年2月14日，在市级机关综合办公大楼召开。会议听取关于政协第十四届潍坊市委员会委员推荐提名人选名单的说明，审议通过第十四届潍坊市委员会委员名单；审议通过十三届市政协常务委员会工作报告和提案工作情况报告、市政协其他专门委员会工作报告和反映社情民意信息工作报告；审议通过《关于授权主席会议审议政协第十三届潍坊市委员会第二十五次常务委员会会议未尽事宜的决定》。

市政协十四届常委会第一次会议　5月12日，在市级机关综合办公大楼召开。会议审议通过政协第十四届潍坊市委员会副秘书长名单、政协第十四届潍坊市委员会专门委员会主任副主任名单；审议通过《关于政协第十四届潍坊市委员会专门委员会设置的决定》《政协潍坊市委员会常务委员会工作规则》《政协潍坊市委员会委员履职工作规则》《关于全面加强界别建设　进一步发挥界别作用的意见》《政协第十四届潍坊市委员会委员活动组常任制召集人述职制度》。

市政协十四届常委会第二次会议　6月30日，在市级机关综合办公大楼召开。会议审议通过《关于“加快实施城市更新行动”的调研报告》《关于深入开展委员读书活动　加快推进“书香政协”建设的实施意见》《关于开展“最美政协人”评选活动的方案》。

市政协十四届常委会第三次会议　9月29日，在市级机关综合办公大楼召开。会议听取市政府关于市政协十四届一次会议提案办理情况和2022年全市经济社会发展情况的通报；审议通过《关于加强自然风景旅游资源保护与开发情况的调研报告》；民主评议市交通运输局、市体育局工作；审议通过有关人事事项。

市政协十四届常委会第四次（扩大）会议 12月26日，在富华国际会议中心召开。会议听取有关人事事项说明；审议通过市政协十四届二次会议议程和日程；审议通过十四届市政协常务委员会工作报告和提案工作情况报告，并推举报告人；审议通过市政协其他专门委员会工作报告和反映社情民意信息工作报告；审议2023年度协商工作计划、民主监督工作计划；审议通过市政协十四届二次会议委员分组名单、各组召集人名单、执行常委名单；审议市政协十四届二次会议总监票人、监票人名单；审议通过有关人事事项。

市政协十四届常委会第五次会议 12月27日，在富华国际会议中心召开。会议审议通过提交全体委员酝酿讨论的市政协第十四届委员会主席候选人协商名单；审议提交全体委员讨论审议的选举办法（草案）。

【市政协其他重要会议】 *市政协党史学习教育总结会议* 2022年1月29日，在市级机关综合办公大楼召开。市政协主席刘建国出席并讲话，党组书记李树民主持，副主席孙忠礼、王贤臣、李士来、刘树亮、赵崇发、刘秀平、任春娥，秘书长王立杰及机关正科级以上干部、下属事业单位负责人参加。

市政协"加快实施城市更新行动"专题调研知情明政座谈会 5月10日，在市级机关综合办公大楼召开。市政协主席李树民出席会议并讲话，市政协副主席李平主持，市政协秘书长王立杰参加。会上，市住房和城乡建设局、市自然资源和规划局负责人通报有关情况，2位专家和5位政协委员围绕会议主题从不同角度进行发言。

全市政协反映社情民意信息工作会议 5月12日，在市级机关综合办公大楼召开。市政协主席李树民出席并讲话；副主席王富、秘书长王立杰参加会议。会议通报表扬2021年度优秀社情民意信息、反映社情民意信息工作先进单位和先进个人，高密市政协、寒亭区政协、民建潍坊市委和委员代表作交流发言。

市政协"加快实施城市更新行动"专题调研座谈会 6月7日，在市级机关综合办公大楼召开。市政协主席李树民出席并讲话；市政协副主席李平、秘书长王立杰参加。市住房和城乡建设局、市自然资源和规划局、市财政局的负责人介绍有关情况，奎文区、潍城区、坊子区、寒亭区分管负责人围绕会议主题作交流发言。

十四届市政协委员培训班 6月7—10日，在山东（寿光）农村干部学院举办。市政协主席李树民作动员讲话和辅导报告；副主席王富、王贤臣、李平、任春娥、冯纪伟、鞠俊海，秘书长王立杰，秘书长会议成员，十四届市政协委员参加。

市政协提案办理协商座谈会 6月23日，在市级机关综合办公大楼召开。市政协主席李树民出席并讲话，副主席鞠俊海主持，秘书长王立杰参加。会上，对市城市管理局年内主办的22件提案办理情况进行集中协商，市城市管理局主要负责人汇报全年提案办理工作及全市城市管理工作总体情况，8位政协委员逐一发言交流，对提案办理情况提出意见建议，有关承办单位现场解答委员提出的问题，与委员进行协商互动。

市政协反映社情民意信息工作座谈会 7月5日，在市级机关综合办公大楼召开。市政协主席李树民出席；副主席王富主持；秘书长王立杰参加。会上，通报5月信息工作有关情况，青州市政协、诸城市政协、寿光市政协、昌邑市政协、临朐县政协5家省政协信息联系点作交流发言。

"潍坊数字政协"平台建设运行情况调度推进会议 7月26日，在市级机关综合办公大楼召开，各县（市、区）政协设分会场。市政协主席李树民出席并讲话；副主席王富主持；副主席王贤臣、李平、刘秀平、任春娥、鞠俊海，秘书长王立杰参加。

2022年全市政协读书会 8月30—31日，在潍坊金宝瑞纳大酒店举办。市政协主席李树民出席并讲话；副主席王富、王贤臣、刘秀平、任春娥、冯纪伟、鞠俊海，秘书长王立杰，秘书长办公会议成员，各县（市、区）政协主席、秘书长、研究室主任，市属开发区负责政协工作的人员出席会议。会议传达学习全省政协暑期读书会精神，交流学习体会和换届后的工作经验，对下年工作进行研讨和谋划，深化对政协工作的规律性认识，为把潍坊发展推向新高度汇聚共识力量。会议期间，召开全市政协秘书长工作交流座谈会，传达学习省市政协秘书长工作交流座谈会精神，交流工作经验，研究贯彻落实措施。

市政协加快培育"专精特新"企业专题协商会 9月9日，在市级机关综合办公大楼召开。市政协主席李树民出席并讲话，副主席鞠俊海主持，秘书长王立杰，市委组织部、市科技局、市工业和信息化局、市财政局、市自然资源和规划局、市市场监督管理局、市地方金融监督管理局有关负责人参加。会上，市工业和信息化局介绍潍坊市"专精特新"企业发展情况，部分市政协委员和企业代表作交流发言，并提出意见建议。

市政协"喜迎二十大·奋进新征程"书画摄影作品展开幕式 9月27日，在潍坊市图书馆举行。市政协党组书记、主席李树民出席并致辞；市政协副主席刘秀平主持；市政协副主席李平，市政府党组成员、市委宣传部分管日常工作副部长、市委

网信办主任刘玉祥，市政协党组成员、秘书长王立杰等出席。

市政协“宗教活动场所规范化建设”专题协商座谈会　10月18日，在市级机关综合办公大楼召开。市政协主席李树民出席并讲话，副主席刘秀平主持，秘书长王立杰参加。

市政协“加强基层卫生服务能力建设”专题协商座谈会　10月20日，在市级机关综合办公大楼召开。市政协主席李树民出席并讲话，副主席李平主持，秘书长王立杰参加。会上，市卫健委介绍潍坊市加强基层卫生服务能力建设工作情况；高密市政协、临朐县政协，基层医疗卫生机构代表，部分市政协委员围绕会议主题作交流发言，并提出意见建议。

市政协党组扩大会议　10月25日，在市级机关综合办公大楼召开。会议传达学习中共二十大精神和中共二十届一中全会精神，研究贯彻落实意见。市政协党组书记、主席李树民主持并讲话；党组副书记、副主席王富，副主席王贤臣、李平、刘秀平、任春娥，党组成员、副主席鞠俊海，党组成员、秘书长王立杰出席；市政协秘书长办公会议成员参加。

重要工作

【围绕中心协商议政】　2022年，市政协研究确立23项协商议题、8项监督议题，开展各类协商议政活动50余次，涉及党政部门单位32个，参与委员259人次，协商报告及各类意见建议被市委、市政府主要领导批示56篇次。为提升城市能级活力建言。围绕“加快实施城市更新行动”，两次组织专题座谈会，到中心城区项目现场实地调研，广泛听取有关部门、基层干部群众的意见和建议，召开常委会会议进行专题议政，提出有针对性的建议。召开提案办理协商座谈会，对市城市管理局主办的22件提案办理情况进行协商，加强渣土运输车管理服务等一批提案得到较好落实。就制定《潍坊市文明行为促进条例》开展立法协商，协商建议得到市委书记江敦涛批示肯定。围绕《潍坊市快递条例》立法进行协商座谈，提出20条意见建议，为人大立法提供有益参考。为提升新经济新产业献策。以“加快培育‘专精特新’企业”为议题开展专题协商议政，赴5个县（市、区）实地调研，考察11家市级以上专精特新企业，邀请部分政协委员、企业代表以及市直部门负责人参会协商，从加强顶层设计、构建政策支持体系、打造良好生态等5个方面提出13条建议。持续推进磁悬浮产业发展，连续三年以提案形式建议打造千亿级磁悬浮动力装备产业，年内，市政协在天瑞重工召开座谈会，提议打造全国磁悬浮产业发展高地，市委、市政府予以采纳并组织推进。围绕全市跨境电商发展进行对口协商，开展专题考察活动。配合省政协到潍就“加强科技研发创新”“推动工业园区绿色低碳循环发展”“黄河三角洲盐碱地综合开发利用”“预制菜产业发展”开展调研。参加省政协“加强产教融合，共建国家职业教育创新发展高地”月度协商会，组织潍坊分会场，推介潍坊经验，提出意见建议，争取政策支持。为提升人民生活品质助力。就全市中小学幼儿园建设“三年攻坚行动”进展情况，开展考察监督和对口协商，形成报告报市政府，有关建议得到采纳落实。围绕加强基层卫生服务能力建设，召开专题协商座谈会，提出推动医疗资源向基层倾斜、加大基层卫生政策支持力度、加强基层医疗机构人才支撑等建议。围绕《潍坊市物业管理条例》实施情况组织专题考察，就强化基层治理力量、强化行业监督管理、强化综合执法等提出建议。就“加强自然风景旅游资源保护与开发”，召开常委会会议进行专题议政，提出完善保护管理机制、加大统筹开发力度等建议。围绕打造美丽幸福河湖、防止返贫动态监测和帮扶机制建设，分别组织对口协商和界别协商。围绕引进培养农业人才、做强种业企业、推广SAS无土栽培技术等议题，组织委员与市委主要领导面对面交流。省政协“用好RCEP便利政策，扩大我省农产品出口”月度协商会在潍坊设分会场，取得良好效果。市政协提报的3篇乡村振兴典型案例被省政协采用，案例汇编得到省委、省政府主要领导批示。

【服务大局】　2022年，根据市委安排，市政协领导深入一线，指挥、协调、调度疫情防控工作。县（市、区）政协领导承担党委交办的疫情防控任务，统筹协调、靠前指挥。广大政协委员坚守岗位、各尽其能，参与核酸检测、流调溯源、医疗救治等工作。各级政协机关干部参与社区执勤、物资配送、环境消杀等志愿服务。全市各级政协组织发挥联系广泛优势，宣传抗疫政策，协助开展正面引导和解疑释惑工作。全市政协系统捐款捐物2870万元，参与一线防控3980人次。联系服务企业和项目。根据市委安排，市政协牵头，就浮烟山综合开发、磁悬浮产业园、国家农综区建设、坊茨小镇开发等10余个项目，到国家和省有关部门对接，协调解决要素制约问题。市县政协领导包靠重点企业和项目733个，帮助解决实际问题961个。全市政协机关干部服从市委统一安排，担任服务企业专员，联系帮扶企业521家，协调解决审批服务、人才用工、政策扶持等方面问题

944 个，展现政协担当。落实市委重大专项任务。根据市委安排，主席会议成员分别就安全生产、维稳安保等工作，赴县（市、区）开展督导 17 次。开展信访事项包案化解，主席会议成员到基层察案情、听诉求，召开碰头分析会、协调会、督办会等 40 余次、公开接访 350 余人次，承担的 108 件信访事项全部办结。市政协选派 9 名机关干部参加“乡村振兴服务队”“加强农村基层党组织建设”工作队，到农村基层担任“第一书记”，帮助基层抓党建、强产业、促振兴。引导委员一线建功立业。鼓励政协委员在本职岗位上担当作为，争创一流业绩。发挥政协委员贴近群众的优势，倾听群众意见，关心群众生活，助力解决群众急难愁盼问题。完善履职考评体系，把委员在双招双引、乡村振兴等方面表现纳入履职评价内容。全市政协委员共引进签约项目 73 个、总投资额 85 亿元；开工项目 51 个、总投资额 54 亿元。

【反映社情民意信息工作】 2022 年，把反映社情民意信息工作作为“一把手”工程顶格推进，在全市选聘 500 余名特邀信息员，市委支持在市政协机关增设社情民意信息中心，增加 4 名事业编制。建立月度通报制度，创新建立月度分析会、分析分享座谈会等工作机制。全年，市政协收到各类社情民意信息 4680 余篇，编报信息 957 期，被全国政协和省政协采用 445 篇。做大做强易货贸易产业、争取将潍坊国家农综区纳入省自贸区建设体系等 15 篇信息得到市委、市政府主要领导批示，反映社情民意信息工作进入全国政协信息联系点前三名。提案工作实现常态化实效化。制定《提案工作常态化试行办法》《提案质量和提案办理质量评价办法》《重点提案培育、遴选与督办办法》，提案调研、征集、转办、督办、质效评价等环节实现常态化。全年共征集提案 764 件，立案交办 585 件。市委、市政府主要领导签批重点提案 36 件。主席会议成员分工督办重点提案，召开提案办理协商座谈会 6 次，组织提案人、承办部门面对面，对提案进行协商办理。年底，立案提案全部办理落实，提案人对提案办理的满意率 99.5%，提案承办单位对提案质量认可率 95.7%。履职平台建设实现新突破。落实省政协部署要求，市县政协一体推进，线上线下共同发力，着力打造“为民商量”平台。年底，市、县两级政协共建成镇街协商议政室 120 个、社区协商议事室 200 个、委员工作站（室）141 个，初步构建起政协协商向基层有序有效延伸的工作格局。以界别为依托，以市、区两级政协委员为主体，在奎文区创建 1532 文化产业园“界别同心汇”聚识平台，通过省政协首批创建试点验收。运用数字技术赋能政协履职，建成“民主协商、社情民意、凝聚共识、读书学习、新闻宣传、履职管理”6 个线上平台，实现政协工作高效协同、政协委员高效履职。省政协《工作通报》印发潍坊市“数字政协”建设典型经验。文史工作取得新成绩。发挥文史资料工作“存史、资政、团结、育人”作用，每月向省政协报送 5 篇地方文史资料，联合胶东 5 市编辑出版《胶东非物质文化遗产荟萃》，编辑出版《潍坊民间传说》。参与山东文化标识推选活动，全省评出的 30 项文化标识中，潍坊市有 5 项入选。在全市政协系统征集 55 部个人著作，其中《渤海走廊连环画》等 6 部书籍被省政协文史馆珍藏。

【全国及省级政协领导到潍坊考察】 2022 年 6 月 9—10 日，省政协副主席赵家军率调研组到潍坊市，就“加强科技研发创新，推动科技自立自强”进行调研。市政协主席李树民，副市长狄波，市政协副主席任春娥、秘书长王立杰分别陪同有关活动。6 月 13—15 日，省政协主席葛慧君到潍坊市宣讲省第十二次党代会精神，并围绕“加强和改进新时代市县政协工作”进行调研。市委书记、市人大常委会主任田庆盈，市委副书记、市长刘运，市政协主席李树民、秘书长王立杰分别陪同有关活动。6 月 21—23 日，省政协副主席刘均刚率调研组到潍坊市，就“推动工业园区绿色低碳循环发展”进行调研。市政协主席李树民、副主席王富、秘书长王立杰分别陪同有关活动。6 月 27—29 日，省政协副主席程林率调研组到潍坊市，就“用好 RCEP 便利政策，扩大我省农产品出口”进行专题调研，并开展重点提案督办工作。市政协主席李树民，副市长滕双兴，市政协副主席冯纪伟、秘书长王立杰分别陪同有关活动。7 月 6—7 日，全国政协副主席刘奇葆率调研组到潍坊市，调研非物质文化遗产的保护和传承工作情况。全国政协教科卫体委员会副主任蔡名照，全国政协文化文史和学习委员会副主任聂辰席，全国政协常委周树春等委员参加调研。省委书记李干杰，省政协主席葛慧君，省委常委、秘书长张海波；市领导田庆盈、刘运、李树民、杨建华、滕双兴等参加或陪同活动。7 月 26—27 日，省政协副主席、省计生协会会长刘均刚到诸城市出席中国计生协家庭健康促进行动试点项目暨诸城市“好家风　健康行”家庭健康主题推进活动启动仪式并进行实地调研。市政协副主席李平陪同有关活动。7 月 27—28 日，内蒙古自治区政协副主席、工商联主席安润生一行，在省政协经济委员会副主任孙秀江陪同下到潍坊市，围绕“‘双碳’背景下推动经济绿色转型发展”进行专题考察。市政协副主席鞠俊海陪同有关活动。7 月 28—29 日，宁夏回族自治区政协副主席杨培君一行，在省政协提案委员会副主任、农工党省委会一级巡视员、省政府参事王军陪同下到潍坊市，围绕“提案公开和提高提案办理质量助推经济社会发展两个方面的主要做法和经验”进行学习考察。市政协副主席王富陪同有关活动。8 月 5 日，全国政协常委吴刚带领全国政协委员考察团到潍坊市，围绕“现役军人家属就业安置”进行考察调研。市政协副主席冯纪伟陪同有关活动。8 月 31 日，省政协副主席王修林到潍坊市出席“新时代新鲁菜”2021 鲁菜创新大赛颁奖典礼暨“新时代新鲁菜”2022 创新大赛启动仪式。市政协副主席王贤臣陪同有关活动。9 月 19—21 日，省政协副主席于国安带领省稳住经济基本盘督导服务组到潍坊市开展督导服务工作。省财政厅党组书记、厅长李峰，省派潍坊市“四进”工作总队总队长艾邸参加督导。市委书记江敦涛，市委副书记、市长刘运，市政协主席李树民，市委常委、副市长卞汉林，市委常委、秘书长杨建华分别参加有关活动。9 月 21—22 日，省政协副主席于国安率调研组到潍坊市，调研“界别同心汇”试点创建工作。市政协主席李树民、秘书长王立杰陪同有关活动。9 月 23—24 日，省政协副主席唐洲雁带队到青州市，开展基层政协联系点调研并参加“同心跟党走　喜迎二十大”全省政协民族宗教界委员摄影展开幕式。市政协主席李树民、副主席刘秀平、秘书长王立杰分别陪同有关活动。9 月 26—27 日，省政协副主席王修林带队到潍坊市考察知识产权保护工作。市政协主席李树民、副主席王贤臣、秘书长王立杰分别陪同有关活动。10 月 26—27 日，省政协副主席于国安带领省稳住经济基本盘督导服务组到潍坊市开展第二轮督导服务工作。省派潍坊市“四进”工作总队总队长艾邸；市政协主席李树民，市委常委、副市长卞汉林，副市长陈端梅参加有关活动。

（陈　堃）

纪检监察

Tezai

综　述

【概况】 2022年，潍坊市各级纪检监察机关坚持以习近平新时代中国特色社会主义思想为指导，全面贯彻中共二十大精神，领悟“两个确立”的决定性意义，增强“四个意识”、坚定“四个自信”、做到“两个维护”，坚持从严、全面、系统、持续、求是、精准，一体推进正风肃纪反腐，发挥监督保障执行、促进完善发展作用，纪检监察工作高质量发展取得新成效，为建设新时代中国特色社会主义现代化强市提供坚强保障，市纪委监委被评为全国纪检监察系统先进集体。

【自身建设】 2022年，市纪委常委会带头加强自身建设，班子成员带头学习宣传贯彻中共二十大精神，带头贯彻中央八项规定要求，分兵把口、各负其责。建立领导、研判、执行、督查、考核5项机制，常态化督办重点任务384项，推动工作落实。修订程序类、实体类、协作类、束权类制度119项，完善工作流程图、运行说明书，使工作有章可循、在轨运行。开展“珍惜荣誉再出发、砥砺奋进新征程”大讨论、大提升活动，常态化通报表扬好做法30次，为年轻干部、女干部、退休干部分别举办主题活动，激发昂扬向上的精气神。组建市纪检监察巡察综合保障中心，补充人员编制，健全运行机制，为高质量发展提供支持。建好用好全流程信息支撑、融合监督、智慧巡察平台，建设智慧巡检巡督、智慧看护系统，推进纪检监察工作信息化。制定系统内部督查工作制度和五年规划，全面排查防范隐患风险，编制“底板缺失类”问题2.0版。

重要会议

【市纪委十二届八次全会】 2022年1月29日，中国共产党潍坊市第十二届纪律检查委员会第八次全体会议召开。出席会议的有市纪委委员31人，列席70人。全会以习近平新时代中国特色社会主义思想为指导，贯彻落实中共十九大和十九届历次全会精神，学习领会习近平总书记在十九届中央纪委六次全会上的重要讲话精神，传达学习赵乐际所作的工作报告和省纪委十一届七次全会精神，总结2021年全市纪检监察工作，安排2022年任务。市委书记田庆盈出席全会并讲话。市委常委，市人大常委会、市政府、市政协等有关领导出席会议。全会审议通过高峰代表市纪委常委会所作的题为《坚持自我革命、保持政治定力，推动纪检监察工作高质量发展，迎接中共二十大胜利召开》的工作报告。

【市纪委十二届九次全会】 2022年2月15日，中国共产党潍坊市第十二届纪律检查委员会第九次全体会议召开。出席会议的有市纪委委员27人，列席19人。全会讨论并通过《中国共产党潍坊市第十二届纪律检查委员会向中国共产党潍坊市第十三次代表大会的工作报告》，决定将报告提请市委第十二届十五次全体会议审议。

【市纪委十三届一次全会】 2022年2

2022 年 2 月 21 日，中共潍坊市纪委十三届一次全体会议召开（张琳 供）

月 21 日，中国共产党潍坊市第十三届纪律检查委员会第一次全体会议召开。会议选举产生中共潍坊市第十三届纪律检查委员会常委和书记、副书记，并报市委十三届一次全会通过。高峰当选市纪委书记，赵珊珊、郭建伟、高培文当选市纪委副书记。高峰代表新一届市纪委常委会表示，要在省纪委和新一届市委的坚强领导下，全面履行党章赋予的职责，发挥监督保障执行、促进完善发展作用，为加快建设现代化品质城市贡献力量。

重要工作

【政治监督】 2022 年，全市纪检监察机关聚焦习近平总书记重要指示批示、党中央重大决策部署，特别是中共二十大精神落实，紧跟紧随、对标对表，跟进监督、精准监督，全力排障清淤、疏浚发展航道。制定政治监督工作指引，动态更新监督台账，试点建立 9 个部门政治监督活页，做实清单式、对账式监督。聚焦统筹疫情防控和经济社会发展，把握时度效，重点查纠措施不力、过度防疫两种倾向，助力打赢疫情防控攻坚战。聚焦黄河重大国家战略，以农村饮水安全为切口，“四不两直”进村入户，发现供水保障不到位等 7 大类 50 个问题，集体约谈市县水利局局长，督促整改落实。聚焦合村并居问题整改，实地走访 33 个安置区，发现用地、供暖等问题 8 类 51 个，专题报告市委、市政府，前后对比、闭环督改，以有力监督保障有效落实。聚焦安全生产、防汛等守底线工作，派出小分队深入基层察访，现场约谈反馈，督促守好一排底线。探索主题监督、现场监督，聚焦市直部门核心职责和权力运行关键环节，精准选题、下沉一线，针对财务管理、专项资金使用等环节，发现并督促整改问题 776 个。

【廉政建设】 2022 年，全市纪检监察机关立案 3485 件，处分 4034 人，其中县处级以上干部 48 人、留置 101 人、移送检察机关 66 人。紧盯重点领域，查处国有企业 179 人、金融系统 6 人、政法系统 171 人、粮食购销领域 83 人、开发区建设领域 22 人。坚持受贿行贿一起查，留置行贿人员 28 人，处分 15 人。在强大震慑和政策感召下，22 人向纪检监察机关主动投案，120 人主动交代问题。运用全周期管理方式，将办案、整改、治理作为整篇文章，促进“三不腐”同时发力、同向发力、综合发力。加强以案促改促治，制发纪检监察建议 282 份，督促滨海区加强国有企业监管，开展选人用人专项检查、工程建设招投标领域专项治理；督促海化集团开展“靠企吃企”问题专项整治，健全完善“三重一大”决策管理、采办招标管理等制度；督促市公安局开展交警执法突出问题专项整治，追责问责 280 人。坚持集约集群、实在实效，建立廉洁文化建设联席会议制度，更新市廉政教育馆展陈，打造廉洁文化阵地 54 处，被中央纪委国家监委新闻传播中心确定为首批地市级记者站。摄制专题片 7 部，分类汇编忏悔录 2 辑，公开通报年轻干部违纪违法典型案例，以正反对比、宽严差别强化警示教育，引导党员、干部对党忠诚、拒腐防变。

【作风整顿】 2022 年，全市纪检监察机关制作“四风”察访手册，建立察访人才库，常态化、分批次明察暗访。坚持“小切口”入手，运用“直通车”机制，加强与“12345”政务服务热线联动，查处形式主义、官僚主义问题 569 个，处理 1137 人。坚持风腐同查，深挖细查案件背后作风和腐败问题，开展“酒杯中的奢靡之风”专项整治，查处享乐主义、奢靡之风问题 300 个，处理 470 人。深化民生领域问题专项整治，聚焦中小学校配餐管理、不动产登记办证难等领域，查处群众身边腐败和作风问题 1661 个，处理 2795 人。针对阁楼供暖收费等领域问题，督促主责部门加强监管、改进服务。常态化“打伞破网”，查处涉黑涉恶腐败和“保护伞”问题 72 个，处理 136 人，处分 104 人。完善信访举报受理办理体系，实名检控沟通反馈，匿名举报公开反馈，受理信访举报 4462 件次，同比下降 10.5%，上级纪委转送量、进京到省访数量、上行重复举报数量连续 3 年下降。制定《大力倡树“严真细实快”

工作作风的实施方案》，督促各级党委（党组）制定问题、措施清单，扎实对照整改提升。通报15起背离“严真细实快”工作作风典型问题，同步配发评论文章，纠偏祛弊、倡树新风。

【巡察管理】 2022年，全市纪检监察机关准确把握从严管理监督和鼓励担当作为的内在统一关系，严管不严苛，厚爱不纵容，旗帜鲜明为干事者遮风挡雨。精准运用“四种形态”，批评教育帮助和处理16144人次，第一种形态占74.4%，较2021年提升7.8个百分点，结构明显优化。规范稳慎问责，提级审核把关重要问责案件，全市纪检监察机关问责党员领导干部、监察对象406人。为125名党员干部容错纠错，查处诬告陷害案件14件，为145名党员干部澄清正名，了结问题线索527件，回访受处理处分干部1513名，以纪检监察机关担当激发全市干部担当。

【巡查整改】 2022年，全市纪检监察机关推进十三届市委巡察工作，出台《市委巡察工作五年规划》，制定村级巡察全覆盖实施意见，推动市县巡察高质量发展。对标对表习近平总书记重要指示要求，聚焦创新提升“三个模式”，提级联动巡察24个重点街道、1178个村；聚焦黄河重大国家战略实施，市县同步开展专项巡察；聚焦贯彻中共二十大精神和科教兴国、健康中国战略，常规巡察10个市属高校、医疗卫生机构。建立市委巡察机构负责同志联系指导县、市、区委巡察工作制度，指导县、市、区合理安排全覆盖轮次，统筹调度市县巡察力量，健全市县一体化工作格局。探索设立不驻组的巡察组第二副组长，健全共享、沟通、研判、查处、反馈五项机制，畅通问题线索处置“绿色通道”，研判重点问题420个、线索616件，推动立案229件。高标准完成巡视巡察省市县联动平台试点任务，潍坊市信息化赋能巡察做法在中央巡视办信息化建设推进会上被推介。建立市级领导干部落实“一岗双责”推进巡察整改工作制度，实行集中反馈和“一对一”现场反馈相结合，对9个部门巡察整改情况开展现场督查，推动问题整改清仓见底。

【监督执纪】 2022年，全市纪检监察机关制定派驻机构考核办法、重要情况报告办法，全市派驻机构发现驻在部门领导班子成员问题线索19件。整合基层监督力量，2349名村纪检委员兼任村务监督委员会主任，设立4745个村监督小组，打通全面从严治党“最后一米”。规范党员干部“醉驾”“酒驾”类案件处理，主动办案能力明显提升。建立问题线索分办处置专题会议制度，存量限时清零、增量动态清零，集体研判问题线索603件次，提高处置精准性和办理质效。制定案件质量评查工作办法，首次评查派驻机构自办案件，全面自查市纪委监委自办案件，组建30人的内部审核员队伍，从源头保障和提高案件质量。

（曹凤冬）

民主党派和工商联

Minzhudangpaihegongshanglian

中国国民党革命委员会潍坊市委员会

【思想建设】 2022年，通过各种形式开展二十大精神专题学习。在全省学习宣传贯彻中共二十大精神知识竞赛中，被评为“最佳组织奖”。持续开展政治交接主题教育，深化思想政治引领，被民革中央表彰为“民革全国宣传思想工作先进集体”。举办“新分享·新进步”（双月）主题沙龙，开展“团结读书会”，在民革省委会召开政治交接主题教育交流推进会上作交流发言。“潍坊民革”微信公众号全年推送文章180余篇。市委会机关撰写的多篇报道被学习强国平台、民革中央《团结》杂志、潍坊日报融媒客户端刊载报道。市委会被团结报社表彰为“2022年度《团结报》宣传发行工作先进集体”。

【组织建设】 2022年，贯彻民主集中制，健全完善决策议事机制，发挥内部监督委员会作用，发挥领导班子的核心作用，贯彻落实中共中央八项规定精神和民革省委会加强作风建设的决定。推进组织发展和干部队伍建设。按照组织发展新《纪要》要求，规范党员发展程序，全年发展新党员27人。完成8个专委会、3个直属机构、3个基层支部的班子人员调整。支部班子的文化程度、年龄结构、特色优势进一步优化，支部战斗堡垒作用增强。以模范机关创建为抓手，建立基层支部工作台账，完善支部工作“千分制”，协助市委会开展参政调研、社会服务及各类会议的筹划、协调和后勤保障等工作，指导、帮助支部围绕市委会中心工作开展活动。完善机关各项工作制度，树立“机关就是服务”理念，不断增强凝聚力、创造力和战斗力。

【职能发挥】 2022年，参与政治协商和民主监督。市委会领导参加征求意见会、民主协商会、情况通报会和座谈会10余次，就重大问题的决策、重要人事的安排、重大方针政策的制定和执行进行协商，发表意见，提出建议。提升调研课题质量和水平。完成3项重点调研课题和1项民主专项监督课题，其中1项重点调研课题和1项民主专项监督课题获市政府主要领导签批。提升提案和社情民意信息。全年有2件集体提案和5件委员个人提案，入选潍坊市政协十三届三次会议以来优秀提案名单。3篇被市政协表扬为“2022年度好提案”。市委会副主委孙增平被评为“民革全国参政议政工作先进个人”。民革市委会在市政协十四届一次会议期间，共提交集体提案12件，其中2件提案得到中共潍坊市委、市政府主要领导的批示。全年通过各种渠道报送反映社情民意信息93篇，其中被全国和省政协、民革中央和省委采用的有23篇。

【社会服务】 2022年，持续开展“三下乡”“博爱·牵手”等活动。开展“伸出博爱之手，牵手基层困难群众”新春走基层活动，到安丘市部山、潍城区大于河、峡山区王家庄街道走访慰问困难家庭和特殊群体。关注未成年人健康成长，为市区幼儿园近400名儿童及教职员工进行爱心体检公益检查检测。民革全市各级组织和广大党员参与疫情防控，捐款捐物价值6.5万元，并参与社区消杀、核酸检测等志愿服务。打造“博爱志愿者”服务品牌。扩大“民革博爱志愿服务中心”特色品牌社会影响力，为社区、农村、学校、困难群众提供义务医疗诊治5次，免费赠送药品2万余元，受益群众2000余人。开展普法教育，先后举办《博爱大讲堂》“三八”妇女节特别栏目——《中华人民共和国民法典》视野下的妇女维权保护专题讲座，举办《中华人民共和国民法典》之“医疗损害责任”法律知识讲座。

【鲁台交流合作】 2022年，学习中共二十大报告关于“坚持和完善‘一国两制’，推进祖国统一”的科学论断和习近平总书记对台工作重要论述。发挥民革特色优势，推动两岸关系和平发展。发动党员参与鲁台会期间的各项经贸交流活动，开展两岸企业界的直接对话交流。利用重要节日举行茶话会，走访慰问台资企业，共同弘扬中华文化，促进两岸同胞心灵契合。被民革中央授予“民革全国祖统工作先进集体”称号。

（刘大伟）

中国民主同盟潍坊市委员会

【自身建设】 2022年，民盟潍坊市委会组织建立市委会、专委会、支部、盟员多层次微信群和工作群，加强理论政策、盟务工作等方面的学习交流。有60余篇稿件在各种媒体刊登。潍坊市委会主委毛秀凤撰写的学习中共二十大精神体会文章在山东统一战线、潍坊统一战线微信公众号发表。在民盟省委举办的“讲述·非凡十年”征文活动中，高新经济支部孙志娟撰写《小民生连着大政治》荣获“优秀奖”。

【参政议政和信息工作】 2022年，市政协十四届一次会议上，民盟市委会提交的《加快以康复为支撑的医养融合服务体系建设的建议》和委员武晓燕提交的《关于邀请人民群众代表参加全市重点项目观摩点评的建议》2篇提案获得市委书记批示。市委会集体提案《取消疾控中心三项收费后的乱象亟需根治》《现代农业发展趋势下对农业开放发展综合试验区建设的建议》以及委员严希海《建立完善我市水环境治理长效机制的建议》，委员赵岳《加快推进潍坊市虚拟现实产业发展的建议》，委员高文浩《关于推动化工产业高质量发展，促进产业链现代化的建议》，委员李霞《完善职业健康保障措施的建议》被评为市政协十三届三次会议以来优秀提案。全年共向市政协报送社情民意信息113篇，《关于在机关企事业单位及公共场所推广急救培训的建议》《关于加强我省易感人群疫苗接种的意见建议》等19篇被采用。向民盟省委报送信息77篇，《关于农业保险理赔存在的问题及建议》《关于物业服务企业员工自行缴纳养老保险应视为企业经为其缴纳社保的建议》等34篇被采用。

【公益活动】 2022年3月中旬，潍坊市部分县（市、区）发现新冠疫情病例，潍坊民盟发挥自身优势，投身防疫工作，全盟共捐赠各类防疫物资价值50余万元。新春来临之际，市直二支部组织盟员赴高密市卞家庄社区开展“新年如意送祝福，大爱无疆拥军属”送春联和慰问活动，盟员们带着米、油等生活物品和春联看望困难家庭和军属家庭。文化支部联合鲁网、潍坊市书法家协会等举办“爱聚翰墨力量　情燃生命之光”——网络公益慈善拍卖会，共筹集善款6万余元，全部定向捐助给白血病患者。重阳节来临之际，奎文经济支部、文化支部、高新综合支部组织盟员到奎文经济开发区胜利养老院、诸城市枳沟镇乔庄社区开展重阳节慰问活动，盟员们实地了解养老院和社区各方面设施情况，给老人们送去生活物资。

（孙照军）

中国民主建国会潍坊市委员会

【概况】 2022年，民建潍坊市委发展新会员18人，净增14人，会员发展率为4.1%。其中，非公有制经济人士3人，占33.3%，新的社会阶层人士10人，占55.6%。新会员中“泰山产业领军人才”1人，市、区人大代表1人，县（市、区）政协常委1人。硕士5人，副高职称4人。至12月，全市共有会员359人。全市会员中，6人当选县（市、区）人大代表，18人当选县（市、区）政协委员；6人当选潍坊市第十八届人大代表，16人当选第十四届政协委员。

【思想政治建设】 2022年10月，召开学习宣传贯彻中共二十大精神座谈会。组织开展“矢志不渝跟党走、携手奋进新时代”政治交接主题教育，7月举办“矢志不渝跟党走、携手奋进新时代”政治交接主题教育培训班，教育引导广大会员深刻认识“两个确立”的决定性意义，不断增强“四个意识”、坚定“四个自信”、做到“两个维护”，共同思想政治基础更加巩固。开展多维度立体宣传，全年在民讯、在民建中央网站、民建省委网站、市委统战部微信公众号以及《大众日报》等市级以上媒体发表各类宣传报道共93篇。开展“讲述·非凡十年”征文活动。上报征文有8篇在山东省民建网站刊登，2篇被山东省民建评为“主题征文优秀作品”，扩大潍坊民建的社会影响力，弘扬民建正能量。市委会被民建山东省委评为理论宣传调研工作进步单位和主题征文工作先进单位。

【参政议政】 2022年，市委会共向省民建、市委统战部和市政协报送各类参政议政信息182篇。《关于完善市区口袋公园建设提升城市文化品位的建议》等3篇建言献策得到市委、市政府主要领导签批。《整合红色文化资源推动我市旅游产业结构化升级》等2篇重点调研报告和《关于深化大数据协同治理，提升数字政府服务能力的建议》1篇民主监督调研报告得到市委主要领导签批。《进一步优化种粮补贴政策的建议》1篇被民建中央采用；《防范外来物种入侵，规范放生行为》等7篇信息被省政协采用；《关于在乡村倡导开展移风易俗行动的建议》等60篇信息被省民建转报采用；《关于优化诉讼案件网上立案的建议》等24篇信息被市政协采用。在市政协十四届一次和二次会议上共提报集体提案20件，会员个人提报提案38篇，其中2篇集体提案得到市委书记签批，1篇集体提案被作为大会口头发言，市委会集体提案《关于发展海洋经济产业园区、争创国家级海洋牧场的建议》《做大做强农产品交易市场　提升农产品保障供应能力》，副主委孙涛个人提案《关于深化我市多元解纷、诉源治理工作的建议》、副主委张文军个人提案《关于打造“没有围墙的养老院”的建议》被市政协评为2022“年度好提案”。市委会被民建山东省委评为2022年度参政议政工作先进单位。

【自身建设】 2022年，以实现支部“会员之家”全覆盖为抓手，提升组织建设效能。5月和10月，市委会先后为14个支部举行揭牌仪式，实现全覆盖。7月，依托在益寿临广四边县历史展览馆成立民建潍坊市委红色教育实践基地。基地面向全市广大民建会员和所联系群众开展红色教育，团结带领广大会员传承红色基因，传承民建优良传统，坚守多党合作初心。10月，民建潍坊市委先后召开“会员之家”工作经验交流座谈会和“会员之家”建设现场交流会，研究和推动相关工作。

【社会服务】 2022年，市委会相继开展“新春助力乡村振兴潍坊民建情暖基层”系列活动、在奎文区德润学校举办“传递书香·点亮未来”图书捐赠活动、依托会员企业——本草堂中医院举办“冬病夏治三伏贴”公益活动、与青州市公安局共建“思源·心理服务中心”等活动。通过各种途径，向各级机关事业单位、学校、工厂、企业等捐赠防疫物资和捐款，共计捐款捐物74万余元；广大会员赴一线参加志愿服务活动，共计120余人次。11月，市委会得知江西省景德镇民建市委所在地区疫情严峻、物资紧缺后，筹措资金购买防疫物资支援，为当地抗击疫情解燃眉之急，民建景德镇市委专门回函致谢。市委会社会服务工作经验做法得到民建中央、民建山东省委的肯定，市委会机关起草的《紧贴民生所需所盼，用心用情用力服务社会》一文在民建中央会刊《民讯》刊发。

（王　琳）

中国民主促进会潍坊市委员会

【主题教育】 2022年，民进潍坊市委会组织会员140余人次开展“走基层、凝共识、看发展”系列活动，通过公众号和微信工作群开展线上思想政治教育，发布学习资料40余篇。举办“民进记忆”专题征文，在公众号开辟“民进记忆”和“会史故事”专栏，发布会员优秀征文5篇，会史故事29篇。制定基层组织工作手册，对基层组织开展工作提出明确要求，要求各支部每年至少组织开展4次活动和1次课题调研。在中共潍坊市委党校举办“矢志不渝跟党走、携手奋进新时代”政治交接主题教育暨骨干会员培训班。中共二十大召开后，举行市委扩大会议，专题研究部署学习贯彻中共二十大精神各项工作任务。制定完善市委会工作制度、机关工作制度、专委会职责和书画院章程等26项规章制度，实行年初部署、全年跟进、年终评价的工作模式。

【参政议政】 2022年，参加政党协商会、情况通报会、座谈会10余次，提出40余项意见建议，为潍坊的改革发展科学决策提供重要参考。在市政协十四届一次、二次会议上，提交集体提案12件，其中2件被列为大会书面发言，2件得到中共潍坊市委、市政府主要领导批示。提交省级调研课题1项；完成市级重点调研课题4项，其中1项被市委主要领导批示；完成民主监督调研课题1项，被市政府主要领导批示。向各级提报社情民意信息129篇，被省政协采用7篇，市政协采用18篇，山东民进采用20篇；提交建言献策信息28篇，被市主要领导批示4篇。与2021年同期相比，各项指标大幅提升。开展专委会成员及支部班子成员每年提报社情民意信息“清零”活动，在公众号开辟“他山之石”和“建言献策”专栏，发布各级领导、其他地市会员建言心得10篇，发布潍坊会员优秀建言26篇。编辑《议政建言优秀篇目选编（2021—2022）》，收录市委会和会员优秀建言32篇。

【社会服务】 2022年，第8年开展“春联万家”活动，为农村群众、消防战士、交通警察、环卫工人等送去新春祝福。赴安丘、奎文、昌邑等地开展“民进有情 爱满寒冬”为主题的新春走基层活动，筹资4.5万元，走访慰问79户困难群众。会员企业踊跃向防疫一线人员提供物资支持23万余元；医疗卫生界会员在抗疫工作中加班加点，保障人民群众的生命安全；80余名会员争当志愿者，服务于抗疫工作一线。组织会内书画家到文登昆嵛山开展“巡访革命足迹”采风写生活动，创作书画作品48幅；举办“矢志不渝跟党走、携手奋进新时代——喜迎二十大美术作品展暨展品义卖”活动，义卖作品25幅，筹集善款21900元，用于每年春节前走访慰问困难群众；赴昌邑市龙池镇东利渔村开展以中共二十大精神为主题的公益墙绘活动。在潍坊市新唯艺教育集团设立民进潍坊市委会首个社会服务基地，将围绕人民群众普遍关注的教育方面的热点难点问题，有针对性地联合开展社会服务。

（王晓菲）

中国农工民主党潍坊市委员会

【概况】 2022年，农工党潍坊市委会辖2个总支，14个支部。年底，全市共有党员298人。其中，博士14人，占4.7%；硕士68人，占26%；各级人大代表、政协委员42人，占14%，中级以上职称118人，占40%。党员队伍界别和知识结构进一步优化。

【思想建设】 2022年，健全完善市委会理论学习中心组学习制度，制订落实学习计划，不断丰富学习形式，深入学习贯彻落实中共二十大精神和农工党十七大精神，坚定捍卫“两个确立”，坚决做到“两个维护”，自觉在思想上、政治上、行动上始终同以习近平同志为核心的中共中央保持高度一致。把学习贯彻中共二十大精神贯穿“矢志不渝跟党走、携手奋进新时代”政治交接主题教育全过程，成立领导小组，制定工作方案，召开动员大会，组织新党员、骨干党员等多个专题培训班，坚守合作初心、弘扬优良传统、增进政治共识，夯实共同思想政治基础。围绕迎接中共二十大和农工党十七大胜利召开，开展主题征文、专题研讨、参观党史教育基地等活动。通过多种形式，广泛宣传中共二十大精神和农工党十七大精神、中共党史和农工党党史知识。

【职能履行】 2022年，围绕市委、市政府中心工作，参加政党协商，先后就政府工作报告、学习中共二十大精神、先进制造业、对外开放、农业现代化、城市更新、法检两院工作等提出有价值的意见建议60余条，为市委、市政府科学决策提供参考。高度重视提案工作，在潍坊市政协十四届一次会议上提交集体提案13篇，个人提案30余篇。其中，2篇被作为重点提案得到市委、市政府主要领导的批示，4篇被评为优秀提案。按照上级调研选题安排和自身界别特色，确定《加强育龄妇女生殖健康教育》为重点调研课题，《关于优化生育养育服务，进一步挖掘人口潜能》为民主监督调研课题，形成高质量的调研报告，2篇课题得到市委、市政府主要领导批示。整理报送社情民意信息66篇，其中有1篇被农工党中央采用，8篇被省政协采用，11篇被农工党省委采用，25篇被市政协采用，3篇被市委统战部建言献策采用，6篇获市委、市政府主要领导批示。至年底，有40余名有代表性的农工党党员被市监察、检察、市场监督、住建、卫健委、环保、法院等部门聘请为特约人员，民主监督的渠道拓宽，发现问题的水平和帮助解决问题的能力增强。到社区、镇街、村居和零散务工人员等群体，先后开展书画下乡、新春送福下乡、义诊、法律服务、捐资助困等系列活动7次，服务群众1000余人次，开具诊单100余份，发放健康、法律、环保知识宣传材料1000余份。先后有100余名农工党党员参与2022年疫情防控工作，30余名党员冲在疫情防控工作第一线，党员自发捐款捐物价值60余万元。

【自身建设】 2022年，开展领导干部和骨干党员“五种能力”建设提升年活动，落实市委会领导班子分工负责制和联系基层工作制度，严肃党内政治生活，坚持民主集中制原则，开展市委会述职和民主评议工作，加强责任意识，领导班子建设水平提升。制定《农工党潍坊市委全面推进基层组织标准化规范化建设方案》，开展基层组织标准化规范化建设年活动，基层组织建设水平提高。落实组织发展规程，严把政治关、质量关，重点发展医药卫生、人口资源和生态环境领域以及相关的科技、教育领域的高层次人才。倡树“严真细实快”工作作风，不断加强机关人员的业务知识学习和培训，增强服务意识，提高机关效能。

（李兴俊）

中国致公党潍坊市委员会

【思想建设】 2022年，致公党潍坊市委持续深化理论武装，多种形式学习宣传贯彻中共二十大精神，开展“矢志不渝跟党走、携手奋进新时代”政治交接主题教育，建设“书香致公”，活化形式载体，加强宣传引导，不断夯实共同思想政治基础。统战理论研究课题获评致公党山东省委会理论研究优秀成果一等奖2项、二等奖1项。

2022年6月30日，致公党潍坊市委会与潍坊学院联合举行“参政议政智库”成立仪式（供图：董向霞）

【参政议政】 2022年，调整参政议政专委会，与潍坊学院共建“参政议政智库”，探索创办参政议政沙龙，搭建履职平台，拓展建言资源。35篇社情民意信息被上级采用，11件调研报告、建议信息得到市领导批示，2篇建议获评致公党山东省委会参政议政优秀成果。市政协十四届一次会议立案集体提案8件，1件得到市领导批示，2件被评为“年度好提案”。市委会获致公党山东省委会“参政议政工作先进集体”“专题调研工作先进集体”表彰；获评潍坊市委统战部“全市统战工作优秀调研成果”一等奖1项，“全市建言资政工作先进个人”2人，市委会机关获评“全市建言资政工作先进单位”。

【社会服务】 2022年，市委会获致公党山东省委会“社会服务工作先进集体”表彰。参与疫情防控，全市党员捐赠防疫物资、资金合计78万余元。组织“致公健康公益大讲堂”线上讲座2场，持续擦亮“致公健康公益”特色品牌。开展“致公服务三进”活动，组织开展“致公有爱　新春慰问”“致公有爱　送福下乡”“致公有爱　暖冬公益行动”等活动，捐赠资金、物品10万余元。开展消费扶贫活动，通过致公党“酉好货”电商平台购买助农产品1万余元。

【组织建设】 2022年，突出领导班子主体责任，抓好各项议事规则和制度的贯彻落实，不断提升“五种能力”。成立潍坊学院支部，巩固壮大潍坊致公党组织力量。建立健全评价激励机制，制定《“百分党员”履职评价办法》，修订完善《支部工作“千分制”责任目标考核办法》。市委会获致公党山东省委会“中国致公党山东省委员会成立三十周年先进集体”“组织建设工作先进集体”表彰，高新（坊子、寒亭）支部获评第四批示范支部，13名党员获评“中国致公党山东省委员会成立三十周年优秀党员”，21名党员获评致2022年度“创先争优”优秀党员。

（董向霞）

九三学社潍坊市委员会

【组织建设】 2022年，发展社员20人，其中，研究生以上学历15人，博士学位5人，高级以上职称8人。至年底，全市共有14个支社，社员468人，平均年龄55.2岁，高级职称285人，占60.3%，研究生以上学历173人（博士43人）占37.0%，女社员占44.4%，离退休社员占28.8%，科技、医疗、高等教育界别社员占社员总数的77.4%。55人当选各级人大代表和政协委员，其中1人当选为省政协委员，2人当选潍坊市第十八届人大代表、17人当选第十四届政协委员，6人当选县（市、区）人大代表、29人当选县（市、区）政协委员。2人被社省委会聘任为思想建设研究中心研究员，14人被社省委会聘任为专门委员会委员，1人成为社省委会青工委通讯员服务队成员。增补1名社市委会委员。开展“强基层、增活力、争前列”调研指导活动，加强对支社的指导，促进社组织与当地党委、政府、政协和统战部门的联系，社基层组织活跃度明显提升。社市委会被社省委会表彰为“组织信息系统工作先进集体”二等奖，滨海支社被社省委会表彰为“优秀基层组织”；1名机关工作人员被社中央表彰为“组织工作先进个人”，1名机关工作人员被社省委会表彰为“组织信息系统工作先进个人”。

【参政议政】 2022年，社市委会共提报提案、议案成果45件，其中在省市两会期间集体提案15件，个人提案、建议30件。提案《关于活化利用历史文化遗产，助力提升城市能级活力的建议》在市政协大会作为口头发言，《关于加快高能级开放平台建设，强化我市引领开放发展增长极的建议》《关于加快培育我市绿色农业产业集群的建议》《关于夯实基层医疗卫生基础，提升基层医疗水平和健康管护能力的建议》得到市主要领导批示。全年形成调研课题成果9件，其中《关于加强我省职业技能培训，提升“十强”产业发展后劲的建议》《关于创新农业社会化服务机制，加快推进农业农村现代化的建议》《关于推进种业原始创新，加快建设种业强省的建议》转化为省政协提案，《关于抢抓“双碳”机遇，加快推进制造业绿色转型的建议》《关于“双减”政策落实过程中课后服务课程化实施的建议》《关于规范住宅小区物业管理的建议》转化为市委统战部课题报告并得到市主要领导批示。全年社情民意信息被省政协、社省委会、市政协和市委统战部采用19件，其中《关于依法用好国家手机信令数据库，完善长效性疫情防控机制的建议》被全国政协、九三学社中央采用，《关于建设全国首家预制菜检验检测中心助力打造中华预制菜产业第一城的建议》《关于加强基层医疗卫生机构人才队伍建设的建议》《关于完善潍坊北部区域公交线路建议》《关于进一步开展特种设备智慧监管的建议》《国内疫情反弹下的思考及对策》《关于提升市民骑行公共服务水平的建议》得到市主要领导批示。社市委会先后18次参加中共潍坊市市委、市政府举行党外人士座谈会、情况通报会，围绕全市经济工作、《政府工作报告》、全市先进制造业高质量发展、生态环保文旅、养老服务发展、城市更新、教育工作、现代农业、商贸流通和对外开放工作等重大问题，提出30余项可行性意见建议。社市委会牵头组织“全市养老服务发展”民主党派联合监督调研，获市委统战部肯定。社市委会被社省委会表彰为“参政议政工作先进集体”二等奖、“信息工作先进集体”三等奖，社市委会机关被市委统战部表彰为“全市建言资政工作先进单位”，5名社员被社省委会表彰为“2021年度参政议政工作先进个人”，1名社员被社省委会表彰为“信息工作先进个人”，1名社员和1名工作人员被市委统战部表彰为“建言资政工作先进个人”。

【社会服务】 2022年，齐心协力抗击疫情，发出《团结一致　抗击疫情——致全市九三学社社员的倡议书》，14名社员始终奋斗在抗疫一线，全程参与疫情防控和应急处置工作，广大社员累计捐款捐物价值130万余元，助力疫情防控。持续开展助贫兴农活动，为临朐县樊家庙村销售农产品648吨，价值453万元，村集体增收10万余元。开展“送医药、送科技、送文化、送温暖”和捐资助学、健康公益讲座、心理辅导等活动15次，受益群众1500余人次，捐赠送慰问品、助学金、爱心物资等价值11.5万元。发起开展“九三留学公益行”和“九三法律公益行”活动，为30余名困难家庭减免服务费90万余元，为1万余名群众提供法律公益咨询服务活动。社市委会被社省委会表彰为“社会服务工作先进集体”三等奖、1名社员被社中央表彰为“2021—2022年社会服务先进个人”，4名社员被社省委会表彰为“社会服务工作先进个人”。

【思想建设】 2022年，开展“矢志不渝跟党走、携手奋进新时代”政治交接主题教育，坚持不懈地用习近平新时代中国特色社会主义思想武装头脑，加强政治思想引领。通过召开社市委全会、支社班子和社务工作会，举办骨干社员培训班、青年社员论坛，参加市委和各级市委统战部组

2022年5月7日，九三学社潍坊市委会联合潍坊百货集团超市事业部，在临朐县樊家庙村开展推进乡村振兴消费扶贫活动（供图：孙三鹏）

织的集中培训等方式。组织举办庆祝九三学社创建77周年暨“喜迎二十大 建功新时代”第四届青年论坛，举办培训班3期、培训社员200余人次，线上举办“喜迎二十大 同心跟党走”书画作品展。组织社员参与社中央、社省委会开展的宣传活动，整理报送“非凡十年”征文9篇。向社中央、社省委会报送新闻稿件，被社中央、社省委会网站及微信公众号登载60余篇次，被《联合日报》、山东九三、《潍坊晚报》等刊用11篇次。注重发挥网站、微信等“六位一体”宣传平台作用，打造有特色地宣传阵地和形象窗口，宣传正能量。整理出版九三潍坊社讯35期、手机快讯100余期，发布网站信息142条和微信公众号150条。社市委会被社省委会表彰为“思想宣传工作先进集体”二等奖，社市委会机关被市委统战部表彰为“统战宣传工作先进单位”；1名机关工作人员被社省委会表彰为“宣传工作先进个人”。

（孙三鹏）

潍坊市工商业联合会

【概况】 2022年，潍坊市工商业联合会围绕市委中心工作，牢牢把握“两个健康”主题，锚定“走在前、开新局”，各项工作取得新成效。“万企兴万村”工作再次获上级领导批示肯定。信息工作在全国列第三名、全省第一名。被评为全国工商联“信息工作先进单位”“民营企业调查点工作先进基层单位”“社情民意信息基地”。

【“万企兴万村”行动】 2022年，牵头相关部门以新发展理念为指引，推进潍坊现代农业与先进制造业融合发展、村（居）与企（合作社）融合发展，不断赋予潍坊“三个模式”新内涵。全市涌现出村企（合作社）融合发展的各类典型案例360个，撬动各类“万企兴万村”实验项目累计投资95亿元。初步形成“一套机制抓推进，一个意见抓指导，一本清单抓协同，若干案例抓引领”的工作格局。全国政协副主席、全国工商联主席高云龙对潍坊市“万企兴万村”工作作出专门批示：“典型意义突出，继续加大力度”。市委、市政府主要领导均给予批示肯定。

【市工商联换届】 2022年，创新换届人选提名程序，联合工信等8个部门推荐，从34家隐形冠军企业、40家专精特新企业、36家瞪羚企业、1家独角兽企业、17家制造业单项冠军企业、16家上市企业中，将符合潍坊市产业发展方向的优秀民营经济代表人士吸收到工商联队伍。

2022年6月29日，潍坊市工商业联合会第十三次代表大会召开（供图：董君）

【潍坊民营企业100强系列榜单评选】 2022年，贯彻落实习近平总书记考察山东提出的“在增强经济社会发展创新力上走在前”的指示要求，树立企业标杆，牵头开展2022潍坊民营企业100强系列榜单评选活动，首创发布“1+2”榜单，即潍坊民营企业100强、潍坊民营企业创新力100强、潍坊企业社会责任50强。

【商会组织建设】 2022年，推进商会组织建设，新成立潍坊市德州商会、潍坊市贵州商会。至年底，潍坊市共有各类商协会组织175家，在外潍坊商会16家。在参加2022年召开的第三届潍坊发展大会的300余名嘉宾中，商协会成员有176人，各类商协会组织63个。此届发展大会共对接洽谈重点合作项目33个，总投资275亿元。潍坊市江苏商会等5家商会被认定为2021—2022年度全国“四好”商会。

【年轻企业家教育培养】 2022年，推进将加强年轻企业家培养工作列入市《政府工作报告》，纳入全市工作重点。年轻企业家在市工商联副主席、副会长中占2/3，在常委中占1/3。全市1100余名新生代企业家中，中共党员267人、各级人大代表101人、政协委员133人。

（董　君）

群众团体

Qunzhongtuanti

潍坊市总工会

【概况】 2022年，市总工会产业工人队伍建设改革、新就业形态劳动者权益保障、群众性安全生产等6项工作受到全国总工会、省市委和省总工会领导13次批示肯定，工友创业就业、维护劳动领域政治安全等工作在全省会议上发言推广。

【思想建设】 2022年，把团结带领职工群众坚定不移听党话、跟党走作为工会首要政治责任，围绕学习宣传贯彻中共二十大精神，广泛开展“中国梦·劳动美”、劳模劳动工匠“三种精神”、职工“四德”建设等主题活动，引导广大职工深刻领悟“两个确立”决定性意义。开展“喜迎二十大”职工健步走、书画摄影展、职工志愿服务等文化活动，参与职工达百万人次，激发广大职工“当好主力军·建功新时代”的积极性创造性，其中潍坊市选送歌曲《歌声唱得云飞扬》获得全总“唱响新时代奋斗之歌”金曲奖。开展中共二十大精神专题宣传宣讲活动，组建工会系统宣讲团，组织劳模工匠学习宣讲座谈会、职工知识答题、劳模风采展示等，推动中共二十大精神进企业、进车间、进班组。坚决维护劳动领域政治安全，与国安等部门建立联动联处机制，年内参加相关分析研判会议12次，及时排查化解不稳定因素，夯实党执政的阶级基础和群众基础。

2022年10月28日，市总工会召开“肩负使命任务•创造新的伟业”全市劳模（工匠）学习宣传贯彻党的二十大精神宣讲座谈会（供图：李世鹏）

【推动产业转型升级】 2022年，深化推进潍坊市产业工人队伍建设改革，在企业建立“种子工匠、工匠、首席工匠”三级工匠体系，打造“金蓝领”职工队伍，为制造业强市建设提供技能人才支撑。潍坊市做法在全国首届大国工匠论坛获一等奖，省委领导徐海荣给予批示肯定。围绕全市创新驱动发展战略，开展职工劳动技能竞赛和创新创业大赛，培育一大批技术革新和发明创造项目，在2022年全省职工创新创效竞赛中潍坊市有9个项目获奖，其中特等奖1项、一等奖1项，位于全省前列。助力“暖企、扶企、强企”行动，组建“匠筑潍坊”劳模工匠服务队，开展“送技入企”活动186场，解决技术难题200余项。开展职工安全隐患“四征四查”和“六比”竞赛，组织职工排查隐患1.4万个，被评为全国“安康杯”竞赛优秀组织单位。服务“三个模式”提升，选树培育37家市级工友创业园、创业联盟，联合金融机构发放“潍坊工创贷”7240万元，打造助力乡村振兴“工会品牌”。

【维权服务】 2022年，立足工会职责，让广大职工共建共享发展成果，先后开展新就业形态劳动者队伍状况调研和提升职工生活品质调研，推动政府制定新就业形态劳动者权益保障“十五条措施”，为其免费办理意外和重疾互助保险。建立工会法律监督实体化机构30余家，聘任职工维权律师156人，开展“法治体检”和“法律服务月”活动，合理表达反映职工诉求，年内共提供法律咨询1.3万人次、免费办理案件1200余件，有4人被评为“山东省职工信得过律师”。实施“潍工惠”就业系列服务行动，开展“就业创业·兴业齐鲁”线上招聘会——潍坊市劳模带岗直播活动。建设300余处工会户外劳动者服务站点，开展“户外劳动者温暖行动”16场次。开展助力抗疫活动，向一线防疫人员发放价值230万元防疫物资。开展职工互助保障活动，为1.68万人（次）支付互助金1300余万元。开展工会“四季服务”、职工普惠服务等1000余场，发放送温暖资金1245万元。

【改革强基】 2022年，持续深化工会改革“增三性”“去四化”目标要求，开展基层工会组织建设“百日攻坚行动”，坚持党建带工建，强力推进新业态劳动者建会入会，全年新就业形态企业建会420家，发展会员5.38万人。开展新时代职工之家建设，投入资金300余万元，打造90余家基层工会示范项目，推荐评选4个省级职工之家。开展“县级工会加强年”专项工作，推动政治引领强、组织功能强、服务阵地强、制度机制强、作用发挥强“五强”目标落实落地，实现工会系统人力、财力、物力等资源下沉。全总书记处书记、党组成员邹震到潍调研工会改革工作给予肯定。

（李世鹏）

共青团潍坊市委

2022年，市、县两级团组织开展高校学子“潍坊行”“家乡行”活动，邀请省内外优秀学子到潍开展实习实践活动（供图：周密）

【概况】 2022年，潍坊团市委在全省共青团综合评价中居第一梯队，获“好”等次；县域共青团改革工作得到团中央、团省委肯定；涌现出“全国乡村振兴青年先锋”“全国青年岗位能手”等省级以上青年典型95人；青年发展友好型城市创建经验得到《中国青年报》头版重磅报道，共青团和青年工作再创新佳绩。

【服务大局】 2022年，聚焦招才引智，深化“青鸟计划”，邀请北大副校长董志勇等到潍考察，推动北大、清华在全市建立校外实践基地、就业实践基地，建设40家青年驿站，100余所高校、3000余名青年学子实地感知潍坊。聚焦乡村振兴，举办全国乡村振兴青年发展论坛，邀请全国青联副主席和有关领导到潍考察，实施乡村振兴“青动力”行动，全市“好青年”达2万人，参与科技助农、人才兴农。聚焦疫情防控，创新打造青年志愿服务5个模块，动员青年志愿者1.4万人次，到529个社区开展防控，募集抗疫物资价值256万元，环境消杀面积5600万平方米。

【思想引领】2022年，深化思政教育，开展“喜迎二十大、永远跟党走、奋进新征程”主题活动，建立青少年党史学习教育常态化工作机制，以线上+线下的方式推进“青年大学习”“青马工程”，教育覆盖700万人次。弘扬红色文化，创新举办“青春喜迎二十大”青少年文艺云演出、大学生校园歌手大赛等活动。注重榜样引领，开展“十大杰出（优秀）青春榜样”评选，面向各领域评选优秀青年榜样，持续以榜样“大流量”传播青春“正能量”。

【服务青年】2022年，围绕城市能级活力提升行动，打造多彩活力的“五宜”青春之城，争取市委印发《潍坊市青年发展友好型城市建设方案》，推动有关部门制定《进一步加快青年人才集聚的若干措施》等政策干货，青年成长发展环境优化。持续深化“希望工程”“希望小屋”等品牌工作，创新网络化、社会化动员方式，面向社会开放建设“希望小屋”，全市建成小屋1258所，1300余名弱势儿童受益，并将获得后续帮扶至高中毕业。

【组织建设】2022年，坚持党建带团建，对标从严治党加强从严治团，对照“严真细实快”作风建设要求建设“五型”青春机关，推动自身建设改革纵深发展。聚焦基层组织，纵深推进市县共青团改革，参与建设青年人才党支部，创新建立青年人才团支部、机关青工委等平台，在快递、街舞、非遗等新兴青年群体建立青工委，拓展基层青年覆盖。深化青联、青企协等青年社团建设，健全组织机制，加强日常交流。争取市委印发《关于全面加强新时代少先队工作的若干措施》，加强少先队组织建设，全市中小学全部成立学校少工委，成立街道、社区少先队组织200个，高标准建设100家少先队校外实践教育基地，打造红领巾行鸢都少先队校外实践品牌和市县“少先队实践教育地图”。

（周　密）

潍坊市妇女联合会

【概况】2022年，潍坊市妇联婚姻家庭辅导、家庭教育指导工作被全国妇联推广；巾帼志愿阳光站被命名为全国文明实践巾帼志愿阳光站，为全省首家获评的地市级示范站点；巾帼家政广场获评省现代服务业集聚示范区。市妇联、市妇女儿童活动中心分别被评为省妇女儿童工作先进集体、全国家庭工作先进集体。

【政治引领】2022年，以迎接宣传贯彻中共二十大为主线，深化“巾帼心向党”宣教品牌，开展“庭院式微宣讲”“板凳课堂”“老姊妹小剧场”等2300余场。开设线上儿童友好、普法讲堂、创业故事、家庭领读等专栏20余个。选树宣传“三八红旗”“新时代最美”等典型400余个。

【助力新旧动能转换】2022年，开展巾帼同心抗疫行动，募集物资850余万元，为2000余人提供心理咨询、家教指导。推进乡村振兴巾帼行动，畅通科技助农、金融惠农、家政兴农、宣传塑农四辆直通车，举办女农民培训22场、招聘会16期，推出岗位5000余个、巾帼好品200余类。4家企业获评省巾帼现代农业科技示范基地。实施巾帼创业创新创优行动，开展主题沙龙、项目辅导等30余场，链接中国农科院、省农科院、西北农林科技大学等科技成果，推动产学研全链条交汇。6人获评齐鲁巾帼科技创新之星，1人获评齐鲁巾帼工匠。

【城市品质创建】2022年，深化巾帼家政赋能行动，举办第八届巾帼家政技能竞赛，推选百名最美家政服务员、十佳最美经理人，开展家政大集、家政培训等便民促就业活动360余场。家政服务机构建设规范列入地方标准制订计划。创新开展美丽庭院“美学”赋能行动，打造“四美一富”新标准，建成美丽庭院28万户，建成率43.94%，实现省定任务目标翻番。实施巾帼志愿阳光赋能行动，联动设立数十处共享驿站，组建服务队百余支，发布项目100个，捐助物资260余万元，帮扶困境儿童及家庭3200余名（个）。

【民生建设】2022年，推进儿童友好城市建设，推动实施16项行动、67个项目，集中打造市级试点5个，制定儿童友好医院、学校等建设指引，以绘画作品征集、儿童友好主题公交车、建设进行曲专栏等多种形式营造氛围。健全婚姻家庭全链条服务机制，打造“潍爱潍家”婚辅品牌，举办巡讲、联谊等480余场次，调解家庭8702个，劝和率48.4%。先后在全国、省妇联及市相关会议作典型发言。构建家庭教育指导服务体系，创新推进“村村都有家庭教育指导员”工程，打造“小风筝”家教服务站13处，开展儿童关爱活动379场次。做法被新闻联播报道、《大众日报》刊发。开展适龄妇女“两癌”免费筛查21万余人次，捐赠援琼援藏医护人员家庭保险7000余万元。

【妇联改革】 2022年，拓展新业态新就业群体组织覆盖，在直播电商、新媒体等行业新建妇联64个。着力激活基层组织“神经末梢”，新建妇女微家795个，做法被《中国妇女报》宣传推广。持续开展巾帼领头雁淬炼行动，培训妇联干部126期3.1万人次，执委领办项目3100余件，为群众解难题办实事5.23万件。

【思想政治引领】 2022年，坚持“第一议题”制度，推进“六个一”活动，开展党组理论中心组、支部“三会一课”学习53次，读书分享、年轻干部座谈会、“我的妇联故事”演讲等多形式主题党日活动14次。开展廉政学习、警示教育20余次，制定新时代廉政文化建设实施方案，联合开展廉洁家风故事大赛、“清廉家风传万家”书画展、优秀家长领读等宣教活动。实行党员积分制管理，推进“创新实干”模范机关强基提质五项行动，教育引导妇联干部对党忠诚讲政治、勇于创新亮项目、用心做事出精品、阳光干净树形象、团结一致争一流。

（卜令珊）

潍坊市文学艺术界联合会

【概况】 2022年，潍坊市文学艺术界联合会围绕迎接宣传贯彻中共二十大主题主线，落实市委“1441”工作思路，紧扣“做人的工作”，聚焦创作生产优秀作品，文艺文联工作取得显著成效。

【思想建设】 2022年，着力打造“党旗映初心　文艺为人民”党建品牌，推动党建与业务工作深度融合，团结引领广大文艺工作者听党话、跟党走。举办中共二十大精神学习专题培训班，成立机关青年理论学习小组，开展“不忘初心、牢记使命——学习贯彻党的二十大精神”主题党日活动，前往国家现代农业产业园、前阙庄村等开展实践和红色教育。完成机关党总支和机关党支部换届选举，发挥市文联社会组织党委作用，加强对市级文艺家协会党建工作指导，向13家协会派驻党建指导员。组织学习把握贯彻习近平总书记关于文艺文联工作重要论述，开展纪念延安文艺座谈会80周年专题学习研讨，实施“千峰竞秀　百舸争流”文艺名家、文艺精品、文艺品牌、文艺组织推介计划，增强文联组织凝聚力和影响力。

【“礼赞新时代　奋进新征程”主题文艺实践】 2022年，先后开展“我们的新时代”诗歌、散文、歌词、曲艺文本和楹联作品征集评选，“礼赞新时代　奋进新征程”美术作品、摄影作品征集展览和20余场主题文艺演出。中共二十大胜利闭幕后，以“奋进新征程　铸就新辉煌”为主题开展系列文艺活动，其中“新时代　新征程——潍坊市书法作品展”展出作品300余幅，“山河壮丽——潍坊市油画作品展”展出作品150余幅。

【文艺人才培养】 2022年，建立和优化签约作家制度，加强主题创作引导和作家作品宣传推介，联合市新华书店设立潍坊作家作品专区；深化文艺人才培青工程，举办“鸢都舞者”舞蹈大赛、“潍水菁英”书法作品展、青年戏曲人才培训班、民间手工艺精品创作研讨会，创作推出一批具有潍坊元素、讲述潍坊故事、彰显潍坊精神的文艺精品，签约作家王威长篇小说《潍县集中营》、李桂华长篇报告文学《看云起——中国“菜篮子”的共富样本》等作品入选省“十四五”重点文艺创作项目，69人加入省作协，连续两年保持全省首位。

【文艺惠民】 2022年，参与举办中国画节、文化艺术展示交易会、陈介祺艺术节，主办第六届中国（潍坊）民间艺术博览会，组织第三届潍坊摄影大赛，引入胶东经济圈摄影联盟五市摄影作品联展、第十四届山东省摄影艺术展巡回展，举办“品质城市　幸福家园”等书法美术摄影展览30余场，持续打造“中国画都”“金石之都”“中国民间文艺之乡”“中国摄影之乡”城市品牌。文艺志愿服务活动丰富多彩，齐鲁酒地被省文联确定为首批4家艺术实践基地之一，设立“潍坊市文联文艺创作基地”4处、“文艺志愿服务舞蹈培训基地”8处，常态化开展“零距离·欢乐舞蹈公益行”，提升打造“乐动潍坊”“福送农家”“潍坊文化沙龙”等文艺品牌活动。疫情防控期间，推出19个《文艺战“疫”》网络展播专题，发布“云”看潍坊好画卷、“舞和你　在一起”线上舞蹈公益课堂等。《中国艺术报》专题报道潍坊市“文润鸢都·艺进万家”文艺惠民和文艺赋能乡村振兴经验做法。

【基层基础工程】 2022年，加强资源优势研判和工作指导，持续推进“一会一品　一县一品”，协会和县（市、区）文联工作品牌和地域文艺品牌凸显。在全市选树20家“潍坊市基层文联组织建设示范单位”，发挥示范带动和榜样引领作用。临朐、寒亭、青州、寿光实现镇街文联“全覆盖”，全市镇街、社区文联组织发展到50余家，走在全省前列。市楹联艺术家协会、市硬笔书法家协会换届。

（王丽娟）

潍坊市科学技术协会

【概况】 2022年，潍坊市科协坚持以习近平新时代中国特色社会主义思想为指导，学习贯彻中共二十大精神，围绕市委中心工作，履行党和政府联系科技工作者的桥梁纽带职责，不断提高科协工作创新力，助力提升城市能级活力，为加快建设新时代中国特色社会主义现代化强市作出科协贡献。

【学会工作】 2022年，承办第315期泰山科技论坛——第八届潍坊呼吸论坛，邀请中国工程院副院长，中国医学科学院院士、北京协和医学院院校长王辰参加，全国呼吸领域专家、学者共3.8万人次线上参与。举办2期“鸢都科技论坛”，邀请6位专家线上线下作报告。调整增补潍坊市科技智库专家45人，聘请2名外籍院士担任特聘顾问，2名外籍院士担任首席专家，新增岗位专家40人。开展2022年度潍坊市科技智库调研课题征集工作，3个课题入选。组建潍坊市“科创中国”专家库，1011名专家入驻“科创中国”科技经济融通平台。选树2022年“风筝都最美科技工作者”20人，制作2022年“风筝都最美科技工作者”宣传片。推荐13名科技工作者获评山东省科协“创新达人”称号。举荐8名科技工作者和1个创新团队参加第九届“山东省杰出工程师”评选，2个创新创业机构参加2022年度山东省“创客之家”评选，1家单位参加2019年山东省“创客之家”复评。

【科普工作】 2022年，实施科普服务能力提升工程，联合市财政实施2022年基层科普行动计划，择优推荐17个优秀科普社区、农技协及科普教育基地获中央奖补资金190万元。创建山东省科普示范工程项目8个，争取奖补支持资金68万元。组织开展2022年潍坊市“全国科普日”活动，开展科普系列活动3989项。与广播电视台、电视报社共同承办反邪教电影（图片）科普宣传、线上反邪教知识科普宣传，赴高密市醴泉街道开展反邪教宣传进乡村活动。组织开展科技志愿服务“智惠行动”，聘任1125名选调大学生“村官”兼任科普宣传员，为全市选调大学生“村官”免费订阅科普杂志。在国家科技志愿服务和科普中国平台实名注册科技志愿者、科普员、科技服务组织数量及开展活动情况均居全省第一位。组织开展2022年青少年科普报告百校行活动，邀请省青少年科普报告团6名专家，举办科普系列报告26场。市科协推荐的代表队有57件作品在第36届山东省青少年科技创新大赛中获奖，3件作品被推荐参加全国赛。潍坊市代表队获得2022世界机器人大会2项冠军、1项季军、1项全能奖。市科协荣获“2021年度全国青少年科学调查体验活动优秀组织单位”“第36届山东省青少年科技创新大赛优秀组织单位”“全国科普日优秀组织单位”等称号。

【科技馆建设】 2022年，举办“万有影力”光影科普展，接待社会公众5.8万人。举办“30·60”碳达峰碳中和专题展览，接待公众2.8万人。开展“光影科学梦”2022年度科学家精神电影全国科普场馆巡映活动，举办“科创百年科技成就科普展”和“人水和谐共生”2大科普展，共接待社会公众5万人次。市科技馆获批“科创筑梦、助力双减”全国试点单位、“全市微笑服务示范单位”、省“安全生产月”、省“优秀组织奖”等称号。

【“科创中国”试点城市】 2022年，组织“科创中国”智能农机装备创新基地、“科创中国”设施蔬菜创新基地申报并入选首批“科创中国”创新基地。举办“科创中国”技术路演——现代农业（山东潍坊）线上专场活动、中国农业工程学会“科创中国”科技服务团2022潍坊对接会、中国检验检测学会潍坊预制菜产业标准评价交流研讨会、“科创中国”山东潍坊蔬菜产业发展论坛、助力智能制造自动化协同创新基地创驱行动等系列活动。建立潍坊市寒亭区智能制造自动化协同创新基地，指导山东奥卓电气科技发展有限公司获批山东省中小企业科技创新能力提升项目并成立山东奥卓企业科技创新服务（高层次人才）专家工作站。助力山东永健机械有限公司建立“潍坊市拉伸薄膜技术重点实验室”。印制《“科创中国”试点城市建设宣传手册》1万册，“科创中国”潍坊市企业技术问题征集活动入选2022年“科创中国”试点城市（园区）系列品牌活动项目。评估周期内，潍坊市在“科创中国”样板间65个城市中排名第13位。“科创中国”试点城市建设有关做法被《联合日报》、潍坊电视台等媒体采访并作专题报道，获评山东省科协系统“百项典型好案例”。

【全国“科创筑梦”助力“双减”科普行动试点城市“科创中国”试点城市建设】 2022年，组织开展“创建认定一批科普教育基地，设计打造一批课后科普活动，培育壮大一批优秀科技教师，举办开展一批科技教育竞赛，征集汇聚一批校外科技教育资源，宣传推介一批优秀典型案例”等特色鲜明的“六个一”活动，创建全国“科创筑梦”助力“双减”科普行动试点城市，受到市政府主要领导批示和肯定。“小科普”撬动助力“双减”大格局——潍坊市创新打造“科普筑梦”科普行动潍坊模式被列为全省科协系统“百项典型好案例”。

（于得水）

潍坊市归国华侨联合会

【思想建设】 2022年，潍坊市归国华侨联合会落实“第一议题”制度，坚持用习近平新时代中国特色社会主义思想、习近平总书记关于侨务工作的重要论述武装机关党员干部头脑。组织党组理论学习中心组学习12次，开展“三会一课”、主题党日、集体学教活动35次。中共二十大胜利召开后，把学习宣传贯彻中共二十大精神作为首要政治任务，组织机关干部、侨界群众举行学习中共二十大精神座谈会暨工作务虚会。贯彻落实中央八项规定精神，持续整治“四风”特别是形式主义、官僚主义，开展经常性廉政教育活动。

【构筑和融入双循环新发展格局】 2022年，组织“侨商侨企潍坊行”活动，引进投资5.7亿元的电商文旅康养项目、投资11亿元的物流科技项目，引进高端专业人才1人。引导侨企融入国内大循环，建设河北雄安古淀黎湾田园综合体项目、银川高新区固废综合利用示范基地、齐鲁智农谷预制菜加工中心。联系欧美等10余个国家侨领带头录制视频推介家乡名品，为好品山东、好品潍坊代言。与美国南加州山东同乡会等20余个海外侨团达成友好合作协议，与胶东经济圈一体化4市侨联以及省外15家地市级侨联建立友好合作关系。省侨联印发《山东省侨联关于转发潍坊市侨联系统发挥优势主动服务大局工作有关做法的通知》予以宣传推介。

【优秀传统文化传播交流】 2022年，成立华侨国际文化艺术交流委员会，创新设计发布“潍小侨”服务品牌标识，组织举办侨界庆“七一”、庆国庆等文化展演活动6场次。组织全市中学生参加由中国侨联等主办的“第二十二届世界华人学生作文大赛”，413名学生获奖，潍坊市侨联再获“优秀组织单位”，3所中学荣获“优秀组织示范校”。推介潍坊城市宣传片《什么是潍坊》，欧洲时报等10余家海外媒体以及英国山东联合总会等30余个华侨自媒体平台先后转播。

【为侨服务】 2022年，开展侨法“进机关、进社区、进企业”普法宣传，与市委统战部联合主办纪念侨法颁布实施32周年“侨法宣传月”，各级侨联、侨务部门累计召开培训会、座谈会20场次，发放宣传材料1400余册，悬挂侨法宣传标语120余条。开展“服务基层、服务群众、服务侨企”走访调研帮扶活动实地走访调研、线上联系侨企150余家，召开座谈会、对接会等8场次，帮助解决实际困难问题20件。依托华侨法律服务中心开展侨法调研、公益咨询、普法宣传等12场次，联合贸促等单位开展培训讲座10余次。

【基层服务】 2022年，创新设计打造“侨乡优品”地标品牌，指导昌邑市有关部门单位主办“推进产业融合助力乡村振兴侨乡优品发布会”，通过现场推介、直播带货、媒体宣传等多形式、多途径助力“侨乡优品”走向海内外。推荐中国柳疃丝绸文化博物馆获评“山东省华侨国际文化交流基地”。与潍坊公益服务中心等单位加强对接合作，健全侨星志愿服务队，开展红色主题教育、社区服务、疫情防控、扶贫济困、敬老爱幼等志愿服务活动12次，争取侨胞捐赠50余万元。与审批服务局等部门联合建立“1+N”为侨服务工作机制。与北京大学现代农业研究院对接，成立北京大学现代农业研究院侨联。

（王凤阳）

潍坊市社会科学界联合会

【概况】 2022年，潍坊市社会科学界联合会“调研潍坊”研究成果首次得到国家部委领导批示肯定；《紧扣发展之问，答好资政之卷》调研潍坊工作做法，首次在全省社科系统唯一专门发文推广。市委主要领导两次表扬应用对策研究工作活跃、成效很好。市政府主要领导给予“调研潍坊是个好平台，希望市社科联多出精品力作”批示。“调研潍坊”被连续写入市委全委会和市政府工作报告。《创新组织六大专项课题研究，开启智联服务新模式》为群团系统唯一入选的“潍坊市改革典型案例”。“红心向党　资政育人”社科党建品牌获得首批市直机关“十大优秀党建品牌”。

【理论学习宣传】 2022 年，通过理论学习中心组学习、“三会一课”等形式，围绕习近平法治思想、爱国统一战线等内容，举办各类学习活动 54 次，推动党员干部拥护“两个确立”、坚定做到“两个维护”。依托社科规划重点研究课题平台，推出“党的十九届六中全会精神研究阐释”“新时期社会主义意识形态建设”“新时代美德健康生活方式建设”“平安潍坊建设”“机关党建”“潍坊历史文化与‘两创’及文化艺术”及社科规划重点研究课题 702 项。中共二十大召开后，启动“学习宣传贯彻党的二十大精神”征文活动，评选优秀征文 60 篇，117 篇征文转为 2023 年度社科规划“党的二十大精神研究阐释”专项研究课题。组织开展“喜迎二十大、奋进新征程”深入学习贯彻中共十九届六中全会精神理论研讨会，推选优秀论文 10 篇，并在《潍坊日报》推出理论专版。精选精编前沿性、创新性、理论性、指导性研究成果，编印《社会科学动态参阅》24 期，为各级领导干部和社会人士代表提供多角度理论参考服务，被形象地称为潍坊的“半月谈”。

【建言资政】 2022 年，深化完善“调研潍坊”工作机制，推出《加快新能源汽车产业高质量发展调研分析》《潍坊市预制菜产业发展路径探析》等 27 项研究报告，得到国务院研究室党组成员、副主任向东肯定批示 1 次，得到市委、市政府主要领导肯定批示 11 次。《关于我市制造业单项冠军、隐形冠军、专精特新、瞪羚企业、独角兽企业情况的调研》《关于实施服务企业专员制度打造更好企业发展生态的研究报告》《路斯股份上市带来的启示与思考》3 篇报告分别以市委办文件、《参阅件》、市府办文件形式印发各县（市、区）、开发区、市级各部门阅研。围绕全市有关重点工作，与市委宣传部、市精神文明建设委员会办公室、市委政法委、市委市直机关工委、市文旅局等部门会商分析，精心策划组织开展六大专项研究课题，推出研究成果 411 项，评选优秀课题 69 项，分类编印论文集供有关部门在工作中参考借鉴。借助社科规划重点研究课题平台，通过开展一个方面研究，破解一个方面难题、推动一个领域发展，成为党政部门与广大社科工作者“联心联智”、共谋发展的工作新路径。

【社科研究】 2022 年，发挥社科优秀成果奖导向作用，组织引导全市广大社科工作者把党政的工作重点、社会和群众关注的热点难点作为主攻方向，牵引带动社科研究工作。经组织初审、学科组评审、学术委终审，共评选优秀成果 138 项。其中一等奖 10 项，二等奖 38 项，三等奖 90 项。首次在《潍坊日报》刊发潍坊市第三十次社会科学优秀成果展专刊，“潍坊社科”微信公众号推出系列优秀成果推介，推动社科研究优秀成果走出“深闺”，走向大众。建立特约研究员微信群，定期组织特约研究员参加社科普及、主题讲座、志愿服务行动，形成理论宣传普及强量。组织开展社科专家基层行调研活动，组织社科骨干专家到潍坊市改革发展一线，了解市情，搭建起社科专家联系实践新桥梁，得到一致好评。

【科普育人工作】 2022 年，以“奋进新征程、喜迎二十大”为主题，首次以“线上 + 线下”方式举办科普周开幕式，10 万余人次参与互动。人民号、今日头条、大众网等媒体给予报道。科普周期间，省、市、县、镇四级联动，一体展开，举办社科普及书屋建设、社科知识竞答、“社科理论面对面、专家服务进万家”专题讲座、微视频讲座等 100 余项活动。《潍坊日报》头版头条刊发潍坊市社会科学宣传普及工作综述——《让党的创新理论根植潍坊大地》。利用流动讲堂、新媒体讲堂，推出法律法规、党史党建、政策宣讲等主题讲座、文章 217 期（次），覆盖人群超 100 万人次。策划组织开设“王博士讲家庭教

2022 年，山东省暨潍坊市第十九届社会科学普及周开幕式（供图：吴爱军）

育”系列讲座，邀请心理学博士王元元通过典型案例分析等方式，回应幼儿家长关切，点击量超15万次。注重把社会各方力量整合、汇聚，形成理论宣传普及的强大力量。在组织潍坊市新时代文明实践社科普及志愿服务行动中，注重利用驻潍高校师生资源，累计服务时长88万小时，位列全省社科系统第一名。

【党建工作】 2022年，召开年度民主生活会、2次召开中共建设专题会议、党风廉政建设专题会议。党组会专题研究全面从严治党、落实党内政治生活“规定动作”现场检查反馈问题整改方案、整改报告，完成整改工作。贯彻党风廉政建设责任制，通过观看警示教育片、到市廉政教育基地现场教育等，深化廉政教育。贯彻民主集中制，修订完善并执行“三重一大”报告制度和议事决策程序，深入排查廉政风险点，支持派驻纪检监察组工作。落实意识形态工作责任制，将意识形态审核贯穿业务工作全过程，全年未发生任何问题。发挥法律顾问作用，执行合法性审查制度，邀请专家就《中华人民共和国监察法实施条例》《中华人民共和国反有组织犯罪法》《中华人民共和国保密法》开展专题培训，不断提升法治意识。落实疫情防控最新要求，做到疫情防控和业务工作两不误，保障机关安全有序运转。修订党建品牌标识、内涵释义，推动“红心向党 资政育人”成为社科人的共同追求和行动自觉。创新开展“素质能力提升年”活动，通过开展“每月一讲”“我来读原著”等，推动机关党员干部特别是青年干部，加快认知迭代、理念升维、能力重构、作风重塑。严密组织离退休党支部换届，组织“双报到”、斑马线志愿服务工作，持续深化模范机关创建，推进党支部标准化规范化建设，机关党支部被连续两年确定为市直机关五星级党支部。推动党史学习教育常态化长效化，《汲取党史力量破解机关党建“两张皮”对策研究》课题收录山东省党史学习教育理论成果选编《以史为鉴向未来》经验启示。《开展“六个一”活动，不断提高离退休干部工作党建质量》获得2022年度潍坊老干部工作创新提名奖。落实服务企业专员制度，到企业一线调研，为服务的16家企业（项目）解决问题25个。4名干部分别参加省“四进”工作组、“加强农村基层党组织建设”“第一书记”包村和挂职锻炼工作。争取市财政驻村帮扶资金10万元。优化调整干部队伍建设，推动1名科研人员职务晋升，招录高学历人员2人。服务“双招双引”，引资完成签约立项18.3亿元项目3个，引智完成1个高端技术人才和1个科研院所。人民网、新华网、《大众日报》等8家媒介宣传推广有关做法35次。

（吴爱军）

潍坊市残疾人联合会

【概况】 2022年，潍坊市残联被省委、省政府表扬为“第16届残奥会、第13届冬残奥会有功集体”。

【残疾人民生保障】 2022年，全市共建设“如康家园”残疾人之家159处，提前1年实现镇（街）全覆盖。为7919名在校残疾学生及贫困残疾人子女学生发放助学补助金1015.4万元。投入648万元，为全市所有持证残疾人购买意外伤害保险。投入187.37万元，为1680户困难重度残疾人家庭实施无障碍改造。

【残疾人就业创业】 2022年，投入172.5万元，扶持奖励残疾人就业示范基地、辅助性就业机构及自主创业残疾人。投入377.49万元，对2000余人次残疾人开展职业技能培训。开发残疾人公益性岗位7562个，安置残疾人4605人。全市共征收残疾人就业保障金19019万元。组织残疾人专场招聘会59次，帮助360名残疾人实现就业。76家盲人按摩机构加入“齐鲁手创·潍坊尚品”盲人按摩服务品牌。“99公益日”网络募捐共募集善款517.11万元。

【残疾人康复】 2022年，投入2548万元，1874名各类残疾儿童实现免费康复训练。为有需求的197836名残疾人提供基本康复服务。211181名有需求的残疾人得到功能康复。1300名残疾人得到中医药康复治疗救助。全市37家定点机构基本满足残疾儿童集中接受康复的需求。

【残疾人宣传文体】 2022年，开展第三十二次“全国助残日”活动，共为残疾人发放慰问钱物180余万元。全市残联系统在省级以上媒体发布信息83篇。开展“书香中国·阅读有我”文化周活动，实施“文创工坊”打造工作。潍坊市朱占福在北京冬残奥会上取得冰球项目季军。在省第十一届残运会上，潍坊市共获得奖牌25枚。

【残疾人组联维权】 2022年，全市建成残疾人服务网格12708个，将22.6万名持证残疾人全部落实到网格。建立村（社区）残协6906个，聘任30名为残疾人事业特邀监督员。开展持证残疾人基本状况调查工作，共完成225581户入户登记及数据录入。全市残疾人实现“家门口”领证，持证残疾人22.5万人。

（许 祥）

潍坊市法学会

【概况】 2022年，潍坊市法学会统筹推进法学会各项工作，助力推进更高水平的平安潍坊、法治潍坊建设，为服务保障新时代中国特色社会主义现代化强市建设作出贡献。6月，市法学会在全省法学会工作推进会作典型发言。

【法律服务】 2022年，在全省首批推行市级首席法律咨询专家制度，市级及9个县级法学会建立专家库，市法学会聘任首席法律咨询专家12人。组织有关专家撰写《突发应急事件行政征用合规指引》，被市委疫情防控指挥部转发各级各有关部门参阅。配合市委政法委落实有关重大决策社会稳定风险评估工作机制，年内就6项市级重大决策和重要文件提供法律意见。参与建立“政法委主导、法学会参与、专家组评议、多部门联动”的案件评查新模式，组织专家会员对70起重点涉法涉诉信访案件开展集中评查。

【法学理论研究】 2022年，组织各县级法学会各专业研究会参加省法学会“习近平法治思想研究”征文活动，2篇论文结项。组织参与“平安潍坊建设专项”课题研究，各专业研究会提报的研究成果有8项结项、2项被评为优秀课题。选取案例编印《法治潍坊建设典型案例选编》，为普法宣传、执法监督、理论研讨等提供基础性资料，被潍坊学院政法学院确定为辅助教材。

【法治文化建设】 2022年，打造完善青州市黄楼街道郝家村、奎文区“春芳公益法律服务诊所”等法律服务品牌20余处。举办“双百”宣讲、“法治文化基层行”“企业合规公益大讲堂”等活动1000余场次。利用市法学会网站等各类融媒体平台，宣传学习中共二十大精神、习近平法治思想等有关内容，发布理论文章、法律文化等信息700余条。

【自身建设】 2022年，健全完善《潍坊市法学会研究会管理办法》等20余项工作制度，加强对县级法学会和各专业研究会的日常调度和基础考核。推动4个县级法学会配备专职副会长，成立涉外法学研究会，对行政法学研究会秘书处有关设置进行调整。注重吸收基层一线优秀法学法律工作者加入法学会，全年全市共发展个人会员251人，团体会员5个。

（刘　鹏）

法 治

Fazhi

政法工作

【概况】 2022年，潍坊市政法系统学习贯彻中共二十大精神，围绕服务保障市委、市政府中心工作，履行政法机关的职责使命，各项工作取得进展，开创政法工作高质量发展新局面。市委政法委获评“平安山东建设表现突出的集体”。全市法院案件结收比、结案率等指标居全省首位，潍“和”坊“安”多元解纷机制等工作经验在全省推广。市检察院推进检察一体化建设、开展涉案企业合规改革试点、深化民事行政检察监督等31项经验被最高检刊发推广，“三上”工作法获评第一批全国检察机关党建业务深度融合“十佳案例”。市公安局13项业务成绩位居全省前列，获评全省公安机关“优秀奖市级公安局”。市司法局被评为“全国司法行政系统先进集体”。全市政法系统220个集体、738名个人受到市厅级及以上表彰奖励。

【维护社会稳定】 2022年，全市政法系统聚焦国家政治安全，全面贯彻总体国家安全观，开展反渗透、反破坏、反颠覆、反分裂、反暴恐斗争，维护政治安全。完善维护社会稳定工作机制，实现预防、化解、管控、疏导、打击一体推进，提升维护社会稳定效能。健全维稳安保工作机制，完成中共二十大等系列维稳安保任务。发动政法干警和基层综治网格力量排查各类涉疫矛盾纠纷，落实化解、帮扶、疏导措施，确保疫情防控期间社会大局稳定。开展涉稳风险排查化解工作，消除各领域影响安全稳定的矛盾风险隐患。完善新形势下重大决策社会稳定风险评估机制，从源头上防范化解社会矛盾风险，保障重大决策顺利实施。

【市域社会治理现代化】 2022年，全市政法系统推进市域社会治理现代化试点合格城市创建工作，潍坊市“防范化解房地产和物业领域矛盾风险”经验做法被《法治日报》《长安》等中央媒体刊发报道。坚持和发展新时代“枫桥经验”，落实矛盾纠纷排查化解，全市县、镇“一站式”矛盾纠纷调解中心实现全覆盖，群众诉求办结率99.6%，“一站式”矛盾纠纷调解中心经验做法得到省委领导批示肯定。总结推广金都社区、新邻里社区矛盾纠纷源头治理的经验做法。推进法院系统潍“和”坊“安”多元解决纠纷机制，加强公安机关“百万警进千万家”活动和警民联调工作，推动基层司法所和法律服务所“两所共建”，全方位、一站式解决群众诉求。加强和创新基层社会治理，推行“综治中心＋网格化＋信息化”治理模式，规范整合基层网格12921个，配备网格员21675人，基本实现网格化服务管理全覆盖，提升基层社会治理效能。

【平安潍坊建设】 2022年，全市政法系统推进平安潍坊建设，多项工作走在全省前列。市扫黑办获评“全省扫黑除恶斗争先进单位一等奖”，市扫黑办工作专班获评“全省扫黑除恶斗争先进集体”。打击突出违法犯罪行为，全市刑事犯罪呈现低发高破的良好态势。常态化开展扫黑除恶斗争，开展打击整治养老诈骗专项行动，追赃挽损3.4亿余元。打击电信网络诈骗犯罪，发案数、损失数同比显著下降。开展平安建设领域“五类风险”防范化解工作，守牢防风险、护安全、保稳定底线，未发生有影响的重大案事件。开展校园及周边环境综合治理，全面推行“5+1护学岗”模式，保障校园安全。加强道路交通安全隐患排查整治，排查整改道路交通安全隐患1.2万余处，保障道路交通安全、畅通。推进铁路护路联防工作机制，潍坊市经验做法在全省护路联防工作会议上作典型发言。完善见义勇为表扬奖励机制，表扬奖励87名个人和1个群体，弘扬社会正能量。

【法治潍坊建设】 2022年，全市政法系统落实“一规划两纲要”的实施方案和若干措施，搭建起全面依法治市的“四梁八柱”。创新建立“政法委主导、法学会参与、专家组评议、多部门联动”案件评查新模式，发现整改瑕疵案件，提升执法司法效能。推进服务发展法治举措，落实市委服务企业专员制度，政法系统领导干部包靠联系企业项目1950个，组织开展“惠企政策落地”等专项行动6次，走访服务企业1.2万次，解决困难问题1100件。推进“首次不罚、首次轻罚”机制，落实“免罚清单”机制，全市减罚免罚金额1.9亿元，受益主体116万个。推行首席法律咨询专家制度，在重大风险防控、重大案事件处置等方面发挥作用。落实法治为民实事，推进免费停车工作，全市免费停车泊位达66.9万个。完善公共法律服务体系，制定出台《潍坊市公共法律服务事项清单》，涵盖法治宣传教育、法律咨询、法律援助等10大类36项服务事项，提升全市公共法律服务供给水平。创新推行公安机关“3+3”一窗通办政务服务模式，在潍柴、福田、歌尔等大型企业建立11处驻企警务工作站，为企业职工提供高效便捷的服务，全省公安机关深化“放管服”改革会议观摩潍坊市现场，推广市公安局相关经验做法。市司法局132项政务服务事项全部“上网”，全程网办率、“一窗受理”通办率均为100%。

【政法队伍建设】 2022年，全市政法系统加强政治建警，组织全员学习贯彻中共二十大精神，开展政治轮训，推动全市政法机关举办习近平法治思想等专题培训班81场，培训干警9000余人次。坚持素质强警，健全完善政法干警教育培训机制，创新开展市政法单位“五长”为政法干警授课活动，提升队伍素质。注重从优待警，推动政法干警依法履行职务，维护政法干警的合法权益和执法司法权威。在市委政法委和各政法系统创新建立从优待警委员会制度，推动各项从优待警措施落细落实。全面推广政法干警荣誉退休制度和荣誉喜报制度，提升政法队伍凝聚力、战斗力。

（王均龙）

地方立法

【概况】 2022年，潍坊市人大常委会制定通过《潍坊市出租汽车经营服务管理若干规定》《潍坊市文明行为促进条例》《潍坊市快递条例》3件地方性法规，表决通过《潍坊市人大常委会关于加强公共场所限时免费停车管理的决定》，修订《潍坊市道路交通安全条例》，组织审查21件规范性文件合法性。

【重点领域立法】 市人大常委会审议通过《潍坊市出租汽车经营服务管理若干规定》。2022年4月27日，市十八届人大常委会第一次会议进行第一次审议；6月16日，市十八届人大常委会第二次会议表决通过，于7月28日经山东省第十三届人大常委会第三十六次会议批准，自公布之日起施行。

审议通过《潍坊市文明行为促进条例》。2021年8月26日，市十七届人大常委会第四十六次会议进行第一次审议；2022年4月27日，市十八届人大常委会第一次会议进行第二次审议；8月30日，市十八届人大常委会第四次会议审议通过，于9月21日经山东省第十三届人大常委会第三十八次会议批准，自10月15日起施行。

审议通过《潍坊市快递条例》。2021年12月31日，市十七届人大常委会第四十九次会议进行第一次审议；2022年8月30日，市十八届人大常委会第四次会议进行第二次审议；12月22日，市十八届人大常委会第六次会议表决通过，于2023年1月10日经山东省第十三届人大常委会第四十一次会议批准，自2023年3月15日起施行。

修订《潍坊市道路交通安全条例》。2022年6月16日，市十八届人大常委会第二次会议进行第一次审议；8月30日，市十八届人大常委会第四次会议进行第二次审议；12月22日，市十八届人大常委会第六次会议表决通过，于2023年1月10日经山东省第十三届人大常委会第四十一次会议批准，自2023年3月1日起施行。

审议通过《潍坊市人大常委会关于加强公共场所限时免费停车管理的决定》。2022年4月27日，市十八届人大常委会第一次会议表决通过，自公布之日起施行。

【备案审查工作】 2022年，市人大常委会将“一府一委两院”所有规范公民、法人和其他组织权利义务关系的规范性文件纳入备案审查范围。市人大常委会法制工作委员会与相关专门委员会坚持政治性、合宪性、合法性、适当性审查标准，共同审查市政府、市中级法院、县（市、区）人大及其常委会报备的规范性文件21件。对审查发现存在问题的5件规范性文件，提出审查意见，督促制定机关依法整改。清理涉及安全生产的地方性法规、涉及计划生育内容和水能资源开发利用的地方性法规、规章、规范性文件。做好备案审查信息平台系统账号分配工作，促进“有件必备”，提高备案效率。组织开展报备人员网上业务培训，参加全国人大常委会和省人大常委会网络业务培训，推进备案审查能力建设。

【地方立法规划】 2022 年 6 月，市人大常委会法制工作委员会印发《关于分析提报 2022—2026 年地方立法规划法规项目的通知》，要求有关部门和单位提报立法项目，召开座谈会 6 次，与有关部门进行沟通协商，从征集的立法项目中选取部分项目，与 2022 年立法计划中的已有项目进行整合，共 29 件一起列入立法规划。8 月 25 日，市人大常委会主任会议研究通过该规划。9 月，市委正式转发实施。10 月，市人大常委会法制工作委员会在五年立法规划的基础上，结合推进的立法项目和领导意见要求，与市直有关部门进行协商沟通后，初步拟订《潍坊市人大常委会 2023 年地方立法计划草案（征求意见稿）》。11 月，就草案（征求意见稿）全面征求市人大常委会主任会议成员、机关各委室的建议意见，根据反馈的建议意见修改完善。

（郭凤孝　李治红）

法治政府建设

【概况】 2022 年，潍坊市全面贯彻中共二十大精神，学习贯彻习近平法治思想，落实党中央、国务院决策部署和省委、省政府工作安排，法治政府建设各项工作取得进展。

【思想理论学习】 2022 年，将学习宣传贯彻习近平法治思想列入全市党委（党组）理论学习中心组 2022 年学习安排，纳入市委全面依法治市委员会年度工作要点和干部教育重点培训计划，《潍坊日报》开设专栏刊发市直部门、单位主要负责人访谈文章 30 期。市委党校开设习近平法治思想研究等专项课题 11 个，主体班次均开设习近平法治思想专题课程。

【法治建设领导】 2022 年，市委常委会会议、市政府常务会议听取法治建设情况、研究解决法治领域问题 30 余次。市委、市政府主要负责人履行党政主要负责人推进法治建设第一责任人职责，亲自部署、研究、批示法治建设工作 50 余次。市委主要负责人在省委全面依法治省委员会第五次会议上述法。各县（市、区）、市属各开发区和市直部门单位细化完善第一责任人职责清单，实现 100% 全覆盖。

【政府职能履行】 2022 年，落实权责清单制度，建立健全动态评估机制。编制《潍坊市行政许可事项清单（2022 年版）》，打造全省首张能办事“智慧云图”。全省实现“云踏勘”服务模式全覆盖，“帮办代办 + 志愿者”、文明礼仪“七步法”和政务服务满意度回访等举措全省领先。推进公平竞争审查，获批开展重大政策措施公平竞争审查会审国家级试点。加快推进信用体系建设，全面建立信用承诺机制，在 53 个领域实施信用分级分类监管。

【立法规划】 2022 年，科学编制年度政府立法计划，创新立法工作机制，实行项目化管理，优化行政立法质效。出台《潍坊市政府规章评估办法》，确立“立法前评估和立法后评估并重”的政府立法评估机制。坚持全面审核、开门审核、重点审核“三维审核”机制，行政规范性文件审核覆盖率、公众参与率、合法合规率 100%。

【政府依法决策】 2022 年，实行重大行政决策目录管理，调整完善重大决策社会稳定风险评估专家库。出台《党政机关法律顾问工作管理办法》，市县镇三级党政机关全部聘用法律顾问。完善突发事件应对机制，建立互联网舆情会商研判机制，“潍坊网络巡查骑兵连”入选全国网络举报一体化机制建设创新实践案例。

【行政执法】 2022 年，推行县级“局队合一”执法体制，实行镇街“1+7+N”联合执法。推进“无证明城市”建设，推行证明事项告知承诺制，落实“免罚清单”机制。规范行政执法人员管理，开展“贯彻实施行政处罚法”主题宣传月活动和专题培训，筑牢规范行政执法行为、提升依法执法质效基础。

【社会治理】 2022 年，推进“一站式”矛盾纠纷调解中心建设，深化信访工作制度改革。创新“八五普法团队作战”机制，开通潍坊市智慧普法依法治理云平台。研发非诉讼纠纷集约化解办公平台，经验做法入选全省十大创新领域典型案例。完善行业性专业性调解机制，创新行政复议“审前调解 + 证据共享 + 限时办结”机制，开展行政应诉“双百行动”，实现主要负责人出庭应诉率 100%。

【行政权力制约】 2022 年，完成司法部“省市县乡四级行政执法协调监督工作体系建设”试点，立体式行政执法监督体系基本建立。邀请市民代表列席市政府常务会议，落实市级有关领导参加分管领域政府开放日活动。建成全市公共企事业单位信息公开平台，创新打造融媒体品牌栏目“大道消息”，经验做法先后3次被国办《政务公开工作交流》简报刊发。

【完善机制】 2022年，科学制定法治政府建设重点工作计划，组织全市法治建设“一规划两纲要”专项评估，部署开展全市法治建设督察。推动法治山东建设指标体系落实，举办推进法治潍坊建设专题培训班，提升市县两级法治建设一线人员能力素质。推进法治政府建设示范创建，全市1个县和1个项目获评第二批山东省法治政府建设示范县（市、区）和项目。

（冯子璐）

公　安

【概况】 2022年，全市公安机关和广大公安民警、辅警在市委、市政府和省公安厅的坚强领导下，围绕中共二十大安保维稳主题主线，完成防风险、保安全、护稳定、战疫情、促发展等各项工作，维护全市大局安全稳定。全市4个集体和3名个人在全国公安系统英雄模范立功集体表彰大会上受到表彰，50余项工作做法受到省委、省政府领导批示肯定和推广交流，市委、市政府先后3次对全市公安机关通报表扬。

【安保维稳】 全市公安系统完善党政抓总、部门联动的“1236”安保运行机制，市指挥部和市公安局指挥部联合值守、一体运行，统筹全市安保资源，每天2次情况调度会商研判，落实情报预警、应急处置、打击处理3项措施，完成中共二十大安保维稳和北京冬奥会、北京冬残奥会、全国两会、省市党代会等一系列安保任务。成立全省首家政治安全情报中心，维护政治安全、提升国家安全能力。公安网警与市网信部门建立一体化值守机制，24小时运转。

【社会治安】 2022年，市公安打击影响群众安全感和经济社会发展的突出违法犯罪活动，开展夏季治安严打整治“百日行动”，打击新型犯罪、小案侦防、智慧禁毒等多点创新、落实责任，刑事案件破案数同比增长12.4%，命案现案连续6年全破，电信诈犯罪发案同比下降53.93%、破案数同比上升302%，完成部督、省督和省厅交办的重大案件任务70起，刑侦、反诈、禁毒、食药环侦、森警、打击网络赌博等主要打击指标考核均居全省前两名，侦破“8·24”跨境赌博专案，侦办的“12·01”专案受到公安部通报表扬。禁毒工作群众满意度100%、位列全国第一，“三非”人员治理上升为党政工程，道路交通事故起数、死亡人数实现“双下降”。

【服务经济发展】 2022年，市公安出台服务全市经济社会发展18条措施等文件，在服务大局中推进工作、夯实基础。优化营商环境，全市公安机关563名服务企业专员，帮助企业协调解决困难1100余个。创新推行“3+3”一窗通办政务服务模式，在大型企业建立11处驻企警务工作站，方便群众办事，帮助企业解决困难。制定规范办理涉疫案件、打击涉安全生产类犯罪活动等一系列意见，推动“生态警务”纳入市政府工作规划。推进无证明城市建设和“一窗通办”改革，构建“最优便民服务圈”的做法被省厅推广、被省政府优化营商环境简报刊发，到潍旅客无证入住旅店的做法被上升为省厅改革项目。

【公安改革】 2022年，市公安完成“两个大抓、再抓三年”攻坚战，完成12类64项攻坚任务，3个派出所被命名为“枫桥式公安派出所”，市车管所被命名为“全国一等车管所”，市公安局获评全省“优秀奖市级公安局”。在打牢基层基础的同时，推进信息化应用平台建设、治安防控体系建设、打击防范新型网络犯罪工作机制、人才选拔培养机制、搭建大监督格局“五项建设”，促进公安工作高质量发展。

【法治公安】 2022年，市公安系统深化执法规范化建设，出台《全市法治公安建设高质量发展意见》，推进执法办案管理中心建设应用提升、执法突出问题排查整治、执法智能化升级改造、执法主体素质能力提升、执法效果提升“五项工程”，全要素、成体系规划建设法治公安。在全省法治建设十大法治人物、十件法治实事“双十”评选中，同时入选法治人物、法治实事。编制规范执法指引，为民警现场执法提供精准指导，促进民警执法规范化。全面推广“信访感知”系统，加强信访问题源头治理，新警情引发的信访案件数量同比下降54.6%，其经验做法在全省信访基础工作现场会推广。

【公安队伍建设】 2022年，市公安局聚焦“公安姓党”的根本政治属性，定期组织全警政治知识测试，做到“心有忠诚，行有方向”。推进意识形态领域工作，制定印发《党委意识形态工作责任制实施方案》等文件。围绕提高“十个能力”，出台35个警种条线人才培养规划，确定5个人才孵化中心，公安人才培养迈上新台阶。坚持全面从严治警，构建具有公安特色的“9+2+N”大监督格局，实现队伍监督数据一体汇总、问题一体研判、整改一体推进，队伍呈现崭新面貌。加强暖警爱警，落实职级序列改革政策，健全辅警管理制度，开展战时阶段民警子女托管，推荐服务老干部“十项措施”，增强公安队伍凝聚力、战斗力。

（赵　敏）

检　察

【概况】 2022年，潍坊市检察机关坚持以习近平新时代中国特色社会主义思想为指导，贯彻习近平法治思想，围绕市委决策部署，能动履职，守正创新，为大局服务，为人民司法，各项工作取得进展。56项工作创新经验被省级以上信息简报转发，其中最高检31篇、省委7篇；在全省检察工作考核中成绩名列前三。

【党建引领】 2022年，全市检察机关创新党建工作制度17项，把党内政治生活细化为43项执行标准。两级院与117个社区党支部开展共建活动232次。“潍检党旗红”被评为全省检察机关十佳文化品牌，“三上工作法”被评为全国检察机关党建业务深度融合十佳典型案例。落实“第一议题”制度，学习中共二十大精神。推行思想政治工作责任制。开展一线疫情防控和“四进”活动，5600余人次参与。讲好新时代检察故事，“两微一端”发布信息15万余条，市检察院“互联网＋检察”走在全国前列。加强“三个规定”填报工作，共填报1763件。加强检察队伍建设，47个集体和176名个人受到市级以上表彰奖励，涌现出“全省人民满意的公务员”“齐鲁最美检察官”等一批先进典型。

【平安潍坊建设】 2022年，全市检察机关打击各类刑事犯罪，依法批捕912人，起诉5824人。依法批捕涉黑涉恶犯罪19人，起诉74人。开展打击拐卖妇女儿童犯罪专项行动，依法起诉29人。开展打击整治养老诈骗专项行动，依法起诉116人，追赃挽损1500余万元。化解3876起群众信访。全面开展检察听证，组织公开听证1094件次。开展司法救助579人。推进诉源治理，对疫情防控、生态环保、安全生产等提出治理类检察建议374件。

【优化法治营商环境】 2022年，全市检察机关助力防范化解金融风险，起诉非法吸收公众存款、集资诈骗、洗钱等犯罪155人，追赃挽损1.13亿余元。加强知识产权综合司法保护，办理制假售假、侵犯知识产权等案件55件105人。加强民营企业平等保护，对1065名小微企业经营者和个体工商户，依法不捕不诉或建议适用缓刑。推开涉案企业合规改革试点，办理企业合规案件53件。

【社会市域治理】 2022年，全市检察机关助力反腐败工作大局，起诉职务犯罪51件53人，立案查处司法人员职务犯罪4件4人。与环保部门密切配合，起诉破坏生态环境资源犯罪138人，办理相关公益诉讼案件220件。与市人社局会签协作配合意见，帮助农民工追回欠薪760万余元。与市场监管局等联合开展“四个最严”专项行动，起诉制售有毒有害食品、假药劣药等犯罪47人，办理相关公益诉讼案件59件。在市信访局设立检察官接访室，化解110余起涉法信访案件。

【检察监督】 刑事检察　2022年，市检察院与市法院加强法检协作配合，对刑事裁判依法提出抗诉40件。在公安机关设立侦查监督与协作配合办公室，监督立、撤案108人；对不构成犯罪和证据不足的不批捕217人、不起诉278人；追加逮捕、追加起诉113人。开展刑事执行活动监督，监督纠正减刑、假释、暂予监外执行不当187人次。

民事检察　办结民事监督案件1739件。监督民事审判和执行程序，发出检察建议纠正790件。坚持监督与息诉并重，依法作出不支持监督申请决定289件。开展刑事案件中民事虚假诉讼监督专项活动，监督纠正虚假诉讼36件，追究刑事责任9人。

行政检察　办理各类行政检察监督案件543件，提出抗诉和再审检察建议12件。综合运用督促纠正违法、居中促和、司法救助等方式，实质性化解行政争议123件。加强行政检察与行政执法衔接协作，发出检察建议93件，全部得到采纳落实。

公益诉讼检察　立案办理公益诉讼案件458件，发出诉前检察建议388件，发出民事公益诉讼公告59件，提起诉讼41件。聚焦群众关切问题，办理国有财产保护、燃气安全、电动车“飞线充电”等新领域公益诉讼案件38件。

未成年人检察　打击侵害未成年人犯罪，批捕100人、起诉235人。实行“教育、感化、挽救”方针，对涉嫌轻微犯罪未成年人依法不起诉72人。落实未成年人刑事案件特别程序，向涉案未成年人家长发出督促监护令186份。推进“一号检察建议”落实，346名检察官担任中小学法治副校长。

【检察队伍建设】 2022年，全市检察机关创新全过程考核管理，出台《创新亮点工作考核办法》，实行“月通报、季讲评”工作推动机制。创建的“人民网领导留言板”模型被评为全国检察机关大数据法律监督模型竞赛优秀奖。创新检察一体化模式，选拔346人组建人才库、顾问团、专家队，建立“蹲点+巡回”网格化办案指导制度，创新“一案百问”背书制度，形成上下一体履职、“四大检察”融合发展的检察一体化模式，做法被最高检、省院转发推广，《检察日报》头版头条报道。创新青年干警理论学习模式，做法获得省委政法委推广。组织全市检察机关“80后”青年干警成立创新亮点工作突击队，形成1189篇经验材料、宣传稿件被上级领导机关和媒体转发报道。

（石迎晴）

法 院

【概况】 2022年，潍坊市中级人民法院坚持以习近平新时代中国特色社会主义思想为指导，学习贯彻中共二十大精神，落实中央和省委、市委决策部署，坚持服务中心大局，统筹疫情防控和执法办案，推进改革创新，党建工作和审判执行等工作，为经济社会高质量发展提供司法保障。全市法院结案率、结收比、未结案件降幅均居全省第一位；员额法官人均结案数居全省第三位。其中，潍坊中院结案率、结收比、员额法官人均结案数均居全省第一位，二审服判息诉率居全省第二位。77个集体和个人获得省级以上表彰，“潍和坊安”“‘红’潍天平”等经验做法先后被《人民日报》《光明日报》《人民法院报》等媒体报道推广，获最高法院和省市领导等21次批示。

【党建统领】 2022年，坚持党对法院工作的绝对领导，落实重大事项请示报告制度，坚决执行意识形态责任制，确保市委决策部署在法院落实。开展“两个确立”主题教育，做“有信仰、有情怀、有担当、有办法、有纪律”的干警，坚定捍卫“两个确立”，做到“两个维护”，相关做法被最高法院简报刊发推广。加强理论武装，学习宣传贯彻中共二十大精神，组织专题宣讲、主题党日等“十个一”系列活动。成立青年工作委员会，全市法院设立75个青干小组，开展理论学习、座谈研讨等活动，涌现出一批被各级表彰的优秀青年干警。强化党建业务融合。推行“党建+特色+重点工作”模式，在审判团队建有党小组73个，7个案例在全省党建业务融合竞赛中获奖，中院“‘红’潍天平·时代先锋”被评为市直机关“十佳”党建品牌，《人民法院报》整版专题报道，最高法院《队伍建设》刊发推广。

【维护社会稳定】 2022年，依法维护国家安全社会稳定，推进常态化扫黑除恶，审结涉黑恶案件9件，严惩罪犯45名，判决超过3个月存量案件财产处置率100%。开展打击整治养老诈骗犯罪专项行动，为群众挽回损失2268.1万元，1起案例入选全国法院典型案例。联合潍坊市检察院在潍坊中院设立接访室，探索创新新形势下检法联动化解矛盾纠纷新路径。做好中共二十大维稳安保工作，市委、市政府通报表扬。优化法治营商环境。完善破产审判“府院联动”机制，审结破产重整案件9件。依法防范化解金融风险，启用金融“云庭智审平台”，审结金融案件1.1万件，标的额28.2亿元。加强知识产权司法保护，新增奎文、潍城两处法院作为知识产权纠纷管辖法院，审结知识产权案件2105件，1起案例获评全省知识产权审判二十周年精品文书。推动环资审判机构全覆盖，在风景区、水源保护地等设立环资巡回法庭、司法修复基地。坚持监督与支持并重，审结行政案件1368件，行政机关出庭应诉率达100%。依法服务

2022年3月，寿光法院法官实地走访调查蔬菜买卖纠纷案件（供图：武凤燕）

2022年5月5日，潍坊中院举办全市法院十佳"办案能手""青年法官""青年岗位标兵"暨办案经验交流会（供图：耿倩倩）

企业发展，出台保护企业家合法权益10条举措，联合工商联制发法律风险防控指南，专项执行中小微企业、民营企业债权，青州市人民法院与青州市工商联实施共建联创、精准服务民营企业的做法，入选全国典型案例。

【司法为民】 2022年，加强民生权益保障，统筹疫情防控和审判执行工作，出台服务保障疫情防控13条措施，网上立案13.8万件，互联网开庭3.4万件，确保诉讼服务"不打烊"。开展"为群众办实事示范法院"创建活动，依法审结婚姻家庭、人身损害、劳动争议等民事案件8.9万件，40%的案件通过调解和解方式化解。推进参与基层社会治理，把"平安建设"与"枫桥经验"有机结合，创新"潍和坊安"多元解纷机制，实现一审收案和衍生案件数量"双下降"。经验做法被《人民法院报》专版报道，省高院下发通知在全省推广。推行"门诊式"诉讼服务。配齐配强速裁团队，速裁案件3.1万件，平均办案周期缩短12天。推行民事、行政二审案件网上立案，"12368"热线接通率、工单办理协调解决率100%，诉讼服务综合指标居全省前列。打造司法为民"桥头堡"。发挥人民法庭参与基层社会治理、服务乡村振兴的优势，推出"蔬菜法庭""网格法庭"等一批特色法庭，56处人民法庭办结案件4.2万件，占一审民事案件的47.7%。维护胜诉合法权益，推进执行联动工作，开展"执行亮剑""夏日风暴"等专项执行行动，落实执行强制措施，执结各类案件9.1万件，结案标的额121亿元，同比增长16.7%和15.7%。

【法院队伍建设】 2022年，全面提升履职能力，开展十佳"办案能手""青年法官""青年岗位标兵"评选活动，举办办案经验交流会，选树先进典型151人。坚持"能办案、能调研、能讲课"培养导向，开展裁判文书、典型案例、庭审、司法建议、调研成果"五优评选"，28名干警被评为省、市审判业务专家。完善审判监督制约机制。推进院庭长对"四类案件"监管，实现放权不放任、用权受监督。加强对下指导，完善监督管理、类案检索、法律适用问题解答等制度。巩固深化教育整顿成果，出台《落实"一岗双责"实施办法》，全覆盖开展审务督察，组织干警全员到市廉政教育基地参观，支部书记带头"谈廉政"，营造健康政治环境。

（于　洋）

司法行政

【概况】 2022年，潍坊市司法局围绕为建设新时代中国特色社会主义现代化强市提供法治保障，推进依法治市和司法行政工作，在加强行政执法监督、创新行政立法机制、提升法律服务水平、推进普法治理等方面取得进展，获评"全国司法行政系统先进集体"。

【行政执法协调监督工作体系建设试点】 2022年，市司法局推进司法部确定的"省市县乡四级行政执法协调监督工作体系建设"试点，印发试点方案，确定5个县（市、区）为试点单位，在机构设置、人员配备、制度完善、机制创新、信息化建设、经费保障等方面探索突破，形成立体式行政执法监督体系。规范行政执法人员监督管理，完成全市6900余人行政执法证件审验换发，筑牢规范公正文明执法基础。

【重点领域立法】 2022年，市司法局科学编制2022年政府立法计划，涵盖出租汽车、控制吸烟、垃圾分类、消防安全等重点领域。创新搭建"法汇民声"立法征求意见平台，出台《潍坊市政府规章评估办法》，相关做法被省委政法委《今日政法》刊发推广。推动市政府提请市人大常委会审议《潍坊市志愿服务条例（草案）》等地方性法规6部，制定《潍坊市控制吸烟管理办法》《潍坊市生活垃圾分类管理办法》实体政府规章2部。

【法治建设】 2022年，市司法局围绕“争一等争第一”，依法推进免费停车项目入选山东省法治为民十件实事，联合打造的“潍坊市社会信用体系建设赋能高质量发展”创新做法，被评为法治山东建设十大案例。完成“潍坊市法治为民十大实事”“潍坊市十大法治人物”评选，提升法治潍坊知名度。

【依法决策】 2022年，市司法局实行重大行政决策目录管理，确定年度重大行政决策项目8个、文件计划项目41个，涉及城市更新、民生保障、乡村振兴、生态环保等20余个重点领域，助力经济社会高质量发展。加强法制审核工作，将公众参与、专家论证、风险评估作为重大行政决策送审必备要件，控制决策法律风险，相关做法入选全省法制审核指导案例予以推广。

【复议应诉】 2022年，市司法局出台《市区道路交通类行政复议案件快速办理工作规范》，创新“审前调解+证据共享+限时办结”机制，案件办理效率提速超过40%。开展行政应诉“双百行动”，在全市行政机关正副职负责人综合出庭应诉率100%的基础上，在省内率先制定《潍坊市部门正职负责人出庭应诉暂行规定》，实现部门正职负责人出庭应诉率100%，相关做法被省《法治工作简报》刊发。

【矛盾纠纷化解】 2022年，市司法局矛调机制入选全省创新案例。推进集约化非诉纠纷解决机制建设，完善县级“一站式”矛盾纠纷调解中心、“无讼超市”功能，推进“一中心一超市”向基层延伸，全市建成“无讼超市”134个，经验做法入选全省十大创新领域典型案例，做法被省委政法委《今日政法》刊发。在全省率先研发首个“非诉讼纠纷集约化解办公平台”，全市司法行政系统305个基层单位、公共法律服务机构等上线开展非诉讼纠纷化解工作。

【优化营商环境】 2022年，市司法局组织开展“疫情要防住、经济要稳住、发展要安全”法治保障攻坚行动，出台19条措施，助力营造良好法治环境。在全省率先制定《潍坊市涉企行政复议案件办理规范》，源头预防涉企行政争议，简化涉企行政复议手续，做法被“民主与法制网”刊发。创新推行“企业公证顾问”制度，组建“企业公证顾问”服务团21个，办理涉企公证业务4720件，以法治服务助企纾困。

【公共法律服务】 2022年，市司法局制定出台《潍坊市公共法律服务事项清单》，涵盖10大类36项服务事项，全市公共法律服务供给水平全面提升，相关做法被省《法治工作简报》刊发。优化“潍律通—律师来了”为民服务平台，提高推广使用率和咨询答复率，直接受益群众10万余人。高标准完成国家统一法律职业资格考试工作，用心用情为3700余名考生提供高效服务，助力法治人才培养。

【“八五”普法】 2022年，市司法局创新“八五普法团队作战”机制，成立潍坊市“八五”普法讲师团，组建潍坊市“八五”普法服务队，分设“法治同行”“法护青春”“法润鸢都”“法进万家”“法治媒体”5个专项服务队共400人，成立普法志愿者队伍，壮大普法宣传队伍。定期开展公益普法活动，提高全社会法治意识和法治能力。开通“潍坊市智慧普法依法治理云平台”，市直98个重点部门单位6600余名国家工作人员在线学法。

【基层治理法治保障】 2022年，市司法局开展“乡村振兴法治同行”主题活动，全市村（居）法律顾问协助起草村规民约、法律文书2000余件次，推动基层民主法治建设增强，“三优三促”助力乡村振兴做法被司法部简报刊发推广。加强基层示范创建，新创建国家级民主法治示范村（社区）7个、省级17个。制定《社区矫正信息化核查联动工作机制》，创新教育矫治，打造生活上关心、就业上帮助的“暖心工程”，开展心理辅导4400余人次，帮助就业就学680余人。

（冯子璐）

仲　裁

【概况】 2022年，潍坊仲裁委员会坚持以习近平新时代中国特色社会主义思想为指导，聚焦服务全市经济社会发展大局主题，受理仲裁案件2052件，为当事人挽回经济损失29.5亿元，分别同比增长49%、32%，收费对财政贡献度同比增长37%，主要指标连续4年创历史新高，综合实力跃升至全省第三位。省委依法治省办督察组、省高院省司法厅联合调研组实地调研，创新打造的“仲裁+调解+诉讼”商事一站式解决纠纷模式

2022 年 7 月 22 日，潍坊市法学会涉外法学研究会成立大会召开（供图：郭佳鹏）

入选“中国商事仲裁十大热点”，获评市直 2022 年度优质服务项目。

【党建引领】 2022 年，依托“五心五力”工作法，打造“仲心裁公”党建品牌升级版。改造提升集党建、法治、文化于一体的“学习实践习近平法治思想仲裁基地”，吸引机关、企事业单位来访 162 批、940 人次，成为习近平法治思想学习宣传新阵地。

【重点领域服务】 2022 年，为三级政府和平台企业化解招商引资、重大项目、园区建设、土地交易等纠纷 47 起。助力防范化解金融风险，开展“金融仲裁专项服务年”活动，全年受理各类金融案件 871 起。组建市法学会涉外法学研究会，成为省内第一家专门从事涉外法学理论与实务研究的市级学术研究团体。全年化解重大项目、房地产和建设工程、金融、涉外贸易等领域纠纷数量在全省位居前列。实施仲裁普法服务“十百千万”工程，成立国企、金融、涉外、公司类法律等 5 支服务队，开展推介与精准普法相结合的仲裁发展播种计划，对接服务昌大集团、天瑞重工等企业 300 家。

【基层社会治理】 2022 年，融入基层社会治理，创新举办事业单位法人登记的市商事调解中心，为没有约定仲裁、不愿诉讼解决的纠纷找到新的解决出口。与县（市、区）政府合作设立仲裁委分会，为县（市、区）引入矛盾纠纷多元化解新渠道，在诸城、昌邑、潍城、高密、奎文等县（市、区）落地，形成“仲裁 + 调解 + 诉讼”矛盾纠纷一站式多元化解新模式，省高院、省司法厅专题调研推广，省内外 16 家单位到此考察学习，淄博、日照等成功复制。

【队伍建设】 2022 年，加强队伍建设，推出《仲裁员履职综合评价指标体系》，从德能勤绩廉 5 个维度、60 项具体指标综合评价仲裁员履职情况，以大数据“画像”让仲裁组庭更科学、仲裁员管理服务更精准。践行宗旨意识，制定提升仲裁服务体验 10 条措施，提升当事人服务体验感，获评市直机关五星级党支部等称号。

（段志欣）

出入境边防检查

【概况】 2022 年，潍坊出入境边防检查站贯彻潍坊市委、市政府和国家移民管理局、山东出入境边防检查总站决策部署，围绕中共二十大安保维稳，做好防风险、保安全、护稳定、战疫情、促发展等工作，创造安全稳定的口岸环境和优质高效的服务环境，连续 2 年获评省级文明单位、“支持潍坊发展优秀等次”，1 人当选市政协委员。

【党建引领】 2022 年，出入境边防检查站落实“第一议题”制度，聚焦中共二十大精神、《习近平谈治国理政》第四卷等专题学习。优化升级“红鸢”党建体系，配强 5 个支部班子，推进党委书记抓基层党建突破项目，与海关、海事、港口企业共创“红色海岸线党建联盟”，推动“一支部一品牌”建设，畅通与市委市直机关工委的通联渠道，采取“线上 + 线下”的方式，开展共建活动，办公室党支部连续 2 年获评潍坊市“五星级”党支部。年内，3 名民警分获潍坊市“青春担当好青年”“三八红旗手”“微笑之星”称号，3 个作品在国家局、总站书画摄影评比中获奖。

【安保维稳】 2022年，出入境边防检查站围绕中共二十大安保维稳工作，推进"亮剑国门"2022系列专项行动，全年检查出入境（港）船舶1600余艘次，2.7万余人次，业务量连续3年逆势增长。升级"潍检通"数据平台，设计研发船舶智能监管系统，掌握风险动态。查办多起违法违规案件，连续多年被表彰为"反走私工作先进单位"。优化"四七"独立作战单元勤务运转，建成备用报检室，强化登轮码使用管理，落实换班船员专区查验、全闭环管控、点对点运送，完成500余名船员换班、离船入境等任务。

2022年11月1日，潍坊出入境边防检查站一线执勤民警乘船到锚地检查外轮（供图：出入境边防检查站）

【优化通关服务】 2022年，出入境边防检查站聚焦山东省港口资源整合和潍坊市"海洋强市"发展战略，全面施行国际贸易"单一窗口"和国际航行船舶边检手续无纸化申报，全年签发上下外国船舶许可、船舶搭靠许可1500余份。出台包括"24小时随到随检"、"一地办证、区域通用"、入出境手续"一次办妥"等9项便利措施，推行鲜活产品、抗疫物资、民生物资快速验放"绿色通道"，为2名船员开通"紧急通道"，保证船员得到快速救治；为110余艘运输化工产品船舶、4艘载运活牛船舶、170余艘运输大宗商品船舶开通"快捷通道"，保障民生物资快速通关，提升对外开放综合竞争力。

（李凌云）

军　事

Junshi

潍坊军分区

【概况】 2022年，潍坊军分区党委坚持以习近平新时代中国特色社会主义思想和习近平强军思想为指导，牢牢把握稳中求进总基调，以迎接和宣传中共二十大为主线，贯彻中央军委国防动员部和省军区党委决策部署，完成大项任务，提升部队全面建设。

【思想政治建设】 2022年，潍坊军分区加强理论武装，制定下发中共二十大精神贯彻落实措施，组织党委中心组带机关理论学习，开展“忠诚维护核心、矢志奋斗强军”主题教育和“忠诚·担当·尽责”主题教育实践活动，落实警示性法治教育、预防犯罪教育等内容，组织涉及违规饮酒、保密安全和网赌网贷等专题教育。促进双拥工作，完成省军区赋予的“双清单三助力”（部队需求清单、地方需求清单；助力拓宽后路、助力巩固后院、助力扶持后代）试点任务，组织潍坊市第四届“爱我国防”大学生演讲比赛，为首届全军“四铁”（铁一般信仰、铁一般信念、铁一般纪律、铁一般担当）先进个人2名潍坊籍士兵送喜报，开展革命功臣送新兵活动。学习贯彻中共二十大精神，通过个人自学、每日领读领学、中心组集体研学、党小组会学习讨论等形式，精研细读大会报告和党章，保证所属每名人员至少研读1遍。11月—12月，军分区和各团级单位党委理论学习中心组集体学习开展定时学习，原文领学报告和党章，并整理下发函授作业，印发《基层中共党的二十大精神学习辅导读本》学习成果初见成效。

（韩富旺　李建科）

【组织建设】 2022年，潍坊军分区加强集体领导，落实“十六字”（集体领导、民主集中、个别酝酿、会议决定）方针，做好民主集中制学习教育，参加上级党委书记、副书记党务能力暨党的建设法规培训，开展本级党支部书记培训。落实组织生活制度，开展“七一”专题党日活动，参观“乐道院潍县集中营博物馆”。推进作风建设，开展“从严纠风治弊、纯正政治生态”专项整治活动，落实党委、纪委领导上党课制度，组织主题教育专题组织生活会，做好“讲政治、明大义、守底线”、加强基层风气整肃治理讨论辨析。

（韩富旺　祝尚凯）

2022年10月12日，高密市人武部组织参训基干民兵学习中共二十大精神（供图：傅振）

【备战练兵】 2022年，潍坊军分区开展作战值班整治，推进节日战备和冬奥会、中共二十大期间战备落实。坚持按纲施训，做好国防动员训练标准体系规范起草研究等工作，完成新大纲编修任务。分层级开展基本技能和军事训练考核，组织团级单位主官轻武器实弹射击组织指挥培训考核，开展现役干部、文职人员练兵比武，完成民兵训练任务，组织民兵教练员和民兵干部集训，开展防汛救灾和国防动员课题训练。

【国防动员】 2022年，潍坊军分区推动民兵工作落实，完成普通民兵和基干民兵编建任务，组织基层专武干部民兵业务培训和新任职基层专武干部集训，做好征兵工作，围绕征集高学历兵员这个关键点，把好征兵工作关键环节，落实廉洁征兵制度，设立监督举报电话、信箱，保证廉洁征兵。

【后勤保障】 2022年，潍坊军分区加强后勤行业领域整肃治理，组织基层财务正规化建设检查，完成采购业务培训，推进社会化保障项目系统化管理。加强营区正规化建设，做好营房营院整治。加强装备管理建设，完成仓库设施整修和安防系统阶段升级，协调补充装备器材，推进仓库警勤力量社会化保障。

【服务保障】 2022年，潍坊军分区落实老干部政治待遇，采取集体学习、分散自学和登门送学相结合的方式，编印学习小报送学上门。开展向“老红军、老八路、老解放”学习活动，加强红色资源挖掘整理。提升服务意识，开展“查思想、查工作、查作风”专题教育整顿，组织“用心用情、精准服务”活动。全面提高服务质量，成立服务小组，定期上门巡诊、走访慰问，建立食品、日用品配送站，设立家庭病房，开展特色订餐服务，与潍坊荣复军人医院、潍坊诚公律师事务所等建立合作关系，受到老干部欢迎。

【基层发展】 2022年，潍坊军分区坚持按纲抓建、依法抓建，区分人武部、干休所不同类型，正规“四个秩序”。组织安全隐患排查整治，管理秩序逐步正规。加强军人荣誉感，开展“双争”（争创“四铁”先进单位、争当“四有”优秀个人）评比和“五美”（最美军官、最美文职人员、最美士兵、最美专武干部、最美职工）评选表彰。

【学生军训工作】 2022年，潍坊军分区联合市教育局分别召开研讨会、任务对接会，面对面分析矛盾问题，研究解决措施。承训部队克服老兵复退、演训和教学等问题，派兵帮训，各学校改变抓训思路，开展错分训练。按照“学校提需求、教育部门统计划、军事机关搞协调”程序组织教官选配，按纲施训，执行规定的训练内容、时间和标准。通过军分区和地方有关部门的统筹规划，组织协调驻地官兵、动员民兵预备役等，完成全市学生军训任务。

（王立文　王攀飞）

【“条令法规学习月”活动】 2022年，潍坊军分区开展以“学条令、正秩序、打基础、保稳定”为主题的“条令法规学习月”活动。围绕“动员发动、学习教育、作风养成、问题整治、检查考核”5个方面重点工作细化活动内容、时间安排和责任分工，采取集中部署、随机教育、氛围营造等形式，提高自我约束、自我养成能力。

（王立文　王攀飞）

【征兵宣传】 2022年，潍坊军分区围绕实现“四个全覆盖”（主流媒体网站全覆盖、校园公共聚集场所全覆盖、交通枢纽地标建筑全覆盖、乡镇街道党建橱窗全覆盖）工作目标，指导全市征兵宣传工作。抓住学生集中在校时机，发挥高校征兵主阵地作用，针对大学生特别是应届毕业大学生进行宣传发动。利用电视、报纸等主流媒体及“两微一端”，推进征兵工作信推送，扩大社会知晓面。编发、印制宣传品，整理提供横幅、宣传牌和宣传内容，策划确定征兵宣传活动主题和内容。

（姜树友　周　翔）

【业务培训】 2022年，潍坊军分区采取电视电话会议形式，组织机关各处负责民兵工作人员、各县（市、区）人武部领导和机关人员、所有镇、街、开发园区专武干部及从事武装工作人

2022年9月，安丘市人武部民兵教练员组织学生军训（供图：刘喜萍）

员召开全市民兵业务培训会，通过培训熟悉民兵工作内容和方法，把握工作的特点规律。

（姜树友　刘志方）

【潍坊市第四届“爱我国防”大学生演讲比赛】 2022年11月5—6日，潍坊军分区推进全面国防教育特别是大学生教育建设，军分区政治工作处联合潍坊市委宣传部、团市委、市教育局、市文化和旅游局，以“赓续红色血脉，矢志强国强军”为主题，举办潍坊市第四届“爱我国防”大学生主题演讲比赛。来自全市17所高校的36名（组）参赛选手，讲述对国防和军队的认识和理解，以及亲身经历和发生在身边的感人故事，激发大学生关心国防、热爱国防、建设国防、保卫国防的政治热情。

（韩富旺　陆镇界）

【“守护戎装”专项行动】 2022年初，军分区联合潍坊市公安局、市场监督管理局、文化和旅游局及互联网信息办公室，成立“守护戎装”专项行动工作小组，传达学习上级通知要求，研究拟制市本级实施方案，明确工作目标，纠治重点、责任分工。重点排查潍坊市多家军服承制企业、小商品城、劳保商铺，整治市面各类商店、服装和劳保用品市场等商户买卖武装部队制式服装犯罪行为和非法销售军服、军服专用材料、军服纺织品等违法行为，规范军服生产、销售管理程序，维护军服权威。

（王　潇　杨　帆）

【“军车交通安全月”活动】 2022年，军分区落实“防事故、保安全、保畅通”要求，根据《军队车辆交通安全管理规定》和省军区保障局《关于扎实开展“军车交通安全月”活动的通知》要求，开展“军车交通安全月”活动，通过“组织一次活动宣传教育发动、开展一次车辆安全隐患排查、组织一次人员安全教育整顿、开展一次抄告处理和评比活动”增强驾驶员安全行车意识，规范军车运行秩序，加强军车交通安全管理，遏制车辆交通事故发生。

（王　潇　王　东）

中国人民武装警察部队潍坊支队

【概况】 2022年，武警潍坊支队面对矛盾困难和风险挑战，支队官兵精诚团结、迎难而上，全力以赴铸军魂、谋打赢、夯基础、正风气，集中办好一些举旗帜正导向的要事，办成一些厚底蕴促发展的大事，办实一些暖人心顺兵意的好事，办妥一些时间久积弊深的难事，部队全面建设呈现稳中向上、稳中向好的发展态势。

【政治引领】 2022年，武警支队围绕习近平主席重要讲话，全面学习贯彻中共二十大精神，依托“六学”，推进党委理论中心组学习和基层理论武装。推动教育“破冰”，1人在总队“三会一好”评比竞赛中取得第二名。年度稿件刊发数量位列总队前列，推进政治环境和“书香军营”建设，组织知识竞赛、读书分享、主题晚会、军事体育文化运动会和优质文化进军营等活动。开展“百千万”爱心助学活动，整修田马中学运动场和师生宿舍，助力青州市杨集村乡村振兴，密切军政军民关系。执勤一大队被总队评为“预防犯罪工作先进单位”，1人被总队评为“奋斗强军标兵”。

【练兵备战】 2022年，武警支队围绕迎接保卫中共二十大使命任务，加强执勤隐患治理。担负联勤武装巡逻任务，完成警卫、公祭等专项勤务。支队被评为执勤先进单位。开展首长机关指挥推演，配合开展“日学一规”岗位练兵活动。接受上级拉动检查和文电测试实现零差错、零通报。落实“日打卡、周会操、月评比”和“双月”普考制度。总队教练员集训取得团体第三名，2人获得总队指挥员比武优胜个人，2人被评为优秀教练员，支队年度军事训练成绩位列总队第二名。

【基础建设】 2022年，武警支队探索疫情常态防控下抓建模式，实现训练场、学习室等场所可视化管理，打通网上考、视频查、镜下督抓建链路。落实“精准帮建”责任制，推进部队基础建设。支队被总队评定为全面建设档次“好”。开展亲情相伴活动，召开家属座谈会，组织军地联谊会，为11对新人举办集体婚礼，协调官兵子女择优入学，看望慰问困难官兵，发放困难补贴。打造“六有”安全文化格局。支队被武警部队评为安全工作“六无”支队。

【后勤服务】 2022年，武警支队聚焦“三个服务”，落实后勤专业兵培训，组织后装专业兵训练比武，打造一专多能、一兵多用的后勤专业队伍，支队后装训练成绩位列总队第一名。开展“文明守纪展风采、安全行车迎盛会”活动，累计安全行程18万千米。为机关、基层配发办公和平板电脑，更换老旧桌椅床柜，整修勤务保障大队、教导队暖气管道，解决部分单位基础设施陈旧问题。常态做好疫情防控工作，配发防疫物资，确保工作生活有序开展。

（陈　伟）

人民防空

【概况】 2022年，全市人防系统坚持以习近平新时代中国特色社会主义思想为指导，贯彻总体国家安全观和新发展理念，围绕“走在前、开新局”，聚焦人防核心任务，推动人民防空体系能力建设，各项工作取得进展。

【人防工程建设】 2022年，落实人防工程建设与规划、施工许可、与房屋建筑竣工验收备案合并办理，提高民用建筑修建防空地下室的报审率和结建率。

【人防工程管理】 2022年，开展人防工程管理单元网格化全覆盖，科学划分单元网格，落实维护管理责任，形成人防工程网格化、常态化、精细化管理机制。开发人防工程建设与维护管理数字平台，建立人防工程“审批服务、质量服务、竣工验收、维护监管”四位一体闭环管理服务新模式，推动人防工程建设与维护管理转型升级。

【信息化建设】 2022年，开展防空袭方案修编，编制人防信息化提升改造方案，制定县级人防指挥所信息系统建设工作规范。完成卫星系统视频会议终端设备、指挥中心机房升级改造，提升信息化建设水平。6月15日，连续第二十五次组织防空防灾警报试鸣。

2022年6月15日，举行潍坊市人民防空宣传教育开馆仪式(供图:吕为林)

【宣传教育】 2022年，建成2800平方米人防宣教馆并对外开放，全年接待各类团体90余个、受教育人数6万余人。组建人防宣传教育讲师团，面向高校和中小学推出人防教育精品课件，学校师生接受教育人数54万余人。制作发布“小V说人防”动画短视频，开展“人防知识达人挑战赛”，面向社会发放人防应急包、应急手册，拓展宣传教育新领域。全年受教育人同比增长266.6%。

【服务社会民生】 2022年，编制《人防工程施工技术资料编制规程》，为人防工程从业单位提供高效便捷服务。落实省“高质量发展”政策清单，降低易地建设费收费标准，为人防工程租赁业减免房租，助力企业复工复产。化解房地产领域历史遗留问题，容缺办理人防审批手续，解决群众办证难的问题。建成1563平方米公益性的健身运动中心，定时免费为市民提供健身服务。

【国防动员体制改革】 2022年，以市人防办为基础，组建市国防动员办公室，承担政府主责内的国防动员工作综合协调、建设规划、督导落实等职责。并于12月30日挂牌，同时保留潍坊市人民防空办公室牌子。

(吕为林)

经济管理

Jingjiguanli

宏观经济

【概况】 2022年，潍坊市发展和改革委坚持以习近平新时代中国特色社会主义思想为指导，学习贯彻中共二十大精神，在市委、市政府的坚强领导下，稳增长、促发展、保安全，各项工作取得进展。

【经济运行】 2022年，出台全市支持物流业高质量发展、稳定物价、信用助力中小微企业融资等多项政策方案，制定服务业恢复发展38条，稳定发展预期。做好各项经济指标、先行指标调度，准确研判经济走势。用好国务院稳经济33条和省“稳中求进”高质量发展四批政策清单，落实到各相关部门的具体联系人，跟踪政策落实情况。做好服务业高质量发展攻坚行动，新增月度纳统企业363家，新认定服务业总部经济12家，新增省级服务业集聚区3个、创新中心2家，“两业”融合发展试点单位4家。全年实现社会生产总值7306.5亿元，增速高于全国0.7个百分点。

【新旧动能转换】 2022年，落实“三个坚决”行动方案任务，开展专项督查评估，完成“五年取得突破”。焦化、水泥、轮胎、煤电等低效产能有序整合压减。高新区生物医药产业集群获批省级战略性新兴产业集群，3个集群、5家企业入围第四批省级“雁阵形”产业集群和领军企业，总量分别为14个、20家，均居全省第二位。推荐8个项目入选2022年度省重大产业攻关项目，数量居全省前列。争取大业股份获批国家企业技术中心，6家企业获批省级工程研究中心，11家企业获批省级企业技术中心。制定全市加快开辟发展新领域新赛道的意见，统筹谋划元宇宙、工业母机等19条新产业赛道。

【项目建设】 2022年，开展项目建设“167”行动，落实“五个一”常态化督促督导机制。争取212个项目纳入省级重点项目，526个专项债券项目通过国家发改委审核、额度1979亿元，数量、额度均居全省首位。省市县重点项目全年完成投资超过2800亿元，拉动全年固定资产投资12%以上的增速。全市战略性新兴产业投资增长21.9%，高于全部投资9.2个百分点。民间投资占固定资产投资比70%以上。潍柴大功率高速机、弘润中间体原料、福田雷萨专用车等360个重点项目竣工投产，新增产值超过600亿元。

【区域协调发展】 2022年，组织沿黄8省（区）线上参加中国（寿光）国际蔬菜科技博览会开幕式，举办鲁台经贸合作暨两岸赋能黄河流域生态保护和高质量发展论坛。联合出台胶东经济圈共建市际县域合作区、同城便捷生活等政策文件。1个县、10个镇、79个村通过第二批省乡村振兴“十百千”示范认定。制定支持临朐沂蒙革命老区振兴发展20条，4个县（市、区）获评全省县域经济高质量发展先进县、进步县。做好对口支援和东西部协作工作，落实财政援助资金1.85亿元。

【重点领域改革】 2022年，出台“亩产效益”差别化价格政策。农业水价综合改革经验被全省推广。起草两部制供热价格调整方案。完成省市公共信用信息平台一体化建设，开展“信易贷”服务万家守信企业行动，累计17.5万家中小微企业、个体工商户入驻全国“信易贷”平台和市财政金融综合服务平台。形成52个信用创新应用场景，在53个领域实施信用分级分类监管，数量均居全省第一位。累计完成涉企行政处罚信息信用修复2万余条，行政处罚信息信用修复合规性100%。临朐、安丘创建为

2022 年，寿光兴鸿新能源有限公司 200MW 光伏发电项目场地一隅（供图：市发改局）

省级社会信用体系建设典型城市。

【优化能源结构】 2022 年，依法对 87 台（套）落后电动机提出淘汰建议，提出节能指导建议 70 余条。关停验收燃煤机组 4 台，合计容量 4.6 万千瓦。全市可再生能源装机容量 808.1 万千瓦、居全省第二位，其中光伏 550.7 万千瓦，居全省第一位。实施“氢进万家”科技示范工程，国家燃料电池技术创新中心正式挂牌。建成海化新能源氢气项目、空气产品公司滨海氢能源综合利用项目，华电潍坊发电有限公司制氢加氢一体站项目开工建设，氢能产业数据监控平台投用。全市投运氢燃料公交车 250 辆，开通氢燃料公交车营运专线 18 条，累计运行里程和运送旅客数量均居全省第一。

【安全发展】 2022 年，拟定全市电力设施和电能保护监督员暂行管理办法。实施全市电力安全专项整治三年行动计划。印发《迎峰度夏有序用电方案》《有序用电用户轮停方案》，制定《迎峰度冬能源保供工作方案》。开展油气长输老旧管道专项整治攻坚行动和油气管道占压、安全距离不足隐患排查专项治理行动，问题隐患全部整改销号。做好天然气储气能力建设，完成政府储备任务。加强储备粮管理，组织开展秋季粮油普查，确保粮油质量良好、储存安全、管理规范。

【民生保障】 2022 年，对重要民生商品进行日监测、日报告，完成监测报告 1100 余期，组织市场巡查 9500 余人次。高质量完成价格认定案件 3327 件、标的额 12.27 亿元。健全社会救助和保障标准与物价上涨挂钩联动机制，1.33 万人新纳入保障范围。发放价格临时补贴 583.82 万元，惠及低收入困难群体 22 万人。明确小麦、面粉等 11 种重要民生商品调控目录清单。累计收购小麦 71.33 万吨，完成国有粮库年度轮换任务。建立政府猪肉储备调节制度，常年保持政府储备猪肉 700 吨。核定 36 所学校的学费和住宿费标准。对 15 家国有 A 级旅游景区首道门票价格实行降价优惠。

【重大活动】 2022 年，推进全市预制菜产业发展，出台全市预制菜产业高质量发展三年行动计划和全国首个市级层面的预制菜产业专项扶持政策，确立打造“中华预制菜产业第一城”总体目标。举办中国（潍坊）预制菜产业发展大会，发布首批预制菜企业“白名单”，推动预制菜产业名城建设全面起势。推进优存量和扩增量，印发《全市加快开辟发展新领域新赛道的意见》，谋划布局元宇宙、工业母机等 19 条新产业赛道。开展服务业高质量发展攻坚行动，建立工作专班，细化实施方案，分期分批分策分类开展纳统工作，新增月度纳统企业 363 家。

（石 琳）

能源保障

【概况】 至年底，潍坊市拥有特高压变电站 1 座，变电容量 900 万千伏安，特高压换流站 1 座，换流容量 1231.4 万千伏安，全市拥有 500 千伏变电站 7 座、220 千伏变电站 49 座，35 千伏～110 千伏变电站 330 座，35 千伏～500 千伏变电容量 5273 万千伏安、输电线路 1.12 万千米，10 千伏线路 3.11 万千米、配变 4.36 万台。

【新能源】 至年底，全市新能源和可再生能源总装机容量 808.1 万千瓦，总容量居全省第二。光伏发电装机总容量 550.7 万千瓦，居全省第一。风力发电装机总容量 231.6 万千瓦，居全省第三。生物质及垃圾发电站装机总容量 24.4 万千瓦。氢能产业发展走在全省前列，全市建成加氢站6座，其中固定式加氢站5座、撬装式加氢站1座。投运氢燃料电池公交车250辆，开通氢燃料电池公交运营专线18条，累计运行1338.68万千米，运送旅客326.61万人次。运行里程和运送旅客数量均居全省第一，保有量居国内第三、省内第一。

【电力】 至年底，全市用电量698.82亿千瓦时，同比增长1.21%。全年完成电网工程开工17项、投产23项。220千伏密州—安丘—云湖线路工程、九台站、瑞俊站等工程全部按计划完成投产。九台220千伏变电站新建工程获评“国网山东省电力公司2022年绿色建造示范工程”，台岭220千伏线路工程获省公司2022年度标准工艺示范工程。

【天然气】 至年底，穿越潍坊运行中的油气长输管道有13条，其中原油管线7条、成品油管线2条、天然气管线4条。全市设立管道天然气企业29家，建设天然气门站36座，LNG储配站22座，敷设燃气管网1.88万千米，发展天然气用户245万户，城市管道燃气普及率超过92%，建设汽车加气站75座。

（冀利民）

国土资源管理

【概况】 2022年，潍坊市加强土地要素保障，全市报批各类建设用地1143.19公顷；供应建设用地1.09万公顷，处置2009—2018年批而未供土地1288.26公顷。推进耕地保护工作，获2021年度省级耕地保护激励。新增用地指标46.67公顷、资金3000万元。围绕优化营商环境，完善升级惠企便民举措，二手房“带押过户”相关做法入选全省示范案例。

【土地开发利用】 2022年，推进存量土地盘活利用，处置2009—2018年批而未供土地1288.26公顷，处置量位居全省第一；盘活闲置土地72宗、面积482.4公顷。加强城区国有建设用地供应保障，市政府办公室印发《潍坊市市区2022年度国有建设用地供应计划》，供应中心城区国有建设用地411宗、面积2334.29公顷，其中住宅用地67宗、面积231.40公顷。市政府办公室印发《关于公布潍坊市市区集体建设用地和集体农用地基准地价的通知》，开展自然资源部第二批全民所有自然资源资产平衡表编制试点工作。推进“标准地”供给改革，全市通过“标准地”出让工业用地116宗588.45公顷。开展违规使用养老服务设施用地、变相开发房地产等涉诈问题，规范整治专项，排查养老服务设施项目用地103宗166.22公顷。收储存量国有建设用地31宗17.19公顷，为寒亭中央商务区争取债券项目资金2亿元。

2022年1月30日，全市自然资源和规划工作会议召开（供图：张馨月）

【国土空间用途管制】 2022年，制定《2022年度土地指标跟着项目走实施细则》，实行新增建设用地指标差异化、精准化配置。全年统筹安排各类核算、配置及奖励指标1143.19公顷，全部执行到位。审查报批建设用地批次179个、面积965.78公顷，其中新增用地778.72公顷；受理单独选址项目10个、面积177.41公顷，其中新增用地122.86公顷，均获批复并备案。推进城乡建设用地增减挂钩、工矿废弃地复垦项目实施，经市政府批复立项增减挂钩项目7个、面积26.49公顷；验收挂钩及工矿项目8个、面积33.39公顷。做好省重大基础设施项目东营至青州高速公路改扩建工程（青州段）服务保障，报批面积76.41公顷，其中使用国家新增用地计划指标73.93公顷，获自然资源部批复。

【耕地保护监督】 2022年，开展耕地流出恢复整改，整改恢复耕地1.23万公顷，其中通过省自然资源厅审查9013.33公顷。获2021年度省级耕地保护激励，新增用地指标46.67

公顷、资金3000万元，均居全省第一。市级对2022年度耕地保护成效显著的12个镇街给予激励资金360万元。落实耕地占补平衡制度，全年经依法批准非农业建设占用，补充耕地1253.33公顷，验收新增耕地853.33公顷，入库占补平衡指标626.67公顷，争取使用省级调剂、统筹占补平衡指标280公顷。12个土地征收成片开发方案全部通过省政府批准，数量居全省第一，拟保障项目441个、面积2180公顷。

【矿山生态修复】 2022年，推进历史遗留矿山生态修复，全年争取省财政资金3323万元，完成历史遗留矿山恢复治理51处、面积356公顷。推进安丘市辉渠镇和寿光市营里镇2个全国全域土地综合整治试点，开展农用地整理、村庄迁建、矿山生态修复等子项目建设。

【地质勘查管理】 2022年，完成中心城市2650平方千米多要素城市地质调查，建立调查区三维地质结构模型和城市地质信息服务与决策支持平台。启动全市地质勘查"十四五"规划编制、特色地质镇（村）旅游地质调查评价等工作。开展地勘行业安全生产大检查，完成7家地勘单位的分类分级，全部建立安全生产有奖举报制度。临朐山旺和诸城两个国家级重点保护古生物化石集中产地通过省古生物化石专家委员会评估。完成潍坊市实物地质资料库智能化库房试点建设，实现数据与省级实时共享，完成岩心数字化扫描5074.97米。潍坊市土地储备中心连续7年获评"山东省实物地质资料管理突出单位"。"黄河三角洲高效生态经济区潍北海（咸）水入侵监测预警技术研发与应用"项目获潍坊市科学技术进步二等奖。

【矿产资源保护监督】 2022年，完成《潍坊市矿产资源总体规划（2021—2025年）》编制。部署开展全市矿产资源领域多项检查整治，印发《潍坊市打击"洗洞"盗采金矿专项整治行动实施方案》《潍坊市自然资源领域"越界开采""乱采滥挖"专项督导检查工作方案》《进一步加强矿产资源管理有效防范消除安全风险隐患的通知》《关于开展矿产资源开发利用"百日攻坚"专项检查的通知》《潍坊市绿色矿山"回头看"抽查工作方案》，规范全市矿产资源管理和开发利用秩序。开展潍坊市矿产资源开发利用动态监管项目建设，完成"潍坊市北部地区地下卤水资源调查"项目野外验收。推进绿色矿山建设，全市建成绿色矿山62个，其中国家级6个、省级56个，绿色矿山建成率超过64%。全年征收采矿权出让收益6.85亿元。

【国土测绘和地理信息管理】 2022年，更新发布中心城区988平方千米正射影像、726平方千米2.5维和实景三维数据。完成辖区内76家测绘资质单位复审换证、安全生产等级评价等工作，抽查20家乙级测绘资质单位成果质量。完成《安丘市疫情防控重点区域图》《景芝镇疫情封控区概况图》等疫情防控图件保障任务。《智治城市慧享科技——山东省潍坊市以地理信息大数据平台推进智慧城市建设纪实》获省自然资源厅"自然资源好新闻"贡献奖；智慧潍坊时空大数据平台建设与应用获评省级大数据创新应用优秀解决方案。坊子区凤凰地理信息小镇被省政府纳入省特色小镇清单。

【自然资源调查监测】 2022年，完成2021年度国土变更调查，下发图斑100.24万个（其中国家重点监测图斑5.71万个，地理国情普查图斑9.34万个，耕地卫片图斑4.57万个，森林一张图1.10万个，城镇村等用地11.85万个，新增耕地撂荒参考图层66.99万个，高水位线范围0.39万个），外业举证图斑近16万个。完成2022年全市森林、草原、湿地调查监测工作，调查标准地0.16万个、标准木0.33万个，下发全量更新图斑181.25万个（其中重点核实图斑11.59万个，国家级公益林0.36万个，省级公益林0.78万个，沿海防护林0.33万个），举证图斑2.49万个。

【自然资源确权登记】 2022年，推进"互联网+不动产登记"，新增5

2022年3月30日，潍坊市政府举行新闻发布会，发布潍坊市第三次国土调查主要数据成果，副市长田民利（中）介绍有关情况并回答记者提问（供图：张馨月）

类网上登记业务，网上可受理业务类型增至51类。全市受理各类不动产登记业务57.34万笔，发放不动产权证书32.08万本，出具不动产登记证明20.59万份，其中通过互联网端受理业务约28.95万笔、出具证明19.58万份，与住建、税务、教育、公积金等部门共享数据148.69万条次。化解土地房屋产权历史遗留问题，累计化解414家企业、479个项目不动产登记历史遗留问题，惠及群众12.9万户。创新推出二手房"带押过户"登记新模式。完成公积金贷款和商业贷款登记事项全链条一个环节办理、不动产登记共享同级部门自然资源内部管理信息、不动产登记服务延伸等三项优化营商环境登记财产"揭榜挂帅"事项。实行不动产登记责任保险制度，群众办理不动产继承登记公证继续由"政府买单"，为群众节省继承公证费用725万元。

【地质灾害防治】 2022年，开展地质灾害综合防治，健全群测群防及监测预警机制，确定重点监控地灾点55处，发布黄色预警信息6期。做好台风"梅花"防范应对工作，地质灾害防治工作实现零伤亡。

【执法监察与信访】 2022年，推进土地卫片发现违法占用耕地和新增违法占用耕地"双清零"工作，累计整治土地违法问题4762个，土地卫片违法比例降至1%，恢复耕地572.47公顷。探索建立"动态巡查、全域核查、社会监查""集中整治、联合施治、内部肃治""推动实现土地违法动态清零"的"三查三治一清零"执法监管新模式，获评全市改革典型案例，被自然资源部《部内要情》刊发。做好国家和省自然资源督察、耕地保护督察、森林资源督察、矿产资源督察等服务保障和问题整改。常态化实行局领导公开接访、包案下访等制度，全年受理办理信访事项244件，对28个重点事项和人员向属地政府发送关注函，包案化解6件重复信访事项。市自然资源和规划局先后被评为"2021年信访工作先进集体""党的二十大表现突出的集体"，市自然资源执法监察支队被自然资源部评为"全国自然资源信访工作业绩突出单位"。

（赵玉杰）

市场监管

【概况】 2022年，潍坊市市场监管部门以"强监管、保安全，优服务、促发展，提素质、争一流"为主线，各项工作取得新进展、新成效。潍坊市获批首批国家知识产权强国建设试点城市、筹建全国内燃机行业产业计量测试中心、成立全国磁悬浮动力技术基础与应用标准化工作组、蝉联国家食品安全示范城市。

【质量品牌提升工作】 2022年，制定出台《贯彻落实省"十四五"质量发展规划工作方案》，明确"十四五"期间全市质量品牌建设26项重点任务，制订2022年全市质量品牌15项创新提升行动计划。开展先进质量管理模式推广行动，实施高端品牌培育工程，完善专员精准服务、专家指导帮扶、龙头企业带动、基地创建引领等质量品牌服务体系。开展"好品山东"入选品牌集中宣传推介活动，编辑《好品潍坊》宣传册、宣传片、短视频等，宣传"潍坊好品"。组织开展质量基础设施"聚能•赋能"行动，累计建立服务平台21个，覆盖市场主体超过15.2万家，帮助解决技术难题2108个。质量品牌建设取得新成效，获评全省质量工作评议A级等次；入选首批"好品山东"22个、省高端品牌培育企业46家、省质量强县2个。获批建设全国内燃机产业计量测试中心、全省高强度紧固件产业计量中心，成立国家内燃机产业计量测试技术创新联盟，省"5•20世界计量日"主题宣传活动在潍坊市举

2022年5月19日，山东省市场监督管理局、潍坊市人民政府联合在潍柴动力工业园举办计量赋能全产业链发展——5·20"世界计量日"主题活动（供图：市市场监管局）

办。潍坊峡山入选国家认监委“有机产品认证优良实践案例”。

【标准化工作】 2022年，依托建设科技创新标准化城市试点，推进标准化创新发展。联合市委组织部组织举办全市标准化创新发展培训班，培训县（市、区）政府、市直部门领导标准化知识，市县镇三级干部和企业家600余人参加培训。制定全市推进标准化创新发展9条措施，在全省率先确定29家企业开展标准创新型企业培育，全市参与制定国际标准1项、国家标准29项；企业自我声明公开标准4.6万项。评选潍坊市标准创新奖12项、应用奖16项，争取省级以上试点7项，获批省级标准创新中心5家、战略性项目2项，激发企业标准创新活力。聚焦潍坊农业“三个模式”提升、新旧动能接续转换等重点领域，实施“重点培育、专项调研、一对一指导”，形成潍柴、豪迈、天瑞重工等一批标准化创新发展领军企业，被省政府确定为建设科技创新标准化城市试点，获批成立全国磁悬浮动力技术基础与应用标准化工作组，在全省标准化创新发展工作会议上揭牌。

【知识产权工作】 2022年，出台《知识产权信用管理办法》，制定出台知识产权保护联勤联动工作机制、强化知识产权协同保护等系列政策措施，夯实知识产权保护政策机制。推动社会组织构建知识产权保护体系，寿光市防水行业协会、高密新视听文化传媒有限公司、市外商投资企业协会等建立知识产权纠纷相关工作组织。组织开展“2022年度知识产权行政保护”“北京冬奥会和冬残奥会奥林匹克标志保护”“双打知识产权保护”专项行动，建立知识产权保护专家库，纳入30名相关领域专家，加强知识产权保护。推进重点项目任务落地，潍坊市被确定为国家知识产权强国建设示范试点城市，诸城市被认定为国家知识产权强国建设示范县，寿光市、青州市被批复为国家知识产权强国建设示范试点县，高新区被批复为国家知识产权强国建设试点区。高新区、潍柴动力、盛瑞传动3家单位获批全省专利技术转移转化项目，全市14个项目和1位企业家分获第四届省专利奖一、二、三等奖和山东省优秀发明家奖，获奖数量打破潍坊市纪录。获评全国首批知识产权纠纷快速处理试点城市，创新知识产权纠纷“三级多向”快速处理，实现维权援助分中心和省级快速维权服务站全覆盖。全年全市有效发明专利1.58万件，同比增长25.15%，全市每万人有效发明专利拥有量16.84件，发明专利授权和有效拥有量均居全省第三位。全市新增有效注册商标2.90万件，地理标志产品产值180亿元，居全省第一位。快速维权案例入选全国模拟演示典型案例，获最佳展示奖。

【服务市场主体】 2022年，出台《关于帮助市场主体纾困解难提高企业活跃度的若干政策措施》，全市实有各类市场主体150.5万户。建立“服务企业事项清单”并在网上晒出，梳理纳入67个服务事项、100余条服务内容，逐一明确承办科室、联系人和电话。创新实施“两个联动”服务模式，内部实行局领导与服务专员一体联动，外部加强与市发改、工信、人社、商务、农业、城管、税务等部门协同，建立联动服务机制，为企业提供集成式、组团式服务，问题诉求解决满意率100%。组织编印发放《市场监管领域惠企政策问答》7000余册，联合潍坊银行、邮储银行潍坊分行、市农信联社分别开展“百亿助小微发展行动”，助力企业融资237.9亿元。

【办好民生实事】 2022年，牵头农贸市场规范提升集中行动，出台《全市农贸市场规范提升集中行动方案》，以县级为主、市县联动，明确农副产品超市、农贸市场、农产品批发市场、农村大集4个规范提升标准，形成“1+N”提升体系。实行市场化运作，鼓励国有及社会资本通过出资入股、收购股权、股权置换等方式参与规范提升及经营管理，支持农贸市场引入第三方机构实行“超市化”管理，推进“品牌化”发展。全市59家农贸市场、993个农村大集纳入规范提升范围。落实“透明快检”民生实事，全市74家托管快检室快检食用农产品160万批次，发现销毁不合格产品855批次。

【优化市场环境】 2022年，开展“双随机、一公开”监管，拓展联合部门至34个、行业领域至93个、抽查事项至161项。出台《不予实施行政强制措施清单》，免予行政强制35件。牵头开展打击侵权假冒专项集中行动，确定五大领域19项重点任务，全市行政执法部门检查生产经营业户9.2万户，立案3013件，捣毁制假售假窝点126个。开展民生领域案件查办“铁拳”、打假保优、涉企违规收费、违法违规商业宣传等专项行动，加强反不正当竞争、价格、广告等重点领域监管，查办各类违法案件1.69万件。

【新冠疫情防控】 2022年，完成进口集装箱疫情防控任务，冷链专仓投入建设运行资金1482万元，日最大采样检测量3000份，入仓货物16.3万吨、出仓16.2万吨，妥善处置阳性货物17批次，累计完成24轮摸排检测。实施“乙类乙管”后，市市场监管局成立涉疫物资价格和竞争秩序防控领导小组，加大行政指导和市场巡查，打击不按规定明码标价、价格欺诈、哄抬价格等违法行为。建立零售药店停业报告制度，引导药品医疗器械经营企业拓宽购进渠道、开通网络销售，即时办理完成康华生物公司网络销售医疗器械备案手续，开辟群众购买抗原检测试剂新通道。迅速开展涉疫物资联合执法检查，成立6个检查组，聚焦药品医疗器械价格、购销渠道、质量安全等方面，全市出动检查人员7062人次，检查相关企业单位3720家次，维护全市疫情防控大局稳定。

【食品安全监管】 2022年，筹备召开市食品药品安全委员会全体会议，调整完善市食品药品安全委员会组成人员和工作职责。制定食品安全委员会专家工作规则，聘请专家20名。推进食品安全属地管理责任和企业主体责任“两个责任”落实，全面完成9.53万家食品生产经营单位的核实、主体分级和包保干部确认工作，配备四级包保干部1.96万人，任命食品安全总监815人、食品安全员1.83万人。印发《潍坊市食品生产企业食品安全风险检查指南》，实行风险清单管理。推进食品生产企业亮标承诺、对标生产、核标检验“三标”管理，统一设计23块通用三标管理看板。制定《临期、过期食品公开透明处置试点工作方案》，获批省局试点。推进农村假冒伪劣食品专项整治，全市检查食品生产主体3371户次、食品销售主体2.79万户次、餐饮服务主体1.96万户次、批发市场和集贸市场1466户次。重点加强学校食品安全监管，完善校外配餐单位动态管理清单、学前全面检查、开展监督抽检、年度黑名单等“四项”机制，组织对学校食堂和校外供餐单位开展全覆盖检查，检查2827家次，抽检大宗食品527批次。承办全国市场销售食用农产品质量安全监管工作研讨会，蝉联国家食品安全示范城市。

【药品医疗器械监管】 2022年，市政府印发实施《全面加强药品监管能力建设的若干措施》，开展药品质量安全提升行动，推出落实26条措施，完成全市1.22万家药品零售企业和使用单位全覆盖监督检查。聘请20名专家学者组建全市药监智库，推广应用零售药店“一店一码”，开展药械化“铁拳2022”行动，查办药械化案件1562件。加强《医疗器械监督管理条例》及配套法规宣贯，建立全市医用口罩、防护服、新冠检测试剂等疫情防控医疗器械监管清单，完成全市21家疫情防控医疗器械储备企业（单位）的全覆盖监督检查。全市药械化安全状况总体良好，未发生重大药械化安全事故。

【特种设备监察】 2022年，实施特种设备安全“工程化”管理新模式，实施强基赋能、规范提升、智慧增效、项目攻坚“四大工程”。全面梳理法律法规规范要求，形成特种设备安全使用“四五六”规范化管理模式，全市2万余家特种设备使用单位全面推广实施。建立特种设备监督管理系统，全市18.2万台特种设备、1.2万千米压力管道全部录入信息化智慧监管平台。开展全市燃气压力管道、液化石油气瓶、危化品压力容器、电梯和大型游乐设施检验工作。完成全市燃气压力管道普查建档，检验燃气压力管道5400千米，完成1.18万台电梯鼓式制动器、2.6万条工业压力管道重点整治。全年全市未发生特种设备安全事故。

【产品质量安全监管】 2022年，创新实施产品质量“集成质量监管”模式，围绕制造业重点产品、重点企业，探索建立行业专家、监管执法和检测机构联动机制，集成现场检查、风险监测、质量帮扶、产品抽检等措施手段，一站式解决质量问题。全年累计检查重点产品生产企业73家，发现并限期整改质量隐患303项，出具《质量诊断报告》73份。探索实施“四查＋一检”模式，采取“质量调查、专家检查、暗访排查和快检筛查”四种方式，提升监督抽查工作效能。组织抽检产品1591批次，检出不合格产品63批次，问题发现率同比提高2个百分点。

（王燕燕）

审 计

【概况】 2022年，潍坊市审计局聚焦主责主业，依法履职尽责，提升审计监督质效。全市审计机关完成审计项目414个，推动整改问题资金61.1亿元，促进增收节支2.43亿元，向有关部门移送处理事项80件。市审计局保持“全国文明单位”等称号，全市5个审计项目获评全省优秀审计项目、其中1个获评全国优秀审计项目，大数据审计、研究型审计等6项经验做法分别在审计署、省审计厅会议上推介推广。

【政策落实跟踪审计】 2022年，围绕服务经济社会发展大局，跟踪审计海洋产业发展及生态保护修复、潍坊市对口支援西藏资金和项目、海绵城市建设等13项政策落实情况，推动清理回收、加快拨付、退还税费等50余亿元，推动重大决策部署落地见效。

【财政审计】 2022年，推进预算执行审计工作，实行省、市、县三级联动，创新“四个三”模式，开展“市本级＋1个开发区＋7个部门＋5个系统（行业）”审计，查出问题132个、涉及资金448亿元，推动提高财政资源配置效率。提报的审计工作报告得到市人大常委会认可，并向社会公开。

【民生审计】 2022年，组织开展困难群众救助、养老服务业发展、殡葬服务行业管理等民生审计项目，发现4176人存在违规享受救助待遇问题，查处整改各类问题资金3000余万元，促进相关民生政策落实。

【政府投资审计】 2022年，及时跟进市级重点工程，审计宝通街快速路、市中医院东院区、峡山水库战略水源地提升保护工程等重点项目，全市开展投资审计项目40个，审计核减投资额4353万元，促进提高公共投资绩效。

【国有企业审计】 2022年，开展全市国有企业发展质量状况、国有企业科技创新情况审计调查，对潍坊城市三维空间投资有限公司主要领导人开展经济责任审计，集中开展全市政府专项债券和债务风险审计调查，抽审专项债券项目170个、涉及资金175.4亿元。

【经济责任审计】 2022年，全市审计部门对24名市管领导干部、243名县管领导干部开展经济责任审计，查出主要问题金额47.25亿元。坚持客观评价，将经济责任审计结果及整改情况作为领导干部考核的重要依据，促进领导干部履职尽责、担当作为。

（杨　琦）

统计工作

【概况】 2022年，潍坊市统计局贯彻习近平总书记关于统计工作的重要讲话指示批示精神，落实党中央、国务院决策部署和省、市工作要求，推进党建引领，夯实统计基层基础。推进统计改革创新，落实数据质量管控，服务经济社会发展，各项工作取得进展。连续14年获得“省级文明单位”称号，在年度省局业务评价中获优秀等次，在年度市直部门高质量发展综合绩效考核中获优秀等次。

【统计党建】 2022年，坚持“领导班子带头学、党支部集中学、党员干部自主学”，制定《党组理论学习中心组学习规定》，完成局党组理论学习中心组集中学习和“双报到”，组织党员干部参加“牢记嘱托走在前　喜迎党的二十大”学习强国挑战赛，并获市直机关一等奖。制定《中共潍坊市统计局党组意识形态工作责任制实施意见》，举办专题讲座，筑牢新时代意识形态防线。制定《关于运用监督执纪“第一种形态”工作实施办法（试行）》，梳理排查廉政风险点36个，运用“第一种形态”约谈11人次，开展谈心谈话80余人次，组织观看廉政警示教育片6部，落实党风廉政建设主体责任。

【统计服务】 2022年，参与全市高质量发展督导，开展“一对一”“面对面”指导服务，帮助县（市、区）判明趋势、找全问题、提准措施。建立健全经济预警研判体系，每月监测重点县（市、区）、重点行业、重点企业动态，发现问题及时预警，形成10大项107个指标的特色指标体系。全年撰写统计分析、信息391篇，被省局、国家局采用177篇次；向“两办”报送信息1100余篇，被采用178篇次，政务信息得分位居全市前列。利用统计信息网、潍坊发布、潍坊融媒、政策访谈等平台，回应社会公众关心问题。全年办理“12345”热线工单12件，处理政府公开信息19条，答复在线数据咨询14条，办结率、满意率均为100%。开展基本公共服务满意度、营商环境满意度、工会职工满意度、教育工作满意度、医疗卫生满意度等多项电话访问调查，完成有效问卷2.5万余份，为部门优化政策、制定措施提供可靠依据。

【统计执法】 2022年，坚持执法与专业联动，提升统计队伍专业水平和执法水平。“统计执法多元联动机制”入选“2022年度潍坊市第二批改革典型案例”和“2022年度优质服务项目”。省、市、县三级对全市758家企业开展执法检查，对134家企业开展“双随机、一公开”检查，执法检查结果在国家企业信用信息公示系统（山东）公示。推进“统计法进党校”活动，实现市县党校统计普法课程全覆盖，邀请省局副局长周尊考到市委党校宣讲1次、市局到县（市、区）党校宣讲4次。

【专业统计】 2022年，做到“随报随审、及时查询、现场核实、边查边改”，推动形成市县镇（街）三级联动、分级负责、责任到人的数据质量管控体系。制定《潍坊市统计数据质量核查方案》，采取自上而下查询和自下而上核实相结合的方式，核查全部“四上”企业、规下样本单位和部分行政事业单位，确保源头数据质量真实准确。完善升规纳统部门联动和资料共享机制，以及“2+7”固定资产投资分析联席会议制度，确保达标企业（项目）及时纳统。开展服务业纳统攻坚行动，围绕企业“培、剥、并、转”等不同情况，推进纳统工作。完善农业农村统计工作台账和固定资产投资“一项目、一档案”制度，推广工业、贸易、服务业以及劳资、科技等企业电子统计台账，全面建立研发辅助账，巩固基层数据基础。

【队伍建设】 2022年，参加全省统计系统职业技能竞赛，获得全省统计系统职业技能竞赛二等奖。完成市第一届基层统计人才期满考核和第二届基层统计人才年度评估工作，做好省第三届基层统计人才培育工程评选工作。举办统计领导干部培训4次、业务人员培训10余次，组织参加在线教育培训5个班次，邀请省局领导到潍坊专题辅导授课4次，提升统计业务能力。

【统计改革】 2022年，开展百货零售业和超级市场零售业法人企业附属产业活动单位视同法人统计试点，指导企业完成年报和定报任务，并通过上级验收。开展研究与开发、矿藏勘探和评估、计算机软件、数据库、娱乐文学和艺术品原件以及其他知识产权产品等六大类产品投资统计，完成2轮计算机软件开发报表的样本替换工作，推进投资领域统计改革。建立健全月调度、季通报、定期实地督导制度，摸清企业现实需求，打通难点堵点，确保“入库即转换”。在“山东通”App中增设链接端口，展示近十年分行业、分县（市、区）的部分主要经济指标，使统计数据查询更便捷、更灵活，实现数据查询“掌中化”。

【试点工作】 2022年，筹备第五次全国经济普查试点工作。开展“行业代码智能赋码”国家专项试点，验证“国民经济行业智能编码”和“云技术行业代码”的准确性，将1500个试点单位存在问题及整改建议阐述上报。开展投入产出调查省级试点。选取奎文区北苑街道、潍城区豪德贸易广场状元城、寒亭区百汇大市场等重点区域开展单位清查市级试点，清查法人单位2654个，产业活动单位202个，个体户4016个，试点中自主开发设计的清查网页小程序，得到省局认可。推进特殊行业模板制作，以非成本费用调查工业企业、零售个体户、住宿业企业、建筑业发包企业等为重点，制作调查模板30个，其中零售业个体户模板入选第一批市级优秀模板。开展数据测算比对，分专业、分县（市、区）进行增加值测算，提前研判重点行业增加值增减变动对国内生产总值总量的影响，发现优势短板，有针对性地开展工作。

（潘国伟）

潍坊海关

【概况】 2022年，潍坊海关监管进出口货值2022.8亿元，监管进出口货运量1877.5万吨，审结报关单32.8万票，全市进出口企业注册登记数量达到17607家，实现税收入库107.6亿元，检验检疫进出境货物12.4万批次，检疫监管入出境船舶1117艘次、入出境船员21430人次，监管加工贸易实际进出口值128.6亿美元，监管潍坊综保区一线进出口货值713.3亿元，签发原产地证书8.9万份。

【监管工作】 2022年，坚持“人、物、环境”同防、多病同防，检疫监管入出境船舶1117艘次、入出境船员2.14万人次，检出各类传染病8例，实现疫情零输入、关员零感染、操作零失误、通关零延误。综合治税取得进展，实现年度税收总额破百亿，达107.6亿元，增长43.5%。

落实检验检疫。检疫监管进境种牛2.6万头、种虾5200尾、种鸡3.3万只，检出43例二类动物传染病。开展外来入侵物种普查，发现外来入侵物种7种次。查获不合格进口燕窝制品、含金箔清酒、日本辐射地区食品3批次。检出美洲幼虫腐臭病，退运4批进口蜂蜜。检出不合格危险品、机电产品、棉花等287批。

推进口岸监管。查发关区自海运口岸进境固体废物废轮胎261吨，查发和退运固废“干磨浆”3395吨。在潍坊港监管外贸散装货物713.2万吨、集装箱3.8万标箱，分别增长1.3%、24.6%，口岸监管外贸货运量关区第一。

加强后续监管。稽查追补税款8084.4万元，办理关区单笔追补税超过5000万的稽查工作。落实核查分类改革，全面推广“互联网+核查”作业模式，核查追补税522.2万元。

打击走私行为。开展“国门利剑”专项行动，刑事立案17起，行政立案33起。罚没入库合计780.2万元。

【优化口岸营商环境】 2022年，全年进出口通关时间分别压缩13.3%和20.1%。开通进出口鲜活易腐农食产品绿色通道，放行农食产品8.7万吨。开展“春风送惠”减免税政策宣传，减免税款2.1亿元。开展“RCEP直通车”惠企政策宣讲，助力辖区6.4亿美元出口商品受益，指导4家企业通过经核准出口商认定，签发全省首票对缅甸RCEP出口原产地证。技贸措施应对促使欧盟发布新的草甘膦使用实施条例，确保草甘膦能够持续出口欧盟，直接受惠潍坊市企业40余亿元。通过指导企业更换品种、加强质量控制等措施，推动潍坊花生时隔14年重返欧盟市场。

【外贸保稳提质】 2022年，围绕“提速、降本、便民、培优”，出台促进外贸保稳提质22条措施，推动潍坊外贸进出口总量首次突破3000亿，助力潍坊市获评商务部2022年推动外贸稳定和创新发展十佳城市。推动潍坊市第二家原油保税仓库港联化保税油库通过验收，可为潍坊及周边石化企业缓税2亿元。解决新技术标准下归类难题，为企业增加年收益2000余万元。指导7家企业通过AEO高级认证，总数达到31家。

【对外开放】 2022年，推进潍坊开放水平，制定支持国家农业开放发展综合试验区发展的10条措施，推动潍坊食品农产品出口连续4年破百亿元，为“三个模式”创新提升做出海关贡献。推动潍坊综保区一线进出口值713亿元，增长40%，助力潍坊综保区在海关总署2021年度综保区发展绩效评估中列全国第15位、济南关区第一位。支持潍坊打造全国的“肉案子”，指导5家进境动物隔离场通过考核验收，进境动物检疫隔离场13家，检疫监管进境种牛2.6万头、种虾5200尾、种鸡3.3万只。在歌尔承办中哥海关全球首次AEO线上互认观摩，打造潍坊制造业品牌。

2022年，潍坊海关关员核实山东大业股份有限公司出口韩国、东盟的胎圈钢丝RCEP原产地（供图：谭云燕）

【海关改革】 2022年，办理关税保证保险担保金额28.6亿元，列关区第一。释放“直装直提”改革红利，开展作业225批次、73.8万吨，分别增长38.9%、35.3%。发挥“主动披露制度”容错机制作用，办结主动披露作业9起，减免罚款55.9万元。推动歌尔股份有限公司成为济南关区首家跨关区企业集团加工贸易监管模式下成员企业。

（高　坤）

财政　税务

Caizheng　Shuiwu

财　政

【概况】 2022年，潍坊市财政系统迎难而上，创新实干，财政运行总体平稳。全市一般公共预算收入608亿元，完成调整预算的101%，下降7.4%，扣除减税降费因素后下降1.7%；其中税收收入完成374.9亿元，税收收入占一般公共预算收入的比重为61.7%。全市一般公共预算支出842.5亿元，下降4.2%；其中农林水、卫生健康、社保就业、教育支出分别增长2%、3.3%、7.1%和4%，保障重点领域工作。

【民生需求保障】 2022年，坚持压减一般、保障重点，制定《关于落实过“紧日子”要求　严格财政支出管理的若干措施》，配套制定差旅费、培训费管理办法，全市非刚性、非重点、非急需项目支出压减53.6亿元，统筹财力向民生倾斜，全市民生支出675亿元，占比连续7年超过80%。全面落实经济发展、物价上涨与保障标准挂钩的动态调整机制，提高低保、特困供养、孤儿等9类困难群众保障标准超10%，惠及31.3万人；提高基础养老金最低标准至162元，166.5万名群众受益；提高医疗补助标准至610元，惠及居民660万人，解决群众普惠性、基础性、兜底性“急难愁盼”问题。坚持民生资金优先安排、优先拨付，足额保障市《政府工作报告》40件民生实事落实落地；完善重大公共事件财政应急响应机制，全市拨付资金21.4亿元，争取全省首笔3.8亿元“疫情贷”，保障疫情防控；加强就业扶持，援企稳岗返还比例提高至最高90%，发放稳岗返还资金3.4亿元，稳定就业岗位82.4万个；教育支出占比继续保持全省前列。完善“绿色门槛”制度，发放扶持资金5亿元，支持企业1586户，绿色发展导向彰显；统筹资金4.3亿元，支持污染防治项目实施，助推全市空气质量优良天数达历年最佳；争取中央财政资金2.4亿元，拨付奖补资金1亿元，支持冬季清洁取暖改造，惠及居民16.5万户。

【财金政策协同落实】 2022年，推动降本减负，助推产业转型升级、提质增效。克服财政减收压力，创新退税资金“单独调拨、逐月预拨、滚动清算、实时监测”机制，确保减税降费政策落实，全市新增减税退税缓税降费217亿元；全省率先制定行政事业单位房租减免措施，减轻企业负担1897万元，惠及小微企业和个体工商户2437户。创新“免费担保+应急转贷”企业融资模式，新增政策性担保190.8亿元，保持全省第一；应急转贷基金规模增至18.9亿元、全省地级市最大，为企业提供“投贷联动”应急转贷服务和低成本融资支持320亿元，业务规模居全省首位；政策性担保和应急转贷共帮助企业节约融资成本超5亿元，惠及市场主体4万余家。全省率先制定《财政引导金融支持外贸企业汇率避险试点方案》，通过担保增信、财政奖补、风险分担等措施，为外贸企业提供“免保证金、免担保费、免抵质押、免授信额度占用”的汇率避险服务，惠及外贸企业5702户，节约企业成本3.7%。联合主管部门制定《市级“技改专项贷”贴息和担保补助管理实施细则》《关于推进“五个优化”加快制造业高质量发展的实施意见》等扶持政策，完善“专精特新”“隐形冠军”企业奖补措施，助力产业生态持续优化；大力支持科技创新，安排科技专项经费2.56亿元，同比增长90%；制定《潍坊市级引导基金直接投资管理实施办法》，建立引导基金直投带动社会投资的机制，新旧动能转换基金达105支、规模1649亿元；其中市级引导基金出资设立的一只创新药基金获得国家中小企业发展基金5亿

2022 年 8 月，山东省政府性融资担保工作会议在潍坊召开（供图：市财政局）

元增资，成为国家中小企业发展基金在山东省参股的第一支子基金。持续深化涉农资金统筹整合，按照“大专项 + 任务清单”模式，市级整合 14 个部门 16.9 亿元涉农专项资金，统筹中央和省级专项资金 22.2 亿元，凝聚乡村振兴合力，涉农资金管理获全省“优秀”等次。

【项目建设支持】 2022 年，完善投融资机制，统筹运用政府债券、政策性贷款、政府和社会资本合作（PPP）等规范渠道，为重点项目建设提供支撑。用好政府债券，全市上报债券项目 1463 个、需求 6431 亿元，项目数和需求额均居全省第一位；财政部、国家发改委分别审批通过全市需求 2471 亿元、1979 亿元，均居全省第 1 位；省分配市债券额度 237.4 亿元，全部发行完毕，支持 172 个重点项目建设。争取上级试点，抢抓政策窗口期，成功获批全国国土绿化试点示范项目、全国就业服务能力提升示范项目、中央财政支持革命老区社会公益事业发展项目等国家级示范项目，以及全省工业强县、全省现代农业强县等省级试点，获上级补助资金 15.2 亿元，提升全市可用财力。推广应用政府和社会资本合作（PPP）模式。新谋划储备 PPP 项目 11 个，估算总投资 86 亿元；新纳入 PPP 综合信息平台管理库项目 5 个，总投资 38 亿元；完成奥体公园存量资产转换 PPP 项目经营权转让，有效盘活存量资产。至 2022 年底，全市累计入库项目 99 个、签约落地 89 个，入库数、签约落地数均居全省第一位。争取外部资源，获批国开行、农发行政策性贷款授信 100.9 亿元，支持实施 19 个城市更新项目。多渠道筹集资金 39.7 亿元，支持改造棚户区 3581 套、老旧小区 7.2 万户。

【财税改革】 2022 年，加强预算管理、绩效管理、基础管理等创新，财政发展更有活力。推进预算管理改革。创新预算核心业务一体化机制，依托预算管理一体化系统，实现市县镇三级“纵向贯通、横向覆盖”，预算编制和执行更加规范科学；制定市级部门预算公开方案，公开范围由原财务独立核算单位，扩大到独立编报预算单位，除涉密单位外，市级部门预算公开单位数量达 408 个；印发《关于取消市与相关区土地出让收入国库资金分成的通知》，停止执行市与区土地出让收入国库资金留解制度，保障区级土地资金正常周转和使用。推进预算绩效管理改革。构建预算绩效管理“1+2+N”体系，部门整体绩效管理涵盖 94 家市级预算单位、实现全覆盖，252 个重点项目纳入绩效评价，启动县级财政综合绩效评价，财政资金配置更有效率、使用更有效益。强化财政基础管理。创新预算评审项目闭环管理，完成预算评审 228.8 亿元，审减资金 30 亿元，审减率 13.1%；全国率先开展政府购买城乡社区公共服务试点，入选全省政府购买服务改革联系点；全省率先实施差旅费网上报销改革，有效解决公务出差报销程序烦琐问题；开展市级行政事业单位房产清查专项行动，创新实施罚没物品公物仓管理试点，探索政府公物仓市场化管理运作新模式，推动闲置资产经营增效，更好服务经济社会发展。

【风险防控】 2022 年，坚持稳字当头，打出化解重大风险财政“组合拳”，确保政府债务、基层“三保”安全有序。坚持开好“前门”、严堵“后门”，制定政府投资项目“停、压、缓、撤”措施，坚决遏制隐性债务增量，有序化解隐性债务存量；完善重点县区库款监测预警机制，启用工资专户，阶段性调整困难县财政体制；印发《关于核定财政资金留用比例的通知》，调整完善县（市、区）库款留成比例，实现全市基层“三保”不出问题。

（任江舟）

住房公积金管理

【概况】 2022年，潍坊市缴存住房公积金99.02亿元，同比增长7.95%；提取住房资金67.08亿元，同比增长3.41%；发放住房贷款10973笔、36.94亿元；实现增值收益4.45亿元，同比增长4.8%，上缴2021年度市县两级财政公共租赁住房建设资金3.68亿元。至2022年底，全市住房公积金实缴职工77.24万人，累计缴存住房公积金808.68亿元，缴存余额316.29亿元，累计提取住房公积金492.39亿元，累计发放个人住房贷款18.43万笔、458.96亿元，贷款余额251.98亿元。

2022年9月15日，潍坊市在住房公积金管理中心召开"公积金流动服务厅（高创·潍柴厅）"现场观摩会（供图：刘维全）

【政策保障】 2022年，贯彻落实上级关于扎实稳住经济一揽子政策措施，两次制定阶段性支持政策，加大助企纾困力度。全年为191家困难企业缓缴、降比缴存公积金460.42万元，节省企业成本209万元。提高租房固定提取额度至1.44万元，重点保障新市民、青年群体住房需求，全年为2.4万名职工提取租房资金1.9亿元。3次优化调整贷款政策，提高贷款额度至60万元，降低首套房、二套房最低首付款比例至20%、30%，取消或降低缴存比例、贷款次数、缴交双方等多项贷款额度约束指标，支持和保障住房贷款需求，全年投放住房提取、贷款等住房保障资金104.02亿元。

【服务效能】 2022年，在企业服务方面创新推行惠企"信易贷"工作，全年各合作银行累计为2826家企业发放优惠贷款342.38亿元，为企业节省利息支出4.33亿元。创新推出"公积金流动服务厅"，将每月最后一个周五确定为"企业上门服务日"，全年累计上门服务企业700余家，现场办理业务6000余项。在窗口服务方面成立窗口服务提升专班，推进服务标准化、规范化、便利化建设，深化"鸢都公积金·安居惠民生"服务品牌建设。全年共获得"红旗窗口"91次，服务标兵100人次，被潍坊市委宣传部等6部门评为"潍坊市微笑服务示范单位"。在线上服务方面推进公积金"无证明办事"，全部事项实现"一次办好"，28项业务"线上办"，19个事项"零材料"办理，提取资金"秒到账"，贷款平均办理时限压减到7天内。全年线上受理业务275万笔，网办率超94%。

【风险防控】 2022年，开展风险防控教育，完善内控制度。加强贷款逾期催收，至2022年底，全市住房公积金贷款逾期率0.119‰，低于全省平均水平。加强制度规定，规范提取业务，严防虚构住房消费行为。加强业务核查，聘请第三方审计机构开展专项审计，内部开展专项稽核，严厉打击骗提套取行为。创新实行"全员全覆盖稽核"+"交叉稽核"工作模式，实现所有业务全覆盖，确保政策合规、管理规范、资金安全。

（朱雯鑫）

国有资产管理

【概况】 2022年底，潍坊市国资系统监管国有企业139家，其中市级国有企业22家、县级国有企业117家，资产总额13119.7亿元，营业收入747.3亿元，上缴税费38.2亿元，在岗职工人数4.94万人。市级国有企业资产总额4665亿元，营业收入440.4亿元，实现利润17.4亿元，上缴税费21.3亿元。

【国企改革三年行动】 2022年，是国企改革三年行动收官之年，市国资委把三年行动作为“一号任务、头号工程”，创新“清单式管理、问询式调度、顶格式推进、穿透式检验”推进模式，开展专项督查和考核评估，组织改革“回头看”“再回头看”，构建起全市一盘棋谋划、市县一体化推进模式，高质高效完成收官任务，改革进度和改革质量均走在全省前列，连续两年在全省国企改革三年行动评估中获评A级，3个改革做法入选全省国企改革典型经验案例，在全省推广，经验转发数量位居全省第二位。

【国有资本布局优化】 2022年，围绕服务全市发展大局，推进国有资本“进、退、合”，优化国有资本布局，发挥国有企业支撑保障作用。发挥引领带动作用，市属企业在城市更新、项目建设、民生保障、产业引领等方面发挥主力军作用，承担城市公交、供水、供热、供气等公共服务，投资中央商务区、高铁新片区、火车站南广场片区、老年大学、明董高速等30余个重点项目，布局高端化工、新能源、新材料、预制菜等优势产业及战略性新兴产业。加强重组整合，完成5次战略性重组、3次专业化整合，对海洋投资集团进行优化调整，新组建国控集团等市属企业。加强主业管理，制定投资监督管理办法，制定投资负面清单，指导企业“瘦身健体”，聚焦主业实业发展。全市清理非主业企业74户，完成23户重点亏损子企业专项治理，处置“僵尸企业”20户。开展“双招双引”，印发《潍坊市与央企、省企联系对接工作方案》，做好51家央省企、53个重点合作项目的服务保障工作。2个重点项目在第五届中国企业论坛成功签约，签约总金额达40亿余元。推进混合所有制改革，83户企业实施混改，引入非国有资本5.62亿元。

【现代企业制度建设】 2022年，深入落实“两个一以贯之”，完善中国特色社会主义现代企业制度，激发国有企业活力动力。将党的领导融入公司治理，全面完成“党建入章”工作，全部制定党委研究决定、前置研究讨论事项及负面清单“三张清单”，实现党的领导融入公司治理制度化、规范化、程序化。董事会建设日趋完善。全市332户企业（含各级子企业）实现董事会应建尽建、配齐建强，一级企业及重要子企业全面建立董事会专门委员会。研究制定外部董事管理办法，组建外部董事专家库，165户企业（含各级子企业）实现外部董事占多数。推进“三项制度”改革深化，全市各级国有企业绩效考核实现全覆盖，1120名经理层成员实行任期制和契约化管理。建立员工常态化退出机制，154人因不胜任被调整退出。全面推行用工市场化，员工实行公开招聘，管理人员实行竞争上岗。

【国企党建】 2022年，举办全市国有企业党建工作现场推进会。健全完善党建工作责任考核体系，将党建工作评价纳入企业经营业绩考核体系，实现党建生产互融互促。持续夯实基层基础，67个党支部被评定为五星级党支部，178个党支部创建党建品牌。狠抓党风廉政建设，定期开展专项检查，配合市纪委组织召开市管国有企业纪检监察工作座谈会，营造风清气正政治生态。开展“作风建设提升年”活动，大力倡树“严真细实快”工作作风，制定10个方面32项具体措施，查摆19项53个具体问题，打造“旗帜引领、企强业兴、国盛资盈”潍坊国资品牌，实现问题大整改、工作大落实、作风大提升。

（杨德光　祝　鹏）

税　务

【概况】 2022年，潍坊市税务系统贯彻落实市委、市政府和山东省税务局党委决策部署，坚持党建引领、依法治税、规范管理、监督问效“四线并进”，全面履行税收职能，全力争创一流业绩，税收服务潍坊经济社会高质量发展取得新成效、展现新作为。全市税务系统获得203项荣誉，得到各级领导306次批示肯定，市委、市政府2次正式发文通报表扬市税务局工作。

【党建工作】 2022年，突出强化党建“一个统领”，全面加强税务系统“纵合横通强党建”机制体系建设。学懂弄通做实中共二十大精神，全系统召开专题党委会53次、党委理论中心组专题学习37次，开展“税收现代化服务中国式现代化”大讨论活动40余次。制定《党建统领税收工作指引》，推动党建与业务一起谋划、一起部署、一起落实、一起检查。开展“双报到”、党员志愿服务等活动，在办税服务场所设置“党员服务岗”，在税收改革前沿阵地组建“党员先锋队”，发挥党员先锋模范作用。以党建共建促进业务提升，全市税务系统326个党支部与335个地方和系统内党组织签订党建共建协议，市县两级税务机关主要负责人累计走访地方党委部门407次。修订《党建工作规范化操作一本通》，规范5个方面10类85项党建工作事项，附列168个文书模板和19个流程图，被市委组织

2022 年 6 月 30 日，潍坊市直机关首批党群工作示范点揭牌仪式在潍坊市税务局举行（供图：李刚）

部编入全市党建培训教材。开展党支部标准化规范化特色化建设，全市税务系统 343 个党支部全部按照 5 个星级实施“评星定级”管理，87 个党支部被评为“过硬党支部”和“五星级党支部”。实施党建品牌提质增效行动，市税务局“税徽闪耀党旗红”党建品牌获市直机关“十佳”党建品牌，9 个县（市、区）局获全省税务系统“百优党建示范品牌”。

【组织收入】 2022 年，坚持组织收入原则，落实“平稳、协调、安全、持续”总体要求，依法组织税费收入，为经济社会发展提供财力保障。全年全市组织各项收入 2008.1 亿元，其中国内税收 810.2 亿元，同比下降 16.4%；社会保险费 404.5 亿元，同比增长 11.6%；非税收入 688 亿元，包括新划转税务部门征收的国有土地使用权出让收入 650.3 亿元；工会经费 1.5 亿元，同比增长 4.4%；海关代征税收 104 亿元，同比增长 44%。税收收入中，中央级税收 415.3 亿元，同比下降 9.99%；市县级税收 430.9 亿元，同比下降 16.68%。扣除留抵退税因素还原后，国内税收收入可比下降 8.5%，市县级税收可比下降 14.4%。扣除全部新增退税减税缓税因素还原后，国内税收收入可比增长 0.2%，市县级税收可比下降 4.9%。

【减税降费】 2022 年，坚持“快退税款、狠打骗退、严查内错、欢迎外督、持续宣传”五措并举，细化落实措施，释放政策红利，保障和激发全市经济活力。全年全市合计落实新增减免缓退税费 217 亿元，其中办理留抵退税 118.6 亿元，制造业中小微企业缓税 45.1 亿元，其他退税减税降费政策 53.3 亿元；办理出口退（免）税 186.97 亿元，同比增长 9.72%，位居全省第一位（不含青岛）。

【税收营商环境】 2022 年，落实“便民办税春风行动”121 条措施，持续提升纳税人满意度。开展“一把手走流程”活动，市县两级税务部门“一把手”以纳税人身份到办税服务厅体验办税流程，解决问题 45 个。推行“小额多缴税费便利化退库”，实现 5000 元以下多缴税费退抵业务全流程线上办理，在全省推广应用。编制《纳税缴费服务事项全链条精细协同操作指引》，对办税服务方面 14 类 200 项事项进行全面规范。制发《“12345”政务服务便民热线诉求事项处理办法（试行）》，设立“12345”政务服务便民热线转接的企业服务“政策专员”三方通话专线，为企业解决税费政策问题 7344 件。完成市政府“企业全生命周期服务集成改革”试点，为全市 65.08 万户次纳税人提供“非接触式”办税缴费服务。打造“10 分钟自助服务圈”，配备自助办税终端 539 台，建设“离厅式”24 小时自助办税服务厅 52 个，开启“全天候”智能服务模式。推动电子化发票受票扩围试点，提供“预先服”服务 2.23 万户。拓展“非接触式”办税范围，推行“码上办”等多元化办税渠道，电子申报率 99.94%。提速出口退税办理，全市正常出口退税平均时间压缩到 5 个工作日以内，一、二类企业平均退税时限压缩到 3 个工作日以内。落实服务企业专员制度，全系统 168 名专员包靠服务 6 个项目和 272 个企业，协助解决问题 153 个。开展“春雨润苗”助力小微专项行动，为小微企业“量身”定制 4 大类 12 项服务内容。制定助力“冠军企业”行稳致远 10 项措施，为全市 17 家国家级、83 家省级制造业单项冠军企业开展靶向服务。开展“中小企业服务月”等活动，对煤电企业、中小企业、大学毕业生等群体开展个性化政策宣讲，服务企业 6 万余户次，解决诉求 200 余条。深化“银税互动”，密切税银沟通，帮助企业解决融资难题，为全市 1778 户企业发放信用贷款 32.01 亿元。服务企业复工复产，利用税务总局“云平台”数据助力企业打破供需信息瓶颈，促成成交项目 27 项，成交金额 9616.5 万元。服务稳外贸稳外资，建立从快、从实、从深、从联“四从分析机制”，助力稳住外贸基本盘。服务党委政府决策，围绕全市重点产业、行业、企业发展现状态势和主要经济指标，开展经济税源分析，全系统撰写 200 余篇分析报告，得到地方党委政府领导 96 次批示肯定。

【税收征管改革】 2022 年，发挥山东省税务系统深化税收征管改革“综合改革试点单位”作用，全面落实中办、国办《关于进一步深化税收征管改革的意见》和省委、省政府《关于进一步深化税收征管改革的实施方案》，承接税务总局和省税务局“拓展内部风险跟踪防控模式应用领域”、探索优化征管流程、税费征管协同等18项改革试点任务，结合潍坊实际推出一系列特色举措，提升税收治理能力水平。加强成品油等重点行业和高风险领域税收监管，营造公平有序的市场环境，应税产品收率、吨油消费税贡献率等关键税收指标明显向好。推进行业税收监管，制定铝型材、食品加工制造、白酒等行业监管模板，引导企业健康发展。重拳打击骗取留抵退税违法行为。强化稽查执法办案，税警协同破获一起涉税中介结伙利用小规模纳税人增值税免征政策虚开普通发票案，得到税务总局、省税务局领导6次批示肯定，在全省税务系统行业税收监管工作交流会议上作经验介绍。

【队伍建设】 2022年，全面加强干部队伍管理，打造忠诚干净担当高素质专业化的新时代税务铁军。交流调整县（市、区）局班子23人，开展市县局一把手“百篇”学习。选拔科级领导干部42人，选配基层税务分局长17人。完成市县两级773人次职级晋升，推进市局专业技术类公务员分类管理改革，完成29人技术任职资格评定和职级套转工作。1人获评“全省税务系统优秀县税务局长”，1人获评“全省税务系统优秀税务分局（所）长”，评选10名“潍坊最美税务人”和10个“潍坊最美税务家庭”。联合市总工会开展岗位技能竞赛；实施“满天星计划”，鼓励青年干部考取注册会计师、税务师等资格证书，激发比学赶超热情。推进税务一体化综合监督体系建设和税务纪检监察体制改革，制定实施10个配套制度办法，向全市税务系统107个派出机构选派专职纪检员，健全党委与党委纪检组专题会商办法。加强警示教育，发送廉政提醒短信32万条，召开警示教育大会12次，编发《警示案例》49期244个。

（李　凯）

农　业

Nongye

乡村振兴

【概况】 2022年，全市各级各部门拓展创新“三个模式”、打造乡村振兴齐鲁样板先行区，聚焦“走在前、开新局”，发展乡村产业，改善乡村面貌，建设乡村治理体系，各项主要指标实现稳定增长。

【农产品保障】 2022年，粮食播种面积1029.19万亩、单产424.55千克、总产43.70亿千克。全面完成2021年、2022年两个年度的28.7万亩高标准农田建设任务。高密峡山红板岩地区农田水利灌溉配套工程、青州昌乐交界区域的农田排涝工程完成并通过验收。实施奶牛、肉牛“双十万”工程，万头以上现代化奶牛场达到6处、引进澳大利亚优质奶牛3.15万头；引进安格斯等优质良种母牛2万头，规划建设10个肉牛产业强镇。全市能繁母猪存栏30.05万头、规模猪场1716个。规模以上农产品加工企业1096家，新增62家。培育寿光蔬菜产业集团等10家全产业链农业龙头企业，市级以上农业产业化龙头企业826家，其中省级以上134家，全省第一。100个总投资169.6亿元的农业重点项目完成投资额的74.1%。正大360万只蛋鸡全产业链项目全面投产，新希望六和年出栏300万头生猪项目建成现代化养殖场6个。完成安丘中粮90万吨小麦加工、寿光正大果蔬产业园土建工程。

【产业发展】 2022年，培育粮食、设施蔬菜等10个百亿级全产业链重点链。新建农产品产地冷藏设施17.8万立方米，建成日烘干小麦1200吨、玉米400吨的大型粮食烘干塔1座。诸城市、昌乐县创建省级农产品加工业高质量发展先行县，临朐县获批全国农产品产地冷藏保鲜整县推进试点。潍城区、坊子区创建省级现代农业产业园。在寿光、青州、昌乐、安丘、寒亭实施的国家设施蔬菜产业集群项目实施项目93个，完成投资9.4亿元。5个集群入选省级雁阵型产业集群。

拓展产业业态。推进预制菜产业发展，预制菜企业发展到1800余家，产值900亿元。农村电商发展到6000余家，农产品电商交易额35亿元。安丘农创港跨境电商平台自2020年5月上线以来，累计实现农产品跨境销售2.35亿美元。临朐县获评全国休闲农业重点县。昌邑市柳

2022年12月3日，“乡村振兴齐鲁论坛2022”在济南、潍坊以“线上+线下”形式举办。图为潍坊市委副书记、市长刘运作总结发言（供图：农业农村局）

疃镇获批全国农业产业强镇。5个镇街被认定为全国乡村特色产业超十亿元镇。培育提升市级以上田园综合体30家，发布市级休闲农业与乡村旅游精品线路12条。

发挥品牌价值。培育市级以上区域公用品牌5个、企业产品品牌52个、品牌引领企业30家，“三品一标”总数1448个。在北京南站、高铁列车、今日头条等场所、媒体开展“潍坊农品”宣传接举办苹果、萝卜、大樱桃、晚熟桃大赛，扩大农产品品牌影响力。

【科技创新】 2022年，加强种业创新，组建10个种业创新团队，2家蔬菜种业企业入选国家阵型企业、占全省25%，“潍麦12”小麦新品种通过国家、省“双审定”。启动“三农”大数据平台和150个应用场景建设。争取国家级“区块链+蔬菜”质量安全应用试点。全市农机总动力1082万千瓦，主要农作物耕种收综合机械化率92.7%。

【人才引育机制】 2022年，依托平台招引高端人才。引进邓兴旺、黄季焜两名外籍院士领衔的国内400余名顶尖科研人才集聚北京大学现代农业研究院。引进国家大宗蔬菜产业技术体系首席科学家杜永臣担任全国蔬菜质量标准中心专家委员会主任委员，引进中国工程院院士沈建忠、国家肉制品质量安全控制工程技术研究中心首席科学家周广宏组建全国畜禽屠宰标准创新中心专家委员会。乡村振兴高端人才总量2300余人。创新机制培育实用人才。6所高职院校、17所中职院校开设51个涉农专业，在校农科生1.3万余人。成立潍坊职业农民学院、潍坊农村干部教育实践中心、潍坊乡村振兴学院，建成省、市级农民教育培训基地63处、“田间学校”65个。全年累计培育高素质农民、农村实用人才和农业专业技术人才1.51万人。评选第四批潍坊乡村之星70人，推荐评审第九届齐鲁乡村之星70人。

【生态环境】 2022年，农村人居环境提升。全年累计完成新建改建农村公路711.4千米，99.6%的村庄实现通户道路硬化。新改厕完成2508户，完成率122.8%，300户以上自然村建成农村公厕1668个。50%以上行政村建成生活污水处理设施，全域实现城乡环卫一体化，新创建省级美丽乡村52个、市级500个，各级美丽庭院比例超过43%，建成城镇开发边界外美丽宜居社区33个，创建示范社区20个。

推广绿色生产方式。实施化肥农药减量增效行动，新增水肥一体化面积21万亩，配方肥推广面积300万亩，商品有机肥用量51.8万吨，建成有机肥替代化肥示范区17万亩，有机肥替代化肥超过20%，全市化肥使用量同比减少1%。创建绿色防控示范区38个，完成统防统治面积729万亩次，绿色防控面积885万亩次，全市农药使用量同比减少2%。推广蔬菜尾菜原地全量还田和蔬菜秸秆与畜禽粪污肥料化综合利用技术，实施农作物秸秆综合利用重点县项目。推广畜禽粪肥施用新技术、新机械、新机制，打通粪肥还田“最后一公里”，建成有机肥加工厂40家，区域性粪污集中处理中心26处，沼气工程170处，4315家规模养殖场、2.12万个养殖专业户全部配建粪污处理设施，粪污综合利用率94.76%。创建美丽牧场50家、绿色农场122家。

农业面源污染防治。加强耕地环境质量预警监测，完成18个国控点、638个省控点、650个市控点监测任务。完善废旧农膜回收处理体系，设立废旧农膜回收站点194处、农膜残留检测点199个、农膜回收再利用企业7家，废旧农膜回收率超过93.5%。开展加厚高强度地膜和全生物降解地膜应用试点。落实《农药包装废弃物回收处理管理办法》，创建标准化门店1000家，回收处理农药包装废弃物918.41吨。

【乡村治理体系建设】 2022年，加强农村基层党组织建设。推进“头雁领航”工程，增强基层党组织战斗力、凝聚力，全市五星级村党组织2549个、占比39%。提高村民自治水平。落实“四议两公开一监督”“阳光议事日”等制度，让老百姓自己“说事、议事、主事”。全省抓党建促乡村振兴现场推进会议在潍坊市召开。

推进乡村文明建设。建立826个小区新时代文明实践点、7000余个新时代文明实践家庭站、752个“15分钟志愿服务圈”。所有村庄均成立红白理事会，新建成公益性公墓203处。组织开展“一村一年一场戏”演出8501场、农村公益电影放映7.32万场，行政村演出覆盖率100%。24个镇村入选全国文明村镇，3个家庭入选全国文明家庭，18个村创建为第三批山东省景区化村庄。

开展法治乡村建设。开展民主法治示范村（社区）创建，新推荐第九批全国民主法治示范村（社区）7个、全省民主法治示范村（社区）17个。全面推行网格化管理，全市划分基础网格1.2万个、配备网格员2.11万名。

推进乡村德治建设。总结推广积分制、“道德银行”治理模式，开展善行义举四德榜“榜上有名”先模人物、潍坊最美人物等选树宣传活动，推动形成崇德向善氛围。总结推广“乡村振兴百个案例”。在青州市举办“潍坊2022年中国农民丰收节”。选树“最美农民”30名。

【共同富裕】 2022年，巩固脱贫攻坚与乡村振兴有效衔接。巩固全市4.3万户、7.7万名脱贫人口脱贫质量。创新“四防线一清单”防返贫监测帮扶机制，相关做法在全省防返贫监测帮扶工作现场会上作典型发言。

围绕产业和就业，实施帮扶项目235个，建成项目实现年度收益8500万元，乡村公益性岗位安置脱贫劳动力就业2793人，全市脱贫人口人均纯收入增速超过18.3%。临朐县省衔接乡村振兴集中推进区获省乡村振兴局激励奖励。安丘市获批第二批省衔接乡村振兴集中推进区。

完善涉农资金统筹整合办法，实行“大专项+任务清单”管理模式。争取中央和省级乡村振兴重大专项资金22.39亿元，市级整合涉农资金15.38亿元，涉农贷款余额5446.1亿元，较年初增加557.18亿元，余额居全省第一。

【农村改革】 2022年，完成农村集体产权制度改革，全市9459个涉农村清产核资、登记赋码证书和股权证书发放完成率100%。98%的行政村集体经济收入超过10万元，村集体经济实力壮大。创新畜禽活体抵押融资登记业务。全市土地规模化率超过70%。依托山东农村产权交易中心，完成各类涉农产权交易业务3362宗，实现交易额36亿元，累计175亿元。24家合作社年经营收入过亿元，90家合作社入围“2022中国农民合作社500强”。寿光市入选全国农民合作社质量提升整县推进试点县。潍城区土地托管“绿野模式”获评全国“全程机械化+综合农事”服务典型案例。

（仇 强）

农村改革

【概况】 2022年，潍坊市贯彻落实中央决策部署和省农村集体产权制度改革工作部署，推进改革创新，落实各项关键措施，全面完成年度改革任务。

【农村土地承包经营制度改革】 2022年，推广实行规范流转合同示范文本。为流转双方当事人提供政策咨询等服务，指导流转双方按照法律法规和政策规定，在自主协商的基础上，依法建立合理的流转关系和利益关系，签订农业农村部规范流转合同文本，保障农民的农村土地承包经营权益。土地流转有关的资料、合同经经管站审核认定后，镇、村两级分别备案，经管站归档保管，并建立土地经营权流转台账，记载流转情况，减少土地经营矛盾纠纷的发生。全年签订和规范农业农村部规范农村土地经营权流转合同12.75万份，涉及农户16万户，面积80.1万亩。

建立土地流转指导价格发布制度。各县（市、区）健全完善土地经营权流转动态管理机制，建立健全土地流转指导价格发布制度，为农村土地流转交易提供指导及基准价格，保障流转双方的合法权益。完善农村土地经营权流转的管理和服务。加强土地用途管制，防止流转土地“非农化”，引导流转土地更多用于粮食生产，稳定粮食种植面积。同时，利用山东农村产权交易中心、公共资源交易中心等交易平台，扩大土地流转交易市场覆盖面，开展土地流转供求登记、信息发布，规范农村土地流转交易行为，实行“阳光交易”。从调查情况看，诸城、寿光、青州、高新、峡山纳入市公共资源交易中心，额度在20万元～60万元；昌邑、安丘、临朐、高密纳入山东农交中心平台交易，交易额度在50万元以上，主要以土地规模流转、资产购处置、工程建设等为主。土地经营权流转涉及农户较多或流转土地50亩以上的，纳入农村产权交易市场进场交易，交易过程对外公开，确保交易公正、民主、透明，确保土地流转意愿、价格、方式均由承包农户自主决定。全年通过交易平台的农村资产资源流转交易共计6394笔，交易金额4.3亿元。

健全完善土地承包仲裁服务体系。加强农村土地承包调解服务队伍建设，调处农村土地承包经营方面的纠纷，多次到村级核查，与群众见面、沟通、作政策解答，将群众土地流转信访事项及纠纷解决在萌芽状态。全市成立县级仲裁委员会11个，成立调解委员会127个，成立村调解小组7325个。发挥县级仲裁委员会、镇街调解委员会和村居调解小组的作用，依法妥善处理农村土地流转纠纷。

【农村集体产权制度改革】 2022年，建立健全“村改社区”农村集体经济组织管理工作机制，从固定资产管理、集体资源管理等6个方面规范要求。开展全市农村集体资产清查，2021年度全市农村集体资产总额600.5亿元，经营性资产总额215亿元。推进昌乐县农村集体资产股权质押贷款业务开展，推进“股权+”组合贷款模式提质增量，累计开展贷款113笔，金额1.05亿元。加强典型示范带动，在全市范围内征集12篇集体资产盘活和股权权能应用等方面的经验做法。筛选提报全国农村改革典型案例17篇，农村集体经济发展村级典型案例9篇，争创全省农业农村领域重点改革典型案例15篇，农业农村部农村集体产权制度改革典型村级案例2篇。经验做法在全省农业农村政策与改革暨农村改革试点试验工作推进视频会上作典型发言。获评全国农村集体产权制度改革工作先进集体1个、先进个人2名。推荐临朐县“农村集体经济组织参与建设管护乡村建设项目及公共基础设施”申请承担以备案制拓展农村改革试验任务。依托山东农村产权交易中心，加快全市农村产权交易市场建设，规范农村集体资产资源交易行为，加强农村“三资”交易管理，新增市场服务规模 28.4 亿元。

【农村宅基地制度改革】 2022 年，全市 132 个镇（街）建立一个窗口对外受理、多部门联审联办制度，累计审批 1505 宗。争取高密市、昌乐县、寒亭区获批山东省农村宅基地管理典型案例，数量全省第一。参与全市自建房安全专项督导工作，对寿光、青州、潍城 3 个市（区）开展 7 轮督导。推进寒亭国家级农村宅基地制度改革试点，指导出台资格权认定、流转管理、抵押贷款、有偿使用等 7 个意见办法，实现宅基地管理信息系统与盘活系统双平台运转，办理宅基地新增审批及原址翻建业务 341 宗。完成全域 327 个村 10.03 万宗宅基地基础信息外业调查，在 9 个街道（发展中心）便民服务中心设立宅基地联合审批窗口，完成第一批村级宅基地协管员队伍培训 147 人，引导 78 户农民退出闲置宅基地 1.80 万平方米。

（李志强）

种植业

【概况】 2022 年，潍坊市粮食生产实现“三增长”，落实党政同责要求，将全年目标任务分解到县（市、区）、逐级落实到街镇、村组和地块。全年粮食播种面积 1029.19 万亩，同比增长 0.13%；单产 424.55 千克，同比增长 0.12%；总产 43.70 亿千克，同比增长 0.25%。蔬菜供应总体稳定，全年播种面积 302 万亩、总产 1334 万吨，新认证港澳大湾区“菜篮子”产品基地和企业 7 家，总数 100 家。果业高质量发展成效显著，探索按揭农业、院企合作、“四社”共建三个服务模式，全年水果面积 98.8 万亩、总产 161 万吨。

【高标准农田建设】 2022 年，组织编制市、县新一轮高标准农田建设规划，完成 28.7 万亩高标准农田建设任务，新增高效节水灌溉面积 18.5 万亩，粮食亩均增产超过 100 千克。完成高密、峡山红板岩地区农田水利工程建设和青州市、昌乐县交界地域农田排涝工程。高质量完成第三次全国土壤普查年度任务。

【绿色发展】 2022 年，实施化肥、农药减量增效行动，新增水肥一体化面积 21 万亩，配方肥推广面积 300 万亩，商品有机肥用量达 51.8 万吨，建成有机肥替代化肥示范区 17 万亩，有机肥替代化肥 20% 以上，全市化肥使用量同比减少 1%。创建绿色防控示范区 38 个，完成统防统治面积 729 万亩次，绿色防控面积 885 万亩次，全市农药使用量同比减少 2%。

【种业创新】 2022 年，新组建 10 个种业创新团队，潍麦 12 通过国家、省审品种双审定。山东寿光蔬菜种业集团有限公司、华盛农业集团股份有限公司等 2 家企业入选国家农作物种业阵型企业，占全省入选企业的 25%。寿光市入选第三批国家级蔬菜良种繁育基地，青州市、寒亭区入选第二批省级区域化良种基地。

【农药监督管理】 2022 年，组织开展标准化经营门店创建，全市累计创建超过 1000 家，提升农药经营服务水平。探索形成“环卫 +”农药包装废弃物回收处置模式，全年回收农药包装废弃物 524 吨、处理 395 吨。

【粮食扶持】 2022 年，落实各类粮食扶持资金超过 18 亿元，其中产粮大县奖励 1.82 亿元，耕地地力保护补贴 6.97 亿元、实际种粮农民一次性补贴 2.68 亿元、农业生产救灾资金 0.71 亿元、高标准农田建设 2.77 亿元、三大主粮保险保费 3.43 亿元，调动地方重农抓粮和农民务农种粮

2022 年 6 月 11 日，以“稳粮保供端牢饭碗”为主题的 2022 高密小麦文化节开幕（供图：农业农村局）

"两个积极性"。

【农业技术】 2022年，组织召开全市春季农业生产现场会、"三秋"生产工作现场推进会、粮食绿色高质高效创建现场推进会议，制定印发《全市小麦春季管理技术意见》《玉米全生育期生产管理技术预案》等13个技术指导意见，在小麦、玉米产量形成的关键期，组织专家和技术人员到生产一线指导农户科学运筹肥水、防治灾害，挖掘各类粮田增产潜力。

（郭忠春）

林 业

【概况】 2022年，潍坊市林业系统围绕践行"两山"理论，推进山水林田湖草沙系统治理，科学开展国土绿化，推动林长制落实，加强重点生态系统保护，森林防火和林业有害生物防控形势总体平稳。潍坊市在全省2021年度林长制工作绩效评价中获优秀等次。

【造林绿化】 2022年，科学开展国土绿化，实行年度造林计划带图上报、造林任务落地上图，确定年度工作任务，完成造林绿化落地上图534.6公顷，超额完成年度任务。完成造林绿化空间适宜性调查评估，落实规划造林绿化空间到国土空间规划"一张图"。公布29处全民义务植树基地，动员社会各界通过造林绿化、抚育管护、认种认养和志愿服务等形式履行义务。申报中央财政支持沂山区域国土绿化试点示范项目，获中央财政支持资金2亿元、省财政补助资金4000万元。推进国家森林城市建设，全域绿化成果巩固提升。

【林草资源和湿地保护监督】 2022年，推进林长制改革，全市设立各级林长8545名；联合市人民检察院印发《关于建立"林长+检察长"工作机制的意见》。开展"林长制宣传月"活动，推动形成保护森林资源。加强湿地公园用途管制，控制建设项目占用湿地。坚持综合治理、精准修复，高标准实施湿地公园保护修复项目，争取省级以上湿地公园保护资金2285万元，用于青州弥河、寒亭禹王、峡山潍河等5处湿地公园保护修复。全市建成市级以上湿地公园26处，其中国家级10处、省级13处、市级3处，省级以上湿地公园数量居全省第二。加强林地要素保障，争取林地定额155.3公顷，保障S309田高线寿光岔河至潍坊东营界改建工程等99个用林项目。

【自然保护地管理】 2022年，推进自然保护地整合优化，《潍坊市自然保护地发展规划（2021—2035年）》通过专家评审，形成初步成果。启动编制《潍坊市风景名胜区整合优化预案》，通过省自然资源厅审查。《老龙湾风景名胜区总体规划》《石门坊风景名胜区总体规划》《沂山风景名胜区北部主要游览片区详细规划》等三个规划通过省自然资源厅评审。加强自然保护区、地质公园、风景名胜区等自然保护地内占用项目监管，督促依法依规办理占用手续。启动空天地一体化自然资源监测监管系统自然保护地监测应用场景，组织开展自然保护地遥感监测人类活动疑似点位核查。

【野生动植物保护】 2022年，联合开展"2022清风行动"，打击乱捕滥猎野生动物及非法交易活动，出动执法人员1975人次，检查各类场所509处次，刑事立案16起，查获野生动物269头（只）、野生植物160株，清理猎捕工具76套（件）。陆生野生动植物资源调查（第一阶段）成果通过专家验收，完成全市57个调查小区的野外调查，记录到野生脊椎动物185种，采集昆虫标本157种、3000余号，腊叶标本368种、3128份，发现国家二级重点保护鸟类林雕和竹节菜、马鞭草2种植物。利用"世界野生动植物日""爱鸟周""宣传月"等时机，组织开展野生动植物保护宣传活动，提升全社会保护意识。

【林业改革发展】 2022年，在青州市承办全省首届花境技能竞赛和插花花艺技能竞赛，取得各类奖项9个，市林业发展中心获优秀组织奖。组织开展国有林场党建"三级联动"行动和场圃基础信息调查。协助做好青州花博会、昌邑绿博会等筹备工作。推动森林保险工作，全市参保面积5.67万公顷，完成理赔50起、赔付资金207万元。

【森林防火和林业有害生物防控】 2022年，推进森林防火队伍建设，全市建成610人的森林防灭火巡查专业队和530人的森林防火半专业队。明确4个市级林长制重点片区、10个重点县（市、区）、42个重点镇街森林防火责任人。实施沂山、嵩山、仰天山等重点核心区域建设水源网点和引水上山工程，实现1000米取水半径作业圈以水灭火设施全覆盖。全市建有森防塘坝89处，蓄水池294个，铺设防火水网管线140.37千米。修葺完善林区防火道路、林火阻隔带等，全市防火道路1723.03千米，各类林火阻隔带1803.1千米。开展"五清"（清坟边、清林边、清地边、清路边、清隔离带内可燃物）专项行动，与电力、应急、公安等部门联合开展输配电设施火灾隐患专项排查治理、野外火源治理和查处违规用火行为等专项行动，全市无森林火灾发生。科学开展林业有害生物防控，全市主要林业有害生物发生面积20327.6公顷，成灾率0‰；完成调查监测面积138.12万公顷，监测覆盖率99.84%；完成防治面积2.03万公顷，防治率99.69%、无公害防治率99.34%，抵御松材线虫病入侵，实现美国白蛾有虫不成灾。联合山东农业大学、山东省地质矿产勘察开发局第四地质大队和山东润昌生态科技有限公司建立潍坊市自然资源防减灾实验室。

【林业科技创新】 2022年，加强与中国林科院合作共建，推进国家林草局滨海林业研究中心、滨海抗逆植物种质资源库等建设。组织开展森林文化周、林草科技周和林业科技下乡等系列活动。联合开展科技攻关，获2022年度山东省自然资源科学技术奖一等奖1项、二等奖1项、三等奖3项，全省农林水牧气象系统工作创新成果三等奖1项。推荐的5项林业地方标准获批公布，实现全市林业地方标准零的突破。起草《潍坊市林业有害生物综合治理技术规范标准》其中4项标准，获2022年潍坊市地方标准制定项目计划立项。

（赵玉杰）

畜牧业

【肉蛋奶生产】 2022年，潍坊市拓展创新“三个模式”，聚焦建设现代畜牧业强市，潍坊市畜牧业实现稳定健康发展，肉蛋奶总量增长。全年全市肉蛋奶总产量175.91万吨、增长2.63%，畜牧业总产值338.04亿元、增长2.8%，分别占全省的11.1%、11.3%，肉蛋奶产量居全省第一。

【生猪生产】 2022年，印发《潍坊市生猪产能调控实施方案（暂行）》，将能繁母猪保有量和规模猪场任务目标分解到各县（市、区）。全年生猪存栏310.36万头，其中能繁母猪存栏30.05万头，出栏499.38万头；规模养猪场1716家，能繁母猪保有量和规模猪场保有量均超额完成上级生猪产能调控目标任务。

【奶业发展】 2022年，推进伊利集团10万头奶牛牧场项目建设，万头以上现代化奶牛场6处。临朐、寿光、滨海、昌邑、寒亭5处牧场建成投产，存栏奶牛2.25万头。雅拉项目达到进牛条件。贯彻落实《潍坊市人民政府办公室关于加快奶业发展的实施意见》，兑现市级奶业发展扶持政策。加强生鲜乳日常监管和监测，开展生鲜乳质量安全专项整治行动。落实中小牧场项目建设，全年争取上级中小牧场项目资金330万元，指导临朐争取全省奶业生产能力提升整县推进项目2000万元。

【肉牛产业发展】 2022年，市政府出台《关于支持肉牛产业发展的若干政策措施》，成立工作专班，推动全市肉牛产业高质量发展。全年进口安格斯良种肉牛基础母牛3万头在全市放养繁育，创新“寄母还犊”养殖和畜禽活体抵押贷款新模式，发挥村支部领办合作社示范引领作用，带动村集体增收和农民致富。

【畜禽种业升级】 2022年，落实市级《关于加快推进现代种业创新发展的实施意见》，对6家种畜禽企业、3家省级资源保护单位，给予90万元补贴；加强检查指导潍坊普兰特汉种羊有限公司“潍坊市种业科研创新团队”项目。做好畜禽遗传资源普查后续工作，完成“寿光鸡”性能测定工作。做好“寿光鸡”、中华蜜蜂、沂蒙黑山羊3家保种场评估工作，摸清种质资源底数，提高畜禽种质保护能力和保种水平。做好中新鸭、“寿光鸡”等国产畜禽市场化推广宣传工作。全市建成各代次种畜禽场126处，一级以上种畜禽场21个，呈现出整体数量连续3年增多、高代次种畜禽场逐年增加的发展趋势，提升畜禽保种能力和供种质量。

【构建农牧循环】 2022年，贯彻落实习近平生态文明思想，落实《国务院办公厅关于加快推进畜禽养殖废弃物资源化利用的意见》，坚持保供给与保生态并重、政府主导与企业主体并重、减排降污与资源利用并重，探索路径创新，打造资源利用新兴产业，推广畜禽粪污资源化利用实用模式，加快构建农牧循环新格局，推动畜牧业实现绿色发展。至年底，全市畜禽规模养殖场和养殖专业户均配建畜禽粪污设施，配建率100%，畜禽粪污综合利用率超过90%。

【饲料兽药产业】 2022年，各类饲料总产量1038万吨、总产值512亿元，其中配合饲料752万吨、浓缩饲料20万吨、添加剂预混合饲料24万吨、宠物饲料2万吨、饲料添加剂88万吨、混合型饲料添加剂8万吨、单一饲料144万吨。出口饲料添加剂28万吨、单一饲料33万吨，出口量61万吨，出口额39亿元。全市82家兽药生产企业，总产值35亿元，其中生物制品5亿元，原料药15亿元，化药制剂8亿元，中药制剂6亿元，其它类1亿元。年产值5000万元以上企业14家。全市有兽药经营企业619家，经营额9.4亿元，从业人员3000人。山东华农生物、山东方舟生物两家企业当选2022年度“齐鲁中兽药十大品牌”。

【重大动物疫病控制】 2022年，推进强制免疫政策改革，全面推行规模养殖场强制免疫“先打后补”，开展散养户集中免疫，春秋两季集中免疫生猪721.7万头，牛38.48万头，羊103.21万头，鸡20348.99万羽，鸭11228.46万羽，鹅48.72万羽，筑牢免疫保护屏障。开展动物疫病监测，全年抽检2396个场点13万份样品，分别检测血清学样品5.76万份，病原学样品7.24万份。经检测，群体免疫抗体合格率均高于国家标准，病原学检测均为阴性。开展高致病性禽流感、口蹄疫等8个病的流行病学调查，结合监测情况，形成专项流行病学调查报告。强化动物疫情应急管理，分发20吨消毒药和部分防控物资，在潍城举办潍坊市牛羊炭疽疫情应急演练。

【动物疫病净化】 2022年，做好无疫省迎评创建工作，以重大动物疫病防控指挥部名义召开全市推进无疫省建设工作视频会议，组织开展2轮市级全覆盖检查工作，7月，无疫省建设通过国家评估。制定出台潍坊市种畜禽场主要动物疫病净化实施方案，对全市所有种畜禽场开展疫病净化。开展国家、省级净化场创建申报，全年新建国家级净化场2家、省级净化场3家，通过省级净化场复评估3家。潍坊市有国家级净化场3家，省级净化场18家。

【动物卫生监督】 2022年，制定官方兽医4年培育计划，开展动物卫生工作规范年活动，落实网格化监管责任和企业动物防疫主体责任。开展养殖场、屠宰企业、无害化处理厂风险评估分级管理工作，开展官方兽医依法履职、牛羊检疫监管等4大专项整治，通过提升检疫率，确保出栏畜禽应检尽检，全年检疫猪728.73万头、牛19.70万头、羊106.91万只、家禽27.48亿羽。创新产地检疫无纸化出证工作，选取12家生猪屠宰场作为省级试点，开展无纸化出证自动识别核销试点工作，推动动物检疫工作全链条闭环管理。推进电子耳标创新应用，在安丘市开展生猪电子耳标试点，在昌邑市开展“奶牛+电子耳标+保险联动+政策补助”试点，提升动物标识追溯工作数字化、信息化、智慧化水平。推进牛羊禽集中屠宰，印发牛羊禽屠宰企业设置规划，推动行业布局调整和结构优化，建成牛集中屠宰场4处、羊集中屠宰场3处。开展畜禽屠宰标准化创建工作，全市新增3家省级标准化企业，有全国生猪屠宰标准化示范厂3家、省级畜禽屠宰标准化企业22家，数量位居全省第一。加强病死畜禽无害化处理监管，5个县（市）承担病死猪无害化处理与保险联动国家级试点工作，5个病死畜禽无害化处理收集体系提档升级建设项目通过省级验收，全年处理病死猪140.13万头、病死牛0.29万头、病死羊1.2万头、病死家禽3万吨、屠宰环节移交0.91万吨。

（陈　艳　王元超）

海洋与渔业

【概况】 2022年，潍坊市海洋生产总值1507亿元，同比增长7.03%；渔业经济总产值312.5亿元，水产品总产量49.9万吨。全市拥有渔船2409艘，其中内陆渔船1652艘、海洋渔船757艘。

【海洋产业】 2022年，组织开展海洋渔业、海洋动力装备、海水综合利用等“七大调研”，摸清产业现状、找准短板不足，明确发展方向，推动海洋产业突破发展。其中，现代海洋化工，加快推进向高端化、绿色化、聚集化发展，昌邑海洋精细化工产业入选全省特色产业集群；海洋动力装备，推进船用发动机领域布局，发布首部地市级海洋动力装备产业蓝皮书；海水综合利用，实施“六个一”工程，揭牌成立部、省、市共建的海水综合利用研究中心；海洋新能源，昌邑三峡海上风电与海洋牧场融合示范，实现全省首批平价海上风电项目的全容量并网。26个海洋特色园区完成投资345.9亿元，实现海洋产业收入1731.6亿元。125个海洋经济重点项目完成投资330.2亿元，海洋产业规模和层次逐步提升。

【现代渔业】 2022年，实施虾贝双百亿全产业链工程和“蓝色良种”工程，建成凡纳滨对虾活体种质资源库，2家水产种业企业入选国家种业阵型企业，新增1处省级海洋牧场，构建政产学研深度融合、育繁推一体发展的现代海洋种业科技创新体系。印发《潍坊市养殖水域滩涂规划（2022—2030年）》，科学规划水产养殖布局，推动全市渔业园区提档升级、水产养殖绿色发展，争取省级以上财政资金7016万元，谋划实施13个渔业发展重点项目。实施水产绿色健康养殖“五大行动”，新建3家国家级骨干基地，全市示范面积5万余亩，示范推广水产新品种10余个，揭牌成立潍坊市渔病医院，举办全市首届渔业行业职业技能竞赛。开展增殖放流行动，全市累计放流各类水产苗种5.8亿尾，主办全国“放鱼节”（山东）主场活动。

【海域海岛管理】 2022年，落实国家围填海管控要求，针对非法围填海行为做到“早发现、早制止、严查处”，遏制违法违规用海。推进围填海历史遗留问题处置工作，《潍坊市已批准类围填海历史遗留问题处置方案》获自然资源部批复，推进“未批已填”类围填海历史遗留问题处置方案的编制报批，推进1840公顷的“未批已填”区域处置。配齐监管队伍、完善监管机制、创新监管手段，依法依规做好海域海岛监管。加强自然岸线监管，全覆盖动态监测潍坊市10段74.20千米纳入自然岸线监管的岸段，审查占用自然岸线用海项目，全市自然岸线保有量和保有率均未减少。

【海洋科技创新】 2022年，搭建高水平海洋科创平台，引入内燃机产业计量中心，与崂山实验室、山东大学、中国航天系统科学与工程研究院合作共建超高速高压水动力平台，并列入崂山实验室核心公共平台。突破凡纳滨对虾良种选育、船舶双燃料电控发动机、深海钻井用隔水管应用等一批核心关键技术。培育壮大创新型涉海企业，力创电子、天一化学、海王化工3家涉海企业入选第四批国家专精特新“小巨人”企业；得和明兴获批第四批省级“雁阵形”集群现代海洋产业领军企业；6项海洋领域科技创新成果获第四届山东省专利奖。

【海洋对外合作】 2022年，市政府与自然资源部天津海水淡化所、省海洋局、山东海洋集团开展战略合作，签署全省首个省市企三方海洋经济高质量发展战略合作协议，揭牌成立全省首家海水综合利用研究中心。举办第四届潍坊国际海洋动力装备博览会，创新利用AI、VR、3D等技术搭建永久开放“云展馆”，开启“云上博览会”。依托博览会开展海洋领域双招双引，300余家国内外知名企业和国家级科研院所参展参会，达成合作成果28项，新华社、《人民日报》等50余家媒体进行报道，社会关注度、参展商数量、平台效应发挥均打破历届纪录。

2022年9月17日，市政府与自然资源部天津海水淡化所、省海洋局、山东海洋集团开展战略合作，签署全省首个省市企三方海洋经济高质量发展战略合作协议，揭牌成立海水综合利用研究中心（供图：马康）

【海洋生态保护修复】 2022年，推广“柽柳＋肉苁蓉”海洋生态修复模式，“潍坊市引导社会资金实施‘南红北柳’生态工程滨海示范林项目”入选自然资源部渤海生态修复8个典型案例之一。“重盐碱土壤生态修复模式研究项目”入选2022年度自然资源部渤海生态预警保护修复重点实验室开放基金项目。推进总投资4.36亿元的寿光老河口海洋生态保护修复项目，完成4千米海堤生态化改造、192公顷互花米草清除、33公顷牡蛎礁恢复、224公顷退围还滩等建设内容。聚焦国家“双碳”战略，依托莱州湾滩涂生物碳汇实验室，开展全市蓝碳经济研究，探索海洋碳汇发展路径。

【海洋渔业执法】 2022年，组织开展渔政“亮剑”、渔业安全生产、海洋伏季休渔、违规渔具整治等专项执法行动，全市检查渔船2085艘次，整改安全隐患620起，清缴涉渔“三无”船舶79艘、“地笼”等违规渔具1670套，查获违规渔船168艘，保障渔业安全底线，维护渔区和谐稳定。执行海域使用日常巡查制度，开展海域海岛专项执法、海洋重点领域执法专项督导检查，巡查抽查254次，检查用海项目1350个次，无居民海岛6次，维护海域海岛开发利用秩序。保障水产品质量安全，完成省市级水产品抽测800批次，实现“全方位、无缝隙”监管，抽检批次和合格率均居全省前列。

（马　康）

水 利

【概况】 2022年，潍坊市践行习近平总书记“节水优先、空间均衡、系统治理、两手发力”十六字治水思路，推进安全水利、资源水利、生态水利、民生水利工作，落实全市现代水网基础设施建设，加强防洪薄弱环节，完善供水保障体系，水资源利用更加集约节约，改善水生态环境。潍坊市在中央财政水利发展资金省级评价中获得优秀等次，位列全省第一。潍坊市水利局被水利部表彰为“全国水土保持工作先进集体”，被省委、省政府授予“全省防汛抗洪表现突出集体”称号，并获评全市“打造乡村振兴齐鲁样板先行区示范集体”。

【现代水网建设】 2022年，编制印发《市县两级现代水网建设规划》。全市以“一轴一带、四纵七湖、百河千库”为框架，实施供水保障、防洪提升、水生态保护与修复、数字水利等四大类54个项目，全年完成水利建设投资47.3亿元，投资额位居全省第二，工程进度连续6个月位居全省第一，3次在全省水利工程建设调度会议作典型发言。峡山水库战略水源地水质提升保护工程提前一个半月建成通水，为沿河企业置换水源2000万立方米，增加农业灌溉用水5000万立方米，为中心城区提供1.8亿立方米生态用水。寿光市作为全国首批水系连通及水美乡村建设试点县，通过总体验收。

【水旱灾害防御】 2022年，全市平均降水量997.1毫米，较常年同期偏多57%，为新中国成立以来降雨第二多年份。各级落实防汛责任，汛前落实水库防汛三个责任人、山洪预警信息发布人员、技术专家、抢险队伍等各类人员4000余人，多轮次多形式开展防洪隐患排查。组织对降等报废的158座小型水库开展风险评估、处置，完成37座小型水库安全鉴定和41座小型水库除险加固，在全省运行管理会议上作典型发言。组织开展各类防汛演练1000余次，执行24小时值班制度，创新建立的预警信息叫应机制并在全省推广。开展北部区域入海河流遇超标准洪水和海水顶托应对预案研究，完成水利部潍河流域风险普查试点任务，受到省水利厅通报表扬。汛期科学精准调度，累计调蓄水量超22亿立方米，防御台风“梅花”等多场强降雨，实现“人员不伤亡、水库不垮坝、重要堤防不决口、重要基础设施不受冲击”目标。至年底，全市大中型水库总蓄水量12.02亿立方米，为经济社会发展储备水资源。启动全市塘坝安全风险排查整治专项行动，摸清全市重点塘坝底数806个，整治工作有序开展。推进工程运行管理，组织开展运行管理创新，临朐县开展小型水库“巡库员”机制试点建设，做法获得省水利厅认可。高崖水库创建“水利部标准化管理工程”。

【农村水利工作】 2022年，组织开展全市农村供水保障问题专项整治，与“12345”热线联动，健全问题快速发现机制，实现农村供水问题动态清零。完成32处水厂设备更换、61处供水主管网改造、415个村供水设施提升，受益人口150万人，提前超额完成政府工作报告确定的400个村的改造任务。水质检测实现常态化、规范化、制度化，落实水厂日检、县级月抽检、市级季度抽检的水质检测制度。在全国农村供水技术培训班、全省农村水利工作现场会上作典型发言。完成年度新增农业水价综合改革面积191.27万亩，改革面积居全省第一。临朐县丹河水库灌区和嵩山水库灌区被水利部评为国家级节水型灌区。全市完成年度水土流失治理面积109.61平方千米，12条水系绿化年度任务河段全部达标。潍坊市水利局在全省水土保持规划实施情况评估中获得优秀等次，在全省水土保持工作会议上作典型发言，被水利部表彰为全国水土保持先进集体。推进移民扶持工作，争取上级移民资金2.32亿元，实施各类移民后扶项目379个，投资额居全省第二。实施移民产业扶持试点项目14个、建成移民村38个，移民村集体经济增强，移民生产生活条件逐步改善。潍坊市水利局和诸城市分别在全省水库移民工作会议上作典型发言。

【河湖长制工作】 2022年，依托全域美丽幸福河湖创建三年攻坚行动，推进河湖长制落实，累计建成116个全域美丽幸福河湖镇，安丘、临朐、昌乐、奎文、峡山等5个县（市、区）提前一年完成创建任务。弥河全线193千米创建为全省首批淮河流域幸福河湖，全市19条河段创建为省级美丽幸福示范河湖，年度创建数量和累计创建数量(58条)均居全省第一。创新建立河湖专业化全域保洁机制，全市配备河湖专管员3300余名，其中争取河湖公益岗2800余个，保障河湖常态化管护，做法在全省推广。规范河湖空间管控，落实“空天地人”立体监管模式，完成37个妨碍河道行洪突出问题整改。安丘市河湖长制典型经验做法入选“山东河湖管护创新十佳案例”。

【水资源管理工作】 2022年，落实“四水四定”，科学建立全市用水总量和强度双控指标体系，水资源刚性约束机制逐步完善。规范整治全市范围内2686个整改项目4.03余万眼机电井，完成水资源税远程在线监控管理改革，安装在线计量设施3294处，实现非农业取用水户在线计量全覆盖。加强水资源市场化交易，《潍坊市水权交易管理实施办法》印发以来完成三笔水权交易，破解企业用水难题。优化水资源配置，全年累计调引黄河水长江水5879万立方米，实施跨区域调水8721万立方米。累计向弥河等骨干河道生态补水超6910万立方米，保障河道生态流量。围绕节水控水，印发实施《潍坊市“十四五”节约用水规划》，发挥全市节约用水工作联席会议机制作用，开展节水宣传，县域节水型社会达标建设实现全域覆盖，创建省级节水教育基地4个、省级节水型高校4所。开展超采区综合整治，争取中央资金1亿元，实施青州市、潍城区国家地下水超采综合治理项目，实现年压采能力800余万立方米。全市地下水超采区面积较2015年减少一半，年末，全市平原区地下水位较年初上升1.51米。

【依法管水治水】 2022年，开展法治宣传教育27次，加强日常文书合同的合法性审查，保障依法依规科学决策。完善水利与公安、检察、综合执法等部门联动机制，全年查处非法采砂行为44起，查处案件41起，移交案件1起。开展扫黑除恶斗争，潍坊市水利局获评全市“平安中国建设示范市创建工作先进集体”。优化涉水审批服务，推动预勘预审、容缺受理、不打烊、店小二等特色服务模式，疫情防控期间推动视频评审等“不见面”审查方式，助力企业复工复产。全年完成水行政许可技术审查43件次，办理政务服务事项126件次，办结率、满意率均为100%。落实水利行业安全生产政治责任，开展水利行业安全生产专项整治三年行动、风险隐患排查整治、安全生产大检查、预防未成年人溺水等专项整治工作，排查整改问题隐患1109个，水利行业安全生产形势稳定。做好质量监督，发现整改问题129个，在全省水利监督工作会议上作典型发言。

（程学刚）

农业机械

【概况】 2022年，潍坊市各级农机部门围绕乡村振兴战略的实施和农机化供给侧结构性改革，推进农机化发展向全程、全面、高质、高效发展，提升农机化装备水平、农机化服务能力。全市农机总动力1103万千瓦，比2021年增长1.9%，拖拉机17.8万台；联合收获机2.88万台，比2021年增长3.6%。全市机械收获小麦32.86万公顷，适宜地块全面实现联合机收；机械收获玉米33.5万公顷，占适宜机收面积的99%。花生、马铃薯生产实现全程机械化。设施农业装备开始向智能化、高科技含量发展，推进粮食烘干、无人机植保技术装备发展，全市拥有农用航空植保无人机1377架。

【新型农机服务体系建设】 2022年，全市农机合作社数量增加，服务能力和规模逐步提升。全市农机专业合作社824家，入社成员1.32万人。作业服务面积65.74万公顷。推进农业机械化，开启农机服务新模式，探索农机专业合作组织与金融服务部门的合作，农机社会化服务向农业生产全过程、全产业延伸。省农担公司潍坊管理中心为高密市姜庄镇张庄村合作社担保资金80万元，为峡山区王家庄街道整镇推进村支部领办合作社提供土地流转资金担保，为解戈村提供500亩地的资金担保。

【惠农政策】 2022年，潍坊市使用中央农机购置补贴资金13800万元，补贴农业机械9490台（套），受益农户7257户，完成省下达的补贴资金量任务。全市农业农村局系统采取自主购机、定额补贴、先购后补、县级结算、直补到卡（户）的方式，开展实地核验机具，确保补贴资金安全结算；落实农机购置补贴政策，实施农机购置补贴手机App、补贴机具二维码和物联网监管“三合一”试点工作。开展农机报废更新工作，年内，各县（市、区）补贴资金无空余，未调剂。

【农机化技术推广】 2022年，依托农机转型升级项目建设，推动全市主要农作物机械化向全程全面高质高效发展。潍坊市整建制创建为全国实现主要农作物生产全程机械化示范市。坊子区、寒亭区创建2022年山东省“两全两高”农业机械化示范县；潍城区、临朐县创建2022年农业农村部主要农作物生产全程机械化示范县。提高农机化新技术新机具推广应用。组织山东沃华农业科技有限公司在峡山生态开发区岞山街道建立“潍坊市大葱生产全程机械化示范推广基地”，该基地实施核心示范面积300亩。在寿光市新时代农机专业合作社、潍坊丰瑞农业科技有限公司建立潍坊市夏玉米籽粒直收推广示范基地，核心示范面积1000亩。

【农机管理服务】 2022年，全市农机管理部门围绕全市农机中心工作，加强底线思维和红线意识，做好农机检审服务质量，推进平安农机创建，加强牌证业务，规范队伍建设。印发

《关于做好2022年农机牌证管理和安全技术检验工作的通知》，做好全年的拖拉机和联合收割机牌证管理，驾驶人考试和安全技术检验工作。全市农机牌证服务机构办理农业机械业务1万余次，其中新注册登记7445余台，完成检验拖拉机和联合收割机1691台次，办理驾驶证业务8014次，其中初次申领驾驶证759本，增加准驾机型业务223次。

【农业装备博览会】 2022年9月16—18日，2022山东（寿光）智慧农业装备博览会在潍坊寿光智慧农业装备交易中心举办，同期举办2022中国蔬菜生产机械化发展论坛、农业机械化赋能乡村振兴研讨会、智慧农业装备高质量发展研讨会、新产品发布会等学术会议。260余家农机装备企业参加博览会，其中潍柴雷沃、东方红、中联重机、东风等知名品牌参加此次博览会，参展机具2000余台套。博览会采取线上线下相结合的形式，其中线下观众1万余人次，线上观众60余万人次。

（王元志）

高标准农田建设

【概况】 2022年，潍坊市以习近平新时代中国特色社会主义思想为指导，贯彻国务院和省委、省政府决策部署，实施藏粮于地、藏粮于技战略，把高标准农田建设放在“三农”工作全局中谋划推动，推进高标准农田建设。

2022年，昌乐高标准农田一隅（供图：市农村农业局）

【高标准农田建设项目】 2022年，完成2021年度高标准农田建设，项目涉及潍城、寒亭、青州、寿光、安丘、高密、昌邑、临朐、昌乐等9个县（市、区），项目总投资2.21亿元，所有项目5月底全面完工并通过市级竣工验收，新建高标准农田14.5万亩，发展高效节水灌溉面积10.88万亩。推进2022年度高标准农田项目建设，项目涉及诸城、寿光、安丘、高密、临朐、峡山等6个县（市、区），项目总投资2.77亿元，所有项目于11月底全面完工并通过市级竣工验收，新建高标准农田14.2万亩，新增高效节水灌溉面积7.65万亩。

【规划编制】 2022年，编制完成《潍坊市高标准农田建设规划（2021—2030年）》，市政府以潍政复〔2022〕56号文进行批复，市农业农村局以潍农字〔2022〕25号文印发各县（市、区）、市属开发区组织实施。

【高标准农田工程运行管护机制】 2022年，健全完善全市高标准农田运行管护机制，保障工程长效运行。市农业农村局制定出台《潍坊市高标准农田建设项目工程运行管护实施细则（试行）》，联合市财政局、银保监会下发《关于开展高标准农田建设工程质量及管护保险工作的通知》，开展高标准农田建设工程质量及运营管护保险工作。

【项目建设管理】 2022年，召开全市高标准农田建设工作培训会议、全市高标准农田工作推进会议，推进高标准农田项目建设。加强督导检查，制定督导检查包靠工作方案，实行分片包靠责任制，局领导带队，项目包靠人员分别到有关县（市、区），检查高标准农田建设项目工程建设、施工进度、工程质量和安全生产等。对督查发现问题及时下发督办单，跟踪问题督办、限期整改。加强质量安全管理。按照“党政同责、一岗双责、齐抓共管、失职追责”和“管行业必须管安全，管业务必须管安全，管生产经营必须管安全”的要求，做到业务工作与安全生产工作同部署、同落实、同检查、同考核，落实工程质量、安全生产工作责任制，制定质量安全制度措施，加强全过程质量安全管控，全年未发生安全事故。

（冀传杰）

工　业

Gongye

综　述

【概况】 2022年，在市委、市政府的坚强领导下，潍坊市工信局聚焦工业稳增长，推动制造业优存量、扩增量、建生态、提能级，加快建设先进制造业强市，各项工作取得进展。

【工业经济】 2022年，聚焦实现工业稳增长，统筹疫情防控和工业生产，优化工业运行监测机制。出台“工业稳增长20条”，累计召开全市工信系统视频调度会10次。为647家企业协调解决职工返岗、交通运输等问题8147个；争取列入国家级产业链供应链“白名单”企业21家、省级216家，省级以上“白名单”企业数量居全省第一位。围绕防疫物资生产、储备、调拨等关键环节，保障物资供应，支援滨州、上海、南木林等地疫情防控工作。开展安全生产驻点督导、化工行业安全生产等专项行动，排查整改风险隐患1127项。“亩产效益”评价改革全面深化，规上、规下参评企业分别达到3872家、8325家。全年全市工业主要指标保持平稳较快增长，全市规上工业增加值同比增长7.4%，高于全省2.3个百分点，高于全国3.8个百分点；实现规上工业企业营业收入11351.4亿元。

【产业体系】 2022年，出台《关于推进“五个优化”加快制造业高质量发展的实施意见》，推动传统产业存量变革、“弯道超车”。印发《关于加快推动全市化工园区高质量发展的实施意见》；完成9家化工园区和374家规上化工企业的智能化改造诊断评估；9个园区危化品停车场全部建成并投入运营。新增国家级绿色铸造企业13家，总数21家，居全国第一；建设铸造产业园区，组织首批37家铸造企业开展智能化试点。4家企业入选国家重点培育纺织服装百家品牌名单。围绕“紧盯前沿、打造生态、沿链聚合、集群发展”的产业组织理念，推动元宇宙、新能源技术、工业母机、新医药新材料等产业发展，推动新兴产业增量崛起。举办元宇宙技术创新与产业之都建设高峰论坛、潍坊市半导体产业发展圆桌会议、磁悬浮节能技术应用及产品推广座谈会，全国磁悬浮动力技术基础与应用标准化工作组揭牌成立，天瑞重工获2021年度省技术发明奖一等奖，全球首台5米特大型立环磁选机下线，氢燃料电池公交车运行里程和运送旅

2022年12月17日，元宇宙技术创新与产业之都建设高峰论坛在潍坊市举行（供图：潘盈）

客数量均居全省第一。2家企业入选全省高端装备领域十大高质量发展企业，居全省第一。淘汰落后产能，关停退出18条直径3.2米以下水泥磨机产线，水泥产能压减每年415万吨，轮胎行业改造不能实现密闭式自动投料的炼胶机27台、不能实现充氮工艺的子午胎企业硫化设备955台，氯碱行业电解槽改造全面完成，焦化产能整合转移有序推进。

【集群发展】 2022年，提升“链长制”，落实“八个一”推进机制，推动制定产业链方案和图谱清单，优化产业生态。潍坊市入选全国首批产业链供应链生态建设试点城市。动力装备集群入选国家先进制造业集群。成立产业联盟13个，举办世界动力装备产业集群高峰论坛，12家企业成为省标志性产业链“链主”企业。举办高端铝材、纺织服装、汽车制造等产业链对接交流活动9次，促进上下游融通协作。新入选省级特色产业集群3家，总数达到6家，居全省第一位。诸城市（健康食品及预制菜加工）特色产业集群位列省综合评价第五位。

【创新发展】 2022年，实施工业技改提级行动，编制重点产业链重点技改项目导向目录，建立重点技改项目培育库，推动“千项技改、千企转型”。出台潍坊市“技改专项贷”实施细则，打造企业技改服务商联盟，成立“潍坊市企业技改服务产业园”。全市实施工业企业重点技术改造项目732项，本年完成投资510亿元；全市工业、制造业技改投资分别增长14.7%、14.2%。推进创新平台建设、人才引育，打造智能制造全产业链体系。国家燃料电池技术创新中心正式挂牌，新增32家省级工业设计中心，总数80家，居全省第一位。国家海外高层次人才引进计划入围数量居全省前列；新获“省长杯”工业设计大赛金奖1项，累计7项、居全省首位；得利斯集团有限公司创建的山东省预制菜制造业创新中心被认定为2022年山东省制造业创新中心（第一批）培育企业。新增27家省级“一企一技术”研发中心；14家企业的技术需求入选2022年度全省产业关键核心技术“揭榜挂帅”项目榜单，数量位居全省第一位。5家企业入选国家和省级智能制造示范标杆，新增7家省级智能工厂、5家省级数字化车间；35种产品列入省首台（套）目录和名单。有1个项目入选工信部工业互联网试点示范项目，2个项目入围国家工业互联网大数据中心体系，9家企业入选省级工业互联网平台，22个项目列入省级数字经济重点项目清单，44个场景纳入市级工业互联网应用场景项目库。全市累计建设5G基站1.26万个、开通1.26万个，5G网络实现城市重点区域全覆盖、乡镇区域连续覆盖、主要行政村重点覆盖。加快构建绿色制造体系，新增国家级工业产品绿色设计示范企业3家、省级绿色工厂8家，开展首批市级绿色工厂评选认定。

【梯队建设】 2022年，推进优质企业“千百十”梯次培育工程，建立完善单项冠军等5个梯度培育库，推荐981家企业进入省级优质企业培育库。与工信部国际经济技术合作中心共同搭建“专精特新”高质量发展服务平台。潍坊市企业入选世界500强1家、中国企业500强5家、中国制造业企业500强9家。新增国家级制造业单项冠军3家；新增省级制造业单项冠军41家，总数123家，新增数、总数均居全省第一，占全省单项冠军总数比例14.4%。新增国家级专精特新“小巨人”企业41家、重点“小巨人”企业2家，省级“专精特新”中小企业118家，省级“瞪羚”企业46家。做好优秀企业家选树、宣传工作，6名企业家获省委、省政府表彰，入选数量、层级均居全省前列；出台《潍坊市优秀企业家评选奖励办法》并开展评选。

【服务企业】 2022年，创新提升服务企业专员制度，搭建“服务企业一体化监管平台”，开展“金融服务润万企”等专项行动。潍坊市惠企政策综合服务平台上线试运行，实现政策的精准匹配推送、线上申报兑付以及全方位解读，为企业提供一站式政策服务。推出162项“专精特新”中小企业数字化专属服务产品。建立服务民营（中小）企业专家库，入库专家30余人。制定印发《关于进一步做好中小企业纾困帮扶工作的通知》《潍坊市贯彻落实〈山东省民营经济（中小企业）“十四五”发展规划〉工作方案》，推动民营经济发展。组织“一起益企”中小企业服务行动，累计通过政策宣贯、创业培育、管理咨询、育才引才等服务使4.82万家企业受益，响应1.52万家企业的相应需求。组织参加8场线上“全省民营经济中小企业政策宣贯大会”，全市1.04万家民营企业、3.82万人直接受益。市县两级工信部门审核小微企业融资担保业务信息2135笔，年化担保额约116.55亿元，业务量居全省第一；获得2022年中央小微企业融资担保降费奖补资金2690万元，居全省第一。开展商用汽车促消费活动，有3612辆商用车获得补贴，数量居全省前列。

（潘　盈）

信息化

【概况】 2022年，加强规划引领，编制起草《潍坊市加快推进数字经济发展行动计划（2023—2025年）》，明确发展目标、重点任务和推进措施，加强项目支撑保障，构建形成全市“一盘棋”发展格局。围绕打造数字经济新优势的总体要求，以数字赋能高质量发展为主题，以数字产业化、产业数字化为主线，夯实数字基础支撑，提升数字产业发展规模，丰富数字应用场景，营造数字发展生态，加快传统产业数字化、网络化、智能化转型发展。潍坊市入围全省2022年度信息基础设施和推进产业数字化、数字产业化成效明显市，全省3家，进入公示阶段。

【数字基础设施建设】 2022年，针对高电价、高场租、纠纷站、公共资源免费开放等问题建立“四个清单”调度协调解决机制，定期向各区县通报，有序推进。由市工信局牵头，各电信运营商签署《潍坊市“双百行动”落实方案及室内分布系统共建共享公约》，定期协调推进通信基础设施共建共享。全年全市累计建设5G基站1.32万个，开通1.31万个，实现城市重点区域全覆盖、乡镇区域连续覆盖、主要行政村重点覆盖，全市重点场所5G网络通达率100%。惠发食品“山东食品（预制菜）行业分中心”和移动潍坊分公司“山东通用设备制造（智能通信）行业分中心”入围全国一体化工业大数据山东云中心试点，首批进入国家工业互联网大数据中心体系，为预制菜和智能通信行业工业大数据建设奠定基础。潍坊市工业互联网标识解析二级节点正式接入国家顶级节点，成为山东省第四个综合型节点。

【互联网平台构建】 2022年，新天保智慧供应链“基于快钢云工业互联网平台构建的智慧钢铁供应链生态协同解决方案”入选工信部工业互联网试点示范项目。惠发食品、世纪阳光等9家企业入选省级工业互联网平台，潍坊市省级工业互联网平台16家，潍柴动力、世纪阳光等8家企业项目入选山东省制造业数字化转型第一批重点项目，16个项目入选新一代信息技术与制造业融合发展试点示范项目。遴选山东联盟化工等25家企业为2022年度“企业上云”标杆企业，组织征集潍坊市工业互联网典型应用场景37个，纳入市级工业互联网应用场景项目库实施重点培育，发挥标杆带头作用，丰富技术、平台、供应链等服务供给，形成工业互联网典型应用。

【数字生态建设】 2022年，加强数字经济园区培育引导，潍坊总部基地等3家数字经济园区通过省级数字经济园区评定，获得省级奖补资金300万元，全市省级数字经济园区8个，数量居全省第一。加强数据管理能力建设，6家企业开展总数据师制度试点，11家企业入选省级大数据三优两重重点项目企业，开展DCMM（数据管理成熟度）贯标试点宣贯培训活动，潍柴动力等15家企业获批DCMM贯标试点。开展工业领域数据安全管理试点，指导、督促12家企业针对数据安全风险做好风险处置工作。

（赵建全）

装备工业

【概况】 2022年9月，工业和信息化部确定12个城市首批产业链供应链生态体系建设试点，潍坊市入选全国首批产业链供应链生态体系建设试点城市。11月，工业和信息化部正式公布45个国家先进制造业集群名单，潍坊市动力装备集群入选。全市装备工业规模以上企业发展到1276家，实现营业收入3324.5亿元，利润99.9亿元。

【智能制造发展】 2022年，聚焦智能制造发展模式创新，围绕离散型、流程型、网络协同、大规模个性化定制、远程运维等模式，潍坊市装备制造业企业开展智能化转型升级，实现生产方式变革。潍坊市潍柴动力、歌尔集团等2家企业获评国家级智能制造示范工厂，潍柴动力“网络协同制造”项目入选国家级智能制造优秀场景，歌尔、大业、博阳3家企业被评为山东省智能制造标杆企业，14家企业获评省级智能工厂、16家企业获评省级数字化车间，组织认定市级智能工厂22家、数字化车间17家、智能制造系统解决方案供应商6家、智能制造公共服务平台2家、智能装备产品7种、智能制造试点示范项目20个。形成“国家—省—市”三级协同的智能制造发展格局。

2022 年 9 月 7 日，世界动力装备产业集群高峰论坛在潍坊市举办（供图：潘盈）

【商用汽车促消费活动】 2022 年 6—12 月，组织开展商用车促消费活动。活动期间，全市有 3612 辆商用汽车获消费券补贴，获补车辆数居全省前列，拉动潍坊市汽车产业发展。

【氢能产业发展】 2022 年，加强氢燃料电池汽车推广应用和加氢站建设的工作，促进潍坊市氢能产业发展。新上 100 辆氢燃料电池城市公交车、6 辆氢燃料电池重卡牵引车。全市投运氢燃料电池汽车辆 250 辆，开通氢燃料电池公交运营专线 18 条，累计运行 1115.7 万千米，运送旅客 1227.4 万人次，累计消耗氢气 523 吨，运行里程和运送旅客数量均居全省第一；建成加氢站 5 座，在建 2 座，数量居全省第一。

【新品发布】 2022 年 11 月，潍柴动力发布全球首款本体热效率 52.28% 柴油机，连续 3 次刷新全球纪录。

（李会国）

化学工业

【概况】 2022 年，潍坊市工业发展促进中心（市化专办）围绕“紧盯前沿、打造生态、沿链聚合、集群发展”的产业组织理念，聚焦产业链推进、园区优化提升等重点任务，助攻“五个优化”，推动化工产业“优增量、扩存量”，全市规模以上化工企业实现营业收入、利税、利润分别为 3746.1 亿元、305 亿元、113.9 亿元，同比分别增长 14.8%、2.1%、-23.1%。化工产业营收占到全市工业营收的 33%，连续两年在全市支柱产业中排名第一。

【化工园区建设】 2022 年，调研全市 9 家化工园区，了解园区发展存在的突出问题，研究制定《关于加快推动全市化工园区高质量发展的实施意见》。完成 9 家化工园区和 374 家规上化工企业的智能化改造诊断评估，摸清全市化工园区和化工企业的智能化水平。全市 9 家化工园区的危化品停车场、实训基地全部建成并投入运营。9 家化工园区均达到一般或较低安全风险等级。滨海化工园、羊口化工园、侯镇化工园 3 家化工园区营收过 300 亿元。

【高端化工企业发展】 2022 年，研究制定《关于支持高端化工重点企业发展的若干政策》，从金融税收、人才队伍、资源要素等方面全方位服务保障企业发展。全年全市营收过 15 亿元的化工企业 24 家，其中过百亿元的 7 家。联盟化工入选“2022 年省级高质量发展企业获奖企业名单”，获得省级奖补资金 1700 万元，这也是继弘润石化后潍坊市高端化工企业连续两年入选该名单。弘润石化、鲁清石化、昌邑石化入选 2022 山东企业百强名单，新和成入选 2022 年度省“十强”产业集群领军企业名单。

【产业链创新】 2022 年，开展高端化工产业链调研，摸清重点产业链的发展现状、短板环节和协同发展需求，明晰发展路径和下步工作重点。支持“链主”企业牵头，成立潍坊市高端化工产业联盟，首批纳入会员单位 106 家，占全市规上化工企业的三分之一，各类科研院所及高校 10 家，推动链上企业的协同发展和产业链关键技术的攻坚能力。69 个“链上”重点项目纳入省智慧化工综合管理平台重点项目库，8 个纳入省重大项目库，11 个省新旧动能优选项目库。

【化肥轮胎产能压减有序开展】 2022 年，化肥方面，为联盟化工争取延期一年淘汰固定床气化炉的机会，争取产能退出补贴资金 950 万元。延期一年可为企业增加销售收入 30 亿元，也为企业新、旧生产装置顺利衔接，转型发展赢得时间。轮胎方面，完成子午胎企业的产能退出工作。12 月下旬，完成子午胎企业淘汰低效落后产能的“线上”验收。1家轮胎企业拆除退出，需要升级改造的33台密炼机全部完成升级改造或关停，按期完成省政府交办的工作任务。

【化工企业防疫保运】 2022年，潍坊市委、市政府召开专题会议听取汇报并部署解决化工企业防疫保运工作。市工信局、市化专办、市工业发展促进中心等相关部门调研全市24家具有代表性化工生产企业防疫保运情况，归纳梳理当前企业防疫保运面临的困难和问题，并成立化工企业防疫保运帮靠服务工作专班，确定优先保运化工企业30家、重点保运化工企业100家，提出8条化工企业防疫保运保障措施。建立日调度、周通报制度，打通市、县保运问题反馈各处环节，建立上下一体的信息沟通渠道，解决企业反馈的运输问题，维护化工产业的正常生产秩序。

（刘甲坤）

纺织工业

【概况】 2022年，通过开展产业联盟工作、服务推动纺织服装品牌培育、加大技术改造支持等系列工作，构建产业链上下游、大中小企业联系、密切协同的产业生态，促进纺织服装产业高质量发展。诸城市、高密市、昌邑市分别被中国纺织工业联合会命名为“中国男装名城”“中国家纺名城”“中国印染名城”。

【产业格局】 2022年，全市纺织服装产业取得进展，规模和档次有所提升，多项主要经济指标和重点产品产能居全省前列。450家规模以上纺织服装企业实现营业收入378亿元。全市纺织服装产业形成从纤维、纺纱、织造、印染到下游服装、家纺以及产业用纺织品三大终端产品的产业链条，具备各类纺织服装产品的生产能力，形成诸城的服装成衣加工，高密的家纺，昌邑的纺织染整为主要集群的产业格局。

【品牌效应】 2022年，在服装、家纺和产业用纺织品三大领域，涌现出新郎希努尔、桑莎制衣、孚日集团、耶莉娅服装等企业，培育出孚日、耶莉娅、坦博尔、希努尔、桑莎、昊宝、仙霞、博莱特等30余个知名品牌，知名度和美誉度提升。

【出口加工】 2022年，全市纺织服装出口额288.1亿元，同比增长1.8%，占全市出口总额的11.6%。出口产品主要包括纱线、坯布、服装、家纺等，出口市场涵盖日本、美国、尼日利亚、澳大利亚、法国、德国等200余个国家和地区。

（张奉杰）

食品工业

【概况】 2022年，潍坊食品加工产业规上企业482家，实现主营业务收入1552.43亿元，增长6.1%，实现利润65.66亿元，增长82.7%，实现利税83.17亿元，增长72.7%。

【品牌建设】 2022年，推进“增品种、提品质、创品牌”三品战略，优化品种结构，增加品种数量，以品质建设推动企业核心竞争力，以品牌建设提升市场占有率，把品牌优势转化为整体发展优势，全市20个食品品种入选2022年度山东特色优质食品目录（全省134个），占全省的14.9%。组织企业参加2022第十一届中国（贵州）国际酒类博览会、中国鲁酒论坛、第106届全国糖酒商品交易会等全国性食品博览会，扩大食品企业影响力，推进地方品牌发展。

【诚信体系建设】 2022年，引导和支持企业采用线上线下及自学等方式开展诚信评价，组织县（市、区）工信部门及有关食品企业80余人参加全省安全生产培训，完成年度培训任务。加强对食品行业的指导和服务，维护行业公平竞争秩序，促进行业整体水平的提升。

【现代产业体系建设】 2022年，立足产业基础和发展潜力，推动产业转型升级，打造重点龙头企业，推动上下游企业协作配套，培养重点产业集群。诸城市入选省特色优势食品产业强县（食品及预制菜特色优势食品产业强县），全省10个；寿光市化龙镇入选省特色优势食品产业强镇（胡萝卜加工特色优势食品产业强镇），全省12个；山东寿光巨能金玉米开发有限公司入选省特色优势食品产业基地（玉米淀粉及淀粉制品特色优势食品产业基地），全省7个。

推进预制菜龙头企业实现转型，培强做大山东惠发食品股份有限公司、山东佳士博食品有限公司、山东得利斯食品股份有限公司等预制菜食品加工端链主型、领军型企业，其中山东惠发食品股份有限公司产品入选新华社乡村振兴频道品牌强国战略的《了不起的国货》，同时获得中国轻工业联合会科学技术进步奖，代表预制菜领军企业在中央广播电视总台《走进县城看发展》做直播报道；胡润研究院首次发布“首届中国国际预制菜产业大会·胡润中国预制菜生产企业百强榜”，榜单列出预制菜生产领域最具实力的中国百强企业，山东省得利斯等9家食企上榜。

（滕连伟）

电子工业

【概况】 2022年，通过政策引领、专班推动、补链强链，巩固和发展虚拟现实、智能穿戴、集成电路、激光器、软件等重点产业，延伸电声器件、半导体照明和集成电路产业链，潍坊市电子信息产业门类逐步完善。

【核心产业发展】 2022年，做好软件和信息技术服务业、电子信息制造业产业发展，依托潍坊市在新一代信息技术领域优势，发挥集成电路和新一代信息技术两个专班作用，通过补链、延链、强链，加强企业整体竞争力。在巩固电声器件、半导体照明和激光器产业基础上，布局第三代半导体材料、器件研发，加快歌尔MEMS（微机电系统）传感器、华光半导体激光器等重点项目建设。支持虚拟现实、集成电路、软件等数字经济核心产业发展。

【政策扶持】 2022年，贯彻落实《潍坊市促进集成电路产业高质量发展的若干政策》，推动产业发展，研究制定《潍坊市促进集成电路产业财政奖补政策实施细则》，经专家评审为7家企业申请奖补资金2241.93万元。

【项目建设】 2022年，加快虚拟现实、声光电、集成电路等产业大项目建设，通过发展大项目，促进产业发展。完成歌尔光电产业园四期项目一号厂房主体；歌尔电声园六期厂房建设完成并投入使用；潍坊星泰克微电子材料有限公司的年产6000吨光刻胶及配套试剂项目，完成车间及实验室空调、净化、排风系统安装。

【资源争取】 2022年，推荐歌尔股份获批新一代信息技术领域支持高质量发展奖励资金，潍坊软件园获评山东省软件特色名园。推荐共达电声、山东泰吉星申报2021年度山东省集成电路产业财政奖补项目；推荐山东太平天下申报山东省第六批首版次高端软件项目；推荐山东环球软件等6家企业申报山东省软件工程技术中心；推荐潍坊智慧体育平台和泽普申报智能体育典型案例；推荐山东大业56MW屋顶分布式光伏发电申报国家第三批智能光伏试点示范项目。

【专班服务】 2022年，成立服务歌尔集团发展工作专班，研究制定《关于支持歌尔集团跨入世界500强的若干措施》，先后为企业解决财政补助、项目用地、用工需求等问题，加强链主企业引领带动作用，提升潍坊市新一代信息技术产业综合竞争力。

【交流合作】 2022年，通过实地考察、举办论坛等加大开放合作。组织潍坊市19家企业赴海信集团进行现场对接交流，举办“芯聚鸢都·共谋发展”潍坊半导体产业发展圆桌会议和打造元宇宙技术创新与产业之都建设高峰论坛，邀请业界顶级专家和企业家为潍坊半导体、元宇宙产业发展出谋划策，起草《潍坊市打造元宇宙技术创新与产业之都行动计划（2023—2026年）》和《潍坊市关于加快推动元宇宙产业发展的若干政策》，推进招引支持工作。

（赵世君）

电力工业

【概况】 2022年，全市全社会用电量698.82亿千瓦时，同比增长1.21%。2022年夏季，潍坊电网全网用电负荷上升，最高用电1175.7万千瓦。公司售电量全年完成564.62亿千瓦时，连续11年保持全省第一，同比增长4.97%。业绩考核连续9年保持全省电力系统第一。获国家电网公司先进集体、支持潍坊发展优秀单位等称号。

2022 年全省各地市用电量情况统计表

序号	地市	全社会用电量（亿千瓦时、%）		工业用电量（亿千瓦时、%）	
		完成值	增长率	完成值	增长率
1	滨州市	1225.78	-1.19	1154.63	-1.65
2	潍坊市	698.82	1.21	519.33	-0.50
3	聊城市	667.82	1.67	569.20	0.01
4	烟台市	611.97	2.81	471.53	1.81
5	临沂市	585.17	4.54	398.88	0.93
6	青岛市	576.47	4.31	302.09	1.37
7	济南市	499.71	5.14	263.04	2.52
8	淄博市	416.35	-2.11	334.32	-4.03
9	济宁市	402.69	3.33	260.34	0.13
10	东营市	373.17	2.56	320.23	1.60
11	德州市	297.76	5.23	206.63	4.15
12	菏泽市	290.45	3.71	155.00	-3.89
13	日照市	273.95	6.35	213.93	5.02
14	泰安市	261.58	6.79	181.41	5.57
15	枣庄市	193.57	3.84	130.98	0.43
16	威海市	154.61	1.58	89.65	-0.11

【电力供应】 2022 年，备战迎峰度夏，对上争取“外电入潍”590 万千瓦，召开新闻发布会公开承诺电力保供“六项行动”，应对夏季用电超负荷考验，为经济社会发展保驾护航。国网实现紧急负荷精准控制，市场化手段引导 195 家企业参与 4 轮次需求响应，守牢“限电不拉闸、限电不限民用”底线。完成全市电网东西分区运行，提升安全可靠供电能力。面对新冠疫情，建立“封闭式、分散化、实战性”防控运转体系，有序开展运行维护、电网抢修等工作，确保“供电不断、服务不停”。

【电网转型升级】 2022 年，全年投入 37 亿元，35 千伏及以上电网工程实现“22 开工、25 投产”，开工投产率全省第一，助力豪迈、星宇等一批企业发展。推动 16 座中心城区变电站选址落地，组织开展“6+2”工程集中开工仪式。完成两个“千村改

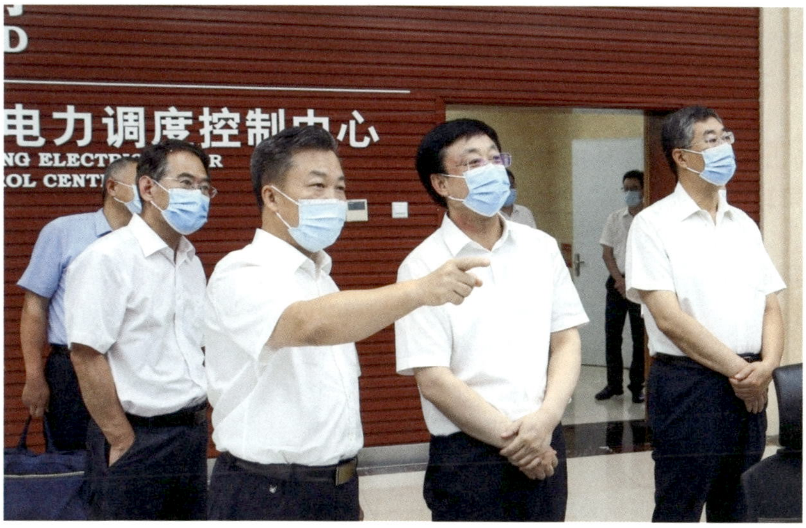

2022 年 8 月 9 日，潍坊市委副书记、市长刘运（右二）一行到国网潍坊供电公司调研督导，了解迎峰度夏电力保供相关工作（供图：胡景国）

造”工程，2014个自然村电网焕然一新，为乡村振兴提供“满格电力”。协助全市91家重要用户、103家防汛客户开展风险隐患排查治理，把好设备健康关。推动9家试点县区全部出台光伏规模化开发意见，《潍坊诸城新型电力系统规划建设方案》通过中国能源研究会评审，陈维江院士评价“国内领先”。

【供电服务】 2022年，聚焦“企业感受第一评价、群众满意第一标准”，靠前服务391个省市重大重点项目，配备服务企业电力专员，确保“入驻即送电”。建立“政企电”三方联动机制，改造接收临时用电小区35个、1.68万户，捍卫居民合法用电权益。策划实施“桩”点潍坊——充电基础设施提升三年行动，投运清池、上虞河等7座新型充电示范站，推进建设中心城区“10分钟充电圈”，满足群众绿色出行需求。发挥电量“经济晴雨表”作用，推出“工业用电量报告”“全市前100位大客户用电量日报”等一系列数据产品，研判分析电量变化趋势，为政府科学决策提供电力数据支撑。

（戈　灏）

重点工业企业简介

【潍柴动力股份有限公司】 潍柴动力股份有限公司成立于2002年，隶属潍柴控股集团有限公司，是国家内燃机研发、制造、销售重点骨干企业。经过多年发展，构筑动力总成（发动机、变速箱、车桥、液压）、整车整机、智能物流等产业板块协同发展的格局，拥有“潍柴动力发动机”“法士特变速器”“汉德车桥”“陕汽重卡”“林德液压”等品牌。2022年11月，潍柴动力发布全球首款本体热效率52.28%柴油机，连续3次刷新全球纪录。先后获“国家科技进步一等奖”“中国质量奖”“中国商标金奖·商标创新奖”“全国企业文化示范基地”“全国质量奖”“中国工业大奖”“中国机械工业科技进步特等奖”等奖励。

【山东豪迈机械科技股份有限公司】 山东豪迈机械科技股份有限公司成立于1995年，公司主要生产轮胎模具、巨型轮胎硫化机等产品。1997年，中国第一台轮胎模具数控电火花成型机床在豪迈诞生，标志着轮胎模具制造行业进入数控机械化生产时代。2008年以来，公司连年位居《中国橡胶工业协会模具分会销售收入榜》第一名。公司先后被评为“国家级高新技术企业”“中国轮胎模具骨干企业”“山东省子午线轮胎模具工程实验室”“山东省认定企业技术中心”“山东省民营科技企业”“山东省高端装备领域十大高质量发展企业”。

【弘润石化（潍坊）有限责任公司】 弘润石化（潍坊）有限责任公司是一家以石油炼制及深加工、重交沥青为主业，精细化工与化工新材料并举的大型石化炼化企业。企业以“减油增化”为方向，延伸“炼化一体化”产业链，重点以绿色化工、科技新材料和仓储物流三大产业为发展方向。2022年，企业整体生产经营保持稳定，实现总产值626.17亿元，同比增长26%；营业收入602.24亿元，同比增长21.8%；税金83.74亿元，同比增长90%。

【山东寿光鲁清石化有限公司】 山东寿光鲁清石化有限公司是一家集石油炼制、精细化工、高端新材料、物流运输、终端销售于一体的特大型现代化股份制民营企业。作为山东省高端化工产业“丙烯—聚丙烯/工程塑料及改性塑料产业链”链主企业，围绕建链、补链、延链、强链，向高端新材料、精细化工方向发展。2022年，企业主要指标均有较大幅度增长，实现总产值725亿元，同比增长79.57%；实现营业收入777亿元，同比增长41.59%；税金86.60亿元（含海关税金），同比增长107.55%。

【孚日集团股份有限公司】 孚日集团股份有限公司以生产和经营毛巾、床上用品、装饰布艺等家用纺织品为主业，拥有从产品研发设计、纺纱、织造、印染、整理、包装到全球贸易的完整生产链，建有国家级技术中心、实验室和博士后科研工作站，配套完备的中试基地及检测实验室，拥有检测ISO欧标、AATCC美标、JIS日标及国标等40余个项目的检测能力。产品通过质量、环境、安全健康等系列国际认证，参与制定10余项国家行业标准，40余项核心技术获得国家专利，开发产品1000余个，年生产能力7.5万吨，其中毛巾系列产品年生产能力6.8万吨，居全球第一位，产品主要出口日本、美国、欧盟、澳大利亚、中东等市场。2022年，实现营业收入52.4亿元。

【诸城市普兰尼奥男装有限公司】 诸城市普兰尼奥男装有限公司集设计研发、生产制造及销售于一体，主导产品为中高档西服、衬衣及各类服饰产品。年生产能力西装上衣280万件、西裤420万条、衬衫200万件。公司全套生产工艺由400余道工序组成，并采用CAD（计算机辅助设计）、CAM

（计算机辅助制造）、MTM（单量单裁）等技术，设计工艺、缝制工艺、整烫工艺达到先进水平。公司采用直营和加盟的营销模式，构筑以山东、河北、河南、山西、江苏、陕西6省为核心的第一市场圈，在县级以上城市主要商业中心设有销售网络。推出西装终生免费干洗服务，建立国内干洗服务中心。先后获“全国服装标准化技术委员会标准化工作先进单位”“全国售后服务行业十佳单位”“AAAA级标准化良好行为企业”“山东省质量管理奖”等称号。2022年，实现营业收入5.95亿元。

【山东惠发有限责任公司】 山东惠发有限责任公司成立于2005年2月，2017年在上海证券交易所挂牌上市，是一家集预制菜品研发、生产、销售和提供健康食材供应链服务于一体的综合性食品企业。公司占地面积40余万平方米，拥有5个生产基地，获“国家安全生产标准化一级企业”“高新技术企业”“山东省农业产业化重点龙头企业”等称号。公司预制菜品涉及八大菜系菜品系列、地方小吃菜品系列、功能性菜品系列、休食系列、面点系列、调理系列、西快系列、火锅系列等，形成“惠发”“泽众”“惠发鲜厨”“爱沙一品”“涮帮主”等产品品牌，和“润农供应链”“惠发小厨”“惠发云厨”“惠发美厨”“伊兰小甸”“米洛可”等服务品牌。2022年，实现主营业务收入13.29亿元，同比上涨3%；上缴税金0.48亿元。

【山东佳士博有限公司】 山东佳士博有限公司成立于2001年，是一家以研发、生产、销售速冻预制菜食品为主的省级农业产业化重点龙头企业、全国主食加工示范企业、高新技术企业。佳士博公司的预制菜主要有速冻丸类、调理类、台烤制品、速冻面制食品、预制菜肴类等。随着预制菜行业的发展成熟、品质提高，预制菜的占比逐步提升。公司预制菜产品计划toB（10款）产品主要有鸡肉丝、鸡肉粒、鸡肉片等；toC（20款）产品主要有酸汤肥牛、水煮牛肉、老坛酸菜鱼、烤鳗鱼等。2022年，实现主营业务收入5.98亿元，实现总产值5.5亿元，上缴税金0.34亿元。

【歌尔股份有限公司】 歌尔股份有限公司成立于2001年6月，2008年5月在深圳证券交易所上市，是国家重点高新技术企业、国家技术创新示范企业、制造业单项冠军示范企业。在多个细分领域占据行业领先地位，微型扬声器／受话器、MEMS麦克风、虚拟／增强现实、无线耳机、游戏配件、智能穿戴出货量全球第一，在MEMS领域是中国进入全球前十的企业，累计申请专利2.9万项，连续6年夺得中国电子元件百强研发实力榜单冠军。2022年，公司位列中国企业500强第306位、中国制造业民营企业500强第67位、中国民营企业500强第118位、中国制造业企业500强第141位，获“山东省科学技术最高奖”，入选山东省工业互联网标杆工厂。

【共达电声股份有限公司】 共达电声股份有限公司成立于2001年，2012年在深圳证券交易所上市，主要研发、生产、销售微型电声、智能声学元器件、模组及部分终端产品，为客户提供专业整体电声解决方案。声学传感器排名国内第三、全球第五，其中ECM传感器中高端市场占有量全球第一，车载麦克风出货量全球第一。公司是哈曼、SONY、思科、苹果、华为、小米等全球知名企业的供应商。2022年，公司先后获“省制造业额单项冠军产品——微型驻极体传声器”“国家知识产权示范企业”“2022年中国电子元件行业骨干企业”等称号。

（潘　盈）

中小企业

【概况】 2022年，潍坊市新增专精特新重点“小巨人”企业2家，专精特新“小巨人”企业41家，省级专精特新中小企业118家，市级专精特新中小企业343家，瞪羚企业49家，首批创新型中小企业674家，市级“隐形冠军”企业131家。截至年底，全市有专精特新重点“小巨人”企业11家，专精特新“小巨人”企业67家，省级专精特新中小企业392家，市级专精特新中小企业905家，瞪羚企业148家，创新型中小企业674家，省级“隐形冠军”企业64家，市级“隐形冠军”企业419家。

【中小企业梯度培育】 2022年，围绕推进全市中小企业高质量发展，推进优质企业“千百十”（培育库入库企业达到千家以上，培育公布市级优质企业百家以上，争创省级以上优质企业十家以上）梯次培育工程。动态管理市级优质企业培育库。潍坊市优质中小企业培育库内企业1753家，较2021年增长585家，更新2021年入库企业信息数据，助力企业快速发展。组织“隐形冠军”企业评审，召开“隐形冠军”企业培育推进工作联席会议，开展2022年度潍坊市“隐形冠军”企业申报，新培育“隐形冠军”企业131家。市级“隐形冠军”企业总计419家，完成到2022年培育市级“隐形冠军”企业300家以上目标任务。

【创新创业服务载体】 2022年，与工信部国际经济技术合作中心签订全面战略合作协议，双方共同搭建“部地联动、校企推动、市场驱动”的“专精特新”高质量发展服务平台，构建从孵化培育、成长扶持到推动壮大的优质企业全生命周期梯次赋能生态体系。联合市教育局、市人社局开展2022年全国中小企业网上“百日招聘”高校毕业生活动活动，鼓励“专精特新”“瞪羚”“独角兽”企业招聘高校毕业生，提高中小企业和高校毕业生的对接成功率。发动潍坊市企业和创客团队参与2022年“创客中国”创新创业大赛，潍坊市报名参赛队伍数量和晋级省决赛总数均位居全省第二。组织推荐申报第二批省级大众创业万众创新示范基地1家，申报国家级小微企业双创示范基地1家，争创省级小微企业双创示范基地6家，新争创数量居全省第三，新认定市级小微企业双创示范基地6家。组织推荐申报国家级中小企业公共服务示范平台2家，省级中小企业公共服务示范平台16家，新认定市级中小企业公共服务示范平台14家。

【交流活动】 2022年，举办高端铝材、纺织服装、装备汽车产业链“专精特新”企业融链固链对接交流活动，推动全市产业链上大中小企业融通发展。推进产业链上下游合作，山东桑莎制衣集团有限公司与山东金英利新材料科技股份有限公司等企业达成上下游合作意向。推进银企合作，招商银行与青州市坦博尔服饰股份有限公司等企业对接资金服务。推进数字化赋能发展，招商银行推出“薪福通”数字服务产品，与新郎希努尔集团股份有限公司等企业进行对接和安装；山东创冠科技服务有限公司推出“灵毓企学通”数字化内训平台，与潍坊市亿卓尔服装有限公司等有4家企业达成合作意向。

【争取财政扶持】 2022年，争取第一批、第二批和第三批重点“小巨人”企业奖补资金1445万元。争取拨付市级中小企业发展专项资金4260万元。开展第一批专精特新小巨人绩效评价。根据《关于支持“专精特新”中小企业高质量发展的通知》和工信部办公厅、财政部办公厅《关于开展第一批财政支持专精特新“小巨人”企业高质量发展第一年绩效评价工作的通知》和省工信厅工作安排，就潍坊市6家第一批重点小巨人和2家服务平台开展绩效评价工作。

【专精特新中小企业座谈会】 2022年12月4日，全市专精特新中小企业座谈会在坊子区举办，市委副书记、市长刘运主持座谈会，市委书记江敦涛出席会议并讲话，市领导卞汉林、杨建华、狄波、鞠俊海参加活动。来自各县（市、区）的15家专精特新企业的企业家参加会议，5个企业家代表在会上发言。在市级层面成立专精特新中小企业服务专班，实施优质中小企业梯度培育行动，研究支持专精特新企业发展的专项政策措施，为企业提供政策支持和服务保障。

（刘晗艺）

服务业

Fuwuye

现代物流

【概况】 2022年，潍坊市物流企业4800余家，物流车辆10万余辆，AAA级以上物流企业46家，其中AAAAA级物流企业3家。重点物流企业223家，建成运营的物流园区38处，吸引4300余家入驻企业。

【政策扶持】 2022年，潍坊市政府办公室印发《关于支持物流业高质量发展的政策措施》。规定2022—2026年，针对年营业额达到规定数额的智慧物流产业园，相应最高给予不同档次的一次性奖补资金。对在潍坊市注册、被中国物流与采购联合会新评定为AAA、AAAAA、AAAAA级的物流企业，分别给予定额补贴。对在潍坊市注册、获国家发改委、自然资源部新批复的示范物流园区给予一次性补贴。支持组建物流产业基金，金融支持符合条件的物流相关企业。从打造智慧物流产业园、支持壮大物流主体、加快物流业绿色化发展、加大金融支持力度、优化发展环境、加强统筹协调等方面，给予政策支持，实现叠加效应和集聚效应，推动全市物流业高质量发展。

【现代物流网建设】 2022年，制定《潍坊市现代物流网建设行动计划落实方案》。加强物流基础设施建设，依托“齐鲁号”欧亚班列集结、供应链一体化服务、供应链信息共享，打造陆海联运双向开放型物流枢纽。发挥预制菜生产加工企业数量优势，聚焦蔬菜、畜牧两个千亿级产业集群，创建国家骨干冷链物流基地。布局交通网络工程、物流枢纽工程、多式联运工程，优化提升交通物流功能。打造城乡高效配送工程、农产品冷链物流工程、快递物流工程、应急物流工程，加强重点领域补短板。打造智慧物流工程、推广绿色物流、推动物流标准体系建设，促进物流业提质增效。

【物流项目】 2022年，全市3个物流项目纳入省现代物流重点项目清单，4个物流项目纳入省“十四五”现代物流重点项目清单，2个物流项目纳入省中长期现代物流重点项目清单，总投资118亿元。同时，发布《潍坊市现代物流业“十四五”发展规划项目库》（第一次修订版），动态调整重大重点项目，涵盖交通网络、物流枢纽、多式联运、农产品物流、智慧物流、“两业”联动物流、专业物流等8大类66项投资工程，总投资3179亿元。17个物流项目纳入市级重点项目清单，涉及多式联运、冷链物流、快递物流、仓储物流、应急物流等领域，总投资106.8亿元。

【交通项目建设】 2022年，小清河复航工程完成侯辛桥、羊口大桥桥梁改造等建设任务，实现试通航。潍坊至青岛公路及连接线项目建成通车。济潍高速公路长深至潍日段建成通车，比计划工期提前10个月，潍坊实现“县县通双高速”的目标。潍坊全市高速公路通车里程达到725.4千米，完善“两纵五横”高速公路路网布局。明董高速完成投资40亿元。潍坊港疏港高速完成立项和初设。京沪高铁辅助通道天津至潍坊段开工建设，潍坊至宿迁段前期工作提速。完成潍烟高铁投资17亿元。潍坊港中港区5万吨级滚装泊位（#17）完成主体建设并交工验收。潍坊机场于10月复航，机场迁建项目处于争取立项阶段。

【现代商贸流通体系】 2022年，印发《潍坊市加快建设现代流通体系服务构建新发展格局行动方案》，青州市获评全省10个现代流通强县之一，潍坊市通吉供应链管理有限责任公司获评全省新设一级分拨中心，全市AAA级以上物流企业46家。跨境电商突破发展，全市21家企业建立海外仓40个，注册跨境电商企业820余家，17家主体获评省级重点培育跨境电商主体，获评数量占全省1/5，跨境电商产业园获评数量居全省第一。获批成为山东省2022年度加强农产品供应链体系建设试点城市，获批政策支持4000万元。

【邮政快递业务】 2022年，争创“中国快递示范城市”，将“快递进村”纳入现代流通体系建设，鼓励支持快递企业共建共享村级服务网点资源，加快县乡村物流体系建设。加快快递综合服务站建设，扩大邮快合作覆盖面，加快与交通、供销、商贸流通等资源共享，优化农村服务网络。以保障农村寄递服务质量为核心，构建资源整合、市场共享、产业协同的寄递服务生态链，开展服务现代农业“金银铜”牌项目创建。“潍坊羊角蜜”“寿光蔬菜”“安丘大姜”等均达到“金银铜”牌项目标准。全年邮政行业寄递业务量累计完成61848.36万件，同比增长6.25%。其中，快递业务量累计完成48665.12万件，同比增长7.09%；邮政寄递服务业务量累计完成13183.24万件，同比增长3.23%。邮政行业业务收入（不包括邮政储蓄银行直接营业收入）累计完成52.41亿元，同比增长5.54%。

【“齐鲁号”欧亚班列】 2022年，“齐鲁号”欧亚班列潍坊（青州）发运点常态运行路线达9条，含国际线路4条，国内线路5条。其中，国际线路覆盖19个国家的60个站点线路，主要通达哈萨克斯坦、俄罗斯、乌兹别克斯坦等6个国家，莫斯科、塔什干、阿拉木图等41个城市。年内，开通至成都、重庆、昆明、西安、新疆的国内铁路大列线路。欧亚班列发展成为潍坊货销海外的“直通车”、外向经济发展的“加速器”，成为参与国际大循环、构筑国际物流大通道的载体。全年，潍坊（青州）发运点发送欧亚班列62列3048车，货值2.68亿美元。

（刘　雪）

金融服务

【概况】 2022年，潍坊市金融系统落实市委、市政府工作部署，统筹疫情防控和经济稳增长，增强金融服务实体经济，聚焦双循环新发展格局精准施策、全域推进，创新优化金融服务模式、加强金融供给，支持经济社会高质量。至年末，全市普惠型小微企业贷款余额1334.63亿元，较年初增加300.01亿元，增长29%，增速高于各项贷款增速16.38个百分点。普惠型小微企业贷款户数13.97万户，较年初增加2.92万户，累计放款年化利率5.32%，融资成本较年初下降0.31个百分点。

全市有银行业金融机构51家，其中，市级银行机构29家。地方法人银行有潍坊银行、潍坊农商行和8家县域农商行。全市有市级保险机构75家，全年保费收入299.21亿元，居全省第四位，占全省保费总收入的9.31%。全市有券商、期货机构55家（中信证券、中泰证券、兴业证券3家设分公司，其余为营业部）。全市境内外上市公司38家，股票42支，新三板挂牌企业23家。全市有融资担保、融资租赁、商业保理等地方金融组织82家，总注册资本127.4亿元。

【信贷投放】 2022年，各项贷款余额突破1万亿元，达到10007.2亿元，较年初增加1134.1亿元，增长12.8%，同时，全市不良贷款率0.73%。各项存款余额12352.2亿元，较年初增加1134.4亿元，增长10.1%，其中住户存款较年初增加1074.3亿元，增长15.5%。潍坊市成为全省继济南、青岛之后存、贷款余额双过万亿的第三个城市，也是全国第12个地级市。

【企业上市】 2022年，潍坊市召开全市企业上市工作现场推进会议、高新区企业上市工作暨部分重点企业上市调度推进会议，部署安排企业上市工作。制定《潍坊市企业上市“白名单”管理办法》，公布第一批65家白名单拟上市企业，为其提供优先服务保障和优质资源支持。印发《关于进一步支持企业加快上市的若干政策实施细则》，解决各类上市问题90余项。开展“投资机构潍坊行”，组织36家投资机构走访拟上市企业19家。全年全市新增境内外上市公司2家，报山东证监局辅导备案企业9家；新增新三板挂牌企业5家，全市上市公司38家，新三板挂牌企业23家。

【地方金融组织】 2022年，全市82家地方金融组织总注册资本127.4亿元，为11余万户“三农”和小微企业提供融资服务518.61亿元，同比增长11%。其中，市再担保集团新增担保、再担保业务额246.76亿元、7.16万笔，其中政策性担保业务190.78亿元、7.14万笔，业务规模连续3年保持全省第一，入选省“十强”产业现代金融领军企业。

【金融风险防范】 2022年，推进不良贷款处置工作，落实银行机构主体责任，对不良贷款实行快速暴露、快速处置，防范不良贷款大幅反弹风险。启动实施金融安全“百千万”宣教工程，在全市范围内征集287名“潍坊金融卫士”宣讲员，组建市县两级宣讲队伍 18 支，开展防范非法集资“七进”宣传活动 2600 余场次，覆盖 123 万余人次。修订《潍坊市非法集资举报奖励办法》，扩大奖励范围、丰富奖励方式、提高奖励标准（最高可奖 10 万元），全市非法集资案件数、参与人数、涉案金额同比分别下降 51.6%、72.7%、79.8%。开设《金融潍坊》系列高端访谈，邀请国内经济金融方面专家学者、企业家、党政领导等为潍坊高质量发展提供意见，增强市场信心，营造金融发展氛围。年内，该节目播出 19 期，总浏览转发量超过 650 万人次，节目质量得到社会认可。

（桑洪峰）

【普惠金融发展】 2022 年，围绕金融服务实体经济核心要求，坚持机制建设与规范发展双轮驱动、协同互促，实施普惠金融“增量、扩面、提质、降本”专项行动，激发金融动能，服务高质量发展。完善普惠金融 1+N 政策体系，制定印发《潍坊市银行业保险业 2022 年普惠金融“增扩提降”工作意见》，围绕 9 大领域、14 项指标要求、30 项重点工作措施，以监管有为实现金融有位。配套实施“局务会月点评 + 季通报”、“重点政策落实年评价”、重点事项督办提示机制等三大机制，将普惠金融与市场准入、监管评价等结合，构建发展普惠金融长效机制。聚焦小微民营企业、产业链、减费让利、金融辅导等完善普惠金融重点领域数据监测体系。

【助企服务】 2022 年，聚焦“暖企、扶企、强企”，发挥行业监督管理职能优势，为企业高质量发展赋新能、增动力。做好政策“宣讲员”，印制全市银行保险机构助企惠企产品汇编和政策汇编，涵盖各类金融产品 292 种，梳理国家、省市各级财税金融政策文件 17 件，向企业普及宣传金融政策；在有效防范风险、符合市场化和法治化原则基础上，发挥行业监管统筹职能，联动全市银行机构开辟“融资对接快速通道”，实现企业融资需求“T+0”即时回应。配合潍坊市工商联组建专家顾问团队，为企业经营、融资、资本运作等方面提供政策和智力支持。潍坊银保监分局局领导作为服务企业专员包靠 27 家企业，全年收集办结企业诉求 45 项，涉企资金问题 16 个。推动全市银行保险机构收集解决各类涉企资金问题 292 个、资金 56.20 亿元。

印发《金融服务支持疫情防控和经济社会发展的若干措施》，建立企业需求和银行产品双向推送机制，协调银行机构累计办理资金接续业务贷款 1.64 万户、322.65 亿元。汇编潍坊市金融惠企政策，将全市 47 家银行、41 家保险机构助企惠企金融产品编制成《潍坊市银行机构助企惠企金融产品手册》《潍坊市保险机构助企惠企金融产品手册》，将各级政府、各级监管部门有关小微企业金融服务的政策制度汇编成《潍坊市金融助企惠企政策手册》，方便企业查询了解。

2022 年 6 月 16 日，“守住钱袋子 · 护好幸福家”潍坊市 2022 年防范非法集资主题宣传暨金融安全百千万宣教工程启动仪式在潍坊市全民健身中心举办（供图：地方金融管理局）

年内，开展“助企复工达产集中行动月”，联合市地方金融监管局、财政局等多部门印发《金融服务支持疫情防控和经济社会发展若干措施》，组织企业填写问卷详细了解企业困难、需求，根据企业反映的政策类、资金类、生产经营类问题分类分策、提供“一企一策”解决方案，帮助企业快复工、快达产，累计为 8141 户、302 亿元贷款实施延期或调整还款计划，减免利息 2.64 亿元。

【银企对接】 2022 年，潍坊银保监分局开展“银行行长项目行”银企对接系列活动，组织市级银行行长到县（市、区）企业和项目一线，对接企业融资需求，解读金融政策，解决资金难题。采取点面结合，提升银企对接质效，建立“线上 + 线下”双线推进、市县联动的多层次银企对接机制，解决企业融资过程中存在的银企信息不对称、授信放款决策链过长等问题。联合 17 家市行行长对接企业和项目 39 个，达成授信意向 15.2 亿元，后续向银行推送其他有融资需求的企业和项目 201 个，协调解决融资障碍 53 项。全年累计达成意向授信 74.5 亿元，完成授信 37.9 亿元，完成放款 17.9 亿元。

【助力乡村振兴】 2022 年，聚焦全国乡村振兴创新示范培育区建设，落实金融助农责任，开启金融服务“三农”新征程。至年底，全市银行机构涉农贷款余额5393.84亿元，较年初增加503.17亿元，增长10.29%，余额位居全省第一位。争取政策资源倾斜，提升金融助农工作力度。指导农业银行山东省分行与潍坊市政府联合启动创建“金融服务乡村振兴齐鲁样板——潍坊示范区”工作，打造“龙头企业+”“产业集群+”等7个金融服务样板，推出“金穗齐鲁·潍坊乡村振兴贷”主题产品，为全省乃至全国金融服务乡村振兴提供“潍坊经验”。创新提升农业保险保障，指导辖区保险公司围绕各县（市、区）特色农业布局规划，推出昌乐西瓜、青州花卉、诸城茶树等15个地方特色经济作物险种，为4.26万亩温室大棚、21.94万亩特色农品提供风险保障21.21亿元。

【金融服务新市民】 2022年，聚焦新市民群体就业创业、住房安居、保险保障等重点关注的领域和薄弱环节，指导全市银行保险机构围绕新市民在教育、工作、住房、健康等方面的金融需求，优化金融产品和服务，打通新市民金融服务中难点、堵点。建立“工作专班+专项调研+专题会议+专项督导+专项评价”的“五专”工作模式，设立“潍坊市银行保险机构新市民金融服务工作专刊”，指导全市53家银行保险机构出台新市民专项服务政策，16家银行机构为新市民搭建特色支行65家，设立专属窗口325个。指导保险机构推出“骑手专属险”“新市民综合保险”等保险类型36类，保障金额29.03亿元。潍坊银保监分局新市民金融服务相关工作在《人民日报》刊发，并在央视综合频道和新闻频道《朝闻天下》、山东新闻联播播出。

（周　莹）

银行业

【概况】 2022年，潍坊市银行系统以习近平新时代中国特色社会主义思想和中共二十大精神为指导，贯彻市委、市政府安排部署，全市银行业金融机构落实金融风险防控，提升金融服务质效，巩固经济复苏成果。至年末，潍坊全市设有银行机构54家，包括农业发展银行、6家大型银行、11家股份制银行、潍坊银行、8家城商行异地分行、潍坊市农信联社、9家农商银行、11家村镇银行、1家农村资金互助社、4家信用卡中心、1家汽车消费金融中心；银行营业网点2363处，银行从业人员3.29万人。至年末，全市银行业各项存款余额12352.2亿元，居全省第三位，较年初增加1134.4亿元，增长10.1%，增量、增速分居全省第四位、第十五位。各项贷款余额10007.2亿元，居全省第三位，较年初增加1134.1亿元，增长12.8%，增量、增速分居全省第三位、第七位。

【货币信贷政策】 2022年，全年使用再贷款、再贴现等央行资金282.4亿元，其中支小再贷款91.6亿元，支农再贷款133.8亿元，支农再贷款发放额连续4年居全省第一。用好普惠小微贷款支持工具，争取央行政策性激励资金3.8亿元，居全省第一。推进设备购置更新改造再贷款落地，发放贷款9.3亿元，居全省第二。加强贷款市场报价利率（LPR）运用推广，全市银行机构新发放企业贷款加权平均利率4.88%，同比下降0.16个百分点。推动供应链金融发展，累计办理商票融资94亿元，供应链票据融资9.8亿元。推动供应链票据再贴现落地，办理山东首批供应票据再贴现业务，金额472.8万元。运用两项绿色金融结构性政策工具，全市金融机构累计发放碳减排贷款40.1亿元、支持煤炭清洁高效利用贷款1.9亿元。全市绿色贷款占各项贷款比重居全省第一、增量居全省三。推进首贷培植工作，为1.24万家企业发放首贷149.8亿元，全市普惠小微贷款连续3年增速超过30%。优化重点群体就业创业金融服务，全市创业担保贷款余额27.1亿元，居全省第一。巩固脱贫攻坚成果与乡村振兴有效衔接，金融机构发放央行资金产业振兴贷342.3亿元，支持涉农主体6.6万户。支持重点领域金融，聚焦385个省市重大重点项目，累计授信1130亿元。用好两批次金融工具支持重大重点项目建设，指导农发行向8个项目投放基金16.3亿元，引导银行向重点项目发放贷款45亿元。组织银行对接四批制造业项目清单，扩大中长期贷款投放。落实房地产金融阶段性政策，保持房地产贷款平稳增长，房地产开发贷款比年初增加60.2亿元，居全省第一位。新发放个人住房贷款利率4.19%，较年初下降1.37个百分点。做好“保交楼”金融服务，农发行向24个项目发放借款10.3亿元，银行新增配套融资1.3亿元，项目复工率100%。

【金融风险防控】 2022年，做好企业大额风险贷款、银行机构存款稳定性监测，组织辖区银行机构开展气候风险压力测试，评估相关银行机构双碳目标转型下应对转型风险的能力。按季对法人金融机构开展评级，辖区无高风险机构。加强对评级结果6～7级机构管理，组织对法人机构座谈、约见谈话、风险提示65次。确立“全国民主法治示范村”高密市姜家屯村为全市第一个存款保险宣传示范村，存款保险宣传成效显著。推进账户风险防控和“断卡”行动，账户涉案率和省内排名实现双降。开展“征信修复”乱象专项治理“百日行动”，辖区整改率81%。推进“打击治理洗钱犯罪三年行动”，向公安机关移送线索51条，宣判洗钱案件8起。

【提升金融服务水平】 2022年，优化账户服务，辖区网点全部实现开户服务“简易办”，企业平均开户用时缩短为1.01天。做好金融科技创新应用试点，推荐2个项目入选分行金融科技赋能乡村振兴示范工程。产销服务平台持续增量扩面，全年累计实现交易37.19万笔、交易金额80.93亿元，交易量位居全省第一。昌邑农商行创建全国首家智慧农产品管理平台——“畅e智慧生姜管理平台”，实现生姜产业支付全链条数字化处理，获评“山东省金融系统提升全民数字素养与技能创新实践案例一等奖”、山东省第十届“支付清算杯”数字金融行业应用大赛一等奖。加强“云闪付”推广工作，全市“云闪付”绑卡用户数居全省第二。推广应收账款融资服务平台，全年业务累计成交664笔、282.69亿元，居全省第一。

【涉外管理服务】 2022年，支持105家企业、7家银行获批贸易外汇收支便利化试点资格，累计办理试点业务125.1亿美元，居全省第一。跨境融资便利化试点业务落地实施，累计办理716万美元，居全省第一。加强跨境人民币推广使用，全年实现跨境人民币收付828.9亿元，总量和增速均居全省第三。助力企业提升汇率避险能力，出台汇率避险“财政奖补+增信担保”双激励政策。成立潍坊市外贸新业态专家顾问团，制定《新型离岸国际贸易跨境资金结算业务指南》，编写《跨境电商企业外汇收支服务指南》，指导跨境电商企业合规经营，有关做法被《金融时报》专题报道。

（马俊杰）

【制造业发展】 2022年，提出金融支持制造业高质量发展“三个提升”目标，梳理明确4大类14项重点措施，依托撬动“资金链”、畅通“信息链”、完善“政策链”、优化“服务链”，引领各金融机构坚持金融赋能，助力提升全市制造业核心竞争力。至年末，全市制造业贷款余额1877.76亿元，较年初增加220.32亿元，增长13.29%。支持潍坊市优势领域企业、战略性领域企业、转型升级和绿色发展项目。制造业贷款余额分别为431.78亿元、267.29亿元、251.05亿元，同比分别增长58.16%、27.75%、99.8%。

【小微企业贷款】 2022年，创新优化金融服务模式、加强金融供给，推进全市银行机构主动担当，适应经济社会发展新要求，解决小微企业融资难题。小微企业贷款稳定增长，余额较年初增加613.99亿元，增速20.04%，高于各项贷款7.26个百分点。

【风险防控】 2022年，聚焦防范化解金融风险，落实“稳定大局、统筹协调、分类施策、精准拆弹”方针，通过风险排查、案件清理、规范建设等“组合拳”，减存量、控增量、防变量，守牢金融安全底线。至年末，全市银行业金融机构不良贷款余额72.56亿元，较年初增加8.9亿元，余额居全省第八位。不良贷款率0.73%，低于全省平均水平0.55个百分点。

【机构改革】 2022年，分析全市农合机构改革的可行性、必要性，拟定改革方案，形成《关于深化潍坊辖区农合机构改革建议的报告》，将潍坊农合机构纳入改革首批试点范围，整合资源，实现高质量发展。成立村镇银行化解风险和深化改革工作小组，组织学习研究潍坊村镇银行改革规划，形成《潍坊辖区村镇银行改革规划建议》，专题向潍坊市委、市政府和潍坊市金融稳定领导小组办公室汇报，落实属地责任，指导全市村镇银行改革规划。推动主发起行及村镇银行提前研究员工安置问题，加强舆情监测，健全完善应急处置预案，防范负面舆情引发挤兑事件，为改革创条件。

（周 莹）

保险业

【概况】 2022年，潍坊市保险行业坚持以习近平新时代中国特色社会主义思想和中共二十大精神为指导，贯彻市委、市政府安排部署，引导全市保险业立足本源，坚守“保险姓保”，为全市经济社会高质量发展保驾护航。至年末，全市有地市级保险公司74家、中介法人机构17家，执业登记人员约5.07万人。全市保险业实现原保险保费收入（以下简称“保费收入”）299.22亿元，同比增长3.68个百分点，居全省第三位。累计为经济社会承担风险保障责任46.26万亿元，同比增加22.08万亿元，增速达91.32%；赔付支出96.69亿元。

【车险综合改革】 2022年，践行“客户至上”的服务理念，推进服务消费者的能力建设和资源投入。至年末，全市财产险公司实现车险保费收入56.22亿元，同比增长4.34%，服务汽车消费者492.71万人次，同比增长0.73%；赔款支出40.36亿元，同比增长0.7%。全市车险综合费用率、手续费率分别同比下降1.18个、0.67个百分点。车险结案周期、结案率等理赔指标均优于全省平均水平，巩固车险综合改革成果。

【农业保险】 2022年，发挥农业保险在稳产保供、稳价增收等方面的作用，保障主要农产品有效供给。围绕潍坊农业大市、强市定位布局，聚焦粮食、棉花、蔬菜、畜牧、农机、花卉、苗木、水果等主导产业，完善以政策性险种为主、商业性险种为辅、特色创新险种补充的多层次农险保障体系，为农业稳产保供、稳价增收、灾后重建等提供保障。至年末，全市农业保险赔款支出、保费规模、提供风险保额分别为4.95亿元、7.04亿元、179.07亿元，均居全省第二位。推动三大主粮作物完全保险试点工作，以足额风险保障调动农户种植积极性，为全市106.27万农户、456.98万亩小麦、483.04万亩玉米提供完全成本风险保障82.47亿元，实现主要应季作物完全成本保险全覆盖。《3.1亿元，农险赔款指出居全省第一位——潍坊银保监分局推动辖区保险业积极服务乡村振兴》被《齐鲁晚报》和齐鲁壹点刊发，提升金融服务乡村振兴质效。

【完善社会保障体系】 2022年，聚焦养老、健康两大民生领域，丰富和优化产品与服务供给，满足群众多层次保险保障需求。开展惠民保产品定价、服务标准优化升级工作，满足群众医疗需求，投保人数328万人、投保率36.51%、保费总额4.89亿元，三项指标均位居全省前列。推进大病保险运行机制改革，激发“扩面增效”活力，提升群众参与率、支持率，大病保险覆盖全市885.32万名居民及职工，支出报销费用1.36亿元，在基本医疗保障基础上提升实际报销比例10个百分点，减轻患者医疗负担。建立专属商业养老保险服务推进工作小组，对接承办机构，引导试点机构围绕重点行业、重点平台，对接新业态用工单位，建立“跨界合作、职团开拓”批量开发、批量运营产品推广模式，以需求为导向，推进专属商业养老保险落实。至年末，全市7家试点公司累计承保保单438件，保费1171.84万元。

【创新责任保险】 2022年，畅通与市场监管、应急、住建等部门联动渠道，形成《潍坊市责任保险发展情况及相关工作建议》，连续两次获批提报市政府常务会研究。鼓励全市保险机构聚焦城市所需、保险所能，开展有利于社会民生的创新试点。先后开办保障性住房潜在质量缺陷保险、预制菜专属定制食品安全责任保险、湿地碳汇保险等险种，将保险服务延伸至安全生产、环境治理、粮食安全等领域，相关报道在《中国银行保险报》、“学习强国”平台、央广网等刊发。打造“安责险+安全生产数据化管控”潍坊模式，坚持防灾减损服务先行，推动列入潍坊市应急局年度双扩重点工作靠前推进，各县（市、区）成立联合项目组，推广率100%。该项目覆盖生产经营单位1344家，累计识别、管控和治理各类风险隐患44.44万条，参保规上企业工伤事故率降至2‰以下。

【化解矛盾纠纷】 2022年，构建矛盾纠纷多元化解新模式，督促指导保险行业协会发挥保险合同纠纷人民调解委员会作用，健全完善人民调解、行政调解、行业调解和司法调解衔接联动机制，通过搭建“投诉+调解+裁决”一站式服务平台，化解投诉初始矛盾，畅通保险纠纷解决渠道。全年受理保险消费纠纷调解46起，调解44起，调解率95.65%。线上“双录”必须由公司主要负责人审核并签字授权监管，落实机构主体责任，防止违规销售行为的发生。全市41家人身保险公司完成“双录”7万件，涉及客户7.94万人次、保费5.8亿元，“双录”保单均未发生投诉举报。

【保险行业整治】 2022年，通过建立监警合作机制，行刑衔接、快查快处“一体化”合作，解决保险欺诈立案难、查办难、震慑难等问题。全年联合潍坊市公安局，开展打击“代理退保”“人伤黄牛”专项行动，发现并处置线索200余条，预防“代理退保”不法行为60余起，劝阻消费者200余名，守护群众保险资产3000余万元。立案调查涉“人伤黄牛”犯罪团伙3个，控制涉案法律工作者、律师、鉴定机构负责人等55名，疑点金额超6000万元，为行业消减经济损失497万元，协助调查后公司拒赔61件，拒赔金额270.23万元，为行业高质量发展奠定基础。

（周 莹）

数字潍坊建设

【概况】 2022年，落实数字强市工作部署和市第十三次党代会会议精神，推进数字变革创新，开创数字强市工作新局面。连续8次入选“中国城市信息化50强”“‘爱山东’潍坊分厅”获评2022年度中国“互联网+政务服务”典型案例，市政府门户网站获评“2022年度中国领先政务网站”，位列地市级政府网站第五位。

2022 年 11 月 8 日，由中国工业经济联合会主办，潍坊市人民政府、山东省大数据局、山东省工业和信息化厅承办的 2022 中国（潍坊）智能物联网大会开幕（供图：市大数据局）

【数字政府建设】 2022 年，推进数字机关建设，提升“山东通”平台支撑机关运行，该项目被评为 2022 年度市直机关优质服务项目。搭建全市统一的组织架构和用户体系，实现市、县、镇、社区四级全覆盖，实名注册 9.6 万余人，日均上线 7.5 万人，实现“组织在线”。移动办公覆盖率 100%，支撑公文流转 600 余万次，提升机关无纸化办公水平，实现“办文在线”。在“山东通”搭建完成工作群 6000 余个，实现快速找人、便捷沟通，实现“沟通在线”。“山东通”视频会议系统累计使用 80 余万人次，满足前期疫情防控形势下的高效办会需求，实现“会商在线”。针对机关工作、学习、管理、服务需要，开发政务办公、综合事务等日常办公应用 136 个，接入交通、环保、卫健等领域核心业务系统 65 个，实现“管理在线”。推进“无证明城市”建设，支撑全市政务服务事项全面纳入“免证办”。印发《潍坊市“无证明城市”建设行动方案》。推广应用电子身份证、电子居住证、电子驾驶证等 120 余类电子证照，30 个景区实现“刷码入园”，市博物馆、图书馆可亮老年人优待证、护士执业证书、医师执业证书等电子证照“免费入馆”，20 余家公立医疗机构实现“刷码就医”，打造“入住码”亮码应用。探索建设全市统一的电子印章服务平台，为全市各类企业提供免费的电子印章发放、签章服务。促进数字变革创新，印发《潍坊市落实全省对标浙江加快推进数字变革创新工作的实施方案》，建立政务数据“首席代表”制度，打造流程再造和数字化流程。

【数字社会构建】 2022 年，推进新型智慧城市建设。被省大数据局确定为胶东经济圈智慧城市发展联盟轮值城市，市级和 8 个县（市）均通过省组织的新型智慧城市考核评估，各领域数字化优秀案例数量居全省前列。召开全省智慧社区建设现场会。176 个社区通过 2022 年省级智慧社区复核，智慧社区综合管理平台上线应用，融合政法综治、疫情防控、智慧物业等社区管理和服务功能，以数字化“小网格”撬动基层治理“大格局”。“城市大脑”一体化综合指挥平台，接入各级各部门业务系统 159 个，入选 2022 数字政府管理创新类案例。防汛专题集成展示气象信息、水库水情、河流水位等内容，利用视频识别技术，监测水位超限险情自动报警，创新防汛预警手段，系全省首创。数字化助力疫情防控，建设疫情防控一体化平台、“潍坊报备”系统、场所码分析平台、全员核酸监控平台等，形成潍坊“数字化疫情防控矩阵”。

【数字经济发展】 2022 年，“潍企通”平台与“12345”热线联动运行，解决企业发展中遇到的矛盾困难。平台受理各类企业诉求 20 余万件，问题解决率 97%，满意率 99%，提升企业诉求解决，“热线 + 平台”联动运行机制被评为“市直机关 2022 年度优质服务项目”。举办 2022 年线上中国（潍坊）智能物联网大会及智能物联网展览会，同期举办 2022 中国（潍坊）智能物联网展览会，依托智能物联网大会“云展馆”平台，打造 365 天“永不落幕”的云端盛会。依托“物联潍坊”公共服务平台，接入物联网设备 5.6 万个，接入企业数量 61 家，为 81 个应用场景提供支撑。指导潍坊数字赋能联盟多举措助力企业数字化转型，对接华为、金蝶等国内知名数字化服务厂商，为企业开展线上数字化转型系列培训，累计课时 50 余小时，3000 余人次受益。推进预制菜发展、“三农”大数据、“数字金融大脑”等产业赋能平台建设，引进京东等企业优势资源，服务潍坊市相关领域数字化提档升级。

【数字基础建设】 2022 年，市电子政务“一片云”保障全市 90 个部门的 500 余个业务系统稳定运行。电子政务实现市、县、镇、村四级全覆盖，形成全市“一张网”，赋能各级各部门业务应用。开展政务云的云原生技术创新实践，基于该技术打造的“潍企通”案例获 2022 年 IDC 亚太区智慧城市奖。推进山东环渤海算力中心建设运营，招引大型数据中心项目和大数据头部企业入园落户。完善一体化大数据平台，推动数据应汇尽汇，累计汇聚数据超 31 亿余条，供气、供水、公交企业接入市一体化大数据平台，支撑全市数据共享应用。

（冯兴健）

交通　邮政　通信

Jiaotong Youzheng Tongxin

公　路

【概况】 2022年，潍坊市公路通车总里程2.95万千米，公路密度182.9千米/百平方千米，总里程位居全省第二，提前实现“十四五”公路发展总里程目标。境内有8条高速公路，共计721.3千米，位居全省第三，形成“两纵六横”高速主骨架网络，提前实现“县县通双高速”。

【高速公路建设】 2022年，公路完成投资192.2亿元。推进潍青高速及连接线、济潍高速、明董高速和东青高速改扩建工程4个在建项目和潍坊港疏港高速前期工作，总里程310千米，总投资594.4亿元，完成投资167.6亿元。全市同时推进的高速公路项目数、里程数、投资额和建设进度均居全省第一。潍青高速及连接线、济潍高速长深高速以东段建成通车，提前实现潍坊市十四五“县县通双高速”目标。明董高速完成投资40.7亿元。东青高速改扩建工程全面开工建设。潍坊港疏港高速完成项目立项和施工图批复，比原计划提前半年。

【国道省道建设】 2022年，完成国道省道新改建和养护工程10项149.2千米、总投资10.77亿元，项目里程及投资规模均居全省前三。其中G309青兰线丹河大桥改造工程、S217朱诸线诸城段改建工程、S224大沂线等8个国省道消除次差路项目全部建成通车。S309田高线寿光段开工建设。

【“四好农村路”建设】 2022年，完成投资14.6亿元，新改建农村公路711.4千米、养护工程1898.7千米、危旧桥改造20座、村道安保工程103.3千米，安丘市成为“四好农村路”全国示范县创建单位。

【路网通行服务】 2022年，加强公路养护管理，完成路面挖补21.2万平方米、灌缝60万米、标线施划25.7万平方米，维修护栏8814米，维修桥涵97座，全市普通国省道优良路率90.37%，通过交通运输部2022年度公路养护管理评价路况检测。创新应用智能积水监测报警系统，并在全省公路系统推广应用。开展全市公路安全生产强化年行动，集中开展公路安全督导检查9次，出动检查人员249人次，排查整改隐患292项，督促各县（市、区）公路中心自查整改隐患346处。

（孙铁华）

2022年，济青中线潍青段及连接线、济潍高速临朐至安丘段建成通车航拍图（供图：王文彬）

铁　路

【概况】 潍坊境内有12条864.8千米铁路，形成“五横一纵两支”铁路网络布局，高速铁路通车里程338.6千米，潍坊高铁北站被列为100个国家高铁枢纽站之一，汇集济青高铁、潍莱高铁、京沪高铁辅助通道，实现京津冀1.5小时、长三角2.5小时通达，同步建设全国性高铁快运基地，推动潍坊打造区域高铁物流中心城市。

【高铁枢纽】 2022年，潍坊市高速铁路的营运、规划建设总里程均位居全省第一。潍烟高铁完成投资17亿元，超过年度计划1.1倍。京沪高铁辅助通道天津至潍坊段开工建设，潍坊至宿迁段确定在诸城设站方案，推进青岛至京沪高铁辅助通道，推动潍坊成为东部沿海南北高铁客运的重要枢纽，潍坊高铁北站汇集济青高铁、潍荣高铁、潍烟高铁、京沪高铁辅助通道，形成以高铁北站为枢纽的“米”字形高铁网。

【大莱龙铁路电气化开通】 2022年，大莱龙铁路扩能改造项目实现电气化开通，实现德大、黄大、大莱龙、海青、龙烟5条电气化铁路“贯通”，线路等级由地方铁路一级升级为国家铁路一级，年货运能力将由1900万吨提升至3000万吨。

【铁路项目规划】 2022年，加强铁路项目谋划争取。争取到潍坊经临朐至沂源城际铁路、潍坊城区至滨海市域铁路、高密至胶州市域铁路、潍坊至董家口铁路、临朐至沂水铁路等5条铁路，列入山东半岛多层次轨道交通网规划，优化铁路网络布局。

【铁路沿线环境整治】 2022年，组织召开全市铁路沿线环境综合治理工作专题视频会议。通过省铁路沿线环境安全专项整治三年行动工作检查复验。全市综合治理累计投入资金3900万元，人员7.25万余人次，整治各类环境问题1.77万余件，完成拆除违建违占5.89万余平方米，危树整治14.47万余棵，加固彩钢瓦房、塑料大棚2.09万余处，加固压实清除轻飘物8.12万余处。

（孙铁华）

港　口

【概况】 2022年，潍坊港有生产性泊位45个，其中万吨级以上深水泊位20个。岸线总长7796米，港口综合通过能力4156万吨，潍坊港开通内贸集装箱航线13条、至日韩外贸集装箱航线3条，形成潍坊亿吨级大港格局。

【港口运营】 2022年，依托港口资源整合时机，推动山东港口集团整合涉及森达美在潍坊港的全部股权，包含港口码头总岸线4122米、生产泊位23个、物流园区3500亩，实现潍坊港中港区一体化运营。潍坊港成为全部由山东港口集团运营的地区性港口，潍坊市成为全省港口整合改革彻底的城市。

【“北煤南运”专线建设】 2022年，加强与国家能源集团、山东港口集团开展对接合作，达成初步合作意向，推动尽快签署三方合作协议，建设疏港铁路专用线、煤炭下水码头及煤炭

2022年7月3日，山东省港口渤海湾港集团有限公司与马来西亚森达美海外（香港）有限公司在潍坊举行股权转让签约仪式（供图：王文彬）

储运基地，打通国家能源“北煤南运”第三条大通道。

【港口基础设施建设】 2022年，完成潍坊港中港区17#滚装泊位疏浚、预制构件、灌注桩、沉桩施工，进行现梁浇筑、纵梁安装、面板安装等施工，完成主体建设。潍坊港粮食产业园仓储设施（一期）项目建成。潍坊港中港区东作业区集装箱堆场智慧化改造工程开工建设。森达美液化品3期16万立方米库区竣工投产。

【引航安全管理】 2022年，落实疫情防控措施，执行《潍坊港引航站安全管理体系》，保障引航工作安全开展。全年完成船舶引航1625艘次，同比增长11.38%；引航费收入723万元，同比增长5.86%，涉及船舶吞吐量完成721万吨，集装箱1.66万标箱。

（孙铁华）

航　空

【概况】 2022年，潍坊民航机场为4D级军民合用机场，开通至上海、广州等地的客运航线12条、货运航线2条，通达城市14个，国内航空货运初步形成以全货机运力为主、客机腹舱为辅的发展模式，实现航空货运规模化提升。同时，有序推进新机场迁建前期工作。

【空客货运输】 2022年，潍坊机场是军民合用机场，由海南省发展控股有限公司（海南省国资委管理的国有独资公司）负责管理，潍坊南苑机场有限责任公司负责运营。5月—10月停航，机场跑道维修处于维修阶段；10月30日，潍坊机场复航。全年潍坊机场客运航线12条，通航城市14个，完成旅客吞吐量13.48万人次；货运航线2条，通航城市2个，完成货邮吞吐量1.08万吨。

【机场运营服务】 2022年，完成市政府与海航机场集团《潍坊机场运营合作补充协议》签署和2021年度协议履行情况考核，制定《潍坊机场运营监督考核及补贴兑付实施办法》，启动2022年度合作协议签署工作。印发《关于进一步加强潍坊机场净空和电磁环境保护管理工作的通知》。推动潍坊机场惠企纾困政策落实。

【新机场迁建立项】 2022年7月，《空军潍坊机场拟移交资产评估报告》通过空军批准，并于8月初上报中央军委联合参谋部。10月18日，省政府重新出具请示并上报国务院、中央军委；新机场立项所需《预可研报告》《民航行业意见》《潍坊现机场资产评估》等6个要件全部完成，分别上报国家发改委、联合参谋部。全年加强巡查稻田场址周边，确保不出现超高违建影响新机场建设。定期与寿光市交通、规划国土、稻田镇政府等单位对接，为项目立项后的征地搬迁工作做好准备。

（孙铁华）

城市交通

【概况】 2022年，潍坊市拥有公交运营线路175条，定制公交线路40条，线路总长度4104.81千米，中心城区500米公交站点覆盖率100%。巡游车出租公司53家，巡游出租车4933辆，注册驾驶员7374余名。网约车平台116个，网约车3311辆，网约车驾驶员2.21万名。

【公交运营】 2022年，全年开通新线路7条，优化调整线路26条，方便中心城区东西部区域市民出行。延长公交运营时间，重点调整3条线路末班发车时间延时，20：00以后线路26条、20：30以后23条、21：00以后15条、22：00以后9条。

【公交都市创建】 2022年，围绕“互联网+绿色出行”创建主题，实施公交优先战略，加强基础设施建设，完善公交运营网络，打造智慧公交体系。创新绿色发展方式，提高公交服务品质和公交出行吸引力，提升市民对公交服务的满意度，国家公交都市创建工作取得进展。公交都市创建通过交通运输部专家组验收，验收成果于2023年二季度审核发布。

【绿色出行城市创建】 2022年，聚焦以人民为中心和公交优先的城市发展理念，落实绿色出行城市创建工作实施方案，提升绿色出行发展水平。12月29日，潍坊市被交通运输部、国家发展和改革委评为绿色出行创建考核评价达标城市。

【出租车经营服务管理】 2022年，在全省出租车行业首次通过“小快灵”形式出台《潍坊市出租汽车经营服务管理若干规定》，将出租车驾驶员从业年龄统一放宽至不超过 65 周岁。为中心城区 2367 名出租车驾驶员免费查体。联合邮政公司增设出租车驾驶员驿站 343 处，累计 862 处。通过公益赞助，免费为中心城区出租车更换座套。

【网约车新业态发展】 2022 年，网约车报备新平台、新增车辆审核等业务全部实现网上办理，提高报备效率。会同市委宣传部等 7 部门联合印发《加强交通运输新业态从业人员权益保障工作的意见》，加强从业人员权益保障工作。针对网约车平台公司为非法网约车派单问题，联合公安等部门开展联合约谈，责令其停止为非法车辆派单，加快合规化进程。

【信息化建设】 2022 年，依托巡游出租车车载监控系统，实现中心城区出租车驾驶员“刷脸上岗”，做到人车一体绑定，防止无证运营、无登记运营。在全国第一个从中心城区 1500 个社区中选取部分重点社区，安置 500 台“一键约车”终端智能设备，一键点击即可呼叫附近 3 千米范围内空闲出租车，解决全市老年人打车不方便的问题。开发建设潍坊网约车监管平台，处理驾驶员未注册等问题，保护合法业户利益，打击非法违规人员。全市有 119 家网约车公司、3509 辆网约车入网，得到市民群众和合法网约车业户认可。

（孙铁华）

2022 年，潍坊市举办“一键约车”启动仪式（供图：王文彬）

海　事

【概况】 2022 年，潍坊市船舶进出港 2.05 万艘次，同比增长 24.5%，货物到达发送量 4356.9 万吨，同比增长 11.0%。实施船旗国安全检查 140 艘次，港口国安全检查 24 艘次，滞留船舶 20 艘次。开展公司审核 12 家，船舶审核 56 艘次；受理各类政务 1.55 万期次，组织船员考试 990 期次，4.31 万人次。

【平安海区】 2022 年，推进海上交通安全专项整治三年行动，实施安全包保责任制。打击内河船舶涉海运输的非法行为，对 2 艘非法运输船舶实施拆解，内河船舶涉海运输保持动态“清零”。加强船载危险货物安全监管，查处集装箱危险货物谎报瞒报 5 起。推进“航运公司审核质量提升

2022 年 8 月 25 日，潍坊海事局协调海渔、海警和海岸警察等多个涉海单位出动 5 艘执法船艇开展联合巡航执法活动（供图：侯运魁）

年”，举办首届航运公司安全管理论坛，辖区航运公司平均船龄下降4.5年，提升航运公司本质安全水平。

【应急搜救】 2022年，加强海上搜救能力建设，开展“应急值班规范年”活动，处置海上险情4起，救助遇险船舶5艘、遇险人员32人，人命救助成功率100%。加强恶劣天气防抗措施，实现台风、寒潮大风期间零险情、零事故，协调北海救助局，选派专业救助船舶在重点时段驻守潍坊海域，辖区海上交通安全形势稳定，潍坊市海上搜救志愿服务队获交通运输部最美搜救人提名奖。

【优质服务】 2022年，开展潍坊港通航效率提升工程，据港口测算，港口通航效率提升超过20%，船舶待泊时长缩短33%。推动完成潍坊港航标配布优化调整，改善通航环境。开通海事服务“绿色通道”，组织对施工船舶开展集中“体检”，制定出台《海上风电通航安全管理办法》，保障昌邑海上风电项目完工并网发电，创造同规模、同类型海上风电场建设用时最短纪录。创新“察颜观色”染色剂法生活污水直排检查，查处船舶违规排放生活污水违法行为8起。

【船员培训】 2022年，完善船员智能培训管理系统，推进“图像识别”“动作识别”等信息技术在船员培训考试评估中的应用，《信息技术在船员管理中的应用》入选全国水运系统服务船员优秀案例。推动航海教育校企合作，牵线山东海事职业学院与华洋海事服务中心共建“华洋海事产业学院”。实施船员综合素养提升“五进”工程，推进思政课程和德育教育进课堂。推行告知承诺制，不见面政务办理率97%。依托政务微信平台、海事服务热线，年均提供政务咨询4万余人次。

【从严治党】 2022年，学习宣传贯彻中共二十大精神，落实“第一议题”制度，坚持党建与业务融合一体推进，联合口岸单位打造“红色海岸线”党建联盟。加强涉海文明创建，开展社会主义核心价值观教育实践月活动，全体在职党员到居住地社区报到，新时代海上文明实践基地被山东电视台专题报道。

（殷　涛）

口岸工作

【概况】 2022年，潍坊市以打造对外开放新高地为目标，优化口岸营商环境，完善口岸运输体系，提升口岸智慧化水平，提升对外开放平台能级，全市口岸经济保持高速、高质量发展。潍坊港口岸外贸散杂货吞吐量累计完成731.67万吨，同比增长4.1%；外贸集装箱吞吐量3.77万TEU（20英尺的集装箱），同比增长22.11%；进出港外贸船舶1647艘次，同比增长9.07%，潍坊港口岸泊位年度利用率52%，同比提升24%。

【口岸疫情防控】 2022年，落实《关于建立健全口岸安全联合防控工作制度的实施意见》要求，组织潍坊海关、潍坊海事局、潍坊出入境边检站、市交通局、滨海区管委会、山东港口潍坊港等相关单位共同建立口岸安全联合防控机制，落实口岸安全防控措施，定期开展风险排查。制定应急处置预案，协调处置口岸突发事件，增强辖区应急资源的统筹调配处置能力。全年开展防疫检查93次，出动检查人员230人次，检查港口企业138家次，发现问题隐患41项并全部完成整改。

【优化营商环境】 2022年，围绕打造“稳定、公平、透明、可预期”口岸营商环境目标，创建“无‘潍’不至、‘坊’显一流”口岸营商环境品牌。全市货物贸易进出口总值3419.9亿元，同比增长30.6%，进出口总值、增速均居全省第三位。全年外贸进出口规模突破三千亿元，打破历史纪录。印发《潍坊市人民政府办公室关于深化跨境贸易便利化改革优化口岸营商环境的通知》《潍坊市营商环境（跨境贸易便利化领域）创新提升行动方案》等文件，实施33项推进措施，提升跨境贸易便利化水平。推进通关模式改革，外轮供应行政审批事项所需申报材料由9项压减至3项，压减66.67%。海关原产地证书审签实现“线上智能化自动审签+人工集中分类审签”。外贸集装箱进口货物“船边直提”物流时效零延时，“出口直装”平均缩短到0.5小时以上，潍坊港成为济南关区实现集装箱不开箱查验口岸。“非接触”退（关）税实现全覆盖，全市无纸化申报退（免）税额占比98.6%。推动国际贸易“单一窗口”平台本地特色应用，与国家25个职能部门实现总对总的系统对接和信息共享，建成上线29个功能模块，142个业务系统，为外贸企业提供1100项服务事项。在中国（山东）国际贸易“单一窗口”平台公开收费目录清单和收费标准，目录清单之外不得收费，全市25家口岸收费单位及其收费项目全部纳入清单目录，实现“阳光收费”。

【智慧口岸建设】 2022年，自主开发建设“潍坊专区”信息系统，制定具有潍坊特色的服务功能，升级配套7项服务板块，潍坊港口岸外贸散杂货吞吐量、外贸集装箱吞吐量、外贸船舶进出港数量、跨境电商业务、报关报检业务、外贸注册企业等业务指标实现即时自动统计，报表一键导出。完成“山东省口岸资源管理系统”中潍坊口岸部分的数据采集和系统搭建工作。实现全市口岸电子地图、生产设施及查验设施基本信息、口岸运行、准入退出审核等功能全面数字化运维。依托山东港口潍坊港与森达美港有限公司整合时机，针对潍坊港通关服务中心、潍坊港集中查验中心、潍坊港中港区和西港区等场所监控网、互联网、查验业务网、视频会议、智能指挥调度系统、数据存储等功能模块开展优化整合，并建立完善监控网络系统故障快速响应机制，实现口岸进出境人员、货物和交通工具“阳光通关”，港口作业“智慧运行”，口岸数据“安全共享”。

【口岸综合管理】 2022年，启动通关时效会商机制，发挥口岸通关联席会议制度优势，制定实施“通关时效会商机制”，围绕加强通关模式、优化大宗商品检验监管、推广第三方采信制度、推进跨境电商监管模式改革、“云登轮”检查、“互联网＋海事监管”模式、边检行政许可网上办理、出入境边检“快捷通道”、完善“单一窗口”功能、落实口岸服务评价机制等，提升通关时效的重点指标，明确具体工作任务和工作措施。加强对口岸收费监管，对船代、货代等口岸经营企业收费监管，引导船公司规范收费行为。在中国（山东）国际贸易“单一窗口”和潍坊市“优化营商环境专题网站”设立“口岸收费公示”专栏，动态更新“潍坊口岸收费目录清单”，畅通投诉举报渠道，加强巡查口岸收费行为。加大口岸收费减免政策的宣传推广，提高进出口企业对国家各项优惠政策知晓率。

（简建伟）

邮　政

【概况】 2022年，潍坊市主要快递品牌16个、法人企业88家、分支机构200个、备案末端网点4213个，为社会提供2万余个工作岗位，新增就业1万人。全市邮政行业业务收入完成52.41亿元，同比增长5.54%；邮政行业业务总量完成6.18亿件，同比增长6.25%。其中，快递业务收入完成34.88亿元，同比增长5.67%；快递业务量完成4.87亿件，同比增长7.09%。

【疫情防控】 2022年，成立市县两级邮件快件新冠疫情防控工作专班，建立市县两级邮政快递业疫情防控监管体系，落实“属地、部门、企业、个人”四方责任。做好常态化疫情防控措施，科学制定行业疫情防控方案，督导企业落实疫情防控主体责任，开展疫情防控落实情况专项检查，组织开展疫情防控应急演练，处置行业涉疫突发事件9起。开发“潍坊快件随访”信息系统，实现“数字抗疫”，以信息化精准实现国际邮件快件全域监管，工作经验在全省刊发。保障防疫物资、民生物资和重要生产生活物资配送，保障网络畅通和服务畅通。推进疫情防控期间群众申诉、投诉处置，组织企业成立应急处置小组，涉疫工单2小时处置，解决群众诉求。

【快递业务发展】 2022年，潍坊市获批创建“中国快递示范城市”。出台《潍坊市快递条例》，落实邮政地方财政事权和支出责任，县级邮政监管机制建设取得进展，11个县（市、区）政府成立邮政业发展服务中心，4个县（市、区）获批成立县级邮政管理机构。增强行业科技化水平，推进“安检机巡检”绿盾工程。推进行业生态环保，推动邮件快件包装绿色化、低碳化、可循环。开展“点对点”服务企业专项行动，指导企业减税降费，降低运营成本266.35万元。推进行业人才队伍建设，1200余名从业人员参加快递职称考试，职业技能提升培训超过5000人。

【安全监管】 2022年，推动寄递企业安全生产主体责任落实，加强“关键人”责任落实，推动安全机构履职常态化。提升综合监管能力，与公安、应急、文旅等部门建立联合监管机制。推进“七号检察建议”落实，做好收寄验视、过机安检，落实重大活动安全保障。规范市场秩序，整治低价无序竞争，打击“黄牛”倒件、超许可地域范围经营等违法行为。提升普遍服务质量，提高人民群众用邮满意度。全年开展邮政业专项监督检查143家次，受理消费者申诉2.27万件，消费者服务过程满意率98%、及时率100%。

（张元江）

【邮政潍坊分公司】 中国邮政集团有限公司潍坊市分公司从业人员3055人，下辖11个区县分公司，市县对应设置同级寄递事业部，262处邮政营业局所（其中金融综合类网点229处），1个二级邮区中心，各级邮路206条，邮路总里程达5.44万千米。乡镇邮政局所覆盖率100%，建制村直接通邮率100%。投资887万余元，改造13处农村普遍服务网点，提升服务水平。

【助力乡村振兴】 2022年，线上打造万单农产品项目3个。线下建设3个集团级农产品基地，6个区域级农产品基地，基地农产品交易额1323万元。推进三级物流体系建设，打造区域中邮惠农示范社10个，其中国家级中邮惠农示范社4个，完成重点示范县的共配中心及农产品仓和工业品下行批销仓建设。全市代投自提点6502处，自提率77.89%。开展第一书记抓党建促乡村振兴工作，筹措资金171万元，推进基础设施建设。

【绿色邮政建设】 2022年，采购使用符合标准的包装材料比例100%，累计投放可循环包装箱（盒）数量4605个，回收瓦楞纸箱65.89万个，可循环中转容器、包装废弃物回收装置网点全覆盖，东风东街支局入选全国“2022年度绿色快递示范站点”。

【服务经济发展】 2022年，新增战略合作伙伴37家，发挥邮政资源优势，加强与退役军人事务局、烟草公司、石油产业合作。聚焦服务社会、服务民生，多维度提供便民服务。加强税邮、警邮合作，服务“放管服”改革，开展车牌、发票、证件等便民寄递服务。建立警邮合作和禁毒主题邮局，联合公安部门、禁毒协会到村、社区开展宣传活动．依托262处城乡网点，建立出租车“温暖驿站”。

【邮政业务经营】 2022年，全市邮政业务收入同比增长11.71%，劳动生产率同比增幅15.94%。金融业务收入同比增幅13.83%，加强AUM发展理念，成立首家财富中心，同时打造“丰收卡＋丰收宝”农产品交易结算场景，为交易提供结算便利。寄递业务主动服务双循环新发展格局，全面实施寄递改革，调整优化网络，聚焦重点客户、重点区域和重点线路进行提速，提升服务能力和水平。推进渠道平台转型升级，做好代开税票、车驾管、警医邮等放管服改。集邮与文化传媒融入地方，风筝（三）纪特邮票列入2023癸卯年纪特邮票发行计划，于2023年9月9日发行，提升潍坊风筝文化的传播以及潍坊城市知名度、美誉度。

（汪尚超　刘　萍）

潍坊移动

【概况】 2022年，中国移动通信集团山东有限公司潍坊分公司围绕“创世界一流信息服务科技创新公司”发展新定位，打造以“5G+算力网络＋指挥中台”为核心的“连接＋算力＋能力”的新型信息服务体系，实施“5G+计划”，助力全市“数字强市”建设。客户规模超过704万户，百兆光纤宽带客户190.1万户，移动高清电视用户超过150万户。贡献纳税2.32亿元。先后被授予“中央企业先进集体”“全国文明单位”“支持潍坊发展先进单位”“全市财税贡献50强企业”“潍坊市新旧动能转化先进单位”“潍坊市全员创新企业”等称号。

【新基建、5G+算力赋能】 2022年，聚焦客户感知，推进网络建设和优化工作。开展“为民服务，网络有我”和“服务一线，网络有我”主题活动，推进网络十八项基础能力提升，加强网络安全管理，提升网络支撑能力。全年完成各类建设投资达8.6亿元，移动基站超3.5万个，其中5G基站7760个，占全市5G基站总量超50%，实现城乡区域及重点场景全覆盖；推进千兆城市建设。围绕推进数字经济要求，加快滨海算力中心投产，打造省级以上示范项目8个。潍坊数字赋能联盟成员超过800家，推动103家企业开展智能化升级和数字化改造。

2022年3月4日，全市数字经济发展会议在移动潍坊分公司召开（供图：姜鹏飞）

【社会责任】 2022年，配合完成各类重大活动通信保障任务。开展打击治理电信网络诈骗犯罪行动，协助公安机关拦截诈骗号码3.9万户。探索“网络+乡村振兴”新模式，实现行政村5G信号覆盖率75%，派出驻村第一书记并提前一年完成帮扶村帮包请求。累计发送精神文明建设、应急防灾等各类公益短信5.2亿条。

（魏杰昌）

潍坊联通

【概况】 2022年，中国联合网络通信有限公司潍坊市分公司设17个部室，辖15个县区级分公司，员工1700余人。

【网络支撑】 2022年，推进新型基础设施建设，新建5G宏站1547处、室分537处，5G站点规模5360处，4G、5G人口覆盖率98.5%。宽带10GPON端口规模3.37万个，全市9993处小区实现万兆升级。服务移网用户262.3万户，宽带用户达133.5万户，完成近海超远覆盖项目。政企精品网完成177处综合业务节点PeOTN覆盖，城区综合业务区覆盖率100%。推进构建算力格局，建成标准版云资源池1处。加强网络保障及应急处置，完成中共二十大会议等重大活动通信保障。

【数字化应用】 2022年，落实乡村振兴战略，推进数字乡村建设，完成数字乡镇签约58个，平台建村6494个。赋能数字政府、智慧社会建设，全面承接市电子政务网，部署市级智慧社区平台并覆盖13个县（市、区）。加强5G产业应用，打造5G+绿色能源、有机农业等示范项目，“5G+智慧光伏”项目获工信部“绽放杯”全国总决赛一等奖。

【机制体制改革】 2022年，推进运营组织体系优化，建立市场大平面运营模式，加快干部年轻化建设，启动实施学习型创新型组织建设。2名员工获“集团公司优秀共产党员”称号，4个基层单位获“省公司先进基层党组织”称号。

（王 冰）

潍坊电信

【概况】 2022年，中国电信潍坊分公司实施云改数转战略，以客户为中心，提升服务质量、网络能力及数字化水平，打造服务型、科技型、安全型企业，为潍坊市高质量发展贡献电信力量。年内，获山东省精神文明单位。

【电信服务】 2022年，全市设置28处爱心翼站，为户外工作者、老年人、考生等群体提供专属暖心服务，举办“网络防诈进社区”等公益活动400余次；建设480个“数字乡村”示范村，发挥云网融合、安全可信的数字化能力优势，助力农业数字经济发展。完成94家智慧小区，服务8.5万用户，聚焦智能门禁、高空抛物监管等智慧化管理，为居民提供安全便利的生活环境。

【基础网络建设】 2022年，完善网络覆盖，推进覆盖广、速率高、体验好的5G精品网络建设，完成省级标准化综合业务区6个、本地标准化综合业务区15个、精品小区318个，与潍坊联通合作共建共享基站5528个，城区全部具备千兆接入能力，全市完成光纤接入改造，其中城区楼宇光网覆盖率99.6%，农村光网覆盖率61.7%。

【信息技术应用】 2022年，助力区块链+蔬菜项目，探索区块链与5G、大数据、人工智能等前沿信息技术融合，与潍坊市人民政府合作建设区块链+蔬菜平台，覆盖6个区县、6个农业产业园，包含西红柿、黄瓜等8种蔬菜，种植面积1000余亩。成功申报国家区块链综合应用试点，并中标潍坊市“区块链在蔬菜质量安全全过程追溯中的应用创新”试点项目，获山东省数字乡村建设创新大赛三等奖。

助力潍柴动力同心云项目，落实云改数转战略，以中国电信自有云计算能力为基座，为潍柴动力公司量身打造同心云平台，整合资源，为业务发展提供计算能力、存储能力、网络能力和安全能力等综合服务支撑，形成数字化基础资源底座，促进企业数字化转型进程。

（朱晓飞）

无线电管理

【概况】 2022年，潍坊市各类无线电发射设备4.91万部，应用于广播电视、公众通信、无线接入、航空导航、卫星通信、微波接力、气象雷达等10余个领域，其中公众网基站4.72万个。业余无线电健康发展，持证业余无线电爱好者1.2万人。

【无线电频率台站行政许可和无线电发射设备销售备案】 2022年，通过省级政务平台，办理无线电许可事项70余件，指配频率2个，指配业余无线电台呼号11个，新增雷达站1个、业余电台44个、地球站3个、超短波电台86部。

【无线电干扰查处】 2022年，针对无线电管理领域违法行为，围绕“严厉执法、冒头就打”的原则，全年查处5起无线电违法事件。通过查处无线电违法行为，提升违法当事人的法律意识，社会各界提升无线电管理守法意识、自觉维护无线电秩序。

【无线电安全保障】 2022年，新建设完成2个边海防Ⅲ类固定监测站，升级高铁潍坊北、潍坊机场两个Ⅲ类固定监测站和昌邑一个Ⅳ类固定监测站。运用全市28个固定监测站、5个移动监测站，实现对机场、港口等重点区域和县、市城区的监测全覆盖，增强服务社会经济的能力。全年开展无线电监测5万小时。查找定位黑广播17起，并为驻潍部队完成雷达干扰排查。全年参与各类无线电安全保障30次，完成各类无线电安全保障工作。

（张　兵）

建设 环保

Jianshe Huanbao

城镇化发展

【概况】 2022年，潍坊市组织实施《潍坊市新型城镇化与城乡融合发展规划（2021—2035年）》，以推动城镇化高质量发展为主题，以转变城市发展方式为主线，以农业转移人口市民化为重点，以智慧化、绿色化、均衡化、双向化为方向，以人的城镇化为核心，贯彻新型城镇化发展战略，推进城乡融合发展，提升全市新型城镇化和城乡融合发展水平。至年底，全市常住人口941.77万人，城镇化率65.66%，较2021年提高0.46个百分点。

【智慧城镇化】 2022年，完善城镇数字基础设施建设，全市建设5G基站1.32万个，开通5G基站1.31万个，5G网络实现城市重点区域全覆盖、乡镇区域连续覆盖、主要行政村重点覆盖，实现城区、乡镇、农村无线网络和光纤宽带全覆盖。统筹视频监控资源建设管理，建成全市电子政务“一张网”，实现市、县、镇、村全覆盖。市级视频监控共享平台实现政府内部视频资源整合。推动事项关联应用电子证照，全市1.8万项依申请政务服务事项全部实现网上可办。45类个人证照证明和80类企业证照证明实现“无证明”在线开具。200余类电子证照证明接入PC端、窗口端、移动端应用。30个景区、2000余家酒店实现亮电子身份证入园、入住。电子健康码并入公交车乘车码，实现“一码通行”。增强数字化公共服务能力，2000项政务服务事项上线“爱山东·潍坊分厅”服务平台。开发上线420余项便民服务应用。实现“潍企通”平台与“12345”热线联动运行，受理各类企业诉求16.5万件，问题解决率97%，满意率99%，入选潍坊市2022年度改革典型案例。完善“城市大脑”一体化综合指挥平台。建设完成数据、人工智能、业务应用平台体系，接入各级各部门业务系统159个，归集事件数据1870万条。实施智慧社区建设突破行动，累计176个社区通过省评估验收，达到省级智慧社区建设标准，举办省智慧社区现场会。

【绿色城镇化】 2022年，出台《潍坊市城市更新实施办法》《潍坊市城市更新资金管理办法》《关于推进城区更新用地工作的实施意见》等文件，全市改造各类棚户区30.2万套，改造老旧小区1862个，谋划城市更新重点项目154个，总投资4330亿元，28个项目获得银行授信438亿元，19个项目到位信贷资金132亿元。中心城区雨污分流改造比例95%，城市建成区黑臭水体实现动态清零，有30座城市污水处理厂达到准四类标准，提前超额完成省定任务目标。全市城市再生水利用率49%。奎文区、高新区、寒亭区全域推进垃圾分类，新建垃圾分类房（亭）848个、新增分类运输车辆95辆，城市生活垃圾回收利用率31.6%。推进试点带动、创新引领，开展农村生活垃圾治理，开展试点村居440个，年度清理各类垃圾、杂物160万余吨。实施公园城市建设行动，全市人均公园绿地面积18.86平方米，新建道路绿化60.11万平方米，花卉84.09万平方米，裸土绿化202.08万平方米。挖掘绿地潜力，科学规划建设口袋公园133处，全市口袋公园总量1012处。潍坊市口袋公园建设典型经验在全省推广，并被省住建厅推荐至住建部参与中国人居环境范例奖评选。发展绿色建筑，出台《潍坊市（中心市区）绿色建筑发展专项规划（2021—2035年）》，全市新增绿色建筑面积1748万平方米，新增可再生能源建筑应用面积1110万平方米。推动城市隐患排查，组织开展城市路灯照明安全运行检查整治，排查路灯26.8万盏。组织开展市政窨井盖隐患排查整治，为窨井盖加装防坠网11.41万个。组织开展管道清淤和易涝点治理，疏浚泄洪通道170千米，疏浚雨水管道1187千米，清掏雨水口8.14万个。组织开展排水设施检修，检修泵站46座。组织开展中心城区人行道、车行道、检查井、渠化岛、桥梁安全隐患排查整治，排查主次干道260条、桥梁379座，确保设施安全运行。

【均衡城镇化】 2022年，贯彻落实国家、省信贷支持县城城镇化补短板强弱项的工作部署，面向县城及县级市城区、特色小镇，围绕县城产业平台配套设施、新型基础设施、公共服务设施和环境卫生设施等领域，建立省、市、县三级项目储备库。谋划上报信贷支持补短板项目56个、金额308.6亿元，授信金额27.19亿元，放贷金额19.90亿元。规范有序推动特色小镇建设，坊子区凤凰地理信息特色小镇、青州市黄楼文化艺术特色小镇、安丘新安齐鲁酒地特色小镇、诸城恐龙文旅特色小镇、红高粱特色小镇、齐鲁创智特色小镇、渔盐特色小镇、九山薰衣草特色小镇、寒亭经济总部经济创新特色小镇入选省级特色小镇。根据《山东省特色小镇建设管理细则》和《山东省特色小镇高质量发展监测评价办法》要求，引导小城镇特色发展，坚持一镇一业，立足产镇融合，发展特色产业，完善服务功能，提高小城镇集聚能力，引领全市新型城镇化建设。加强就业创业，全年实现城镇新增就业人数和职业技能培训人数分别达到10.04万人、11.9万人次。开展农村劳动力职业技能培训，培训农民工7.06万人次。“零工客栈”就业平台成为全国样板，省委改革办、省人社厅在潍坊市召开现场会。推动基层医疗卫生体系提档升级，国家“优质服务基层行”活动推荐标准达标率43.45%，提前完成“十四五”规划目标，省提升标准达标率94.05%，创建县域医疗服务次中心9处，省级社区医院30家，省级示范标准村卫生室45家，中心村卫生室625处，甲等乡镇卫生院96处，打造特色专科136个，社区医院覆盖率100%。

【双向城镇化】 2022年，推进农业转移人口市民化。全面放宽小城镇购房落户条件，出台《潍坊市加强新市民金融服务二十条措施》。开展城乡融合发展改革试点，推进诸城市城乡融合发展试验区建设。在全省49个省级城乡融合发展试验区监测评价排名中，诸城市位列第九位。推进农村公路建设，全年投资11.4亿元，完成新建改建农村公路707千米；投资2.1亿元，完成路面状况改善工程1898千米；投资0.99亿元，完成危桥改造工程20座；投资0.12亿元，完成重要村道或三级以上村道安保工程103.3千米。推进城乡基础设施互联互通，启动潍坊市天然气环网项目，拟投资65亿元，形成全市燃气输配“一张网”。实施夏季供水应急工程，扩容朱里水源地，推进市自来水与寒亭自来水连通工程。落实中心城区高温水供热管线，建设高温水管道27千米。

（肖　录）

城市规划

【概况】 2022年，潍坊市围绕提升城市能级，推进市县国土空间总体规划成果，加快乡镇国土空间规划和村庄规划编制，规范规划实施监督管理，做好城市建设各项规划服务保障。

2022年7月11日，潍坊市委副书记、市长刘运（左侧前排中）到市自然资源和规划局现场办公，听取国土空间总体规划汇报（供图：张馨月）

【国土空间规划】 2022年，完成“三区三线”划定，划定耕地64.93万公顷、永久基本农田58.2万公顷、生态保护红线11.19万公顷、城镇开发边界16.97万公顷，相关矢量数据纳入国土空间规划“一张图”。推进市县国土空间总体规划成果，国土空间规划“一张图”实施监督系统通过省级评定并投入运行。开展59个镇级国土空间规划编制，完成33个村庄规划编制。推进重点片区规划建设，启动中心城区控制性详细规划优化整合，编制《胶东经济圈一体化发展下的潍坊市国土空间发展战略规划》《潍坊市乐道院历史文化片区城市设计》。

2022年6月30日，省住房和城乡建设厅二级巡视员殷涛一行到潍坊开展自建房安全专项整治督导调研（供图：初永涛）

【规划用地保障】 2022年，做好重大项目规划服务工作，完成官路水库、潍坊港疏港高速、泰青威天然气管道等国家、省级重大项目用地预审和选址以及潍坊学院新校区、东黄复线改线、人民医院扩建等市级重大项目规划选址等保障任务。高做好建设项目审批业务工作，全年核发、转报用地预审与选址意见书用地700余公顷；核提规划条件用地35万平方米；审定规划方案蓝图150余件，用地29.9万平方米。

【市政工程】 2022年，启动《潍坊市中心城区绿道系统专项规划及重点示范段方案设计》编制工作。完成清平路上跨胶济铁路、山东华电潍坊制氢加氢一体站、黄潍复线输油管道工程等10个市政重点项目的规划服务工作。完成《潍坊市加氢站专项规划》《潍坊市中心城区排水专项规划》《潍坊市中心城区供水专项规划》《潍坊市中心城区停车场专项规划》《潍坊市5G移动通信基础设施专项规划》等市政类专项规划相关内容的审查工作。

【建筑工程】 2022年，提升规划审批效率，对成熟的建设项目实行方案联审，开通重点项目审批绿色通道。全年审查新报及调整建筑方案11个，组织召开专家评审会12次，审核建设工程设计方案总建筑面积80.83万平方米。完成建设工程项目验线单体189个，核发建设工程竣工规划核实合格证126个，核实建筑总面积106.4万平方米。

【服务企业发展】 2022年，开展服务企业发展工作，推动全系统239名服务专员为328家企业、21个项目提供服务。出台《关于统筹土地指标要素做好服务企业发展用地保障工作的意见》，发布“履行自然资源‘两统一’职责，服务保障高质量发展政策清单”，提出要素保障惠企政策40条。编印发放《自然资源和规划政策服务手册》7000余册，相关做法在《中国自然资源报》头版头条刊发。开展“双招双引”，引进签约立项项目13个、总金额100.67亿元。引进到位资金项目4个、到位资金1.514亿元。

（赵玉杰）

城市建设

【城市更新试点工作】 2022年，发挥市级城市更新工作联席会议机制作用，加强调度督导，制定《潍坊市城市更新考核办法》，推动城市更新纳入全市高质量发展综合绩效考核，推动工作全面提速。高标准推动城市更新规划编制，合理提出更新时序和分区管控要求，围绕28项核心指标、21项中心任务，实施功能格局优化、安全韧性提升等八大行动，形成初步规划成果。城市更新政策“窗口期”，建立全市城市更新重点项目库，谋划重点项目146个，总投资3853.7亿元。其中，开工项目70个，总投资1971亿元；62个项目达成融资意向1300亿元，28个项目签订协议授信341.5亿元，22个项目到位资金126.8亿元，为城市能级活力提升聚势赋能。

【海绵城市示范建设】 2022年，印发海绵城市建设工程、资金管理、绩效考核等9项制度文件，编制《潍坊市海绵城市建设管理条例（草案）》，纳入2022年地方立法计划，市政府第十二次常务会议和市第十八届人大常委会第四次会议审议通过。加快海绵城市专项规划修编，启动实施海绵城市项目星级评价体系、新型蓄渗技术研发等5项技术研究项目，启动海绵城市监测设施工程、海绵城市智慧管控平台等项目建设，为海绵城市示范项目提供技术支撑。启动实施海绵项目265个、总投资42.4亿元。全年争取到位中央、省奖补资金8.1亿元，完成海绵示范项目135个，总投资25.6亿元。

【重点项目建设】 宝通街快速路 2022年1月1日，潍坊市宝通街高架快速路建成通车，比计划工期提前120天，实现当年立项、当年开工、当年通车的任务目标，创造城市快速路建设的“潍坊速度”。宝通街快速路融入海绵城市理念，下沉式绿地、雨水花园等绿化及配套设施于5月13日全部完工，并通过竣工验收。

高铁新片区建设 累计完成投资6.4亿元，片区古韵路、志远北路、新溥街、幸福路建成通车。北辰中学建成投用，新提供4800个学位，9月1日首批600名新生开学；公交场站、长途客运站主体完工，水电、消防、幕墙、保温等装饰安装施工有序推进。

站南广场片区建设 完成投资7.9亿元，客运枢纽站项目主楼及场站施工全部完成并通过竣工验收。城市景观广场地上景观和地下空间施工全部完成；清平路跨铁立交桥开工建设，完成热力、燃气以及水、电等管线及苗木迁改工作，完成非涉铁段桥梁的桩基施工。加快市政道路工程建设，清平路、玉泉街、纬一街具备施工条件路段主路全部完成。

道路畅通工程 围绕完善城市交通路网体系、增强道路承载能力等方面，打通城市梗阻主干路，畅通支路微循环，构建起畅通的交通网络。至年底，中心城区新华路（泰祥街—古亭街）、高三路（樱前街—宝通街）等10条道路全部具备主路通车条件。启动宝通街快速路西延、城区快速路环线设计论证工作。至年底，潍坊市中心城区路网密度8.26千米/平方千米，提升中心城区道路通行能力，缓解道路拥堵问题。

人行过街天桥 市住建局会同有关部门、单位在车流量大、人流密集、人车交通矛盾突出的地段，科学布点过街天桥，解决市民“过街难”问题。全年建设过街天桥3座，其中1处建成投用，另外2座有序推进。

亚定点医院及储备方舱医院项目 5月以来，历时70天时间完成2000张床位方舱医院和1栋行政办公楼、7栋医护人员公寓工程施工。7月中旬，再次完成1000张床位亚定点医院和612张床位方舱医院提升工程。8月初，完成鲁台会展中心4550张床位储备方舱医院改造工程。亚定点医院和储备方舱医院项目均于11月启用。12月，牵头完成9000张床位亚定点医院建设任务。

（王茂范）

住宅与房地产业

【概况】 2022年，潍坊市落实国家和省关于房地产市场调控的决策部署，聚焦“房住不炒”，围绕“因城施策、温火温补，激活刚需、把握节奏，政府推动、市场运作”的原则，从市场供需两端研究措施，因地制宜出台调控举措，形成政策包，支持刚性和改善性住房需求，提振市场信心，在发展中调控，在调控中发展，推动房地产市场平稳运行。

【市场监管】 2022年，建立市场监管长效机制，修订《潍坊市城市商品房预售管理办法》《潍坊市商品房预售资金监管实施细则》，印发《关于加强商品房现售备案管理的通知》，出台《潍坊市商品房预售资金监管服务工作评价暂行办法》，规范商品房销售行为，加强预售资金监管，提升监管服务质效。开展市场专项整治行动、行业规范管理年活动，查处市场违法违规行为。排查化解市场风险，建立592个在建在售项目台账，争取中央保交楼专项借款10.33亿元，推进24个在建项目建设交付。

【政策扶持】 2022年，围绕市场需求端和供给端，出台实施商品房和二手房购房消费补贴政策。制定印发《关于促进房地产市场平稳发展的若干措施》，涵盖满足购房融资需求、畅通商品房以旧换新渠道等10个方面，研究提出16条措施，拉动住房消费，释放购房需求，激发市场活力。

【优化服务】 2022年，落实服务企业发展措施，先后3次优化预售监管资金使用节点政策。推进“放管服”改革，将房屋交易和产权管理及估价机构备案事项下放。建立政银企会商机制，举办3次银企对接会，完成对市区34个项目融资需求对接。举办“云房展”，吸引140余精品楼盘参展，实现线上看房、线下订房的新销售模式。开展“面对面·筑梦家园”楼盘推介活动，为学校医院员工提供精准服务。举办潍坊（春季）房产交易博览会，125家品牌房企、300余个楼盘参展，发放购房优惠券总价值7000余万元，意向购房人数超过2800人，实现成交600余套、5亿元，推动房地产消费。展会期间，套开房地产金融政策解读会，辅导银企用足用好支持政策，满足市场合理资金需求。全年全市新建商品房销售1240.3万平方米，居全省第四位。新建商品房网签10.34万套、1240.3万平方米、销售总额795.5亿元、均价6414元/平方米，同比分别下降24%、18.6%、20.4%和2.2%；

其中，全市新建商品住宅网签 7.86 万套、1061.2 万平方米、销售总额 701.9 亿元、均价 6614 元/平方米，同比分别下降 19.9%、19.7%、21.7% 和 2.4%。

【人才安居保障】 2022 年，制定印发《〈潍坊市人才安居工程实施意见〉补充规定》，扩大人才住房分配范围，延长购房补贴政策有效期。全年筹建人才住房 5245 套，完成率 138%，累计配租入住 9947 套，发放购房补贴 2371 人、2.1 亿元。履行市专班办公室职责，加强统筹协调，召开成员单位协商会，研究制定政策措施，解决工作中具体问题。做好任务分解和督导考评，对县（市、区）人才工作实行月考核、季综评、年总评，推动人才住房政策落实。完善政策制度，制定印发《潍坊市市区人才安居工程实施细则（试行）》《潍坊市人才安居工作考核评价暂行办法》《潍坊市级人才住房分配运营管理暂行办法》《〈潍坊市人才安居工程实施意见〉补充规定》，形成完善的政策体系。高标准筹集房源，建立人才住房项目清单，通过转换城投公司现有房源、产业园区配套房源、棚改闲置房源及购租市场房源等形式筹集人才住房。坚持需求导向，做到房型面积多样化，适应各类人才住房需求。设施配套人性化，精装修达到拎包入住标准。运营管理专业化，人才入住享受到管家式服务。提升服务质效，召开新闻发布会解读政策，点对点培训用人大户，利用网络、报纸、公众号、融媒体等宣传推广，定期公布房源信息和配租分配信息。优化工作流程，研发人才住房信息管理系统，推行“全程网办”，实现随申请、随审核、随配租，缩短申请入住时间。规范人才住房运营服务，提高人才满意度。

【住房保障工程】 2022 年，争取上级资金 3.55 亿元，棚户区改造新开工 3581 套、基本建成 1600 套，完成年度计划任务。16 个棚改项目获中央预算内投资 1.49 亿元，项目数量和争取资金额分别居全省第一位、第二位。全市发放住房租赁补贴 1144 户，完成率 149%，创新实施公共租赁住房智能门禁管理系统，为市直 1064 套公租房安装智能门锁，解决公租房运维过程中各类违规问题，提升房屋租赁管理水平。

【自建房安全专项整治】 2022 年，完成经营性自建房安全专项整治“百日行动”攻坚任务，开展“回头看”核查，推进系统整治“三年行动”。至年底，全市累计排查自建房 520 万栋，其中经营性自建房 9.7 万栋，鉴定 296 栋 C、D 级房屋，落实现场管理或修缮加固工程措施。潍坊市“责任清单”“安全行政执法”“财政资金支持”“培育乡村工匠”等做法得到省专班肯定推广，并在全省自建房专项整治会议上作典型发言。

（王茂范）

城市管理

【概况】 2022 年，潍坊市围绕加快建设新时代中国特色社会主义现代化强市，夯实基础补短板，城市管理各项工作实现取得进展。获评为全国住房和城乡建设系统先进集体，城乡环卫一体化工作连续 4 年居全省第一，争创为山东省公园城市试点，承办全省“城市管理进社区”暨执法规范化建设现场会议。

【城市园林绿化】 2022 年，推进公园城市建设，全市新建口袋公园 133 处，累计开园 1012 处。全市新建道路绿化 60.11 万平方米，花卉 84.09 万平方米，裸土绿化 202.08 万平方米，完成北海路绿化更新工程。聚焦绿植除尘提亮、道路扬尘治理、飞絮综合防治等重点，实施城市管理“润空行动”，组织雾炮车（冲洗车）600 余辆、人员 1300 余人，每日开展绿植降尘作业，综合采用“冲、扫、吸”三步作业法，加强杨柳飞絮治理。围绕“欢度国庆节、喜迎二十大”，在全市公园、广场等重要节点摆花 113 处、163.6 万株。加强绿化精细管养，集中开展养护管理整治，补植乔灌木 66.96 万株、模纹 155.24 万平方米。实施绿化带让行专项行动和死树枯枝专项清理，排查侵占人行道绿化带 174 处，清理死树枯枝 4.3 万余处。

【城乡环境卫生】 2022 年，聚焦改善城乡环境面貌，开展城市管理“颜值提升年”行动，全市集中清理卫生死角 1.02 万处，维修更换果皮箱垃圾桶 6272 个，修补道路、人行道 53.6 万平方米，维修更换路灯 4.65 万盏，拆除破旧工棚、违章（临时）建筑、断墙残垣等 415 处。开展“两线一口”环境卫生专项整治行动，对全市 570 余千米高速公路、700 余千米铁路沿线和 146 个城市出入口开展拉网式排查，清理各类垃圾、杂物 50 余万吨。完善环卫设施体系，中心城区建成投用公厕 107 座，建成 5G 智慧公厕。推动完成安丘、昌邑垃圾焚烧发电项目，新上餐厨废弃物智能生产线 2 条。扩大生活垃圾分类覆盖范围，新增分类运输车辆 107 辆、分类房（亭）700 余个，创建示范小区单位 260 余个、试点村居 90 个。

【公用事业保障】 2022 年，加强供热保障，新增城区供热能力 300 万平方米，推动总能力超过8000万平方米。新建高温水管道27千米，构建“主干网互联互通、次干网环状相连、多热源互为补充”的供热格局；实施老旧小区供热设施更新，惠及城区1.90万户居民。

加强供水保障，实施夏季供水应急工程，增加城区供水能力1.5万立方米/日，推动总供水能力38.2万立方米/日，满足城市高峰期用水需求。制定出台《城市供水管理办法》，推动城市供水管理体系发展。

加强供气保障，编制城镇燃气安全隐患排查指引，开展燃气安全排查整治，全市累计排查整改隐患4.37万处，撤并液化气站91处，用气餐饮场所可燃气体报警器安装率100%，提升行业本质安全水平。完成潍坊港华与寿光宝力隆、潍坊华润燃气管网联通工程，发挥滨海LNG应急调峰作用，缓解供气紧张形势。出台《用水用气欠费不停供政策》，全市2.30万家小微企业缓缴水气费465.48万元，减轻企业经营负担。

【市政设施管护】 2022年，加强城市基础设施建设，提前5个月完成健康街白浪河桥拆除重建工程，完成虞河排水主通道改造，中心城区新建45处遮阳棚，调整优化市区832盏路灯设置，推动城市功能完善、品质提升。推进“两个清零、一个提标”（城市建成区雨污合流管网清零、城市建成区黑臭水体清零、城市污水处理厂出水水质提标），中心城区雨污分流改造比例超过95%，县市雨污合流管网改造122.03千米，获省级奖补资金2294万元。完善城市建成区黑臭水体发现整改机制。加快城市污水处理厂提标扩容，新扩建污水处理厂4座，新增处理能力9.5万立方米/日，全市提标比例93.7%，提前超额完成省定任务。在全省城市排水“两个清零、一个提标”会议上，潍坊市作典型发言。落实城市防汛工作，全市城市管理部门出动人员19.65万人次、排涝设备2393台次，防范强降雨过程27轮，保障群众生命财产安全和城市有序运行。提升市政设施管护水平，开展自然灾害综合风险普查市政设施调查，完成1613条道路、480座桥梁、21座供水场站、579条供水管道调查，排查整治全市379座桥梁、26.8万盏路灯和城区260条主次干道市政隐患，为全市11.9万个窨井盖加装防坠网。

【城市管理执法】 2022年，加大智慧城管建设，依托城市运行管理服务平台，建成智慧窨井盖、渣土车智能管控等项目，相关经验做法被住房城乡建设部《建设工作简报》专题刊发，获全省建设科技创新成果二等奖。加强市容秩序管控，中心城区新建投用20处便民摊点，实现摊贩安家、市民便利。开展户外广告和门店招牌整治，全市排查户外广告2405块、招牌7.17万块，拆除整改1.49万处。推进中心城区共享单车减量提质，总量从5.5万辆压减至2万辆，增设匹配电子围栏2733处，提升共享单车停放秩序。围绕“开门办城管”理念，创新推进“开门”三项活动，每月开展城管进社区活动，每半月开办“城管半月谈”栏目，邀请市民、媒体代表参与半年、年终述职会议，构建共建共治共享的城市管理新格局。

（杨　达）

村镇建设

【农房危房改造】 2022年，落实属地管理责任，推进农村房屋安全隐患排查整治工作，消除农村房屋安全隐患。至年底，排查农村住房185万户（处），鉴定为C、D级危房8572户（处），通过修缮加固、拆除重建、停止使用等措施整治。召开乡村建筑工匠培训会议，建立农村建筑工匠培养和管理制度，培训各类工匠400余人，提高农村建筑工匠技能和素质，推动乡村建设行动高质量发展，相关做法被省厅推广。做好低收入群体住房安全动态排查处置工作，发现解决新增农村住房安全问题，保障农村低收入群体等住房安全。全年全市完成农村危房改造106户，实现农村低收入群体住房安全问题动态清零。

【农村清洁取暖】 2022年，围绕“双碳”战略目标，推进农村清洁取暖改造工作。全市完成农村清洁取暖改造10.14万户，争取中央财政奖补资金2.4亿元，减少农村地区大气污染物排放，改善农村人居环境，提升农村居民生活水平。加强统筹谋划，摸清全市冬季取暖现状，调查尚未实现清洁取暖群众，制定印发《年度冬季清洁取暖工作实施方案》。尊重群众意愿，因地制宜地选择清洁取暖改造方式，实现整村推进、整片提升。全市计划实施农村清洁取暖改造10.14万户，其中“气代煤”改造8.88万户、“电代煤”改造1.26万户。确保质量安全，把好招标、施工、验收关口，优选高质量清洁取暖设备，全过程质量监管，按照国家和省市有关标准组织验收，确保改造质量。落实双安全员制度，全市641个新增清洁取暖改造村庄全部建立村居和改造企业“双安全员”制度。做好安全宣传工作，通过各种媒体，以及进村入户发放“明白纸”、说明书等方式，讲解设施设备安全使用注意事项，提高群众安全防范意识。

【厕所革命】 2022年，全市新增农村无害化卫生厕所改造2508户，累计完成改造79.3万户。加强机制建设，推进“政府主导、企业主体、社会化运营”的“5+N”长效机制。新增农村改厕管护站24个，建设管护站284个，全市6341个村庄全部纳入后续管护服务范围，实现农厕“坏了有人修、满了有人抽”。组织开展农村户厕问题摸排整改“回头看”，确保情况清底数明、问题真改实改，提高农村改厕质量和实效。通过开展县（市、区）自查、市级检查、县（市、区）交叉互查、市直部门帮扶等形式，摸排整改问题8406个。6月2日，市住建局被市委、市政府评为“打造乡村振兴齐鲁样板先行示范集体”。8月18日，潍坊市受邀参加农业农村部农村户厕改造座谈会。8月25日，潍坊市在全省深入推进农村户厕问题摸排整改“回头看”视频会议上作典型发言。12月13日，潍坊市在全省深入推进农村厕所革命视频会议作典型发言。

（王茂范）

社区建设

【概况】 2022年，潍坊市物业管理部门依托行业规范管理年，聚焦物业改革创新，全面提升物业服务质效。潍坊市物业管理14项工作经验被省住建厅转发推广，在5月19日全省物业行业文明创建推进会上作典型发言。鲁台会展中心、德润康城物业服务项目获“泰山杯”。通过综合施策，全市“12345”热线物业服务类诉求同比下降超过40%。

【物业改革】 2022年，出台《潍坊市物业管理条例》，并于3月1日正式施行，全市物业管理工作法治化、规范化。配套出台《潍坊市住宅专项维修资金管理办法》《关于规范全市物业服务公开事项的通知》等14个规范性文件，指导奎文区、寿光市开展综合改革试点，潍城区、坊子区、寒亭区、高新区开展重点任务试点，总结4批改革经验在全市推广。12月4日，物业改革创新工作经验入选2022年度全市第一批改革经典案例。

【智慧物业】 2022年，开发“鸢都智慧物业”平台，通过数字化手段引领物业服务创新，召开智慧物业专题培训及动员部署会，印发《智慧物业电子投票规则》《智慧物业业主诉求处置管理规范》，建立全市5000余个小区、150余万户的业主信息录，受理业主诉求1700余条，开展小区公共事务表决投票6次，依托平台发起2022年度全市住宅小区物业服务质量评价，提升居民生活的舒适度、便捷度。

【“红色物业”】 2022年，会同市委组织部出台《业主大会和业委会指导规程》《物业管理委员会指导规则》，解决业委会成立难题。联合市委组织部出台“红色物业”指导意见，市、县两级全部成立物业行业党委，街道全部建立物业联席会议制度，社区全部成立环境和物业管理委员会，构建市、县、街道、社区四级红色物业管理体系全面。落实市委党建引领基层治理的若干措施，印发《全市深化党建引领物业服务管理效能实施方案》。通过单建、联建方式，指导1314家物业企业成立党组织，行业政治功能和党建覆盖面逐步扩大。11月21日，省委组织部基层党建督导组调研督导“红色物业”建设情况，并对潍坊市“红色物业”工作给予肯定。

【文明物业】 2022年，联合市文明办举行“为民办实事·文明物业在行动”启动仪式，启动新一轮物业行业文明创建。发动物业企业认领1512个小区、3874项民生实事，全部闭

2022年3月4日，省住建厅党组成员、副厅长周善东一行到潍坊市专题调研物业管理工作（供图：初永涛）

环解决，市文明办发文通报表扬。联合市委组织部、市文明办开展2022年“鸢都红色物业”星级服务认定，发挥示范带动作用，弘扬行业正能量。加强培训宣传，举办4期“物业大讲堂”，开展“庆七一”物业条例知识竞赛，编印《潍坊物业条例60问》，发放居民小区。

【物业问题化解】 2022年，聚焦群众反映的6大问题，开展“走千家访万户”“物业服务面对面”活动，组织县（市、区）排查住宅小区4441个，发现问题1.3万条，约谈物业企业526家、处罚32家、信用扣分处理22家、清退10家。

【物业考核评价】 2022年，加强物业考核，发挥考核“指挥棒”作用，出台《物业管理工作考核评价办法》，将各县（市、区）物业投诉、创城情况均纳入月度考核，落实属地责任，确保工作落实落地，考核结果纳入高质量发展综合绩效考核。出台《住宅小区物业服务质量评价办法》《业委会考核评价办法》，逐级开展量化评价，提高工作质量。

【老旧小区改造】 2022年，全市完成改造老旧小区项目57个，累计519个小区、7.2万户。争取上级资金4.4亿元，新加装电梯39部。“十笏园片区改造”项目获“泰山杯”一等奖；寒亭区税务局家属院、公安局家属院入选省级老旧小区改造示范点。1月7日，潍城区在全国老旧小区改造经验交流会上作典型发言；7月1日，住建部调研十笏园片区、曹家巷社区改造项目，对潍坊市老旧小区改造项目给予肯定，全市老旧小区改造4项工作经验被省住建厅转发推广。

（王茂范）

【社区治理规范化】 2022年，印发《关于加强基层社会治理工作的通知》，指导县（市、区）层面健全完善村（居）委会成员履职承诺和述职等制度，出台《基层群众性组织法人备案制度》，对相关组织实行市县分级备案，明确备案情形，规范备案程序，为加强社区组织建设提供政策支撑。寿光市洛城街道东斟灌村民委员会被确定为全国先进基层群众性自治组织。会同市农业、财政部门印发《农村集体“三资”管理问题专项整治工作方案》，指导县（市、区）排查村务公开方面的存在的问题，丰富村务公开形式，完善民主监督程序。制定《新时代新社区新生活工作方案》，会同相关部门，以居民需求为导向，提升社区服务能力。

【社区工作者队伍建设】 2022年，联合组织、政法、财政部门印发《关于加强社区工作者队伍建设的通知》，对社区工作者配备、社区工作者素质提升、保障社区工作者待遇等方面提出具体要求。至年底，全市配备社区工作者6589人。奎文区东关街道工福街社区党委书记、居委会主任马丽丽、昌乐县五图街道庵上湖村党支部书记、村主任赵继斌被确定为全国优秀城乡社区工作者。

【社区服务】 2022年，开展农村社区“一窗受理，全科服务”，建立“社区共治联盟”试点工作，全部城市社区和180个农村社区实现“一窗受理，全科服务”，建立“社区共治联盟”，提升社区治理效能。开展“五社联动”，印发《关于推进“五社联动”提升社区治理和服务能力的通知》，发挥社会力量协同作用，健全联席会议、信息联通、组织联建、服务联办等制度，促进社区、社会组织、社会工作、社区志愿服务协调联动，社会公益慈善资源汇聚。

【社区治理创新】 2022年，青州市马石西村和寿光市东斟灌村国家级议事协商试点取得初步成效，《中国社区报》宣传推广寿光市洛城街道东斟灌村试点经验。组织开展省级基层治理实验区创建活动，指导县（市、区）、镇街、村（社区）三级结合自身实际，明确实验主题，落实工作措施，开展基层治理实验工作。诸城市、临朐县蒋峪镇、潍城区南关街道等6个单位被确定为全省基层治理实验区。奎文区、潍城区2个案例被省民政厅推荐参选全国第二批基层治理创新案例。

（郭宗峰　李　琳　刘　虎）

建筑业

【概况】 2022年，潍坊市制定《关于加快建筑业高质量发展的实施意见》，全市建筑企业资质二级升一级42家、三级升二级5家，引进央企业子公司1家，3名专家获评省建筑工程大师。全市完成建筑业总产值1412.4亿元，实现建筑业增加值228.2亿元，完成新签工程承包合同额1144.5亿元，房屋建筑施工面积8003万平方米，竣工面积2421万平方米。潍坊市获评建筑业跨越发展城市，寿光市、青州市、安丘市获评综合实力10强县（市），昌大集团、寿光一建、华邦集团入选全省建筑企业综合实力前三十强。

【建筑行业管理】 2022年，组织开展住建领域“行业规范管理年”活动，营造“公平竞争、规范有序”的市场环境。建筑产业领域，开展“红色工地”创建活动，培育市级“红色工地”示范项目50个。9月，中组部到潍调研行业临时党支部建设，对潍坊市做法给予认可。创新实施建筑工程安全、质量、市场管理“2+N会诊式”帮扶，检查工程项目126个，发现整改问题512条。

勘察设计领域，推行数字化图纸全过程应用，加强竣工图编制、归档、监管。围绕企业资质、设计质量、图审质量等关键环节开展专项核查，对23家资质存疑企业下达整改通知单，撤回资质企业5家。

消防验收领域，入选全省消防审验工作模式创新试点城市，出台《潍坊市建设工程消防行政处罚裁量基准》等文件，建立公布政策资源库，编印下发各类文件、档案资料、业务手册等11项，完成消防验收475项、备案项目722个。5月，全省消防审验能力提升培训班在潍坊市举办；7月，潍坊市受邀在全省消防设计审查验收工作推进会议上作典型发言。

商品混凝土领域，随机抽查商混企业58家，对28家企业信用扣分，10家企业暂停生产。

工程监理领域，随机抽查在建工程项目55个、监理企业52家，发现整治问题352项，信用扣分企业27家。

质量检测领域，检查质量检测机构59家，发现整治问题66项，规范提升市场规范管理水平。

【绿色建筑】 2022年，印发《中心市区绿色建筑发展专项规划（2021—2035年）》《关于推进我市绿色低碳县城建设的意见》，全市新建建筑绿色建筑达标率、建筑节能设计和施工阶段执行率均为100%。全市新增节能技术产品228个、绿色建筑面积1748万平方米，新开工装配式建筑222万平方米。弥河镇、凌河镇通过省级绿色生态示范城区（镇）验收。上冶钢构通过国家装配式基地省厅评审；2家企业通过省级新型建筑工业化产业基地核；9家省级装配式建筑产业基地通过评估验收。创建“鲁班奖”项目1个，华东地区优质工程奖项目8个，其他国家及省级以上获奖项目19个、优秀成果11个、典型案例2个、高推广价值专利11项。

【安全生产】 2022年，开展安全生产专项整治三年行动、安全生产大检查等，在全市住建领域开展地毯式大排查大整治。全市成立检查组62个，出动人员8715人次，开展检查5961次，发现整治问题隐患1.46万项，实施行政处罚1491.21万元、信用惩戒84起。9月28日，组织启动全市建筑施工安全生产隐患大排查大整治专项行动，组建4个市级督导组，集中利用一个月时间，企业自查自纠、县（市、区）全面排查、市级督导抽查同步推进，确保整治“全覆盖、无死角”。市级督导组“四不两直”帮扶，抽查在建项目20个，下达整改通知书12份，发现整治问题隐患52项。各县（市、区）累计出动检查组195个次、人员571人次，检查在建项目453个次，下达整改通知书163份，发现整治问题隐患779项，责令停工项目8个。

开展全市房屋市政工程施工预防高处坠落专项整治百日行动，市县两级出动工作组149个次、1384人次，现场督导578次，检查工程项目1584个次，发现整治问题隐患2334项，责令停工项目78个，实施行政处罚22万元。落实起重机械专项检查，聘请第三方专业机构，按每个县（市、区）2个项目、4部起重机械开展4轮抽查抽检，检查项目67个，下达整改通知书61份，发现整治问题隐患297项。

推进常态督导工作，市级成立10个包靠帮扶组，每周“四不两直”一线督导，检查项目402个，印发通报41期，下达整改通知书182份、执法建议书2份，发现整改问题949项，防范化解各类风险隐患。全市住建系统40人流动驻点监管建筑施工企业19家，督促企业完善规章制度533条、开展安全培训720场次、应急演练294次，落实企业安全责任、安全管理、安全投入、安全培训、应急救援等工作。

2022年5月26—27日，全省消防审验工作人员专业能力和综合素质提升培训班在潍坊市举办（供图：初永涛）

【工程质量管理】 2022年，创新监管模式，创新开展“先验房后收房”住宅交付模式，总结推广工地开放日、分户验收、工艺展示、二维码“电子档案”等一系列做法，为解决“交付即维权”等行业问题，探索形成一套成型方案，工程质量投诉同比减少21%。印发《关于在政府投资保障性住房工程实施质量潜在缺陷保险的通知》，工程质量潜在缺陷保险在潍坊市寿光东营社区棚改项目签约，承保金额1.5亿元，完善潍坊市工程质量风险管理机制。

加强教育培训，举办全市住建系统“开工第一课”暨安全教育培训视频会、建设工程质量标准宣贯培训班、见证取样人员专题培训班等，各级业务主管部门负责人、监管人员、相关从业人员等2万人参加培训。组织1.1万名考生参加2022年二级建造师执业资格考试，推动全市建筑工程监督和技术人员能力提升。

建设“智慧工地”，研究完善“潍坊市智慧住建管理平台”功能板块，实现全市建筑工程项目智慧监管全覆盖，接入视频系统688个、扬尘检测系统999个、起重设备信息系统721个，实时监测数据超过1.4亿条，提高智慧监管科技化、标准化、自动化水平。7月，住建部组织抽查山东、山西两省四市工程质量安全，潍坊市

2022年6月30日，全省建筑工程质量安全监督知识竞赛企业争冠赛在潍坊举办（供图：初永涛）

综合得分位列第一。

【环保整治】 2022年，将施工工地扬尘治理不良信息纳入建筑市场信用评价体系，组织开展现场检查和整改问题“回头看”，实施经济处罚43起、103万元，信用惩戒7起，落实“6个100%”环保措施要求。

【农民工权益维护】 2022年，发布建筑农民工清欠“红黑榜”，对23家开发企业、106家建筑企业依法给予信用扣分、限制投标等处罚措施，形成“一处欠薪、处处受限”。市清欠办直接受理农民工欠薪投诉352件，涉及3581人、1.94亿元，处结率98.01%；“12345”政务热线转办建筑农民工欠薪投诉6.1万件，全部处结，追缴欠薪15.9亿元。

（王茂范）

环境保护

【概况】 2022年，潍坊市委、市政府先后63次在全市会议上部署生态环保工作，16位市级领导分别包靠16个县（市、区），市政府与各县（市、区）和市直有关部门分别签订目标责任书，推动各项任务措施落实，全市生态文明建设和生态环境保护工作取得进展。潍坊市被评为生态环境领域真抓实干成效明显的地方，先后获国务院和省督查激励，寒亭区获省督查激励。全市环境空气质量同比改善6.7%；重污染天气控制到1天，同比减少5天；$PM_{2.5}$浓度34微克/立方米，达到国家环境空气质量二级标准。7个国控河流断面优良水体比例达到85.7%，优于全省及所在区域平均水平。20个省控以上河流断面全部达到Ⅳ类水体以上，优良水体比例达到80%，优于省定目标55个百分点。受污染耕地、重点建设用地安全利用率100%。完成年度污染物排放总量控制任务。临朐县获评国家生态文明建设示范区，青州市获评省级“绿水青山就是金山银山”实践创新基地，奎文区获评首届省级生态文明十强县。

【污染防治】 2022年，出台年度攻坚方案，实施重点任务80项、攻坚项目328个，集中开展臭氧治理等“八个专项行动”，落实环境治理工作。聚焦工业、燃煤、机动车、扬尘等领域，推进深度治理。实施大气污染重点治理项目196个，新创绩效分级A、B级和引领性企业22家，实施走航监测10万千米，推动整改问题721个。全市35吨以下燃煤锅炉全部淘汰，完成农村清洁取暖改造10.1万户、城市清洁取暖改造153.4万平方米。推进“公转铁”“公转水”，超额完成非道路移动机械报废更新任务。加强扬尘防控，整改工地扬尘问

题3119个。

坚持“陆海统筹、河海共治”，推进黑臭水体、雨污混流及污水处理“两个清零、一个提标”，建成区12条黑臭水体全部清除，完成市政管网雨污分流改造110.06千米，推进污水处理厂提标改造工程12个。创新形成“分级滞蓄、分质处理、时空调节”汛期水环境治理模式，被作为改革创新典型在全省推广，全省水生态环境保护工作会议在潍坊召开。

落实建设用地安全利用，将115家企业纳入土壤污染重点监管单位名录。开展农村环境整治，推进农村生活污水治理项目722个，7个县（市、区）实现整县农村生活污水治理，省定12处农村黑臭水体全部完成治理。高密市获批土壤修复产业基金项目，寿光市成功申报“整县域推进乡村生态振兴重点县”。

【督察整改】 2022年，做好督察反馈问题整改，成立整改工作专班，制定具体推进措施952项，推进整改落实。上级督察反馈的196个问题，完成整改167个，达到序时进度29个。交办的4687个群众举报问题，完成整改4681个，完成率99.9%。开展“三清”行动，清查上级历次督察反馈问题和交办信访件、整改销号问题、日常督导检查新发现问题。市环委会办公室常设8个督导组，推进一线督导，实行“日分析、周调度、月通报”，督导检查现场2562个，发现并整改问题677个。

【提升服务效能】 2022年，优化环评审批，创新实行“一企业一目录、一清单一联络员”制度，对1488个省市县重点项目建立服务保障机制。开通环评审批绿色通道，试点推行提前介入机制，从项目选址开始，指导帮助企业做好环保手续办理，缩短项目审批时间超过50%。落实“要素跟着项目走”机制，聚焦污染物排放总量等要素资源，对1117个项目确认总量指标，审批环评文件1450个，为推动项目落地提供保障。组织申报中央和省级生态环保资金项目146个，争取上级资金3.95亿元。筛选19个项目纳入省环保金融项目库，数量居全省第一。峡山区获批全域EOD模式国家级试点，青州市、滨海区获批省级EOD模式试点，临朐县、峡山区入选省级生态产品价值实现机制试点。优化管理方式，推行非现场执法，落实“正面清单”“轻罚不罚”制度，帮扶108家企业解决生态环境问题512个，帮扶成效获生态环境部通报表扬。优化服务模式，峡山区探索建立大生态环境综合治理托管服务模式，入选省级环保管家试点、环境医院服务模式试点。

【风险防范】 2022年，落实管控措施，维护生态环境领域安全稳定，全年未发生较大突发环境事件。北京冬奥会期间，潍坊空气质量全省第二；冬残奥会期间，空气质量全省第一；中共二十大召开期间，空气质量实现全部优良，完成保障任务。落实常态化疫情防控要求，加强医疗废物环境监管，保障“日产日清”。开展危险废物排查整治专项行动，探索建立网格化常态巡查机制，排查涉废企业8152家、重点场所1.02万个，整改问题4173个。创新建立部门联动机制，集中开展环保设施安全隐患“大排查、大整治”专项行动，整改问题隐患323个，得到生态环境部、应急管理部认可。

【生态环境治理体系】 2022年，围绕“强激励、硬约束”，提升生态环境治理能力和管理效能。加强“刑责治污”，实行差异化执法，打击主观故意、严重污染环境的企业，打击各类生态环境违法案件854件，查处涉嫌污染环境犯罪案件25件。加强智慧监管，建设“云上智环”综合管控平台，整合环境管理系统50个，开发功能应用426项，接入各类监测点位7万余个，提升分析研判、预测预警、问题溯源、指挥调度、决策支持等方面能力，获第五届数字中国建设峰会环保优秀案例。完善制度建设，加强排污许可管理，排污许可证核发质量全省第一。推进流域横向生态补偿、生态环境损害赔偿等制度，完善有奖举报实施细则，落实奖励资金86.13万元。推进社会宣传，组织策划“六五”世界环境日暨生态文明宣传月系列活动，开展“生态文明在鸢都”媒体行活动，引导动员社会各界3000余人参与生态环境保护实践，践行简约适度、绿色低碳、文明健康的生活方式。

（刘少波）

节能工作

【概况】 2022年，潍坊市围绕节能降耗、绿色发展，推进结构调整，实施重点工程，落实能源消费总量和强度“双控”工作，完成各项工作任务，促进经济社会高质量发展。全年全市万元GDP能耗下降率2.9%，2021—2022年累计下降10.2%。超额完成省下达的能耗总量和强度“双控”两年目标。

【高耗能行业管理】 2022年，转变发展理念，控制新上高耗煤和高耗能项目。对确需新建的项目，落实产能、能耗、煤耗减量替代。落实省定替代系数，确保“两高”行业能耗闭环运行、只减不增。全年全市规模以上工业能耗下降7.1%，两年累计下降16.3%。

【优化能源结构】 2022年，全市新能源和可再生能源总装机容量增长27%，达到808.1万千瓦，居全省第二位，占总电力装机的57%。压减煤炭消费，按照《潍坊市煤炭消费压减工作总体方案（2021—2022年）》《煤炭清洁高效利用方案》等，列出清单、落实责任、加强推进。优化提升煤电项目，华电潍坊2号机组完成灵活性改造，关停淘汰落后煤电机组4.6万千瓦。除电力保障用煤外，全年全市煤炭消费量压减8.1%，超额完成省定两年压减4%的目标任务。推进氢能应用，实施“氢进万家”科技示范工程，国家燃料电池技术创新中心正式挂牌，投入研发经费超过2540万元，授权专利7项，其中发明专利2项，主持、参与编制1项国家标准和9项地方标准。建成山东海化新能源氢气项目、空气产品公司滨海氢能源综合利用项目，华电潍坊发电有限公司制氢加氢一体站项目开工建设，氢能产业数据监控平台建成投用。建设加氢母站及汽车加氢站6座，母站装车能力1.6万公斤/日，汽车加氢能力4000公斤/日，投运氢燃料公交车250辆，开通氢燃料公交车营运专线18条。

【重点领域节能】 工业领域　2022年，执行《全省落实“三个坚决”行动方案（2021—2022年）》通知要求，按照《2022年潍坊市利用综合标准依法依规推动落后产能退出工作方案》，做好15家水泥企业和1家轮胎企业的退出工作，退出18条水泥磨机生产线，退出产能935万吨；退出轮胎硫化机47台，退出产能120万套；退出Q3210履带式抛丸机、造型机等落后设备66台（套），退出产能1.06万吨；退出焦化产能55万吨。加强重点行业、重点领域、重点单位的节能监管，对钢铁、火电、水泥熟料、合成氨、平板玻璃、陶瓷、纯碱、氯碱等41家高耗能企业实施节能监察，排查高耗能设备6000余台。

城乡建设领域　新增绿色建筑和节能建筑面积1748万平方米，新增太阳能光热建筑应用面积1100万平方米，城镇新建民用建筑中绿色建筑占比达到100%，完成新开工装配式建筑面积196万平方米，完成农村10.1万户清洁取暖改造任务。推广绿色建材和节能技术产品，为187家企业办理节能技术产品认定证书223个。

交通运输领域　全市登记注册各类新能源汽车7万台，保有量比2021年增长55%；有公交车3737辆，其中，新能源公交车3052辆，清洁能源公交车372辆，新能源和清洁能源公交车占比91.6%；电动汽车公共充电桩保有量7872个，比2021年增长18.1%；淘汰国三及以下排放标准营运柴油货车3.12万辆、完成总任务的118.44%。

市场监管领域　推进节能减排工作，用数据计量落实能耗“双控”工作，完成焦化、钢铁等6个“两高”行业计量器具配备技术规范，占全省任务量的40%。培育国家能源资源计量服务示范项目，获评1家全国“能效领跑者”（共5家）、1家全国节能典型案例（共16家）。

公共机构领域　全市公共机构人均能耗203.84千克标准煤，面均能耗10.35千克标准煤，人均用水15.39立方米，面均碳排放43.19千克。与2021年相比，分别下降1.44%、1.15%、1.35%、1.51%，完成年度目标任务。

（胡国权）

商贸　旅游　会展

Shangmao　Lvyou　Huizhan

商业贸易

【概况】 2022年，潍坊市实现社会消费品零售总额2745.3亿元，同比下降1.3%，高于全省0.1个百分点。按所在地分，城镇实现2385.9亿元，乡村实现359.4亿元；按消费形态分，餐饮收入实现166亿元，商品零售实现2579.3亿元。根据第三方机构对全国主要电商平台监测数据，全市实现网络零售额383.7亿元，增长22.9%，总量、增幅均居全省第五位。

【商贸流通】 2022年，推进现代流通体系建设，制定并落实《关于加快建设现代流通体系服务构建新发展格局的行动方案（2021—2025年）》，青州市被评为全省现代流通强县，潍坊市通吉供应链管理有限责任公司被认定为省2020—2021年新设一级分拨中心，山东全福元商业集团有限公司被认定为全省流通领域全行业数字化改造企业，山东港天物流有限公司等3家企业被认定为省级现代物流重点培育企业。推进便民生活圈建设，确定11个试点便民生活圈，编制全市一刻钟便民生活圈专项规划，入选省级、国家级城市一刻钟便民生活圈试点。推进商圈智慧化建设，世纪泰华智慧商圈成功入选全省首批智慧商圈试点，支持谷德锦商圈、全福元中心商圈进行智慧化建设。推进商业街（步行街）改造提升，青州古城步行街、十笏园步行街、泰华城中兴商业街加快街区环境改善。泰华城中兴商业街被评选为省级示范步行街。潍坊嵌银、瑞福油脂、诸城惠发、昌邑同文堂、华艺雕塑5家老字号（非遗）企业亮相第五届进博会。

【电商赋能】 2022年，全市网络零售额达383.7亿元，同比增长22.9%，高于全省1.1个百分点，获省商务厅电子发展先进市表扬通报。重点活动拉动作用突出，围绕春节等电商节庆消费热点，组织开展“2022网上年货节”“2022金秋双节直播季”等系列电商促消费活动，全市7099家电商企业和15000余个店铺参与相关线上促消费活动，累计拉动全市网络零售额超过90亿元。组织参加杭州电子商务招商恳谈会、杭州鲁浙“直”约赢商会、济南电商博览会等对接交流活动，引导传统商贸“嫁接”直播电商和网红经济。引入全省首家抖音珠宝电商运营中心“嫁接”宝石城，4个月内实现单日销售由零到221万元；推动杭州海先友公司与得利斯集团合作发展新零售项目，28天完成新项目落地并实现达产。组织举办2022中国宝石城抖音电商直播大赛、2022金秋双节新农人直播电商大赛等一系列竞赛类活动，推选的王荣等5人入选山东十大“电商创业带头人”，数量居全省首位。中国青州花卉直播电商产业园等8家单位（企业）分别入选“山东电商直播基地”“山东电商供应链基地”名单。全市网络店铺数量17万家，同比增加1.35万家，电商企业数量超过1.54万家，同比增加3258家。全市直播电商累计带货主播3946个、直播场次62万次。增强农村电商发展，建设完成县级电子商务服务中心6个、快递配送中心6个，镇村电子商务服务站点409个，累计培训农村电商人才2.25万人次。寿光、青州上榜全国“农产品数字化百强县”榜单，分别位列全国第16位和第42位，农村电商经验做法分别被省厅发文推广。全市农村网络零售额199.3亿元，居山东省第二位，同比增长29.5%。

【消费拉动】 2022年，全市商务系统组织发放政府消费券，营造消费氛围，促进全市消费提质扩容。增强政策效果，5月至12月底，在购物、餐饮、家电、汽车4个行业，分15批次发放政府消费券1.62亿元，实现月月有政府消费券、时时有促消费活动，4045家商业餐饮企业、440个家电门店和274家汽车销售企业参与，获省奖励资金2150万元。政企协同放大杠杆作用，按照政府和企业1∶1的比例，引导龙头零售企业配资，发放购物定向券2000万元、家电定向券1200万元，拉动直接消费超过47.1亿元，并支持零售、家电企业与政府消费券错时发放企业消费券。多行业联动，将汽车消费券转换成购物消费券，选择潍百集团、全福元商业集团、世纪泰华、百货大楼4家领军零售企业门店作为汽车消费券使用网点，在拉动汽车消费的同时，引导二次消费，实现车企、零售企业和消费者三方获益的效果。

【应急保供】 2022年，加强生活必需品应急保供机制，建立由22个生活必需品市场运行监测企业、27家市级生活必需品重点生产储备企业、10家线上线下生活必需品重点供应企业，128个生活物资储备企业、1462个应急保供分拣点组成的生活必需品保供体系，实时监测米面、油肉蛋奶等生活必需品价格及储备、调拨、销售情况，指导骨干保供企业及时调整库存种类和数量，确保供应充足、价格稳定。建立防疫药品调拨投放机制，在全市选择27家重点药品流通企业进行重点调度、监测，与山东省药品保障专班建立药品产销衔接机制，确保重点药品流通企业购销畅通高效、服务及时到位。12月，根据各县（市、区）人口规模、药品流通网点情况，安排5家企业655个门店作为调拨药品投放网点，保障调拨药品全域全覆盖，从商务厅协调布洛芬328.36万片，经过8轮密集投放，药品零售市场恢复稳定运行。完善重要商品政府储备机制，建立市级猪肉常态化储备制度，落实700吨市级猪肉储备，于国庆期间通过潍百集团10家门店投放100吨政府储备肉，稳定节日市场猪肉价格。

（衣桂林　赵汉儒）

对外及对港澳台贸易

【概况】 2022年，潍坊市完成进出口总额3419.9亿元，同比增长30.6%，总量、增幅均居全省第三位。其中，出口2477.2亿元，增长36.4%；进口942.7亿元，增长17.5%。实际使用外资13亿美元，居全省第五位，下降1.8%。新增对外投资83817.4万美元，居全省第四位，增长4.7%。

【外贸进出口】 2022年，外贸进出口规模首次突破3000亿元关口，创历史新高，超出2021年全年763亿元，在全省总量过千亿的10个地市中增幅居第一位，分别高于全国、全省22.9个、16.8个百分点。全市过百亿县（市、区）、市属开发区达到11个，14个县（市、区）、市属开发区增幅高于全省平均水平，新增进出口实绩企业1189家。6次获得省表扬奖励，获国务院推动外贸稳定和创新发展成效明显激励市。落实“千企百展”境外市场开拓计划，引导企业拿订单、拓市场，组织76家企业参加德国柏林果蔬展、日本亚洲纺织成衣展等82个展会，组织906家企业参加112场跨国对接活动。利用疫情防控措施优化机遇，建立外经贸企业服务新机制，组织82家企业到日本、韩国、越南等国家和地区开展商贸活动，有关经验做法被中央级、省部级媒体报道。

【跨境电商】 2022年，开展“商务+企业”“电商+产业带”双商赋能行动，“一县一园”建设跨境电商产业园区，开展跨境电商头部企业走进产业带活动20余场次，带动特色产业嫁接跨境电商，打造坊子汽配、寿光木制品、安丘农产品、高密安防、临朐建材、昌乐乐器等跨境电商优势产业带。全市建成运营跨境电商产业园

2022年11月4日，市商务局与上海亿贝网络科技有限公司（eBay）签署战略合作协议（供图：市商务局）

15 个，其中 5 个获评省级产业园区，跨境电商过 20 亿元县域发展主体达到 11 个，全市跨境电商进出口总额突破 390 亿元，对外贸增长的贡献度超过 20%。组建跨境电商招商专业队伍，赴杭州、上海、深圳、广州等地开展系列招商活动，引进电商细分领域的“隐形冠军”以及国内外知名跨境电商平台，eBay、亚马逊、Lazada、Shopee、Ozon、速卖通等 20 多个跨境电商平台服务商及配套服务商入驻园区，京东·华东区产融中心、eBay 中国、大麦知识产权等 20 多家跨境电商头部企业落户潍坊。成立潍坊跨境电子商务研究院、潍坊市跨境电子商务协会、潍坊市跨境电商俱乐部，打造高端发展平台，引领跨境电商企业抱团发展。承办山东省第二届跨境电商大赛，开展跨境电商“二十讲”系列培训，引导传统企业组建跨境电商运营公司或内设专门团队，福莱英玻璃、三洋木业、星宇手套等一批传统生产性企业实现数字化转型，途易、菲利佩、赛乐、瑞贝尔等一批支撑引领外贸发展，过亿元跨境电商卖家超 150 家，21 家企业被认定为省级重点培育主体，获评数量居全省第二位。

【政策支持】 2022 年，向上争政策、争资金、争项目，提振企业发展信心，国家、省试点项目数量和资金支持规模创历年新高。以潍柴集团、坊子国家外贸转型升级基地为主要载体的专用设备制造业产业链条入选国家首批外经贸提质增效示范，为全省唯一、全国 8 条链条之一，获得资金支持规模超 2 亿元。利用二手车出口机遇，入选国家第三批二手车出口试点城市。奎文区获批 2021 年山东省首批对外开放强县；26 家企业获评全省重点培育的贸易双循环试点企业称号，数量居全省首位；4 家跨境电商产业园、8 家公共海外仓、4 个跨境电商平台被认定为 2022 年度山东省重点培育跨境电商主体，获评数量居全省第二位。

【使用外资】 2022 年，新设立外资企业 154 家，合同外资 34.7 亿美元，其中投资总额过 1000 万美元企业 91 家。全年实际使用外资 13 亿美元，居全省第五位。实施外资“一把手工程”，市委、市政府主要领导召开外资项目推进会，全市梳理确定 137 个“书记县长外资项目”，一个项目一套专班跟进推动，共到账外资 12.5 亿美元，占全市外资比重 96%。开展高端装备、现代海洋、海洋化工等连线活动 3 场，跨国公司领导人青岛峰会、海南消博会、杭州电商对接会、上海进博会等经贸招商活动 8 场次，共签约外资项目 72 个，合同外资 17.3 亿美元。以歌尔集团为代表的民营大企业率先引进外资，分两笔到账外资 9730 万美元。阳光纸业利润再投资 1.07 亿美元，为全年全市最大的制造业外资项目。歌尔泰克等 5 个外资项目入选 2022 年全国重点外资项目，数量居全省第一位；蓝帆健康科技项目获得山东省重大外资项目奖励资金 2581 万元，奖励资金居全省第一位。

【对外投资】 2022 年，新增对外投资 8.4 亿美元，同比增长 4.7%。引导支持企业贴近消费市场布设营销网络、贴近劳动力充裕国家建设生产加工子公司、贴近原材料富足国家建设海外能源资源基地、贴近发达国家和地区建设海外研发中心，提升企业利用两个市场两种资源加快发展的能力。全市有 133 家企业“走出去”，在 69 个国家和地区投资项目 256 个，其中，营销网点 33 个，研发中心 6 个，生产加工企业 114 个，种养殖基地 8 个，林产矿产开采基地 10 个。一批企业在与国际领军企业的同台竞技中成长为本土化的跨国公司，潍柴集团连续两年位居世界 500 强之中。

【开发区发展】 2022 年，16 个省级以上开发区，以不到全市 4% 的土地面积，完成全市近一半的固定资产投资、七成的税收、八成的外贸进出口额和利用外资。在 2022 年度全省开发区综合发展水平评价中保持全省第二位。4 家开发区入选全省 2022 年度特色园区培育名单，数量居全省前列。评选认定临朐经济开发区医疗健康国际合作园等 4 家市级国际合作园区，全市在建国际合作园区达到 16 个。综合保税区人才引领驱动、促进外贸新业态跨越发展的经验做法入选全省首批 3 个人才引领型开发区建设典型案例，全省综合保税区外贸新业态发展现场会在潍坊召开。16 家开发区实际使用外资 11.4 亿美元，占全市 87%。

【经贸活动】 2022 年，承办潍坊—阿联酋农业推介交流会。确定市内供应商 35 家，精准邀约中东采购商 11 家，开展线上洽谈 18 场、达成合作意向 3 项，促成订单 1000 万元。参加第三届跨国公司领导人青岛峰会主题展，组织潍柴集团、雷沃重工、歌尔股份、天瑞重工等 8 家企业参展，展出展品 80 件，占全部参展展品的 12%。实现“潍品出海”系列活动首秀。全年推出 9 场“潍品出海”活动，其中首秀活动——郿郚乐器产业带跨境赋能对接会，设置对接洽谈 30 场次，推动达成乐器产业合作意向 4 个。

【公共服务平台搭建】 2022 年，打造跨境供需匹配平台。平台依托历届博览会积淀的参展商采购商资源，建立三大数据库，面向全球企业提供公益、专业、智能的供需匹配服务。建设潍坊 RCEP 线上综合服务平台。依托中国贸促会 FTA（潍坊）服务中心，设置 RCEP 资讯站、公共服务站、RCEP 课堂、税率工具、商法服务等版块，为企业提供贸易投资一站式解决方案。搭建中韩产学研用合作交流平台。引进韩国高校、企业和科研机构的优势资源和产学研经验，依托市高职院校和产业基础，建立“出国留学 + 回国就业 + 技术转移+产业合作”的产学研用一体化新模式，为国内学子赴韩留学、学成归来创业就业有机衔接搭建高效服务平台。推进跨境电商产业发展。打造“潍坊跨境通”微信公众号，成立跨境电商专委会，覆盖全市200余家跨境电商企业。立足贸促职能，从培训、合规、法务、金融、物流等方面为跨境电商产业发展赋能，解决跨境电商产业难点堵点。

【RCEP先行示范区优惠措施落实】2022年，与海关联合下发《落实〈山东省RCEP实施“攻坚年”活动〉实施方案》，构建跨部门协同推进机制。筛选对RCEP国家有进出口需求企业，一对一开展自贸协定关税筹划。1—9月，签发RCEP产地证1279份，享惠货值约4748.85万美元，优惠关税49.35万美元。

（衣桂林　赵汉儒　黄道吉）

招商工作

【概况】2022年，潍坊市围绕推进传统产业实现“五个优化”，编制15条产业链招商图谱，策划包装106个重点招商合作项目，依托产业基础优势开展产业链招商，凸显以正大集团、伊利集团等为主导的现代高效农业、以山东新和成等为主导的精细化工产业、以华建铝业为主导的高端铝型材加工产业等传统产业招商优势，特别是装备制造业吸引投资额连年保持全省第一。布局新兴产业，围绕元宇宙、新能源汽车、工业母机等19条新经济新产业，分析产业领域内头部企业发展规划，组建专业团队开展定向招引，新签约引进重点科创产业项目106个，推进以帝嘉特磁悬浮交通产业基地为代表的磁浮交通产业、以潍坊光电显示材料产业园为代表的新型显示材料产业、以明日宇航等为代表的航空航天产业等一批新兴产业发展。全市新签约项目695个，新纳统（开工）项目476个，新增省外内资到位资金1880亿元，内资招引3项主要指标连续保持全省第一位。

【重点园区招商】2022年，引导各经济主体发挥特色优势布局一批产业园区，规划建设潍柴国际配套产业园二期、潍坊信息技术产业园、中日韩高端预制菜食品产业园等一批高端园区。招引专业机构参与市园区建设、招商、运营，深圳科技工业园、中南高科、联东U谷等一批知名园区运营商落户。推动各产业园区开展定向推介，提升园区项目集聚度。其中，潍柴国际配套产业园引进行业领军企业36家，歌尔虚拟现实智能硬件制造基地落地配套企业13家，深圳（潍坊）科技工业园一期完成投资1.93亿元，签约企业21家。

【大高外强项目招引】2022年，重点加强与500强、央企、上市公司和行业领军企业的定向对接，全年新立项投资过百亿元招商项目19个，签约引进500强合作项目67个。潍坊光电显示材料产业园、帝嘉特磁悬浮交通制造产业基地、国药集团医疗科技产业园、正大国际蔬果智慧产业园、中粮粮谷小麦深加工等一批高质量项目加快建设。其中，潍坊光电显示材料产业园项目已完成投资10.5亿元，总投资100亿元的帝嘉特磁悬浮交通制造产业基地项目开工建设。

【网络招商】2022年，面对疫情导致的线下对接渠道不畅问题，通过线上推介、云上洽谈、网上签约等方式加强网络招商，确保招商“不断链”、服务“不掉线”、发展“不停步”。2月举办“双招双引”重点合作项目视频集中签约活动，签约项目294个，合同签约额2687亿元，为全年工作奠定基础。全年累计组织举办网络招商推介活动40余次，洽谈推进合作项目100余个。

【平台招商】2022年，挖掘重大节会招商潜力，提前对接客商、精准洽谈项目，提升节会平台招商成效。依托鲁台经贸合作论坛集中签约项目25个，涉及总投资214.5亿元。依托第三届潍坊发展大会集中签约项目33个，涉及总投资275亿元。中日韩产业博览会期间累计签约合作项目20个，总投资79.8亿元。

【“点对点”招商】2022年，加大与重点区域的对接频率，推动各级各部门到北京、上海、深圳、广州、佛山等重点城市开展“点对点”招商60多次，洽谈推动高质量合作项目200多个。省商务厅通报2022年各地市党政主要领导带队招商或视频签约情况，市内资项目累计到位资金947亿元，内资项目累计签约额2675亿元，两项指标分别居全省第一位、第二位。

【招引机制创新】2022年，制定推进方案和调度通报办法，指导各经济主体围绕科创产业、明确园区承载、募建产业基金、组建专业团队、制定个性化政策、创设产业展示中心。全市打造要素齐全的“六个一”招引平台42个。《潍坊市创新实施“六个一”平台招引机制　以集成式产业生态推动科创项目集群式落地》获评2022年度全市第一批改革典型案例，人民网、新华网、《大众日报》等主流媒体点赞创新做法。

落实“五个一”常态化督促督

2022年9月27日，举办潍坊市招商引资项目集中签约暨千喜鹤临朐中央厨房项目开工活动（供图：付志伟）

导机制。每月选定一个县（市、区）、开发区组织举办项目集中签约活动，激发各单位高质量招引的动力。8月26日，在高新区组织举办全市招商引资项目集中签约暨高热效率发动机电控总成系统项目开工活动，集中签约开工项目21个，总投资103.2亿元。9月27日，在临朐县举办全市招商引资项目集中签约暨千喜鹤临朐中央厨房项目开工活动，集中签约开工项目17个，总投资176亿元。

落实"1+16+N"一体化招商机制。开展统筹协调工作，落实16个经济主体的落地责任，通过一体推介共享信息、共建平台协同招引、集聚资源共促项目，形成招商合力。全年市县联合开展招商推介签约活动30余次，推进智能终端产业园、姜秸秆碳中和循环高值利用、遥感地理信息监测等高质量项目80余个。

【政策扶持】 2022年，围绕元宇宙、新能源汽车、预制菜、文化旅游等重点产业和深圳（潍坊）科技工业园、光电显示材料产业园等重点园区重大项目落地，制定个性化扶持政策，构建"普惠+个性化+一事一议"的招商政策扶持体系。编制《潍坊市"双招双引"政策汇编》，通过《政策访谈》栏目、微信公众号、外出招商活动等方式开展政策宣传解读活动，按程序兑现落实政策，兑现市级招商引资奖励资金2055万元。

【调度考核】 2022年，将招商引资全过程纳入调度考核范畴。围绕项目落地环节，调整优化全市内资招引成效调度考核办法，重点考核新开工项目、新增500强和百亿元大项目，实行月调度通报、季度计分、年终考评，提高项目落地率。围绕项目洽谈、签约、立项、纳统（开工）诸环节，实行"六个一"平台和大项目调度通报机制，对"六个一"平台招引成效及投资3亿元以上项目全流程调度，落实县（市、区）党政主要负责人包靠责任，动态调整、梯度推进。全市投资3亿元以上签约项目716个、立项项目444个、开工项目341个。

【项目推进】 2022年，在全省率先将到位资金固定资产转化率纳入招商引资考核调度体系，推动招商项目加快形成实物工作量。全年全市招商项目完成固定资产投入934亿元，到位资金固定资产转化率50%，推动全市固定资产投资增长。开展服务企业发展工作，召开60多次招商项目协调推进会议，帮助企业协调解决问题160多项。推行"一线工作法"，现场调度推进新开工招商项目260个，逐个建档立案。落实全市县（市、区）委书记座谈会工作要求，对164个在谈未签约、212个签约未开工和15个开工欠进度项目，建立台账实行销号管理，督促各责任单位组建推进专班，实行"一对一"包靠服务。

（付志伟）

供销社改革和供销合作经济

【概况】 2022年，潍坊市供销合作社聚焦乡村振兴，深化供销合作社综合改革，提升为农服务能力和水平，服务创新提升"三个模式"、打造乡村振兴齐鲁样板先行区。推动市政府与省供销社签订《战略合作协议》，促成省级区域性农资智能仓配基地、"互联网+第四方物流"供销集配模式试点、山东供销博物馆等共建项目及试点落户潍坊；与多家企事业单位建立合作机制，优势互补、资源共享，共同助力乡村振兴；创新推广为农服务新模式，"党建统领、四社共建"为农服务机制和探索开展"供银担"金融服务做法，分别受到市委主要领导批示肯定；市供销社获全省供销社系统2022年业务评价考核一等奖。

【"党建统领、四社共建"合作机制推进】 2022年，围绕创新提升"三个模式"，通过平台共建、服务融合、要素共享等方式，统筹整合各类涉农服务资源，延长产业链、提升价值链、完善利益链，加快全市农业农村现代化进程，推动农村一二三产业融合发展，推进"党建统领、四社共建"合作机制，与多部门构建协同工作推进

2022 年 10 月 10 日，潍坊市政府与山东省供销合作社联合社举行签署战略合作协议仪式（供图：唐昊）

机制，盘活资源、优化配置、提升为农服务能力。全市新增“党建统领、四社共建”示范点 21 处，累计培育示范点 61 处，涉及 47 个镇街、59 个社区、406 个村庄、参与或服务农户 4.29 万户，年实现共同增收 1.35 亿元。

【农业社会化服务】 2022 年，推广“党支部领办土地股份合作社 + 供销社全程托管”服务模式，开展单环节、多环节及全程土地托管服务，全市系统开展配方施肥、统防统治、农机作业等社会化服务面积 386 万亩次。探索果园托管新模式，在临朐开展果园托管试点，以涉农龙头企业为依托，开展以统防统治、农业技术推广、果品销售等为重点的果园托管服务，探索形成“菜单式”果园托管做法。召开全市供销社果园托管现场会，推动全市供销系统农业社会化服务由大田粮食托管向林果经济作物拓展。

【县镇村三级现代商贸流通网络建设】 2022 年，整合县域资源，推动形成县有农资、日用消费品配送中心、农副产品专业市场和批发市场，镇有中心超市、直营店，村有连锁便民店的供销合作社县域流通网络格局。全市建设县域供销综合集配中心 6 处，镇级综合服务站 54 处，村级综合服务社 232 处，形成以县域配送为主体、镇周转为补充、村级服务为基础的农村现代商贸流通服务体系。推进农村快递网络和供销合作社现代商贸流通服务网络共建共用，市供销社与市邮政管理局签订助推乡村振兴战略合作协议，合作推进供销物资和快递共配，安丘、高密等 10 个县（市、区）供销社分别与当地邮政部门签订战略合作协议。全系统与社会企业合作建设县域快递分拣中心 1 处，依托基层经营服务网络建设镇级快递服务站 29 处，村级快递服务站 203 处，促进农村消费、农产品上行、农民增收。安丘市被列入全省供销社系统县域商贸流通服务网络示范县。3 月，全省供销社春耕农资保供暨农资流通网络建设工作现场会议在潍坊市召开。

【预制菜产业发展】 2022 年，继续打造“供销 · 大厨房”服务品牌，开展“预制菜”生产及配送服务。新挂牌成立“供销 · 大厨房”2 家，挂牌运营总数 8 家，生产预制菜涉及 14 个品类，30 余个品种，日生产量 103.5 吨，日配送量 136.5 吨，全年销售额 2.62 亿元。新冠肺炎疫情防控期间，全市供销社系统发挥“供销 · 大厨房”流通服务优势，突出连接城乡的桥梁纽带作用，累计供应蔬菜 2.41 万吨、水果 1489.5 吨、肉禽蛋 1419 吨、乳制品 1011.7 吨、米面粮油 1226 吨，服务企事业单位及社区 540 余家。

【农村合作金融服务】 2022 年，探索“供银担”合作新模式，通过建立“供销搭台、银行赋能、担保增信”的协同机制，创新金融产品和服务模式，为新型农业经营主体提供金融服务。与省农担潍坊管理中心、市再担保集团、兴业银行签订“供销 + 金融”战略合作协议，年内，累计为系统内 5 家社有企业争取银行贷款 1955 万元，贷款利率均低于市场平均利率。分别与市建设银行、市邮储银行、市农商行等金融机构签订战略合作协议，累计争取银行贷款 3.5 亿元，有效缓解社有企业和合作社融资难问题。推进合作发展基金业务开展，潍城、寒亭、高密、安丘、寿光、青州、诸城、临朐 8 个县级供销社成立合作发展基金。做好小麦、玉米等粮食作物完全成本保险工作，投保面积 3.6 万亩。

（唐　昊）

粮食流通

【概况】 2022 年，潍坊市落实习近平总书记关于粮食安全重要论述精神，推进扛稳粮食安全责任、粮食收储和应急保障、粮食流通监管、行业安全生产、产业经济发展等工作，完成高质量发展综合绩效考核粮食安全指标任务，确保地方粮食安全。做好规划引领，编制《潍坊市“十四五”粮食流通和物资储备发展规划》。研究修订《潍坊市地方储备粮管理办法》《市级应急成品粮储备管理暂行办法》《市级储备粮（油）承储单位选定工作方案》等并印发实施。粮食产业经济稳步发展，全市入统粮油加工企业实现工业总产值713亿元，产品销售收入701亿元，粮油加工转化综合能力和主要经济指标位于全省领先水平。加强粮食购销领域问题专项整治，统筹结合省委巡视、市委巡察、纪委专项整治和纪检组现场监督及专项审计等，推进整改落实，提升巡审联动工作实效。

【粮食收储】 2022年，召开夏粮收购市直部门联席会议，分东西两个片区组织召开县（市、区）工作推进会议，认真执行国家收购政策，分析研判收购形势，加强人员、资金、仓容、仪器设备等各项保障，做好收购准备工作，提升为企为农服务水平。完善政府储备信息化和库存动态监管，一卡通信息化使用系统和视频监控系统全部在市国有粮食收储库点安装使用。做好地方政策性储备粮库扩容建库和绿色仓储升级改造，寿光市投资1.2亿元、仓容7.94万吨的粮食仓储物流设施项目主体完工。

【粮食应急保障】 2022年，调整地方储备粮品种结构，按照2021年市政府101次常务会议要求，调减小麦储备6.2万吨，调整为玉米品种，2022年完成3.45万吨。按照每个建制镇街应至少建立1个粮食应急供应网点的要求，推进落实全市应急网点118个。10月，开展中心城区粮食应急实战演练，增强应急处突能力。重新核实省级粮食价格监测点64家(含国家级13家)，为省、国家粮食和物资储备局提供基础参考数据。关注各大节日尤其是新冠肺炎疫情防控期间粮油市场价格波动情况，做好保供稳价工作。

【粮食流通监管】 2022年，开展春秋季粮油库存普查、库存检查和新入库政策性小麦跨省检查，组织到东营进行交叉检查，迎接省局烟台组、国家局江苏盐城检查组检查，督导做好问题整改。根据粮食质量、食品安全标准规定，印发关于加强粮食质量安全管理、监测工作的通知，落实粮食销售出库质量安全检验制度。组织实施年度新收获粮食和库存粮食质量安全监测计划，安排检测新收获粮食样品436份，库存粮油质量风险检测143份，未发现不合格粮食进入口粮市场和食品生产企业。全市建立粮食行业检查对象、检查人员名录库136户、28人。启动粮食行业抽查计划5批次，累计出动人员243人次、检查企业131家，检查结果按照法定程序予以公示。

【行业安全生产】 2022年，依托“四位一体”深入推进安全生产专项整治三年行动实施方案，落实县（市、区）监管责任和企业主体责任。组织53家企业、1253人次，开展全市粮食行业安全生产“开工第一课”活动。制定下发关于强化企业安全生产分类分级监督管理的工作意见、深入开展安全生产大检查集中攻坚的通知等文件，组织全市粮食仓储企业和谷物磨制企业进行安全生产大检查，建立问题台账，督促进行整改，筑牢安全生产工作基础。

（郭冬青）

烟　草

【概况】 2022年，潍坊市烟草专卖局（公司）高质量完成年度目标任务，全年实现税利19.82亿元，其中实现税金17.93亿元。潍坊烟草以烟叶产业服务乡村振兴战略的经验做法被市委、市政府通报表扬。

【党的建设】 2022年，依托“和润”融媒体中心平台，学习宣传贯彻中共二十大精神。烟草局（公司）机关被评为全市首批“党群工作示范点”。深化载体建设和党建品牌建设，开展志愿服务和“双报到”活动5025次。开展党支部管理“评星定级”活动，命名五星级党支部49个；2个支部被评为潍坊市直机关工委“五星级党支部”，其中1个支部同时获得潍坊市“过硬党支部”称号。落实管党治党政治责任，推进烟草行业巡察整改落实。加强管理、专业技术和职业技能三支队伍建设，开展“大比武”活动，提升能力素养。3人分别获评烟草行业“最美科技工作者”“最美物流人”“先进离退休干部工作者”。

【卷烟销售及网络建设】 2022年，推动数字化转型，组建数据分析团队，加强数据整合和分析应用。打造现代卷烟零售终端，全市建成品牌店、精品店、标准店3.1万家，其中品牌店1509家。推动客户经理职能转型，优化基层服务站功能，夯实客户服务前沿阵地。全面提升物流建设水平，终端送货车辆装载率115.51%，列全省第一位；《基于5G

技术的商业企业地市级智慧物流园区建设》项目，获烟草行业首届数字化转型创新实践大赛三等奖。

【烟叶生产经营】 2022年，种植烟叶11.29万亩，收购烟叶29.64万担，公斤均价30.43元，上等烟比例73.05%。筹办全国烟叶高质量发展现场会，推进烟草农业现代化。推行村党支部领办合作社187个，培育新型种植主体286个。打造土地、劳动力、资金“三个平台”，推行托管服务。建设融合发展产业园14个，安丘辉渠产业综合体被评为烟草行业级试点。年度配套3004万元用于基础设施建设，涵盖项目765项。落实“两增一减”施肥、水造井窖移栽、按需供水等技术，实施高可用性上部烟叶生产，提升烟叶均质化、特色化水平。推广烤烟－牧草“一年两收”1200亩，亩均增收500余元。推进烟草农机农艺融合，国家烟草专卖局将诸城确立为农机农艺融合示范县。落实烟叶收购“一刷三拍”模式（即刷脸验证烟农身份，定级过程拍照、等级确认拍照、交售称重拍照），8处烟站通过烟草行业标准化烟站验收，提升烟农服务水平。

【专卖市场管理】 2022年，推进“两法衔接”，办案质量和水平整体提升。推动市场治理，开展“破冰护航”“断流”等专项行动，查获涉烟案件3991起，总案值3015万元。破获达到公安部、国家烟草专卖局标准的网络案件16起，连续10年列全省第一。做好电子烟监管，办理全省首份电子烟零售许可证，查处涉电子烟案件12起、向未成年人售卖电子烟案件11起。优化完善警烟合作研判中心职能，成立案件侦办“数据”特战队，与市食药环侦支队建立联合调度指挥中心，调取涉案资金数据4800余万条，研判并派发高价值线索126条。推进“放管服”改革，借助潍坊市“云踏勘”远程可视化平台，打造云上监管新模式。

【内部管理】 2022年，开展工作流程诊断和流程再造，7个流程获省烟草专卖局（公司）“十佳流程”。深入推进5S管理，促进全员素养提升。建成市局（公司）资金集中支付中心，推动管理服务水平提升。构建全员创新驱动工作机制，推动成果转化落地，获山东省烟草公司创新奖励38项。加强风险防控体系建设，从“法律、安全、财务、规范、质量、涉密、信息、廉洁、舆情、疫情”十个维度，建立风险管控机制，有效防控企业运行各类风险。

（董　方）

旅　游

【概况】 2022年，潍坊市文化和旅游局围绕迎接党的二十大、学习宣传贯彻党的二十大精神，统筹推进旅游业突破发展。旅游及相关产业增加值341.3亿元，总量位居全省第四位。全年接待国内游客5212.67万人次，实现国内旅游总收入523.5亿元。

【文旅消费升级】 2022年，创新举办第六届文旅惠民消费季，开展促消费主题活动700余项、4000余场，发放文旅消费券460余万元，直接拉动消费近1亿元。制定《潍坊市促进文化和旅游产业高质量发展的若干政策》，扶持文化和旅游产业健康发展，营造良好的投资环境。青州古城获评国家级夜间文旅消费集聚区。凤溪地滨河休闲街区、青州市不夜城、安丘市齐鲁酒地获评省级夜间文旅消费集聚区，数量居全省第一位。诸城市文旅业复工复产做法在全省推广。

【重点文旅项目建设】 2022年，全市重点文旅项目172个，年度实际完成投资130亿元。入选省各类重点项目7个、省雁阵形产业集群2个，获

2022年6月2日，第六届潍坊文化和旅游惠民消费季在诸城竹山生态谷正式启动（供图：市文旅局）

评省特色小镇6个、数量居全省第一位。加快文旅双招双引，举办2022全国知名文旅企业家山东行潍坊站活动，推动与景域驴妈妈集团等头部旅游企业建立紧密合作关系。首次举办文旅银企对接会，24个项目获授信55.6亿元、贷款41.3亿元。举办文旅产业投资洽谈会，签约项目8个、总投资165.8亿元。

【全域旅游发展】 2022年，召开全市旅游发展大会，青州市获评省文旅康养强县。寿光市、昌乐县纳入山东省全域旅游示范区创建名单。诸城迈赫机器人智能化科普基地创建为山东省工业旅游示范基地，公布20家潍坊市中小学生研学基地，11个单位获评2022年度市级体育旅游示范基地。加强景区质量等级动态管理，高密红高粱小镇、诸城动物园、临朐石门坊成功创建国家AAAA级旅游景区，新增数量居全省第一位，至年底，全市国家A级旅游景区总量92家。青州市仰天山、诸城市竹山生态谷、临朐县嵩山生态旅游区入选省生态旅游示范区创建单位、数量居全省第一位。获评省景区化村庄18个、省乡村旅游重点村4个。临朐县五井镇入选全国乡村旅游重点镇，临朐县隐士村“山柿产业＋旅游特色模式”入选《2022世界旅游联盟—旅游助力乡村振兴案例》，临朐县淹子岭村在全省乡村旅游助力乡村振兴工作推进会上作典型发言。

【营销宣传】 2022年，举办“春暖花开畅游潍坊”“潍周末·文旅局长带你游”等主题推广活动，开展“沿着黄河遇见海”“文化进万家”等宣传活动。组织“2022年度潍坊旅游十佳”系列评选，激活文旅消费市场。整合潍坊文旅微信、微博、云平台、抖音、快手、海报号等新媒体资源，集中力量宣传市文旅资源。举办“潍周末”短视频大赛，播放总量逾735万次，点赞量超4.4万次，评论量超3万条。制定《2022“冬游齐鲁·好客山东惠民季”工作方案》，策划重点活动36项，推出优惠政策40余项。

【行业管理】 2022年，市博物馆、东方大酒店获评省级文明旅游示范单位。利用潍坊文旅发布微信、微博、今日头条、抖音、快手、海报号等新媒体平台发布信息3万余条，粉丝总量超100万。在2021年度潍坊政务新媒体评选活动中，“潍坊文旅发布”获评2021年度潍坊（市直）十佳政务微信、“潍坊文旅”获评2021年度潍坊十佳政务抖音号。全年出动执法检查人员65000余人次，检查文旅单位22000余家次，办结案件498件。市文化市场综合执法支队获评“山东省行政执法标兵先进集体”，是全市唯一获奖单位。

【安全工作】 2022年，制定《潍坊市旅游安全突发事件应急预案》等制度性文件10余个，筑牢安全生产制度防线。统筹做好安全生产、疫情防控和行业发展，开展文旅领域安全隐患排查，组织文博单位消防安全隐患排查整改，加强安全播出和意识形态安全管控，守牢行业安全底线。

（王栋允）

会 展

【中国（寿光）国际蔬菜科技博览会】 2000年至2022年，中国（寿光）国际蔬菜科技博览会共举办23届。4月20日至5月30日，第二十三届中国（寿光）国际蔬菜科技博览会成功举行。围绕实施乡村振兴战略和农业新旧动能转换，采取实地种植与展位展示相结合、蔬菜园艺与文化艺术相结合、经贸洽谈与观光旅游相结合的展览模式，打造“天下情怀”“绿水青山”“金桥丝路”等蔬菜文化景观200余处，包括10个展馆、采摘园、日光温室高产栽培区、蔬菜博物馆及广场展区，主展区总面积45万平方米，其中室内展览面积16.5万平方米，展示国内外蔬菜优良品种2000多个，引进种植模式80余种、新技术100多项，线上参观人次达到800多万人，实现协议、意向投资额200多亿元、贸易额6.5亿元，央视、山东卫视等50余家媒体参会报道，媒体受众6.3亿人次。展会同期举办2022潍坊寿光首届预制菜全产业链博览会（线上），40余家预制菜相关企业参与，评选出“最受欢迎预制菜品牌”“最具潜力预制菜品牌”“最佳预制菜服务商”等。

（郭振兴）

【中日韩产业博览会】 2022年9月23—25日，由中国国际商会、日本国际贸易促进协会、韩国贸易协会和中日韩合作秘书处主办的第八届中日韩产业博览会在潍坊以线上方式举办。博览会以“互信包容、开放创新、合作共赢”为主题，设置开幕式暨2022中日韩产业合作发展论坛、线上展览洽谈和系列配套活动。开幕式暨论坛由山东省政府、中国贸促会、日本贸易振兴机构、大韩贸易投资振兴公社及中日韩合作秘书处主办。山东省省长周乃翔、中国贸促会会长任鸿斌、联合国前秘书长潘基文、中日韩合作秘书处秘书长欧渤芊，中国驻日本大使孔铉佑、中国驻韩国大使邢海明，日本贸易振兴机构理事小野村拓志、大韩贸易投资振兴公社中国地区总部总代表洪彰杓、日本国际贸易促进协会理事长笠井爚雄等三国嘉宾跨海连线。线上展览洽谈，设置智能制造与动力装备、数字经济、氢能产业、跨境电商、日韩地方政府驻华代表处、潍坊名品名胜及往届博览会回顾等7个平面展区，3000家企业参展。8个组团组成VR立体云展厅，22个“好品山东”上榜品牌亮相。配套活动，举办中日韩地方政府合作对接会、中韩产学研用合作交流对接会、中韩智能农业合作对接会、中日智能农机高峰论坛、“潍品出海”供需匹配活动等。博览会期间签约合作项目21个，总投资86.8亿元。

（黄道吉）

【鲁台经贸洽谈会】 2022年9月1日，线上线下相结合举办鲁台经贸合作暨两岸赋能黄河流域生态保护和高质量发展论坛，联合沿黄省区举办主题论坛、两岸博览会及高端装备、医养健康、生物医药、职业教育、新消费等11项活动。两岸企业家峰会副理事长张平，国台办副主任龙明彪和山东省省长周乃翔、副省长范波，潍坊市委书记江敦涛、市长刘运等出席相关活动并致辞，台湾海基会前董事长林中森等10余位工商界知名人士视频致辞，全国台企联会长李政宏等97位台商，内蒙古、宁夏等沿黄省区台办、台商参会。山东省各设区市、潍坊市各县（市、区）、开发区设分会场，线上线下参会总规模2000余人。教育部、农业农村部、中国农科院、中国农业工程学会和两岸企业家峰会、全国台企联等多个部委和机构参与活动举办。山东省集中签约涉台项目14个，总投资额198亿元；潍坊市集中签约项目25个，总投资额214.5亿元，4名台湾人才落户潍坊，论坛期间新发现项目线索19个。海峡两岸云上博览会3136家企业参展，其中世界500强41家、中国500强68家、台资企业710家，826万余人次上线对接。《人民日报》（海外版）、《大众日报》、中新社、中国台湾网等主流媒体参会报道。国台办推广经验，新闻发布会、全国对台经济干部培训班给予高度评价。

（张会军）

【中国（潍坊）文化艺术展示交易会】 2022年8月26—30日，第十四届中国（潍坊）文化艺术展示交易会在鲁台会展中心举办，观展人数2万余人，参展商1000余个。展会以贯彻文化“两创”方针为主线，以“文化塑造城市‘两创’潍坊先行”为主题，展区由第六届中国（潍坊）民间艺术博览会、齐鲁文化（潍坊）生态保护区建设成果展、潍坊市首届版权博览会等八大板块组成。其中，第六届中国（潍坊）民间艺术博览会集中展示40个民间艺术门类，组织部分国家级民艺大师、工美大师、非遗传承人及“山花奖”获得者现场“秀”绝技。“山东手造”新生活展，突出“手造+文创新生活”的文化理念，引入国内、省内一流创意设计团队作品进行展览。齐鲁文化（潍坊）生态保护区建设成果展，采取动态表演和静态展示的形式，呈现保护区内60多个省级以上非遗代表性项目。潍坊市首届版权博览会，重点展示潍坊市创建全国版权示范城市以来在版权创造、管理、运用、保护等方面取得的成就。“风境”——2022中国当代艺术邀请展，与中国美术学院等知名艺术院校、机构合作，展出50余位艺术家的100余件（组）作品。可见之诗中国油画名家作品邀请展（2022），聚焦国内风景油画创作的中坚力量，展出国内当代名家及嘉宾的精品力作200余幅。

（张　坤　黄新运）

【中国画节】 2022年8月26—30日，第十一届中国画节在潍坊鲁台会展中心举行。画节以“丹青歌盛世　喜迎二十大”为主题，共展出近千名艺术家的6000余幅作品，500余名艺术家参加活动。中央文史研究馆副馆长、中国美术家协会名誉主席冯远评价，本届画节数量规模巨大，是一届高水平、高质量的展览。中国画学会会长、中国美术家协会中国画艺术委员会主任田黎明评价，本届中国画节传播华夏民族的血脉精神，传播中国文化的智慧和力量，传播中国画的时代理想，展现出今天中国画创作繁荣发展的新气象。画节现场分为学术、特展、齐鲁、综合四大方阵。学术方阵方面由中国画学会、中国文化艺术发展促进会、中国美协中国画艺委会等国家级学会征集的全国名家名作组成，各个板块都代表当代中国画的最

2022年8月26日，第十一届中国画节、第十四届中国（潍坊）文化艺术展示交易会、第六届中国（潍坊）民间艺术博览会在鲁台会展中心举办（供图：杨卫国）

高创作水平，是一次全面的检阅式的展览，体现中国画节的学术性和权威性。特展方阵方面由中国国家画院推出“山河锦绣、国泰民安、百年风华、不负韶华”四个主题特展区，展出400余幅巨幅作品。这是中国国家画院四大展首次综合展出。同时集中展出张大千、齐白石、徐悲鸿、傅抱石、陆俨少、潘天寿、黄宾虹、黄胄、程十发等国宝级书画大师的13幅精品国画。

（刘伟杰　刘博学）

【中国（青州）花卉博览交易会】 2022年9月29日至10月7日，第22届中国（青州）花卉博览交易会暨云上花博，以线下布展、线上参观的形式在中国青州花卉苗木交易中心举办。“云上花博”在线下布展中以“精心布局、精巧构思、精细制作”理念将园林园艺、花艺造型、艺术插花以及雕塑、空间构成等充分融合，极具视觉效果和艺术品位。围绕“‘科技+电商’让花儿更多彩”主题，以协会为主，通过网络面向广大花卉生产者征集花卉新品种，在花博会上展示花卉名品、新品及奇特品种200多个，展示组合盆栽360余盆，展现青州花卉近年来取得的科技成果和先进的种植水平，突出青州花卉前沿的科技水平和发展理念，实现传统展会向专业展会转型。使用先进的VR技术，融入花博会景观、展区、企业场景，使用电子导游解说，游客通过点击链接，可自主全方位观展。同时通过抖音、快手平台大力推广，吸引935家花卉从业者线上参会，各类行业媒体、社会媒体持续跟进报道，掀起网上“花博热潮”，线上浏览量6500万人次，交易额2.2亿元，开启线上花博办会新模式。《中国花卉报》《中国花卉园艺》等行业媒体，新华网、央视网、齐鲁网等社会媒体进行相关报道，特别是花博会盛况在央视新闻播出，是历年来央视报道花博会时间最长的一次。

（刘　淼）

教育

Jiaoyu

综述

【党的领导】 2022年，潍坊市教育系统完善党的领导运行机制，市委教育工作领导小组召开2次会议，开展教育高质量发展“十大行动”，2次在全省教育工作领导小组会议上作典型发言，中央教育工作领导小组予以肯定；推动县（市、区）党政主要负责人调研决策教育改革发展事项493人次。加强学校党建，在全省率先探索建立中小学校党组织领导的校长负责制“1+5”机制，实施高校提质赋能、中小学校强基固本、民办学校规范提升“三个计划”，中小学党建“三红工程”获省委教育工作领导小组肯定。加强思政铸魂育人，制定课程思政建设指导意见，指导县组建大中小思政工作联盟，获全省第二届学校思政课教学比赛特等奖1个、一等奖7个，数量全省最多。中宣部推介肯定潍坊思政铸魂育人做法。

【提升发展】 2022年，学前教育“普及普惠”，新建成幼儿园192所，改造提升乡村幼儿园292所，全市学前教育公办率、普惠率分别为61.39%、93.9%，分别超省定标准6.38个百分点和6.9个百分点。义务教育“优质均衡”，新建成中小学43所，改造提升乡村中小学140所，全市民办义务教育在校生占比由17.21%下降到4.18%；深化“双减”行动，构建轻负优质教育生态经验入选全国“新时代十年基础教育改革创新案例”，在全国首届教育局长高峰论坛作专题分享，获评全国“双减”十大典型案例。普通高中“多样化”发展，加快城区公办普通高中建设，中心城区新增公办优质普通高中学位7440个；推进人文、科技、艺体、综合高中等特色高中建设，获全国基础教育教学成果奖13项、山东省基础教育教学成果奖141项。职业教育“四融创新”，举办全市首届产教融合校企合作对话会，省级产教融合型企业32家，歌尔入选第一批国家产教融合型企业；签约共建32个现代产业学院，其中3个入选全省首批现代产业学院，获评全省首批产教融合试点城市；潍坊市、寿光市分别以第一名成绩入选全省职业教育改革发展成效明显市、县。推动潍坊医学院更名“大学”，新建山东生态环境学院和潍坊食品科技职业学院等高校项目列入省“十四五”高校设置规划。

【德育工作】 2022年，推进中小学德育工作，入选教育部“传承红色基因，讲好中国故事”作品102件、全省第二批优秀德育工作实施方案10个。创新劳动教育，组建17人的劳动教育研究团队，3所学校获评全省中小学劳动教育实验学校，入选数量全省最多。加强艺体教育，30所中小学（幼儿园）入选全国青少年校园足球特色校园；在全省中小学生体质抽测中，全市成绩居全省各地市第二名。推动教育教学改革，召开全市教育教学工作会议，推进基于新课标的教学评一致性改革，获批国家级基础教育课程改革实验区，荣获基础教育省级教学成果奖54项，数量全省最多。

【教师队伍建设】 2022年，新引进教师5093名，其中“双一流”高校、部属师范院校和硕士及以上毕业生等优质师资1082名，在全省中小学幼儿园教师公开招聘工作会议上作典型发言。举办20期“潍坊市特级校长大讲堂”，组织潍坊市第七届“未来教育家”治校方略路演大赛、全市领军校长培训暨第四届校长治校育人能力提升展示交流活动，50名教师获评齐鲁名师、名校长，数量全省最多。启动国家级人工智能助推教师队伍建设试点，创新推进教

2022 年 9 月 9 日，市委、市政府举办潍坊市新时代教育人物颁奖仪式（供图：王宝刚）

师管理“三定三聘三评”改革，7 名教师入选山东省乡村优秀青年教师培养奖励计划。教师队伍改革典型做法入选全省教育综合改革和制度创新“十大典型案例”。9 月 9 日，市委、市政府举办潍坊市新时代教育人物颁奖仪式，市委主要负责人出席会议并讲话。

【数字化转型】 2022 年，实施教育数字化战略行动，建成潍坊市教育云平台、教育大数据中心，开发名优师网上公益课堂 3283 节，总播放量 443.98 万人次；上线潍坊教育云地图，为公众提供便捷学校查询服务。启动中小学智慧校园建设，遴选培育种子学校 15 处，2 所学校入选全国网络学习空间应用优秀学校，占全省 1/5。举办第七届中国未来学校大会，教育部、中国教科院、省教育厅、市政府领导出席会议并致辞，全国逾 43 万人次参加。推进信息技术与教育教学融合，建成专递课堂、名师课堂、名校网络课堂 1578 个，惠及 5.3 万名乡村学生；全国信息素养提升实践活动、全国青少年无人机竞赛成绩均位居全省第一。被确定为全国唯一的中小学生信息素养提升试点市、国家中小学智慧教育平台应用省级试点市、山东省教育数字化战略行动实验区。

【教育综合改革】 2022 年，以教育评价引领教育领域综合改革，年内新增 2 项国家级、5 项省级教育改革试点，5 项教改经验入选全省教育系统“致敬品牌·献礼二十大”品牌，占全省 1/8；在全省率先实现市辖县国家义务教育质量监测全覆盖，教育评价改革助力“双减”做法获教育部网站推介。推进家校社协同育人，创新建立“教育惠民服务网”，配备 1111 名社区教育协调员。成立潍坊市家校社共育工作委员会，配备家庭教育指导师 2966 名，实现校校全覆盖，获央视《新闻联播》点赞。实施义务教育招生“零证明”、多孩同校就读、“家长驿站”等教育惠民八项行动，开通市县校三级“教育惠民一码通”3277 个，实现群众诉求“码上问、马上办”。保障校园安全，制定“两办法、三手册、四清单”，提升校园安全工作规范化、标准化、精细化管理水平。做好防欺凌、食品安全、交通安全、考试安全等“12 防”工作，连续两年实现未成年学生“零溺亡”，省委领导批示肯定，全省推广经验。

基础教育

【学前教育普及普惠】 2022 年，潍坊市推进幼儿园建设“三年攻坚行动”，开工建设幼儿园 280 所、完工 192 所，开工率、完工率分别为 123.9%、129.7%，分别超年度计划 54 所、44 所，新增公办幼儿学位 4.86 万个；完成投资 2.42 亿元，改造提升农村幼儿园 292 所，改善农村幼儿园办园条件。制定民办园转型转制发展计划，新增公办学位 3.47 万个，全市学前教育公办率、普惠率分别为 61.38%、93.9%，分别超省定标准 6.38 个百分点和 6.9 个百分点。做好国家学前教育普及普惠县创建申报及督导评估，聚焦国家普及普惠发展督导评估重点关注的 8 个方面、13 项关键指标，指导 15 个县（市、区）全部建立问题台账、落实整改措施。制定市对县（市、区）党委政府履行教育职责评价清单，推动党委政府履行教育职责。

【学前教育规范管理】 2022 年，落实《市政府办公室　关于进一步推动民办幼儿园规范高质量发展的实施意见》，强化顶层设计，优化制度保障。开展民办幼儿园规范管理专项提升行动，围绕管理体制、办园条件、师资配备等 6 个方面、43 项具体指标。推动全市 2045 所幼儿园全部完成检查整改，实现幼儿园办园行为督导评估工作全覆盖。新认定省级一类园 332 所，全市省级一类园以上幼儿园占比

43.55%。推进幼小衔接“两级试点”，4个省级、市级实验区和47个试点园完成试点任务。加强教育惠民，优化幼儿园招生方式，实施公办学位保障、同一家庭子女同园就读、托幼一体服务等招生便民政策，满足全市幼儿就近入园需求。

2022年8月，潍坊北辰中学建成投用（供图：张新明）

【幼儿园教师队伍建设】 2022年，坚持引进与培训并举，提升幼儿园师资队伍整体素质，制定公办幼儿园教师2年引进计划，新引进公办幼儿园教师1429人，比上年增加322人，招录人数总量再创新高，实现5年增长。举办幼儿园园长任职资格暨骨干教师培训班，参训人员3000人。开展第九届全市幼儿园教师教育专业能力竞赛，表扬200位教师、10个单位；组织第二届“齐鲁幼师之星”风采展示活动，3名教师参加省级复赛，获一等奖两项。

【德育工作】 2022年，潍坊市落实德育为先，大力开发德育、学科、传统文化、实践活动和红色基因“五位一体”德育课程，入选教育部“传承红色基因，讲好中国故事”作品102件获奖数量居全省首位。开足开齐开好艺体课程，大力开展学生运动会、艺术展演等活动，30所学校入选全国青少年校园足球特色学校，市中小学生体质健康抽测成绩位居全省第二名。组建市级劳动教育研究团队，制定劳动教育清单，“一校一案”建设劳动教育课程超市，遴选市级特色学校30所、实践基地15处，3所学校获评全省中小学劳动教育实验学校，昌邑市获评省级劳动教育实验区。全国信息素养提升实践活动、全国青少年无人机竞赛成绩均位居全省第一。

【提升发展】 2022年，规范民办义务教育发展，完成86所民办义务教育学校治理，全市压减民办义务教育在校生11.18万人，占比由17.21%下降至4.18%，完成省定目标任务，实现民办义务教育“瘦身”和“提质”同步落实，得到省教育厅督导组高度评价。推进集团化办学、“一校长多校区”改革，全市组建教育集团75个、涉及校区210个，覆盖学生24.6万人；组建结对帮扶共同体362对，惠及学生15.9万人。推进乡村教育振兴全环境育人实验区建设，全市5个乡镇入选省级强镇筑基试点，6所学校入选省级乡村温馨校园，中央电视台、《光明日报》高端媒体先后推介。临朐县在《山东省建设全国乡村教育振兴先行区专项工作方案》新闻通气会上作典型发言，介绍乡村教育振兴改革做法。全面推动义务教育招生“零证明”，惠及21.6万名学生；推出“多孩同校就读”政策，全市1394名学生受益。

【普通高中建设】 2022年，加快城区公办普通高中建设，中心城区新增公办优质普通高中学位7440个。推进普通高中新课程新教材实施示范区建设，印发《推进普通高中特色多样发展实施方案》《“十四五”县域普通高中发展提升行动计划重点任务及分工方案》，健全普通高中高质量发展机制，推进人文高中、科技高中、艺体高中、综合高中等特色高中建设，遴选市级学科基地29个、首批特色高中10所。推进中考招生改革，创新建立中考录取“六选四”机制，扩大普通高中学校办学自主权，实现特色发展。加强初高贯通衔接培养，完善特殊才能学生培养机制，市中考改革入选省教育厅“献礼二十大”大型展示传播活动，并在第九届中国教育创新年会上作典型发言。

职业教育

【职教改革发展】 2022年，推进省市共建职教创新示范区建设，以第一名入选全省职业教育改革发展成效明显市，成功举办全国职业院校技能大赛8项赛事，金牌数连续13年保持全省首位，省教育厅专程发来感谢信。3所高职院校、1所中职学校入选全省首批职业院校数字校园建设试点学校名单，数量居全省第一。2所中职学校、5所高职院校获评省乡村振兴示范性职业院校，占全省总数1/7。潍坊技术中等专业学校立项建设省第二批高水平中职学校、总数达10所，7名教师获评第三届省职业教育青年技能名师、总数达22名，均居全省第一。全市51个职业院校创新团队入选2022年山东省职业教育教学创新团队，数量居全省第一。

【产教融合】 2022年，成立市政府主要领导担任组长的驻潍高校与企业对话专班，印发《潍坊市产教融合校地合作联席会议制度（试行）》，召开全市首届产教融合校企合作对话会，上线潍坊市产教融合服务平台，推动歌尔入选国家产教融合型企业、19家企业入选山东省第二批产教融合型企业，潍坊市入选全省首批产教融合试点城市，8个案例入选全国产教融合校企合作典型案例。率先制定《关于进一步细化落实产教融合组合式激励政策的通知》，激发企业举办和参与职业教育的积极性。建立市级产教融合型企业培育机制，首批遴选50家企业重点培育，相关做法获省政府时任副省长孙继业批示肯定。

【中职教育评价】 2022年，印发《关于加快推动中等职业学校办学条件达标的通知》，狠抓中职学校基本办学条件达标工作。在全省率先开展中职学校开展办学水平评价，指导中职学校找准问题，明确下步发展方向，不断规范学校办学行为。新设寿光市潍科中等专业学校等4所中职学校，增加中职学位3000个。“职教高考班”规模进一步扩大，招生计划由5058人扩大到8510人，同比增加68.2%。

【服务发展能力提升】 2022年，成立现代产业学院建设工作专班，签约32个现代产业学院，其中3个入选全省首批现代产业学院，兑现奖补资金480余万元，产业学院学生2.8万人。推动市政府与省教育厅签约共建潍坊学院；潍坊医学院更名“大学”、新建山东生态环境学院和潍坊食品科技职业学院3个高校项目列入省“十四五”高校设置规划，并报教育部备案。4所高职院校通过国家“双高计划”院校中期评估。开展驻潍高校毕业生留潍专项行动，建立驻潍高校服务经济社会发展年度评议制度，推动高校融入全市发展大局。

（迟　强）

潍坊医学院

【概况】 潍坊医学院建于1951年，是一所本科生、硕士生、博士生及留学生等办学层次齐全、特色鲜明的省属高等医学院校。先后被评为全国卓越医生教育培养计划项目试点高校、山东省应用型人才培养特色名校建设单位、山东省卓越工程师教育培养计划立项学校、山东省应用型本科高校建设首批支持单位、山东省博士学位授予立项建设单位。是山东省教育厅、山东省卫生健康委员会和潍坊市人民政府共建高校。

【学校建设】 2022年，学校推进升格医科大学和增列博士学位授予单位工作，高标准召开第四次党代会，确定“1128”发展思路。主动融入服务黄河国家战略，获批山东省高等学校服务黄河重大国家战略特色项目2个、服务黄河流域生态保护和高质量发展协同创新中心2个。获批博士学位授予精准培育单位、2个精准培育学科，新增列3个本科专业，5个专业获批国家级一流本科专业建设点，10个专业获批省级一流本科专业建设点。获批省级教

2022年10月13日，潍坊医学院附属临沂市人民医院揭牌仪式在临沂市人民医院举行（供图：张兴伟）

学成果奖17项，省科技进步奖一等奖、二等奖各1项。省教育厅网站专题报道学校党建工作特色做法，《光明日报》等媒体报道学校人才引育工作经验。获评山东教育慈善奖先进单位、山东省绿色学校、山东省智慧教育示范校，连续3年获评省级文明校园。

（杨忠文）

潍坊学院

【概况】 潍坊学院是省属全日制综合类普通本科高校，办学历史可追溯到1951年10月创建的青岛教师进修学院。2000年3月经教育部批准，由原潍坊高等专科学校和原昌潍师范专科学校合并，并入山东渤海进修学院有关教育资源组建而成。现设26个教学单位、71个本科专业，涉及10大学科门类。有2个省级重点学科、1个省文化艺术科学重点学科和48个省市级科研创新平台、62个研究院所。有教职工2105人，其中高级职称人员741人，博士生、硕士生导师150余人。有全日制普通在校生2.5万余人，接收近40个国家留学生学习。是省应用型人才培养特色名校立项建设单位、省硕士学位授予立项建设A类单位、省应用型本科高校建设首批支持单位、省文明校园，是省教育厅与潍坊市人民政府共建高校。

2022年5月17日，省市共建潍坊学院签约仪式举行（供图：杨先翔）

【战略规划】 2022年，制定《服务黄河国家战略行动计划（2022—2025）》，发起成立黄河流域高校金石书画研究与创新发展联盟。完成省市共建合作备忘录和滨海校区建设协议签约，潍坊市委、市政府制定《关于支持潍坊学院建设高水平应用型大学的实施意见》。新增1个本科专业、2个省一流专业建设点。获批国家级科研项目6项，签订横向项目合同471项，争取经费3.11亿元。新增市级及以上科研创新平台13个。全年引培博士113人，新增省“青创团队”3个、市突出贡献专家2人。

【党建和思想政治工作】 2022年，深入学习宣传贯彻党的二十大精神，制定《关于贯彻落实党的二十大精神 加快推进高质量发展的意见》。按程序完成26个党总支、132个党支部换届，育建省级及以上样板支部8个。获省思政课教学比赛特等奖1项，首届课程思政教学比赛一等奖2项。入选“2022山东最佳品牌影响力高校和最具影响力教育政务融媒体”。1个团总支获全国五四红旗团支部。

（安兴杰）

潍坊职业学院

【概况】 潍坊职业学院是2001年经省政府批准组建的市属公办全日制普通高职院校。有滨海、奎文两个校区，校园占地2000余亩，建筑面积70余万平方米，教学科研仪器设备总值2.62亿元，图书馆馆藏175万余册。全日制在校生2万余人。教职工1113人，其中高级专业技术职务302人，博士、硕士823人。拥有国家级人才称号教师4名、国家级高等学校教学名师2名、泰山学者2名，国家级教学团队3个、国家级技能大师工作室1个、全国石油和化工教育优秀教学团队2个，省级教学团队8个、山东省黄大年式教师团队2个、省级名师工作室7个、省级技艺技能传承创新平台5个、省职业教育教学创新团队5个。

【学校建设】 2022年，开设高职专业50个。有国家级骨干专业9个、省级特色专业7个，省级高水平专业群3个、品牌专业群2个。2022届毕业生就业率97%以上。学院是全国优质专科高等职业院校、中国特色高水平高职学校和专业建设计划建设单位、全国乡村振兴人才培养优质校建设单位、国家级创新创业教育实践基地建设单位、全国1+X证书试点高职院校、职业院校数字校园建设样板校、现代学徒制试点单位和“教学资源50强”“服务贡献50强”“国际影响力50强”。获评2022年山东省高职院校办学质量考核A等第一名，实现“三连冠”。获评2021年度全市经济社会发展综合考核优秀等次。

（张馨月）

山东畜牧兽医职业学院

【概况】 山东畜牧兽医职业学院1955年建校，是由山东省人民政府举办的全日制公办普通高等职业学校，是国家“双高计划”建设单位、国家骨干高职院校、全国乡村振兴人才培养优质校、山东省优质高职院校、山东省乡村振兴示范校。面向全国30个省份招生，有在校生1.59万人，是全国最大的畜牧兽医人才培养基地。拥有国家级教学团队4个、省级教学团队11个。设置6系1部，开设29个专业，建有中国特色高水平专业群1个、国家骨干专业8个。实施现代学徒制培养、订单培养等人才培养模式，有混合所有制特征二级学院10个。2022年学校学习宣传贯彻党的二十大精神，统筹疫情防控和各项事业发展，推进教育教学、科研服务、国际交流合作等工作稳步向前。

【党建工作】 2022年，开展中共二十大精神系列宣讲宣传活动，以中共二十大精神引领推进学校高质量发展。2个党支部被评为全国第三批、全省第二批“双创”样板党支部培育创建单位，6个党支部被评为潍坊市委教育工委五星级“先锋”党支部。

【教学成果】 2022年，主编“十四五”职业教育省级规划教材8部，获批省高职教育高水平专业群1个，立项省级在线精品课程10门。获山东省职业教育教学成果奖9项、金砖国家职业技能大赛二等奖、省高校青年教师教学比赛一等奖、省学校思政课教学比赛一等奖。学生参加全国职业院校技能大赛获一等奖1项、二等奖1项，金砖国家职业技能大赛二等奖1项。

【师资队伍建设】 2022年，学校入选国家级职业教育“双师型”教师培训基地，获批全国高校黄大年式教师团队1个、山东省职业教育教学创新团队5个。教师获全国五一劳动奖章、省教书育人楷模、金砖国家职业技能大赛优秀专家、潍坊市有突出贡献中青年专家等荣誉。

【科研及服务工作】 2022年，获批全国教育科学规划课题1项，省级科研课题（项目）7项，实现在人文社科领域省级项目的新突破。服务乡村振兴、黄河流域生态保护和高质量发展战略，持续开展博士团齐鲁行、百名专家联牧场等科技服务活动40余次，线上线下相结合开展职业培训，培训5万余人次。

【产教融合】 2022年，安丘新旧动能转换智慧农牧示范园基本建成，寒亭新旧动能转换智慧农牧示范园二期工程科教中心项目获准立项。持续建设产教融合实训基地66家，培育产教融合型企业30家，入选工信部校企协同就业创业创新示范实践基地、山东省省级大众创业万众创新示范基地、省级中小学生研学基地，成功申报2个潍坊市现代产业学院。

【国际交流合作】 2022年，成功举办2022国际畜牧业高质量发展大会，与教育部中外人文交流中心签约共建畜牧行业中外人文交流研究院，获批教育部语合中心“中文+畜禽养殖技术”教学资源建设项目。

（宋新宇）

山东信息职业技术学院

【概况】 山东信息职业技术学院是省属公办全日制高等职业院校，隶属于山东省工业和信息化厅，是山东省创立最早、专业最全、规模最大的电子信息类高职院校。学校是教育部批准的“国家示范性软件职业技术学院”首批建设单位，部队士官人才培养定点院校，省“3+2”对口贯通分段培养试点院校和省示范性高职单招试点院校，是教育部第一批职业院校数字校园建设单位，山东省智慧教育示范院校和红色文化传承示范校首批建设单位，是山东省绿色校园和节水型校园。学校有奎文和滨海两个校区，总占地超过1037亩，在校生超1.2万人，有专职教师520人。其中，中高级以上职称占比72.69%，“双师”型老师占比76.08%，拥有省级职业教育教学创新团队3个，省级黄大年教学团队1个，省级教学名师4人，全国技术能手2名。

【学校建设】 2022年，学校设有10个教学系部，建成4个优势专业群和2个特色专业群，共38个专业，其中，省级高水平专业群1个，省部级重点专业8个，省级品牌专业群2个，中央财政支持专业2个，省级特色专业3个。实体化运行3个省级职教集团，与华为共建第一个省级ICT学院，建成混合所有制二级学院信锐学院。毕业生就业率连续5年超过98%。在校定向培养军士2040人，培养规模和质量均位居全国前列。

（薄其一）

科学技术

KejXue JiShu

科技创新

【概况】 2022 年，全市贯彻落实习近平总书记关于科技创新重要论述和重要指示批示精神，坚持创新在现代化建设全局中的核心地位，坚持把科技自立自强作为高质量发展的战略支撑，统筹“技术、平台、企业、人才”一体化推进，科技创新质量和效益得到全面提升。

【科技引领】 2022 年，提升科技支撑引领产业发展的能力。聚焦先进制造业，开展重大项目攻关。全市关键核心技术攻关项目获上级财政支持经费 6.5 亿元，项目数量和争取资金均占全省 1/10 强。潍柴研发的柴油机本体热效率突破 52.28%，再次刷新世界纪录。天然气发动机本体热效率首次突破 54.16%，成为全球热效率最高的热力机械。豪迈科技的精细化工全连续流工艺及装备，打破国外垄断。天瑞重工的节能 30% ～ 50% 磁悬浮鼓风机等系列产品，达到国际领先水平。奥新医疗 3.0T 四肢关节磁共振产品，填补国内空白。吉青化工开展“医用增塑剂绿色生物制造与应用关键技术”研究，将打破中国高端、安全及绿色医用 PVC 制品长期依赖进口不利局面。聚焦现代农业，加快“科技 + 农业”融合。市农科院选育的“潍麦 12”小麦新品种通过国家审定。北大现代农业研究院研发的洁田玉米大豆带状间作技术，根本扭转中国大豆长期依赖进口局面。邦普种业建成中国最大、遗传多样性最高的南美白对虾活体种质资源库。潍坊国家农综区打造全国规模最大、三产融合发展的海水稻示范园区。

2022 年 11 月 20 日，潍柴发布全球首款本体热效率 52.28% 柴油机和本体热效率 54.16% 天然气发动机商业化产品（供图：闫加泉）

【企业创新】 2022 年，加强凸显科技企业创新主体的地位。梯次培育壮大科技企业队伍。全年入库科技型中小企业 2540 家，高新技术企业突破 1800 家。高新技术产业产值占规模以上工业产值比重达 57.85%，高于全省 10.02 个百分点。全年培育省科技领军企业 25 家，科技小巨人企业 54 家，数量均居全省前列。落实政策降低企业创新成本。全年落实企业研发投入、小升高财政补助资金 4000 万元；落实研发费用税前加计扣除政策，惠及企业 1000 多家。77 个项目入围省创新能力提升工程，获得省支持资金 2455 万元。925 家企业获批省技术创新引导计划支持资金7681万元。备案科技成果转化贷款378笔，金额16.79亿元，同比增长超三成。登记技术合同4605项，成交额201.84亿元，同比增长26.6%。规范引导提升企业创新能力。全市有研发活动规上工业企业发展到1684家，同比增长76.2%，有研发活动规上工业企业占比达43.5%，增幅16.34个百分点。全市14项科技成果（个人）获省级科技奖励。

【创新资源保障】 2022年，加快布局建设高能级平台。国家燃料电池技术创新中心正式挂牌。潍坊现代农业山东省实验室，建设成效领跑全省。内燃机与动力系统全国重点实验室顺利重组。水动力平台列入崂山实验室核心平台建设计划。发展新型研发机构。潍坊先进光电芯片研究院纳入省“1+30+N”创新创业共同体建设体系，大功率半导体芯片实现国产化替代。加强产学研合作交流。依托“名校直通车”，对接重点高校院所创新资源，组织“2022年‘名校直通车’——陕西高校科技成果对接会”“走进中科院——长春沈阳对接活动”等各类对接活动9次，对接29家重点高校院所专家90人次，达成各类意向协议114项，推动西安交大潍坊协同创新中心、合金材料技术开发等多个重点平台和技术攻关项目签约落地。

【科技人才】 2022年，推动人才政策落实。依托贯彻落实《关于加强和改进新时代潍坊人才工作的实施意见》和支持高端装备制造业、现代蔬菜种业、光刻胶等产业以及深圳（潍坊）科技工业园、先进光电芯片研究院等13项个性化政策落地，激发各类创新人才创新创造潜力，为区域创新能力提升提供智力支撑。构筑人才集聚高地。实施鸢都系列人才工程，面向重点产业定期开展人才需求摸排，定期举办高端人才交流对接会、国际人才创新创业大赛等活动，持续加强科技领军人才团队引进。12人入选国家级人才工程，新增数量全省第一。21人入选泰山产业领军人才，9人入选泰山学者青年专家，数量全省第一。新增院士工作站3家，总数77家。3家单位入选省海外高层次人才工作站，数量全省第一。获批省离岸创新创业基地3家，省级以上外国人才工程24项。1人获齐鲁友谊奖。引进外国专家160人，外国高端人才13人。

【创新环境营造】 2022年，加强相关组织领导，高规格成立市委科技创新委员会，市委书记、市长担任双主任，为全市科技创新提供强力政治保障。推进科技体制改革。全面完成省市年度改革任务，省实验室建设经验得到省领导肯定。发布第二批“揭榜挂帅”榜单项目52个，资金2.98亿元。科技项目“揭榜挂帅”制改革入选市级改革典型案例库。持续推行市级财政科研项目经费“包干制”，为科研人员“松绑减负”。强化科技金融融合。与市地方金融监管局、人民银行潍坊市中心支行和潍坊银保监分局联合召开银企对接会，签署《工作备忘录》，建立常态化协同推进机制。强化舆论宣传。组织开展以“企业创新　主体有为”为主题的科技创新宣传月活动，在市级媒体开设专栏，连续刊发、播出科技创新企业、人物等，不断扩大宣传覆盖面。举办科技活动周，展示科技创新成果，弘扬科学精神，普及科学知识，促进科技创新。

科技成果

【概况】 2022年，全市有14项科技成果（个人）获省科技奖励。其中，歌尔股份姜滨获2022年度省科学技术最高奖，全省仅2人；歌尔股份饶轶、潍柴动力陈文淼获省科学技术青年奖，占全省总获奖人数1/5；1人获省国际科学技术合作奖，占全省总获奖人数1/4；星泰克微电子获省技术发明一等奖1项，潍柴动力、潍坊医学院等单位获省科技进步一等奖3项，诸城兴贸玉米等单位获省科技进步二等奖6项。另外，市科学技术奖评出最高奖1项，国际科技合作奖2项，新增设青年奖10项；自然科学奖和科技进步奖150项。

2022年潍坊市省科学技术奖个人获奖一览表

序号	获奖者	获奖者单位	奖项
1	姜　滨	歌尔股份有限公司	最高奖
2	饶　轶	歌尔股份有限公司	青年奖
3	陈文淼	潍柴动力股份有限公司	青年奖
4	亨利·珂伦	山东赛马力发电设备有限公司、爱尔兰国立大学（高威）	国际科技合作奖

2022年潍坊市省科学技术奖集体获奖一览表

序号	项目名称	完成单位	奖种	获奖级别
1	耐深腐蚀光刻胶（DeePR）的研发与产业化	潍坊星泰克微电子材料有限公司	技术发明奖	一等奖
2	重型商用车燃气发动机关键技术及应用	潍柴动力股份有限公司，昆明贵研催化剂有限责任公司，天津大学，中国重汽集团济南动力有限公司，潍柴西港新能源动力有限公司	科技进步奖	一等奖
3	整合药理模式下中医药抗肿瘤研究及临床应用	潍坊医学院，天津中医药大学，烟台大学	科技进步奖	一等奖
4	大宗淀粉高值化加工创新技术及产业化应用	齐鲁工业大学，诸城兴贸玉米开发有限公司，山东寿光巨能金玉米开发有限公司等	科技进步奖	一等奖
5	设施蔬菜土肥水协同调控绿色生产关键技术创新与应用	青岛农业大学，中国农业大学，山东省农业技术推广中心，寿光市农业农村局，山东圣大节水科技有限公司等	科技进步奖	二等奖
6	特色果蔬绿色精准保鲜关键技术及产业化	山东省农业科学院，中华全国供销合作总社济南果品研究院，山东大学，寿光蔬菜产业控股集团有限公司等	科技进步奖	二等奖
7	真实世界数据统计分析策略的构建及在医药卫生中的推广应用	潍坊医学院，北京康特瑞科统计科技有限责任公司	科技进步奖	二等奖
8	恶性肿瘤分子诊断关键技术创新及临床应用	山东大学，上海市胸科医院，山东康华生物医疗科技股份有限公司等	科技进步奖	二等奖
9	中药制剂上市后质量再评价关键技术创新与应用	山东省食品药品检验研究院，鲁南厚普制药有限公司，山东沃华医药科技股份有限公司等	科技进步奖	二等奖
10	化学药品杂质检测关键技术体系构建及应用	山东省食品药品检验研究院，山东明仁福瑞达制药股份有限公司，寿光富康制药有限公司等	科技进步奖	二等奖

【歌尔股份姜滨获省科学技术最高奖】 2022年，基于姜滨带队完成智能制造专项、山东省新旧动能转换重大工程重大课题攻关等省部级科研项目17项，歌尔股份姜滨获2022年度省科学技术最高奖。歌尔在声学、光学、VR/AR、智能穿戴、智能音频等领域均做到全球领先，其中VR业务凭借技术优势，出货量占全球中高端市场80%以上。同时在中国、美国、日本、韩国、丹麦等地设立12个研发中心，并与多所国内外一流大学开展产学研合作。近五年研发投入超过130亿元，占营业收入比重超过5%。

科技平台及人才队伍建设

【科技平台建设】 2022年8月27日，国家燃料电池技术创新中心在潍柴正式挂牌运营，牵头实施“氢进万家”科技示范工程。潍坊现代农业山东省实验室，引进各类科研人员近500人，建成六大公共平台和34个课题组，建设成效领跑全省。内燃机与动力系统全国重点实验室获批重组，累计形成各类标准33项、授权发明专利330项、获得省部级以上奖励33项。水动力平台列入崂山实验室核心平台建设计划，启动预研课题27项，形成45项专利，发表20篇SCI文章。歌尔股份有限公司牵头的山东省虚拟现实重点实验室、康华生物参与建设的山东省检验医学创新技术重点实验室获批建设，海化集团有限公司牵头的山东省海卤水资源高效利用技术创新中心、寿光市三木种苗有限公司牵头的山东省西甜瓜技术创新中心获批建设。新备案山东省院士工作站3家；新培育市级重点实验室138家。全市科技创新平台达到1911家，其中，国家级37家、省级299家、市级1575家，国家、省、市梯次合理、布局完善的平台体系逐渐形成。

【科技人才队伍建设】 2022年，市科技局贯彻习近平总书记关于“实现高水平科技自立自强，归根结底要靠高水平创新人才”的重要论述，树立“人才是创新的第一资源”理念，坚持技术、平台、项目、人才一体化推进，取得5个“全省第一”的历史最好成绩。8人入选国家计划，全省第一；5人入选国家高层次人才特殊支持计划，全省第一；3家单位入选省海外高层次人才工作站，全省第一；21人入选泰山产业领军人才，与济南市并列全省第一；9人入选泰山学者青年专家，全省第一。1人入选省“一事一议”顶尖人才，占全省1/4。考察鸢都产业领军人才5人，评选鸢都学者（科研院所领域）10人。引进培养一批能够实现重大关键技术突破、加速产业转型升级、引领新兴产业发展的科技人才及团队，为全市高质量发展提供科技人才支撑保障。

外国专家人才方面，1名外国专家获山东省政府“齐鲁友谊奖”，10名外国专家获“鸢都友谊奖”。3家企业获批省离岸创新创业基地，13名高端外国人才通过省科技厅离岸创新人才认定。完成省人才发展成效考核中新引进外国人才指标167名。

高新技术产业

【概况】 2022年，潍坊市以高新技术产业发展引领优化产业结构、促进转型升级和创新驱动发展，贯彻落实《高新技术企业认定管理办法》等政策文件，实施科技型企业“小升高”计划和高新技术企业“育苗造林”工程，培育高新技术企业，通过线上、线下培训宣讲等形式，加强高企优惠政策宣传，全市组织视频培训、现场培训30余场次，培训企业科研人员、财务人员2000人次，提高高企政策的知晓度，使企业认识到发展高新技术产业对经济发展的重要意义，运用科技资源和手段，推进企业培育，提升企业创新和科技成果转化能力，落实高新技术企业税收优惠政策，加大对企业的政策扶持。联合市财政局、市统计局和市税务局等定期组织高新技术企业财税及统计业务培训，集中进行科技创新企业所得税等优惠政策宣传，现场解答和跟踪服务，加强科技型中小企业培育。

【小升高计划实施】 2022年，全市入库国家科技型中小企业评价系统2540家，居全省第四位。在电子信息、生物医药等技术优势领域，遴选一批创新基础好、发展潜力大的中小微企业，作为高新技术企业培育后备力量，通过加大培育力度，使其尽快成长为高新技术企业。涉及全市的2022年山东省中小微企业升级高新技术企业财政补助有400家企业，申请省级补助4000万元。

【高新技术企业队伍建设】 2022年，以规范高新技术企业管理为关键点，推动高新技术企业不断壮大，高新技术产业链不断延伸。通过对各县（市、区）科技局推荐上来的企业材料严格审核，帮助企业规范设立研发费用辅助账等高企申报准备工作，依托科技部火炬中心高新技术企业认定工作网，严格审核全市862家企业的申报材料，对审核出的问题进行集中传达指导，提高申报质量，最终686家企业获得高新技术企业认定，通过率79.6%。被认定的高企主要分布于先进制造与自动化、生物与新医药和新能源等多个领域。全年全市有效期内的高新技术企业突破1800家，总数位列全省第四位，主要分布先进制造、电子信息、生物与新医药等多个领域，群体规模优势初步形成。全市规模以上高新技术产业产值占规模以上工业总产值的比重达到57.85%，高于全省平均水平10.02个百分点，居全省第五位，比2021年提高3.35个百分点，为全市经济全面发展作出贡献。

（闫加泉）

防震减灾

【概况】 2022年，市政府调整公布市防震减灾工作领导小组组成人员。防震减灾工作纳入全市高质量发展综合绩效考核体系。市应急局获全省市级防震减灾工作年度考核先进单位称号，青州市应急局、奎文区应急局获全省县级防震减灾工作年度考核先进单位称号，寿光市应急局、诸城市应急局获全省县级防震减灾工作年度考核优秀单位称号。

【监测预报】 2022年，国家地震烈度速报与预警工程稳步推进，11个基准站、12个基本站的仪器巡检维修、软件升级完成。科学台阵项目寿光、昌邑、诸城、高密、昌乐5个站点建设任务全部完成。安丘重力观测项目完成观测室建设。全年记录到可定位地震51次，最大地震是5月2日青州3.4级地震。召开震情跟踪周会商51次、月会商12次、加密会商

20次，在全省地震趋势会商报告评比中获得第三名。

【震害防御】 2022年，市政府办公室印发《潍坊市地震重点监视防御区（2022—2030年）防震减灾工作方案》，部署全市重点监视防御区防震减灾工作任务。市应急局、市发改委、市工信局等8部门（单位）联合下发《关于进一步加强建设工程抗震设防要求管理的通知》，进一步提升全市建设工程抗震设防要求管理水平。地震灾害风险普查顺利推进，全市12个县（市、区）地震灾害风险普查致灾调查数据全部通过省地震局专家评审验收。建立地震易发区房屋设施抗震设防信息采集和动态更新机制，全市采集录入331项加固工程、1837项新建工程抗震设防信息。全市震害防御工作水平进一步提升，市应急局在全省震害防御工作会议上作典型发言。

【地震应急】 2022年，市政府办公室印发《潍坊市地震应急预案》，提升政府地震应急处置水平。市应急局高效处置青州3.4级地震，做法受到省地震局高度肯定并通报全省学习。市防震减灾工作领导小组组织市应急局、市住建局、市教育局开展全市地震应急工作检查，强化地震应急准备。建立地震灾情搜集报送工作机制，编制完成包括县、镇、村三级的《潍坊市震后信息收集报送工作联系表》。推进应急避难场所建设，全市共建成应急避难场所238处、1156.9万平方米，寿光城投奥体中心、奎文风筝广场被认定为国标Ⅰ类地震应急避难场所。

【科普宣传】 2022年，市委党校将防震减灾内容纳入主体班次培训教程，将潍坊防震减灾科普馆列入现场教学点。潍坊市中小学生示范性综合实践基地被认定为省级防震减灾科普教育基地，全市有国家防震减灾科普教育基地3所，省级防震减灾科普教育基地14所。奎文区潍州湖小学、诸城市实验小学等8所学校被评为省级防震减灾科普示范学校，全市共有国家级防震减灾科普示范学校3所，省级防震减灾科普示范学校102所。市应急局组织在潍高校参加山东省第一届大学生防震减灾科普作品征集大赛，获一等奖1项、三等奖1项、优秀奖1项，并获得优秀组织奖。李栋梁等4人被评为第二批山东省防震减灾科学传播师。

（王宁波）

气　象

【决策气象服务】 2022年，潍坊市气象局制定全年决策气象服务方案，圆满完成气象服务保障工作。全市气象部门坚持市县一体、上下联动，准确预报强降雨和台风天气过程，发挥气象防灾减灾第一道防线作用，为各级党委政府科学决策提供有力支撑。重点对3月16—20日寒潮、6月13—16日强对流、6月26日强对流暴雨天气、7月5日台风“暹巴”强降水和9月14日台风“梅花”强降水天气等天气过程进行精准预报、精细服务。发布重要天气预报23期、专项气象服务74期、雨情信息169份、预警信号116期。建立重大灾害性天气“叫应”制度，实现预警信息全覆盖，开展面向党委政府和部门叫应服务44轮次，叫应人数525人次，确保预警信息“发得出”“传得到”“叫得应”，2项工作案例入选山东省2022年气象灾害防御“叫应”服务实践案例。

【公共气象服务】 2022年，召开新闻发布会，准确发布汛期气候形势，就社会公众关心的话题回答记者提问。多次接受电视台和新闻媒体采访，发布最新天气动向及预报。加强“潍坊气象”微博、微信公众号等新媒体及声讯12121、影视、手机短信等渠道融合，增加内容输出、丰富产品内涵、提升服务效能。围绕公众关注，线上线下结合，常态化开展气象防灾减灾科普宣传工作。微博发布信息1066条，阅读量2167.4万次。微信公众号推送334次，直接阅读量313.7万次。12121拨打量138.2万次。

【农业气象服务】 2022年，履行市政府稳定发展粮食生产工作专班成员职责，与市农业农村局、市应急管理局联合发布农业气象服务专报，首次发布大豆玉米带状复合种植气象服务产品。做好关键农时、农事监测预报预警，发布各类农业气象服务专报400余期。加强与保险公司合作，探索开展农产品气象指数保险业务，保障产业链风险和农户利益，减少灾害天气给农业造成的损失。在设施农业智慧气象服务示范点，继续开展西瓜种植和成果转化试验，带动农户增产增收。在昌邑青阜农业公社，成立全省首家“粮食安全气象服务工作室”，探索粮食安全气象服务保障新路径，被山东省气象局评为“质量提升年”优秀典型案例和“高质量发展优秀创新实践工作”。

【人工影响天气】 2022年，召开人影工作高质量发展研讨会，推进市政府《实施意见》重点任务落实。在粮食主产区增设2处作业点。完成4门高炮自动化改造，引进4部火箭发射装置，作业装备自动化覆盖率88.5%。弹药社会储运实现规范化管理，弹药物联网系统运行率100%。推进作业站点标准化建设。开展冰雹高发期的防雹作业和关键农事季节、生态保护与修复、森林防灭火增雨作业保障服务。配合做好省运会开幕式人工消雨作业保障服务。全年共组织人工影响天气作业165轮次，其中增雨作业108轮次，防雹作业57轮次，为粮食生产、生态保护与修复做出贡献。

【社会安全监管】 2022年，开展“行政执法+专家诊断”异地交叉执法检查，市县两级统筹出动执法力量200余人次，完成防雷安全重点单位专项检查1120次，发现问题隐患95条，开展升放气球巡查216次。举办全市防雷安全监管培训会议，提高基层执法人员的防雷执法监管能力和水平。对全市检测机构进行摸底排查，对检测机构上传报告情况进行现场督查。实时调度“互联网+监管”数据输入，汇集监管数据1108条，监管覆盖率100%。社会安全监管工作获山东省气象局科学管理类创新工作和“质量提升年”优秀典型案例。

（袁　静）

水　文

【概况】 2022年，潍坊市有国家基本水文站18处（河道站10处、水库站6处、闸坝站1处、潮位站1处），雨量站259处、报汛站332处、墒情监测站67处（自动墒情站47处、人工墒情站20处）、蒸发观测站7处、河道泥沙监测站7处、水土保持监测站3处、地下水观测站128处、中小河流和区域用水总量监测站59处。

【降水量及分布特征】 2022年，全市平均降水量为997.1毫米，比历年偏多56.8%。与历年比较，青州市偏多最大为87.2%，其他县（市、区）偏多一般在23.5%～86.8%之间。

全市降水的主要特点是时空分布不均。时间分布上，降水量主要集中在汛期，6—9月以及10月上旬，全市平均降水量907.1毫米，占年降水量的91.0%。其中8月全市平均降水量253.0毫米，占年降水量的25.0%、6月全市平均降水量252.1毫米，占年降水量的25.0%；枯季，1—5月全市平均降水量62.3毫米，占年降水量的6.0%，11—12月全市平均降水量仅27.6毫米，占年降水量的3.0%。空间分布上，降水量地区差异明显，各县（市、区）平均降水量青州市平均降水量最大为1195.5毫米，寿光市平均降水量最小为851.5毫米，区域差值344.0毫米。

【河道水情】 2022年汛期受几场较强降雨影响，各主要河道发生不同程度的洪水，部分河段发生中大洪水，其中潍河辉村水文站8月6日实测洪峰流量1840立方米每秒、古县水文站9月17日实测洪峰流量为620立方米每秒；弥河谭家坊水文站8月10日实测洪峰流量616立方米每秒；汶河南王皋水文站8月10日实测洪峰流量555立方米每秒；渠河郭家屯水文站8月10日实测洪峰流量529立方米每秒；弥河黄山水文站7月6日实测洪峰流量318立方米每秒；潍河诸城水文站（掘村拦河闸）8月23日实测过闸流量397立方米每秒；北胶莱河流河水文站8月14日实测洪峰流量240立方米每秒。

汛前由于受降水稀少的影响，大部分河道处于断流或基流状态，汛后各主要河道水势平稳，处于汛期退水期或基流状态。2022年，全市河流入海径流量45.09亿立方米。

【水库水情】 2022年底，全市27座大中型水库总蓄水量12.02亿立方米，比年初多蓄水0.21亿立方米。其中，大型水库蓄水量9.05亿立方米，比年初多蓄水0.25亿立方米；中型水库蓄水量2.96亿立方米，比年初少蓄水0.05亿立方米。

【水文情报预报】 2022年，全市各类报汛站共向国家防总、省市防指拍发电报50万份，其发报率和正确率均为100%。提供大中型水库、主要河道水情表152期、雨情表145期、水情简报12期、水文简报13期、墒情简报3期、河道水情简报2期、周报9期、水文情势预测预报5期、水文快报6期、水情月报14期，发布洪水预报27次，水库纳雨能力分析500余站次，向各级领导发送雨水情短信30万人次。

【地下水位变化】 根据地下水动态监测资料，2022年底，全市平原区平均地下水位埋深为10.36米，较年初上升1.51米。年底与年初比较，全市各县（市、区）地下水位均上升，上升幅度一般为0.59米～2.38米。

【地下水漏斗区变化】 2022年底，全市平原区地下水漏斗区有寿光—昌邑、昌邑城区、昌乐朱刘店3处，年底漏斗区总面积1474平方千米，较年初缩小80平方千米，漏斗区地下水位负值区面积728平方千米，较年初缩小167平方千米。其中，寿光—昌邑漏斗区年底面积1113平方千米，较年初缩小47平方千米，漏斗地下水位负值区面积621平方千米，较年初缩小96平方千米；昌邑城区漏斗区年底面积336平方千米，较年初缩小33平方千米，漏斗水位负值区面积107平方千米，较年初缩小51平方千米；昌乐朱刘店漏斗区面积及水位负值区面积仍为25平方千米。

浅层地下水蓄水量变化。2022年底全市平原区浅层地下水蓄水量较年初增加31398.8万立方米，全市各县（市、区）地下水蓄水量均增加，一般增加159.0万～10682.4万立方米。

（魏　璁）

农业科学

【概况】 2022年，潍坊市农科院主持承担国家、省、市各类项目39项，其中，国家级4项、省级6项、市级29项，所有项目按照任务书要求和进度安排有序开展。新获批科研项目15项，包括省重点研发计划4项、省科特派共同体产业服务团1项及乡村振兴典型案例1项、市科技发展计划6项、市软科学3项。获各级各类奖项16项。其中，“潍花系列9个花生新品种转化与推广”获中国技术市场协会金桥奖优秀项目奖和山东省技术市场协会科技金桥奖一等奖，“丁香、豆梨良种选育及高效繁育技术研究与应用”获潍坊市科技进步奖一等奖，连续20年获得市科技进步一等奖。审定农作物品种3个、国家登记品种1个、获得植物新品种权1项，授权国家发明专利9项、实用新型专利15项，申报潍坊市地方标准23项。

【种业自主创新】 2022年，广泛搜集引进小麦、玉米、豆类、花生、白菜、萝卜、生姜、芦笋、南瓜、园林等国内外种质资源410份，建设山东省作物种质资源保护单位“潍坊农科院桃种质资源圃”，收集保存桃种质资源215份。利用杂交、分子标记辅助等育种技术，筛选出一批符合育种目标的新材料、新品种（系）20余个，自主创制选育审定（登记）新品种4个、获得植物新品种权1项，其中小麦新品种潍麦12获得国家审定，玉米新品种潍玉8号、大豆新品种潍豆20获得山东省审定，花生新品种潍花15号获得国家非主要农作品种登记，大豆新品种潍豆126取得植物新品种权，潍豆9号被农业农村部确定为黄淮海地区玉米大豆带状复合种植推荐品种等。

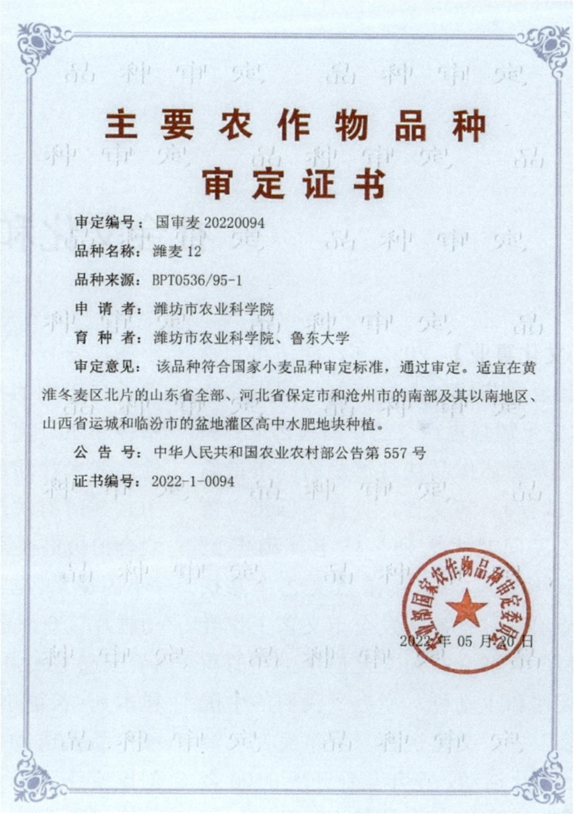
主要农作物品种
审定证书

审定编号：国审麦20220094
品种名称：潍麦12
品种来源：BPT0536/95-1
申 请 者：潍坊市农业科学院
育 种 者：潍坊市农业科学院、鲁东大学
审定意见：该品种符合国家小麦品种审定标准，通过审定。适宜在黄淮冬麦区北片的山东省全部、河北省保定市和沧州市的南部及其以南地区、山西省运城和临汾市的盆地灌区高中水肥地块种植。
公 告 号：中华人民共和国农业农村部公告第557号
证书编号：2022-1-0094

2022年05月20日

潍麦12国审证书（供图：潍坊市农业科学院）

【科技服务“金翅膀行动”】 2022年，开展“党建引领、科技助农、争当先锋”系列活动，完善管理和考核激励机制，推动科技服务“金翅膀行动”专业化、品牌化发展，获市委、市政府颁发的“打造乡村振兴齐鲁样板先行区示范集体”奖。全年开展科技下乡服务212次，现场技术指导2392人次，解决技术问题324个；累计开展技术培训27场次、培训3122人。累计推广潍花15号、潍黑豆1号、潍白69、潍麦12等18个农作物新品种94.43万亩；5项种植技术应用面积207万亩，1项育苗技术繁育种苗20余万株，1项养殖技术在20万羽鸭上应用。

【科技成果转化】 2022年，围绕破解制约现代农业产业高质量发展的关键瓶颈难题，依托产业创新联盟、省科特派创新创业共同体、省技术市场协会等平台对外宣传推介科研成果，促进科技成果转移转化。全年与北京胜达博睿科技有限公司、青岛稼丰富民种业有限公司、嘉祥腾飞种业有限公司、黄元御（潍坊）生物科技有限公司等签署成果转移转化服务协议19项，转化潍萝卜16号、潍麦12、潍豆20号（大豆）、潍花27号、潍花15号、潍白4号等农作物新品种6个，科技成果转化直接收益共计130万元。

（孔祥彬　张连晓）

文 化

Wenhua

社会文化和文化体制改革

【文化事业】 2022年，潍坊市完善健全文艺扶持激励机制，制定实施《关于加强重点文艺作品选题策划和优秀文艺作品扶持奖励的九条措施（试行）》等文件，评选第四批“潍坊民间艺术大师”15名、确定22部作品为2022年重点文艺作品扶持项目，有效激发全市文艺工作者和广大群众参与文艺创作生产的积极性和主动性。举办“我们的中国梦”——文化进万家、市民文化节等文化活动，全年累计开展6100余场次，丰富群众精神文化活动。推动全市“戏曲进乡村”“一村一年一场戏”活动开展，年均演出7000多场次、观众逾百万人次，实现行政村全覆盖，完成公益电影放映7.3万场，形成“周周有活动、月月有演出、节日有庆典、人人都参与、无处不欢乐”的局面。挖掘身边典型事迹和优秀传统文化，组织创排《老倔杠卖油》《我有一个梦》《守黄人》《翠花庆生》《较量》等群众性小戏小剧210余部，组织演出2100余场。其中《老倔杠卖油》获山东省群众性小戏小剧一等奖，《守黄人》获省第八届小品新作大赛一等奖。情景小剧《我有一个梦》在省梨园大戏院汇报演出并获十佳主题情景小剧，受到山东省委常委、宣传部部长白玉刚的批示肯定。弘扬时代精神和主旋律，创作推出一批思想性、艺术性相统一的精品。加强与中宣部等有关部门通联，成功争取联合拍摄电视剧《南来北往》。电影《小囚徒》、电视剧《潍县集中营》、动画片《仓颉造字》、长篇报告文学《看云起——中国“菜篮子”的共富样本》、长篇小说《潍县集中营》5部作品入选省“十四五”重点文艺创作项目。《板桥县令》《初心永恒》入选“喜迎二十大奋进新征程”全省优秀剧目展演。《我有一个梦》《生命颂歌》《永不褪色》入选“厚道齐鲁地美德山东人”主题情景小剧优秀作品。围绕疫情防控，创作推出艺术作品3300余件，原创抗疫MV《有你》在省级以上平台播发，获得极高人气和口碑。

【文化体制改革】 2022年，制定2022年全市文化体制改革工作要点，共确定9项重点改革任务，承担省重点改革任务3项。组织开展全市文化经济政策落实情况调研和文化数字化战略调研，形成高质量调研报告。制定《潍坊市国有文化企业深化改革加快发展的实施意见》，优化完善市属国有文化企业“双效”考核机制和管理体制。开展中华文化体验廊道研究、优秀传统文化历史故事绘本编写和胶济铁路沿线文旅项目梳理等工作。潍坊市以第一名的成绩当选“2024年东亚文化之都”。《寿光市探索实施“三位一体”模式　全力打造县域公共文化服务体系》被确定为全省文化改革发展典型案例。

【山东手造工程】 2022年，在全省率先建成手造博物馆、展销基地，全国政协领导现场调研并高度评价，创新打造“潍有尚品”品牌，甄选打造青州古城、市博物馆、潍坊软件园印象商城等两批共50个“五进”示范点。争取财政支持保障，设立文化产业扶持资金，对手造产业发展等项目予以扶持，推动风筝制作、黄金珠宝加工、郞部吉他等优势手造项目集群发展。加强手造宣介，举行优选100产品新闻发布会，开展中央、省级主流媒体“手造企业采风行”，掀起手造宣传热潮。在第十八届中国（深圳）国际文化产业博览交易会、山东手造展示体验中心对郞部吉他进行品牌推介，推动手造“走出去”。推出手造主题MV《还是这一方》，全网播放量200万余人次。手造赋能乡村振兴经验做法在新华社、《农民日报》等中央主流媒体刊发。制作推出“潍坊国潮华服”“萌虎驾到”“郿部人的神秘身份”等一批新潮新颖、年轻化手造宣传短视频。

（张　坤　黄新运）

精神文明建设

【文明城市创建】 2022年，颁布实施《潍坊市文明行为促进条例》，推动全市精神文明建设工作迈入法治化、规范化轨道。印发《潍坊市创建全国文明城市重点领域集中整治提升行动的实施方案》，联合市住建局、市城管局、市工信局等多部门，集中开展市容环境、小区社区等八大领域整治提升行动。组织261个文明单位与社区（村）结对共建，有效解决一批创建重点难点问题，被中国文明网专门报道。在全市开展“弘扬时代新风　争当文明市民”主题巡演、礼让斑马线文明交通志愿服务等活动，促进市民文明行为养成、社会文明程度提升。

【新时代文明实践建设】 2022年，以“五有”标准打造文明实践“潍坊样板”，配备新时代文明实践所、站专管员6828名，建立826个小区新时代文明实践点、7000余个新时代文明实践家庭站、752个“15分钟志愿服务圈”。全市举办各类“五聚”文明实践活动2.6万场次，受益群众250万余人次。倡树美德健康生活方式，开展美德大讨论等各类主题活动，在全省率先设立专项研究课题，举办系列主题公益广告创意设计大赛，2部作品被中央文明办采用。《潍坊市让文明实践融入振兴大潮》被《农民日报》头版头条宣传推介，被山东省委常委、宣传部部长白玉刚批示肯定。

【乡村文明建设】 2022年，开展“最美家庭”“好婆婆好媳妇”“文明村镇”等群众性精神文明创评活动。潍坊市24个镇村入选全国文明村镇，3个家庭入选全国文明家庭。新申报省级文明村镇61个，复查合格省级文明村镇347个。制定《关于在乡村倡导开展“反对浪费、文明办事”移风易俗行动的工作方案》推动移风易俗工作。建成各级美丽庭院17.8万户，建成率27%，符合创建条件的村庄示范户覆盖率100%。

【典型培树】 2022年，1人入选“齐鲁时代楷模”，在全国学雷锋志愿服务“四个100”先进典型名单中，潍坊市占据三席，列全省第一。全市44人入选“山东好人”，数量居全省第一。2人入选“中国好人”，数量列全省第三。评选“潍坊好人”220人，选树宣传“潍坊最美人物”12个系列共346名，1人入选首届“齐鲁最美基层宣传文化工作者”，1个家庭入选“全国最美家庭”。打造潍坊市道德模范主题公园、未成年人思想道德建设主题公园2处道德地标。持续开展“五个一”礼遇好人活动，崇尚先进、见贤思齐的社会氛围更加浓厚。

【全环境立德树人】 2022年，推进亲子共成长工程，组织“父母大讲堂”等线下课程30余场，线上直播100余场，服务家长100万人次。成立市家校社共育工作委员会，创新推出“三有”家庭教育模式，开展“千人万场”主题宣讲活动。明确“六有”建设标准，实施“3+3+N”建设模式，建成乡村“复兴少年宫”示范点582所，深化“扣好人生第一粒扣子”主题教育实践，3人入选省新时代好少年，入选数量位居全省前列。利用春节、清明、端午等中华传统节日，组织中小学校开展“我们的节日”系列活动。举办潍坊市第九届“国学小名士”中华经典诵读活动，全市上万名中小学生参与，掀起全市中小学生诵读经典、传承美德的热潮。

【“五为”志愿服务】 2022年，全市建立“1+17+N”志愿服务队伍体系。全市实名注册志愿者149.3万人，志愿队伍8207支，志愿项目总数2.2万个，累计记录服务时长619.9万小时。推出“美德银行”“时间银行”“爱心存折”等嘉许激励办法，落实志愿者星级评定、积分兑换、免费保险、优惠公共服务等关爱措施。聚焦“五为”深入开展文明实践志愿服务活动，推出“幸福食堂”“长者乐堂”“幸福拾光”“知心调解室”“父母大讲堂”“蒲公英•童心梦”微公益等项目。

（张　坤　黄新运）

新闻出版

【行业管理】 2022年，实体书店京广•尚悦（银座店）获全国“年度最美书店”称号，新华书店寒亭分公司中心门店、青州分公司南湖书院获“山东省最美书店”称号，博雅书店入选网络人气奖。完成全市印刷发行企业年检和新闻出版统计，市1名新闻出版统计工作人员被中央宣传部办公厅通报表扬，4个基层新闻出版统计单位和4名工作人员被省委宣传部通报表扬。加强网络发行单位监管，对全市1358家网络发行单位开展证照真伪专项核查，会同县（市、区）文旅、执法、审批部门对集群注册网络发行单位进行调查处置，重申出版物经营许可证申领条件，规范市出版物网络发行市场秩序。全市拥有报纸出版单位5家，有新闻时政类、民生类、学术类报纸7种；有期刊出版单位4家，均为专业学术类刊物；有连续性内资出版物21种；有图书发行单位1023家，印刷企业1008家。开展印刷发行业“双随机、一公开”检查、中小学教科书印制发行专项检查等，全年出动执法人员1.59万人次，检查印刷发行单位4455家次。警告26家，罚款48家，罚款22.1万元，取缔6家，没收出版物2.4万册。

【版权工作】 2022年，推进全国版权示范城市创建工作，全市登记版权作品12.45万件，同比增长93%，登记数量连续3年蝉联全省第一。版权单位、园区（基地）增加，新华书店、寒亭区明德学校获2021年度山东省版权示范单位，中国棉纺城、临朐县嵩山生态旅游发展服务中心获2021年度山东省版权示范园区（基地）称号。评选市级版权示范单位4家，版权示范单位（软件正版化）1家，版权示范园区（基地）1家。软件正版化工作稳步推进，采购2022年9月至2025年9月三年期党政机关正版办公软件场地授权，印发《潍坊市卫生健康行业软件正版化工作方案》，在全市卫生健康系统逐步推广正版软件。召开全市创建全国版权示范城市冲刺动员暨版权示范文化站（馆）建设现场推进会议，成立新闻出版传播、书画等十大行业版权保护联盟，举办喜迎二十大全市大中专学生“版权杯”文化创意大赛。加强版权宣传，举行2022年集中销毁侵权盗版、非法出版物暨版权宣传周启动仪式，省版权局发贺信肯定，举行中央媒体版权潍坊行活动，中国新闻出版广电报专版宣传。举办首届潍坊市版权博览会。开展版权执法专项行动，全年查办版权案件71件。

【全民阅读】 2022年，高密农家书屋管理员李济远荣膺全国“乡村振兴十大阅读推广人”。介绍潍坊市乡村阅读典型事迹节目“全民阅读正当时，书润乡村向未来”，作为首届全民阅读大会·乡村阅读推进论坛暨2022“新时代乡村阅读季”启动仪式唯一的开场展示节目精彩亮相。《关于统筹推进全民阅读工作实施方案》印发施行，开展全民阅读“五位一体”改革，推进阅读设施升级，健全全民阅读推广体系，强化品牌引领和宣传引领，多部门齐抓共管，共同扩大全民阅读覆盖面。召开全民阅读“五位一体”改革推进现场会，全市近3000处阅读场所实现图书通借通还。3个镇街、3个村居、5个单位、2家企业、2名个人获评全省全民阅读先进典型，推出一批市级全民阅读先进典型。开展“超然书房”建设，推出以“校长领读”为开端的系列“领读者”系列活动，制播《悦读·潍坊》电视节目50期。组织爱读书、读好书、善读书短视频大赛，征集近200个阅读短视频，短视频《莫言：谈谈读书那些事儿》获全省阅读短视频大赛一等奖。

【农家书屋管理】 2022“新时代乡村阅读季”中，潍坊市居市级全国排名首位，成功蝉联“四连冠”。寿光市居县级全国排名首位，青州市、寒亭区、高密市、安丘市、临朐县、昌乐县、滨海区、坊子区、昌邑市9个县（市、区）进入县级全国排名前100名，李瑞兰、巩雪分别获全国“优秀管理员”第一名、第二名（全国共10名），全国10名“阅读达人”潍坊市占4名。全市落实2022年度农家书屋出版物更新资金436.89万元，15个县（市、区）、开发区全部完成年度农家书屋补充更新出版物工作。《人民日报》、文化和旅游部《每日舆情信息》相继刊发文章《农家书屋“新”起来 爱心浇灌童心 涵养文明乡土》，报道市高密农家书屋宝德书院的典型做法。

（王栋允）

【潍坊日报社】 2022年，潍坊日报社88件新闻作品在省级以上新闻作品评选中获奖。由《潍坊日报》等全国105家地市党报联合推出的“庆祝中国共产党成立100周年‘红色百城’大型全媒体报道”，获第32届中国新闻奖二等奖。潍坊日报社重点提升新闻宣传质效、融媒体传播力及深度报道水平，完成全年各项任务。

围绕迎接党的二十大胜利召开和学习宣传贯彻党的二十大精神这一主线，组织所属媒体开设“奋进新征程 建功新时代”“非凡十年”“喜迎二十大”“走在前 开新局”“深入学习宣传贯彻党的二十大精神”等栏目，在“报网端微”推出全媒体报道，营造浓厚舆论氛围。围绕全国和省市“两会”、省市党代会、省市工作动员大会等重要会议，产业发展、品质城市、项目建设、民生改善、常态化疫情防控、重点节会等主题，组织一系列宣传战役，形成舆论强势。聚焦市委中心工作，开设“新视点”“有解思维大家谈”“创新引领 事争一流 把潍坊发展推向新高度”等专栏，策划推出重点报道、评论和新媒体作品，发挥统一思想、凝聚共识的舆论引领作用。

加强新媒体建设，形成以“潍坊融媒”客户端为龙头，涵盖“网、端、微、抖”等30多个平台的新媒体矩阵，综合粉丝量超过1000万。“潍坊融媒”客户端下载量突破200万次，在全市新闻客户端中稳居第一，是市委、市政府重要政务信息最权威最迅捷的发布平台。"潍坊融媒"微信公众号粉丝量超过70万，在全省微信影响力排行榜中位居市直媒体第一名。爆款新媒体产品《这几种药物千万不要混用》点击量高达5000万次，引发网友热传点赞，受到省委宣传部点名表扬。在全省各级媒体传播力评价中，潍坊日报社排名上升，位居32家地市级媒体第九名。

推进市委工作思路贯彻落实，围绕产业发展、项目建设、现代农业、乡村振兴等主题，策划推出深度报道，通过全媒体传播，形成舆论强势，产生良好反响。聚焦三个"十大"主题，开设"潍坊的创新与实践"栏目，推出《满目芳华日争新——"十大创新"看潍坊》《群峰竞秀挺起发展"脊梁"—"十强产业"看潍坊》《迭代升级破局而来——我市以"十大扩需求"行动增强经济内生动力》等深度报道。围绕"优存量""扩增量"主题，推出深度报道《新赛道上，潍坊产业如何"优"》《新赛道上，潍坊产业如何"扩"》。《潍坊日报》开设"新视点"专栏，刊发系列评论。

（刘伟杰　刘博学）

广播影视

【概况】 2022年，潍坊市广播影视工作突出重点、攻坚克难、开拓进取，创作生产持续繁荣，公共服务扎实高效，行业发展动能强劲，事业发展迈出新步伐。

农村公益电影放映场景照（供图：市文旅局）

【广播电视公共服务】 2022年，市应急广播体系建设快速推进，取得阶段性成效。市级平台和15个县级平台已与省平台对接，实现省市县三级贯通。《全省应急广播工作简报》先后多次刊发潍坊市、昌邑市、寒亭区应急广播建设经验做法，并作为典型案例在全省交流推广。落实延续广电扶贫财政补贴政策，为享受广电扶贫政策建档立卡的5.4万户贫困户提供免费收听收看有线电视服务。全面推进"智慧广电＋公共服务"，主动融入迎接党的二十大等重大主题宣传战役，抓好服务企业发展、隐形冠军等重点宣传。持续拓展"媒体＋政务＋服务"功能，提供专业性、针对性、亲民性强的媒体服务，营造良好舆论环境。

【媒体融合发展】 2022年，寿光市融媒体中心、昌乐县融媒体中心获评全省县级广电媒体融合先导单位，高密市融媒体中心、滨海经济技术开发区融媒体中心获评全省县级广电媒体融合典型案例。全省县级广播电视媒体深度融合发展管理推进培训现场会在昌乐县成功召开，潍坊市文化和旅游局作典型发言。潍坊市广播电视台创新打造网络广播电视台15个直播频道顺利开播，在全省地市级台具有领先地位，在全国地市级台也是一项突破性创举，满足用户多样化、新体验、高品质视听需求。

【精品生产】 2022年，《潍坊，长成了940万潍坊人想要的模样》阅读量超过2000万。网络电影《黄皮子坟》、纪录片《文化潍坊》、网络剧《大饼卷一切》入选2022年省级广播电视和网络视听精品创作传播奖励项目，奖励资金90万元。潍坊新片场影视公司网络电影《勇士连》自上线后广受好评，成功入选国家广电总局2022网络视听精品节目。《大饼卷一切》获评2022年"弘扬社会主义核心价值观共筑中国梦"主题原创网络视听节目征集活动暨"中国梦·齐鲁情"山东省第九届原创网络视听节目大赛优秀网络剧三等奖。青州中晨书画产业园获评山东省首批网络视听产业基地。

【电影放映展映】 2022年，召开全市农村电影工作会议，举办电影工作培训班，坚持问题导向，聚焦放映不均等、操作不规范等问题，常态化开展实地督导，全市农村公益电影放映7.3万场，行政村覆盖率均达100%，观众逾百万人次。1月至12月全市影院票房收入1.46亿元，居全省第三位。成功举办潍坊市第一次国外影片展映——《德国导演“维姆·文德斯”电影回顾展》，为广大影迷奉献一场电影盛宴，满足人民群众精神文化需要。

（王栋允）

风筝文化

【第38届潍坊国际风筝会】 2022年4月17日，第38届潍坊国际风筝会、第17届世界风筝锦标赛暨万人风筝放飞活动在潍坊举行。31个省、市、自治区和中国澳门特别行政区的118支风筝代表队500人应邀参加世界风筝锦标赛。制作放飞目前世界上最大的280米巨龙风筝和最长的7700米的长串风筝，组织创作潍坊文化特色的大型歌舞《大潍向海·古坊鸢舞》，举办千架无人机编队表演，组织51个国家和地区的国外风筝队举办“云上风筝节”，组织举办风筝主题油画展。潍坊大剧院举行开幕式观众爆满，滨海国际风筝放飞场风筝比赛和表演现场达20万人（潍坊市外游客占到60%以上）。无人机灯光秀表演现场观众10余万人。全国武术比赛2000余名选手参加，全国舞蹈比赛有4000余名选手参加。同时吸引社会培训机构、志愿者机构参加。各县（市、区）举办群众喜闻乐见的文体活动，如临朐县举办国际门窗博览会，寿光市举办菜博会、种博会，寒亭区举办西瓜节、风筝年画艺术节等活动。风筝会利用传统媒体和新媒体，以及原创歌曲、短视频、诗歌比赛等形式进行推介，在央视《新闻联播》前播放举办风筝会的公益广告、举办有100多家媒体参加的新闻发布会。《人民日报》、新华社等主流媒体150多家报刊网络均进行报道，中央人民广播电视总台5个频道多次进行播报。利用8种语言在21个国家和地区的450多家媒体进行报道或转发，如美联社、福克斯电视台、哥伦比亚广播公司、韩联社、朝日新闻等。风筝会全媒体传播人次超20亿。

【风筝产业】 2022年，委托山东省标准化研究院制定《现代风筝》和《传统风筝》团体标准，使潍坊市成为风筝的标准制定者，为世界风筝都成为风筝产业之都打下基础。推动文旅结合，推动开放发展，委托国家发改委国合华夏城市规划研究院制定《潍坊市风筝产业发展规划》，为发展潍坊市风筝产业制定蓝图，提升风筝会的内在价值，扩大世界风筝都的影响。同时打造“潍坊风筝”品牌，支持风筝企业做大做强创新发展，注册“世界风筝都”和“潍坊风筝”地理标志证明商标。研究制定《关于实行服务风筝企业制度推动风筝产业高质量发展的实施意见》。2022年，风筝产业产值提升8%，风筝企业出现一筝难求的态势。对风筝企业集聚、有良好的产业基础的“中国风筝产业第一村”坊子区王家庄子授予“风筝放飞基地”并挂牌。

【风筝文化活动】 2022年，为庆祝中国共产党成立100周年，“七一”前夕，组织20余家风筝企业制作30余只红色主题风筝，并组织200余名风筝爱好者在浮烟山放飞基地举办庆祝中国共产党成立100周年放飞活动。10月13—19日，分别赴延安、井冈山、嘉兴3处红色文化教育基地开展“继承建党精神　传承风筝文化”红色主题风筝展示放飞活动。同时拍摄“妈妈教我一支歌”MV，创作诗歌《这一刻》和歌曲《世纪恋歌》，引起广泛好评。

【交流合作】 2022年，开展风筝文化交流，促进“双招双引”，推进文旅融合。与中国风协、山东省风协合作，组织参加武汉风筝节，组织一级风筝裁判培训。风筝会期间举办2021外交使节暨国际友城市长潍坊行活动，丹麦、肯尼亚、日本、韩国等8个国家的驻华使节、商会会长和特别代表30余名外宾出席活动。风筝会期间举办重点合作项目签约活动，涉及总投资249.85亿元，并达成合作意向10多个。在广州东塔举行投资环境说明会，与10余家企业、社团参加会议并对接洽谈。与潍城区政府对接，打造风筝文化、放飞旅游基地，发挥浮烟山“中国风筝放飞基地”的作用。

（王　鹏）

文物博物

【考古前置工作】 2022年，成立潍坊市考古研究所，组织举办“潍坊市首届田野考古技术培训班”，组织全市有关业务骨干脱产学习2个月，为潍坊市培养考古勘探发掘人才。制定印发《关于进一步加强考古勘探全过程监管的若干措施》《关于规范考古勘探项目专家验收工作的指导意见》，加强考古勘探工作的全环节监管。自2022年9月意见实施以来，进行208个项目、占地面积1789万平方米，完成65个地块，610万平方米的地块。与山东大学联合实施的“考古中国”项目前冢子头遗址发掘一期顺利结项，并被《国家文物局每日舆情摘报》刊发。

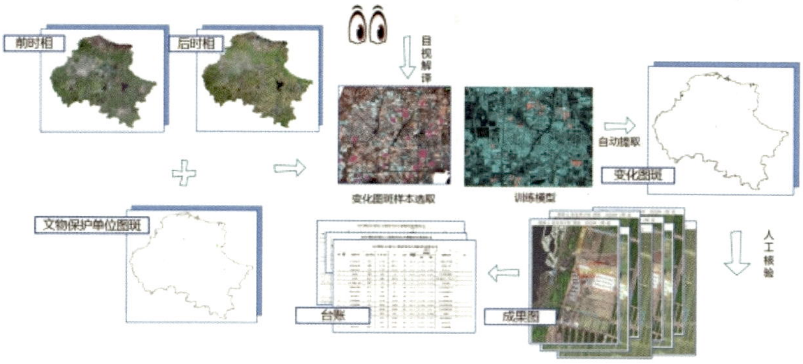

“文物 + 遥感”变化监测流程图（供图：市文旅局）

【不可移动文物】 2022年，全市有世界文化遗产1处；国家和省历史文化名城各1座；有文物保护单位4099处，其中全国重点文物保护单位22处、省级文物保护单位171处、市级文物保护单位235处、县级文物保护单位1427处。

【博物馆之城建设】 2022年，新增备案12家博物馆，全市登记备案博物馆总数达75家，其中国有博物馆27家、非国有博物馆48家。另有8家乡村（社区）博物馆获全省首批乡村（社区）博物馆备案认定。支持非国有博物馆发展，对27家运行成效良好的非国有博物馆进行奖补。安丘市博物馆、昌乐县博物馆新馆完成选址。5月18日，举办“国际博物馆日”潍坊主会场活动开幕式暨“博物馆之城”建设启动仪式。6月8日，全市博物馆高质量发展专题培训工作会议暨潍坊博物馆学会2022年工作年会召开。

【文物安全】 2022年，全市市级以上文物保护单位完成“四有”工作，省级以上文物保护单位及国有博物馆均按有关要求完成文物安全责任人公告公示牌设置。规范文物行政执法巡查工作。加强安全生产，推进全市文物火灾隐患整治和消防能力提升三年行动落实，完成对全国重点文物保护单位文物保护工程项目、全市石刻文物拓印清查整治、冬春文物消防和燃气安全排查整治工作，开展全市文博单位消防安全隐患排查整改工作，省级及以上文物保护单位安全工作落实检查巡查等工作。探索现代科技赋能文物安全防护手段，“‘文物 + 遥感’探索文物保护新模式”被《国家文物局每日舆情摘报》刊发获文化和旅游部副部长、国家文物局局长李群，省文化和旅游厅厅长王磊肯定批示，省文化和旅游厅将此经验做法向全省推广，国家文物局赴潍专题调研。

【文物保护】 2022年，潍坊市人民政府办公室印发《关于印发潍坊市文物事业发展“十四五” 规划的通知》。市文化和旅游局印发《关于印发〈潍坊市革命文物保护利用“十四五”专项规划〉的通知》。市政府第114次常务会议审议通过《关于推进“博物馆之城”建设促进博物馆事业高质量发展的意见》，联合13部门共同印发《关于印发〈关于推进“博物馆之城”建设促进博物馆事业高质量发展的意见〉的通知》，并配套制定《潍坊市开展“博物馆之城”建设促进博物馆高质量发展奖励补助办法》，全面开展潍坊“博物馆之城”试点建设。市政府召开全市文物工作会议。印发《潍坊市历史文化研究优秀成果奖评选办法》《潍坊市历史文化研究优秀成果奖励暂行办法》，公布潍坊市第一次历史文化研究优秀成果79项。市教育局、市文化和旅游局联合印发《关于推进利用博物馆资源开展中小学教育教学的实施方案》，促进博物馆与学校教学、综合实践有机结合，进一步健全馆校合作机制。市文保委印发《关于加强齐长城（潍坊段）保护工作的若干措施》，推进齐长城保护管理各项工作实施。在全省率先开展并完成红色文化资源专项普查，市政府办公室印发《关于公布潍坊市第一批红色文化资源保护名录的通知》。在全省地级市率先建立由15部门、单位组成的潍坊市红色文化保护传承工作协调机制。《潍县西方侨民集中营旧址保护规划》获国家文物局批复。

（王栋允）

档案管理

【概况】 2022年，潍坊市档案部门贯彻落实习近平总书记关于档案工作“四个好”“两个服务”批示要求，围绕市委“一二三四五”工作思路，聚焦主责主业，狠抓工作落实，圆满完成各项目标任务。市档案馆被国家机关事务管理局等4部门评为“节约型机关”，被省档案馆表彰为“全省档案宣传工作先进集体”。

【服务中心大局】 2022年，落实领导干部服务企业专员制度。市档案馆组织5名服务专员到11个企业和2个项目，指导疫情防控、帮助复工复产、协调解决困难问题，得到包靠企业充分肯定；制定《档案工作服务企业高质量发展三年行动方案》并派专人全程参加“三年攻坚”行动，在“潍企通”平台挂接《企业档案法律法规和标准规范》，编印《企业档案工作指南》，分层次做好业务培训、典型培育、分类指导等工作。开展包村帮扶工作，多方筹措帮扶资金20万元、争取乡镇投资166万元，拆除旧房8处、疏通硬化街道3条、改造村民生活污水130户、修建排水沟450米、建设花坛绿地和栽植花草苗木各4000平方米，推进帮扶村旧村改造和美丽乡村示范村建设。在统筹抓好全馆疫情防控工作的同时，选派专人参加全省“四进攻坚”行动、全市综合督导、全市疫情防控督导和潍城疫情防控流调等工作，并圆满完成各项任务。

【档案资源建设】 2022年，加强摄影音像档案资料征集。市档案馆组织开展第三届“见证潍坊”纪实摄影音像有奖征集大赛，征集照片600张、视频35部；征集接收《记忆潍坊》展览、潍坊日报社融媒体库、宝通街快速路工程等照片23240张，抗击新冠肺炎疫情、大众网潍坊站短视频大赛、潍坊系列宣传片等视频资料431部。做好重大活动和突发事件档案征集。市档案馆接收“疫情防控”“脱贫攻坚”两类档案资料5595件、党史学习教育档案资料830件，完成7584页文书档案数字化；征集接收市委领导公务活动照片233张，党代会等档案资料169件（册）。做好档案接收进馆工作。市档案馆接收进馆单位各门类各载体档案3246盒24593件（册、张）；市委办公室印发《关于做好各民主党派市委会机关档案移交进馆工作的函》；完成新数字化档案验收和数据导入工作，著录条目1.5万条、扫描文件全文21.5万页，接收“疫情防控”“脱贫攻坚”电子档案7196件、市委办等部门电子档案1.2万件。开展特色档案资料征集。市档案馆征集莫言等名人档案资料327件；接收省“四大班子”1949—2012年重要文献选编66本，图书报刊、家谱族谱、书画作品等144件（册）。推进专题档案数据库建设。梳理形成“习近平总书记对山东工作重要指示要求专题档案资源库”“革命历史红色档案资源库”“经略海洋档案资源库”的专题目录数据库和原文数据库，上报省档案馆革命历史档案1.9万条、经略海洋档案2.4万条。同时，建立健全网页档案、媒体档案、突发事件应对档案、重大活动档案等专题数据库。

【档案文化传播】 2022年，编辑出版档案文化精品。市档案馆编辑出版潍坊发展纪事系列丛书第3本《潍坊文化发展纪事》，助力文化强市建设；配合山东广播电视台拍摄纪录片《夺不走的帅旗》，展现潍坊人民在峡山水库建设中不屈不挠的艰苦奋斗精神；配合中央电视台摄制专题电视片《新影像，春天和风筝来一场“邂逅”》，在“央视新闻客户端”播出当日浏览量25.3万人次。提升档案文化传播度。在潍坊晚报开设《档案掠影》栏目，图文并茂记录潍坊翻天覆地的发展变化；在潍坊融媒设立“见证潍坊”栏目，受到社会各界广泛关注；策划发布“潍坊档案”微信公众号作品50篇，其中38篇被潍坊融媒转发，阅读量超100万人次，3篇被学习强国平台采用，多篇文章位列全国档案微信号热文榜第一、二名，公众号年度位列全国档案微信号百强榜第22位、全省第一；充实完善潍坊档案信息网站内容，全年更新网站信息1349条，被省馆网站刊发16条；档案文化宣传工作在“全省档案宣传工作会议”上作典型发言。编发《潍坊大事记》12期，为市领导和市直部门提供资政参考服务；完成《潍坊年鉴（2022）》等书籍有关内容编写任务。

【档案馆公共服务】 2022年，组织全市开展以“喜迎二十大·档案颂辉煌”为主题的国际档案日系列宣传活动。市委常委、秘书长杨建华到市档案馆调研指导，出席荣誉馆员聘任仪式，对近年来档案工作给予充分肯定。期间，市馆组织举办各类活动12项，省、市新闻媒体广泛宣传报道，《山东新闻联播》有关报道将潍坊市活动作为背景镜头。开展档案开放审核攻坚行动。市档案馆全年审核档案4.6万件，其中对外开放933件、延期开放1581件、控制4067件，对外开放的档案目录全部上传潍坊档案信息网和省档案目录中心平台；档案开放审核工作在“全省档案开放审核工作推进视频会议”上作典型发言。多种形式开展档案查阅利用服务。年内，市档案馆接待查档人员1710人次，利用档案5.5万卷件。开展档案育人施教活动。开展具有档案特色的“四史”教育和主题实践活动，市档案馆全年接待10多个部门单位和社会各界1200余人次。

【档案基础业务建设】 2022年，做好归档文件和档案整理工作。对市直13个单位进行业务指导、91个单位提供业务咨询；指导7个单位编制修订《文件材料归档范围和档案保管期限表》；对3个单位200余人进行业务培训；印发《关于进一步加强机关业务系统电子文件归档与管理工作的通知》，指导市纪委监委机关等8个单位成功申报市级电子文件归档试点。推进数字档案馆室建设。安丘市档案馆以82.6分成功创建“国家级数字档案馆”；“全省数字档案馆建设现场培训观摩会”在安丘召开，推广潍坊市的经验做法；推进数字档案室建设试点，指导市工信局等8个单位完成数字档案室建设试点，潍柴集团、昌邑碧桂园满国环境科技集团获批全省企业集团数字档案馆（室）建设试点单位。开展档案业务建设评价活动。对9家单位进行评审，评选出示范单位、先进单位和规范单位各3家。加强档案行政执法和法治宣传。对各县（市、区）和市属开发区的48个部门和市直42个部门单位开展档案行政执法检查，制发问题整改单50余份；利用档案网站、公众号、短信等平台，在法定节日期间，开展档案法治宣传。参加档案文献遗产和档案学优秀成果及案例评选。馆藏《潍县大观》被省档案局推荐申报“中国档案文献遗产名录”；申报的全省档案学优秀成果286项、经济科技档案工作创新案例10项全部获奖；《打造“见证潍坊”征集品牌，构筑馆藏音像档案资源新体系》征集案例，荣获“山东省红色档案征集示范奖”。

【档案安全防护】 2022年，推进档案中心建设。市档案中心6层办公楼、二三层业务服务楼主体封顶，11层档案库房楼主体建设完成10层。项目建设作为节能建筑、绿色发展的典型案例，被“山东新闻联播”报道。提升安全风险管控能力。市档案馆严格落实24小时值班制度，坚持每天开展1次用电检查和室内外监控回看、每周开展1次库房巡查、每月开展1次消防检查、每季度开展1次安全风险隐患排查。同时，每半年组织开展1次安全讲座，不定期举行应急处置实战演练。加强档案数据和网络安全。市档案馆投资18.3万元，更换计算机房UPS电池20节，服务器、存储器各1台，定时检查设备运行状态，定期更换登录密码，检查网络防火墙、“三合一”保密软件等运行情况，确保设备运行和数据查询终端安全。

（刘树平）

非物质文化遗产保护

【概况】 2022年，潍坊市非物质文化遗产系统性保护不断推进，新时代非遗保护传承水平全面提升，全市非遗工作迈上新台阶。

【非遗保护成果】 2022年，非遗保护多项工作获得“国字号”荣誉。中国非遗保护协会年画专委会落户潍坊，开启中国年画艺术保护传承新征程。潍坊风筝作为全省唯一受邀的非遗项目参加由中共中央宣传部、国家发展改革委、中央军委政治工作部和北京市委市政府联合主办的“奋进新时代”主题成就展在北京展览馆举办，展现潍坊非遗保护和传承最新成果。十笏园文化空间登上全国“最受欢迎公共文化空间”TOP50榜单。“聂家庄泥塑：工坊引领好日子　泥里刨出‘金疙瘩’”入选全国“非遗工坊典型案例”公示名单，为全省入选三个案例之一。红高粱小镇、潍坊杨家埠民间艺术大观园、魅力姜庄·非遗旅游小镇成功入选2022年“全国非遗与旅游融合发展优选项目”名录。

【非遗保护基地】 2022年，《潍坊年画振兴的新实践》获第五届山东省文化创新奖。《潍坊成功申创世界“手工艺与民间艺术之都”，非遗保护迈向新阶段》被评为全省非遗保护十大亮点工作。认定30家单位为潍坊市非物质文化遗产传承教育实践基地。联合市委组织部、市委编办、市发改委等部门印发《关于进一步加强非物质文化遗产保护的若干措施》。制定《潍坊市非遗工坊认定管理办法》，认定90家市级非遗工坊。国家社会科学基金艺术学课题《潍水流域民间文化艺术的多元化交融研究》顺利结项。

【非遗传承发展】 2022年，临朐县成功入选山东省“非遗在社区”试点（全省五个之一）。组织举办全省首个“非遗在社区”工作培训班，全面铺开“非遗在社区”工作。打造潍坊地区公共文化品牌“潍有尚品”，发布优选100项目。建成潍坊市非遗展示馆，新建齐鲁文化（潍坊）生态保护区综合传承教育实践基地。代表山东组织策划“新疆是个好地方”对口援疆19省市非遗展山东展区。

【非遗传播】 2022年，全国政协、文化和旅游部非物质文化遗产司领导到潍坊进行非遗专题调研，并给予高度评价。成功举办全国首届黄河流域蛋雕名家邀请展，全国160位艺术家300件作品系统展示黄河流域风情。主办第39届潍坊国际风筝会“云上风筝赛”和“海峡两岸非物质文化遗产展演大会”，参加“孔子家乡　好客山东”文化旅游（澳门）推广周，引发社会各界高度关注和持续热评。创新实施“非遗出海”工程，在日本、韩国、老挝大使馆举办潍坊市非遗专题展览，入选山东省对外交流与合作资料库项目名单。

（王栋允）

文化艺术中心

【概况】 2022年，市文化艺术服务中心紧紧围绕“一流城市公共文化综合体”目标任务，着力推进“一流环境、一流平台、一流业态、一流服务”建设，能级活力不断提升，城市会客厅作用不断彰显。全年接待市民近400万人次，车辆130万车次，保障市十八届人大一次和二次会议、7次人大常委会、万物集夜市等活动200余场次。

【商业运营】 2022年，打造风溪地滨河步行街，投资200万元，进行高标准亮化美化，引入知名餐饮企业，每天人流近万人，成功创建为全省文旅夜间消费聚集区，获评“潍坊市青年特色商业街区”。举办纯公益“万物集夜市”，集休闲购物、观光美食、文化演艺、休闲娱乐、公益售卖于一体，共设置摊位220个，辐射周边人群近10万人，成为全市最具活力和影响力的夜市品牌。教培机构实现统一品牌IP整合，成为潍坊第一个综合性教育品牌。东塔“云上会客厅”初步成型，成功举办鲁台会“两岸青年新消费交流沙龙”等活动，“文化＋咖啡”模式引领潍坊市域消费新风尚。

凤溪地滨河步行街夜景（供图：市文化艺术服务中心）

【文化惠民】 2022年，引进精品剧目，《武则天》《人世间》等一批优秀剧目先后在大剧院精彩呈现，全年演出话剧、舞剧、音乐剧、儿童剧等139场次。开展公益活动，组织开展打开艺术之门系列演出16场，惠民音乐会9场，市民开放日活动10次。创新成立潍坊交响乐团，创办学生实践教育基地。

【服务提升】 2022年，坚持“室内外一体化”管理模式，绿化、美化、净化实现标准化可量化管理考核，环境卫生持续改善。全面规范言行举止，落实文明用语、文明引导、文明提示和微笑服务，市民满意度提高。在满足群众“微需求”上下功夫，增设便民服务柜，完善公共区域导视标识，打造安全、美观、舒适的休闲娱乐环境。累计投入500万元，实现“万兆上联，千兆到桌面”的光网宽带覆盖，实现宽带网络大升级、5G信号全覆盖。

【安全运营】 2022年，开展安全文化建设，建设智慧消防系统，开展消防防汛预案演练，建立疫情防控常态化保障机制，落实网格化管控措施，筑牢安全基础，连续9年安全运营无责任事故发生。

（张心宇）

卫生健康　体育

Weishengjiankang　Tiyu

卫生健康

【概况】 2022年，潍坊市卫生健康系统一手坚决筑牢疫情防控底线，有力有序有效处置疫情；一手全力推动卫健事业发展，圆满完成各项工作任务，获评“山东省卫生健康工作先进集体”，3次受到市委、市政府通报表扬。全市各级各类医疗卫生机构8566家，卫生技术人员8万余人，床位近7万张。资产总值576亿元，房屋建筑面积756万平方米。总诊疗5201万人次，出院病人185.8万人次。万元以上设备6.6万台，总价值114.7亿元。

【新冠肺炎疫情防控】 2022年3月，全市卫健系统开展流调溯源、核酸检测和医疗救治等工作，无一患者病情加重，在全省率先实现“动态清零”。潍坊市做法被省委主要领导肯定为“有典型示范意义”。针对10月以来的新一波疫情，迅即开展精准高效处置，以最坚决的措施、最严格的标准，开展科学防控。推进疫情防控平稳有序转段，严格落实国家优化调整措施和省市有关要求，以最快速度做好医疗救治能力提升、医疗物资保障、疫苗接种等工作，保护好群众生命健康，维护好正常社会生产生活秩序。截至12月底，全市设置发热诊室1200间，定点医院、二三级医院、亚定点医院设置监护床位4366张，其中重症床位3461张、监护床位905张。全面完成150.94万名老年人新冠重点人群调查，全市3924个家庭医生（团队）提供家庭医生签约服务。60岁及以上老年人新冠病毒疫苗第一剂次接种率、全程接种率、加强免疫接种率均完成省定目标。支援外地疫情防控，派出20余批次2300余人以及气膜实验室、移动检测车等设备，支援省内兄弟市及上海、海南、西藏等地。

【基层卫生健康“综试区”建设】 2022年，在全国率先开展单病种群体管理模式探索，病种扩大到100种基层常见病。自主研发的单病种群体管理系统建成投用，并引入百度智慧医疗。县域医疗服务次中心和镇街医疗机构国家基本标准达标率、城乡居民电子健康档案建档率、乡村医生大专以上学历或执业（助理）医师占比等基层卫生核心发展指标均居全省前列。全省基层卫生健康“综试区”建设现场推进会、基层卫生健康发展大会在市召开。在国家《基层卫生健康综合试验区卫生发展主要指标评估结果》中，寿光位列全国第二名，国家卫生健康委给予充分肯定，省长周乃翔勉励寿光“当好基层卫生工作的领头羊”。

【公立医院发展】 2022年，在全省率先以市政府名义印发推动公立医院高质量发展《实施意见》。成功争创康复医疗、老年医疗护理和县域医共体“中心药房”建设省级试点。实施“攀登计划”和医疗技术“登峰计划”，省字号引领的“1+8+30”雁阵型区域医疗中心集群、国字号打头的“7+55+260”重点专科集群布局完成。潍坊市人民医院晋升全国公立医院绩效考核A+序列，全省地市级排名第二。5家县级医院入围全国百强，总数保持全省第一。借助王辰院士工作站平台，举办第八届国家级“呼吸论坛”。推动公立医院智慧化建设，全市互联网医院达到37家。潍坊市人民医院急救综合楼和内科院区项目开工建设，北辰院区竣工；潍坊市妇幼保健院新院区启用，诸城市人民医院、昌乐县人民医院医院等新院区建成投用，医疗服务承载力显著增强。招聘博士研究生47人、硕士研究生391人，实现全国名中医、泰山学者和省科技进步一等奖三大突破。

【中医药强市建设】 2022年，启动市“国家中医药综合改革示范区”建设。

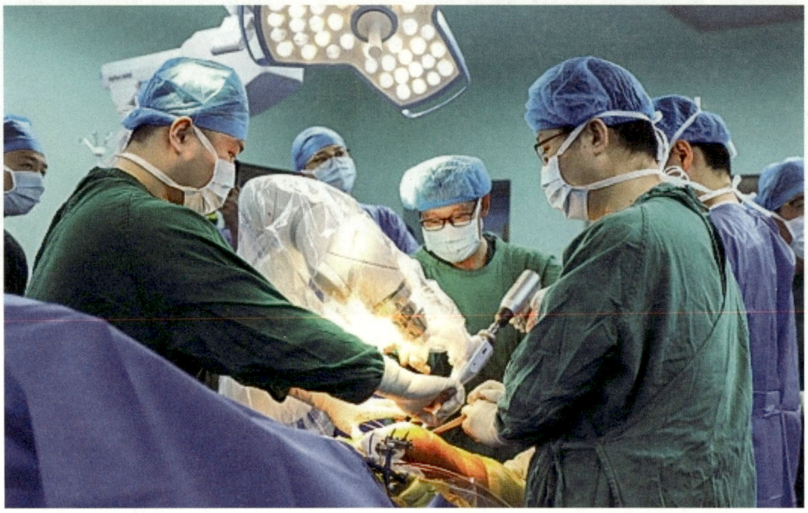

2022 年，潍坊市人民医院成功开展机器人手术（供图：季晓琳）

镇街医疗机构 100% 设置中医药综合服务区，100% 的卫生服务站能够提供中医药服务。齐鲁中医药优势专科集群牵头专科实现零的突破，获评全国名老中医药专家传承工作室建设项目 2 个，成功创建齐鲁医派中医药特色技术整理推广项目 2 项、省中医药重点学科 2 个。推进“中医药人才培养工程”，培养中医药骨干和中西医复合型人才 3000 余名。线上举办“黄元御”中医文化节，首届“沂山论健”中医药健康大会落户临朐。打造潍坊道地药材“潍九味”品牌体系，培育打造 10 个中医药示范项目，山东中医药大学产学研创融合人才培养基地落户潍坊。

【医养健康工作】 2022 年，推进全国医养结合示范省先行区建设，全市医养机构达到 165 家、床位 3.2 万张，42 家镇街卫生院与养老院实现“两院一体”运营。加快全市在建医养健康产业重点项目建设，成功引进国药乐仁堂产业项目。高新区生物医药产业集群被评为省级生物医药产业集群。青州市入围全省医养结合高质量发展创新引领县（全省 5 个）和文旅康养强县（全省 10 个），共获得 2000 万元资金奖励。

【“健康潍坊”建设】 2022 年，全面开展健康知识普及、全民健身、控烟等 15 项行动，倡导个人是自己健康第一责任人理念。继续对 6 种严重精神障碍患者实行免费救治，基层综治中心心理咨询室实现县镇村三级全覆盖。全面深化首批国家级尘肺病康复站建设试点，探索推行基于医联体的尘肺病“三师共管”全周期康复模式，蝉联全省职业健康达人风采大赛冠军。食源性疾病监测继续向基层医疗机构延伸，形成市县乡村四级联动工作格局。开展监督执法“蓝盾行动”，严肃查处违法违规行为。广泛开展公益性应急救护培训，持证救护员达到 1600 人。累计创建国家卫生县城 6 个、卫生乡镇 18 个；省级卫生乡镇创建率达到 100%，省级卫生村实现“应创尽创”。

【就医服务优化】 2022 年，修订完善“医疗便民 30 条”和医疗卫生服务“双六条”。二级以上公立医院 100% 建成患者综合服务中心大厅、100% 实现分时段预约诊疗，三级公立医院 100% 开展诊间和床旁结算、100% 实现检验结果线上查询。29 家医院通过“互联网＋居家护理”，上门服务高龄、慢性病患者。以 9 家市级医院为枢纽，不断把医疗服务的触角向上挂靠、向下延伸，与 22 家省内外高水平医院建立合作关系，对全市 221 家县乡级医疗机构实现对口帮扶全覆盖，各级医疗机构普遍开设“扫码吐槽”“院长代表”等投诉平台。对信访工作实行规范化管理，群众满意率和问题解决率均在 99% 以上。群众看病就医满意度测评连续 7 年位列全省前三。

【重点人群健康保障】 2022 年，推进承担的 11 件民生实事，受益人群超 230 万。产前筛查率、新生儿疾病筛查率提前完成“健康中国 2030”目标。新增 0～3 岁婴幼儿照护托位 12551 个，千人口托位数达到 4.1 个，居全省前列。为 1 周岁儿童免费接种水痘疫苗 6.76 万剂次，为 2 周岁以

2022 年，潍坊市中医院提供群众就医服务（供图：赵长林）

下儿童免费接种13价肺炎疫苗6.82万剂次。为103.95万名中小学生免费视力筛查和屈光度检查。在全省率先实现适龄妇女两癌免费筛查城乡全覆盖。开展50～74周岁户籍居民结直肠癌早诊早治惠民项目，61593人受益。65岁及以上老年人城乡社区规范健康管理服务率提高到72.8%。为70周岁以上老年人免费接种四价流感疫苗54.87万剂次。解决遗留20年的市属困难破产企业独生子女父母一次性补助问题。创新“静默认证”模式，实现高龄补贴发放认证从“被打扰”到“无感知”的服务转变，发放总额保持全省第一。

（魏伟才）

体　育

【概况】 2022年，潍坊市体育工作以办好人民满意的体育、建设体育强市为目标，主动服务和融入新发展格局，实施全民健身、竞技体育、体育产业、体育文化、改革创新“奋勇争先”行动，取得显著成绩。在山东体育强省建设表彰大会上，全市17家单位20名个人受到表彰。潍坊体育工作多次被省市领导批示肯定，打出高质量发展“组合拳”，跑出高效能治理“加速度”，多项工作走在全国全省前列。

【全民健身】 2022年，全民健身设施全面提升。打造“绿动融合·千园之城”全民健身新格局，新建125处体育口袋公园、1处智慧体育公园、3处百姓健身房、3处智能健身场地、12.8千米塑胶健身步道和11片笼式球类场地，昌邑市北海体育公园、峡山区体育公园完成提升改造，“10分钟健身圈”品质内涵实现提升。完善乡镇“两个一”工程建设，建成11处乡村振兴示范性健身工程，为658个行政村（社区）更新健身器材，为473个自然村、190个老旧小区配建健身器材。全民健身活动优化升级。“全民动起来·潍坊更精彩”全民健身活动品牌价值释放，打造“潍坊市龙舟大赛”“FBA篮球联赛”等特色品牌赛事活动近百个。组织举办各类活动1400余场次，线上线下参与人次超2000万，活动数量和参与人数居全省前列。全人群体育服务水平提高。加强基层体育总会建设，推进实施“百千万”社会体育骨干人才培养工程，在全省率先试点建立“网格动态化”社会体育指导员管理机制，举办全民健身公益大讲堂200余期，培养群众身边的“体育委员”3000余人次，全年参与总人数突破22万人次。

2022年8月，潍坊市第七届龙舟大赛暨山东省第十届全民健身运动会龙舟比赛（潍坊赛区）选拔赛在鸢都湖开幕（供图：邵光远）

【竞技体育】 2022年，参加第二十五届省运会取得历史最好成绩。获得145枚金牌、85枚银牌、105枚铜牌，金牌较上届增长45%，增幅居全省第2位，实现运动成绩和精神文明双丰收。市长刘运作出批示:“成绩来之不易，精神尤为可嘉。谨向你们表示热烈的祝贺！向全体教练员、运动员和广大体育工作者表示崇高的敬意！望总结经验、早作谋划，再接再厉、再创佳绩，努力为潍坊人民赢得更大荣誉。”品牌赛事方面，高标准承办全国U17男子排球锦标赛、全国体育传统项目学校排球项目（初中组）比赛、山东省男子篮球联赛、胶东五城市网球联盟暨友好城市团体邀请赛等高端赛事20多项，成功举办2022年度潍坊市锦标赛25个项目比赛，城市活力持续增强。高水平基地建设方面，创建提升全国唯一的中国风筝板训练基地、江北唯一的排球训练基地、省内唯一的国家青少年训练中心和手球训练基地等国家级训练基地10个、省级训练基地14个。

【体育产业】 2022年，制定落实《关于加快体育产业发展十项措施》等体育惠民政策，体育消费持续升温。全市各类体育市场主体2000余家，从业人员50余万人，体育产业总规模

2022 年，潍坊运动员曹金凤获得 25 届省运会帆船帆板项目首枚金牌（供图：邵光远）

超 240 亿元。创建山东省体育服务综合体 2 个，省级以上体育产业示范基地 1 家，省级 4A 级体育技能培训机构 1 家，市级“体育 +”产业融合知名品牌 26 家。体育消费券发放初具规模。10 家企业享受体育消费券补贴优惠 20 余万元，带动居民体育消费 200 多万元。“双招双引”有序推进。完成“跆拳道连锁店”“乡村振兴鲜食玉米产业园”2 个招商引资项目，总签约额 4.65 亿元。体彩销售稳中向好。2022 年全市体彩经营站点 1000 余家，体育彩票年销售总额 16.38 亿元，位居全省第四位。

【体育文化】 2022 年，体育服务智慧化水平提高。打造新一代潍坊智慧体育平台，城乡健身设施数据基本实现全覆盖。“潍坊智慧体育服务市民‘慧’运动　助力城市公共体育服务水平提升”项目荣获山东省 2022 年新型智慧城市优秀案例。宣传工作成效显著。在央视、新华社、《人民日报》和国家体育总局网站等国家级媒体发稿 42 篇，在《大众日报》、山东电视台、省体育局网站等省级媒体发稿 389 篇，在《潍坊日报》《潍坊晚报》等市级媒体发稿 453 篇，在潍坊体育发布公众号、局网站发布信息 1222 条，为体育事业发展营造良好氛围。体育精神深入人心。以各类赛事为平台，开展系列体育文化活动、文化展示活动，弘扬奥林匹克精神、中华体育精神，举行“奥运全运冠军进校园”志愿服务潍坊行活动，讲好体育故事，传递体育精神，彰显体育力量。

【“体育 +”融合发展】 2022 年，在全省率先推行“体卫融合”创新实践。示范项目入选国家全民健身志愿服务项目库，6 个项目获评山东省第二批“体卫融合”试点项目。与国家体育总局体科所联合开发特殊儿童运动干预健康项目，填补国内空白，获国家级、省级知识版权证书 20 项。建立儿童青少年运动健康行业标准，创建国内首个儿童青少年运动促进健康示范区。参与“运动健康机理模型及公共数据库的建立与应用”国家重点研发计划重点专项和“运动促进健康复杂性科学机理”国家重点研发计划课题。完成国民体质监测 3000 余人次。“体教融合”经验做法在全省推广。实施中小学生体质提升工程，233 个单位 5000 人次参加 2022 年中小学生体育联赛，完成中小学生普及游泳培训 3700 人，培训超体重中小学生 152 人。推进社会体育组织进校园，20 家体育社会组织为中小学校提供体育服务。探索体育 + 职业教育“潍坊模式”，培养体育职业人才近万名。创建全省首个“体教融合”试验区，培育“体教融合”示范单位 168 家。在体育强省建设表彰大会上作典型发言，国家体育总局给予充分肯定。“体旅融合”成果方面，制定《潍坊市体育旅游示范基地评选办法》《潍坊市“体育 +”产业融合知名品牌评选办法》，开展市级体育旅游示范基地培育创建活动，打造 2022 年度市级体育旅游示范基地 11 家、省级体育旅游精品线路 1 条。

（罗伊豪）

2022 年，潍坊市开展国民体质监测项目测试活动（供图：邵光远）

社会生活

Shehuishenghuo

居民生活

【概况】 2022年，潍坊市贯彻中央和省委、省政府决策部署，有效实施稳经济一揽子政策措施，全力应对疫情影响和内外风险挑战，全市经济稳中向好，居民收入稳步增长，生活质量持续改善。

【居民收支整体情况】 2022年，全市居民人均可支配收入39365元，同比增长6.1%。其中，城镇居民人均可支配收入48989元，同比增长3.4%；农村居民人均可支配收入25639元，同比增长6.3%。城乡收入差距持续缩小。潍坊市通过深化农村管理体制改革、实施乡村建设行动和高质量发展现代农业等措施促进农业农村经济持续快速发展，农村居民收入增速较城镇居民高1.7个百分点，城乡居民收入比为1.91:1，较上年同期缩小0.03个百分点。居民消费略有回落。全市居民人均消费支出22916元，同比下降0.5%。按类型分，八大类人均消费支出4升4降。其中，人均食品烟酒支出5647元，增长2.5%；衣着支出1339元，下降4.2%；居住支出4655元，增长0.6%；生活用品及服务支出1620元，增长2.0%；交通通信支出4238元，下降0.2%；教育文化娱乐支出2882元，下降6.7%；医疗保健支出2090元，下降2.8%；其他用品和服务支出444元，增长6.5%。农村消费增速高于城镇。潍坊城镇居民人均消费支出27835元，同比下降2.3%；农村居民人均消费支出15901元，同比增长2.5%，农村居民消费增速高于城镇4.8个百分点。

【居民生活水平】 2022年，完善居民生活基础设施。市委、市政府加大城乡人居环境投入和建设力度，健全城乡基础设施，改善农村人居环境，全年全市城乡居民住宅外道路硬化比重99.8%，社区开通燃气的比重50.6%，集中供暖的城镇社区占比64.9%，农村居民住宅内使用水冲式厕所的户比重83.7%。改善居民饮食结构。饮食结构方面，全年潍坊居民人均蔬菜食用菌及制品消费99.5公斤、肉类消费25.6公斤、蛋类消费23.2公斤、鱼虾等水产品消费10.7公斤，比上年分别增长3.6公斤、2.3公斤、1.8公斤和0.8公斤。粮食类食品人均消费量由2021年的127.4公斤下降为125.7公斤。耐用消费品拥有量稳定。从百户家庭耐用消费品数量看，2022年潍坊市居民家庭每百户拥有汽车64.4辆、热水器87.1台、空调146.9台、洗衣机101.7台、计算机61.4台、移动电话246.4部，和上年相比，空调、计算机、热水器、电冰箱、洗衣机等消费品数量保持稳定；摩托车、普通电话和移动电话拥有量呈下降趋势。

（李丰礼）

劳动就业

【概况】 2022年，市人社局贯彻市委、市政府决策部署，围绕市委“一二三四五”工作思路，扛牢抓实稳就业、保居民就业重大政治责任，大力实施就业优先政策，全市城镇新增就业10.04万人、失业人员再就业

4.7万人、就业困难人员就业6513人，分别完成年度计划的106.77%、165.13%、144.73%，就业局势克服疫情影响保持总体稳定。

【就业政策落实】 2022年，创新完善就业服务体系，成功获批省内唯一就业服务国家级试点城市。聚焦破解结构性就业矛盾，创新智慧就业服务新模式，创设潍坊“就业码”，串起就业服务全部链条和环节，打造“覆盖全民、贯穿全程、辐射全域、便捷高效”的公共就业服务体系，经全国竞争性评审答辩，潍坊市从北京、上海、厦门等35个大中城市中脱颖而出，成功获批全国公共就业服务能力提升示范项目，成为省内唯一、全国20个试点城市之一，中央配套资金1亿元。在全国率先打造“零工客栈”服务模式，制定《零工市场建设与服务规范》，一站式提供信息对接、技能培训、线上服务、权益保障等八大服务，年服务零工380万人次，人均务工收入月增1000余元。成功入选“中国就业十件大事地方创新事件”，省委改革办、省人社厅在潍坊市召开零工市场建设现场会。强化稳就业政策供给，减负稳岗成效显著。突出高校毕业生、农民工、就业困难人员等重点群体，全面落实就业优先政策，公益性岗位安置困难人员就业5.3万人，创新“静默认证”“免申即享”工作机制，为企业减征社保费4.26亿元、发放稳岗补贴3.39亿元，为困难企业缓缴社保费3.75亿元，为企业克服疫情影响渡过难关提供支撑。

2022年8月1日，全省零工市场高质量发展推进会议暨现场观摩活动在潍坊举办（供图：郝连兵）

【创业带动就业】 2022年，健全完善创业政策体系。全面落实创业政策，提升创业服务，加大创业担保贷款扶持力度，放宽创业担保贷款申领条件，全市发放创业担保贷款10846笔、20.02亿元，带动就业2.83万人，位居全省前列。推进创业示范平台发展。人社部门认定的省市级创业示范平台有60家运行情况良好。齐鲁创业城创业创新综合体和滨海科创园两家省级创业创新示范综合体建设持续提升，孵化成功率均在80%以上，累计开展政策资源对接、创业培训、创业大赛等各类创业创新活动479场次，实名制服务创业创新人次超8.5万人。创新打造“创业大赛+”平台。聚焦发掘培育创新创业人才，持续激发创业经济发展活力，成功举办潍坊市2022年创业大赛、大学生创新创业大赛、潍坊首届IP播商大赛等6项大型赛事活动，参赛项目3200余个，推动创业大赛与金融服务、人才招引、园区孵化、培训提升等资源要素深度融合，挖掘培育一批创业典型和创新型创业项目，营造良好的创新创业氛围。

【青年人才引进】 2022年，人才引进工作围绕重点产业和重大项目以及《2022年度潍坊市“十大产业”规模以上企业人才需求目录》，征集“十大产业”人才需求2万余名，设立北京、南京、西安人才工作站，搭建“潍坊全球引才平台”，创新“直播带岗”“云端面试”引才机制，举办“直通名校”“博士潍坊行”“名校师生潍坊行”等线上线下招聘活动330余场，全市引进高校毕业生8.02万人，其中引进博士417人、硕士4133人，创历年最好水平。搭建全省规模最大职业技能竞赛平台，成功举办第三届“才聚鸢都·技能兴潍”职业技能大赛，涵盖47个赛项74个工种，20万名产业工人参与练兵比武。深化企业技能人才自主评价改革，带动培养高技能人才2.1万人，居全省首位。全市技能人才总量130万人，其中高技能人才32万人，7所技工院校入选全国首批“工学一体化”建设单位，全省第一、全国领先，各项技能人才指标均居全省前列。在全省率先成立“潍坊市高层次人才服务联盟”，创新打造全链条市场化人才服务平台，构建起全要素人才服务格局。持续优化绿色通道、窗口服务、人才专员、鸢都惠才卡“四位一体”人才服务体系，推动人才政策“一网通查”、人才需求“一站受理”、人才服务“一网通办”，发放“鸢都惠才卡”1718张，实现高层次人才应发尽发。

【职业技能培训】 2022年，完善终身职业技能培训体系，制定《潍坊市“十四五”职业技能培训规划》《关于做好2022年度职业技能培训机构备案管理的通知》等政策措施，进一步

2022 年 6 月 2 日，山东省“百日千万网络招聘专项行动”现场推进活动在潍坊举办（供图：郝连兵）

加强和规范培训机构备案管理，将全市 311 家备案培训机构纳入补贴性培训范围。开展职业技能提升行动，落实《潍坊市企业在职职工职业技能提升培训实施细则（试行）》，企业职工职业技能提升补贴申领实现“掌上办”，发放技术技能提升补贴 4709.8 万元，带动 2.64 万名企业职工提升职业技能。健全多元化职业技能培训体系。深化“互联网 + 职业培训”改革，将全市就业创业线上培训统一纳入“潍坊职业培训网络平台”和“青桔创课”网络平台，推动线上学习培训，克服疫情对职业技能培训的冲击影响，带动开展补贴性职业技能培训 11.9 万人次，超额完成年度培训目标。潍坊创业大学“青桔创课”平台成功入选“优质线上职业技能培训平台及数字资源”。

（王黎勇　郝连兵）

社会保障体系建设

【概况】 2022 年，潍坊市人社局牢固树立以人民为中心的发展思想，坚持把增进民生福祉作为高质量发展的根本出发点和落脚点，统筹推进覆盖城乡的社会保障体系建设，持续提升社会保障能力，打造群众满意的社保服务品牌。

【社保扩面提标】 2022 年，社会保险参保扩面创历史新高。至年底，全市职工养老保险、居民养老保险、工伤保险、失业保险参保人数分别为 256.49 万人、474.55 万人、201.01 万人和 127.86 万人，实现法定人群全覆盖。全市企业养老保险、工伤保险参保净增人数连续 3 年突破“双十万”。同步提高机关企事业单位退休职工养老金，稳步提高居民基本养老保险待遇，居民基础养老金提高至每人每月 162 元，其中 65 岁～74 岁、75 岁以上居民分别提高到 167 元和 172 元，惠及全市 166 万名城乡老年居民。连续第 17 年调整提高工伤保险三项定期待遇，惠及工伤职工 7000 余人。办好政府民生实事，按每人每年 300 元标准为 6.5 万名城乡困难居民全额代缴居民基本养老保险费，实现“应交尽交、应保尽保”。为 2318 名重残人员办理提前 5 年领取居民养老待遇手续。为 3.15 万名失业人员发放失业金 3.9 亿元、代缴基本医疗保险费 7915 万元，为 1.99 万名失业人员发放失业补助金 1262 万元，疫情影响下为失业人员撑起“保护伞”。

【体制机制改革】 2022 年，推进企业养老保险全国统筹改革。做好部省社保信息系统切换各项工作，累计整理参保数据 50 余万条，完成 178 项业务流程单点测试，测试通过率 100%，市企业养老保险全国统筹信息系统顺利上线运行。工伤保险制度体系更加健全。开发应用“潍坊市工伤预防宣传培训云平台”，畅通工伤预防线上培训渠道，开展机械制造、冶金、建筑施工、交通运输等行业工伤预防培训，惠及职工 1.3 万人。在歌尔等大型企业探索推行“社企直通车”试点，搭建社企服务平台，实现企业人事管理系统与社保业务系统“直连智办”，企业职工社保增减员、社保缴费基数申报等高频业务实现自动同步办理，做到一次数据录入、多个平台共享、一链全部办结。开展社保基金管理巩固提升行动，以制度建设为基础，持续强化人防、制防、技防、群防“四防”协同，全面加强政策、经办、信息、监督“四位一体”风险防控体系，严厉打击欺诈骗保、套保或挪用贪占社保基金等违法违规行为，守好群众的养老钱、保命钱。

【服务质效提升】 2022 年，优化智能服务。持续深化“人社服务快办”行动，50 项政务服务实现全省通办、33 项跨省通办，建成 7×24 小时“不打烊”人社服务超市。网上服务大厅覆盖全市 4.5 万家企业，网办业务量达到 140 余万件，市人社局连续 12 个月获评市政务服务大厅红旗窗口。提升服务效能。开发应用“潍坊市领取社保待遇人员资格认证平台”，全市239万名领取社保待遇人员实现"静默认证"全覆盖，被人社部确定为社保国家标准制定工作组成员单位，参与制定国家《养老保险待遇领取资格认证服务规范》。延伸基层服务。加强与建设银行、农村商业银行等机构深度合作，在全市布设裕农通、农商宝等基层服务终端6200余个，可办理灵活就业人员缴费、居民养老保险缴费、养老金领取、社保待遇查询等6项高频服务，把社保服务送到群众"家门口"。

（王黎勇　郝连兵）

医疗保障

【概况】 2022年，潍坊市医疗保障系统学习贯彻党的二十大精神，紧紧围绕市委、市政府中心工作，持续完善多层次医保体系、深化医疗保障制度改革、提升医保服务质效、加强医保基金监管，先后10次获省市领导批示肯定，典型做法多次被《中国卫生》、《中国医疗保险》、《人民日报》、新华网、《大众日报》等刊发。

【多层次医疗保障体系】 2022年，基本医保待遇水平提高，开展中医日间病房医保支付试点，制定健全重特大疾病医疗保险和救助制度实施方案、职工基本医疗保险门诊共济保障机制实施细则，优化调整"潍坊惠民保"方案，建立起基本医保、大病保险、医疗救助、"潍坊惠民保"有效衔接的"3+1"多层次医疗保障体系，全市参保覆盖率稳定在96%以上，基本实现应保尽保，全省医疗保险参保扩面工作会议在潍坊市召开。

【医疗保障制度改革】 2022年，市委、市政府制定《关于深化医疗保障制度改革的实施意见》，从完善公平适度的待遇保障机制、健全稳健可持续的筹资运行机制、建立管用高效的医保支付机制、健全严密有力的基金监管机制、协调推进医药服务供给侧改革、优化医疗保障公共管理服务6个方面，指导全市系统深入推进医疗保障制度改革。

【改革试点工作】 2022年，4项国家级、4项省级改革试点成效明显。按病种分值付费（DIP）国家试点评估获"优秀"等次；职工长期护理保险国家试点收到国家医保局感谢信；"两病"门诊用药保障专项行动国家示范城市建设有效减轻参保患者用药负担；国家医保智能监控示范点建设成果实现拓展延伸。承接内控管理子系统建设、DIP智能审核等4项省级试点，其中内控管理子系统建设经验获"全国医疗保障经办服务规范建设典型案例"二等奖。

【群众就医服务】 2022年，省内住院联网即时结算；跨省就医取消转诊，自助备案，联网结算；医保卡实现全省"一卡通行"；5种门诊慢特病实现全国联网；15种中医常见病种纳入日间病房；284种谈判药品纳入"双通道"；落实药品耗材集采，累计节约16亿元，群众获得感有效提升。

【医保基金安全】 2022年，组建潍坊市医保基金稽核中心。开展打击欺诈骗保集中宣传月活动，开展宣传活动专场200余场次；开展2022年度医疗保障基金使用检查；从人大代表、政协委员、民主党派、新闻工作者、参保群众中聘请33名医保基金社会监督员。全年医保基金收入187.92亿元，支出187.02亿元，实现安全平稳运行。

【新冠肺炎疫情防控】 2022年，落实疫苗免费接种和住院患者核酸检测资金保障工作，累计拨付医保基金12.3亿元；启动医保应急预付机制，提前向医疗机构拨付医保周转金8.9亿元；全市共缓缴企业职工医疗保险费4.06亿元。

（韩　健）

民政工作

【概况】 2022年，潍坊市民政局围绕市委"一二三四五"工作思路，着力抓重点、强优势，争一流、创品牌，全市基本民生保障体系更加完善，基层社会治理体系更加健全，基本社会服务体系更加优化，人民群众获得感、幸福感、安全感显著增强。

【救助保障】 2022年，提标扩面增效。低保、特困等9类困难群体救助保障标准提高超10%。为7.4万名低保和3万名特困供养人员发放救助资金10.1亿元。修订完善最低生活保障管理办法，推动低保政策惠及更多困难群体。对有集中供养意愿的特困人员实现“愿进全进”，生活不能自理人员集中供养率 62.2%。临时救助 8667 人次、1856.9 万元。“线上+线下”同步推进低收入人口动态监测，共排查自负医疗费用 2 万元以上等 3 万余人次。全市组织各级社会救助工作人员培训 1.5 万人次。

创新救助服务模式。“鸢•助你”“朐•帮你”被评为全省优秀社会救助品牌，6 项内容分别获全省优秀实践案例、优秀项目、优秀宣传成果，1 人获评全省“最美照护人”。创新制作“鸢•助你”二维码，主动告知社会救助政策、主动发现社会救助对象、主动公开社会救助信息，取得良好效果。

做好慈善福彩工作。全市累计募集款物 6589 万元，发放 7600 余万元，救助困难群众 5 万余人次。56 个慈善项目和临时性困难救助常年运行。建设奎文门夜未坊文化街、青州古街福彩青春公益主题街，依托商业综合体，初步建成“卫星矩阵”销售格局，全市销售福利彩票 9.92 亿元。

【养老服务】 2022 年，创新智慧养老新模式。全市智慧养老服务平台一网建设，“线上+线下”为老年人精准服务 25 万余人次。改造提升敬老院 14 处，新增护理型床位 5343 张。为 12787 余户进行智能适老化改造，为全市养老机构免费安装智慧消防系统，为具备行动能力的失智老年人发放防走失手环 2560 个。市级“一盘棋、一体化、一张网”、坊子区“1+3+N”和峡山区“1126+”智慧养老模式被全省推广。

加强居家和社区养老服务。强化困难人员居家照护，通过政府购买服务，委托专业组织提供上门服务，峡山区《以“四化”建设破解农村失能老年人养老难题》做法，入选全国居家和社区养老服务改革试点工作典型案例；坊子区“区域统筹+多维立体”发展模式被全省推广。建成 193 处助老食堂，奎文区“乐龄食堂”和寿光市“三链融合”幸福食堂做法被全省推广。

提升养老服务供给质量。完成全市社区养老服务设施清查整治专项行动，4963 个小区全部完成整改，共配建 1135 处养老服务设施，配建达标率 100%。3 个市（区）入选全省养老服务创新示范县，2 个县（市）被确定为全省首批示范性居家社区养老服务网络建设地区。组织开展养老服务与管理人员培训 7000 余人次，成功举办第九届养老护理员职业技能竞赛。对全市养老服务机构落实差异化补助 2567.7 万元。

【基层社会治理】 2022 年，推进基层治理规范化。组织县（市、区）健全完善村（居）委会成员履职承诺和述职等制度。排查村务公开方面存在的问题，丰富村务公开形式，完善民主监督程序。指导青州市马石西村和寿光市东斟灌村开展国家级试点工作。《中国社区报》宣传推广东斟灌村试点经验。组织临朐县和潍城区推进镇政府服务能力建设和街道服务管理试点。诸城市、临朐县蒋峪镇等 6 个单位被确定为全省基层治理实验区，数量居全省前列。1 个村民委员会获评全国先进基层群众性自治组织，2 人获评全国先进城乡社区工作者。高效完成 180 个农村社区“一窗受理，全科服务”“社区共治联盟”试点。

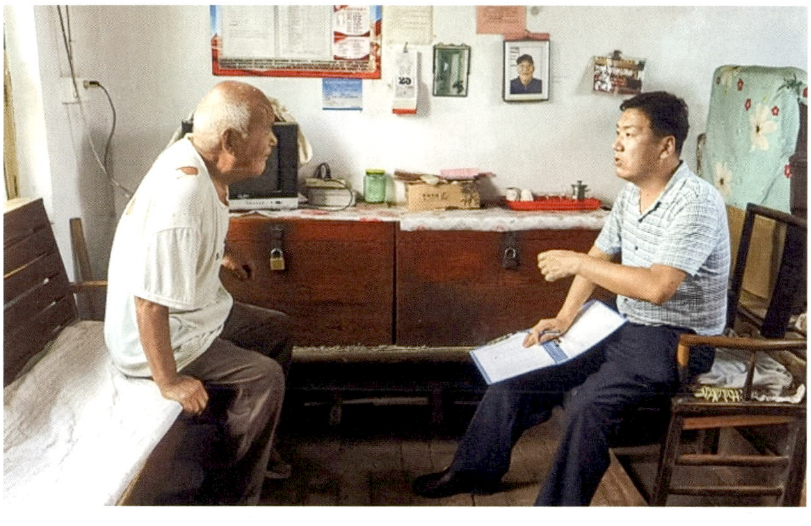

2022 年，市民政局定期进村入户了解救助保障政策落实情况（供图：张艳）

开展社会组织管理。全市注册社会组织 5323 家。建立党组织 1901 家，打造“党辉益路 123”党建品牌，在全省社会组织党建品牌建设推进会上作典型发言。潍坊市社会组织培育中心被评为省级两新组织党建示范点。完成 999 家市管社会组织 2021 年度年报。建立各级社会组织培育平台和服务场所 137 处、镇（街）社区社会组织联合会 125 家，社区社会组织 1.4 万家。全市行业协会商会减轻企业负担 4633 万元。

提升区划地名管理服务水平。全面完成 14 条行政区界线联合检查任务。会同淄博市创新开展“三县顶”主题公园建设。指导寒亭区、昌乐县推进乡村地名管理工作试点。做好《地名管理条例》普法宣传，发放宣传手册 2 万余份。全面完成国家地名信息库潍坊部分行政区划等十大类、5.2 万条地名的审改补录。推进设立潍坊市地名管理工作联席会议。开展“党建+地名”主题实践活动，整理编撰“地名+红色故事”文稿 180 余篇。开展地名档案数字化处理工作，整理历年档案 6 万余件。

推进社工志愿服务发展。统筹资金 1948 万元，累计建成镇（街）社会工作服务站 135 处，联动志愿者9万余人，服务群众125万余人次。坊子区在全省乡镇（街道）社工站建设现场推进会上作典型发言。实施社会工作者职业资格考试考前培训8600余人次，全市持证社工8628人，高级社工师10人，稳居全省前列。成立潍坊市全国社工领军人才工作室。14人入选第五届齐鲁和谐使者。全市实名注册志愿者149.3万人，队伍8124个，项目2.4万个。2人获评全国学雷锋最美志愿者。

【基本公共服务】 2022年，推进殡葬改革。争取省级资金201万元、市级300万元加快公益性公墓建设，新建成公墓203处。全省公益性安葬（放）设施建设现场会在市召开，寿光经验做法被民政部副部长詹成付批示肯定，《中国社会报》头版头条刊发报道《解码农村公墓改造的“寿光经验”》。高密市殡仪馆被确定为国家殡葬服务标准化试点单位。开展“鲜花奉故人、全力抗疫情”代为祭扫活动，网络“云祭祀”134.7万人次。《中国社会报》《大众日报》《齐鲁晚报》等媒体予以报道。

提升婚姻登记和辅导水平。潍坊市婚姻登记列为全国首批“跨省通办”试点。婚姻登记实现“零收费”。搜集补录新中国成立以来婚姻登记历史档案157.9万份。青州市、诸城市、寿光市入选全省婚姻登记数据质量提升试点单位。全省率先推出“新家庭”婚姻辅导App平台，采取线上展示、线下活动的“双线”模式为新组建家庭提供终身学习服务，全省唯一。

做好残疾人福利保障。推动残疾人两项补贴“掌上办”“指尖办”和主动帮办代办，为残疾人提供方便快捷的申请服务。共为16.9万名困难残疾人和重度残疾人发放补贴3.16亿元。将三、四级智力和精神残疾人纳入护理补贴范围，惠及13424人，全省唯一。推进困难残疾人照护服务、残疾人精神障碍社区康复服务，提高残疾人福利水平。

救济救助活动。擦亮“鸢都温馨驿站”服务品牌，常态化开展“夏季送清凉”“寒冬送温暖”专项救助活动。创新推行“社工+志愿者”联动机制，累计开展公益宣讲活动5场次，发放防走失宣传单1300余份、微信黄手环和防走失定位贴98支，惠及老人280余人次。部署开展救助管理机构“开放日”活动，宣传救助法规政策，展示救助服务成果。救助流浪乞讨人员833人次。

关爱呵护孤困儿童和未成年人。依法办理收养登记96人。建立“事实无人抚养儿童助学”长效机制，发放助学金184.5万元，惠及246名儿童。开展村（居）儿童主任赋能行动，全市7789名儿童主任全部进行轮训。寿光市获评全国未成年人保护示范县，坊子区、寿光市、高密市被评为省级未成年人保护试点单位。潍坊市儿童福利院“三提四优一创”经验在全省推广。高密市被确定为“检察+民政”未成年人保护深度合作试点，典型做法被中央电视台等多家媒体宣传报道。在全省率先启动“喜迎二十大，同心护未来”未成年人保护宣传月活动，开展“点亮六一·共护未来”系列活动。未成年人保护工作在全国未成年人保护办公室主任示范培训班上作典型发言。

（郭宗峰　李　琳　刘　虎）

退役军人事务

【概况】 2022年，潍坊市退役军人事务系统以迎接、学习、宣传、贯彻党的二十大精神为主线，在市委、市政府的坚强领导下，努力克服新冠肺炎疫情影响，统筹发展和安全，破难题、防风险、抓落实，各项工作实现新进展、取得新成效。

【党的领导】 2022年，推动实施市委书记、市长同时担任退役军人事务工作领导小组、双拥工作领导小组组长“双组长”机制，构建起顶格推动退役军人工作、双拥共建工作新格局。落实省委有关文件精神，配套制定《关于退役军人工作服务部队备战打仗的若干措施》等，形成系统完备、科学规范、特色鲜明的政策制度体系。

【双拥工作】 2022年，潍坊市作为全省代表之一，迎接全国新一届“双拥模范城”届中考评调研，并承办全省双拥工作业务培训班。同时，作为全省“双清单、三助力”试点，制定《实施方案》和《关于进一步做好驻潍部队军人随军家属就业安置工作的通知》，每年拿出一定数量的事业编制定向招聘随军未就业家属，并提高地方生活补助金。市县两级帮助驻潍部队解决困难问题，投入资金支持部队及周边基础设施建设。

【服务保障】 2022年，服务对象在30人以上的村（社区）服务站全部完成全国示范性退役军人服务中心（站）创建任务，建成特色退役军人之家。联系走访退役军人，解决实际问题。对生活困难退役军人落实县级“季联络”、镇级“月走访”、村级“周探望”走访联系制度，摸排解决退役军人实际需求。

【安置就业】 2022年，全市接收由政府安排工作退役士兵、转业军官，安置到事业和行政单位。突出抓好军

2022年9月9日，潍坊市坊子区举办首届革命功臣送新兵活动（供图：市退役军人事务局）

休干部“三年移交”，超额接收滞留部队人员。探索成立市军创企业联合会、市退役军人职业教育学院，组织线上线下专场招聘活动30余场，为退役军人提供就业岗位，发放退役军人创业扶持贷款。

【崇军荣军】 2022年，将全国退役军人优待证制发工作作为重中之重，市县乡三级成立170个专班，搭建起上下联动、左右协同、整体推进的工作机制。推进烈士纪念设施提档升级工作，全市投入专项资金用于烈士纪念设施保护管理。

【法律志愿服务】 2022年，山东老兵“兵拳”法律志愿服务团为退役军人免费提供法律咨询2.1万人次，处理劳动纠纷750余起，免费代理案件322件，挽回经济损失4000余万元，经验做法在中央退役军人事务工作领导小组简报上刊发，并获部领导签批肯定。

（王云鹏）

民族事务

【概况】 2022年，潍坊市民族工作以铸牢中华民族共同体意识为主线，深入学习贯彻习近平总书记关于加强和改进民族工作的重要思想，全面贯彻党的民族政策和法律法规，民族团结进步创建工作、民族经济社会发展取得良好成绩，全市民族领域保持安全和谐稳定。作为少数民族散杂居地区，除珞巴族外，有回族、满族等54个少数民族，常住人口6.2万人，占总人口的0.66%，少数民族流动人口4万人次。过千人的少数民族有回族、满族等10个，其中回族人口最多，为2.5万人，主要分布在青州。

【民族团结进步宣传和创建】 2022年，组织召开市委民族工作会议，市委、市政府制定推进新时代党的民族工作高质量发展的相关文件。开展全市第22个民族团结进步宣传月活动，举办宣传月启动仪式，组织开展各类宣传活动400余场次，参与群众近3万人次。部署市级民族团结进步创建点60个，召开全市民族团结进步创建推进会，实施省级民族团结进步示范单位整体提升行动，8个单位获得省民族团结进步示范单位、民族团结进步教育基地、民族团结进步红石榴家庭和岗位的荣誉称号。

【铸牢中华民族共同体意识】 2022年，开展铸牢中华民族共同体意识“十大行动”，制定工作方案，在全市范围内开展全域铸牢工作。市县两级开通“民族团结号”公交专线16条、公交车54辆，成为全省“民族团结号”公交专线全域覆盖的地市之一。培育打造潍坊世界风筝博物馆、潍县战役纪念馆、青州市博物馆等4处市级铸牢中华民族共同体意识教育实践基地，全方位打造青州古城、杨家埠民俗文化园等3处市级中华民族共同体体验基地。建设民族团结主题公园，将民族团结、铸牢中华民族共同体意识等民族工作元素融入主题公园的规划设计，建成3处大型主题公园、26处口袋公园。

【民族经济社会事业发展】 2022年，依托市“寿光模式”优势，争取到国家民委2022年度“三项计划”试点示范项目落户潍坊市。创新城市民族工作“红石榴”品牌，打造“红石榴”驿站、学校、企业、园区等25处，引导各民族交往交流交融，提升少数民族流动人口管理服务工作水平。争取各级少数民族发展资金100余万元，用于少数民族村居基础设施建设。巩固拓展脱贫攻坚成果同民族村振兴有效衔接，实施民族村整体提升行动，发展特色旅游、生态康养等产业，实现民族村集体资产的保值增值。青州市东升村荣获全省第二批乡村振兴示范民族村。参加第十一届山东省少数民族传统体育运动会，获得8个一等奖、14个二等奖、9个三等奖的优异成绩，金牌数位居全省第四名，金牌数和奖牌总数均创历史最好成绩。

（刘洪海）

宗教事务

【党委部署宗教工作】 2022年5月22日，潍坊市委召开市委民族工作会议暨全市宗教工作会议，市委书记、市人大常委会主任田庆盈出席会议并讲话，市委副书记、市长刘运主持会议，对做好当前和今后一段时期全市宗教工作进行全面部署。各县(市、区)党委全部将宗教工作纳入党委常委会重要议事日程，纳入党委常委会年度工作要点，2022年以来市、县两级党委常委会共33次研究宗教工作。

【宗教事务管理】 2022年，对全市337处宗教活动场进行全面摸底排查，建立工作台账，并对其中34个重难点问题向相关县（市、区）下发督办函14份；推进宗教活动场所智慧化建设，实现县级联网全覆盖；做好互联网宗教管理，组织全市810名民族宗教干部和宗教界人士参加宗教政策法规专题培训，协助认定发放互联网宗教信息服务许可证14个。建立全市涉宗教互联网工作协调机制。

【宗教事务规范化建设】 2022年，完成全市性宗教团体班子及班子成员年度考核测评工作，组织召开4次市级宗教团体负责人联席会议，持续推进宗教活动场所“四进”工作；指导基督教界开展经典中国化阐释专题培训班，佛教界召开崇俭戒奢专题会议，天主教界承办省天主教两会“四讲四比”启动仪式、伊斯兰教界组织开展红色教育现场参观学习等；开展宗教活动场所房屋安全和消防安全第三方安全评估工作，完成房屋安全第三方评估312处，消防安全评估213处；引导宗教界组织开展各类教育培训班6期。健全完善三级宗教工作网络和两级责任制，推动将宗教工作纳入“网格事项指导清单”。

【维护宗教领域安全稳定】 2022年，发挥统战工作领导小组和全市宗教工作联席会议制度牵头作用。10月11日，市委常委、统战部部长杨升岩主持召开市委统一战线工作领导小组第二次会议暨全市宗教工作联席会议；加强与宣传、公安、网信、民政、国安、卫健等联席会议成员单位的协调沟通，先后牵头召开专题碰头会、协调会6次，先后开展实地督导检查8次，与市公安局协作配合，依法稳妥处置问题隐患20个；指导全市宗教活动场所认真做好疫情常态化防控工作标准要求。

（周　全）

县（市、区）概况

Xianshiqugaikuang

奎文区

【概况】 奎文区位于世界风筝都——山东省潍坊市的中心城区，因区境内有始建于清代的“奎文门”而得名。辖区位于山东半岛偏西部、渤海莱州湾南部，地处北纬36°35′00″～36°45′00″、东经119°03′45″～119°18′45″之间。北、东北毗邻寒亭区，南、东南与坊子区接壤，西以白浪河为界，与潍城区相望。

奎文区行政区划面积187.78平方千米，边界线长130.41千米，其中，直辖面积57.6平方千米（其他区划面积由潍坊高新技术产业开发区与潍坊经济技术开发区管辖），辖8个街道，67个社区。户籍人口36.2万人，人口自然增长率-0.94‰。

全年实现地区生产总值377.73亿元，按可比价格计算，同比增长4.8%。其中，二、三产业增加值分别完成57.52和320.21亿元，分别增长2.6%、5.2%。一般公共预算收入28.37亿元，一般公共预算支出22.94亿元。社会消费品零售总额250.14亿元，进出口总额90.6亿元。

农林牧渔业总产值230万元，全区粮食直补16.74万元，农机作业实现收入179.6万元，小麦、玉米机收率100%。国家、省、市级龙头重点涉农企业6家。全区郊区绿化完成植树10万株，投入资金8万元，森林覆盖率8.08%，配备防控设备药品，采取综合防治措施预防悬铃木方翅网蝽、美国白蛾等林业有害生物在全区爆发。全区规模以上工业企业27家，工业总产值36亿元，同比减少5.3%。主营业务收入41.64亿元，下降13.3%；利润1.21亿元，下降64.6%。全区有资质的建筑企业64家，完成建筑业总产值27.29亿元，同比减少23.3%。

全年开通公交新线路7条，优化调整线路26条，提升中心城区东、西部市民出行效率，拓展公交分担率和覆盖面。开通助企公交、通勤公交等各类特色线路，运营定制公交40条，服务市民差异化、多样性出行需求。至年底，公交线路总量155条，总长度3330.81千米，较2021年增加157.65千米。全年投入资金30余万元，维修改造武家涧头院（潍胶路至村南）等13条未列入市政管养道路范围的“无人管”背街小巷及165处路灯设施。维修沥青路面36997平方米、维修人行道15465平方米、维修更换路牙石1823米。疏通地下管网428千米，维修更换井盖、井箅子1136个，维修路灯1925盏、变电箱85台，更换地下电缆3537米。维护公用设施，在健康街与新华路口、健康街与潍州路口和潍坊市育英学校等5处学校周边，新增15处遮阳棚，辖区遮阳棚总共65处。完成供暖工程改造任务，投入资金516万元，改造华府一品等9个住宅小区楼栋水力，涉及供热面积60余万平方米、居民5600余户；投入资金70余万元，升级改造大陆盛景嘉园等14个换热站。

全区有普通小学22所（不含分校、教学点），在校生3.79万人；普通中学12所，在校生9739人；特殊教育学校1所，在校生88人。全省首家艺术版权交易中心在奎文区设立。第六届山东省文旅惠民消费季夜间文旅嘉年华活动在奎文区启动，新增四星级酒店1家、全省“扫黄打非”进基层示范点1处、获全国优秀案例1篇。医疗卫生机构348所，有床位2065张，卫生技术人员3755人；社区卫生服务中心5处，社区卫生服务站19处。新建乡村振兴示范健身工程1处（器材11件），多功能运动场地1处（器材11件），百姓健身房1处（器材12件），公共绿地建设口袋体公园6处（器材60件）。全年参加市级以上比赛项目16个，获奖牌220枚。

城镇居民人均可支配收入5.46

万元。城镇基本养老保险参保人数16.01万人，新增企业养老保险参保职工1.8万人，有9221家企业单位的13.31万名在职职工参加养老保险，收缴企业养老保险费12.61亿元。为2.71万名企业离退休人员发放离退休费7.65亿元，社会化发放率100%。机关事业单位收缴养老保险金1.22亿元，为3289名离退休人员发放养老金2.23亿元，全部按时足额发放。城镇居民社会养老保险收缴保险费1523.71万元，为1.43万名达到领取年龄的参保居民发放养老金3896.93万元。全区城镇基本医疗保险（职工）参保人数14.31万人。

年内，奎文区获“全国‘书香城市（区县级）’”“全国基层中医药工作先进单位”“山东省对外开放强县”“省技术转移先进县（市、区）”“山东省生态文明强县”“全省基层卫生健康综合示范区”等称号。

【综合经济发展】 2022年，奎文区固定资产投资增长25%，一般公共预算收入28.37亿元，规模以上工业增加值增长9.5%，社会消费品零售总额259亿元，居民人均可支配收入5.6万元。推进“项目建设突破年”，潍州金谷、云创金谷等131个重点项目实现投资135亿元，完成年度计划的120%。推进蓝湾智谷、潍坊金融产业园等12大园区建设，新增产业载体43万平方米。新增地方政府专项债券15.67亿元。签约海天智能、国药集团等“十强”产业项目55个、总投资380亿元，到位省外资金102.6亿元，舒珍堂医药、云针科技等24个项目落地开工。提高楼宇经济发展质效，税收过亿元楼宇10栋。新引进品牌首店20家，新增服务业纳统企业89家，举办“惠享潍坊消费季”等系列活动举办，中兴商业街获评省级示范步行街，巾帼家政广场获评省级现代服务业集聚示范区。设立全市首个区县级金融工作委员会，新引进兴业银行、渤海财险等金融机构10家，辖区金融机构各项贷款余额1160亿元，金融业税收增长10.7%。浩泰机械智造项目、沈潍幕墙智能工厂投产，青岛啤酒智能化新工厂完成选址，全区工业投资增长29%。

【优化营商环境】 2022年，工程建设项目审批时限压缩超过40%，重点项目实现“拿地即开工”，38类主题事项“拿证即营业”。实施“无证明城市”建设，身份证、营业执照等33项证明纳入免提交清单，157项事项实行承诺制。推进“云踏勘”改革，踏勘时限平均压减5个工作日，提速超过70%。新增市场主体1.8万户。伟大工贸等3家企业获评省级“专精特新”中小企业，弘嘉孚等2家企业获评省“瞪羚”企业，新增高新技术企业8家。创新平台加快建设，齐鲁创智特色小镇成为省级创新创业类特色小镇，智慧油客获评省“一企一技术”研发中心。创新资源加速集聚，新签约落地科研院所4家，引进外国专家人才10名、高端技术人才36名、海外留学人才37名。获评省技术转移先进县（市、区）。跨境电商产业园入驻企业30余家，跨境电商进出口额超20亿元；新增外贸实绩企业20家，外贸进出口完成90亿元、增长30%，实际利用外资9000万美元，获评“山东省对外开放强县”。

【城市品质提升】 2022年，实施“城市品质提升年”活动，中建院、中规院等国家级规划设计团队共同参与，编制潍坊中学片区、农商行片区等12个片区规划。转播台、泰华等7个片区获批银行授信突破150亿元。与中交、中铁等10余家央企签约合作，吸引央企投资42亿元。推进征迁工作，探索实施房票政策，新华甲巷片区、人民医院片区征迁有序推进，庄家工业园、北虞旧村等19个地块全面清零、腾空土地1130余亩。投资8.6亿元，提升市政设施。新建成四平路（玉泉街至金宝街段）、双羊街等主次干道14条，推进蓝翔街、南苑路（潍胶路以北段）等10条道路建设。实施雨污分流、海绵城市建设，新建、改造口袋公园、园林小品8处，新增品质公厕10座。新划非机动车停车区1900处，规范整治门头牌匾、施工围挡4000处，清理违章搭建1500处，“综合执法派驻站点”实现社区全覆盖。完成9个小区供热水力平衡改造，14个换热站完成升级改造。开展“净土润空”行动，道路积尘负荷治理成效明显，空气优良天数285天，获评山东省生态文明强县。

【改善民生】 2022年，投资4.2亿元，新开工建设奎文中学、三英幼儿园等13所中小学、幼儿园，改造22所学校校舍、14所学校运动场地、15所学校外墙保温，新增装配式教室60间，更新教学设备1.8万件，为全区中小学生免费配发制服。新增学位6000余个，新招录教师529名。区人力资源产业园建成运营，“零工客栈”服务零工超24万人次。新开发公益性岗位526个，全年新增就业4900人，零就业家庭保持动态清零。发放就业补助2464万元、失业金2908万元，减征失业保险854万元。安置退役军人，发放退役军人创业贴息贷款1995万元。投资3.2亿元，改造111个老旧小区，惠及居民2.2万户。完成5个老旧小区自来水改造工程。推进庄家、武家等31个安置房建设项目，完成分房2230套。举办首届网络房展会，成交房屋242套。开展自建房安全专项整治，整改经营性自建房1149栋。投资3000余万元，升级改造金融街配套设施。“国企领办·红色物业”接管老旧小区40个，经验做法被省住建厅推广。新建体育设施100套，开展全民健身活动130场次。全省首家艺术版权交易中心在奎文区设立，建成24小时便民智慧借阅点20处、“超然书房”60

2022年6月5日，奎文区第二批15个遮阳棚动工建设。图为位于健康东街与新华路口交汇处新增的遮阳棚（供图：奎文区融媒体中心）

处，开展“送福进万家”等文化惠民活动600余场次，苇湾社区、李家社区获评全国“书香社区”称号，奎文区获“2022年全国书香城市（区县级）”称号。3家医疗机构开展中医医保支付试点，15个中医病种纳入医保支付范围。医学院附属医院教学科研病房楼建成投用，推进市人民医院急救综合楼和内科院区建设，新建成东关街道社区卫生服务中心、北苑街道社区卫生延伸服务点，新增“全民艾健康示范点”20处，获评全国基层中医药工作先进单位、全省基层卫生健康综合示范区。潍坊正大光明老年病医院建成投用，13家养老机构完成智慧养老改造，失能失智、半失能老人家庭照护床位440张。城市低保标准提高至898元。

【廿里堡街道（奎文经济开发区）】 位于奎文区南部，面积25.7平方千米，辖10个社区，居民1.6万户，常住人口5.4万人，耕地面积130公顷。2022年，地方财政收入37614万元，同比减少16%。工业销售收入283399.5万元，同比减少14.2%；利税15522.7万元，同比减少51.44%。年内，获评山东省卫生单位。

【大虞街道】 位于奎文区东北部，面积7.88平方千米，辖9个社区，居民3.8万户，常住人口7.9万人。2022年，工业销售收入4738.84万元，同比减少17.45%；利税302.59万元，同比增加1256.7%。年内，获评山东省卫生单位。

【梨园街道】 位于奎文区东南部，面积5.6平方千米，辖10个社区，居民4.1万户，常住人口8.5万人。2022年，地方财政收入23000万元，比减少12.5%；工业销售收入24364万元，同比减少12.5%。

【潍州路街道】 位于奎文区中西部，面积6.1平方千米，辖10个社区，居民3.79万户，常住人口9.6万人。2022年，地方财政收入18500万元，同比减少23.1%；工业销售收入25160万元，同比增长4%。年内，获评平安山东建设先进集体、山东省新时代文明实践示范站。

【东关街道（潍坊市泰华城商务园区）】 位于奎文区中部，面积5平方千米，辖9个社区，居民3.52万户，常住人口7.78万人。2022年，地方财政收入37749万元，同比减少31.6%；工业销售收入15280万元，同比减少52.8%；第三产业增加值365647万元，同比增长4.9%。年内，获评全国普法工作先进单位。

【北苑街道】 位于奎文区西北部，面积6.13平方千米，辖6个社区，居民3.11万户，常住人口7.58万人。2022年，地方财政收入15100万元，同比减少24.4%。年内，北苑街道卧龙社区获评山东省绿色社区；芝尔庄社区团总支获评山东省五四红旗团支部（总支）。

【广文街道】 位于奎文区中部，面积4.22平方千米，辖7个社区，3.4万户，常住人口9.7万人。2022年，街道实现地方财政收入32108万元，同比增长4.9%。年内，获评山东省新时代文明实践示范所、山东省优秀网格。

【北海路街道（北海路商贸经济发展中心）】 位于奎文区东北部，面积3.1平方千米，辖6个社区，2.01万户，常住人口5.99万人。2022年，街道实现公共财政收入19853万元，同比增长5.2%，完成固定资产投资148661万元，增长44.2%。年内，获评全省“扫黄打非”进基层示范点。

（赵　珉　温贵伟）

潍城区

【概况】 潍城区位于潍坊市中部，地处北纬36°35′01″～36°49′33″、东经118°55′54″～119°06′30″。因古潍县城而得名。

全区总面积269.5平方千米（不含潍坊经济开发区），辖6个街道、1个省级开发区、2个发展服务中心，有169个行政村、86个社区，常住人口53.32万人，户籍总人口35.85万人，人口自然增长率-0.1‰。

全年实现生产总值370.83亿元，同比增长1%。其中：第一产业增加值6.56亿元，同比增长2.5%；第二产业增加值186.63亿元，同比增长0.5%；第三产业增加值177.63亿元，同比增长1.5%。一般公共预算收入20.73亿元，一般公共预算支出25.69亿元。社会消费品零售（包含法人在区外的产业单位）总额203.7亿元，进出口总额61.9亿元。金融机构各项存款余额644.54亿元，各项贷款余额555.83亿元。

农林牧渔业（含其服务业）总产值12.07亿元，其中农业总产值7.42亿元，同比增长4.42%。全区粮食总产量6.6万吨，蔬菜总产量11万吨，果品总产量1.02万吨，肉、蛋、奶总产量2.66万吨。全区拥有农业机械总动力16.15万千瓦。全部工业增加值161.23亿元，同比增长1.5%。规模以上工业（不含供电公司）增加值26.1亿元，主营业务收入145.34亿元，利润3.16亿元。

全区公路通车里程252.28千米。境内有国家A级以上旅游景区3家，其中AAA级（含AAA级）以上3家，接待国内外游客307.58万人次，旅游消费总额26.91亿元。

全区中等职业教育学校7所、普通中学20所、小学38所、特殊教育学校3所，各类学校在校生7.06万人，各类学校专任教师5238人。取得科技计划项目6项，重要科技成果4项，专利授权数1476件，发明授权数181件。有博物馆9个、档案馆1个、文化馆1个、全国重点文物保护单位1处、省级文物保护单位7处。广播、电视人口综合覆盖率100%。医疗卫生机构（含诊所、村卫生室）426个，病床数3725张，执业（助理）医师1842人，专业卫生技术人员4586人。新建公共健身场地24个。全年参加市级及以上体育比赛共获奖牌205枚。

城镇居民人均可支配收入50905元，农村居民人均可支配收入26870元。职工基本养老、职工工伤、职工生育、城乡居民养老、基本医疗保险参保人数分别为8.10万人、9.46万人、5.38万人、14.62万人、41.73万人，城镇新增就业人数4561人。城镇居民最低生活保障户数730户、人数956人、资金926.2万元，农村最低生活保障户数1097户、人数1586人、资金1180.1万元。全区各类养老服务机构和设施164个，各类养老床位3209张。年内，潍城区获平安山东建设示范区称号。

【第四届陈介祺艺术节】 2022年9月25—30日，第四届陈介祺艺术节在潍坊市潍城区十笏园文化街区举行，并在日本、韩国、新加坡、马来西亚、英国、法国和中国香港、中国澳门、中国台湾设9个分会场。此次艺术节围绕打造千百年“金石之都”品牌，举办5项高端展览、2项学术交流、14项精品捐赠及第七届十笏园金石文化用品博览会等活动。其中，传承与弘扬·首届《十钟山房印举》国际临创大展是此次艺术节主题展览，有14个国家和地区参与，1100余位作者的3600余件作品参展，提升“金石之都”文化品牌影响力。

【中小企业创新创业】 2022年，潍城区推进新旧动能转换，增强创新能力，实现国家级专精特新“小巨人”企业、山东省制造业单项冠军企业两个奖项零的突破。其中，大洋泊车股份有限公司、智迈德股份有限公司、潍坊鼎晟电气科技有限公司3家企业获评国家级专精特新“小巨人”企业，潍坊东方钢管有限公司获评山东省制造业单项冠军企业。

【于河街道】 位于潍城区西北部，辖35个行政村，2022年年末户籍户数8561户、人口3.13万人。2022年，一般公共预算收入4809万元；固定资产投资项目11个、总量15189万元；实际利用省外资金49965万元；限额以上社会消费品零售额10561.9万元；规模以上工业企业23家，营业收入201517万元，利润2158万元。

【望留街道】 位于潍城区中南部，辖59个行政村、2个社区，户籍户数14075户、人口5.13万人。2022年，一般公共预算收入5417万元；完成固定资产投资项目20个、总量64950万元；实际利用省外资金70477万元；限额以上社会消费品零售额50789.4万元；规模以上工业企业16家，实现营业收入125761万元，利润3622万元。

【北关街道】 位于潍城区东北部，辖31个社区，户籍户数22727户、人口6.41万人。2022年，一般公共预算收入16130万元；完成固定资产投资项目35个、总量259808万元；实际利用省外资金77000万元；限额以上社会消费品零售额 56684 万元；规模以上工业企业 1 家，实现营业收入 18159 万元，利润 356 万元。

【西关街道】 位于潍城区中部，辖 19 个社区，户籍户数 24190 户、人口 6.67 万人。2022 年，一般公共预算收入 18578 万元；固定资产投资项目 27 个、总量 278613 万元；实际利用省外资金 163500 万元；限额以上社会消费品零售额 43396.9 万元；规模以上工业企业 4 家，营业收入 28579 万元，利润 404 万元。

【南关街道】 位于潍城区东部，辖 22 个社区，户籍户数 13790 户、人口 3.99 万人。2022 年，一般公共预算收入 9086 万元；完成固定资产投资项目 11 个、总量 155120 万元；实际利用省外资金 73566 万元；限额以上社会消费品零售额 32182.8 万元；规模以上工业企业 4 家，实现营业收入 30153 万元。

【城关街道】 位于潍城区东部，辖 10 个社区，户籍户数 10578 户、人口 2.66 万人。2022 年，一般公共预算收入 7496 万元；完成固定资产投资项目 1 个、总量 10986 万元；实际利用省外资金 10000 万元；限额以上社会消费品零售额 104792.1 万元。

【山东潍城经济开发区】 位于潍城区中西部，辖 24 个行政村、2 个社区，户籍户数 7838 户、户籍人口 2.71 万人。2022 年，一般公共预算收入 17536 万元；完成固定资产投资项目 20 个、总量 236179 万元；实际利用省外资金 367478 万元；限额以上社会消费品零售额 420208.3 万元；规模以上工业企业 40 家，实现营业收入 498397 万元，利润 12381 万元。

【乐埠山生态经济发展服务中心】 位于潍城区西南部，辖 19 个行政村，户籍户数 6091 户、人口 2.1 万人。2022 年，一般公共预算收入 9036 万元；完成固定资产投资项目 15 个、总量 40548 万元；实际利用省外资金 28245 万元；限额以上社会消费品零售额 3694.6 万元；规模以上工业企业 37 家，营业收入 439052 万元，利润 6316 万元。

【军埠口综合项目发展服务中心】 位于潍城区东南部，辖 32 个行政村，户籍户数 8607 户、人口 3.04 万人。2022 年，一般公共预算收入 5638 万元；完成固定资产投资项目 6 个、总量 32991 万元；实际利用省外资金 15659 万元；限额以上社会消费品零售额 1469.8 万元；规模以上工业企业 21 家，营业收入 111745 万元，利润 3911 万元。

（王瑞强　曲福刚　刘洪娜）

坊子区

【概况】 坊子区位于潍坊市中南部，地处北纬 36°21′～36°45′，东经 119°03′～119°33′之间。东邻昌邑市、高密市，南靠安丘市，西接昌乐县、潍城区，北依奎文区、寒亭区。

全区总面积 412 平方千米，辖凤凰街道、坊城街道、九龙街道、坊安街道、黄旗堡街道 5 个街道，293 个行政村（社区）、248 个自然村，户籍人口 36.76 万人，常住人口 37.82 万人，人口出生率 4.96‰，人口自然增长率 1.82‰，出生人口性别比 107.6。

全年实现生产总值 220.95 亿元，同比增长 3.7%。其中，第一产业增加值 11.04 亿元，第二产业增加值 90.01 亿元，第三产业增加值 119.90 亿元。固定资产投资同比下降 15.10%，一般公共预算收入 14.72 亿元，一般公共预算支出 23.89 亿元。社会消费品零售总额 81.34 亿元，进出口总额 70.30 亿元。金融机构本外币存款余额 354.76 亿元，贷款余额 261.48 亿元。

农林牧渔业总产值 18.74 亿元，可比增长 3.9%。其中，农业产值 13.33 亿元，增长 5.1%；牧业产值 5.02 亿元，增长 1.7%。全年粮食总产量 13.3 万吨，同比下降 8.2%；平均亩产 421.5 千克，增长 0.9%；蔬菜瓜果总产量 40.07 万吨，增长 10.1%。全区农业机械总动力 48.47 万千瓦，增长 1.02%。完成机耕面积 20506.67 公顷，免耕播种面积 8033.33 公顷，机播面积 28500 公顷，机收面积 28040 公顷，农作物耕种收综合机械化水平达 99.13%。规模以上工业企业 176 家，规模以上工业企业增加值增长 9.1%；规模以上工业企业营业收入 368.82 亿元，同比增长 7.3%；利润总额 13.58 亿元，同比下降 10%。产值过亿元工业企业 57 家。按轻重工业分，轻工业增加值增长 23.7%，重工业产值下降 0.3%。按经济类型分，股份制企业增加值增长 5.2%，外商及港澳台商投资企业产值增长 2.2%。实现高新技术产业产值 247.92 亿元，下降 0.2%，占规模以上工业总产值的比重 61.5%。高新技术企业 51 家，获批市级以上科技计划项目 20 项，争取市级以上科技资金 6556 万元，获得市级科技进步奖 2 项，新增市级重点实验室 5 家，市级优秀农科驿站 2 家。全区建筑业实现增加值 11.31 亿元，可比增长 0.9%，占 GDP 比重 5.1%。

全区国省道里程 63.416 千米。

其中，国道50.21千米，省道13.21千米。县乡村道路911.4千米。全区完成电信业务总量20872万元（不含广电网络公司）。全区电话用户总数47.4万户。其中固定电话用户7.04万户，移动电话用户40.6万户。互联网用户14.53万户。全年开展各类文化惠民活动1200余场次，实现文化惠民坊子区行政村全覆盖。

全区拥有各级各类学校41所，在校生4.5万人。全区中小学拥有教职工3420人，其中公办中小学教职工3013人；拥有专任教师3317人，其中公办中小学专任教师2468人。全区有公办普通高中1所，在校生4811人，专任教师588人；公办初级中学3所，在校生5526人，专任教师520人；公办九年一贯制学校4所，在校生8792人，专任教师604人；公办完全小学25所，在校生19284人，专任教师1229人。全区注册商标总量7164件，全年新增955件。新增专利授权量1856件，同比增长30.7%；发明专利授权84件。全区有医疗卫生机构365所，床位2271张，卫生技术人员1892人，执业（助理）医师692人。承办2022年潍坊市举重锦标赛和霹雳舞比赛。组织90余名运动员参加潍坊市锦标赛举重、游泳、乒乓球、拳击锦标赛等8个项目，取得6枚金牌、7枚银牌、28枚铜牌的成绩。打造“全民动起来，坊子更精彩”全民健身活动品牌。结合全民健身日、全民健身月活动，举办全民活动300余场，参与人群4万余人次。

全区居民人均可支配收入36349元，同比增长6.2%。其中，城镇居民人均可支配收入46117元，增长5.2%；农村居民人均可支配收入25418元，增长7%。全区职工基本养老保险参保10.15万人，居民基本养老保险参保15.32万人，工伤保险参保6.89万人，失业保险参保5.44万人，各项社保基金征缴收入10.07亿元，发放各项社会保险待遇11.8亿元。参加企业职工基本养老保险企业2700家，参加工伤保险单位30147家，参加失业保险单位2982家。全区拥有各类养老机构10个，床位数1506个。组织开展16场线上线下招聘会，帮助企业解决用工难问题。全年新增城镇就业4712人，高校毕业生综合就业率超过90%。

年内，坊子区获评全省“两全两高”农业机械化示范区，创建为省级现代农业产业园，玉泉洼入选国家级农村产业融合发展示范园；创建为全省县域养老服务体系创新示范区，坊城街道卫生院被确定为全国首批尘肺病康复站建设试点；获评山东体育强省建设先进集体。

【新旧动能转换】 2022年，全区新获批市级以上“专精特新”等五类优质企业67家，华美新材料、谷合传动入选国家级专精特新“小巨人”企业，富源增压器获评国家级专精特新重点“小巨人”企业。智新电子入选北证50指数样本股，潍柴雷沃进入上市辅导阶段。认定高新技术企业51家，高新技术企业116家，新增市级以上研发平台16处，15个项目列入省级以上技术创新计划。水动力平台正式入列海洋国家实验室核心平台，共达电声获评国家知识产权示范企业，潍柴雷沃获评省科技领军企业。

【文化事业建设】 2022年，炭矿博物馆项目入选第六批山东省重点文化产业项目重点文化企业名单。炭矿历史文化街区、坊茨小镇历史文化街区被评为省级历史文化街区类优秀示范案例。坊子区涌泉村以潍坊市第一名成绩入选山东省第二批红色文化特色村。设立5处山东手造展销点，公布区级非遗项目20项，非遗传承人19人。公布“非遗工坊”14家，4家入选市级名单。竹艺风筝等4个手造作品入选市优选100名单，红木嵌银漆器作品入选省项目库。

【高新园区（凤凰街道）】 位于潍坊市市区东南部，面积29.6平方千米，常住人口13.26万人，户籍人口5.47万人，耕地面积188.36公顷。2022年，规模以上企业134家，规模以上工业企业43家。工业总产值270.14亿元，增长6.69%；营业收入261.57亿元，增长15.88%；规模以上工业增加值增长10.8%；工业投资增长166.9%；进出口总额77.8亿元，增长63.01%。

【坊子经济发展区】 位于坊子区西南部，面积35平方千米，辖33个行政村，有居民6381户、人口2.6万人，耕地面积2066.67公顷。2022年，规模以上工业企业总产值17.4亿元，一般公共预算收入5987万元，固定资产投资12亿元。

【坊子工业发展区】 位于坊子区东北部，面积37平方千米，辖25个行政村，人口2.76万人。2022年，规模以上企业总产值11.43亿元，同比增长8.8%。营业收入8.18亿元，利润总额1511万元，利税总额3815万元；地方财政收入1698万元。

【坊城街道】 位于坊子区西南部，面积65.67平方千米，辖41个行政村，人口5万人，耕地面积1757.9公顷。2022年，规模以上工业企业42家，工业总产值47.91亿元，营业收入38.92亿元，税收2.66亿元。

【坊安街道】 位于坊子区中部，面积90.65平方千米，辖59个行政村，有居民18254户、5.4万人，耕地面积5466.67公顷。2022年，规模以上工业企业总产值23.16亿元，同比增长3.39%。营业收入19.06亿元，利润8267万元，地方财政收入5649万元。

【九龙街道】 位于坊子区东部，面积87平方千米，辖51个行政村，有居民15628户、人口4.70万人，耕地面积4000公顷。2022年，规模以上企业完成工业总产值23.78亿元，营业收入18.71亿元，一般公共预算收入3007万元，固定资产投资6.87亿元。

【黄旗堡街道】 位于坊子区东南部，面积70平方千米，辖50个行政村，耕地面积3866.67公顷。2022年，规模以上工业企业9家，工业总产值10.02亿元，同比增长6.97%。实现税金及附加972.3万元，同比增长65.08%。固定资产投资4.65亿元，同比减少20.18%。

（陈炳华）

寒亭区

【概况】 寒亭区位于潍坊市北部，是潍坊市中心城区之一。地处北纬36°42′～37°15′，东经118°53′～119°25′之间。东与昌邑市毗邻，南部自西向东分别与潍城区、奎文区、坊子区接壤，西与寿光市相连，北濒渤海莱州湾。

全区面积1306平方千米，其中寒亭区实际管理628平方千米。寒亭区辖寒亭、开元、固堤、高里、朱里、北城6个街道，设杨家埠文旅事业发展中心、张氏（总部经济）发展中心、双杨（现代农业）发展中心，384个行政村（不包括代管潍城区、奎文区的21个行政村），常住总人口46.65万人。

全年实现生产总值281.97亿元，按可比价格计算，同比增长3.7%。其中，第一产业增加值17.98亿元，第二产业增加值93.92亿元，第三产业增加值170.07亿元。一般公共预算收入23.36亿元，一般公共预算支出33.52亿元。社会消费品零售总额85.7亿元，进出口总额103.1亿元。金融机构存款余额457.34亿元，贷款余额407.01亿元。

全区农业增加值19亿元，同比增长2.4%，其中农林牧渔服务业增加值1.02亿元。全区粮食播种4.41万公顷，粮食总产量27.8万吨。无公害农产品、绿色食品、有机农产品和农产品地理标志获证企业6家。肉、蛋、奶产量分别为3万吨、3.78万吨、1.18万吨。水产品总产量650吨。新增及更新造林10.67公顷。全区拥有农业机械总动力37.67万千瓦，农作物耕种收综合机械化水平96.11%。全部工业增加值70.32亿元，同比增长4%。规模以上工业同比增长7.4%，主营业务收入273.9亿元，利润6.9亿元。高新技术产业产值占规模以上工业总产值比重48.36%。全区有资质的建筑企业80家，完成建筑业总产值85.89亿元，实现增加值23.6亿元。

全区公路通车里程959.53千米，其中国道、省道通车里程77.67千米。货物运输量900万吨。完成邮政业务总量5785万元。年末固定电话用户5.75万户，移动电话用户51.96万户，互联网用户18.51万户。全区城镇化率达61.4%。空气质量改善同比前三年均值位列全省159个县（市、区）前十名，河流国控断面年均水质达到地表水三类水质，农村生活污水治理完成整县建制推进任务。国家A级旅游景区3家，其中AAA级以上1家。

全区有普通高等学校2所；中等职业学校1所。普通中学14所，在校生1.91万人；小学45所，在校生2.66万人；特教学校1所，在校生26人。科技成果转化13项；专利授权1907件。档案馆1个、公共图书馆1所、文化馆1个、省级文物保护单位9处。一级及以上医疗机构30处，有床位2017张，执业（助理）医师和注册护士1740人。新建公共健身场地14个。全年参加市级及以上体育比赛共获奖牌19枚。

城镇居民人均可支配收入46979元，农村居民人均可支配收入25666元。职工基本养老、基本医疗保险、职工工伤、生育保险参保人数分别为13.6万人、10.74万人、7.1万人、5.84万人。居民基本养老保险参保人数20.9万人，医疗保险参保人数28.21万人。城镇最低生活保障人数160人，年人均保障标准10776元；农村最低生活保障人数3218人，年人均保障标准8604元。全区各类养老服务机构和设施50个，各类养老床位2387张。安置残疾人员就业162人。

【实施“双赋”工程】 2022年，寒亭区在城市社区实施“社区赋能、书记赋权”工程，动态出台18条“双赋”措施，推动重心下移、资源下沉、保障下倾，打通联系服务群众的“最后一米”。新改建18处党群服务中心，33个民生部门各选派1名服务专员定期到社区现场办公，满足居民多元化需求。赋予社区书记沟通、协调、建议、评价、支配、发展6项权力，每月召开“社区书记接待日”，为每个社区增加10万元为民服务应急保障金，确保群众身边急事、难事第一时间办结。全区民生领域热线投诉和信访量下降30%。

【打造“百园之区”】 2022年，寒亭区依托生态和谐、服务民生原则，建设“口袋公园”，打造“百园之区”。围绕“一处场地一个主题”，在城区出入口建设标志性口袋公园，在道路交叉口等节点位置打造形象性口袋公园，在居住小区周边打造便民性口袋公园。科学设置儿童娱乐、老人休闲、健身运动等空间，合理布局景墙、廊架、坐凳等景观设施。围绕“精致，精心，精准”建管原则，将海绵城市、生态城市理念融入“口袋公园”建设。至年底，全区建成口袋公园156处，占地30万余平方米，实现“百园之区”建设目标。

【寒亭街道】 位于寒亭区南部，面积60.3平方千米，辖10个城市社区、36个行政村，居民4.16万户，常住人口10.6万人，耕地面积1733.33公顷。2022年，地方财政收入2.89亿元，同比增长8.85%；规模以上工业企业收入12.14亿元。年内，街道获评山东省文明单位、山东省三八红旗集体、山东省第三批乡村振兴“十百千”工程示范创建乡（镇、街）。

【开元街道】 位于寒亭区中心城区西部，面积47.05平方千米，辖5个城市社区、29个行政村，居民2.39万户，常住人口5.5万人，耕地面积1779.81公顷。2022年，规模以上工业企业收入16.62亿元。年内，街道获评山东省文明单位、山东省档案工作业务建设先进单位。

【固堤街道】 位于寒亭区北部，面积164平方千米，辖1个城市社区、74个行政村，居民1.8万户，常住人口6.8万人，耕地面积7490公顷。2022年，地方财政收入4602万元，同比增长10%。工业总产值57.2亿元，同增长69.05%。年内，获评全国乡村特色产业超十亿元镇、山东省文明村镇、山东省农业产业强镇、山东省“五四”红旗团委。

【高里街道】 位于寒亭区西北部，面积145.10平方千米，辖83个行政村，居民2.04万户，常住人口6.53万人，耕地面积9233.33公顷。2022年，一般公共预算收入2607万元，同比增长18.6%；规模以上工业企业收入13.27亿元。

【朱里街道】 位于寒亭区东南部，面积80平方千米，辖57个行政村，居民1.5万户，常住人口3.4万人，耕地面积4639公顷。2022年，一般公共预算收入2173万元，同比增长10.4%；规模以上工业企业收入3.1亿元。年内，获山东省乡村振兴示范街道、山东省农业产业强镇。富郭庄二村、东芝庄村分别获评山东省乡土产业名品村、山东省美丽乡村。

【北城街道】 位于潍坊经济开发区中部，面积30.2平方千米，辖2个城市社区、11个行政村，代管潍城区的18个行政村，共29个行政村，居民2.2万户，常住人口5.1万余人，耕地面积533公顷。

【杨家埠文旅事业发展中心】 位于寒亭区南部，管理区面积47.90平方千米，代管43个行政村，居民0.92万户，常住人口2.68万人，耕地面积2466.67公顷。2022年，地区生产总值121.7亿元，同比增长3.5%。实现工业销售收入125.8亿元、利税8.6亿元，分别增长4.4%和6.2%。第三产业增加值5.5亿元，增长17.1%。农村居民人均可支配收入24739元，同比增长7.1%。年内，获评山东省文明村镇。

【张氏（总部经济）发展中心】 位于潍坊经济开发区东部，管理区面积24平方千米，管理7个城市社区和15个行政村，代管奎文区的3个行政村，共18个行政村，居民3万户，常住人口9.17万人，耕地面积205公顷。

【双杨（现代农业）发展中心】 位于潍坊经济开发区西北部，管理区面积45.2平方千米，管理36个行政村，居民0.93万户，常住人口1.9万人，耕地面积2948.2公顷。年内，获全省第二批乡村振兴示范乡（镇、街）、省级农业产业强镇。东篱旅游区被评为国家AAA级旅游景区；前阙庄村获评全省景区化村庄、山东省乡村旅游重点村。

（孙朋波　刘　玮　李国帅　王永亮）

青州市

【概况】 青州市位于东经118°10′～118°46′，北纬36°24′～36°58′之间。全市总面积1569平方千米，辖12个镇、街道，1个经济开发区，1080个村（社区），常住总人口95.45万人。

全年实现生产总值703.25亿元，同比增长3.1%。其中，第一产业增加值74.84亿元，第二产业增加值288.78亿元，第三产业增加值339.63亿元。一般公共预算收入51.1亿元，一般公共预算支出58.8亿元。社会消费品零售总额251.1亿元，进出口总额125.2亿元。金融机构本外币存款余额1133.7亿元，贷款余额773.5亿元。

农林牧渔业增加值78.3亿元。全市粮食种植面积44.13万亩，粮食总产量17.96万吨。无公害农产品、绿色食品、有机农产品和农产品地理标志获证企业156家。肉、蛋、奶总产18.7万吨，水产品总产量91吨。新增造林面积137.79公顷。全市拥有农业机械总动力147.2万千瓦，主要农作物耕种收综合机械化水平96.0%。全部工业增加值237.64亿元，同比增长4.1%。实现营业收入1204.1亿元，利润9.8亿元。高新技术产业产值占规模以上工业总产值比重 72.2%。全市有资质的建筑企业 47 家，完成建筑业总产值 180.6 亿元。

全市公路通车里程 2930.6 千米，其中高速公路通车里程 56.8 千米。完成电信业务总量54138.2万元，固定电话用户 8.6 万户，移动电话用户 126.7 万户，互联网宽带接入用户 38.4 万户。生态环境、水环境质量情况。国家 A 级旅游景区 14 家，其中 AAA 级以上 12 家，全年接待国内外游客 641.8 万人次，实现旅游消费总额 68.1 亿元。

全区中等职业学校 3 所，在校生 0.8 万人。普通中学 45 所，在校生 3.7 人；小学 81 所，在校生 6.3 万人。授权国内专利 2555 件。有博物馆 9 个、档案馆 2 个、公共图书馆 14 处、文化馆 1 处、全国重点文物保护单位 6 处、省级文物保护单位 40 处，广播、电视人口综合覆盖率均为 100%。医疗卫生机构 1003 所，有床位 6422 张，卫生技术人员 8085 人。全年参加市级及以上体育比赛共获奖牌 318 枚。

城镇居民人均可支配收入 47681 元，农村居民人均可支配收入 26025 元。职工基本养老、职工医疗保险、失业、工伤、生育保险参保人数分别为 23.2 万人、20.2 万人、9.6 万人、16.3 万人、8.9 万人。居民基本养老保险参保人数 52.1 万人，医疗保险参保人数 72.1 万人。城镇最低生活保障人数 368 人，年人均保障标准 898 元；农村最低生活保障人数 6498 人，年人均保障标准 717 元。全市各类养老服务机构和设施 184 个。

年内，获评全国文明城市、国家卫生城市、国家乡村振兴示范县，入选全省就业环境友好型城市创建名单，获评全国信访工作示范县、国家知识产权强县试点示范县、全国县域经济竞争力百强县、全国经济和社会综合发展百强县、全国制造业百强县、全国投资竞争力百强县、全国农产品数字化百强县、中国县域旅游综合竞争力百强县、山东省文化和旅游产业先进县、全省城市更新试点城市、全省文旅康养强县、全省医养结合高质量发展创新引领县、全省现代流通强县、全省建筑业综合实力 10 强。

【王府街道】 位于青州市中西部，面积 143.5 平方千米，辖 102 个行政村，居民 3.4 万户，常住人口 12.8 万人，耕地面积 2533 公顷。2022 年，地区生产总值 99.7 亿元，同比增长 22.36%；一般公共预算收入 10162 万元；实现工业销售收入 13.36 亿元，分别增长 11.1%；第三产业增加值 3.1 亿元，增长 18.75%；农民人均可支配收入 24323 元，增长 6%。年内，“小书画撬动大产业”做法入选“中国民间文化艺术之乡”建设典型案例；凤山村获评 2022 年全国“村晚”示范点；王府街道卫生院获评 2021 年“优质服务基层行”服务优质机构；坦博尔服饰进入国家知识产权优势企业复核通过名单；驼山滑雪度假村获评中国美丽乡村休闲旅行（冬季）精品景点线路精品点；八角山寨址入选第六批省级文物保护单位。

【益都街道】 位于青州市西北部，面积 58.1 平方千米，辖 56 个行政村，常住人口 10.05 万人，耕地面积 2238 公顷。2022 年，地方财政收入 14329.1 万元；规上工业总产值 531000 万元；规模以上服务业 17 家，全年营业收入 3.7 亿元。

年内，益都街道被评为山东省文明村镇；西高村被评为第三批全国村级“文明乡风建设”典型案例；天成农业发展有限公司获全国农牧渔丰收奖农业技术推广成果一等奖；山东新天保智慧供应链有限公司被评为 2022 年省级工业互联网平台、中国服务业 500 强、工业互联网平台＋供应链协同解决方案试点示范项目、2022 年度第一批省级总部企业（机构）、2022 年度第一批省级总部企业、山东省民营企业 100 强；山东华邦建设集团有限公司获 2022—2023 年度第一批中国建设工程鲁班奖（国家优质工程）、2022 年度全省住房城乡建设系统重点工程“聚焦‘双碳’目标聚力新型建造”创新创优劳动竞赛先进典型、山东省民营企业 100 强；西高村“三五”工作法被评为 2022 年全省村级“文明乡风建设”典型案例；泰和苑被评为首批“齐鲁红色物业”星级服务项目；旗城社区被评为山东省绿色社区；刘店村被评为山东省乡村振兴示范村；山东四海水处理设备有限公司和山东捷远电气股份有限公司被评为省级专精特新企业；山东中烟工业有限责任公司青州卷烟厂获第七届山东企业管理创新成果奖。

【云门山街道】 位于青州市区南部，面积 67.8 平方千米，辖 63 个行政村，居民 14058 户，常住人口 20.5 万人，耕地面积 1369 公顷。2022 年，地区生产总值 20.4 亿元，同比增长 30%；实现地方财政收入 14368 万元，同比减少 14.1%；实现工业销售收入 19 亿元、利税 6106 万元，分别增长 29% 和 2.7%；第三产业增加值 242700 万元，增长 34.1%；农民人均可支配收入 23925 元，增长 8.1%。年内，获山东省第七次全国人口普查先进集体、山东省景区化村庄、山东省乡村旅游重点村。

【黄楼街道】 位于青州市东部，面积 90 平方千米，辖 96 行政村，居民 23256 户，常住人口 9 万人，耕地面积 101289 公顷。2022 年，地区生产总值 73 亿元，同比增长 5.4%；地方财政收入 6061.9 万元；工业销售收入 204166 万元、利税 1828.4 万元，分别增长 6.2% 和 6%；第三产业增加值 13674 万元，增长 6.4%。年内，获评全省乡村振兴“十百千”示范镇街、山东省特色小镇。

【弥河镇】 位于青州市南部，面积110平方千米，辖77个行政村，常住人口5.7万人，居民1.43万户，耕地面积3400公顷。2022年，地方财政收入5938.5万元，同比增长1.6%；固定资产投资14.9亿元，同比增长53.1%；规模以上工业企业总产值42.5亿元，同比增长14.2%；规模以上工业企业营业收入41.8亿元，同比增长8.3%；规模以上工业企业利润总额4326.8万元，同比增长2.1%。年内，获评省教育强镇筑基试点镇、潍坊市农业农村现代化示范镇、潍坊市关心国防建设十佳单位、潍坊市打造乡村振兴齐鲁样板先行区示范集体、平安中国建设示范市创建工作先进集体。

【王坟镇】 位于青州市西南部，面积221.8平方千米，辖100个行政村，居民1.6万户，常住人口3.4万人，耕地面积1329.76公顷。2022年，地区生产总值57.7亿元，同比增长3.2%；地方财政收入2672.1万元，同比增长51.1%；工业销售收入213000万元、利税3200万元，分别增长4.1%和2.5%；第三产业增加值552000万元，增长3.8%；农民人均可支配收入18241元，增长7.3%。

【谭坊镇】 位于青州市东部，面积162平方千米，辖114个行政村，居民2.6万余户，常住人口7万余人，耕地面积9671公顷。2022年，规模以上工业企业22家，工业总产值26.76亿元，同比增长2.81%；工业销售收入23.35亿元、利税9156万元；地方财政收入3908万元；规模以上服务业1家，营业收入4302万元，增长42%；农民人均可支配收入24323元，增长11.07%。年内，获评全国乡村特色产业超十亿元镇、省级农业产业强镇。

【庙子镇】 位于青州市西南部，面积195.3平方千米，辖68个行政村，居民13327户，户籍人口39328人，常住人口24430人，耕地面积2213.3公顷。2022年，规模以上工业企业7家，工业总产值167162万元，同比增长28.76%。规模以上服务业3家，营业收入7733万元，同比减少4.46%。规模以上贸易业4家，销售额14366万元，同比减少0.69%。餐饮零售业5家，实现零售销售额1489万元，同比增长22.45%。餐饮营业收入4005万元，同比增长113.83%。固定资产投资116419万元，同比增长57.79%。财政总收入11063.7万元，同比减少0.90%。年内，庙子镇“仁河谷”获评省级民宿集聚区，仁河获评山东省美丽河湖。

【邵庄镇】 位于青州市城区西部，面积164.8平方千米，辖92个行政村，居民2.03万户，人口7.02万人，耕地面积5266.67公顷。2022年，地方财政收入9744.8万元，规模以上企业总产值125.8亿元、营业收入110亿元。年内，入选山东省第三批乡村振兴“十百千”工程示范创建名单，获评山东省“平安农机”示范镇、邵庄镇马西村获评2022年省级美丽乡村示范村。

【高柳镇】 位于青州市北部，面积96.6平方千米，辖71个行政村，居民1.7万户常住人口5.78万人，耕地面积6320公顷。2022年，一般公共预算收入4364万元，同比减少4.5%；实现工业销售收入67.4亿元，同比增长44.5%；规上企业总产值53.62亿元，同比增长60.5%。年内，获评山东省级文明镇、山东省级卫生单位。

【何官镇】 位于青州市东北部，面积115平方千米，辖74个行政村，居民20084户，常住人口5.94万人，耕地面积7794公顷。2022年，地方财政收入2465.7万元，同比增长6.58%。年内，获评山东省卫生先进单位、2021年典型乡镇（街道）农产品质量安全监管机构、山东省“平安农机”示范农机服务组织、山东省绿色学校。

【东夏镇】 东夏镇位于青州市东北部，面积91.07平方千米，辖72个行政村，常住人口4.8万人，耕地面积4867公顷。2022年，一般公共预算收入4321万元，规模以上工业企业总产值4.56亿元，固定资产投资12.34亿元，同比增长127.81%。年内，获评山东省级卫生镇。

【青州经济开发区】 位于青州市中北部，面积87.3平方千米，辖69个行政村，居民1.54户，常住人口8.1万人，耕地面积5.9万公顷。2022

2022年，青州不夜城夜景（供图：刘淼）

年，规模以上工业企业 119 家，工业总产值 797.8 亿元，增幅 4.4%；完成营业收入 748 亿元，增幅 13%；实现地方财政收入 24601 万元，同比减少 34.49%；实现利税 2.4 亿元，同比减少 36%。年内，经济开发区被评为省级文明村镇，王母宫社区被评为山东省绿色社区，王母宫社区社会组织服务中心被评为山东省社区社会组织创新发展基地，柳沟村、西郎村、懒柳树村、双窑韩村被评为省级文明村。

（刘　淼）

诸城市

【概况】 诸城市位于山东省东南部，地处北纬 35°42′23″ ～ 36°21′05″，东经 119°0′19″ ～ 119°43′56″。之间。泰沂山脉与胶潍平原交界处，东与胶州、青岛市黄岛区毗连，南与五莲接壤，西与莒县、沂水为邻，北与安丘、高密交界。

全市总面积 2151.4 平方千米，辖 17 个镇街区，259 个社区，常住人口 105.6 万人，人口自然增长率 -0.47‰。

全年实现生产总值 805.50 亿元，按可比价格计算，同比增长 3.8%。其中，第一产业增加值 81.44 亿元，第二产业增加值 308.12 亿元，第三产业增加值 415.94 亿元。全市固定资产投资同比增长 22.3%，一般公共预算收入 60.6 亿元，地方一般公共预算支出 79.2 亿元。社会消费品零售总额 270.0 亿元，进出口总额 154.8 亿元。金融机构人民币存款余额 1141.6 亿元，贷款余额 907.3 亿元。

农林牧渔及其服务业实现增加值 86.3 亿元，其中农业产值 73.9 亿元，增长 1.8%。全市粮食作物播种面积 189.8 万亩，粮食总产量 78.83 万吨。无公害农产品 1 个、绿色食品 76 个、有机产品 20 个，农产品地理标志 1 个。全市拥有省知名农产品企业产品品牌数 7 个，诸城绿茶获山东省知名农产品区域公用品牌和潍坊市知名农产品区域公用品牌称号，潍坊市知名农产品企业产品品牌 36 个，潍坊市知名农产品品牌引领企业 10 家。新认证“三品一标 14 个”，其中绿色食品 11 个，有机农产品认证 3 个。生猪肉产量 10.36 万吨，禽肉产量 10.25 万吨，禽蛋产量 6.95 万吨，牛奶产量 0.33 万吨，水产品产量 3571 吨。全年完成人工更新面积 149 公顷，四旁（零星）植树 150 万株，森林抚育面积 1780 公顷。全市农业机械总动力 146.1 万千瓦。全市工业增加值 263.62 亿元，按可比价格计算，同比增长 3.3%。规模以上工业完成工业总产值 1166.1 亿元，实现营业收入 1138.3 亿元，利润 13.2 亿元。全市资质以上建筑企业 65 家，完成建筑业总产值 82.2 亿元。

全市农村公路 3167.5 千米，高速公路通车里程 95.7 千米。升级改造国省公路 18.1 千米、农村公路 105 千米。全市实现邮政业务总量 10899.15 万元。常住人口城镇化率 63.18%。市政公用设施投资 10.12 亿元。环境空气质量 $PM_{2.5}$ 同比改善 8.8%；PM_{10} 同比改善 10.6%；NO_2 同比改善 11.5%；综合指数同比改善 5.2%，优良天数 310 天。集中式饮用水水源地水质达标率 100%。国家 A 级旅游景区 13 家，其中 AAA 级以上 10 家；全年接待国内游客 607.12 万人次，实现旅游总收入 64.01 亿元。

全区有高等职业学校 1 所，在校生 12574 人。中等职业教育学校 4 所，在校生 15829 人。普通中学 41 所，在校生 54307 人；小学 47 所，在校生 65510 人。全市新增国内专利授权 2936 件。有博物馆 1 个、档案馆 1 个、公共图书馆 1 所、文化馆 1 个、全国重点文物保护单位 2 处、省级文物保护单位 6 处，广播、电视人口综合覆盖率均为 100%。医疗卫生机构 894 所，有床位 7185 张，卫生技术人员 7867 人。在城区规划建设中小型健身广场 11 处，新建更新农村社区、网格健身设施 101 处。全年派出 1000 余名运动员参加潍坊市年度锦标赛，获 265.5 枚金牌、121 枚银牌、212 枚铜牌，获得体育道德风尚奖代表队 11 个，金牌数和奖牌数位居潍坊各县（市、区）第二名。诸城籍运动员参加全国锦标赛和冠军赛获 3 枚金牌、3 枚银牌、3 枚铜牌；参加省运会获 14 枚金牌、23 枚银牌、16 枚铜牌。

城镇居民人均可支配收入 50082 元，农村居民人均可支配收入 27529 元。企业职工基本养老保险在职参保人数 17.06 万人，城乡居民基本养老保险参保人数 56.80 万人，工伤保险在职参保人数 19.56 万人，失业保险参保人数 13.62 万人。城乡居民基本养老保险参保人数 56.80 万人，医疗保险参保人数 103.2 万人。城镇最低生活保障年人均保障标准 10776 元，农村最低生活保障年人均保障标准 8604 元；全年发放城乡低保 7064 户 11915 人、8237.03 万元。全市 17 处养老机构，有各类养老床位 1781 张。

年内，获国务院督查激励，获评首批国家知识产权强县建设示范县。连续十六年被评为全国生猪调出大县，创建为潍坊国家农综区农产品加工示范区。被国务院办公厅表彰为乡村产业振兴及农村人居环境整治示范激励县，获评全国粮食生产先进县、全国农业全产业链典型县、国家绿色种养循环农业试点县、全国首批病死猪无害化处理与保险联动机制建设试点县。创建全省首家全国家庭健康促进行动试点单位。新入选国家 AAAA 景区 1 处。连续 3 年被省政府评为高质量发展先进县，成为全省首个入选中宣部“走进县城看发展”特别报道的县。获全省首批工业十强县、全省首批民营经济高质量发展先进县、预制菜特色优势食品产业强县。获评省农产品加工业和畜牧业高质量发展先行县，入选省一体化大数据分析平台县级节点试点城市。新入选省景区化村庄和工业旅游示范基地各 1 处，获评第三批省级全域旅游示范区。被列入全省基层治理实验区。获评省农产品加工业高质量发展先行县、全省畜牧业高质量发展先行县。获评第三批省级全域旅游示范区。

2022 年 8 月 10 日，诸城专用车基地签约仪式举行（供图：北汽福田汽车股份有限公司）

【山东预制菜产业联盟】 2022 年 2 月 22 日，山东预制菜产业联盟成立大会在诸城市召开。会议宣读《共同发起成立山东预制菜产业联盟倡议书》《关于成立山东预制菜产业创新联合体的通知》《山东预制菜产业联盟章程》通过联盟理事长人选、副理事长单位及秘书长名单，相关领导为“山东预制菜产业联盟”揭牌，并为联盟理事长单位、副理事长单位进行授牌。山东健康肉产业联合会、山东省农业产业化促进会执行会、山东省旅游饭店协会、山东省物流与采购协会、山东省团餐行业协会签订战略合作协议，诸城外贸有限责任公司、山东得利斯食品股份有限公司与济南市饭店业协会签订战略合作协议，山东惠发食品股份有限公司、华宝食品股份有限公司与山东省旅游饭店协会签订战略合作协议。

【诸城专用车基地】 2022 年 8 月 10 日，诸城市举行诸城专用车基地签约仪式，打造“数百亿”级规模专用车产业集群。依托北汽福田诸城厂区 50 万辆生产规模，重、中、轻、微卡全系列专业底盘资源优势，以及千人研发团队的技术优势，为专用车基地建设提供技术及产品保障。同时，在北汽福田的带动下，形成以诸城为中心的低成本、高效率的供应链体系，其中诸城属地配套企业 85 家，年供货额过亿元的企业 20 家，配套品种涉及发动机、线束、冲压件、钣金件、橡胶件、塑料件等。

2022 年 2 月 22 日，山东预制菜产业联盟在诸城落户（供图：诸城畜牧业发展中心）

【密州街道】 位于诸城市市区东部，面积 105 平方千米，辖 29 个社区，常住人口 27 万，耕地面积 3133 公顷。2022 年，地区生产总值 582 亿元，地方财政收入 12.3 亿元，规模以上工业销售收入 191 亿元、利税 6.13 亿元。第三产业增加值 79.1 亿元，农民人均纯收入 23926 元。

【龙都街道】 位于诸城市市区西部，面积 93 平方千米，辖 27 个社区，居民 7.8 万户，常住人口 19.9 万人，耕地面积 3825 公顷。2022 年，地区生产总值 200.1 亿元，同比增长 5%。地方财政收入 7.9 亿元，工业实现销售收入 15.1 亿元、利税 3339.9 万元。第三产业增加值 109 亿元，增长 6%。农民人均可支配收入 26102 元，增长 3%。年内，邱家七吉社区被评为省级文明村镇，诸城市龙湖绿园生态农业发展有限公司、山东全鲁科润种业有限公司获评第九批农业产业化省级重点龙头企业，山东庆丰自动化装备有限公司、诸城元康食品有限公司获评2022年度山东省专精特新中小企业。

【舜王街道】 位于诸城市市区北部，面积178平方千米，辖18个社区，居民2.1万户，常住人口7.8万人，耕地面积10501.8公顷。2022年，地方财政收入1.62亿元；工业销售收入30亿元、利税1.3亿元。年内，九台社区获山东省民主法治示范社区、山东省文明社区。

【枳沟镇】 位于诸城市西南部，面积85.2平方千米，辖9个社区，居民1.32万户，常住人口5.1万人，耕地面积3860.2公顷。2022年，地区生产总值17.27亿元，同比增长6.99%。地方财政收入4842万元，工业销售收入16.53亿元、利税0.19亿元，分别增长8.66%和39.54%。第三产业增加值0.292亿元。年内，获省级文明村镇、潍坊市打造乡村振兴齐鲁样板先行区示范集体、2022年度优化营商环境工作先进单位、乡村振兴工作先进单位。

【贾悦镇】 位于诸城市西部，面积288平方千米，辖27个社区，居民3.2万户，常住人口5.9万人，耕地面积15583.3公顷。2022年，财政收入1.4亿元，一般公共预算收入9494万元，规模以上工业总产值24.48亿元，营业收入23.93亿元，利税1.01亿元，社会固定资产投资11.2亿元，新引进高端技术人才6人。

【石桥子镇】 位于诸城市西北部，面积169平方千米，辖18个社区，居民1.7万户，常住人口2.7万人，耕地面积10666.67公顷。2022年，财政收入1.15亿元，同比增长13.6%，其中地方财政收入7478.08万元，同比增长13.3%；规模以上工业企业总产值16.67亿元，同比增长19.3%。年内，获诸城市高质量发展综合绩效考核工作二类镇街一等奖、潍坊市打造乡村振兴齐鲁样板先行区示范集体、潍坊市公共文化建设示范镇、潍坊市全域美丽幸福河湖镇。

【相州镇】 位于诸城市北部，面积120平方千米，辖12个社区，居民1.96万户，常住人口3.6万人，耕地面积7523.76公顷。2022年，财政收入5432.45万元，同比增长6.65%。其中一般公共预算收入3956.16万元，同比增长15.05%。工业销售收入79.43亿元、利税6.4亿元，分别增长4.8%和6.2%。年内，获全国“一村一品”示范镇、潍坊市级文明村镇、潍坊市全域美丽幸福河湖镇。

【昌城镇】 位于诸城市东北部，面积118.4平方千米，辖15个社区，居民1.9万户，常住人口5.41万人，耕地面积5780公顷。2022年，一般公共预算收入1.306亿元；规模以上企业42家，完成总产值117.1亿元，同比增长14.2%；营业收入120.3亿元，同比增长12.4%。年内，入选山东省第三批乡村振兴“十百千”工程示范镇创建名单；昌城社区被命名为第九批全省民主法治示范村（社区）。

【百尺河镇】 位于诸城市东北部，面积126平方千米，辖13个社区，居民1.45户，常住人口5.21万人，耕地7466.67公顷。2022年，地方财政收入6042万元；工业销售收入5.17亿元、利税5765.1万元。年内，获全省基层社会治理优秀综治中心。

【辛兴镇】 辛兴镇位于诸城市东部，面积73平方千米，辖11个社区，居民1.1万户，常住人口3.8万，耕地面积4533公顷。2022年，财政收入5.03亿元，同比增长23.7%；规模以上工业总产值224.53亿元，销售收入231.55亿元，利税7.46亿元，分别增长12.13%、12.56%和2.7%。年内，获评省级农业产业强镇。

【林家村镇】 位于诸城市东南部，面积135.22平方千米，辖13个社区，居民1.14万户，常住人口3.52万人，耕地面积7059.27公顷。2022年，地区生产总值14.2亿元，同比增长2%；地方财政收入6476万元，同比降低8.2%。工业销售收入19.1亿元、利税6065万元，分别增长4.4%和24%。第三产业增加值4.4亿元，增长4%；农民人均可支配收入30862元，增长6%。年内，林家村镇、林家村镇瓦店社区获省级文明村镇，林家村镇林家三社区获省级文明社区，林家村镇人民政府获全省第七次人口普查先进集体。

【桃林镇】 位于诸城市南部，面积142平方千米，辖11个社区，居民1.4万户，常住人口2.07万人，耕地面积3847公顷。2022年，地区生产总值52.4亿元，同比增长2.14%；地方财政收入1446万元；工业销售收入28.2亿元、利税1.3亿元；第三产业增加值14亿元，增长13.82%。年内，获省级文明社区1处，入选山东省景区化村庄1处，北端茗茶叶生产专业合作社入选2022中国农民合作社500强，“诸城绿茶”入选第七批山东省知名农产品区域公用品牌。

【皇华镇】 位于诸城市南部，面积192平方千米，辖14个社区，居民1.77万户，常住人口5.9万人，耕地面积7321.62公顷。2022年，地方财政收入3496万元；规模以上工业销售收入4.22亿元、利税4879.3万元。

【滨河片区】 位于诸城市市区北部，面积56平方千米，辖6个社区，居民1.14万户，常住人口4.38万人，耕地面积1406.67公顷。2022年，财政收入1.9亿元，同比增长4.4%；其中地方财政收入1.2亿元。年内，山泉社区获评2022年省级文明村镇。

【南湖片区】 位于诸城市市区南部，面积62.5平方千米，辖16个社区，居民1.2万户，常住人口6.12万人，耕地面积2189.6公顷。2022年，财政收入2.71亿元，其中一般预算收入1.91亿元。工业总产值28.81亿元、固定资产投资17.7亿元。年内，常山示范区入选首批山东省乡村振兴齐鲁样板省级示范区，南湖片区被评为潍坊市打造乡村振兴齐鲁样板先行区示范集体。

【高新片区】 位于诸城市市区东部，面积40平方千米，辖6个社区，居民6167户，常住人口2.25万人，耕地面积1511公顷。2022年，地区生产总值82.3亿元，同比增长6.43%；地方财政收入9700万元，同比增长6.52%；工业销售收入84.35亿元、利税8.5亿元，分别增长5.28%和5.63%;农民人均可支配收入36875元，增长6.9%。

【桃园片区】 位于诸城市东南部，面积188.6平方千米，辖14个社区，居民1.2万户，常住人口2.5万，耕地面积1.04万公顷。2022年，财政收入8265万元，同比增长5.8%；地方财政收入4372万元，同比增长9%；工业销售收入7.5亿元、利税9782万元，分别增长23%和32%；第三产业增加值1.2亿元。农民人均纯收入28018元。

（刘　云　孔祥涛）

寿光市

【概况】 寿光市位于山东半岛中北部，渤海莱州湾南畔，地处北纬36°41′～37°19′，东经118°32′～119°10′之间。总面积2072平方千米，辖14处镇街道，1个省级开发区，户籍总人口111万人，人口自然增长率-0.53‰。

全年实现生产总值1002.1亿元，按可比价格核算，同比增长4.0%。其中，第一产业实现增加值131.6亿元，同比增长2.6%；第二产业实现增加值435.9亿元，同比增长6.6%；第三产业实现增加值434.7亿元，同比增长2.0%。一般公共预算收入98.3亿元，一般公共预算支出127.6亿元。社会消费品零售总额359.1亿元，进出口总额500.8亿元。金融机构本外币存款余额1578.7亿元，贷款余额1214.5亿元。

农林牧渔业总产值242.0亿元，按可比价格计算，同比增长3.7%。粮食播种面积8.66万公顷，粮食总产量59.6万吨。实施"区域+企业+产品"三位一体品牌战略，被农业农村部评为国家级区域性良种繁育基地。育种研发企业15家，其中省级平台7家，自主研发的蔬菜品种178个。创建山东省知名农产品企业产品品牌6个，"三品一标"农产品认证390个，粤港澳大湾区"菜篮子"产品认证基地69家。肉、蛋、奶总产量26.49万吨，水产品总产量16.4万吨。完善全民义务植树基地15处，退化林修复303亩，新建完善农田林网1万亩，森林抚育1.5万亩，四旁零星植树100万株，新建完善农田林网1万亩，森林抚育1.5万亩，栽植各类苗木200万株。完成农圣街弥河大桥、弥河分流挡潮闸、5座橡胶坝及弥河城区段防护8项重点水利工程。壮大工业经济总量，规模以上工业企业总产值2257.4亿元，同比增长9.5%。实现营业收入2451.9亿元，同比增长2.6%。上市企业7家、股票10支，3家企业入选中国企业500强，5家企业入选省工业百强、全部进入中国制造业企业500强，省级以上优质企业153家。建筑业市场平稳。全年建筑业总产值191.3亿元，同比增长5.5%。

寿光市公路通车里程3793.7千米，其中高速公路通车里程72.1千米。境内有青银、荣乌、潍日3条高速公路，益羊、寿平、德大、黄大、胶济客专5条铁路和济青高铁贯通全境。公路旅客运输量19.6万人次，货物运输量5551万吨。小清河复航工程寿光段全面完工，具备试通航条件。津潍高铁

2022年8月16日，小清河复航工程S309侯辛桥通车（供图：寿光市地方史志研究中心）

（京沪二线）寿光段动工建设，形成“陆海河空铁”立体化交通格局。保障民生支出，其中教育支出28.4亿元，社会保障和就业支出24.8亿元，卫生健康支出5.9亿元。建成投用巨能小学、南关小学、巨能幼儿园等16所中小学幼儿园，新增学位4170个。新创省级美丽乡村示范村7个，美丽庭院建成率60.1%。西城污水厂项目投运，完成农村地区清洁取暖改造16616户。新修、改造道路13.5千米、排水管网31.8千米。全年环境空气质量综合指数同比改善3.5%，$PM_{2.5}$浓度37微克/立方米，同比改善11.9%。重污染天数3天，同比减少6天。10处市控及以上河流断面达到地表水四类以上水质，其中小清河羊口、弥河张建桥2处国控断面达到地表水三类优良水体水质。农村移风易俗做法在全国推介，学习书屋、志愿嘉许激励机制被中宣部、中央文明办肯定推广，“乡村阅读季”三项指标均居全国第一。有国家A级旅游景区8处，其中AAAA级旅游景区4处，AAA旅游景区4处。有三星、四星级饭店各1家。

全区有普通高等学校1所，在校生3.07万人。中等职业学校3所，在校生1.10万人。普通中学47所，在校生5.46万人；小学91所，在校生7.86万人。获山东省科技进步一等奖1项、二等奖3项，专利授权总量2765件，商标核准注册量4013件。注册新增马德里国际商标1件，总量55件。拥有中国驰名商标26件、山东省省长质量奖及提名奖2个。列入非物质文化遗产名录163项，其中国家级1项、省级9项，全国重点文物保护单位2处，省级文物保护单位7处。医疗卫生机构948所，有床位7163张，卫生技术人员1.02万人。参加第二十五届省运会，寿光市运动员取得52枚金牌、8枚银牌、15枚铜牌的成绩。

城镇居民人均可支配收入51049元，农村居民人均可支配收入28293。城镇职工、城乡居民基本养老保险参保人数分别为24.42万人、66.55万人；城镇职工、城乡居民医疗保险参保人数分别为23.23万人、88.03万人；工伤、失业、生育保险参保人数分别为20.83万人、14.93万人、13.32万人。城镇最低生活保障人数0.02万人，年人均保障标准1.07万元；农村最低生活保障人数0.53万人，年人均保障标准0.86万元。全市各类养老服务机构和设施70个，各类养老床位0.27万张。

年内，寿光市入选省级乡村振兴齐鲁样板示范区和乡村振兴示范市，成为国家级区域性良种繁育基地、全省首批现代农业强县，被列为全省首批整县域推进乡村生态振兴工作重点打造区域。“从一粒种子到一盘好菜”的蔬菜产业体系建设典型经验入选中央迎接二十大“奋进新时代”主题成就展，在群众满意度调查中位居全省第二位、全市第一位，被省政府确定为高质量发展先进县。

【中国（寿光）国际蔬菜科技博览会】 2022年4月20日至5月30日，第二十三届中国（寿光）国际蔬菜科技博览会举行。围绕实施乡村振兴战略和农业新旧动能转换，采取实地种植与展位展示相结合、蔬菜园艺与文化艺术相结合、经贸洽谈与观光旅游相结合的展览模式，打造“天下情怀”“绿水青山”“金桥丝路”等蔬菜文化景观200余处，包括10个展馆、采摘园、日光温室高产栽培区、蔬菜博物馆及广场展区，主展区总面积45万平方米，其中室内展览面积16.5万平方米，展示国内外蔬菜品种2000余个，引进种植模式80余种、新技术100余项，线上参观人次800余万人，实现协议、意向投资额200余亿元、贸易额6.5亿元，央视、山东卫视等50余家媒体参会报道，媒体总曝光量6.3亿人次。同期，举办线上2022潍坊寿光首届预制菜全产业链博览会，40余家预制菜相关企业参与，评选“最受欢迎预制菜品牌”“最具潜力预制菜品牌”“最佳预制菜服务商”等。

【圣城街道】 位于寿光市主城区，面积68.3平方千米，辖70个行政村，32个城市社区，人口40余万人，耕地面积1526.33公顷。2022年，一般公共预算收入7.8亿元，固定资产投资72亿元，规上工业企业营业收入264亿元，建筑业产值160亿元，规上服务业营业收入30亿元。年内，“一核四联多元”城市基层治理经验做法，被人民日报社《中国城市报》刊发；党建引领、红色物业体系在新华社《高管信息山东》推广报道；获

2022年4月20日，第二十三届中国（寿光）国际蔬菜科技博览会开幕式（供图：寿光市蔬菜高科技示范园管理服务中心）

潍坊市打造乡村振兴齐鲁样板先行区示范集体、潍坊市年度公共文化建设示范街道、潍坊市“七五”普法依法治理工作先进单位、平安中国建设示范市创建工作先进集体。

【文家街道】 位于寿光市城区西部，面积69平方千米，辖2个城市社区、56个行政村，居民1.95万户，总人口7.5万人，耕地面积3000公顷。2022年，一般公共预算收入8.2亿元，实现工业总产值29.14亿元，主营业务收入31.3亿元，固定资产投资18亿元。年内，获评潍坊市级农业产业强镇、平安中国建设示范市创建工作先进集体、全市北京冬奥会和全国两会维稳安保工作表现突出的集体、潍坊市全域美丽幸福河湖镇。

【洛城街道】 位于寿光城区东部，面积136平方千米，辖118个行政村、4个城市社区，常住人口16.5万人，耕地面积8512.67公顷。2022年，一般公共预算收入7.1亿元，固定资产投资35.7亿元，规上工业总产值84.7亿元，营业收入97.7亿元。年内，通过山东省军民融合特色基地、首批乡村振兴齐鲁样板省级示范区、省级农业产业强镇验收，入选国家级农村产业融合发展示范园、省第三批乡村振兴“十百千”示范镇、潍坊市农业农村现代化示范镇创建名单。

【古城街道】 位于寿光市北部，总面积85.8平方千米，辖61个行政村、1.8万户。2022年，固定资产投资22.5亿元，同比增长16.6%。工业总产值249亿元；利润总额12.2亿元，增幅311%。获评山东省农业产业强镇、平安潍坊建设先进集体、潍坊市全域美丽幸福河湖镇。在寿光高质量发展考核中，获得镇街高质量发展综合绩效考核优秀单位。

【孙家集街道】 位于寿光市西南部，总面积78平方千米，辖78个行政村、1.6万户、人口6.3万人，耕地面积5569.28公顷。2022年，一般公共预算收入1.14亿元，规模以上企业实现工业总产值12.6亿元，工业营业收入14.2亿元。获评山东省卫生单位、市级信访工作示范镇街、平安中国建设示范市创建工作先进集体、农村集体产权制度改革试点先进单位。

【稻田镇】 位于寿光东部，总面积137平方千米，辖112个行政村，居民2.6万户，人口11.3万人，是“中国香瓜第一镇”。2022年，一般公共预算收入2.014亿元，规模以上工业企业总产值11.8亿元，同比增长4.6%；固定资产投资5.68亿元，同比增长142.3%。年内，被评为山东省级农业产业强镇、山东省第二批示范镇农产品质量安全监管机构、潍坊市首批人居环境整治“红旗激励”镇街、潍坊市公共文化建设示范镇、潍坊市乡村振兴齐鲁样板先行区示范集体、平安潍坊建设先进集体、北京冬奥会和全国两会维稳安保工作表现突出集体。

【侯镇】 位于寿光市东北部，总面积218平方千米，辖86个行政村、1个居委会，总人口10.1万人，耕地面积9206公顷。2022年，一般公共预算收入9亿元，规模以上工业企业66家，工业总产值717亿元，营业收入775亿元，工业利润28.4亿元，同比增长14%。固定资产投资同比增长32.8%。年内，获评全国重点镇、全国环境优美乡镇、省级中心镇、山东省历史文化名镇、省级文明镇、山东盐化工产业第一镇、全国百强镇。

【纪台镇】 位于寿光市南部，总面积90平方千米，辖72个行政村、居民1.5万户，总人口5.7万人。2022年，财政收入1.38亿元，同比增长69%；固定资产投资8.9亿元，同比增长40%；工业技改投资1242万元，同比增长130%。山东农科频道、《大众日报》宣传报道纪台镇的长茄“国字号”品牌、家庭农场。

【化龙镇】 位于寿光市西部，总面积87平方千米，辖53个行政村、居民1.54万户，人口5.4万人，耕地面积5667公顷。2022年，地方财政收入1.69亿元，固定资产投资5.47亿元，制造业技改投资3.29亿元，规上贸易企业销售额32.4亿元。年内，获评山东省特色优势食品产业强镇、山东省卫生单位，板桥村获得乡村振兴“十百千”工程示范创建，裴岭村获美丽庭院建设工作表现突出村集体，裴岭村、务本村、辛旺村、西丰村获得乡土产业名品村。

【上口镇】 位于寿光市中部，总面积80.6平方千米，辖65个行政村，居民1.6万户、人口7.1万人。耕地面积5000公顷。2022年，省外到位资金4.6亿元、境外到位资金500万美元，固定资产投资、规上服务业营业收入分别同比增长174%、26.1%。年内，获评国家级生态镇、省级中心镇、省级绿化示范镇、省级文明村镇、中国窗饰之乡。

【田柳镇】 位于寿光市中北部。总面积108平方千米，辖68个行政村、居民2.2万户，人口6.9万人，耕地面积6866.7公顷。2022年，一般公共预算收入1.85亿元，同比增长5.5%；工业总产值37.5亿元，同比增长7.7%。年内，获评潍坊市法治示范镇街、潍坊市现代农业产业强镇；镇区1.8万亩天然富硒土地获得国家权威机构认证。

【营里镇】 位于寿光市北部，面积303平方千米，辖50个行政村，居民2万户，人口6万人，耕地面积6667公顷。2022年，一般公共预算收入0.91亿元，同比增长20%；招商引资到位资金31亿元，同比增长106%。年内，获评山东省“平安农机”示范单位、山东省卫生乡镇、潍坊市信访工作示范镇街、潍坊市美丽宜居示范社区、乡村振兴齐鲁样板先行区示范集体等 20 项称号。

【台头镇】 位于寿光市西北部，总面积 100 平方千米，辖 41 个行政村，居民 1.6 万户、人口 5.4 万人，耕地面积 6533 公顷。2022 年，一般公共预算收入 1.78 亿元，规模以上工业企业总产值 70 亿元，营业收入 75 亿元，货物贸易进出口总量 15 亿元。年内，被纳入省中小企业特色产业集群培育库；宏源防水获评全国 2022 年第一批次博士后科研工作站；认定省“专精特新”企业 3 家、潍坊市“专精特新”企业 3 家、潍坊市隐形冠军企业 3 家；郑辇村入选山东省第三批乡村振兴“十百千”工程示范创建名单；小坨村获山东省文明村。开展河长制工作，经验做法被水利部、《人民日报》等报道。

【羊口镇】 位于寿光市最北部，总面积 471 平方千米，辖 23 个行政村、6 个居委、2 个城市社区，人口 7 万人，耕地面积 7666.67 公顷。2022 年，一般公共预算收入 13.18 亿元，同比增长 40.7%；规模以上企业工业总产值 761.4 亿元，同比增长 55.1%。年内，获评全国文明镇、全国重点镇、全国特色镇、全国综合竞争力百强镇、全国乡村振兴示范镇、山东省新生小城市试点镇。“以产兴城、以城聚产、产城融合”的改革创新发展理念被《大众日报》作为典型案例刊发报道。

【双王城生态经济发展中心】 位于寿光市西北部，面积 193 平方千米，辖 15 个行政村、居民 0.78 万户，常住人口 2.5 万人，耕地面积 12551.8 公顷。2022 年，一般公共预算收入 0.29 亿元，固定资产投资 5 亿元，同比增长 88.85%。其中四新投资占比 100%，民间投资 4 亿元，占比 67%；技改投资 1.3 亿元。年内，被评为山东省文明镇。举办巨淀湖首届听芦季帐篷宿营节、巨淀湖首届新春灯会，打造文旅盛景巨淀湖品牌。

（郭振兴）

安丘市

【概况】 安丘市位于山东半岛中部，潍坊市中部偏南，北纬 36°05'～36°33' 之间、东经 118°44'～119°27'。东临峡山区，南接诸城市、临沂市沂水县，西界临朐县，北连昌乐县、坊子区。

全市总面积 1712 平方千米，辖 9 个镇、3 个街道、2 个开发区（中心），104 个农村社区，21 个城市社区，125 个社区，887 个村（居）委会，户籍总人口 97.07 万人。

全年实现生产总值 423.56 亿元，同比增长 4.5%。其中，第一产业增加值 64.98 亿元，第二产业增加值 123.51 亿元，第三产业增加值 235.06 亿元。固定资产投资增幅 22.5%，一般公共预算收入 30.25 亿元，一般公共预算支出 51.77 亿元。社会消费品零售总额 131.66 亿元，进出口总额 117.40 亿元。金融机构本外币存款余额 738.34 亿元，贷款余额 614.32 亿元。

农林牧渔增加值 68.65 亿元，其中农业增加值 49.05 亿元，农林牧渔服务业增加值 3.66 亿元。全市粮食播种面积 5.51 万公顷，粮食总产量 33.33 万吨。无公害农产品、绿色食品、有机农产品和农产品地理标志获证企业 25 家。肉、蛋、奶总产量 20.22 万吨，水产品总产量 2369 吨。全年新增造林面积 110 公顷，林木绿化率 27.74%。全市拥有农业机械总动力 162.16 万千瓦，农作物耕种收综合机械化水平达 92%。全部工业增加值 89.20 亿元，同比增长 3.7%；规模以上工业实现增加值同比增速 10.3%、实现业务收入 456.05 亿元，利润总额 24.71 亿元。高新技术产业产值占规模以上工业总产值比重 29%。全市有资质的建筑企业 143 家，完成建筑业总产值 112.20 亿元。

全市国省道通车里程 153.19 千米，高速公路通车里程 52.7 千米。公路旅客运输量 554.66 万人次，邮政寄递服务业务量 3492.81 万件，快递业务量 2667.98 万件。完成电信业务总量 4.79 亿元。固定电话用户 4.09 万户，移动电话用户 86.93 万户，互联网用户 63.52 万户。全市市政公用设施投资 0.70 亿元，村镇建设投资 14.92 亿元。全市环境空气质量综合指数 4.01，同比改善 6.7%；优良天数 292 天，同比增加 13 天；PM2.5 浓度 35 微克 / 立方米，同比改善 10.3%。全市 7 条市控及以上重点河流断面水质指数 5.68，水质优良率 100%；县级及以上饮用水水源地达标率 100%。国家 A 级旅游景区 8 家，其中 AAA 级以上 7 家，全年接待国内外游客 470.15 万人次，实现旅游消费总额 47.19 亿元。

全市有中等职业学校 1 所，在校生 6879 人；普通高中学校 6 所，在校生 22977 人；初级中学 26 所（其中九年一贯制 9 所），在校生 25716 人；小学 52 所，在校生 51081 人。取得重要科技成果 17 项，专利申请量 1032 件，授权专利 1259 件。有博物馆 1 个、档案馆 1 个、公共图书馆 1 所、文化馆 1 个、全国重点文物保护单位 2 处、省级文物保护单位 14 处，广播、电视人口综合覆盖率分别为98.9%和98.8%。医疗卫生机构682所，有床位5843张，卫生技术人员4843人。全年参加市级及以上体育比赛共获奖牌273枚。

城镇居民人均可支配收入42887元，农村居民人均可支配收入24232元。职工基本养老、职工基本医疗、失业、工伤、生育保险参保人数分别为10.59万人、14.03万人、7.35万人、10.81万人、8.18万人。居民基本养老保险参保人数53.1万人，医疗保险参保人数68.85万人。城镇最低生活保障人数451人，年人均保障标准10776元；农村最低生活保障人数8514人，年人均保障标准8604元。全市各类养老服务机构和设施152个，各类养老床位3939张。社会福利企业1个，安置残疾人就业48人。

年内，安丘市被农业农村部畜牧兽医局评为2021—2022年度畜牧业统计监测工作综合评估优秀市场监测县；被交通运输部确定为“四好农村路”全国示范县创建单位；被省住建厅评为2021年度山东省建筑业综合实力十强县；被省农业农村厅评为高素质农民培育工作省级优秀。

【工业发展】 2022年，引进过亿元重点项目85个，怡力（歌尔）智能硬件制造产业园、中日韩预制菜高端食品产业园等百亿级、500强项目落地建设，拉普达高端工业装备、埃尔派锂电新材料智能装备制造等48个项目建成投产。创新推行“两个超市”“驻企服务专员”等服务企业模式，12家企业获评国家专精特新“小巨人”、省级“专精特新”和制造业单项冠军。

【农业发展】 2022年，争取国家农业国际贸易高质量发展基地、潍坊国家农综区开放发展示范区等“国字号”平台，中粮粮谷小麦深加工、日世果酱深加工等重点项目建成投产，安丘现代农业产业园创建为省级现代农业产业园，《大葱工厂化育苗技术规程》获国家行业标准立项。新建农产品质量安全智慧监管平台，构建“从土壤到餐桌”全流程追溯监管体系，创建为省优质农产品基地。

【民生事业】 2022年，青云双语新校、市立医院新院、阳光康养中心、安丘大剧院等民生项目建成投用。改造老旧小区102个、93.1万平方米。186个小区实行物业国企兜底托管，城区小区实现物业服务全覆盖。完成供暖直管直供改造，组建460人供暖应急抢修队伍，改善供暖质量。办理政务热线诉求8.5万件，解决群众急难愁盼问题。

【兴安街道】 位于安丘市城区南部，面积142平方千米，辖59个行政村，居民7.94万户，常住人口22.82万人，耕地面积6200公顷。2022年，般公共预算收入1.63亿元，同比减少18.1%;工业销售收入61.77亿元、利税2.90亿元，分别增长5.81%和2.16%；农民人均可支配收入24232元，同比增长6.5%。年内，街道获潍坊市平安潍坊建设先进集体、潍坊市关心下一代工作表现突出的集体、2022年度市级美丽乡村示范镇。

【新安街道】 位于安丘市北区，面积76平方千米，辖25个行政村，居民1.17万户，常住人口4.5万人，耕地面积3767公顷。2022年，一般公共预算收入1.73亿元，同比减少13.5%；工业销售收入79.57亿元、利税5.03亿元，分别同比减少1.88%和9.15%。农民人均可支配收入2.5万元，同比增长7.8%。年内，街道获评全省关心下一代工作先进集体、潍坊市美丽乡村示范镇、潍坊市齐鲁样板先行区示范集体。

【景芝镇】 位于安丘市东南部，面积217平方千米，辖135个行政村，居民4.13万户，常住人口8.92万人，耕地面积1.32万公顷。2022年，一般公共预算收入6636万元，同比减少3.88%；工业销售收入48.60亿元，同比减少6.25%；利税1.69亿元，同比增长16.5%。实现限上贸易企业销售额25.20亿元，同比增长302.18%。年内，景芝镇获评山东省第七次全国人口普查先进集体、潍坊市打造乡村振兴齐鲁样板先行区示范集体、第四批全市公共文化建设示范镇、全市关心下一代工作表现突出的集体、信访工作先进集体、全市信访治重化积工作先进集体、信访工作示范镇街。

【凌河街道】 位于安丘市区西南部，面积202平方千米，辖145个行政村，居民2.91万户，常住人口10.5万人，耕地面积7800公顷。2022年，一般公共预算收入4730万元，比上年增长36.5%；实现工业销售收入38.80亿元、利税4866万元，分别增长15.1%和35.6%；农民人均可支配收入24329元，比上年增长6.9%；固定资产投资比上年增长76.98%。年内，凌河街道获山东省第三批乡村振兴“十百千”示范创建镇街、潍坊市乡村振兴齐鲁样板先行区示范集体、潍坊市信访工作示范镇街、潍坊市信访工作先进集体。

【石埠子镇】 位于安丘市南部，面积156平方千米，辖67个行政村，居民2.02万户，常住人口1.7万人，耕地面积6133.33公顷。2022年，一般公共预算收入4600万元，同比增长3.9%;工业销售收入6.22亿元、利税1.60亿元，同比减少4.46%和23.45%；农民人均可支配收入25643元，同比增长5%。年内，石埠子镇获评潍坊市全域美丽幸福河湖示范镇、潍坊市2022年全国科普日优秀组织单位。

【大盛镇】 位于安丘市西南部，面积75平方千米，辖62个行政村，居民

1.08万户，常住人口3.49万人，耕地面积3733.33公顷。2022年，一般公共预算收入3215万元，同比增长42.8%；工业销售收入3.36亿元、利税2732万元，分别增长13.67%和22.62%。年内，大盛镇获评潍坊市级农业产业强镇、潍坊市级全域美丽幸福河湖镇。

【辉渠镇】 位于安丘市西南部，面积206平方千米，辖40个行政村，居民2.05万户，常住人口3.45万人，耕地面积7422.41公顷。2022年，一般公共预算收入7437万元，同比增长10.9%；工业销售收入34.81亿元，增长5.5%。年内，辉渠镇获评山东省首批绿色能源发展标杆乡镇、潍坊市耕地保护激励乡镇、潍坊市信访工作示范镇、潍坊市公共文化示范镇。

【郚山镇】 位于安丘市西南部，面积114平方千米，辖54个行政村，居民1.15万户，常住人口2.7万人，耕地面积3611公顷。2022年，一般公共预算收入2000万元，同比减少31.7%；工业销售收入13.44亿元、利税3.59亿元，分别增长91.2%和154.29%。年内，郚山镇获评国家级全域森林康养试点建设镇、省级农业产业强镇。

【石堆镇】 位于安丘市东部，面积67平方千米，辖47个行政村，居民1.14万户，常住人口3.98万人，耕地面积4369.72公顷。2022年，一般公共预算收入2502万元，同比减少23.07%；固定资产投资17.70亿元，同比增长81.9%；规模以上工业企业总产值5.30亿元、销售收入5.10亿元，分别增长53.1%和51.1%。

【柘山镇】 位于安丘市西南部，面积148平方千米，辖41个行政村，居民1.04万户，常住人口1.69万人。2022年，一般公共预算收入3710万元，同比减少25.61%；规模以上工业销售收入2.09亿元、利税126万元；农民人均可支配收入22626元，同比增长11.2%。年内，柘山镇被潍坊市农业农村局评为2022年潍坊市级农业产业强镇；被潍坊市教育局评为潍坊市第十批普及学前教育工作先进镇街；被潍坊市河长制办公室评为市级全域美丽幸福河湖示范镇。

【官庄镇】 位于安丘市区以南10千米，面积125平方千米，辖59个行政村，居民1.6万户，常住人口2.1万人，耕地面积7039公顷。2022年，一般公共预算收入2433万元，同比减少12.5%;工业销售收入9.99亿元、利税1328.80万元，分别增长23.1%和34%；农民人均可支配收入24232元，同比增长7.1%。

【金冢子镇】 位于安丘市东南部，面积82.5平方千米，辖56个行政村，居民1.2万户，常住人口2.3万人，耕地面积5830公顷。2022年，一般公共预算收入1914万元，同比增长6%；工业销售收入8.10亿元、利税2303.19万元，分别增长8.8%和28.64%；规模以上工业企业总产值8.68亿元，同比增长17.1%；固定资产投资增长58.7%。

【安丘经济开发区】 位于安丘市北部，面积55平方千米，辖16个行政村，居民9376户，常住人口4.8万人，耕地面积2386公顷。2022年，一般公共预算收入1.10亿元，同比减少1.3%；工业销售收入50.50亿元、利润5618万元，分别增长12%和82.3%;固定资产投资29.60亿元，同比增长49.1%；农民人均可支配收入18503元，同比增长3.8%。年内，安丘经济开发区获评2022年度山东省水系绿化样板、山东省文明单位。

【大汶河旅游发展中心】 位于安丘市东北部，面积97平方千米，辖58个行政村，居民1.9万户，常住人口7.2万人，耕地面积4867公顷。2022年，一般公共预算收入9213.94万元，同比减少19.74%；规模以上工业企业总产值14.11亿元，同比增长9%；工业营业收入14.31亿元，同比增长10%；固定资产投资8.42亿元。

（高贵刚）

高密市

【概况】 高密市位于潍坊市东端，地处北纬36°8′44″～36°41′20″，东经119°26′16″～120°0′38″之间。东与青岛市接壤。战国有史载高密之名，秦代置县。全市总面积1523.49平方千米，辖7个镇、3个街道、1个省级经济技术开发区、910个行政村（居），户籍总人口89.36万人，人口自然增长率-3.3‰。

全年实现生产总值646.78亿元，同比增长4.3%。其中，第一产业增加值57.12亿元，第二产业增加值220.25亿元，第三产业增加值369.41亿元。全年固定资产投资同比增长22.6%，一般公共预算收入54.5亿元，一般公共预算支出58.2亿元。社会消费品零售总额174.2亿元，进出口总额179.8亿元。金融机构本外币存款余额815.69亿元，贷款余额755.34亿元。

全市粮食播种面积200.8万亩，粮食总产量88.3万吨。全市完成造林面积18公顷，林木抚育面积1800公顷，育苗320公顷。全年生猪出栏

62.7 万头，同比增长 0.6%。连续 16 年获全国产粮大县和全国生猪调出大县奖励，获评省畜牧业高质量发展先行县。有效灌溉面积 109 万亩，占总耕地面积 76%，3 座中型水库安全泄洪 17503 万立方米，主要水利工程及河道汛末有效存蓄地表水 9134 万立方米，获评国家级节水型社会建设达标县。

全年工业增加值 184.8 亿元，同比增长 5.5%。规上企业工业完成总产值 541.7 亿元，实现营业收入 533 亿元，利润总额 34.5 亿元。规模以上工业中，纺织服装、机械装备、安防用品、食品加工、化工建材等五大产业实现产值 483 亿元，占规模以上工业总产值比重 89.1%。中国家纺名城通过复评，安防用品产业被认定为山东省特色产业集群；机械装备、纺织服装被认定为潍坊市特色产业集群。高新技术产业企业 89 家，产值增长 25.4%，完成产值占规上工业总产值的比重 45.2%。"四新"经济增长 5.5%，高于全市总体经济 1.2 个百分点。具有总承包或专业承包资质的建筑业企业 49 家，完成建筑业总产值 39.3 亿元。

济青中线高密段全线通车，明董高速高密段主线路实现贯通。全年完成交通基础设施建设投资 25.7 亿元，公路通车里程 3463.6 千米，其中高速公路 62.5 千米。全市营业性机动车辆 10576 辆，全年完成客运量 629.3 万人次，客运周转量 148402 万人千米。完成邮政业务（含邮政速递包裹业务）总量 13430 万元，通信业务总量 50568 万元，电话用户总数 109.6 万户。其中，移动电话 96.0 万户，固话 13.6 万户，固定宽带互联网用户 30.1 万户。城市（县城）空气质量优良天数 302 天。全年降水量 1036.7 毫米，年平均气温 14.0℃，日照时数 2359.2 小时。

全市有各类学校 127 处，在校学生 112178 人。其中，高中 6 处，在校生 18498 人；初中 28 处，在校生 29902 人；小学 91 处，在校生 57627 人；职业中学 2 处，在校学生 6151 人。新上科技计划项目 18 项，新增授权国内专利总量 1569 件，有效发明专利拥有量 828 件，专利密度 9.27 件 / 万人，入选省首批专利导航服务基地。红高粱小镇入选全国非遗旅游景区，获评全省十佳乡村旅游目的地、山东省特色小镇。姜庄镇获评全国非遗旅游小镇。全年举办"戏曲进乡村"演出 906 场，公益电影放映 4638 场。聂家庄村入选省乡村文化建设样板村。各类卫生机构 839 处，病床 6143 张，卫生技术人员 7419 人，新建潍坊市级医疗卫生重点学（专）科 10 处。全年接种新冠疫苗 278413 人，累计接种新冠疫苗 230 万剂次。拥有健身广场 1044 个，人均体育场地面积 2.86 平方米，全年组织体育赛事活动 150 余场。

城镇居民人均可支配收入 48288 元，农村居民人均可支配收入 24973 元。全年征缴社会保险基金 22.59 亿元，提高企业退休人员养老保险待遇，全市参加职工养老保险单位 3782 家，城乡居民养老保险参保人数 51.37 万人，居民基础养老金由每人每月 152 元提高至 162 元。全年发放社会救助资金 1.66 亿元，救助对象 23549 名。其中城市低保 278 名、农村低保 7053 名。改造 51 个老旧小区，完成四个片区 2232 户回迁。

【前家子头遗址发掘】 2022 年 3 月，依据鲁东南区域系统调查成果，山东大学联合山东省文物考古研究院选取柏城镇前冢子头遗址作为"考古中国—海岱地区夏商西周考古研究"项目的重要区域进行试发掘。6 月下旬，试发掘现场工作结束，发掘面积 300 平方米，此次发掘将高密历史上溯到距今 5000 年前，且遗址社会功能完整、等级较高，具有考古价值。10 月 23 日，前冢子头遗址被国家文物局正式列入"考古中国"重大项目，被《文旅中国》报道，被文旅部《每日舆情》刊发。

【姚哥庄社区】 位于高密市东部，面积 95 平方千米，辖 8 个社区（7 个农村社区、1 个城市社区），60 个行政村，居民 2.2 万户，人口 4.9 万人，耕地面积 4869.45 公顷。2022 年，地方财政收入 2.9 亿元；工业销售收入 93.28 亿元、利税 13.48 亿元，分别增长 4.2% 和 9.3%。年内，姚哥庄社区入选国家安全应急产业示范基地创建单位、省级文明镇；单家庄村、平安庄村获评省级文明村。

【密水街道】 位于高密市中南部，面积 122 平方千米，辖 19 个社区，61 个行政村，居民 5.2 万户，人口 16.1 万人，耕地面积 6666 公顷。2022 年，地方财政收入 5.39 亿元，同比增长 12.6%；规模以上企业工业销售收入 91.81 亿元、利税 15.27 亿元，分别增长 7.87% 和 14.17%。年内，街道获评潍坊市平安潍坊建设先进集体。

【醴泉街道】 位于高密市中西部，面积 134.2 平方千米，辖 10 个城市社区、61 个行政村、1 个工业园，居民 3.2 万户、人就 11.4 万人，耕地面积 6700 公顷。2022 年，地方财政收入 2.95 亿元；工业销售收入 35.07 亿元、利税 2.04 亿元，分别增长 5.9% 和 22%。年内，获评潍坊市信访工作示范镇（街）；街道西关社区入选省级文明社区、山东省最美志愿服务社区、山东省基层社会治理社区（村）级实验点。

【朝阳街道】 位于高密市区东部，面积 30 平方千米，辖 13 个城市社区、30 个股份经济合作社，居民 4.6 万户，人口 10.6 万人。2022 年，地方财政收入 3.38 亿元，工业总产值 103.9 亿元。年内，获山东省卫生单位、潍坊市信访先进单位、潍坊市全域美丽幸福河湖镇、潍坊市公共文化建设示范镇等市级以上称号 30 余项。东城社区获评全国民主法治示范社区，罗家庄、东城、娘娘庙社区获评省级文明单位，娘娘庙社区获评省级社会科学普及示范社区，罗家庄社区获评省级社区社会组织创新发展基地。

【柏城镇】 位于高密市东南部，面积54.39平方千米，辖7个社区、35个行政村，居民1.3万户，人口4.3万人，耕地面积2867公顷。2022年，地方财政收入7713.26万元，工业销售收入19.24亿元，利税2868万元。年内，获评中国淘宝镇、山东省农业产业强镇、潍坊市耕地保护激励乡镇。

【夏庄镇】 位于高密市东北部，面积67.6平方千米，辖1个城市社区、50个行政村，居民2.04万户，人口5.1万人，耕地面积2800公顷。2022年，地方财政收入2.72亿元。年内，夏庄镇入选山东省绿色能源发展标杆乡镇，河西村获评全省民主法治示范村（社区）、潍坊市2022年度市级文明村镇，任家村、王家官庄村、郭家南直村、河西村4个村入选2022年度潍坊美丽乡村示范村。

【姜庄镇】 姜庄镇位于高密市北部，面积123.75平方千米，辖9个社区、67个行政村，居民2.3万户，人口5.6万人，耕地面积7200.2公顷。2022年，财政收入1.29亿元，规模以上工业企业总产值51.7亿元，同比增长27.86%。年内，姜庄镇获评全国非遗旅游小镇、全国非遗工坊、山东省卫生乡镇、山东省农业产业强镇，入选山东省第三批乡村振兴“十百千”工程示范创建名单。

【大牟家镇】 位于高密市西北部，面积176平方千米，辖8个社区、83个行政村，居民1.87万户，人口5.3万人，耕地面积1.1万公顷。2022年，财政总收入1725.9万元，规模以上工业企业总产值3.4亿元。年内，大牟家镇获评潍坊市信访工作示范镇街。

【阚家镇】 位于高密市西部，面积150平方千米，辖10个社区、93个行政村，居民2.1万户，人口7.9万人，耕地面积13.4万亩。2022年，财政收入5103万元，规模以上企业总产值21.6亿元，营业收入19.5亿元。年内，阚家镇获评省级农业产业强镇，官河、五龙河获评山东省级美丽幸福示范河湖。

【井沟镇】 位于高密市西南部，面积133.81平方千米，辖9个社区、98个行政村，居民2.09万户，人口6.6万人，耕地面积14346公顷。2022年，财政收入5636万元，其中地方财政收入4121.34万元。年内，获评潍坊市信访工作示范镇街、潍坊市市级全域美丽幸福河湖镇。

【柴沟镇】 位于高密市西南部，面积125.5平方千米，辖79个行政村，居民1.27万户，人口5.01万人，耕地面积7667公顷。2022年，财政收入5531万元，其中地方财政收入4896万元。年内，获评山东省卫生单位、省级教育强镇筑基试点镇、潍坊市公务员模范机关、平安潍坊建设先进集体。

【东北乡社区】 位于高密市东北部，面积114.6平方千米，辖7个社区、53个行政村，居民1.7万户，人口4.6万人，耕地面积8700公顷。2022年，地方财政收入1834万元，工业销售收入3.93亿元。年内，获评山东省特色小镇、山东省十佳乡村旅游目的地、省级乡土产业名品村。

【咸家社区】 位于高密市北部，面积43.82平方千米，辖4个社区、24个行政村，居民5482户，人口1.46万人，耕地面积2566.6公顷。2022年，地方财政收入1429.93万元；工业销售收入12.69亿元、利税3282万元，分别增长4.12%和2.3%。年内，获评山东省级文明村镇、潍坊市美丽宜居示范社区。

【胶河社区】 位于高密市东南部，面积95平方千米，辖5个社区、57个行政村，居民1.49万户，人口3.9万人，耕地面积4533.33公顷。年内，胶河社区获评潍坊市级全域美丽幸福河湖镇，祝家庄村获评省级乡土产业名村，东化山村获评省级文明村，孙家鸾庄村入选山东省第三批乡村振兴“十百千”创建名单。

【注沟社区】 位于高密市西南部，面积84.3平方千米，辖5个社区、45个行政村，居民1.3万户，人口3.5万人，耕地面积5667公顷。2022年，地方财政收入975.73万元；规模以上工业企业总产值4.6亿元，主营业务收入4.4亿元。年内，获评潍坊市信访工作示范镇街。

（李　瑜）

昌邑市

【概况】 昌邑市位于山东半岛西北部，渤海莱州湾南岸，地处北纬36°26′21″～37°11′28″，东经119°12′34″～119°37′21″之间。全市总面积1630.81平方千米，辖3个街道，6个镇，690个村，户籍总人口57.53万人，人口自然增长率-0.908‰。

全年实现生产总值554.47亿

元，同比增长4%。其中，第一产业增加值61.71亿元，第二产业增加值238.74亿元，第三产业增加值254.02亿元。固定资产投资同比增长22.8%，一般公共预算收入37.16亿元，一般公共预算支出46.37亿元。社会消费品零售总额255.51亿元，进出口总额105.1亿元。金融机构本外币存款余额646.2亿元，贷款余额465.4亿元。

农林牧渔服务业总产值120.95亿元，其中农业总产值42.6亿元，同比增长2.2%。全市粮食播种面积8.56万公顷，粮食总产量54.22万吨。无公害农产品、绿色食品、有机农产品和农产品地理标志获证企业117家。肉、蛋、奶总产量11.81万吨，水产品总产量21.02万吨。全年完成国土绿化100公顷。林木绿化率达39.2%。全市拥有农业机械总动力105.28万千瓦，农作物耕种收综合机械化水平达96.96%。规模以上工业总产值762.44亿元，同比增长1.6%。规模以上增加值同比增长10.1%。全市有资质的建筑企业51家，完成建筑业总产值28.37亿元。

全市公路通车里程2408千米，其中国、省道（含高速公路）211千米。完成客运量186.4万人次，完成货运量1472万吨。全市城镇化率56.74%。全市有国家A级旅游景区3家，其中AAAA级景区1家，AAA级景区2家；接待国内外游客210.55万人次；旅游总收入23.95亿元。

全市有高等职业院校1所；中等职业学校2所，在校生5216人；高中2所，在校生10754人；初级中学13所，小学45所，九年一贯制学校9所，幼儿园116所；初中在校生14888人，小学在校生31721人，幼儿园在校生15571人；特殊教育学校1所，在校生119人（含特教中职班23人）。取得重要科技成果7项，获得省级及以上科学技术奖2项，专利申请量763件。有博物馆1个、档案馆1个、公共图书馆1所、文化馆1个、全国重点文物保护单位1处、省级文物保护单位27处，广播、电视人口综合覆盖率均为100%。医疗卫生机构589所，有床位2898张，卫生技术人员3505人。改建、新建农村健身广场、综合球类场地96个。全年参加市级及以上体育比赛共获奖牌10余枚。

城镇居民人均可支配收入44839元，农村居民人均可支配收入25897元。职工基本养老、职工基本医疗、失业、工伤保险参保人数分别10.79万人、12.55万人、5.49万人、12.34万人。居民基本养老保险参保人数32.86万人，医疗保险参保人数41.8万人。城镇最低生活年人均保障标准1.08万元；农村最低生活年人均保障标准8604元。全市各类养老服务机构和设施48个，各类养老床位2200张。

年内，昌邑市获评中国中小城市综合实力百强、投资潜力百强；入围绿色发展百强、科技创新百强、新型城镇化质量百强，是全省6个“五榜共进”县市之一。获评全国绿化模范单位、中国丝绸文化之乡、中国纺织产业基地市、全国法治宣传教育先进县市、全国文明城市、国家卫生城市、国家园林城市、全国第四批节水型达标建设县、全国中小学校责任督学挂牌督导创新县、全国主要农作物生产全程机械化示范县、全国义务教育优质均衡先行创建县、山东省2022年度粮油绿色高质量高效行动示范县。

【污水治理】 2022年，昌邑市集中收集、集中储运和集中处理“三集中”农村生活污水全链条闭环处理模式，并引入市场化运营机制、智慧化管护手段，形成农村生活污水治理“昌邑模式”。年内，完成491个村、12.6万户农户生活污水治理工作，向100余个县市输出昌邑经验。9月，案例经省委改革办推荐上报中央改革办案例选编。

【新能源行业发展】 2022年，昌邑市围绕“向海图强”发展方向，抓好“双碳”战略机遇，吸引中国华电、中国华能、三峡新能源、国华能源等一批“国字号”“央字头”企业，形成风电、光伏、生物质等新能源全业态发展格局。至年底，昌邑市新能源企业发展至170余家，风力发电、光伏发电、生物质发电为新一轮高质量发展凝聚动力。7月26日，央视财经频道《经济信息联播》栏目专题介绍海上风电项目。

【奎聚街道】 位于昌邑市中部，面积67.52平方千米。辖15个社区、59

2022年10月，昌邑市农村生活污水治理智慧调度中心（供图：魏亚琦）

个行政村，居民3.46万户，户籍人口9.5万人，实际居住人口14万人，耕地面积2582公顷。2022年，公共财政预算收入1.50亿元，规模以上工业销售收入25.59亿元，同比增长27.63%；规模以上批零住餐销售总额19.69亿元，同比增长80.65%；规模以上服务业营业收入1.99亿元；固定资产投资9.5亿元，同比增长45.68%。人均可支配收入2.59万元。

【都昌街道】 位于昌邑市中西部，面积191.63平方千米，辖15个社区、82个行政村，居民2.8万户，人口8.8万人，耕地面积1.18万公顷。2022年，公共财政预算收入1.25亿元，规模以上工业总产值299.93亿元；固定资产投资20.53亿元，同比增长54.04%。农民人均可支配收入3.56万元。

【围子街道】 位于昌邑市东部，面积159.14平方千米，辖15个社区、127个行政村，居民3.11万户、人口11.08万人，耕地面积1万公顷。2022年，一般公共预算收入1.41亿元；规模以上工业生产总值80.68亿元；工业销售收入73.69亿元，同比增长5.17%；固定资产投资21.34亿元，同比增长20%。农民人均可支配收入3.75万元。

【龙池镇】 位于昌邑市西北部，面积182.44平方千米。辖4个社区、居民7898户，人口2.38万人，耕地面积4495公顷。2022年，一般公共预算收入7315万元，工业总产值45.93亿元，同比增长26.22%；工业企业利税3.06亿元。农民人均可支配收入2.54万元。年内，获评第二批省级教育强镇筑基试点、山东省第六批“扫黄打非”进基层示范点。

【柳疃镇】 位于昌邑市区北10千米，面积325.15平方千米（其中浅海面积100平方千米），海岸线长19千米。辖10个社区、72个行政村，户籍人口4.8万人，常住人口7.2万人，耕地面积4600公顷。2022年，一般公共预算收入1.55亿元，工业销售收入61.55亿元、利税4.71亿元。农民人均可支配收入2.6万元。年内，入选国家级农业产业强镇创建名单、省乡村振兴“十百千”工程示范镇创建名单。

【下营镇】 位于昌邑市北部，面积217.88平方千米，辖5个社区、35个行政村，居民7273户，人口2.22万人（包括开发区流动人口8万人），耕地面积3780公顷。2022年，一般公共财政预算收入2.42亿元，规模以上工业总产值140.63亿元，同比增长33.78%；规模以上批零住餐销售总额7.49亿元；规模以上服务业营业收入1.62亿元；固定资产投资44.26亿元，同比增长33.78%。农民人均可支配收入2.49万元。年内，昌邑市（海洋精细化工）特色产业集群入选2022年度山东省特色产业集群，高家村入选省第三批乡村振兴“十百千”示范创建工程名单，火道村入选第三批全省景区化村庄名单。

【卜庄镇】 位于昌邑市东北部，面积145.73平方千米，辖10个社区、95个行政村，人口5.3万人。2022年，一般公共预算收入6835万元，规模以上工业总产值完成25.2亿元，同比增长20.3%。农民人均可支配收入2.6万元。

【饮马镇】 位于昌邑市南部，面积167.07平方千米，辖101个行政村，居民2.37万户，常住人口8.48万人，耕地面积9267公顷。2022年，一般公共预算收入5648万元，规模以上企业生产总值20.25亿元；工业主营业务收入12.87亿元，同比增长25.56%。农民人均可支配收入2.46万元。年内，获评山东省乡村振兴示范镇，山阴村被命名山东省乡村振兴示范村。饮马镇西南村入选第二批山东省红色文化特色村培育创建名单；山阳村入选全省村级文明乡风建设典型案例；山东昌邑山阳大梨栽培系统入选首批山东省农业文化遗产资源名录，并申报国家级农业文化遗产资源名录。

【北孟镇】 位于昌邑市南部，面积174.25平方千米。辖16个社区、92个行政村，居民2.19万户，人口7.2万人，耕地面积1.25万公顷。2022年，一般公共预算收入3223万元，同比增长10.08%；规模以上工业总产值21.5亿元，同比增长1.42%；工业销售收入20.5亿元，增长1%。农民人均可支配收入2.33万元。年内，获评2021年度全省基层社会治理优秀综治中心。

（初良邦　李平原　刘效海）

临朐县

【概况】 临朐县位于潍坊市西南部。地处北纬36°04′～36°37′，东经118°14′～118°49′之间。东与昌乐县、安丘市毗连，南与临沂市沂水县、淄博市沂源县接壤，西临淄博市淄川区，北邻青州市。因临朐山得名临朐。

全县总面积1831平方千米，户籍总人口92.43万人。

全年实现生产总值409.19亿元，按可比价格计算，同比增长4.4%。其中，第一产业增加值45.09亿元，第二产业增加值169.15亿元，第三产业增加值194.05亿元。全县在建投资项目投资规模同比增长19.6%，完成投资增长22.5%。一般公共预算收入24.7亿元，一般公共预算支出47.9亿元，社会消费品零售总额159亿元，进出口总额81.2亿元。全县金融机构本外币各项存款余额695.1亿元，各项贷款余额512.4亿元。

农林牧渔业总产值88.6亿元，按可比价格计算同比增长3.7%。争创国家级农产品产地保鲜整县推进试点。全县粮食播种面积41.8万亩，粮食总产量16.8万吨。果园面积20万亩，水果产量38.7万吨。森林面积73172公顷，造林面积20公顷。奶牛存栏2.4万头，牛奶产量6.3万吨，禽蛋产量2.5万吨，猪牛羊禽肉产量10.2万吨。全县农业机械总动力46.8万千瓦，耕种收综合机械化水平达95.4%。全县弥河干线建成淮河流域幸福河湖，五井石河、九山红旗河、寺头石河3条河流（段）建成省级美丽幸福示范河湖。全县规模以上工业增加值同比增长10.1%，实现营业收入520.7亿元，利润23亿元。44家规模以上铝型材企业实现营业收入152.6亿元。全县纳入统计联网直报的资质以内建筑企业52家，全年完成建筑业总产值39.8亿元。

济潍高速临朐段长深高速以东路段建成通车。全年完成旅客运输100万人次。全县物流企业147家，营运性货运车辆5882辆。邮政业务收入1.12亿元，电信企业业务收入4.54亿元。固定电话用户8.9万户，移动电话用户79.4万户，宽带上网用户28.2万户。投资2.5亿元的12条新建道路工程建成通车，新建水、气、热管道92.3千米。增设电动自行车停车棚210座，充电插口8600个。完成城区骈邑路、朐山路等16.7千米道路雨污分流改造，粟山、顺河等13个片区254幢、1.8万套安置楼处于建设阶段。县城建成区面积37.6平方千米。省控弥河小河圈断面稳定达到地表水三类，市控五井石河、龙岗河断面稳定达到地表水四类。县级以上集中式水源地水质稳定达到地表水三类。全年空气质量优良天数增加19天，重污染天数减少9天。石门坊创建为国家级AAAA旅游景区，创建五井镇全国乡村旅游重点镇、花园河省乡村旅游重点村以及5个省景区化村庄、1个省红色文化特色村、3个市体育旅游示范基地、1个省乡村旅游创新企业。全年接待旅游人数500.08万人次，实现旅游总收入52.44亿元。

全年建成投用中小学幼儿园14处，新增学位1.54万个，改造提升农村中小学幼儿园18处，建成县教育大数据中心，完成25处校园网千兆升级，农村薄弱学校“网络互动专递课堂”实现全覆盖，被确定为第二批山东省智慧教育示范区创建单位，“强镇筑基临朐样板”大型品牌在全省展播。全县普通中学在校生44262人，中等职业教育学校在校生5566人，小学在校生59086人，特殊教育在校生94人。入库科技部科技型中小企业库136家，新增高新技术企业41家，全县高新技术企业突破124家。6项科技成果获潍坊市科技进步奖，专利授权数2077件。文化艺术中心等场馆投入使用，建成县镇村三级公共文化服务网络，打造“15分钟品质文化圈”。红丝砚《江山如画》获中国首饰玉器百花奖金奖。2处医院成为齐鲁医院分级诊疗合作医院，新建3处名医工作室、18处市级及以上重点、特色专科。9家医疗机构增设养老服务，新建妇幼保健院医养楼和冶源康养病区，新增医养结合床位300张。对全县村（社区）和44处城区公园、住宅小区更新配备体育健身设施，自然村实现能配尽配。参加山东省第二十五届运动会13个大项比赛，获11枚金牌、8枚银牌、15枚铜牌。

城镇居民人均可支配收入42545元，农村居民人均可支配收入23577元。全县新增企业参保职工8742人，企业、机关事业、居民养老、工伤保险参保人数分别达到7.87万 人、1.69万人、49.53万人、9.25万人。职工和居民医疗保险参保人数分别为14.4万人和65.1万人。提高低保、特困人员供养、残疾人两项补贴、困境儿童等9类困难群众保障标准，开展“为生命续航”“救急难”“文化扶贫”“朝阳助学”等系列慈善救助活动。

【城关街道】 城关街道位于临朐县主城区，面积90平方千米，辖31个行政村，11个城市社区，居民6.5万户。常住人口20.5万人，耕地面积1933公顷。2022年，地区生产总值65.5亿元，同比增长4.7%；一般公共预算收入3.83亿元，同比增长10.1%；工业销售收入75亿元、利税4.56亿元。年内，街道办事处被省文明委评为省级文明单位；朱封村被省司法厅、民政厅评为第九批全省民主法治示范村（社区）；石门坊风景区被省文旅厅评选为国家级AAAA级景区；谭马村被省农业农村厅评为省级乡土产业名品村；山东尊润圣罗捷食品有限公司被省农业农村厅评为农业产业化省级重点企业。

【东城街道】 位于临朐县城以东，面积144平方千米，辖43个行政村、7个城市社区，居民3.3万户，常住人口13万人，耕地面积3140公顷。2022年，一般公共预算收入6.6亿元；固定资产投资81.48亿元，同比增长26%；规模以上企业164家，工业总产值308亿元，同比增长6.5%；主营业务收入279亿元，同比增长3%。

【冶源街道】 位于临朐县中部，面积156平方千米，辖39个行政村，居民3.57万户，常住人口8.64万人，耕地面积3867公顷。2022年，地区生产总值32.1亿元，同比增长8%；一般公共预算收入1.49亿元，同比增长11.3%；工业销售收入30.19亿元、利税1.08亿元。年内，获2022

年中国淘宝镇、山东省第二批乡村振兴示范乡（镇、街）。

【辛寨街道】 位于临朐县中部，面积230平方千米，辖49个行政村，居民3.71万户，常住人口11.5万人，耕地面积6525.5公顷。2022年，完成地区生产总值27.1亿元，同比增长6.3%；一般公共预算收入7679万元，同比增长12.3%；工业销售收入45.3亿元、利税2.9亿元，分别增长10.3%和8.5%。年内，获评2022年省级农业产业强镇；街道残联被评为全省网络募捐工作助残模范单位；临朐县老年大学辛寨分校被评为全省基层老年教育示范校；牛山东头村被评为省级乡土产业名品村；山东祺月集团有限公司被评为山东省“专精特新”中小企业，其工业设计中心被评为省级工业设计中心。

【五井镇】 位于临朐县西南部，面积102平方千米，辖20个行政村，居民1.7万户，常住人口4.8万人，耕地面积2933公顷。2022年，地区生产总值29.1亿元；地方一般公共预算收入1.67亿元，同比增长24%；工业销售收入28.7亿元、利税5.4亿元。年内，获评全国乡村旅游重点镇、省级精品文旅小镇。

【寺头镇】 位于临朐县西南部，面积168平方千米，辖22个行政村，居民1.51万户，常住人口2.2万人，耕地面积2793公顷。2022年，一般公共预算收入2235万元；规模以上工业销售收入10.39亿元，同比增长26.31%。年内，获评山东省第六批“扫黄打非”进基层试点单位。

【九山镇】 位于临朐县西南部，面积254平方千米，辖26个行政村，居民1.7万户，常住人口5.6万人，耕地面积6045.7公顷。2022年，地区生产总值25.8亿元，同比增长10%；地方一般公共预算收入1729.6万元，同比增长4%。年内，获评山东省乡村振兴齐鲁样板示范区、山东省特色小镇。

【蒋峪镇】 位于临朐县东南部，面积133平方千米，辖29个行政村，居民1.96万户，常住人口5.09万人，耕地面积4380公顷。2022年，地区生产总值4.05亿元，同比增长1.63%；一般公共预算收入1482万元，同比增长4.22%；工业销售收入3.9亿元、利税2473万元，分别增长1.77%和11.3%。年内，获评2022年省级农业产业强镇。

【柳山镇】 位于临朐县东南部，面积97.1平方千米，辖21个行政村，居民1.2万户，常住人口2.67万人，耕地面积5333.3公顷。2022年，地区生产总值4.6亿元，同比增长6.8%；一般公共预算收入1272万元；工业销售收入3.1亿元、利税1.03亿元，分别增长3%和2.6%。年内，入选省第三批乡村振兴“十百千”工程示范创建镇、2022年省级农业产业强镇。

【山旺镇】 位于临朐县东部，面积108平方千米，辖16个行政村，居民1.08万户。常住人口2.41万人，耕地面积2706.1公顷。2022年，地区生产总值26.82亿元，同比增长11.56%；一般公共预算收入7688万元，同比增长3.5%；工业销售收入9.53亿元、利税1.68亿元，分别增长24.2%和17.6%。年内，入选农村集体经济组织参与管护乡村建设及公共基础设施试点项目，通过省级评审；获评全国特色产业过十亿元镇。

【沂山风景区发展服务中心】 位于临朐县南部，面积148平方千米，代管14个行政村，居民9320户，常住人口1.3万人，耕地面积1719.6公顷。一般公共预算收入793万元，同比增长51.05%。年内，获评全省百名优秀退役军人服务中心。

【龙山新材料产业发展服务中心】 位于临朐县东北部，面积67平方千米，代管16个行政村，居民9593户，常住人口3.5万人，耕地面积3288公顷。2022年，地方一般公共预算收入9643万元；工业销售收入56亿元，同比增长24.5%；企业实缴税金1.2亿元。

【嵩山生态旅游发展服务中心】 位于临朐县西南部，面积89平方千米，代管11个行政村，居民6944户，常住人口2.14万人，耕地面积1053.5公顷。2022年，一般公共预算收入1523万元，同比增长21.6%；工业利税1745万元。年内，获山东省生态旅游示范区、山东省乡村振兴劳务基地。

【石家河生态经济发展服务中心】 位于临朐县西南部，面积102.6平方千米，代管12个行政村，居民7783户，户籍总人口2.9万人，耕地面积1627公顷。2022年，地区生产总值4.19亿元，同比增长2%；一般公共预算收入668万元，同比增长24%；工业销售收入2930万元、利税314万元，分别增长4.1%和4.6%。

（刘冠伟　程国栋）

昌乐县

【概况】 昌乐县位于潍坊市中部，北纬36°11′52″～36°46′32″，东经118°43′44″～119°10′28″。东与潍城区、坊子区相连，南与安丘市毗邻，西靠临朐县、青州市，北与寿光市接壤。辖区东西最大距离40.9千米，南北最大距离59.3千米，总面积1101平方千米。县城地处县境北部、济青高速公路南侧、胶济铁路沿线，西至济南168千米，东至青岛180千米，距潍坊市区25千米，北至渤海70千米，是全县的政治、经济、文化中心。

全县总面积1101平方千米，辖4个镇、4个街道、1处省级经济开发区、1处旅游度假区和1处水库管理区，户籍人口63.71万人。

全年实现生产总值423.4亿元，同比增长3.5%。其中，第一产业增加值58.9亿元，第二产业增加值160.2亿元，第三产业增加值204.2亿元。一般公共预算收入28.5亿元，一般公共预算支出40.0亿元。社会消费品零售总额156.5亿元，进出口总额133.9亿元。金融机构本外币存款余额593.1亿元，贷款余额516.1亿元。

农业增加值62.88亿元，其中农林牧渔服务业增加值3.97亿元。全县有农业机械总动力73.9万千瓦，全县农业综合机械化率92.1%。全县粮食作物总面积54.42万亩，总产量21.84万吨。肉、蛋、奶总产量12.05万吨。全部工业增加值143.79亿元，同比增长2.7%。实现主营业务收入799.1亿元，利润53.7亿元。全县有资质的建筑企业43家，完成建筑业总产值23.1亿元。

全县公路通车里程2224.2千米，其中高速公路通车里程47千米。公路旅客运输量5.6362万人次，货物运输量189.5653万吨。完成电信业务总量36137万元。固定电话用户12.44万户，移动电话用户62.2万户，互联网用户43.68万户。市政公用设施投资3.9亿元，村镇建设投资13.5亿元。完成荒山绿化800亩，水系绿化42.3千米；道路绿化提升285.97公顷，绿化20处镇（街、区）驻地、老镇区。空气质量综合指数4.01，同比改善6.1%；优良天数295天，增加12天，优良天数比例突破80%；$PM_{2.5}$为36微克/立方米，同比改善7.7%。全年省控及以上断面水质达标，全市排名并列第一；市控及以上断面水质达标，水质指数16县市排名第四，水质指数均优于目标。建设用地污染地块安全利用率100%，未发现未进行土壤污染状况调查就开工建设的违法地块。昌乐县国家A级旅游景区8家，其中AAA级以上8家，全年接待国内外游客393.01万人次，实现旅游消费总额35.49亿元。

全区有职业学校2所，在校生0.16万人。普通中学13所，在校生4.25万人；小学37所，在校生3.98万人。取得授权专利1514件。有博物馆2个、档案馆1个、公共图书馆2所、文化馆1个、省级文物保护单位17处。医疗卫生机构605所，床位4139张，卫生技术人员4201人。新建公共健身场地127个。全年参加市级体育比赛共获奖牌139.5枚，省体育比赛共获奖牌51枚。

城镇居民人均可支配收入44323元，农村居民人均可支配收入24734元。职工基本养老、职工基本医疗、工伤、生育保险参保人数分别为7.67万人、11.96万人、9.53万人、5.87万人。居民基本养老保险参保人数33.29万人，居民基本医疗保险参保人数46.22万人。城镇最低生活保障人数250人，年人均保障标准10776元；农村最低生活保障人数6959人，年人均保障标准8604元。全县各类养老服务机构和设施59个，各类养老床位2512张。

年内，昌乐县被授予“2021—2025年度第二批全国科普示范县”“全国青少年校园足球试点县”“平安山东建设示范县”等称号。

【2022中国（昌乐）国际宝石博览会】 2022年11月10日，2022中国（昌乐）国际宝石博览会隆重开幕。期间“蓝宝石之王”揭幕仪式在中国蓝宝石博物馆举行。此次博览会采用线上方式举办，开设“云”展览平台，博览会期间，举办开幕式、“蓝宝石之王”揭幕仪式、线上珠宝展、2022中国宝石城珠宝电商购物节系列活动、2022中国（昌乐）淘宝游精品线路推介活动等5项主题活动。

【乡村振兴】 2022年，落实粮食安全政治责任，实现卫片执法和乱占耕地建房“双清零”，超额完成耕地“硬缺口”整改任务，新建高标准农田1.9万亩，粮食播种面积和产量实现“双增长”。创建全国蔬菜质量标准中心示范基地1处、国家级生态农场1处，培育国家级示范社1家，省级26家、数量全市第一。新增省级农业龙头企业3家、省级畜禽屠宰标准化企业1家，67家企业入选全市首批预制菜企业“白名单”，被评为省级农产品加工业高质量发展先行县、粮油绿色高质高效行动示范县。

【特色产业】 2022年，推动白塔芋头特色产业转型升级。白塔芋头是高崖库区的传统主导产业，培育和推广

“白芋 1 号”等优良品种，实施标准化生产，芋头种植面积 1 万亩，年产鲜芋头 2 万吨，全年供应，畅销全国，出口美国、日本、韩国及东南亚国家和地区。白塔芋头被评为“中国特产知名品牌”、昌乐“火山农八鲜”区域农产品品牌，申报中国地理标志证明商标；高崖水库库区被评为“中国芋头之乡”。

【昌乐经济开发区】 位于昌乐县北部，面积 29.7 平方千米。2022 年，完成地区生产总值 86.77 亿元，同比增长 5.2%；地方财政收入 58195 万元，同比增长 4.3%；工业销售收入 402 万元、利润 16.5 万元，分别增长 7.1% 和 9.2%；第三产业增加值 403776 万元，增长 6.3%。

【首阳山旅游度假区】 位于昌乐县东南部，面积 31.5 平方千米，辖 11 个行政村，居民 4108 户，常住人口 0.8 万人，耕地面积 580 公顷。年内，获评 2022 年度山东省卫生单位，西南庄社区获评省文明办省级最佳志愿服务社区。

【朱刘街道】 位于昌乐县城东北部，面积 40.7 平方千米，辖 19 个行政村，居民 10671 户，常住人口 1.8 万人，耕地面积 1277 公顷。2022 年，地区生产总值 62.94 亿元，同比增长 1.6%；规模以上工业营业收入 1509143 万元，利润 2763 万元，分别下降 14.94% 和 95.73%；第三产业增加值 295876 万元，增长 1.8%；农民人均可支配收入 24734 元，增长 7.0%。年内，朱刘街道劳动人事争议调解中心被人力资源和社会保障部办公厅等 4 部门授予 2022 年度工作突出基层劳动人事争议调解组织；昌乐县朱刘街道山坡社区获全国民主法治示范村（社区）；元利化学集团股份有限公司获山东省五一劳动奖状；朱刘街道劳动人事争议调解中心获全省首批标准化劳动人事争议调解组织；朱刘街道东南庄子获全省基层社会治理“双星双优”主题活动优秀网格；昌乐县朱刘街道办事处获 2022 年度市级耕地保护激励镇街道；昌乐县朱刘街道办事处获潍坊市信访工作示范镇街；昌乐县朱刘街道办事处获潍坊市北京冬奥会和全国两会维稳安保工作表现突出集体；昌乐县朱刘街道办事处朱刘西村获评市级文明村镇。

【宝都街道】 位于昌乐县北部，面积 75.97 平方千米，辖 49 个行政村，261 个居民小区，居民 75527 户，常住人口 21.5 万人，耕地面积 3452.45 公顷。2022 年，地区生产总值 1136619 万元，同比增长 5.3%；地方财政收入 43465 万元，同口径增长 98.7%；规模以上工业营业收入 1110985 万元、利税 391454 万元，分别增长 40.3% 和 201.5%；第三产业产值 678506 万元，同比增长 2.8%。年内，被农业农村部评为全国乡村特色产业超十亿元镇。

【五图街道】 位于昌乐县南部，面积 98.04 平方千米，辖 41 个行政村，居民 1.5 万户。2022 年，地方财政收入 2411 万元，同比减少 3.31%；第三产业增加值 111742 万元。五图街道被省发改委等 10 部门评为第二批山东省乡村振兴示范乡（镇街）；庵上湖村被司法部、民政部评为第九批全国民主法治示范村（社区）；后店子村被山东省农业农村厅评为省级乡土产业名品村；庵上湖村新时代文明实践示范站被山东省文明办入选全省新时代文明实践“十百千”典型名单。

【宝城街道】 位于昌乐县北部，面积 43.4 平方千米，辖 8 个行政村，常住人口 5.4 万人，耕地面积 1866.67 公顷。2022 年，地区生产总值 82.48 亿元，同比增长 5.2%；地方财政收入 6980 万元，同比减少 45.2%；规模以上工业营业收入 4012192 万元、利润 164426 万元，分别增长 7.1% 和 9.2%；第三产业增加值 403776 万元，增长 5.2%。年内，获评山东省卫生乡镇、山东省文明村镇、山东省医养结合示范街道、山东省卫生先进单位，平安山东建设示范县创建工作先进集体。

【乔官镇】 位于昌乐县中部，面积 194.94 平方千米，辖 73 个行政村，居民 26952 户，常住人口 6.2 万人，耕地面积 8267 公顷。2022 年，地区生产总值 228345 万元，同比增长 4.9%；地方财政收入 3697 万元，同比增长 0.3%；工业销售收入 202049 万元，减少 11.52%；利税 2409 万元，增长 3.89%；第三产业增加值 77228 万元，增长 3.21%；农民人均可支配收入 25215 元，增长 9.12%。乔官镇获评第二批省级教育强镇筑基试点，第三批乡村振兴“十百千”工程示范乡（镇、街）。乔官镇派出所被评为全省第二批枫桥式公安派出所，乔官镇老年大学被评为第一批全省基层老年教育示范校，乔官镇邹家庄村被评为山东省第六批省级文物保护单位，乔官镇邵家庄村被评为山东省乡村振兴示范村（社区），乔官镇唐家店子村被评为第三批乡村振兴“十百千”工程示范乡（镇、街），乔官镇姬家庄子村被评为第三批山东省景区化村庄，乔官镇小学被评为第二批省级教育强镇筑基试点校，乔官镇小学、乔官镇实验小学、乔官镇北展小学、乔官镇青龙小学均被评为山东省首批绿色校园，乔官镇幼儿园被评为山东省省级示范幼儿园。

【营丘镇】 位于昌乐县东南部，面积 218 平方千米，辖 64 个行政村，居民 2.84 万户，常住人口 5 万人，耕地面积 1.2 万公顷。2022 年，地区生产总值 38.18 亿元，同比增长 4.3%；地方财政收入 6002 万元，同比减少 0.8%；规模以上工业企业营业收入 286924 万元，减少 6.4%；第三产业增加值16万元，增长4.24%；农民人均可支配收入24734元，增长7.0%。年内，被省委宣传部评为书香之乡。

【红河镇】 位于昌乐县南部，面积194.467平方千米，辖62个行政村，居民3万户，常住人口5.32万人，耕地面积11126.29公顷。2022年，地区生产总值42.91亿元，同比增长4.87%；地方财政收入3071万元，同比增长4.8%；工业销售利税5012万元，同比减少10.1%；农民人均可支配收入2.3万元。

【鄌郚镇】 位于昌乐县南部，面积163.25平方千米，辖26个行政村，居民2.54万户，常住人口3.2万人，耕地面积7126.73公顷。2022年，地区生产总值22.8508亿元，同比增长4.3%；地方财政收入1707万元，同比增长15.1%；工业销售收入29696万元、利税5409万元，分别增长40.6%和96.4%；农民人均可支配收入28245元，增长19.8%。年内，获评省级农业产业强镇；鄌郚中心卫生院入选全国乡镇卫生院500强，位列潍坊第一位；中国（潍坊）跨境电子商务综合试验区昌乐园区落户鄌郚；昌乐县盛唐乐器产业发展中心获评2022年山东电商供应链基地；鄌郚镇沙埠沟村被评为省级美丽乡村示范村、第三批乡村振兴“十百千”工程示范村；鄌郚镇北鄌郚村获评2022年度省级文明村。

【高崖水库库区】 位于昌乐县南部，面积57.6平方千米，辖17个行政村，居民7289户，常住人口2.4万人，耕地面积1888.33公顷。2022年，地区生产总值50309万元，同比增长9.8%，地方财政收入804万元，同比增长0.24%；利税25万元，增长12.4%；第三产业增加值17044万元，增长9.8%；农民人均可支配收入24734元，增长9.3%。年内，高崖水库库区获评潍坊市中共二十大维稳安保工作先进集体，山坡村获评山东省第二批乡村振兴示范乡村，刘家沟村获评山东省第三批乡村振兴“十百千”工程示范创建单位，窝铺村获评第二批山东省景区化村庄、潍坊市美丽乡村示范村，克家洼村获评潍坊市文明村。

（邢亚秋　刘　静）

市属开发区概况

Shishukaifaqugaikuang

潍坊高新技术产业开发区

【概况】 潍坊高新技术产业开发区成立于1991年，1992年获批国家级，全区总面积123平方千米，代管2个街道、3个发展区，47个社区。2022年末常住总人口41.77万人。

全年实现生产总值646.46亿元，比上年增长3.8%。其中，第一产业增加值0.2亿元，第二产业增加值431.35亿元，第三产业增加值214.91亿元。固定资产投资比上年增长20.6%，地方一般公共预算收入62.9亿元，地方一般公共预算支出34.6亿元。社会消费品零售总额378.2亿元，进出口总额658.4亿元。2022年末金融机构本外币存款余额1114.6亿元，增长11.6%；年末金融机构本外币贷款余额1140.5亿元，增长25.4%。

全部工业增加值353.86亿元，比上年增长3.6%。规模以上工业增加值比上年增长7.4%，实现营业收入1211.2亿元，实现利润43.1亿元。高新技术产值占规模以上工业总产值比重达92.3%。全区有资质的建筑企业68家，完成建筑业总产值245.2亿元，实现增加值77.49亿元。

全区及周边分布有高速公路8条、普通国省道20条，公路密度每百平方千米182.9千米。全区城镇化率达到100%，市政基础设施投资15.75亿元。全区环境空气质量综合指数、$PM_{2.5}$年均浓度2项指标改善幅度均居全市第一；重污染天气同比减少7天，创历年最佳。两条市控河流年度均值达标。建设用地安全利用率和耕地安全利用率均为100%。国家A级旅游景区2家，其中AAA级以上2家，全年接待国内外游客46.7万人次，实现旅游消费总额0.21亿元。

有普通高等学校3所，在校生4.7万人。中等职业学校3所，在校生0.23万人。普通中小学24所，在校生共计4.5万人，其中小学生3.6万人、初中生0.9万人。2022年全区完成科技成果登记43项，获得省级及以上科学技术奖6项，授权专利6369件。有博物馆3个，广播、电视人口综合覆盖率均达到100%。医疗卫生机构294所，共有床位4505张，卫生技术人员4385人。新建公共健身场地3个。全年参加市级及以上体育比赛10个大项，共获奖牌100余枚。

年末，职工基本养老、职工基本医疗、失业、工伤、生育保险参保人数分别达到16.29万人、17.14万人、14.07万人、18.01万人、14.37万人。居民基本养老保险参保人数7.22万人，医疗保险参保人数13.70万人。

浞河景区（供图：臧明涛）

潍坊元宇宙未来创新谷（供图：臧明涛）

城镇最低生活保障人数398万人，年人均保障标准8600元。全市各类养老服务机构和设施6个，各类养老床位1240张。安置残疾人员就业130人。

2022年，获评（批）国家科技金融创新服务"十百千万"专项行动首批实施单位、国家知识产权强国建设试点示范园区、五星级国家新型工业化产业示范基地、国家级专利导航服务基地、山东省先进制造业和现代服务业融合发展试点区、山东省标准化创新发展先行区、全省人才工作先进单位。

【重大项目】 2022年，规划建设6000亩的元宇宙科创产业园，打造硬件制造、内容制作、科教示范3大基地，探索实施AB孵化器模式，在北京中关村设立元宇宙未来智汇苗圃，在潍坊建设元宇宙未来创新谷、歌尔元宇宙智能制造科创园、潍坊信息技术产业园、联东U谷·潍坊元宇宙配套产业园等12个专业园区，孵化加速面积242万平方米，构建"科创苗圃—孵化—加速—产业化"全周期产业发展平台，助推元宇宙产业加速发展壮大。

潍柴集团全球首款本体热效率52.28%柴油机和54.16%天然气发动机商业化产品发布，潍柴动力柴油机本体热效率3次刷新世界纪录。

【新城街道】 新城街道位于高新区西部，面积33.1平方千米，辖23个社区、23个股份经济合作社，10.8万户，2022年末常住人口28.5万人。2022年，街道累计完成一般公共预算收入72782万元，同比增长16.2%；规模以上工业总产值0.16亿元，营业收入2.2亿元；规模以上服务业营业收入99.23亿元，同比增长5.7%。年内获评国家卫生乡镇、省级文明单位等荣誉称号。

【清池街道】 清池街道位于高新区中部，高新区行政中心所在地，面积39.22平方千米，辖12个城市社区、35个股份经济合作社，户籍人口44652人，耕地面积643.47公顷。2022年，全街道实现地方财政收入20510万元，比上年增长46.4%。实现工业销售产值3559937.6万元、利润329043.5万元、税金36719.3万元，实现规上服务业营业收入291661.6万元。2022年泥岛社区、花园社区获得山东省绿色社区称号。

【新钢发展区】 新钢经济发展区位于市高新区东南部，面积26平方千米，辖3个大社区、20个股份经济合作社。2022年末，常住人口1.7万人，耕地面积580.46公顷。2022年，发展区实现一般公共预算收入3.12亿元，比上年增长-40.5%；辖区规模以上工业总产值248.45亿元，同比增长13.21%，实现营业收入223.27亿元，同比增长10.48%。2022年获评省级文明单位称号。

【新昌发展区】 新昌发展区位于高新区东北部，面积12.6平方千米，辖4个城市社区、13个股份经济合作社，3183户，2022年末常住人口0.9333万人，耕地面积2003.79亩。2022年，全发展区完成地区生产总值2.18亿元，比上年增长-39.18%。2022年获评山东省全国示范型退役军人服务站、山东省优秀综治（网格化服务管理）中心、全省和谐社区建设示范单位等荣誉称号。

【汶泉发展区】 汶泉发展区位于高新区东部，面积20平方千米，辖23个股份经济合作社，4495户，2022年末常住人口1.2万人，耕地面积769公顷。2022年获评全国示范型退役军人服务站荣誉称号。

（孙建国　臧明涛）

潍坊滨海经济技术开发区

【概况】 潍坊滨海经济技术开发区位于潍坊市北部，北临渤海湾，西与寿光市毗邻，南接寒亭区，东与昌邑市交界。全区总面积701平方千米，辖央子、大家洼2个街道，50个行政村，10个城市社区。2022年末户籍总人口87044人，年末总户数31836户，全区人口出生率为7.47‰，人口自然增长率-0.89‰。

全年实现地区生产总值357.37亿元，可比增长4.7%。其中，第一产业增加值19.60亿元，可比增长2.9%，第二产业增加值168.90亿元，可比增长5.7%第三产业增加值168.87亿元，可比增长4.0%。固定资产投资138.3亿元，地方公共财政预算收入33.5亿元，地方一般公共预算支出27.7亿元。社会消费品零售总额54.07亿元，进出口总额315.1亿元，出口总额249.6亿元，实际利用外资4715万美元。年末金融机构各项存款余额197.78亿元，年末金融机构贷款余额130.89亿元。

农业总产值（现价）33.62亿元，同比增长3.6%。农业增加值（现价）196022万元，同比增长3.7%。全区粮食播种面积9.34万亩，粮食总产4.11万吨，同比增长6.5%；年末生猪存栏0.63万头，出栏1.2万栏；年末家禽存栏15.6万只。水产品总产11.06万吨，水产品现价收入为31.07亿元，同比增长4.2%。全区185家规模以上工业企业实现工业增加值225.4亿元，同比增长14.1%。规模以上工业完成营业收入1027.4亿元，规模以上工业实现利润107.1亿元，同比增长44.7%。高新技术产业产值占工业总产值比重59.7%。全区共有研发平台247个，其中国家级3个、省级60个、市级184个。2022年新增省级研发平台5个，市级研发平台7个。全区有资质的建筑企业26家，完成建筑业总产值7.55亿元。

全区公路通车总里程706千米，其中高速公路通车里程16千米，省道53千米，县道124千米，其他道路513千米。公路客运量（含公交）42万人。道路运输企业货运量716.87万吨。全区铁路总里程达80.5千米，全年完成铁路货运量507万吨，同比增长62.22%。潍坊港中港区共拥有生产泊位27个，完成货物吞吐量3973万吨，同比增长12.8%。城乡社区支出12.23亿元，同比增长18.3%。农林水支出1.65亿元，同比增长3.1%。国家A级旅游景区4家，其中4A级1家、3A级2家、2A级1家，全年接待国内外游客429.62万人次，较2021年增长4.27%。

大学园院校与企业共建产业学院17所。全区普通中学2所，综合高中1所，小学2所，九年一贯制学校3所，十二年一贯制学校3所。普通中学10580人，小学9690人，在校生20270人。公共图书馆1所，文化馆1个，党性教育基地1个。公立医院2处，街道社区卫生服务中心2处，医疗机构共有床位340张，卫生技术人员437人。城镇最低生活保障户数4户，人数6人，资金2.79万元；农村五保供养人数80人，供养支出102.07万元。全区各类养老服务机构和设施1个。

2022年，滨海区获评国家级园区循环化改造示范试点；获评“国际合作特色园区”等省级示范园区。2月，大家洼派出所获评“平安山东建设先进集体”称号。3月，滨海区应急管理局综合科科长陈汉波荣获2021年全省防汛抗洪表现突出个人；滨海区海港经济区开发服务中心获评山东海洋强省建设突出贡献奖先进集体；滨海招商集团获“2021年度省级文明单位称号”；潍坊滨海国际学校获评全省消防工作“重点工作攻坚年”活动先进单位。7月19日，潍坊白浪河大桥（摩天轮）工程获世界高层建筑与都市人居学会最佳高层非建筑奖。7月24日，潍坊滨海中学学生获智能餐饮机器人高中组比赛全国二等奖、全省一等奖。8月8日，区旅游度假区（文体旅游产业发展中心）获“山东体育强省建设先进集体”称号。8月16日，山东海事职业学院学生获2022年全国职业院校技能大赛（高职组）“创新创业”赛项中获一等奖。10月，滨海区山东省海洋化工科学研究院、山东智永化工产业技术研究院有限公司获评省级2022年度绩效评价结果优秀省级新型研发机构；潍坊职业学院滨海校区获省水利厅节水型高校称号；山东化工职业学院教师作品《化工中事事故预防与应急》获2022年山东省职业院校教学能力大赛二等奖；山东高信化学股份有限公司企业技术中心成功获

2022年8月16日，滨海区在项目现场举行正帆科技潍坊工业气体项目开工仪式（供图：滨海区）

批省级企业技术中心；区党政办公室获评2022年度全省档案宣传先进集体。12月，潍坊滨海经济技开发区网站获“2022年度中国优秀政务网站”称号。

（郑 红）

【基层治理】 2022年，滨海区成立1176个党建引领的基层网格，全区50个村、10个城市社区、437家企业项目全部纳入网格化管理，落实落细“十必议十必看”（党的建设、集体经济发展和农民增收、疫情防控、社会稳定、人居环境、安全生产、环境保护、基层治理、社会事业及其他事项），开展“三包三联”赋能村居行动（部门单位包村、联社区，党员干部包网格、联群众，企业包村、联发展），解决群众反映问题2600余项；深入推进基层党建规范提升攻坚行动，强化党支部“评星定级”和过硬党支部创建，农村四星级以上党支部占比98%；所有村集体收入全部超过20万元，其中过100万元的39个、过1000万元的6个。

（张鲁冰）

【央子街道】 央子街道位于潍坊滨海经济技术开发区北部，西邻大家洼街道，北接莱州湾，东与昌邑市交界，南与寒亭区毗邻，陆域面积338平方千米，海岸线20千米，辖4个城市社区、4个农村社区，包括17个行政村、25个小区，1.3万户居民，2022年底常住人口3.6万人。2022年，有规模以上企业5家，其中规模以上工业企业1家，完成产值2795.4万元，同比下降8.82%；限额以上批零住餐企业2家，实现营业收入2019万元，同比增长4.21%；国家重点服务业企业2家，实现营业收入5327.7万元，同比增长25.17%。完成固定资产投资7.59亿元，同比下降44%。

（袁建青）

【大家洼街道】 大家洼街道位于滨海区西部，东邻央子街道，北接莱州湾，西与寿光市交界，南与寒亭区毗邻，面积152平方千米，辖33个行政村、3818户，2022年末常住人口8.3万人，耕地面积2060.5公顷。2022年全街道完成规模以上工业企业产值27亿元，比上年增长34.4%；实现地方财政收入15700万元，比上年增长8.33%；实现规模以上工业企业销售收入301807.7万元、利润19724.7万元，同比分别增长29.75%和36.21%；固定资产投资58399万元，同比增长68.73%。

（王 煜）

潍坊综合保税区

【概况】 潍坊综合保税区由原潍坊出口加工区转型升级而来，是国家海关特殊监管区。总面积13.68平方千米，其中网内监管区3.84平方千米，网外配套区9.84平方千米，南区面积4.1平方千米，位于市中心城区东部，位置优越，交通便利，服务潍坊及周边地市；北区面积9.58平方千米，紧靠国家一类开放口岸——潍坊港，服务北部沿海开发开放。全区常住人口0.9万人。

2022年，实现外贸进出口额713.3亿元、同比增长40.4%、两年内翻两番，以不到全市1/1000的土地贡献近1/4的进出口总量；实现一般公共预算收入6.89亿元、同口径增长0.4%；完成规上工业产值430.2亿元、同比增长39.1%，规上工业增加值同比增长51.2%，两项指标增幅均居全市第一位；固定资产投资同比增长22.6%，居全市第三位；GDP实现51.5亿元、同比增长10.1%，增幅居全市第二位。

在海关总署对全国156家综保区绩效评估中总成绩居第15位，是全国27家A类综保区之一；全省14家综保区综合考核居第二位；全省2022年度综保区高质量发展现场会在区召开；12月5日获评全省10个外贸新业态特色园区之一。

【招商招才】 2022年，国务院支持综保区21条应落尽落，复制推广自贸区政策119项，制定支持企业高质量发展“20条”、虚拟现实人才招引“10条”等政策，瞄准长三角、珠三角等区域，创新产业链招商、专班招商模式，全年新引进外贸企业231家，区内活跃外贸企业数量达244家、同比增长68.3%，全市外贸企业150强中区内企业占比超过1/5。创新外资招引落地机制，一项目一专班加大招引力度，累计落地外资项目45个。

【项目建设】 2022年，加强项目支撑，打造开放型产业集群。抢抓“元宇宙”新风口，发挥保税加工制造优势，总投资50亿元的虚拟现实全球智能制造基地项目一期建成交付、二期加快建设，引进供应链配套企业15家，虚拟现实产业产值达404.7亿元、增长43.9%，VR产品占全球中高端市场份额的70%以上。投资20亿元建设15万平方米新能源动力产业园，引进行业隐形冠军佩特来、美国500强德纳公司，起动机、发电机销量占全国大型商用客车市场的80%，年产值超20亿元。圣和新材料产业园全面投产，聚乳酸生物可降解薄膜技术填补国内空白，产品广泛应用于苹果、三星等国际一线品牌，出口量居全国首位。

潍坊综保区跨境电商产业园（供图：李煜佳）

【新兴业态培育】 2022年，构建以跨境电商产业党委为引领，以孵化培育中心、综合运营中心、展示展销中心3个平台赋能，以潍坊跨境电商产业研究院为支撑的“1+3+1”产业发展体系，全国首批实现1210、9610、9710、9810全业务形态落地，全区跨境电商企业达212家，全年实现跨境电商进出口额110亿元，占全市总量的近40%，人才引领新业态发展、跨境电商跨链协同机制等改革经验全省推广。支持企业入区设立研发维修中心，保税研发业务额占全国总量的70%，保税维修业务额居全省综保区前三位。

6月10日，全省综合保税区外贸新业态发展现场会在区举办，省商务厅、济南海关、青岛海关有关领导和各地市商务局分管负责人、全省14个综保区主要负责人参加。会议第一阶段现场观摩潍坊综保区企业服务中心、跨境电商保税中心仓、虚拟现实智能制造基地等20余个重点项目，第二阶段召开座谈会，交流跨境电商、保税研发、保税维修等外贸新业态发展经验，省商务、海关等有关领导对区经验做法给予充分肯定和高度评价。

【惠民助企】 2022年，聚焦非公企业党建基础薄弱等问题，创新实施“星火初燃”工程，入选全国基层党建创新典型案例，获评山东党建云平台非公党建22个推荐案例之一。组建全市首个企业服务中心，294项涉企涉外服务事项“一站式”办结，全市率先推行“法律服务进大厅”，外贸企业“全生命周期”成长服务链改革经验全国推广。开展园区品质提升工程，全省首创企业安全总监奖励制度，构建政务热线、综治信访、司法法制“三位一体”综合治理模式，“12345”政务热线考核成绩连续两年居全市第一位。

【外贸进出口】 2022年，外贸进出口额实现713.3亿元、同比增长40.4%，总量稳居全市第一。继2021年全区外贸进出口额连续突破200亿元、300亿元、400亿元、500亿元后，2022年再突破600亿元、700亿元两大整数关口，实现713.3亿元、同比增长40.4%，两年内翻两番，以不到全市1/1000的土地贡献近1/4的进出口额，对全市外贸增长贡献度达30%。在海关总署对全国156家综保区绩效评估中总成绩居第15位，是全国27家A类综保区之一，全省14家综保区综合考核居第二位。

跨境电商进出口额实现110亿元、占全市总量近1/3，获评山东省10个外贸新业态特色园区之一。成立全省首个跨境电商产业党委，投资2亿元打造全国首个“四关合一”综合运营中心，高标准建设跨境电商产业园，展示展销中心建成投用，与山东大学合作建设潍坊跨境电商产业研究院，构建起“1+3+1”产业发展体系，全区跨境电商企业达212家，全年实现跨境电商进出口额110亿元、占全市总量近1/3，人才引领新业态发展、跨境电商跨链协同机制等改革经验全省推广，对外开放新动能充分释放。

（刘 灿）

潍坊峡山生态经济开发区

【概况】 峡山区位于潍坊市中部，面积483平方千米，辖4个街道、275个村庄。2022年末常住总人口16.05万人，人口自然增长率-0.18‰。全年实现生产总值51.26亿元，比上年增长2.2%。其中，第一产业增加值14.91亿元，第二产业增加值8.5亿元，第三产业增加值27.85亿元。固定资产投资增长-35.1%，地方一般公共预算收入3.09亿元，地方一般公共预算支出12.21亿元。社会消费品零售总额15.35亿元，进出口总额8.6亿元。年末金融机构本外币存款余额85.65亿元，年末金融机构本外币贷款余额31.9亿元。地区生产总值50.26亿元，公共财政预算收入3.09亿元。

农林牧渔服务业增加值15.42亿元，其中农业增加值10.57亿元，比上年增长2.9%（可比价速度）。全区粮食播种面积2.61万公顷，粮食总产1.65万吨。无公害农产品、绿色食品、有机农产品和农产品地理标志获证企业10家。肉、蛋、奶总产10.05万吨，水产品总产0.2万吨。全年新增造林面积0公顷，林木绿化率（森林覆盖率）11.15%。全区拥有农业机械总动力25.7万千瓦，农作物耕种收综合机械化水平达93%。全部工业增加值6.4亿元，比上年增长0.9%。规模以上工业实现增加值5.2亿元，实现主营业务收入40.58亿元，实现利润-343万元，实现利税0.36亿元。高新技术产业产值占规模以上工业总产值比重达15.2%。全区有资质的建筑企业6家，完成建筑业总产值5.8亿元，实现增加值2.1亿元。

全区公路通车里程822.47千米，其中高速公路通车里程17.65千米。公路旅客运输量147.15万人次，货物运输量588万吨。邮政储蓄业务总量1.16万元。年末固定电话用户1.21万户，移动电话用户1.36万户，互联网用户4.29万户。全区城镇化率达到31.33%，开工建设保障房0万套，市政公用设施投资200万元，村镇建设投资885.06万元。全区生态环境质量持续改善，水库水质总体情况良好。库中国控断面水质全年稳定在地表水环境Ⅲ类标准；全年细颗粒物（$PM_{2.5}$）平均浓度为33毫克每立方米，同比改善8.3%；环境空气质量综合指数平均为3.61，同比改善6.2%。全年环境空气质量综合指数、二氧化氮（NO_2）、可吸入颗粒物（PM_{10}）和臭氧四项指标居全市第一。全年接待国内外游客17.76万人次，实现旅游消费总额1.27亿元。

有普通中学6所，在校生1.38万人；小学8所，在校生8676万人。专利有效量6件，授权专利6件。有博物馆1个，无档案馆、公共图书馆、文化馆，无全国重点文物保护单位，省级文物保护单位4处，广播、电视人口综合覆盖率均为100%。医疗卫生机构8所，共有床位410张，卫生技术人员0.04万人。新建公共健身场地2个。全年参加市级及以上体育比赛共获奖牌16枚。

城镇居民人均可支配收入46117元，农村居民人均可支配收入25418元。年末职工基本养老、职工基本医疗、失业、工伤、生育保险参保人数分别达到1.04万人、1.31万人、0.72万人、1.21万人、0.18万人。居民基本养老保险参保人数12.65万人，医疗保险参保人数16.06万人。城镇最低生活保障人数0.002万人，年人均保障标准10776元；农村最低生活保障人数2900万人，年人均保障标准8604元。全市各类养老服务机构和设施3个，各类养老床位521张。安置残疾人员就业（公益性岗位）275人。

2月3日，荣获民政部、财政部“居家和社区养老服务改革试点工作优秀案例”。

【国家级全域生态环境导向（EOD）模式试点】 2022年，峡山区以打造碳达峰、碳中和“双碳”示范城市、在全省绿色低碳高质量发展先行区建设中争当排头兵为目标，获批全市唯一的国家级全域生态环境导向开发（EOD）模式试点、省级生态产品价值实现机制试点、环保管家服务模式试点，规划实施总投资129亿元的13个生态治理类和产业发展类项目，探索绿色生产总值（GEP）核算和储备林开发、湿地开发、地热能开发、水能开发等“双碳”发展模式，推进“资源变资产、资产变资本、资本变产业、产业变资

峡山水库（供图：王光军）

金”,“含绿量”持续转化为“含金量”。

【生态环境保护】 2022年，峡山区扛牢省级战略水源地和潍坊“生态会客厅”守护重任，加快建设全域生态导向开发实验区。建立全覆盖、一体化保水护水体系，搭建数字河湖综合监管平台，在全省率先推动水库禁渔与生态捕捞工作纳入制度化、规范化管理轨道，峡山水库水质提升工程提前建成通水，全域水质稳定达标，空气综合指数稳居全市第一。

【农业绿色发展】 2022年，峡山区开展种业研发，在北京大学现代农业研究院、现代农业山东省实验室等核心平台的推动下，集聚种业领域尖端人才460余人，小麦第三代杂交育种技术申报4项国际专利，西瓜、爆裂玉米、有机姜等育种育苗研发实现历史性突破。国际首创玉米大豆带状间作洁田模式，1亩地产出1亩玉米和0.8亩大豆，可有效缓解我国大豆85%以上依靠进口的“卡脖子”问题。

【预制菜产业生态体系构建】 2022年，峡山区率先打造预制菜新产业赛道，引领行业的重构再造，与领军企业日冷集团开展预制菜核心技术研发转化，举办央视2022“新时代•新鲁菜”创新大赛，在标准制定、技术创新等方面走在全国行业前列，被省委主要领导批示肯定。

【有机姜全产业链发展】 2022年，全国首创姜秸秆深度加工处理模式，采用国际领先技术，每年可处理姜秸秆300万吨，萃取姜精油3000吨，姜秸秆萃取后的废渣加工成可降解新材料，把姜秸秆“吃干榨净”，得到省委主要领导批示肯定。

【文旅教育】 2022年，峡山区深入挖掘全区礼仪文化、潍水文化、法治文化、饮食文化等历史文化资源，规划建设潍水左岸观光公园、环湖漫道观光带、阳光牧场、岞山火车站铁路主题公园等文旅片区，举办光影艺术节、峡山灯会等品牌节会，成功开发獬豸、郑玄等文创产品并在各大城市开售。

【教育布局优化】 2022年，峡山区着眼城乡均衡、品质提升、惠民共享，持续优化教育布局、资源配置，撤并“小弱微”学校、幼儿园27所，完成3所街道初中寄宿制改革，整合5所初中、小学教育教学资源，在主城区创办高品质公办学校—凤凰学校，形成5所区直学校、4所九年一贯制学校、6所小学的合理布局，在全市率先具备“六三制改五四制”教育改革条件，学生流失率由82%降至5%，城乡教育均衡优质发展做法全市推广。

【王家庄街道】 王家庄街道位于峡山区西南部，面积148平方千米，辖107个行政村，2.2万户，2022年末常住人口4.4万人，耕地面积9万公顷。2022年，全街道完成地区生产总值12.81亿元，比上年增长1.5%；实现地方财政收入1813万元，比上年降低12%；实现工业销售收入4.6亿元、利税4.1万元，分别增长3%和2.1%；第三产业增加值达到1560万元，增长1.3%；农民人均可支配收入1.8万元，增长3.3%。

【太保庄街道】 太保庄街道位于峡山区峡山水库北岸，潍河以东，面积152.4平方千米，辖80个行政村、20896户，2022年末常住人口6.12万人，耕地面积7236公顷。2022年，全街道完成地区生产总值15.71亿元，比上年增长3.9%；实现地方财政收入1130万元，比上年增长5.87%；实现工业销售收入63308万元、利税810万元，分别增长6.8%和11.4%；第三产业增加值达到8453万元，增长13.2%；农民人均可支配收入24831元，增长11.7%。

【岞山街道】 岞山街道位于峡山区北部，面积75.6平方千米，辖46个行政村，15131户，2022年末常住人口3.49万人，耕地面积4291公顷。2022年，全街道完成地区生产总值8.63亿元，比上年增长4%；实现地方财政收入3943.04万元，比上年降低6.25%；实现工业销售收入339523万元、利税6457万元，分别增长10.6%和15%；第三产业增加值达到45900万元，增长2%；农民人均可支配收入24942元，增长5%。被省农业农村厅评为“农业产业强镇”。

【郑公街道】 郑公街道位于峡山区东南部，面积101平方千米，辖42个行政村、1.2万户，2022年末常住人口2.3万人，耕地面积3400公顷。2022年，全街道完成地区生产总值25.78亿元，比上年增长4.9%；实现地方财政收入1478万元，比上年增长26.32%；实现工业销售收入53557万元，比上年增长5.5%；实现利税201.15万元；第三产业增加值达到24745.5万元，增长4.2%；农民人均可支配收入25478.3元，增长8%。郑公街道后店村被评为第六批中国传统村落，住王庄村被评为省级文明村镇，供电所被评为全国百强供电所。

（张志凌）

人　物

Renwu

逝世人物

【李本跃】（1952.12—2022.1）原籍山东省临朐县，1952年2月出生，1975年11月参加工作，1981年10月加入中国共产党。历任临朐县新华书店会计、县政府办公室事务管理科科长，临朐县政府办公室副主任，临朐县石佛乡党委副书记、乡长，临朐县石佛乡党委书记，临朐县冶源镇党委书记，临朐县副县长，临朐县委常委、副县长，潍坊市林业局党组书记、局长，安丘市委书记等职。2006年2月任潍坊市人大常委会党组成员、副主任，2013年4月退休。2022年1月21日逝世。享年71岁。

全国五一劳动奖状获得单位（1个）

山东中烟工业有限责任公司青州卷烟厂

全国五一劳动奖章获得者（3名）

汤海威　潍柴控股集团有限公司首席技师，高级技师

周建章　康跃科技（山东）有限公司模具主管，高级技师

李　舫（女）山东畜牧兽医职业学院动物疫病检测中心主任，二级教授

全国工人先锋号获得集体（1个）

山东海化集团有限公司热力电力分公司检修部锅炉本体班

山东省五一劳动奖状获得单位（5 个）

东盛生态科技股份有限公司
元利化学集团股份有限公司
潍坊昌威保安集团有限公司
山东天瑞重工有限公司
瑞福油脂股份有限公司

山东省五一劳动奖章获得者（16 名）

王　晋　山东华邦建设集团有限公司技术研发中心主任

吕　鹏　青州中联水泥有限公司生产品质部部长

朱烈智　山东凯马汽车制造有限公司冲焊车间维修电工班班长

庄育田　潍坊市益都中心医院重症医学科主任

刘茂堂　山东华特磁电科技股份有限公司技术主管

齐恩亮　潍坊国一铝材有限公司董事长

李　丽（女）高密市人民医院重症监护室主任

李振奇　山东浩信机械有限公司技术部副总工程师

肖林辉　山东星宇手套有限公司维修班班长

赵国胜　潍坊华润燃气有限公司班组长

姚忠修　山东宇信控股集团有限公司董事长

徐清华　山东蓝想环境科技股份有限公司董事长

崔玉耀　北汽福田汽车股份有限公司诸城汽车厂动态调试检验班班长

韩小刚　安丘市鲁安药业有限责任公司车间主任助理兼维修班班长

曾乐宏（女）国网山东省电力公司潍坊供电公司营销部专业工程师

魏亚丽（女）山东省潍坊商业学校教师

山东省工人先锋号获得集体（6 个）

潍柴动力股份有限公司潍柴动力 50% 高热效率柴油机开发团队

潍坊市市场监督管理局潍坊市市场监督管理执法支队

山东潍坊百货集团股份有限公司中百益家园超市潍坊店

山东圆友重工科技有限公司砂浆车间主结构班

山东新和成药业有限公司 606 分厂二工段 D 班

国网山东省电力公司安丘市供电公司变电二次运检班

潍坊市五一劳动奖状获得单位（21 个）

中孚药业股份有限公司

潍坊市潍城区卫生健康局

山东测绘地理信息产业基地管理服务中心

山东青州云门酒业（集团）有限公司

诸城市融媒体中心

寿光市疾病预防控制中心

山东路斯宠物食品股份有限公司

国家税务总局安丘市税务局

科乐收农业机械（山东）有限责任公司

国家税务总局昌邑市税务局

山东三义集团股份有限公司

昌乐首阳山旅游度假区管理服务中心

潍坊高新技术产业开发区人民医院

潍坊市公安局滨海经济开发区分局

国药控股潍坊有限公司

潍坊市疾病预防控制中心

山东省潍坊第一中学

潍坊市纪委监委机关

潍坊市应急管理局

潍坊市社会保险事业中心

潍坊市市政公用事业服务中心

潍坊市五一劳动奖章获得者（100 名）

王育慧（女）潍坊市人民医院检验科副主任，副主任技师

戴明智　山东金宝集团有限公司董事长

徐春生　潍坊广华汽车销售服务有限公司车间主任

刘清强　潍坊市奎文区梨园街道梨园社区党委委员、居委会副主任，梨园村经济专业合作社党总支书记、理事长

崔衍亮　山东华孚冷弯设备有限公司董事长

徐立新（女）潍坊市潍城区城关街道颐园社区党委书记、居委会主任

吴小兵　潍坊市潍城区园林环卫服务中心巡查队队长

张砚秀（女）山东耶莉娅服装集团有限公司技术部女装首席设计师

王　敏（女）国家税务总局潍坊市坊子区税务局税政一股股长

胥幸城　潍坊富源增压器有限公司生产管理部部长

荆俊峰　山东恒安纸业有限公司行政部经理

杨海燕　潍坊市坊子区人民医院检验科主任，主管检验师

张海龙　国网山东省电力公司潍坊市寒亭区供电公司总经理、党委副书记

张　萍　山东友成生物科技有限公司车间主任

李兆军　潍坊市寒亭区市政公用事业服务中心九级职员

史洪春　中国农业银行股份有限公司青州市支行党委书记、行长

刘甲伟　山东皇尊庄园山楂酒有限公司董事长

刘海龙　山东华邦建设集团有限公司技术部经理

刘东伟　国网山东省电力公司青州市供电公司运维检修部主任

尹述山　山东省民族中等专业学校党委书记、校长

闵月红（女）青州市妇幼保健院党委书记

孙广涛　国网山东省电力公司诸城市供电公司总经理、党委副书记

陈洪伟　山东恒基农牧机械有限公司董事长

齐　德　诸城市辛兴卫生院党支部书记、院长

张焕刚　诸城市农业技术推广中心土肥站站长

苏　德　诸城市公安局治安管理大队户政科科长

王　清（女）新郎希努尔集团股份有限公司工会干事、女职工委员会主任

蔡　超　诸城东晓生物科技有限公司生产厂长

裴升明　山东力创模具股份有限公司董事长

韩奎成　山东寿光农村商业银行股份有限公司党委书记、董事长

王世祥　山东寿光鲁清石化有限公司加氢车间主任，高级技师

陈　亮　山东晨鸣纸业集团股份有限公司营销副总监

韩新波　寿光综合医院党委委员，副主任医师

韩　萌（女）寿光市第一中学教师

谭伟松　寿光市公安局刑警大队副大队长

何朝明　怡力精密制造有限公司总经理

张东东　山东金鸿新材料股份有限公司新项目技术员

鞠焕金　安丘市公安局刑侦大队科员

张海滨　安丘市人民医院党委委员兼质管部主任，骨科主治医师

韩桂莲（女）安丘市中医院急诊科护士长，主管护师

孙井池　中国农业银行股份有限公司高密市支行党委书记、行长

张丽华（女）国网山东省电力公司高密市供电公司党委委员、工会主席

李厚禄　山东豪迈机械制造有限公司焊培中心培训师

孙许兵　山东星宇手套有限公司电气部电器维修工

赵　虎　高密市第四中学党总支书记、校长

王　伟　中国联合网络通信有限公司昌邑市分公司党总支书记、总经理

林　海　国网山东省电力公司昌邑市供电公司四级职员

王晓娣（女）山东润鹏种苗有限公司高级农艺师

张　良　潍坊凯盛新材料有限公司生产技术部工程师

马伟莲（女）昌邑市财政局党组书记、局长

傅　东　山东华艺雕塑艺术股份有限公司总经理

王敬涛　临朐县公共就业和人才服务中心主任

冯　香（女）临朐县实验幼儿园教师

王　鹏　临朐县第一中学教师

王家厚　山东昌乐农村商业银行股份有限公司党委书记、董事长

杨素青（女）昌乐县总工会办公室主任

王晓凤（女）昌乐县人力资源考试中心主任

宿进升　潍坊市精华粉体工程

设备有限公司营销业务员

陈立超 潍坊蓝色智谷园区服务中心园区部部长

孙红斌 歌尔股份有限公司党委书记、监事会主席

王大伟 汇胜集团股份有限公司研发部部长

孙仿建 潍坊裕凯化工有限公司总经理

李 振 潍坊滨海中学教师

朱新刚 潍坊综合保税区投资发展有限公司副总经理、潍坊宝瑞企业管理有限公司总经理

姜 龙 潍坊歌尔电子有限公司总经理

陈翠萍（女）潍坊峡山医院感染管理办公室主任，主管护师

万志刚 潍坊市卫生健康委员会疾病预防控制科科长

王万鹏 潍坊市人民医院感染性疾病科副主任，副主任医师

陈作森 潍坊市疾病预防控制中心慢性非传染性疾病防治科科长

孙庆红（女）潍坊市经济技术合作中心中级工

李 勇 山东潍坊百货集团股份有限公司超市事业部佳乐家新华店生肉加工员

张秀华（女）潍坊中学教师

孙伟华（女）潍坊市交通运输局城市交通科科长

冷茂明 潍坊交运汽车运输有限公司商品城管理办公室主任

丛兴杰 潍坊昌大建设集团有限公司第四建筑工程公司副总经理

杜德生 潍坊市建筑业发展服务中心农民工工资清欠科副科长

刘邦俊 潍坊市委办公室文秘科科长

孙玉强 潍坊市行政审批服务局运行监管科科长

李光明 潍坊市信访局机关党总支专职副书记

刘广福 潍坊市劳动和社会保障监察支队农民工工资保障科科长

牟少峰 潍坊市城市管理行政执法支队专职副书记

胡 波 潍坊市公安局特警支队三大队副大队长

王 猛 潍坊市畜牧业发展中心综合科科长

李海云（女）潍坊市儿童福利院办公室主任，档案馆员

曹冬梅（女）潍坊市新路社会组织发展中心党支部书记、理事长

郝文海 潍坊市土地储备中心党总支委员

张 雪（女）潍坊市财政局三级主任科员

李 明 潍柴（潍坊）材料成型制造中心有限公司高级技师

刘建兴 山东潍柴进出口有限公司秘鲁厄瓜多尔市场经理

孙令波 山东海化集团有限公司党委书记、董事长、总经理

江 波 潍坊市广播电视台电视媒体办公室主任

郑明亮 潍坊学院经济管理学院教授

解红梅（女）山东畜牧兽医职业学院动物科技系副主任、副教授

邱吉福 国网山东省电力公司潍坊供电公司总工程师

陈 滨 华电潍坊发电有限公司顾问兼供热公司总经理

葛宝举（女）中国移动通信集团山东有限公司潍坊分公司政企客户中心客户经理

戴国璋 中国联合网络通信有限公司临朐县分公司总经理

姜修川 中国铁塔股份有限公司潍坊市分公司党委书记、总经理

王保梁 潍坊三农创新发展集团有限公司党委书记、董事长

田庆利 潍坊市产业发展促进中心党委书记、主任

潍坊市工人先锋号获得集体（60 个）

潍柴动力股份有限公司一号工厂加工一车间

国家税务总局潍坊市奎文区税务局税源管理股

潍坊浩泰机械有限责任公司设备维修班

潍坊市潍城区行政审批服务局政务服务大厅

山东高速股份有限公司潍日潍城收费站

潍坊市坊子区职工服务中心

潍柴雷沃重工股份有限公司轮式机工厂总装二车间

潍坊华润燃气有限公司潍州路加气站班组

国家税务总局潍坊市寒亭区税务局朱里税务所

潍坊市寒亭区人民检察院第四检察部

国家税务总局青州市税务局第二税务分局

山东中烟工业有限责任公司青州卷烟厂能源动力处（动力车间）维修班

青州泰和旅游发展有限公司企划营销部

诸城市公安局交通警察大队

诸城市恒邦项目管理有限公司工程监理部

诸城普田物流有限责任公司超卡生产物流部大件配送班

寿光市工人文化宫

山东玉马遮阳科技股份有限公司研发部

国家税务总局寿光市税务局滨海（羊口）经济开发区税务分局

山东联盟化工集团有限公司天力糖醇工厂醇车间氢化岗位

安丘市疾病预防控制中心流行病学调查队

山东盛祥动力有限责任公司智能金属成型中心

山东高密农村商业银行股份有限公司营业部

高密市党员雷锋团

昌邑市困难职工帮扶中心

国网山东省电力公司昌邑市供电公司营销部营业班

国家税务总局临朐县税务局冶源税务分局

山东鑫珂海洋生物技术股份有限公司防护服车间

昌乐县人民医院医学检验科

潍坊乐港食品股份有限公司熟食二厂剔骨班

华丰动力股份有限公司智能制造车间H1缸体线

潍坊滨海招商发展集团有限公司招商五部

国家税务总局山东潍坊经济开发区税务局第一税务分局（办税服务厅）

潍坊峡山区联防联控与交通保障组办公室

潍坊市中医院检验科

潍坊广文中学物理学科组

潍坊联运有限责任公司汽车出租分公司爱心车队

潍坊市人民检察院第六检察部

国家税务总局潍坊市税务局第三税务分局（税收风险管理局）

中国职工保险互助会潍坊办事处

中共潍坊市委海洋发展委员会办公室秘书科

潍坊市能源执法监察支队

潍坊市铸造行业转型升级工作领导小组办公室

潍坊市劳动人事争议仲裁院仲裁庭

潍坊市公安局车辆管理所

潍坊市高崖水库运营维护中心

潍坊市文化市场综合执法支队

潍坊市荣复军人医院精神科一病区

山东海化股份有限公司溴素厂吹吸车间运行乙班

潍坊职业学院基建处

潍坊护理职业学院健康管理系（国际交流合作中心）

潍坊医学院附属医院重症医学科

中国人民银行潍坊市中心支行货币信贷管理科

潍坊银行股份有限公司潍坊高新支行

国网山东省电力公司潍坊供电公司潍城供电中心营业班

中国移动通信集团山东有限公司潍坊分公司政企客户部DICT系统集成中心

中国邮政集团有限公司潍坊市分公司城区寄递事业部樱园营业部

潍坊世纪泰华福乐多超市有限公司安丘店

潍坊市投资集团有限公司党群工作部（人力资源部）

潍坊农创集团东亚畜牧现货产品交易所有限公司交易风控部

退役军人立功受奖名录

王柱田，男，汉族，1958年12月出生，山东莱芜人，中共党员，1976年12月在山东莱芜入伍，2013年12月退休，2022年7月移交地方。该同志在边境战争阵地炮前坚持指挥4个多月，战法灵活、不断创新，提升步炮协同作战能力，有力支援了步兵的战斗，1985年11月被陆军某部记二等功。

韩智富，男，汉族，1963年1月出生，山东安丘人，中共党员，1981年10月在山东安丘入伍，2012年10月退休，2022年9月移交地方。该同志在边境战争中带领全排出色地完成炮兵直瞄射击等战斗任务，保证军工道路畅通，1988年6月被陆军某部记二等功。

褚光法，男，汉族，1960年9月出生，山东潍县人，中共党员，1976年8月在山东潍县入伍，2016年5月退休，2022年7月移交地方。该同志安全飞行1731小时38分，1994年3月被空军某部记二等功。

刘国庆，男，汉族，1970年10月出生，山东青州人，中共党员，1990年12月在山东青州入伍，2020年12月退休，2022年5月移交地方。该同志安全飞行超过2500小时，2015年6月被陆军某部记二等功。

周国英，男，汉族，1973年8月出生，山西夏县人，中共党员，1991年12月在山西夏县入伍，2021年12月退休，2022年7月移交地方。该同志连续保障飞行19年4个月无维护责任飞行事故，2016年1月被空军某部记二等功。

秦国英，男，汉族，1974年5月出生，山西夏县人，中共党员，1991年12月在山西夏县入伍，2021年12月退休，2022年7月移交地方。该同志安全保障飞行满16年无维护责任飞行事故，2014年1

月被空军某部记二等功。

张磊，男，汉族，1981年8月出生，湖北天门人，中共党员，2003年6月在江苏南京入伍，2022年3月退役。该同志连续保障飞行1013小时52分无维护责任飞行事故，2011年7月被空军某部记二等功。

范军军，男，汉族，1986年5月出生，山东安丘人，中共党员，2004年12月在山东安丘入伍，2022年3月退役。该同志在查破一起持枪运毒案中表现突出，2014年9月被武警某部记二等功。

刘泽成，男，汉族，1986年5月出生，山东诸城人，中共党员，2005年12月在山东诸城入伍，2022年4月退役。该同志连续保障飞行安全1506小时51分无责任飞行事故，2021年11月被空军某部记二等功。

别致远，男，汉族，1988年11月出生，山东诸城人，中共党员，2010年8月在山东诸城入伍，2022年3月退役。该同志参加中国第十三批赴利比里亚国际维和行动期间圆满完成了各项任务，2012年11月被陆军某部记二等功。

（王云鹏）

附　录

Fulu

重要文件名录

2022 年度“潍发”重要文件一览表

序号	文件标题
1	中共潍坊市委、潍坊市人民政府关于做好 2022 年全面推进乡村振兴重点工作的实施意见
2	中共潍坊市委、潍坊市人民政府关于全力抓好 2022 年全市重点项目建设的通知
3	中共潍坊市委关于印发《中共潍坊市委常委会 2022 年工作要点》的通知
4	中共潍坊市委、潍坊市人民政府关于加强和改进新时代潍坊人才工作的实施意见
5	中共潍坊市委、潍坊市人民政府印发《关于以铸牢中华民族共同体意识为主线推进新时代党的民族工作高质量发展的若干措施》的通知
6	中共潍坊市委、潍坊市人民政府关于深化医疗保障制度改革的实施意见
7	中共潍坊市委、潍坊市人民政府关于废止、宣布失效和修改一批涉计划生育市委文件的决定
8	中共潍坊市委印发《关于深化党建引领基层治理的若干措施》的通知
9	中共潍坊市委印发《关于加强和改进新时代人大工作的实施意见》的通知
10	中共潍坊市委转发《中共潍坊市人大常委会党组关于〈潍坊市人大常委会 2022-2026 年地方立法规划〉的请示》的通知
11	中共潍坊市委关于深入学习宣传贯彻党的二十大精神的决议
12	中共潍坊市委关于印发《中国共产党潍坊市委员会工作规则》的通知
13	中共潍坊市委关于印发《中国共产党潍坊市委员会常务委员会议事决策规则》通知
14	中共潍坊市委关于印发《中共潍坊市委常委会及其成员职责清单》的通知
15	中共潍坊市委关于进一步加强市委常委会自身建设的意见

（市委办公室）

2022年度市政府重要文件一览表

序号	机关代字	文件标题
1	潍政发	关于印发2022年《政府工作报告》的通知
2	潍政发	关于下达潍坊市2022年国民经济和社会发展计划的通知
3	潍政发	关于进一步贯彻实施《中华人民共和国行政处罚法》的通知
4	潍政发	关于印发潍坊市人民政府工作规则的通知
5	潍政发	关于印发潍坊市城市商品房预售管理办法的通知
6	潍政发	关于组织开展潍坊市第三次土壤普查工作的通知
7	潍政发	关于全面实行行政许可事项清单管理的通知
8	潍政发	关于印发潍坊市工艺美术保护与促进办法的通知
9	潍政办发	潍坊市加氢站建设运营扶持办法
10	潍政办发	关于公布潍坊市市区集体建设用地和集体用地基准地价的通知
11	潍政办发	印发《关于帮助市场主体纾困解难提高企业活跃度的若干措施》的通知
12	潍政办发	关于印发潍坊市住宅专项维修资金管理办法的通知
13	潍政办发	关于印发《潍坊市政府规章评估办法》《潍坊市行政规范性文件评估办法》的通知
14	潍政办发	关于印发潍坊市居民家庭经济状况核对办法的通知
15	潍政办发	关于印发健全重特大疾病医疗保险和救助制度实施方案的通知

（市政府办公室）

潍坊市党员基本情况、党员职业情况

截至2022年12月31日，全市共有党员644704名。其中，2022年新发展党员11627名，市外转入组织关系党员9601名，市内转出组织关系党员6537名。从年龄结构看，全市30岁及以下46754名、31～40岁125211名、41～50岁114173名、51～60岁140900名、61～70岁110606名、71岁及以上107060名。从性别结构看，全市共有男性党员499328名，占77.45%；女性党员145376名，占22.55%。从学历结构看，全市大专及以上学历党员278835名，占43.25%；高中、中技、中专学历党员173923名，占26.98%；初中及以下学历党员191946名，占党员总数的29.77%。

从职业结构看，全市农牧渔民党员258913名，占40.16%；公务员及事业单位党员111523名，占17.30%；非公企业党员75526名，占11.72%；离退休人员党员124185名，占19.26%；国企人员及公有制工勤党员47748名，占7.40%；社会组织、学生等其他职业党员26809名，占4.16%。

（市委组织部）

潍坊市党的基层组织数量和换届情况

截至2022年12月31日，全市共有各级基层党组织30963个。其中，党委2417个、党总支1588个、党支部26958个。从党组织类别看，国有经济党组织1955个、集体经济党组织169个、非公经济党组织5309个、事业单位党组织5338个、机关党组织3817个、社会组织党组织811个、其他党组织13564个。

2022年任届期满的党组织共有6259个，年内已换届6257个。其中，党委109个、年内已换届107个，党总支302个、党支部5848个，年内已全部完成换届。

（市委组织部）

组织机构

市委工作机关

市纪律检查委员会　市监察委员会机关

市委办公室

市委组织部

市委宣传部

市委统战部

市委政法委

市委政研室

全面深化改革委员会办公室（设在市委政研室）

全面依法治市委员会办公室（设在市司法局）

国家安全委员会办公室（设在市委办公室）

市委网信办

财经委员会办公室（设在市委政研室）

外事工作委员会办公室（设在市外办）

市委编办

军民融合发展委员会办公室（设在市发改委）

审计委员会办公室（设在市审计局）

教育工作领导小组办公室（设在市教育工委）

农业农村委员会办公室（设在市农业农村局）

海洋发展委员会办公室（设在市海渔局）

开放发展委员会办公室（设在市商务局）

科技创新委员会办公室（设在市科技局）

市委台港澳办

市委市直机关工委

市委巡察办

市委老干部局

市人大机关

办公室

人事代表工作室

研究室

预算工作委员会

法制工作委员会

市政协机关

办公室

研究室

政协委员活动工作室

市中级人民法院

市人民检察院

民主党派机关

民革潍坊市委

民盟潍坊市委

民建潍坊市委

九三学社潍坊市委

农工党潍坊市委

民进潍坊市委

致公党潍坊市委

市政府工作部门

市政府办公室

市发改委

市教育局

市科技局

市工信局

市公安局

市民政局

市司法局

市财政局

市人社局

市自然资源和规划局

市生态环境局

市住建局

市城管局

市交通局

市水利局

市农业农村局

市海渔局

市商务局
市文化和旅游局
市卫健委
市退役军人局
市应急局
市审计局
市外办
市国资委
市审批服务局
市市场监管局
市体育局
市统计局
市医保局
市国动办
市政府研究室
市地方金融监管局
市大数据局
市投资促进局
市信访局

群众团体机关

总工会
共青团潍坊市委
人民对外友好协会
妇女联合会
工商业联合会
红十字会
文学艺术界联合会
科学技术协会
归国华侨联合会
社会科学界联合会
中国国际贸易促进委员会潍坊市委员会
残疾人联合会
计划生育协会
法学会

市政府派出机构

高新技术产业开发区管理委员会
滨海经济技术开发区管理委员会
综合保税区管理委员会
峡山生态经济开发区管理委员会
经济开发区管理委员会
潍坊国家农业开放发展综合试验区推进办公室
山东（潍坊）海洋科技大学园管理办公室

市委直属事业单位

市委党校
潍坊日报社
市改革发展研究中心
市委党史研究院
王尽美革命事迹教学基地服务中心
潍坊农村干部教育实践中心

市政府直属事业单位

潍坊职业学院
潍坊工程职业学院
潍坊护理职业学院
市技师学院
市广播电视台
市住房公积金管理中心
市供销合作社联合社
市机关事务服务中心
潍坊国际风筝会综合服务中心
潍坊仲裁委员会办公室
市农业科学院
市文化艺术服务中心
市检验检测中心
市峡山水库管理服务中心
全国蔬菜质量标准中心
潍坊（高密）临港经济发展服务中心
潍坊畜禽屠宰质量标准创新服务中心

（中共潍坊市委机构编制委员会办公室）

索 引

Suoyin

说明：

1. 本索引为主题索引。特载、大事记、附录这三部分内容未列入索引。
2. 本索引按汉语拼音音序排列。同音字按声调，首字相同按第二个字的音序排列，以此类推。
3. 索引主题词后面的数字表示索引内容所在的页码。

G

H

J

K

L

M

T

W

X

Y

Z